Baedeker

Allianz Reiseführer

Österreich
Liechtenstein

www.baedeker.com

Verlag Karl Baedeker

TOP-REISEZIELE ★ ★

Ob majestätische Berggipfel, idyllische Flusslandschaften, großartige Klosteranlagen mit jahrhundertealter Geschichte oder lebhafte Städte, die jede Menge Kultur und Unterhaltung bieten – hier finden Sie die Highlights von Österreich.

1 ★★ Klosterneuburg
Malerisch präsentiert sich das Stift Klosterneuburg mit einem der bedeutendsten Kunstwerke des Mittelalters: dem berühmten Verduner Altar in der Leopoldskapelle. ► **Seite 316**

Gut behütet
Türme und Kuppeln prägen das Stadtbild Wiens.

2 ★★ Wachau
Brücken gibt es keine: Um über die Donau zu kommen, muss man in dieser einzigartigen Donauregion schon die Fähre nehmen. ► **Seite 492**

3 ★★ Wien
Wo anfangen, wo aufhören? Kunst, Kultur, Kulinarisches – in Wien gibt es von allem im Überfluss. Die Stadt vereint Atmosphäre, Gemütlichkeit und großstädtisches Flair. ► **Seite 511**

4 ★★ St. Florian
Das herrliche Augustiner-Chorherrenstift St. Florian – ein Paradebeispiel barocker Pracht – bietet einen angemessenen Rahmen für die letzte Ruhestätte des berühmten Musikers und Komponisten Anton Bruckner. ► **Seite 441**

GENUSSREICHES DONAULAND

Gastronomische Begegnungen zwischen Amstetten und Wien: Prickelnder Most und Grüner Veltliner, Kräuterküche und historische Spezialitäten – in Niederösterreich setzt man auf kulinarische Genüsse aus regionaler Produktion.

Frühling im Mostviertel! Ein grüner Flaum überzieht die sanft gewellten Hügel, dazwischen ein Hauch von Gelb der ersten Blumen und die dunklen Flecken der Tannenhaine. Zwischen mächtigen Vierkanthöfen ist das Land weiß getupft: Im April und Mai stehen die über 300 000 Obstbäume der Region in Blüte. Und die Bauern hoffen, dass kein Frost die Pracht zerstört – die Bäume und ihre Früchte haben das Land einst reich gemacht. Jetzt beginnt auch die Saison, in der Gasthäuser, Heurigen und bis zu 300 Jahre alte Bauernhöfe entlang der **Moststraße** ihre Türen öffnen. Baumblütenwanderungen und traditionelle Dorffeste locken Besucher an. Im Mittelpunkt steht die Verkostung des frischen Mostes und vieler anderer Produkte aus dem größten geschlossenen Birnbaumgebiet Europas: Säfte, Brände und Liköre, Essig, Marmeladen und Schokoladen.

Frühlingserwachen: Birnbaumblüte im Mostviertel

Mostbaron Toni Distelberger zeigt seine »Mostbaron-Tracht«.

Der **Birnenmost** gilt als Rarität, denn in den meisten anderen Mostgebieten des Kontinents stellt man Apfelmoste her. Seine erste Blütezeit endete in der ersten Hälfte des 19. Jahrhunderts mit dem Aufkommen von Flaschenbier und Limonade. Viele Produzenten stiegen danach auf andere Produkte um, Bäume wurden in großem Stil gefällt. Bis vor rund 15 Jahren galt Most nur noch als derb-deftiges Bauerngetränk.

Doch dann begannen einige findige Produzenten, den Durstlöscher von einst wieder salonfähig zu machen. Männer wie **Toni Distelberger**, einer von rund zwanzig sogenannten Mostbaronen: Landwirte, Edelbrenner, Gastronomen und Hoteliers, die mit innovativen Produkten und der Erfüllung strenger Qualitätskriterien von sich reden machen. »Wir haben einen feierlichen Schwur auf die Mostkultur abgelegt«, sagt Toni Distelberger mit einem Augenzwinkern.

Bei besonderen Anlässen tragen die Mitglieder des Zusammenschlusses eine Mostbaron-Tracht: Männer den Mostviertel-Anzug mit roter Weste und großem schwarzem Hut mit weißem Adlerflaum, Frauen das schwarzrote Mostviertler Dirndl. »Der Most kommt unserem wachsenden Heimatbewusstsein entgegen«, erklärt Distelberger. »Und natürlich der Nachfrage nach ökologischen und regionalen Produkten.«

Alte Sorten im Aufwind

Inzwischen wird der Birnenmost meist sortenrein gekeltert. Es gibt viele Geschmacksvariationen: mildsüßliche Noten von der Schweizer Wasserbirne, halbmilde von der Speckbirne oder trockene von der Grünen Pichlbirne. Dazu Mostschaumweine und Jungmoste, Birnensenf und Birnenbalsamessig. Nur essen könnte man die Früchte nicht: Dafür sind sie viel zu sauer.

Selbst die Einheimischen haben Probleme, die vielen Birnensorten im Mostviertel auseinanderzuhalten. »Das ist kein Wunder, denn es gibt schätzungsweise 400 bis 500 verschiedene«, sagt **Birnenexpertin Martina Schmidthaler**. Die Biologielehrerin muss es wissen, denn sie hat sich in ihrem Nebenberuf als Pomologin – als Obstbaukundlerin – drei Jahre lang mit dem Mostviertel beschäftigt. Gemeinsam mit ihrer Kollegin Gerlinde Handlechner schrieb sie ein Buch, das heute vielen Mostbaronen als Grundlage ihrer Arbeit dient. Schließlich gilt es, die einst üppige Artenvielfalt wieder zu vermehren. »In den 1960er- und 1970er-Jahren wurden Prämien für gefällte Bäume gezahlt«, sagt Martina Schmidthaler. »Gleichzeitig schrumpfte das Sortiment, weil man den Bauern lediglich zehn ausgewählte Sorten zum Anbau nahelegte.«

Als Grundlage ihrer Forschung fanden die Frauen nur veraltete Literatur aus Zeiten der k. u. k. Monarchie. Und einige betagte Herren, die sich mit dem Thema auskannten: »Wir sind in eine echte Männerdomäne eingebrochen«, sagen die Pomologinnen. Akribische Arbeit in den Obstgärten war bei der Sortenbestimmung gefordert: »Wir untersuchen die Größe, Form, Schale und den Blütenkelch der Frucht«, erklärt Gerlinde Handlechner, »danach die inneren Merkmale«.

In Schulprojekten versuchen die Frauen, Jugendliche an das Thema heranzuführen: »Die Jugend kennt nur die Geschmacksrichtungen gut oder nicht gut. Wir müssen ihre Sinne wieder schärfen.« Und die Mostviertler mit eigenen Birnbäumen strömen regelmäßig zu Bestimmungsabenden, wo sie den Namen ihrer Arten erfahren können. »Als letztes Mittel hilft manchmal nur reinbeißen«, sagt Schmidthaler. »Ein Geschmack bleibt eben ewig im Gedächtnis.«

BESUCH IN DER »NATUFAKTUR«

Der Mostviertler Birnenmost trägt seit einigen Jahren das Siegel der »Genuss Region Österreich«. Diese Initiative wurde 2005 gegründet, um die ländlichen Gegenden mit ihren typischen Spezialitäten zu stärken.

Ausgezeichnet werden Gebiete mit Produkten, die traditionell verarbeitet werden und fest in der örtlichen Esskultur verankert sind. Inzwischen gibt es 113 Genussregionen bzw. »Genussregions-Produkte« im ganzen Land, 28 davon allein in Niederösterreich – vom Waldviertler Mohn über die Ybbstal-Forelle bis zu den Pielachtaler Dirndln.

»Nein, beim Dirndl-Vernaschen geht's nicht um Frauen«, sagt **Johann Weiß**. Der graubärtige Hotelier kennt sich aus mit den Pflanzen des Pielachtales. »Das Pielachtaler Dirndl heißt auch Kornelkirsche«, sagt Weiß und hält dabei eine rote, olivengroße Frucht hoch. Die alte Fruchtsorte, die seit der letzten Eiszeit im ganzen Tal gedeiht, führte bis vor einigen Jahren nur ein Schattendasein. »Heute identifiziert sich das ganze Tal wieder damit.«

Johann Weiß gehört zu den Vorkämpfern in Sachen Nachhaltigkeit –

Wichtige Informationen

AUSKUNFT

Donau Niederösterreich Tourismus GmbH
Schlossgasse 3
A-3620 Spitz an der Donau
Tel. 02713 / 300 60 60
Fax 300 60 30
www.donau.com

Mostviertel Tourismus
Adalbert-Stifter-Straße 4
A-3250 Wieselburg
Tel. 07416 / 521 91
www.mostviertel.info

AKTIVITÄTEN

Donauradweg
Der niederösterreichische Abschnitt des beliebten Fernradwegs gilt aufgrund der abwechslungsreichen Landschaften und der vielen Kulturdenkmäler als besonders reizvoll. Detaillierte Infos gibt's unter www.donauradweg.at

Schiffsfahrten
Mehrere Gesellschaften bieten von April bis Oktober Flusskreuzfahrten, kulinarische Schiffsreisen sowie Mondschein- und Themenfahrten an, z.B.
Brandner Schifffahrt, Ufer 50, A-3313 Wallsee, Tel. 07433 / 25 90 21, www.brandner.at

ein Engagement, das zuletzt mit dem Österreichischen Staatspreis Tourismus gewürdigt wurde. Der studierte Mathematiker kehrte vor 15 Jahren in die Region zurück, um den elterlichen Hof in einen Hotelbetrieb zu verwandeln. Mit einem seiner Projekte, einem ökologisch bewirtschafteten Gemüse-, Blumen- und Kräutergarten, hat er sich einen Namen gemacht.

»Der Garten ist unsere ›Natufaktur‹«, erklärt Weiß, wenn er Gäste durch die stetig wachsenden Gärten seines »Naturhotels Steinschaler Hof« führt. »Wir geben der Natur möglichst viel Raum, menschliche Eingriffe sind die Ausnahme.« Der Kräuterexperte schwärmt dabei von den »gigantischen Inhaltsstoffen« seiner Wildkräuter, sie seien »mindestens zehnmal so reich an Vitaminen und Spurenelementen wie Massenware aus dem Gewächshaus«.

Ganz zu schweigen vom Geschmackserlebnis. Dieses wird nicht nur in der Kräuterküche des »Steinschaler Hofs« zelebriert, sondern auch in Kochseminaren gelehrt. Inzwischen gewährleistet der Kräutergarten mit seinen mehr als 500 verschiedenen Gewächsen einen großen Teil der Eigenversorgung. »Ob sich dieser Aufwand finanziell wirklich lohnt, weiß ich nicht«, sagt Weiß, »aber wir sind es der Nachhaltigkeit schuldig.«

Traisentaler Weinbegleiter

Tourismusverband Traisental-Donauland
Rathausplatz 22, A-3130 Herzogenburg
Tel. 02782 / 833 21
www.traisental.info
Touren mit weinkundigen Führern durch das kleine Weinbaugebiet mit seinen Sehenswürdigkeiten. Die Einkehr in einem Heurigen ist meist eingeschlossen.

Wachauer Marillen-Erlebnisweg

Über knapp fünf Kilometer führt dieser Rundwanderweg nahe dem Stift Göttweig durch die Weinlandschaft und alte Marillengärten mit Blick auf die Donau. Ausgangspunkt ist am »Weinhof Aufreiter« (Dorfstr. 34, A-3506 Krems-Angern). Nähere Infos unter www.marillenweg.at.

ESSEN

Domäne Wachau

A-3601 Dürnstein 107
Tel. 02711 / 371
www.domaene-wachau.at
Öffnungszeiten: Mo. – Sa. 9.00 – 18.00, April bis Okt. auch So. 10.00 – 16.00 Uhr
Führungen: April – Okt. Fr. und Sa. 14.00 Uhr
Vinothek, Verkostungen und Führungen durch Weingarten und Weinkeller sowie verschiedene »Wein-Events«

Zum lustigen Bauern

Kirchen-Platz 1

A-3424 Zeiselmauer
Tel. 02242 / 704 24
www.zumlustigenbauern.at
Öffnungszeiten: Mi. 16.00 – 23.00,
Do. – So. 11.00 – 23.00 Uhr
Römische Küche: jeweils am letzten Do. im Monat
Das mehrfach prämierte Restaurant serviert bodenständige und zugleich kreative Küche mit Produkten aus der Donauregion. Regelmäßig angeboten werden »Römische Abende« und Kochseminare.

Marillenhof-Destillerie Kausl

Ötz 16
A-3622 Mühldorf
Tel. 02713 / 82 25
www.marillenhof.at
Hoch über der Donau liegt der Familienbetrieb, der sich auf Brände und sogar Whisky spezialisiert hat. Verkostung und Besichtigung nach Vereinbarung.

Most-Bauernhof Distelberger

Gigerreith 39
A-3300 Amstetten
Tel. 07479 / 73 34
Infos über Heurigenzeiten auf www.distelberger.at
Mostheuriger und Hofladen des Mostbarons Toni Distelberger. Angeboten werden Verkostungen und kulinarische Veranstaltungen.

Sepplbauer

Bernhard Datzberger
Pittersberg 12

Rebensaft mit Herkunftsgarantie

Sonnenverwöhnte Weinberge, steile Terrassen und darunter die Mäander der Donau: Niederösterreich und seine acht Weinbaugebiete machen immer wieder mit international prämierten Weinen von sich reden. Mehrere Faktoren begünstigen den Weinbau in der Region: das besondere Klima am Schnittpunkt von feuchten und trockenen Einflüssen und die verschiedenen Böden auf engem Raum.
Schon die Römer praktizierten hier Weinbau. Sie legten die Grundsteine für die typischen Weinterrassen und die heutige Weinkultur. Doch die Wurzeln des Rebensaftes reichen noch weiter in die Vergangenheit zurück: Das Traisental war schon in der Bronzezeit dicht besiedelt. In den Beigaben von bis zu 4000 Jahre alten Gräbern fand man unter anderem Weinkerne – Trauben als Proviant für die Reise ins Jenseits.
»Wir sind damit das älteste Weinbaugebiet des Landes. Zugleich aber auch das jüngste«, sagt **Weinbegleiter Ernst Hackl**. 1995 spaltete sich das Tal mit seinen rund 770 Hektar Anbaufläche vom Gebiet Donauland-Carnuntum ab. Man eröffnete eine Gebietsvinothek als Showroom

Herbstlicher Weingarten in der Wachau →

A-3300 Amstetten
Tel. 07472 / 646 60
www.seppelbauer.at
Der Mostbauernhof mit »Mostothek« bietet Most- und Käseseminare sowie Brände, Säfte und Schafskäse aus eigener Herstellung

Weinhof Aufreiter
Dorfstr. 34
A-3506 Krems-Angern
Tel. 02739 / 22 05
www.weinhof.at
Familienbetrieb mit Wein- und Marillengärten, Weingasthof und Ferienwohnungen. Verkauf von Marillenprodukten im Hofladen.

Weingut Herzinger
Oberer Markt 16
A-3134 Nußdorf ob der Traisen
Tel. 02783 / 86 48
www.herzinger.at
Verkauf und Verkostung von Weinen des Traisentals, Brände und Konfitüren aus eigener Herstellung.

Winzer Krems
Sandgrube 13
A-3500 Krems
Tel. 02732 / 855 11 33
www.sandgrube13.at
Öffnungszeiten: Mo. – Sa. 10.00 – 17.00, Mai – Okt. auch So. 10.00 – 16.00 Uhr
Führungen: 10.00 und 14.00 Uhr
Verkostungen und Verkauf in der größten Weingenossenschaft der Region. Angeboten werden auch Führungen durch Weingärten und Weinkeller.

SEHENSWERTES

Archäologischer Park Carnuntum
Hauptstr. 3

Nach einer Donaufahrt vorbei an Dürnstein ...

A-2404 Petronell
Tel. 02163 / 337 70
www.carnuntum.co.at
Öffnungszeiten: Ende März – Ende Okt.
tgl. 9.00 – 17.00 Uhr
Führungen: tgl. 10.00, 14.00, 15.30 Uhr

Amphitheater

Wiener Str. 52
A-2405 Bad Deutsch-Altenburg
Öffnungszeiten: Ende März – Ende Okt.
tgl. 9.00 – 17.00 Uhr

Archäologisches Museum Carnuntinum

Badgasse 40
A-2405 Bad Deutsch-Altenburg
Öffnungszeiten: Jan. – Ende Okt.
tgl. 10.00 – 17.00 Uhr
Führungen: Sa. und So. 14.00 und 15.30 Uhr
Carnuntum entwickelte sich einst von einem römischen Legionslager zur blühenden Stadt, deren Reste man heute besichtigen kann. Hier werden auch regelmäßig Feste und Themenwochenenden veranstaltet.

MostBirnHaus

Stift 9
A-3300 Ardagger
Tel. 07479 / 64 00
www.mostbirnhaus.at
Öffnungszeiten: März – Anfang Nov.
Di. – So. 10.00 – 18.00 Uhr
Spielerische und multimedial angelegte Ausstellung über die Mostbirne, ihren Anbau und ihre Produkte; Verkostung und Verkauf im »GenussSalon«.

Mostviertler Bauernmuseum

Anton Distelberger
Gigerreith 39

... gibt's in einem Gartenlokal in Spitz eine deftige Jause.

Weinbegleiter Ernst Hackl führt durch die Traisentaler Weingärten.

A-3300 Amstetten
Tel. 07479 / 733 41
www.distelberger.at
Öffnungszeiten nach Voranmeldung
Im größten volkskundlichen Privatmuseum Österreichs sind rund 17 000 Exponate aus der »guten alten Zeit« ausgestellt, darunter Trachten, Schmuck, Spielzeug, Werkstätten und Werkzeuge. Die Produkte des Hofs gibt's zu kaufen im Hofladen und eine Jause wird im hofeigenen Mostheurigen serviert.

Urzeitmuseum

Marktplatz 1
A-3134 Nußdorf ob der Traisen
Tel. 02783 / 74 65
www.nussdorf-traisen.gv.at
Öffnungszeiten: April – Ende Okt.
tgl. 9.00 – 17.00 Uhr
Zu sehen sind Fundstücke aus dem Traisental, das schon vor mehr als 30.000 Jahren besiedelt wurde. Ein Schwerpunkt liegt auf der Bronzezeit.

ÜBERNACHTEN

Naturhotel Steinschaler Hof

Warth 20
A-3203 Rabenstein
Tel. 02722 / 22 81
www.steinschaler.at
Dörflich gelegene Hotelanlage mit weitläufigen Gärten, Kräuter- und Vollwertküche, Angeboten werden auch »Kräuterseminare«.

Relax Resort Kothmühle

Kothmühle 1
A-3364 Neuhofen a. d. Ybbs
Tel. 07475 / 521 12
www.kothmuehle.at

und ließ zwei Rebsorten – den Grünen Veltliner und Chardonnay – mit dem Siegel Districtus Austriae Controllatus zertifizieren. Dieses verbürgt, dass die Weine besonders typisch für die Region sind und aus Trauben des Tals produziert wurden.

Rund 20 Weinbegleiter führen Gäste durch das Weinbaugebiet Traisental – ansässige Winzer oder Weinkenner wie Erich Hackl. Jeder Guide bietet eine andere Tour: historisch oder geologisch, zu Fuß, zu Pferd oder auf dem Fahrrad. Nur der Besuch in einem Heurigen darf auf keiner Führung fehlen: den urigen, einfache Lokalen, in denen man die Weine der Region verkosten kann – zusammen mit einer deftigen Jause, wie die Brotzeit hier heißt.

Siebenschläfer und Nachtigallzungen

An der Donau endete einst das römische Reich, geschützt durch die Befestigungsanlagen des Limes. Zahlreiche Museen und Ausgrabungsstätten zeugen von dieser Epoche. Die Römer hinterließen jedoch nicht nur Mauerreste und die Weintradition, sondern auch eine reiche Esskultur. Eine umfas-

---

Im Grünen gelegenes, modernes Romantik- und Seminarhotel mit Pool und Wellnessangeboten.

Hotel Unter den Linden

Schillerstr. 5
A-3500 Krems
Tel. 02732 / 821 15
www.udl.at
Im Zentrum von Krems gelegener Familienbetrieb in historischem Gebäude mit freundlich eingerichteten Zimmern.

VERANSTALTUNGEN

Wachau Gourmet Festival

Kulinarisches Event im März in der gesamten Region, bei dem Winzer und Top-Gastronomen zu Verkostungen, Koch-Shows und Menüs einladen. Infos unter www.wachau-gourmet-festival.at

Donau.Fisch.Wein

Mit Seminaren, Workshops und kulinarischen Spezialitäten in der niederösterreichischen Donauregion sollen im März und April die heimischen Süßwasserfische stärker ins Bewusstsein gerückt werden. Infos unter www.donau-fisch-wein.at

Carnuntiner Römerfest

Historienspektakel im Juni über den Alltag in einem römischen Lager, inszeniert von rund 200 Statisten.
Infos unter www.carnuntum.co.at

Pielachtaler Dirndlkirtag

Zweitägiges Fest im September in Rabenstein rund um die seltene Frucht – mit Musik, Verkostungen, Modenschau, Wettbewerben und der Wahl der Dirndlkönigin.
Infos unter www.pielachtal.info

sende Beschreibung römischer Kochkunst ist Marcus Gavius Apicius zu verdanken, der im ersten nachchristichen Jahrhundert lebte. Einmal im Monat lassen sich die Rezepte dieses »Gourmets der ersten Stunde« im Restaurant »Zum lustigen Bauern« in Zeiselmauer verkosten, einem der ältesten Gasthäuser Österreichs, das erstmals im 9. Jahrhundert erwähnt wurde. Der Wirt Norbert Payr gilt als Experte für römische Kochkunst. Seit vielen Jahren kocht er nach Apicius und forscht nach seltenen Zutaten.

Viele römische Gerichte könnten auch heute als mediterran-leichte Küche durchgehen, sagt Payr: Fleisch, Fisch, Gemüse, geschmort in Olivenöl. Honig oder Dörrfrüchte zum Süßen. Leicht süß-saure oder süß-salzige Geschmacksnoten. Aber die Römer schlemmten auch Ungewöhnliches wie Siebenschläfer, Kranich oder Nachtigallzungen. »Heute verwenden wir natürlich nur ethisch vertretbare Zutaten«, sagt Norbert Payr. Möglichst originalgetreu soll es trotzdem schmecken. So ließ der Koch römischen Wein keltern, versetzt mit Rosen, Veilchen, Kräutern und Früchten. Und in der Nähe der einstigen antiken Metropole Ephesos lässt der Wirt des »Lustigen Bauern« Liquamen fertigen, eine unter Sonneneinstrahlung vergorene Fischsauce zum Salzen. Manchmal muss er lange experimentieren, wenn er ein neues Rezept ausprobiert, denn die Mengenangaben bei Apicius sind nur vage. Und selbst Zutaten wie Karotten schmecken heute anders als vor 2000 Jahren.

Regelmäßig pilgern Römerfans – von Asterix-Experten bis zu Geschichtsprofessoren – zu Norbert Payrs »Lustigem Bauern«. Nach einem Besuch im archäologischen Park von Carnuntum genießen sie Rosenwein, Apiciuswurst auf Pinienkernsauce, Gans mit Liquamen, Bratapfel mit Honig und Maronen. Und schicken hinterher einen Seufzer zum Himmel: »So wird Geschichte lebendig!«

Über dem Fluss
In der mittelalterlichen Greinburg am Donauufer erfährt man allerlei über die Schifffahrt.

5 ✶✶ Donautal

Folgt man der Donau, dann folgt man dem Hauptstrom Österreichs und zweitlängsten Fluss Europas mit jeder Menge Geschichtszeugnissen und landschaftlichen Schönheiten. ▸ **Seite 201**

6 ✶✶ Melk

Das prächtige Barockkloster Melk, Wahrzeichen der Wachau, ist ein Ort der Superlative! Allein der Südflügel des UNESCO-Welterbes misst über 240 m, und die Bibliothek zählt über 100 000 Bücher.
▸ **Seite 372**

In nächtlichem Ambiente
Grande Opera vor der Kulisse der Salzburger Felsenreitschule

7 ✶✶ Salzburg

Weltweit berühmt ist die Geburtsstadt Mozarts und heißt jedes Jahr, nicht zuletzt wegen ihres Festivals, einige Millionen Besucher in ihrer wunderschönen Altstadt willkommen.
▸ **Seite 414**

8 ✶✶ Wolfgangsee

Zum Wolfgangsee pilgerten die Menschen schon immer gerne: vom Mittelalter bis heute zur Wallfahrtskirche und seit der gleichnamigen Operette zum berühmten »Weissen Rössl«. ▸ **Seite 567**

9 ✶✶ Salzkammergut

Es steht für Österreich-Urlaub schlechthin: Wasser, Berge und Kultur machen es zu einer der meistbesuchten Ferienregionen des Landes. ▸ **Seite 440**

10 ✶✶ Mariazell

Das meistbesuchte Wallfahrtsziel Österreichs mit der Gnadenkapelle in seinem Mittelpunkt ist auch ein beliebter Ferien- und Luftkurort. ▸ **Seite 367**

Einzigartiger Reiz
Am Neusiedler See, Europas einzigem Steppensee, findet man auch Möglichkeiten zum Baden, Segeln oder Surfen.

11 ★★ Neusiedler See
Der See, den sich Österreich und Ungarn teilen, ist der einzige Steppensee Mitteleuropas und bietet vielen Tieren als Nationalpark einen geschützten Lebensraum. ► **Seite 394**

12 ★★ Hallstätter See
Hier lag vor mehr als 2500 Jahren ein Wirtschaftsimperium der Kelten. Der reiche archäologische Fundort war namengebend für eine ganze Epoche. ► **Seite 258**

13 ★★ Admont
Das für die Region wichtige Benediktinerstift besitzt eine der größten und schönsten Klosterbibliotheken der Welt mit kostbarem Bücherschatz. ► **Seite 166**

14 ★★ Zeller See
Im Sommer ein Badesee und im Winter genug Platz zum Schlittschuhlaufen – der Zeller See in schöner Umgebung begeistert zu jeder Jahreszeit. ► **Seite 573**

15 ★★ Werfen
Neben seiner Burg begeistert Werfen mit der riesigen Eishöhle, die zu den dreißig größten Naturwundern der Erde zählt!
► **Seite 508**

16 ★★ Dachstein
Beeindruckend ist die Schönheit dieses riesigen Bergmassivs, das sich Wanderern und Kletterern auf vielen wunderschönen Touren erschließt. ► **Seite 199**

17 ★★ Innsbruck
Wunderschön gelegen, verbindet Innsbruck ideal die Ansprüche sowohl von Kulturreisenden wie auch der Ski- und Sportfreunde. ► **Seite 269**

18 ★★ Krimml
Mit 380 m Gefälle sind die Krimmler Wasserfälle die höchsten Mitteleuropas und gehören zu den bedeutendsten Attraktionen der Ostalpen.
► **Seite 327**

19 ★★ Hohe Tauern
Bevor die Zentralalpen nach Osten ausklingen, entfalten sie in diesem gewaltigen Gebirgszug noch einmal ihre volle Pracht. ► **Seite 262**

Nightlife in Graz
Im »Bermudadreieck« sollen Nachtschwärmer schon für immer verschwunden sein.

Rasten ...
in der Edelweißhütte auf halber Strecke der Großglockner-Hochalpenstraße vor einer grandiosen Bergkulisse

DIE BESTEN BAEDEKER-TIPPS

Von allen Baedeker-Tipps in diesem Buch haben wir hier die interessantesten für Sie zusammengestellt! Erleben und genießen Sie Österreich von seiner schönsten Seite.

Komponistenklause
Gustav Mahlers »Komponierhäuschen« am Südufer des Attersees ist unbedingt einen Besuch wert. ► **Seite 175**

Zigarrenfreaks willkommen ...
... im begehbaren Humidor! Und im noblen Vorraum können Sie der Leidenschaft frönen. ► **Seite 190**

Ein (fast) verschwundener See
Im Winter verschwindet er fast ganz, im Sommer wird er je nach Niederschlagsmenge durch eine Karstquelle wieder aufgefüllt. Immer lohnenswert: ein Spaziergang rundum. ► **Seite 198**

Bodensee
Spezialität: geräucherte Felchen, eine Forellenart

Mögen Sie Fisch?
Unverzichtbar ist für Radler, Wanderer oder Vogelbeobachter ein Besuch der für Fischspezialitäten bekannten Gasthäuser am Bodensee. ► **Seite 205**

Kultur für alle
Ob Musik, Tanz oder Theater, Kabarett, Film oder ein Clown – das Kulturzentrum in einer alten Fabrikhalle von Dornbirn verspricht allerhand Kurzweiliges. ► **Seite 207**

Uhudler wird nicht gejodelt
Kein akustischer, sondern ein kulinarischer Genuss verbirgt sich hinter dieser Bezeichnung. In Gemeinden des südlichen Burgenlandes dürfen Sie probieren. ► **Seite 216**

Schlüsselqualifikation
Sind Sie Ungewöhnlichem gegenüber aufgeschlossen? Dann finden Sie in Graz Hunderte höchst aufschlussreicher Objekte! ► **Seite 238**

Flussreise
Die letzten Flusskilometer des romantischen Inntals lassen sich vom Wasser aus genießen: auf dem Salzfürstenschiff Gerda. ► **Seite 288**

Faszinierende Himmelsblicke
... vom höchsten Stadtturm Österreichs. ► **Seite 295**

Ultimative Herausforderung
Der Maiskogel gilt als »Hahnenkamm der Mountainbiker«! Auch weniger Wagemutige werden in der Region fündig. ► **Seite 300**

Wildpark Tirol
Hier leben mehr als 200 Alpentiere, die man aus der Nähe beobachten kann. ► **Seite 307**

Millstätter See
Schmuckstücke aus der Wende vom 19. zum 20. Jh. säumen das Ufer.

»Schmunzelfriedhof«
Zum Lachen auf den Friedhof gehen – in Kramsach, denn dort gibt es jede Menge originelle und humorvolle Grabsprüche.
► **Seite 333**

Empfehlenswerte Brotzeit
Fürstlich speisen lässt sich's im schönsten Restaurant von Liechtenstein.
► **Seite 351**

Historisches Schnauferl
Von Juli bis September verkehrt an Wochenenden zwischen Mariazell und dem Erlaufsee eine Museumstramway mit der ältesten Dampftramwaylokomotive der Welt. ► **Seite 369**

Noble Villen
Dass Millstatt zu Kaisers Zeiten zum beliebten Ferienort des Adels avancierte, wird entlang des Villenwegs durch Millstatt deutlich. ► **Seite 378**

Bretter oder Reifen?
Das Montafon eignet sich nicht nur für die Fortbewegung auf zwei schmalen Brettern, auch für stabile Zweiräder findet man ideale Bedingungen. ► **Seite 385**

Im Reich der Pilze
Die Pilz-Wald-Erlebniswelt in Einöde ist alles andere als öd! ► **Seite 401**

Imposantes Urgetier
In den Donau-Auen nördlich von Traismauer wartet eine urzeitliche Attraktion auf Besucher: riesige Nachbildungen von Sauriern. ► **Seite 450**

Schoko-Paradies
In der Schokoladen-Manufaktur Zotter in Riegersburg herrscht fast täglich »SchokoMania«. ► **Seite 466**

Eine Seefahrt, die ist lustig!
Die österreichische Seedampfschifffahrt begann am Traunsee. Und der Schaufelraddampfer »Gisela« fährt immer noch.
► **Seite 483**

»Tante Dorothee«
Ein Besuch bei »Tante Dorothee« in Wien lohnt allein schon wegen der stilvollen Atmosphäre. Auch Ihren Geldbeutel können Sie dort erleichtern. ► **Seite 529**

Kulinarische Expedition
Ein Erlebnis besonderer Art: der Naschmarkt. Auf diesem größten und interessantesten Wiener Lebensmittelmarkt kann man sich auch auf eine Welt-Schlemmerreise begeben. ► **Seite 543**

Nur Kaffee?
Mehr Kaffeevariationen als in Österreich wird man schwerlich finden.

Ob Radwanderwege für den Familienausflug oder anspruchsvolle Strecken für Mountainbiker – hier wird jeder fündig.
▸ **Seite 125**

HINTERGRUND

PRAKTISCHE INFORMATIONEN VON A BIS Z

Zu den besten Badeseen Kärntens führt die Tour in den Süden.
► **Seite 159**

TOUREN

Eine große Vielfalt an unterschiedlichen Landschaften zeichnet Österreich aus. Hier der Prebersee bei Tamsweg.
► **Seite 19**

REISEZIELE VON A BIS Z

Traditioneller Fischfang mit der bestandsschonenden Reuse am Neusiedler See
▸ **Seite 394**

Preiskategorien

▶ **Hotels**
Luxus: ab 130 Euro
Komfortabel: 70–130 Euro
Günstig: bis 70 Euro
Für eine Übernachtung

▶ **Restaurants**
Fein & Teuer: ab 20 Euro
Erschwinglich: 10–20 Euro
Preiswert: bis 10 Euro
Für ein Hauptgericht

Wanderer haben den Untersberg bei Salzburg erobert.
► **Seite 439**

Haus der Salome Alt in Wels
► **Seite 506**

Hintergrund

HIER ERFAHREN SIE WISSENSWERTES ÜBER DAS KLEINE ALPENLAND: SEINE NATURRÄUME, SEINE MIT EUROPA ENG VERWOBENE GESCHICHTE, SEINE KULTUR UND WARUM DIE SKIFAHRER WIE HELDEN VEREHRT WERDEN.

SERVUS IN ÖSTERREICH

Klein ist sie zwar, die Alpenrepublik, dafür aber fein: voller landschaftlicher Schönheiten, ein absolutes Highlight für alle Kunst- und Kulturinteressierten, ein Paradies für Gourmets sowie ein schier grenzenloses Eldorado für sportlich ambitionierte Urlauber.

Die Habsburger, die von 1273 bis 1918 die Geschicke Österreichs lenkten, hielten sich mit großem Erfolg an ihren Leitsatz: »Bella gerant alii, tu felix austria nube!« – »Mögen andere Kriege führen, Du, glückliches Österreich, heirate!« Zahlreiche Schlösser und historische Kleinode, wie in der ehemaligen Residenzstadt Wien oder stolze Burgen, wie Hochosterwitz sind heute prächtige Zeugen dieser erfolgreichen Familien-Story. Aber auch die Gegenwart geizt nicht mit architektonischen Impressionen, wie man beispielsweise an den fröhlich-bunten Hundertwasser-Bauten sehen kann.

Hoch hinaus
Die alpine Bergwelt bietet Gipfelstürmern Nervenkitzel und grandiose Ausblicke.

Musikland

Das Land, das aus nur neun Bundesländern und seiner Hauptstadt Wien besteht, bezeichnet sich auch stolz als »Musikland«. Und wer kennt nicht die vielen Stars aus früheren Zeiten? Allen voran Wolfgang Amadeus Mozart und Joseph Haydn, Franz Schubert und die Walzerkönige Vater und Sohn Johann Strauß. Oder die Hitparaden-Stürmer unserer Zeit wie Falco, Ostbahn-Kurti, die Erste Allgemeine Verunsicherung, Wolfgang Ambros und Hubert von Goisern. Eine der vielen schönen Traditionen Österreichs ist das Neujahrskonzert der Wiener Philharmoniker – ein Event, das in sage und schreibe mehr als 40 Länder der Welt übertragen wird! Weitere Höhepunkte sind natürlich die Salzburger und Bregenzer Festspiele und die Aufführungen im altehrwürdigen Wiener Opernhaus.

Land der Berge und Seen

Die grandiose Landschaft trägt ebenfalls dazu bei, dass es jedes Jahr weit über 30 Millionen Urlauber nach Österreich zieht. Das Ferienangebot ähnelt einem Regenbogen – für jeden Geschmack ist die passende Farbe dabei!

Fröhliches Treiben
Die »Bischofsmütze« blickt gelassen auf die schneebedeckten Pisten zu ihren Füßen, wo sich Wintersportler und Erlebnishungrige vergnügen.

Atempause
erträumte Orte und stille Seen, von Bergen umrahmt, lassen die Seele zur Ruhe kommen.

Städtebummel
Museum, Festival, entspanntes Shoppen oder Einkehr zu kulinarischen Genüssen – in den Innenstädten wird jede Menge Abwechslung geboten.

Attraktionen auf Schritt und Tritt
Vor geschichtsträchtigen Fassaden amüsieren Straßenkünstler ihr junges Publikum.

Glanz und Gloria
Kaiser, Könige und geistliche Herrscher haben ein reiches Erbe an majestätischen Palästen, barocken Klosteranlagen und Kirchen von beeindruckender Schönheit hinterlassen.

Schützenswert
In Natur- und Nationalparks, Schutzgebieten und Alpengärten soll die einzigartige Artenvielfalt des Landes bewahrt und Besuchern die Schönheit der Natur nahe gebracht werden.

Bergfexe zieht es auf die Dreitausender, von denen der 3798 m hohe Großglockner in den Hohen Tauern der höchste ist. Aber auch die vielen andern Bergspitzen des Alpenhauptkammes bieten unvergessliche Panoramablicke.
Für Badenixen und Wassermänner sind Wörther-, Wolfgang- und Ossiacher See, der Traun- und der Mondsee sowie die vielen anderen größeren und kleineren Gewässer bevorzugte Ziele. Im Burgenland ist mit dem Neusiedler See sogar Mitteleuropas einziger Steppensee, mit leicht salzigem Wasser, zu finden.
Da Österreich zu zwei Dritteln aus Bergen besteht, wundert es nicht, dass von hier aus zahlreiche olympische Winterträume in Erfüllung gingen. Einstige Ski-Profis wie Toni Sailer, Franz Klammer oder Hansi Hinterseer, der heute als Volksmusiksänger und TV-Moderator vor das große Publikum tritt, aber auch die heutigen Skirennläufer wie Hermann Maier, Rainer Schönfelder und Marlies Schild nutzten und nutzen die großen Ski-Arenen des Landes für ihr erfolgreiches Training.

Urgemütlich
Beim Heurigen in den Buschenschanken klingt der Abend aus.

»Insel der Seligen«

Gemütlichkeit aus Tradition, gepaart mit herzlicher Freundlichkeit und kulinarischen Köstlichkeiten sind weitere Gründe, weshalb sich Urlauber auf diesem wunderbaren Flecken Erde so wohl fühlen. Nirgendwo anders im Land spiegelt sich überzeugender das einstige Vielvölker-Mischmasch besser wider als auf den Speisekarten: Wiener Schnitzel, das eigentlich aus Mailand stammt, Tafelspitz, Donau-Fischgerichte und unterschiedlichst gefüllte Knödel. Weit über die rot-weiß-roten Grenzen hinaus berühmt sind auch die diversen Mehlspeisen wie der Kaiserschmarrn und der, ursprünglich tschechische, Palatschinken sowie der Millirahm- und Apfelstrudel, nicht zu vergessen die legendäre Sacher-Torte. Und aus den östlichen und südlichen Regionen Österreichs stammen süffige Weine wie Grüner Veltliner, Traminer oder Zweigelt, die oft noch in traditionsreichen Familienbetrieben gekeltert werden.
»Insel der Seligen« nannte der frühere Papst Paul VI. einmal das Land. Und wer abends, vielleicht bei einem guten »Glaserl« Wein, den vergangenen Ferientag Revue passieren lässt, kann etwas von dieser, überall zu spürenden Seligkeit empfinden und darf dieses schöne Gefühl mit nach Hause nehmen – die vielleicht schönste Urlaubserinnerung.

Fakten

Österreich fungiert neben der Schweiz als Haupttransitland für den Norden über die Alpen ins südliche Europa. Seit der EU-Osterweiterung ist es vom einstigen Rand der EU in die Mitte gerückt.

Natur

Alpenland im Südosten Mitteleuropas

Österreich ist überwiegend ein **Mittel- und Hochgebirgsland**. Seine 2650 km lange Grenze teilt es sich mit acht Nachbarn: Etwa 800 km entfallen auf Deutschland, 430 km auf Italien, 550 km auf Tschechien und die Slowakische Republik, 366 km auf Ungarn, 312 km auf Slowenien sowie rund 200 km auf die Schweiz und Liechtenstein. Den Norden des Landes durchfließt die Donau auf einer gut 350 km langen Strecke.

Landschaftsformen

Fast zwei Drittel der Gesamtfläche von Österreichs Staatsgebiet nehmen die Ostalpen ein. Gut ein Viertel entfällt auf siedlungsgünstiges Flach- und Hügelland, das sich als ein Band von wechselnder Breite entlang der Donau, im Bereich des Wiener Beckens mit dem Weinviertel und am Ostrand der Alpen nach Süden zieht. Ein Zehntel der Fläche umfasst den österreichischen Teil des Böhmischen Granitmassivs, das an mehreren Stellen über die Donau nach Süden übergreift.

Alpen

Die österreichischen Alpen gliedern sich in drei vornehmlich von West nach Ost verlaufende Hauptketten: die nördlichen Kalkalpen, die Zentralalpen und die südlichen Kalkalpen.

◄ Nördliche Kalkalpen

Vom Rätikon über die Lechtaler Alpen mit der Parseierspitze (3038 m) als höchster Erhebung, über das Karwendel-, Kaiser- und Tennengebirge bis zum Dachstein, weiter über die Eisenerzer Alpen bis zum Schneeberg reichen die nördlichen Kalkalpen. Sie sind kein durchgehendes Massiv, sondern werden immer wieder durch von Nord nach Süd verlaufende Flüsse zerteilt. Verkarstete Hochplateaus und schroffe Spitzen prägen ihr Bild, besonders schön zu sehen im Kaisergebirge oder in der Dachsteinregion. Im Süden trennen die hier west-östlich verlaufenden Flüsse die Nördlichen Kalkalpen von den Zentralalpen.

◄ Zentralalpen

Die Zentralalpen reichen von den Ötztaler Alpen über die Hohen Tauern bis zu den Niederen Tauern. Ihre massigen, gletscherbedeckten Gebirgsstöcke aus kristallinem Gestein werden durch tiefe, eisgeschürfte Täler gegliedert. Höchster Gipfel der Zentralalpen und damit Österreichs ist der Großglockner (3797 m) in den Hohen Tauern. Nur spärlich vorhanden sind siedlungsgeeignete Täler, schmal die Waldzonen an steilen Talflanken, ausgedehnt dagegen steinige Almböden und Ödland.
Diese lang gestreckte, selten unter 3000 m sinkende Gebirgskette ist schwer zu durchdringen: Der bedeutendste Pass ist der Brenner, die anderen Nord-Süd-Verbindungen sind entweder großartige, aber im Winter gesperrte Panoramastraßen wie die Großglockner-Hochalpenstraße, oder sie unterqueren den Hauptkamm wie der Felbertauern- oder der Tauerntunnel.

← Blick von Egg auf die Karawanken

Südliche Kalkalpen ►

Über den Kamm der Südlichen Kalkalpen, nämlich über die Karnischen Alpen und die Karawanken, verläuft seit 1919 die Grenze zwischen Österreich und Italien bzw. Slowenien, früher Jugoslawien. Von den Zentralalpen werden die Südlichen Kalkalpen durch das Drautal getrennt.

Mühl- und Waldviertler Hochland

Nördlich der Donau erheben sich das Mühl- und das Waldviertel. Ihre zum Böhmischen Massiv gehörenden Höhen (bis 1380 m) sind auch heute noch von dichten Wäldern bedeckt. Die raue, windige Granit-Hochfläche bietet verhältnismäßig schlechte Böden und ist wenig besiedelt. Waren sie früher Durchgangsgebiet nach Böhmen und Mähren, lagen beide Regionen seit dem Ende des Zweiten Weltkriegs abseits der großen Verkehrsströme.

Hügel- und Flachland

Das ober- und niederösterreichische Alpenland liegt zwischen dem Nordrand der Alpen und der Donau. Breite Terrassen und bewaldete Kuppen fallen nach Norden ab, unterbrochen durch die der Donau zuströmenden Flüsse.

Im Weinviertel und dem nördlichen Burgenland dehnen sich die einzigen größeren Ebenen Österreichs aus (Tullnerfeld, Marchfeld, Seewinkel u. a.). Hier liegen die **Kornkammer Österreichs** und sein wichtigstes Wein-, Obst- und Gemüseanbaugebiet. Jenseits vom Neusiedler See herrscht mit Salztümpeln oder »Zick-Lacken« (von ungarisch »szik« = Soda) bereits echte Puszta vor.

Im steirisch-südburgenländischen Hügelland spürt man schon die Wärme des Südens. Auf lang gezogenen Kuppen und Rücken wechseln sich Wälder, Wiesen, Weinberge und Felder ab, gedeihen Korn und Obst in Hülle und Fülle.

Österreich *Landschaftsformen*

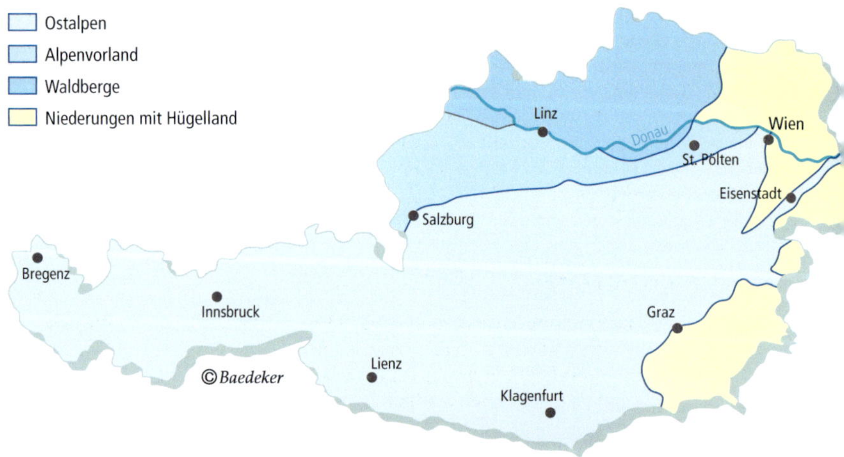

Der wilde Kaiser gehört zu den nördlichen Kalkalpen.

Die Alpen als Natur-, Lebens- und Erholungsraum

Bergregionen als Lebens- und Kulturraum

Zum »Internationalen Jahr der Berge« hatte die UNO das Jahr 2002 erklärt, mit dem Ziel, die Bergregionen der Erde samt ihrer globalen Dimension den Menschen ins Bewusstsein zu rufen. Aus gutem Grund: Die Bergwelten der Erde sind nicht nur komplexe Ökosysteme mit einer unglaublichen Artenvielfalt, Speicher und Lieferant für etwa die Hälfte des globalen Trinkwasserbedarfs – sie sind auch Lebens-, Wirtschafts- und Kulturraum für rund ein Zehntel der Menschheit. Nimmt diese komplexe Welt Schaden, beeinträchtigt das nicht nur die lokale Natur und die dortige Bevölkerung, sondern auch viele weiter entfernt lebende Menschen. Besonders für ein Land wie Österreich ist eine intakte Bergwelt das bedeutendste Kapital und wichtigste Grundlage für den Tourismus.

◄ Alpenkonvention

Österreich ist Unterzeichnerstaat der Alpenkonvention (1991 unterzeichnet, 1995 in Kraft getreten), ein Übereinkommen der Alpenstaaten zum **Schutz** und zur nachhaltigen Entwicklung **der Alpen**. In Form von Protokollen zu einzelnen Themen wie Energie, Verkehr, Bodenschutz, Berglandwirtschaft oder Tourismus, die im Dezember 2002 in Kraft traten, hat man diesen Rahmenvertrag mit konkreten Inhalten versehen. Ständiger Sitz des Alpenkonventionssekretariats ist Innsbruck.

Pflanzen und Tiere

Naturschutz

Österreich zeichnet sich durch eine außerordentliche Vielfalt seiner Pflanzen- und Tierwelt aus. Seit man sich ihrer Bedeutung für den Naturkreislauf, aber auch für den Tourismus bewusst geworden ist, hat man zu entsprechenden Schutzmaßnahmen gegriffen. So konnten in Auswilderungsprogrammen Braunbär, Biber, Bartgeier oder Luchs an ausgewählten Stellen wieder heimisch werden. Allerdings muss man neben der Art auch ihren Lebensraum schützen. Dabei geht es nicht nur darum, Naturräume gänzlich ohne menschliche Eingriffe zu bewahren. Viele Tier- und Pflanzenarten benötigen eine extensive Flächenbewirtschaftung, so z. B. Streuwiesen. Sie werden einmal im Jahr gemäht und das Mähgut entsorgt – Lohn für die Pflege der Kulturlandschaft sind Frühlingsenzian, Trollblume, Geflecktes Knabenkraut und Ameisenbläulinge (Schmetterlinge).

Pflanzen

Regionale Besonderheiten

Dank seiner verschiedenen Landschaftsformen, Bodenbedingungen und Klimaeinflüsse besitzt Österreich eine größere Pflanzenvielfalt als benachbarte Länder: Im Norden gibt es baltische Elemente, im Mittelgebirge atlantische, im Osten und Südosten pannonische und mediterran-illyrische Arten. Die Alpen beherbergen zahlreiche Relikte und Endemiten, also Pflanzen und Tiere, die nirgendwo anders (mehr) vorkommen.

Wald

Wald bedeckt mehr als ein Drittel der Bodenfläche und ist damit die beherrschende Vegetationsform. Sein natürliches Besiedlungsgebiet reicht von den Donauauen bis ins Gebirge. Die Waldgrenze liegt in den Zentralalpen bei 2000 m, in den Nord- und Südalpen bei 1700 m.

Mischwald im Hügel- und Flachland ▶

Im Mühl- und Waldviertel dominieren Buchen, Birken, Fichten, Tannen und Waldkiefern (Rotföhre). In den pannonischen Gebieten findet man vorwiegend Eichen-Hainbuchen-Wälder (Weinviertel) und Eichen-Buchen-Wälder (Südburgenland, Oststeiermark, Leithagebirge, Wienerwald). Die illyrische Schwarzföhre besitzt bei Wien ihr nördlichstes Verbreitungsgebiet. Entlang von Donau, March und Leitha sieht man neben üppigen Auen mit Weiden, Pappeln, Eschen und Ulmen urwaldähnliche Erlenbrüche.

Der prächtige Almrausch färbt im Frühjahr ganze Hänge rot.

Subalpiner Buchen-Tannen-Mischwald wächst im westlichen Wienerwald, dem Alpenvorland, den niederösterreichisch-steirischen Kalkalpen, im Salzkammergut und im Bregenzer Wald. Aus dem Mittelmeergebiet stammt die bei Graz und Innsbruck gedeihende Hopfenbuche.

Je höher bzw. je weiter westwärts man kommt, häufen sich Lärchen und Kiefern. Über 1350 m dominiert an feuchten Hängen die Fichte, an trockenen, neben Ahorn und Wacholder, die Kiefer. An der Waldgrenze stehen meist Fichten und Lärchen, in den Tauern und in Tirol kommt die Zirbe (oder Zirbel) hinzu, eine langsam wachsende, besonders widerstandsfähige hochalpine Kiefernart. Typisch für Kalkplateaus sind Legföhren (Latschen).

◄ Alpiner Mischwald

Blumen und Büsche

Augenfällig ist die **große Blumenvielfalt**. Insbesondere in hochalpinen Regionen bezaubern zahlreiche leuchtend farbige Blumen die Wanderer und Bergsteiger. Die imponierende Farbigkeit der meist kurzstieligen Blumen wird auf den hohen Anteil ultravioletter Strahlen im Hochgebirge zurückgeführt. Übermäßige Verdunstung wird durch dicke, manchmal auch behaarte Blätter verhindert.

◄ Almwiesen

Während des Bergfrühlings bietet eine naturbelassene Almwiese ein buntes Bild. Eine andere alpine Formation ist die Heide mit Heidekraut und verschiedenen Beeren sowie vor allem dem herrlichen Almrausch, der die Berghänge in ein feuriges Rot verwandelt. Wie bei vielen Pflanzen (z. B. Enzian) gibt es eine Kalk- und eine Zentralgesteinsform der Alpenrose: Auf Kalk wächst der behaarte (Rhododendron hirsutum), im Zentralgesteinsgebiet findet man den rostroten (Rhododendron ferrugineum). Der Lebensraum der am höchsten steigenden Blütenpflanze Europas, des Gletscherhahnenfußes (Blütezeit: Juli/August), liegt in Höhen von 2000 m bis über 4000 m.

? WUSSTEN SIE SCHON ...?

- Eine große Seltenheit ist die blau blühende Kärntner Landesblume Wulfenia carinthiaca, auch Kärntner Kuhtritt genannt. Sie kommt nur bei Hermagor in Kärnten und an der albanisch-montenegrinischen Grenze vor.

◄ Felsregionen

Felsen und Felsspalten besitzen eine eigene Flora: Edelweiß und Alpenaurikel darf man zwar suchen, aber nicht pflücken, da sie unter Naturschutz stehen! In den Felsregionen überziehen hauchdünne Krustenflechten in unterschiedlichsten Farben fast jeden Quadratzentimeter Gestein.

◄ Waldboden

Den Waldboden besiedeln neben Einbeere, Seidelbast und Sauerklee auch zahlreiche Orchideen, sogar der leider schon stark dezimierte Frauenschuh.

◄ Pannonischer Trockenrasen

Einen ganz anderen Charakter hat der pannonische Trockenrasen, der in der Wachau und dem nördlichen Burgenland anzutreffen ist. Dort wachsen neben Adonisröschen, Kuhschelle und Tragant verschiedene Wildrosen, Schlehdorn, Weißdorn und Zwergmispel.

◄ Salzsteppe

In der Salzsteppe des burgenländischen Seewinkels (Illmitz, Apetlon, Podersdorf) herrscht beinahe Wüstenatmosphäre. Nur extrem angepasste Pflanzen können die heißen, trockenen Sommer überdauern: Salzkresse, Strandaster, Bottenbinse und stamm- bzw. blattsukkulente Fuchschwanzgewächse (Salicornia), die dem Boden im Herbst ein rotes Aussehen verleihen.

Flussläufe, Moore

Im undurchdringlichen Unterholz der Auwälder gedeihen die verschiedensten Gräser und Büsche, aber auch Schneeglöckchen und Aronstab. An den Ufern der Gewässer stehen neben der Wasser-

Ein Murmeltier steht als Wächter bereit, um die Kolonie bei Gefahren zu warnen.

schwertlilie (gelb), der Sibirische Schwertlilie (hellblau) sowie der Sumpfgladiole auch Schilf und Gräser. Typische Begleitpflanzen der Hochmoore sind Wollgras und Heidekraut, Zwergbirke und der Insekten verdauende, mit beweglichen Fangtentakeln ausgerüstete Sonnentau.

Tiere

Am bekanntesten sind sicher Alpentiere wie Steinbock, Gams oder Murmeltier. Aber auch in tieferen Lagen und speziellen Naturräumen wie etwa dem Neusiedler See findet man eine wunderbare, sehenswerte Tierwelt.

Fische Von den über 80 in Österreich heimischen Fischarten kommen 60 in der Donau vor. Während in den alpinen Gewässern vor allem Forellen, Saiblinge, Äschen, Schleien und Reinanken schwimmen, findet man in der Donau Barsche, Welse, Huchen und Aale. Karpfen stammen vornehmlich aus den Waldviertler Teichen.

Biber 1863 wurde in Österreich der letzte Biber erlegt, 1967 und 1985 hat man etliche Exemplare in den Donau-March-Auen und dem Inn-Salzach-Tal ausgewildert. Ein schöner Erfolg: Heute leben wieder etwa 1000 Biber in Österreich.

Lurche Mit etwas Glück und Geduld kann man vielerlei Molche, Frösche und Kröten beobachten. An tiefer gelegenen Seen leben Rotbauch- oder Tieflandunken, an Mittelgebirgsseen Gelbbauch- oder Bergunken. Feuchte Laub- und Nadelmischwälder sind der bevorzugte Aufenthaltsort des Feuersalamanders, der vor allem in Höhenlagen zwischen 200 und 700 m vorkommt.

Reptilien

Nur noch ganz selten anzutreffen – vor allem in den Donauauen – ist die **Europäische Sumpfschildkröte**. Eine Wärme und Wasser liebende Schlange ist die stark bedrohte **Würfelnatter**, wohingegen die ebenfalls Wasser liebende Ringelnatter noch vergleichsweise häufig vorkommt. Wärmebedürftig ist auch Österreichs längste Schlange, die kletternde **Äskulapnatter** (bis 2 m). Die häufigste Giftschlange ist die Kreuzotter. Sie lebt hauptsächlich in Mooren und Gebirgen, während die Sand- oder Hornviper die Steinhaufen und Mauerlöcher Kärntens und der Südsteiermark bevorzugt.

Insekten

In den pannonischen Gebieten findet man die Singzikade und die Gottesanbeterin. Streng geschützt sind Arten wie Alpenbock, Hirschkäfer, Nashornkäfer, Schwalbenschwanz, Ailanthusspinner, Totenkopfschwärmer, Trauermantel, Apollofalter und das Wiener Nachtpfauenauge, der größte in Österreich vorkommende Schmetterling.

Vögel

Ein **international berühmtes Vogelparadies** ist der Schilfgürtel des Neusiedler Sees, aber auch in den Donau- und Marchauen kann man herrliche Beobachtungen machen: Nicht nur die seltenen Vogel-

Füchse bevölkern wieder die Felder und Wälder der Alpenregionen.

arten, auch der häufiger vorkommende Höckerschwan und Weißstorch erfreuen den Betrachter. Der sehr seltene und scheue Schwarzstorch brütet im Wiener Wald und im Nationalpark Thayatal. Fasan und Rebhuhn findet man im Osten Österreichs.

Alpentiere Um in den Hochalpen zu überleben, muss man über ein ganz besonderes Anpassungsvermögen verfügen. Unbestrittener König der Lüfte ist der Steinadler, allerdings ist der wieder eingebürgerte Bartgeier mit einer Spannweite von fast 3 m der größte Alpenvogel. Charakteristisch für die Region sind Alpensegler, Kolkrabe oder Alpenmauerläufer, Auerhahn und Birkhuhn schätzen die tieferen Lagen.
Zwischen 1300 und 2700 m Höhe fühlen sich Murmeltier, Schneemaus, Schneehuhn und Schneehase wohl. Mit viel Glück sieht man den pechschwarzen Alpensalamander. Die Gams, für die Alpenregion charakteristische Antilopenart, vermehrt sich wieder stärker. Der in Österreich ausgerottete Steinbock wurde wieder eingebürgert. Dies versucht man – mit zögerlichem Erfolg – auch mit Braunbär, Wolf und Luchs. Mufflon (Wildschaf) und Damhirsch leben nur noch in umzäunten Revieren, dafür bevölkern Füchse und Rehe Feld und Wald. In den Gebirgswäldern trifft man gelegentlich auf Rothirsche.

Bevölkerung · Politik · Wirtschaft

Bevölkerung

Die im Vergleich zu Deutschland **geringe Bevölkerungsdichte** lässt sich mit dem hohen Anteil der Gebirgsregionen an der Gesamtfläche erklären: ca. 60% des Landes sind unbesiedelt. Knapp 20% der Österreicher leben im Großraum Wien. Weitere Ballungsgebiete sind das Donautal und die Täler von Inn und Mur. Das stärkste Bevölkerungswachstum ist in westösterreichischen Städten wie Salzburg, Innsbruck und Bregenz zu verzeichnen. Geburten- und Sterberate halten sich in etwa die Waage.

Ausländer und Minderheiten Zu rund 98% ist die österreichische Bevölkerung deutschsprachig. Der Ausländeranteil liegt bei 9,5%, die größte Gruppe bilden die gut 340 000 Menschen aus dem ehemaligen Jugoslawien (4,2%). Türken und Deutsche machen ca. 2,5% der Bevölkerung aus und leben überwiegend als Gastarbeiter im Land. Angehörige der sechs in Österreich anerkannten Volksgruppen leben in fünf Bundesländern: Das Burgenland und Wien sind Heimat von Kroaten und Ungarn, im Südkärntner Gail-, Rosen- und Jauntal sowie in einigen Orten der südlichen Steiermark leben Slowenen, in Wien und Niederösterreich (March- und Tullnerfeld) Tschechen und Slowaken. Die seit 1993 in Österreich als Volksgruppen anerkannten Roma und Sinti siedeln vorwiegend im Burgenland und in Wien.

Abstammung

Mit Ausnahme von Vorarlberg und einem kleinen Teil Tirols (Außerfern), die alemannisch sind, bildet der bayerische Stamm den Grundstock der österreichischen Bevölkerung. Dennoch kann nur Oberösterreich, das zum Volksland der Bayern gehörte, als bayerisch gelten. In Tirol und Salzburg wie auch in Vorarlberg wurde die rätoromanische Bevölkerung schon in der vorkarolingischen Zeit von den germanischen Bajuwaren überlagert. Sie verschwand allmählich, bis auf manche Täler wie dem Montafon und dem obersten Inntal. Im westlich anstoßenden Engadin leben sie bis heute.

◄ Bayern

◄ Rätoromanen

Vornehmlich in Kärnten und der Steiermark traf die Ausbreitung der Bayern in karolingischer Zeit auf eine slawische Bevölkerung. Die Kärntner Slowenen, auch die »Windischen« genannt, stellen heute eine nicht unbeträchtliche Minderheit dar.

◄ Slawen

Niederösterreich, das ebenso wie die Oststeiermark und das Burgenland durch jahrhundertelange Kämpfe mit den Reitervölkern aus dem Osten (zuletzt den Ungarn) fast völlig verödet war, wurde seit dem 10. Jh. von deutschen Kolonisten (überwiegend bayerischer Herkunft) besiedelt. Nach wiederholten Einfällen von Türken oder Ungarn ließen sich kroatische Flüchtlinge in diesem Gebiet nieder, während im Burgenland neben einer bis heute recht stattlichen kroatischen Volksgruppe auch einige ungarische Grenzsiedlungen aus früher Zeit überlebt haben. Die kroatische Minderheit zählt heute nach der Umgangssprache 19 000 Menschen, die slowenische in Kärnten 16 000 und die ungarische 4000.

◄ Kroaten

Staat und Gesellschaft

Politische Einordnung

Österreich liegt im Übergangsbereich vom »atlantischen« zum »danubischen« Mitteleuropa. Allerdings hat sich die Bedeutung dieser Lage im Laufe seiner über tausendjährigen Geschichte mehrmals grundlegend gewandelt: von der Grenzlage am Südostrand des Abendlandes über die Zentrallage im habsburgischen Großreich, dann zurück zur Grenzlage im geteilten Nachkriegseuropa – und jetzt inmitten eines Europas, in dem die Grenzen zu den östlichen Nachbarländern keine ideologische Schranke mehr bilden.

? WUSSTEN SIE SCHON …?

- Österreichs Nationalfeiertag ist der 26. Oktober, der Tag der Verabschiedung des Neutralitätsgesetzes 1955.

Österreich entstand im trichterförmig verengten Donaukorridor, wo dieser sich gegen das weitere Wiener Becken öffnet. Die Gegend entwickelte sich zur Drehscheibe kontinental wichtiger Verkehrsachsen. Von Karl dem Großen als Ostmark zur Verteidigung seines Reiches gegen die Ungarn gegründet, wurde das 996 erstmals als **»Ostarrîchi«** bezeichnete Territorium von den ab 976 herrschenden Babenbergern bald über den größeren Teil des Wiener Beckens hinweg nördlich bis zur Leitha-March-Thaya-Linie (1043) hin ausgedehnt. Danach folgte die Erweiterung nach

Zahlen und Fakten Österreich

Lage
- von 46°20′ bis 49° nördlicher Breite
- von 9°30′ bis 17°10′ westlicher Länge

Fläche
- 83 871 km²

Bevölkerung
- 8,3 Mio.
- Bevölkerungsdichte 99 Einw. je km²
- größte Städte: Wien (Hauptstadt) 1,69 Mio. Einw., Graz 253 000 Einw., Linz 190 000 Einw.

Sprache
- Amtssprache: Deutsch
- regional: Kroatisch, Slowenisch, Ungarisch

Religion
- 73,6% römisch-katholisch
- 4,7% Protestanten
- 4,2% Moslems
- 12% keine Glaubensgemeinschaft

Wirtschaft
- Bruttoinlandsprodukt: 272,7 Mrd. €
- Bruttoinlandsprodukt je Einwohner: 31 800 €
- Anteil BIP: Industrie: 28%, Landwirtschaft 2%, Dienstleistungen 70%
- Arbeitslosenquote: 4,2%
- Wintersport: rund 5% des BIP hängen direkt oder indirekt mit dem Wintersport zusammen.

Staat
- Bundesrepublik
- 9 Bundesländer (Burgenland, Kärnten, Niederösterreich, Oberösterreich, Salzburg, Steiermark, Tirol, Vorarlberg, Wien)
- Staatsgründung: 1918, 2. Republik: 1945, souverän ab 1955
- Staatsoberhaupt: Bundespräsident, auf 6 Jahre direkt gewählt (hauptsächlich repräsentative Aufgaben)
- Regierungschef: Bundeskanzler
- Parlament mit zwei Kammern: Nationalrat mit 183 Abgeordneten; Bundesrat (Vertretung der Länder auf Bundesebene) mit 64 Delegierten

Flagge
- Rot-Weiß-Rot in gleich breiten Streifen

Süden (Steiermark 1192). Die ab 1278 herrschenden Habsburger stießen ebenfalls nach Süden vor (Kärnten-Krain 1335, Duino 1335, Triest 1382), aber auch nach Westen (Tirol 1363, vorarlbergische und südwestdeutsche Gebiete im 15. Jh.), um die Verbindung zu ihren schweizerisch-südwestdeutschen Stammlanden zu wahren. Aus dieser starken Stellung der Habsburger heraus gelang – über die glückliche Realisierung von Heirats- und Erbverträgen – schließlich der Aufstieg zur Großmacht. Viel später erst wurden das bayerische Innviertel (1779) und das geistliche Fürstentum Salzburg (1805) angegliedert.

Heutige Ausdehnung

Das heutige Österreich ist im Großen und Ganzen das, was 1919 nach dem Abtreten großer Gebiete an gegnerische Nachbarn – Italien, Jugoslawien und Tschechoslowakei – übrig blieb. Neben großen Teilen von Tirol und der Steiermark und kleineren Kärntens und Niederösterreichs ging vor allem der Zugang zur Adria verloren. Hingegen wurde das überwiegend deutsch besiedelte, früher zu Ungarn gehörende Burgenland hinzugewonnen. Seither beträgt die Länge des Staatgebietes von Westen nach Osten rund 560 km, seine größte Breite von Norden nach Süden aber nur etwa 280 km. Das westliche Landesdrittel, mit dem Österreich an die Schweiz heranreicht und die Länder Deutschland und Italien voneinander trennt, ist lediglich ein schmaler Korridor von 40–60 km Breite.

Siedlungen und Verkehrswege

Naturgemäß liegen die Hauptsiedlungszentren in den Flachlandteilen und daher peripher. Der staatliche Zusammenhalt wäre in der Tat kaum gewährleistet gewesen, wenn nicht die Ostalpen eine verhältnismäßig gute Durchgängigkeit aufwiesen: im Norden das Arlberg-, Inn-, Salzach- und Ennstal, in der Mitte das Mur- und das Mürztal mit dem Semmering, im Süden das Gail- und Drautal. Hinzu kommen weitere quer verlaufende Talzüge, so dass ein regelrechtes Gitternetz natürlicher Wege vorhanden ist. Die nach Osten zunehmende Auflockerung der Alpen – z. B. im Klagenfurter Becken – bot Raum für die Bildung eigenständiger politischer Zentren. Dagegen stützte sich die Ausbildung der Tiroler Landesherrschaft auf kleinere Talräume beiderseits der Pässe von Brenner und Reschen, nämlich das Burggrafenamt in Südtirol und das Mittlere Inntal.

Politische Gliederung

Österreich ist seit 1918 ein **parlamentarisch-demokratischer Bundesstaat**. Das vom Volk gewählte Parlament jedes Bundeslandes ist der Landtag. Er wählt seinerseits die Landesregierung und den Landeshauptmann. In Wien sind Landtag und Landeshauptmann zugleich Gemeinderat und Bürgermeister.

Bundesorgane

Alle vier Jahre wählt die Bevölkerung die 183 Mitglieder des Nationalrats, der gesetzgebenden Körperschaft. Die Mehrheitsverhältnisse und die Koalitionsmöglichkeiten der im Nationalrat vertretenen Parteien sind maßgebend für die Zusammensetzung der Bundesregierung, die der vom Volk jeweils für sechs Jahre gewählte Bundespräsident ernennt und die dem Nationalrat gegenüber verantwortlich ist. Als Länderkammer mit Einspruchsrecht gegen vom Nationalrat beschlossene Gesetze fungiert der Bundesrat, der sich aus 64 Delegierten der Länder zusammensetzt.

Internationale Mitgliedschaften

Österreich ist Mitglied der Vereinten Nationen und der meisten UN-Sonderorganisationen sowie im Europarat und in der OSZE (Organisation für Sicherheit und Zusammenarbeit in Europa). In den Gebäuden der UNO-City östlich der Wiener Altstadt haben Sonderorganisationen im UN-Verband, darunter die Organisation für industrielle Entwicklung (UNIDO), und autonome Einrichtungen innerhalb der Vereinten Nationen ihren Sitz. Zu Letzteren zählt die internationale Atomenergie-Agentur (IAEO), ein Kontrollorgan des Atomsperrvertrags. Seit 1995 ist Österreich Mitglied der Europäischen Union.

? WUSSTEN SIE SCHON ...?

- Nach einer Legende hat Herzog Leopold V. bei der Eroberung von Akkon während des 3. Kreuzzuges einen weißen Mantel getragen. Als er nach der Schlacht ins Lager zurückkehrte, war der Mantel mit Blut getränkt. Nur unter dem Gurt, den der Herzog getragen hatte, war der Mantel noch weiß geblieben – seit damals trugen die Babenberger jenes Rot-weiß-rot in ihrem Wappen.

Die **rot-weiß-rote Flagge** ist seit 1918 die Staatsflagge der Republik. Herkunft und Bedeutung der Farben sind nicht eindeutig geklärt. Man nimmt an, dass sie auf die Babenberger zurückgehen, von denen auch das große Bindenschild im Zentrum des Staatswappens übernommen wurde. Das Staatswappen (▸ S. 28) zeigt einen Adler, der noch aus der Zeit des Kaiserreichs stammt. Er trägt eine so genannte Stadtmauerkrone als Symbol für die Bürgerschaft und hält Hammer und Sichel als Symbole für Arbeiterschaft und Bauernstand. Nach dem Zweiten Weltkrieg wurde die zerbrochene Kette als Symbol der Befreiung von der nationalsozialistischen Diktatur neu eingefügt.

Bundesländer

Burgenland

Das Burgenland, das östlichste österreichische Bundesland, reicht in einem verhältnismäßig schmalen, 160 km langen Streifen entlang der österreichisch-ungarischen Grenze von der Donau im Norden bis zur slowenischen Grenze im Süden. Das in der Mitte wie eine Wespentaille auf vier Kilometer zusammengeschnürte Land hat mit dem Ausland mehr gemeinsame Grenze als mit dem Heimatland Österreich. Im nördlichen Teil, wo sich der Neusiedler See, Europas einziger Steppensee und das eigentliche Wahrzeichen des Burgenlandes, befindet, dehnen sich am Ostabhang des Leithagebirges die weiten Tiefebenen der Puszta aus, die sich jenseits der Grenze in Ungarn bis zu den Karpaten hinziehen. Der Süden des Burgenlandes ist ein

waldreiches, zu den östlichen Alpenausläufern gehörendes Mittelgebirge, dessen Landschaftsbild von Weideflächen, Obstkulturen und Weinbau bestimmt wird.
Das Burgenland wurde nicht nach den zahlreichen Burgen benannt, die sich im südlichen Teil, dem alten Grenzgebiet, erheben. Diese Bezeichnung geht vielmehr auf den gemeinsamen Namensbestandteil der ehemaligen westungarischen Komitate (Verwaltungsbezirke) Ödenburg, Preßburg, Wieselburg und Eisenburg zurück. Deshalb war nach dem Zerfall der österreichisch-ungarischen Monarchie und dem Votum der Burgenländer für den Anschluss an Österreich (1918) ursprünglich die Bezeichnung »Vierburgenland« vorgesehen.

Kärnten

Das im Süden an Italien und Slowenien grenzende rechteckförmige Kärnten ist geografisch wie klimatisch **der sonnige Süden Österreichs**. Vom mediterran anmutenden Klima profitiert in erster Linie die weite, allseitig von Gebirgszügen umschlossene Beckenlandschaft Unterkärntens mit ihren über 200 Seen im Flusstal der unteren Drau, die das Bundesland fast in seiner ganzen Länge durchfließt. Dieses Becken mit seinen großen Tälern ähnelt in seinem natürlichen Aufbau einer Muschel mit ebenem Boden und tiefen Rillen, an deren Rand sich gewaltige Gebirge aufwölben: im Norden die Hohen Tauern und Gurktaler Alpen, im Osten die Höhenzüge der Saualpe und Koralpe, im Süden die Karawanken und die Karnischen Alpen, im Westen die Lienzer Dolomiten. Auch für die Oberflächengestalt des Landesinneren sind Berge, deren Höhenlagen als Wintersportgebiete sehr geschätzt sind, maßgeblich. So wird das nördlich gelegene Oberkärnten im Westen ganz von den Hohen Tauern beherrscht, und immerhin 57% der Kärntner Landesfläche liegen höher als 1000 m. Das oftmals südlich anmutende Klima verdankt das wahrscheinlich nach dem keltischen Stamm der Karner benannte Bundesland seiner Lage südlich des Alpenhauptkamms, der die von Norden kommenden Kaltluftmassen fernhält. Hochdruckgebiete über Italien greifen in der Regel auch auf Kärnten über, so dass die Zahl der Sonnentage dort weit über dem österreichischen Durchschnitt liegt.

Niederösterreich

Niederösterreich, schon in prähistorischer Zeit ein geschätztes Siedlungsgebiet, ist das größte der neun österreichischen Bundesländer und stellt das **Kernland Österreichs** dar. Es ist auch das Bundesland mit den größten landwirtschaftlichen Anbauflächen der Republik und umschließt – mitten im Bauernland – die Bundeshauptstadt Wien: Von hier aus betrieb die niederösterreichische Regierung ihre Landespolitik bis zur Ernennung von St. Pölten zur Landeshauptstadt im Jahr 1986.
Im Norden und Osten grenzt Niederösterreich an Tschechien und die Slowakei, im Südosten an das Burgenland, im Süden an die Steiermark und im Westen an Oberösterreich. Von Westen nach Osten durchzieht die Donau auf einer Länge von 232 km das Land, das so in zwei annähernd gleich große Gebiete geteilt wird. Nördlich des

Republik Österreich Bundesländer

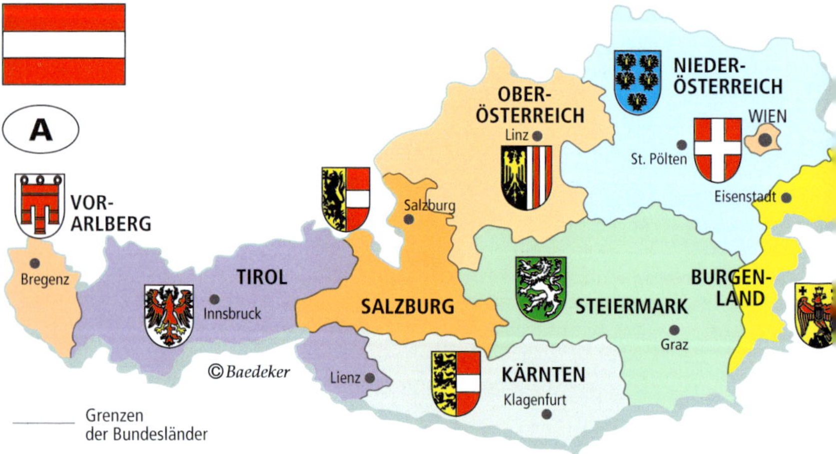

Stromes, zunächst flach, dann zur Grenze nach Tschechien hin zunehmend hügelig, liegt das Waldviertel, östlich davon das Weinviertel. Südlich der Donau steigt das Land allmählich zu bewaldeten Höhenzügen, so zum Wienerwald, dann zu den Gipfeln der Nördlichen Kalkalpen auf. Diese Hochgebirgsregion erreicht im Schneeberg und der Rax – beliebtes Urlaubsgebiet vor allem der Wiener – Höhen von mehr als 2000 m. Niederösterreich weist eine überaus reiche Kulturlandschaft auf, in der sich Schlösser, Burgen, Klöster und kunsthistorisch bedeutsame Kleinstädte in ungewöhnlicher Dichte finden. Kein Wunder also, dass der Tourismus schon seit dem 19. Jh. eine wichtige Einnahmequelle bildet.

Oberösterreich

Oberösterreich, bis ins 19. Jh. **»Österreich ob der Enns«** genannt, grenzt im Westen an Deutschland, im Norden an Tschechien, im Osten an Niederösterreich, im Süden an die Steiermark und im Südwesten an das Land Salzburg. Es erstreckt sich vom Dachsteinmassiv bis zum Böhmerwald und vom Inn bis zur Enns. Wie ein Trennungsstrich teilt die Donau Oberösterreich in zwei ungleiche Hälften. Nördlich der Donau liegt das noch zum Böhmischen Massiv gehörende Mühlviertel mit seiner Urgebirgslandschaft, südlich der Donau befindet sich das Herz des Landes, das fruchtbare, dicht besiedelte Alpenvorland mit Innviertel, Hausruck- und Traunviertel, das im Süden in die Hochgebirgsregion der Nördlichen Kalkalpen übergeht. Oberösterreich ist überaus reich an Natursehenswürdigkeiten: markante Bergkulissen, Höhlen und Grotten wie die berühmten Dachsteinhöhlen sowie malerische Engtäler und Schluchten wie der

»Gosauzwang« bei Hallstatt. Daneben locken die vielen großen Seen im oberösterreichischen Salzkammergut seit Ende des 19. Jh.s einheimische wie ausländische Touristen nach Oberösterreich.

Salzburg (Land)

Das Bundesland Salzburg, das seinen Namen nach seinen reichen Salzvorkommen erhielt, grenzt im Nordwesten an Deutschland, das hier mit dem Berchtesgadener Land tief in das Salzburgische eingreift, im Norden und Nordosten an Oberösterreich, im Südosten an die Steiermark, im Süden an Kärnten, Osttirol und Italien, im Westen an Tirol. Es baut sich auf zwischen der oberbayerischen Ebene und dem hügeligen Alpenvorland im Norden, den Hohen Tauern im Süden und der vom Dachsteinmassiv beherrschten Landschaft im Osten beiderseits des Salzachtales, einer tief eingeschnittenen Hauptader. Das vorwiegend gebirgige Bundesland mit der Hauptstadt Salzburg am Eingang zu dieser Bergwelt zeichnet sich durch großen Formenreichtum der Landschaft aus. Seit dem 19. Jh. üben die Seen des Salzkammergutes (das sich das Salzburger Land mit Oberösterreich und der Steiermark teilt) sowie eine streckenweise unberührte Natur mit stillen Wäldern, wildromantischen Klammen und verträumten Bergseen, aber auch die vielen anheimelnd wirkenden Dörfer und Ortschaften eine große Faszination auf Besucher aus – im Sommer wie im Winter. Das Salzburger Land ist übrigens das **bevorzugte Winterreiseziel der Österreicher**.

Steiermark

Die Steiermark, benannt nach den Grafen von Steyr im Traungau, das heute allerdings in Oberösterreich liegt, ist nach Niederösterreich das zweitgrößte österreichische Bundesland. Das **»grüne Herz Österreichs«** besitzt den größten Waldanteil der Alpenrepublik. Es grenzt im Norden an Oberösterreich und Niederösterreich, im Osten an das Burgenland, im Südosten und Süden an Slowenien und im Westen an Kärnten und Salzburg. Von den nördlichen Alpenmassiven im Salzkammergut über den Alpenhauptkamm südöstlich bis zum hügelreichen Alpenvorland findet man in der Steiermark hochalpine Landschaftsformen mit vergletscherten Gebirgsmassen, tief eingeschnittenen Schluchten und Tälern, große Waldflächen und sanfte Hügelketten. Der Höhenunterschied zwischen dem annähernd 3000 m hohen Dachsteinmassiv und dem tiefsten Punkt des Landes bei Bad Radkersburg beträgt immerhin rund 2800 m. Von den eisigen Gletscherhöhen bis zu den weinreichen Niederungen spannt sich ein beeindruckender Bogen von den Gipfeln der Kalkalpen und der Tauern mit ihren klaren Bergseen, den grünen Almen der Seetaler Alpen sowie der Koralpe und Gleinalpe über die freundlichen Waldhöhen der Fischbacher Alpen bis zu dem sonnigen und fruchtbaren Hügelland der Ost- und der Weststeiermark.

Tirol

Kein anderes österreichisches Bundesland löst so viele Assoziationen aus wie Tirol: gewaltige Berge und Gletscher, faszinierende Almen und Täler, Innsbruck mit der berühmten Maria-Theresien-Straße

und dem Goldenen Dachl, Schuhplattler und Jodler, krachlederne Hosen, Frauen in schwingenden Dirndlkleidern, deftiges Essen, Obstler und nicht zuletzt der Wintersport.
Das Bundesland Tirol, das seinen Namen vom Stammschloss der Grafen von Tirol bei Meran herleitet, grenzt im Osten an Kärnten und Salzburg, im Süden an Italien, im Westen an Vorarlberg und die Schweiz sowie im Norden an Deutschland. Die beiden Landesteile Nordtirol und Osttirol sind seit 1919 durch Südtirol, das seitdem zum italienischen Staatsgebiet gehört, voneinander getrennt. Deshalb steht das ringsum von Hochgebirgen umgebene Osttirol sowohl verkehrstechnisch als auch touristisch in enger Verbindung mit dem östlich benachbarten Bundesland Kärnten. Auch das Bild Nordtirols ist vorwiegend durch das Hochgebirge bestimmt. Von der Schweizer Grenze im Südwesten bis zur deutschen Grenze im Nordosten schneidet das Inntal einen Graben quer in das Land, von dem nach links und rechts Seitentäler abzweigen und von diesen wiederum kleinere Nebentäler, die allesamt in eine grandiose Bergwelt hineinführen. Tirol ist auch das Land der Pässe (Brennerpass, Timmelsjoch, Arlberg etc.). Der einzige Zugang nach Tirol, der nicht über einen Pass führt, befindet sich am Austritt des Inns aus dem Gebirge in das Alpenvorland bei Kufstein, weshalb von dort aus auch die wichtigsten Autobahn-, Straßen- und Eisenbahnverbindungen in das Landesinnere Tirols bestehen.
Das österreichische Bundesland **im Herzen der Alpen** bildete als Verbindung zwischen Deutschland und Italien jahrhundertelang ein Land des Durchgangsverkehrs, seine Hochtäler waren für Fremde kaum erreichbar.

Vorarlberg

Vorarlberg ist das westlichste und zweitkleinste Bundesland: an Flächenausdehnung nach Wien und in Bezug auf die Bevölkerungszahl nach dem Burgenland. Im Norden grenzt es an Deutschland, im Westen und Süden an die Schweiz und an das Fürstentum Liechtenstein, im Osten an Tirol. Das Bundesland liegt, wie der Name andeutet, gegenüber dem restlichen Österreich »vor dem Arlberg« und ist mit dem übrigen Bundesgebiet nur durch Passstraßen und den Arlbergtunnel verbunden. Auch in demographischer Hinsicht grenzt sich Vorarlberg vom übrigen Österreich ab: Die Vorarlberger sind als einzige Österreicher nicht bayerischer Herkunft, sondern stammen von den Alemannen ab. Dieser germanische Volksstamm war nach dem Abzug der Römer an den Bodensee und ins Rheintal vorgedrungen. Auch sprachlich sind die Vorarlberger also mehr mit den Schweizern, Liechtensteinern und Schwaben verwandt als mit den bajuwarisch-stämmigen Tirolern.
Von dem Bundesland liegen zwei Drittel seiner Grundfläche über 1000 m hoch. Auf einer Nord-Süd-Ausdehnung von nur 70 km erhält man einen vollständigen Querschnitt durch alle bedeutenden alpinen Großeinheiten, gelangt in einer Autostunde von 400 m Seehöhe am mediterran wirkenden Bodensee über ein waldreiches Mittelgebirge

bis zu den vergletscherten Dreitausendern der Silvretta. Tief eingeschnittene, steilhangige Täler, bizarr aufstrebende Berggipfel, fruchtbare Felder und weite Talwiesen, hübsche Bergseen, klare Bäche und Flüsse, blumenreiche Almen und verträumte Uferpartien am Bodensee sowie freundliche Ortschaften verleihen dem Lande einen eigenwilligen Reiz.

Wien

Wien, die Hauptstadt der Republik Österreich, ist das flächenmäßig kleinste, jedoch am dichtesten besiedelte und am meisten industrialisierte Bundesland. Es liegt am Fuß des Wienerwaldes, des nordöstlichen Ausläufers der Alpen, und an der bis 285 m breiten Donau, die hier in das Wiener Becken tritt. Trotz seiner peripheren Lage in geographischer Hinsicht ist Wien das politische, wirtschaftliche, geistige und kulturelle Zentrum des Landes. Zu keiner Jahreszeit reißt der Besucherstrom aus aller Welt ab und Wien hat sich auch als Schauplatz internationaler Begegnungen auf höchster Ebene sowie zahlloser Kongresse und Tagungen profiliert.

Wirtschaft

Außenhandel

Hauptexportgüter Österreichs sind heute dem Warenwert nach Maschinen, Transportgeräte, Elektronikprodukte (Chips, integrierte Schaltkreise) und chemische Produkte. Hauptpartner des österreichi-

Almwirtschaft ist harte Arbeit, auch wenn die Szenerie hier recht geruhsam wirkt.

schen Außenhandels ist Deutschland (Import 2008: 40,6%, Export 2008: 29,8%), mit großem Abstand gefolgt von Italien, der Schweiz, den USA, Ungarn, Volksrepublik China und Tschechien.

Landwirtschaft Die österreichische Land- und Forstwirtschaft war in der Zwischenkriegszeit stark im traditionellen bäuerlichen Selbstversorgungsdenken befangen. Unter dem Druck der zunehmenden Abwanderung aus der Landwirtschaft in Industrie- und Dienstleistungsberufe wurde die Produktion in der Nachkriegszeit enorm mechanisiert und rationalisiert. Aus vielen Vollerwerbsbetrieben sind Nebenerwerbsbetriebe geworden. Heute sind in der österreichischen Landwirtschaft noch etwa 2% der Erwerbstätigen beschäftigt, die landwirtschaftliche Nutzung umfasst ca. 40% der Gesamtfläche Österreichs. Trotz ihres **geringen Anteils am Bruttoinlandsprodukt** kann sie den Bedarf des Landes an allen wichtigen landwirtschaftlichen Produkten decken. Wirtschaftlich ist die überwiegend aus Klein- und Mittelbetrieben bestehende österreichische Landwirtschaft mit der in west- und außereuropäischen Räumen nicht konkurrenzfähig. Ihr Wert als Pflegerin und Bewahrerin der alpinen Kulturlandschaft wird aber hoch genug eingeschätzt, um ihr die notwendige öffentliche Unterstützung zuteil werden zu lassen. Zudem hat in den vergangenen Jahren ein starkes Umdenken in Richtung ökologischer Landwirtschaft und regionaler Vermarktung eingesetzt. Hier ist Österreich absoluter Spitzenreiter: Weit über 10% der landwirtschaftlichen Betriebe arbeiten mit ökologischem Ansatz.

Bergbauern ► Gründe für ein Leben in den Bergen, das oft wegen politischer, religiöser und nationaler Verfolgung gewählt wurde oder vor besitzrechtlicher Vereinnahmung schützte (Bergbauern waren die ersten »freien Bauern«), sind weitgehend weggefallen. Viele Höfe finden keine Erben, denn die Arbeit an steilen Hängen ist ausgesprochen mühsam und wenig ertragreich. Auch der Ausgleich durch die öffentliche Hand kann nicht alles kompensieren. Lukrativer ist die Arbeit der Bergbauern dort, wo der Fremdenverkehr einen Zuerwerb ermöglicht; dies trifft besonders im Westen Österreichs zu Dort konnte die Entsiedlung der Höhen im Vergleich mit dem übrigen Alpenraum in engen Grenzen gehalten werden. Schwieriger ist es in den Hochlagen des Mühl- und Waldviertels, der östlichen Randgebirge und des östlichen Teils der Niederen Tauern, wo man sich aber zunehmend mit Erfolg auf die Möglichkeiten des sanften Tourismus besinnt und auf den kulturellen Reichtum der Region und Erholung pur setzt.

Industrie In drei unterschiedlichen Regionen begann die Entwicklung der österreichischen Industrie: Dank der günstigen Verkehrslage, anfangs ausreichender Wasserkräfte sowie der Nähe der Hauptstadt entstand im 19. Jh. in **Wien und im Wiener Becken** das bedeutendste Industriegebiet des heutigen Österreich. Eisenindustrie entfaltete sich in den kleinen Tälern der »Eisenwurzen« im südwestlichen Niederöster-

Gewaltiger Energielieferant: Am Ende des Maltatales erhebt sich die höchste Staumauer Österreichs, die Kölnbreinsperre.

reich, im südöstlichen Oberösterreich und in der nördlichen Steiermark. Gefördert durch den Bahnbau, verlagerte sie sich in der zweiten Hälfte des 19. Jh.s in die großen, durch Hauptbahnen erschlossenen Täler und Gebiete: ins Mur- und Mürztal, an den Rand des Alpenvorlandes, in das Wiener Becken und an den Rand des südöstlichen Flach- und Hügellandes. Das **Vorarlberger Rheintal** bildet die dritte Industrieregion, wo, ausgehend von der Schweiz, im 19. Jh. ein Zentrum der Textilindustrie entstand.

Die frühen Industriegebiete bildeten die »reichen« Gegenden innerhalb der einstigen österreichischen Alpenländer. Dagegen war der kaum industrialisierte, von der kargen Berglandwirtschaft lebende Alpenraum arm – trotz des frühen, sich mit dem Eisenbahnbau entwickelnden Tourismus.

◄ Zweiter Weltkrieg

Eine Folge des Anschlusses Österreichs an das Dritte Reich war eine zweite Industrialisierungswelle mit einigen Schwerpunktverlagerungen: Linz wurde zum Standort einer bedeutenden Rüstungsindustrie (Eisen- und Stahlwerke, Stickstoffwerke) und auch in anderen Teilen Oberösterreichs entstand Großindustrie (Aluminiumhütte Ranshofen bei Braunau, Zellulose Lenzing).

◄ Nach dem Zweiten Weltkrieg

Nach dem Zweiten Weltkrieg wurde die Industrialisierung in den von den westlichen Alliierten besetzten Teilen Österreichs (Vorarlberg, Tirol, Salzburg, Kärnten, Steiermark, Oberösterreich südlich der Donau) fortgesetzt – zum Teil mit Hilfe von Mitteln aus dem Marshallplan, zum Teil durch Verlagerung von Betrieben aus der sowjetisch besetzten Zone (Niederösterreich, Burgenland, Oberösterreich nördlich der Donau) in den Westen. Gleichzeitig erlitt die Industrie in der sowjetisch besetzten Zone durch Demontage und Beschlagnahmung zahlreicher Betriebe schwere Verluste.

West-Ost-Gefälle ► Auch als die Besatzungsmächte 1955 abgezogen waren, erholte sich der Osten Österreichs nur langsam. Hinzu kam die wirtschaftliche Randlage am »Eisernen Vorhang«. So geriet der östliche Teil gegenüber dem westlichen Teil Österreichs in einen fast zwanzigjährigen Entwicklungsrückstand, der bis heute nicht ganz aufgeholt werden konnte und eine Umkehrung des einstigen Ost-West-Gefälles zu Zeiten der Monarchie in ein West-Ost-Gefälle bewirkte. Auch der auf den Westen Österreichs konzentrierte Fremdenverkehr akzentuierte dieses Gefälle.

Entwicklung der Wirtschaftsstruktur ► Die industrielle Entwicklung in den letzten Jahrzehnten ist durch die Verringerung der Grundstoffindustrie und das Anwachsen der Fertiggüterproduktion gekennzeichnet. Wie in den meisten Industriestaaten vollzog sich diese Entwicklung bei abnehmenden Anteilen der Industrie am Bruttoinlandsprodukt und bei den Erwerbstätigen. Durch Billigkonkurrenz aus Übersee geriet auch die Textilindustrie in eine Krise. Neue Wachstumsbranchen (Autoindustrie mit Zulieferindustrie, Elektronik) ließen sich nur zum Teil in alten Industriegebieten nieder, führten damit aber zu einer räumlich gleichmäßigeren Verteilung der österreichischen Industrie.

Industriestandorte heute ► **Wien ist der größte Industriestandort Österreichs** mit Elektro- und Elektronikindustrie, Maschinenbau, Nahrungs- und Genussmittelindustrie und Fahrzeugbau. Das Wiener Becken hat an Bedeutung verloren. Der zweitwichtigste Industriestandort Österreichs ist der oberösterreichische Zentralraum (Linz, Steyr, Wels und Traun) mit nach wie vor bedeutender Eisen- und Stahlindustrie, Fahrzeug- und Maschinenbau. Als Standort der Eisen- und Stahlindustrie konnte sich die steirische Mur-Mürz-Furche hingegen nicht in gleicher Weise behaupten. Im Fahrzeugbau (Graz) ist die Motoren- und Getriebeproduktion wichtigster Teilbereich mit einer Exportquote von über 90%. So werden etwa pro Jahr ca. 800 000 Motoren produziert, die sich in vielen bekannten Automarken wiederfinden. Im vorarlbergischen Rheintal arbeitet trotz struktureller Schwierigkeiten eine bedeutende Textilindustrie. Wichtige Betriebe der Zellulose- und Papierindustrie (Hallein, Lenzing, Steyrermühl, Frantschach), der Hütten- und Metall verarbeitenden Industrie (Ranshofen, Reutte, Gailitz, Radenthein), der Elektro- und Elektronikindustrie (Villach, Klagenfurt, Treibach-Althofen, Lebring), der optischen Industrie (Wattens), der Sportartikelindustrie (Ried im Innkreis, Mittersill, Altenmarkt im Pongau) und der Bekleidungsindustrie (Spittal an der Drau) liegen außerhalb dieser industriellen Ballungsräume.

Bergbau »Österreich ist reich an armen Lagerstätten« – so lässt sich die Situation Österreichs wohl am besten kennzeichnen. Nur noch in sehr beschränktem Maße bildet der heimische Bergbau die Grundlage der

Industrie und der Energiewirtschaft. Steinkohlenbergbau existiert schon lange nicht mehr, der Braunkohlenbergbau nur noch in Form von zwei Abbaugebieten: dem Revier von Köflach-Voitsberg westlich von Graz und dem Revier von Wolfsegg-Traunthal bei Ampflwang im oberösterreichischen Hausruck.
Der letzte österreichische Erzbergbaubetrieb auf dem steirischen Erzberg steuert nur einen mäßigen Teil der Rohstoffbasis für die österreichische Eisen- und Stahlindustrie bei.
Salzbergwerke bei Hallstatt, Bad Aussee und Bad Ischl fördern Steinsalz. Stark im Rückgang begriffen ist die Bedeutung der Erdöl- und Erdgasförderung im Wiener Becken und im Alpenvorland. Wirtschaftliches Gewicht haben hingegen die Magnesitvorkommen in Radenthein (Kärnten), Breitenau und Oberdorf (Steiermark).

Energie

Zur Energieerzeugung wird in Österreich zu etwa zwei Dritteln die reichlich vorhandene **Wasserkraft** verwendet – das Alpenland ist hier die Nummer eins in der Europäischen Union. An der Donau wurden mit Ausnahme der Wachau und der Augebiete östlich von Wien fast überall Wasserkraftwerke gebaut. Weitere Kraftwerke wurden an der mittleren Salzach, der unteren Enns und der Drau errichtet. Speicherkraftwerke zur Erzeugung von »Spitzenstrom« entstanden nach den schon im Zweiten Weltkrieg begonnenen Staustufen von Kaprun v. a. im Illtal (Vorarlberg), im Kaunertal, im hinteren Zillertal (Tirol), im Gebiet der Möll und im Maltatal (Kärnten). Der Nutzung alternativer Energieformen (Sonnen- und Windenergie, Biomasse und Erdwärme) erfährt steigende Bedeutung.

Die Anteile des **Dienstleistungssektors** an der Zahl der Erwerbstätigen sowie am Umfang des Bruttoinlandsprodukts sind seit dem Ende des Zweiten Weltkriegs kontinuierlich gestiegen. Besonders groß war der Bedeutungsgewinn in den beiden vergangenen Jahrzehnten. Das Wachstum des Dienstleistungssektors betrifft alle seine Teilbereiche: Verwaltung, Bildungswesen, Gesundheitswesen, Handel, Geldwesen, Tourismus und Verkehr.

? WUSSTEN SIE SCHON ...?

- ... dass Österreich kein Kernkraftwerk am Netz hat? Die Inbetriebnahme des bereits fertig gestellten Kernkraftwerks Zwentendorf am Tullnerfeld westlich von Wien wurde am 5. Nov. 1978 durch Volksentscheid verhindert.

Tourismus

Vor allem die Engländer taten sich im 19. Jh. als alpine Bergsteiger hervor. Deutsche Urlauber, vorzugsweise aus Berlin und Sachsen, besuchten ebenfalls den westlichen Alpenraum – Vorarlberg, Tirol, Salzburg, teilweise auch das Salzkammergut und die Kärntner Seen – und trugen wesentlich zu dessen wirtschaftlichem Fortkommen bei. In den östlichen Landesteilen hielten sich vorwiegend Wiener, Sudetendeutsche, Tschechen und Ungarn auf. Recht bald nach dem Zweiten Weltkrieg reisten deutsche Gäste in größerer Zahl als je zuvor in die schon früher von ihnen bevorzugten Gebiete.

Ein deutlicher Schwerpunkt des Tourismus liegt auf dem Gebiet westlich einer Linie vom Salzkammergut zu den Kärntner Seen. Östlich davon hat der Tourismus heute nur in wenigen Gebieten sehr große Bedeutung, so rund um den Neusiedler See und in der Wachau. Allerdings profitieren einige Gebiete des östlichen Österreich vom Ausflugs- und Naherholungsverkehr der größten österreichischen Städte Wien, Graz und Linz, auch in den Alpen verstärkt sich der Zustrom ungarischer und tschechischer Gäste.

Wirtschaftliche Bedeutung ▸

Der Tourismus ist einer der größten Arbeitgeber des Landes. Hotellerie, Gastronomie und andere Tourismusbetriebe beschäftigten 2007 rund 500 000 Arbeitnehmer (allein fast 160 000 in der Gastronomie und Hotellerie). Der gesamte Umsatz lag 2007 bei nahezu 28 Mrd. €. Rund 51 Mio. der gut 118 Mio. Übernachtungen im Jahr 2007 gingen auf das Konto von deutschen Gästen.

Verkehr

Hauptverkehrsrouten ▸

Aufgrund der Topografie ist das Verkehrsnetz sehr ungleichmäßig. Die Verkehrsströme bündeln sich entlang der Alpenränder und der leicht passierbaren Alpenpässe. Eine der Hauptverkehrsrouten ist die Westbahn bzw. Westautobahn von Salzburg nach Wien. Bisher ein »blinder Ast« des süddeutschen Verkehrsnetzes, nimmt sie nun mit der Fortführung nach Budapest die Funktion einer mitteleuropäischen West-Ost-Achse an. Wichtig ist auch die Südautobahn von

Der Tourismus gehört zu den wichtigsten Einnahmequellen Österreichs.

Wien über Graz und das Klagenfurter Becken nach Oberitalien. Hauptsächlich dem Transitverkehr durch Österreich dienen die Brennerroute zwischen Deutschland und Italien über das Inntal und den Brenner, die Tauernroute zwischen Süddeutschland und Oberitalien über Salzburg, die Tauern und Villach sowie die Pyhrnroute von Süddeutschland über Wels, den Pyhrnpass und Graz in Richtung der südosteuropäischen Staaten. Wichtigste Binnenwasserstraße ist die Donau. Der österreichische Flugverkehr hat im Flughafen Wien-Schwechat seinen Schwerpunkt, daneben spielen die Regionalflughäfen Salzburg, Graz, Klagenfurt, Innsbruck und Linz eine Rolle.

◄ Verkehrsbelastung

Gegen die **immense Zunahme des Schwerlastverkehrs** auf der Straße, ob als Durchgangs- oder als Ein- bzw. Ausreiseverkehr, formiert sich immer nachdrücklicher der Protest. »Begrenzte Alpentäler vertragen keinen unbegrenzten Verkehr« lautet die Parole gegen Dauerlärm und Abgase. Dass Lastwagen immer leiser und abgasärmer werden, wird konterkariert durch die enorme Zunahme der Fahrten. Gemäß dem Ende 2003 auslaufenden Transitvertrag – ausgehandelt beim Beitritt Österreichs in die EU – war die Zahl der Durchgangsfahrten bisher auf 1,6 Mio. beschränkt. Auf diese Beschränkung wird zukünftig verzichtet. Geblieben ist es dagegen beim Ökopunktesystem, wonach der Stickoxidausstoß eines Fahrzeugs je nach Höhe mit unterschiedlich vielen Ökopunkten berechnet wird. Die Gesamtzahl der zu vergebenden Ökopunkte sinkt jährlich, was die Speditionen dazu bewegen soll, abgasärmere Lkws einzusetzen. Diese Lenkungsmaßnahme gilt als zeitlich begrenzte Ausnahmeregelung bis zur Ausarbeitung der Wegekostenrichtlinie innerhalb der EU. Allerdings sind manche Verkehrsprobleme auch hausgemacht: Als Fahrten über zwei Grenzen waren die bisher zahlenmäßig beschränkten Durchgangsfahrten definiert, womit der gesamte innerösterreichische Verkehr außen vor blieb und den Österreichern den Vorwurf einbrachte, heimische Speditionen zu bevorzugen.

? WUSSTEN SIE SCHON ...?

- ... dass der Brenner derzeit ein Drittel des gesamten Güterverkehrs über die Alpen trägt?

◄ Wegekostenrichtlinie

Die geplante Wegekostenrichtlinie der EU wurde noch nicht angenommen. Danach sollen die externen Kosten wie Unfallfolgen oder Umweltschäden im Straßengüterverkehr angerechnet werden, was diese Verkehrsart um etwa 50% verteuern würde.

◄ Brennerbasistunnel

Eine andere Möglichkeit ist die Verlagerung auf die Schiene, wie es die Schweiz seit Jahren vormacht. Allerdings stößt auch der Schienenverkehr inzwischen an Kapazitätsgrenzen, und die notwendigen Investitionskosten sind hoch: Das größte derzeit geplante Projekt, der 55 km lange Brennerbasistunnel, wird gut 6 Mrd. € kosten, wovon voraussichtlich Österreich und Italien je 40% und die EU 20% übernehmen werden. Am 30. Juni 2006 erfolgte der symbolische Spatenstich, am 3. Dezember 2007 die erste Sprengung für den Erkundungsstollen in Aicha. Die Fertigstellung ist auf 2012 terminiert.

Geschichte

Österreich blickt auf eine lange Geschichte zurück, die mit eindrucksvollen Funden belegt ist. Besser kennt man allerdings die neuere Geschichte des Landes, das mit Deutschland – oft mit sehr widersprüchlichen Gefühlen – so eng über die letzten Jahrhunderte verbunden war.

Ur- und Vorgeschichte

180 000 v. Chr.	Spuren menschlicher Tätigkeit lassen sich feststellen.
32 000 v. Chr.	»Venus vom Galgenberg«
5300 v. Chr.	»Ötzi«, mumifizierte Leiche aus der Jungsteinzeit
ab 8000 v. Chr.	Menschen werden sesshaft.
ab 2200 v. Chr.	Schmiedekunst entwickelt sich.
800–400 v. Chr.	Hallstattkultur

Steinzeit

Die Spuren menschlicher Tätigkeit lassen sich im österreichischen Raum etwa 180 000 Jahre zurückverfolgen. Älteste Kulturzeugnisse sind aus Feuerstein gefertigte Faustkeile und Klingenabschläge, wie sie in der Gudenushöhle bei Hartenstein im niederösterreichischen Kremstal gefunden wurden, ferner Steinbeile aus Serpentin und Hornstein sowie Werkzeug aus Hirschgeweih, entdeckt in der Drachenhöhle bei Mixnitz in der Steiermark. Zwei der eindrucksvollsten Steinzeitfunde sind die ca. 32 000 Jahre alte, 7 cm große **»Venus vom Galgenberg«, die älteste bislang bekannte Menschenplastik**, und die »Venus von Willendorf«, eine elf cm große Figur, die auf etwa 25 000 v. Chr. datiert wird. Dass auch das unwegsame Hochgebirge schon früh besiedelt wurde, belegen primitive Werkzeuge, die man in einer Höhle in der salzburgischen Osterhorngruppe am Schlenken bei Hallein fand und die um die 50 000 Jahre alt sein sollen. 1991 entdeckten Touristen am Similaun-Gletscher in den Ötztaler Alpen eine ca. 5300 Jahre alte mumifizierte Leiche eines Mannes aus der Jungsteinzeit, der als »Ötzi« bekannt wurde. Ab der mittleren Steinzeit (8000–5500 v. Chr.) wurden die Menschen sesshaft, Blockhäuser und Pfahlbauten (Mondsee-Kultur, um 2300 v. Chr.) ersetzten einfachere Wohnformen. Beispiele der Band- bzw. Linearkeramik (bänderartige Verzierung der Tongefäße) fand man im Weinviertel und im Burgenland.

Bronzezeit

In der Bronzezeit (2200–800 v. Chr.) begann sich die Schmiedekunst zu entwickeln, Werkzeuge und Schmuck wurden aus Bronze, Bernstein und Gold hergestellt. Die Flachgräberkultur der frühen Bronzezeit weist bereits üppige Grabbeigaben auf, die in der mittleren Bronzezeit errichteten Hügelgräber sind aufwändig gestaltet.

Eisenzeit

Mit den Illyrern begann die **Hallstattkultur** (800–400 v. Chr.), die nach dem Gräberfeld bei Hallstatt in Oberösterreich benannt wurde (▶ Hallstätter See). Die Illyrer erwirtschafteten großen Reichtum durch Salzhandel mit benachbarten Kulturräumen und durch Eisenverarbeitung. In der jüngeren Eisenzeit, der La-Tène-Zeit (ab ca. 400

← *St. Johann lag im Brennpunkt der Tiroler Freiheitskämpfe im 19. Jh.*

Österreich *Geschichtliche Entwicklung*

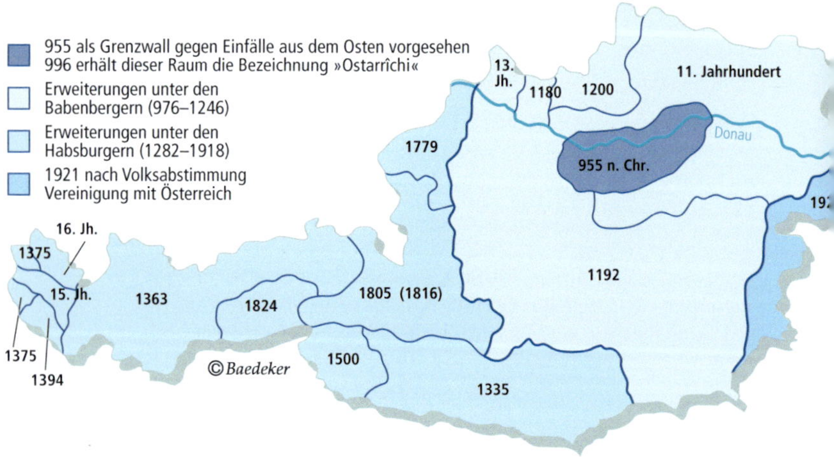

v. Chr.), wanderten von Westen her keltische Volksstämme ein und unterwarfen die illyrische Bevölkerung. In der Regel lebten die Kelten, die sich über ganz Europa ausbreiteten, in Stammesverbänden. Eine Ausnahme ist der im 2. Jh. v. Chr. zwischen dem nördlichen Salzburg und dem südlichen Burgenland gelegene geschlossene Herrschaftsbereich, das Regnum Noricum. Die Noriker gewannen das hochwertige norische Eisen, dem Abbau von Gold widmeten sich die in Kärnten eingewanderten keltischen Taurisker (von ihnen stammt der Name »Tauern«).

Altertum

150 v. Chr.	Römer nehmen wirtschaftliche Beziehungen auf.
15 v. Chr.	Besetzung von Nordtirol und Vorarlberg (ganz Noricum)
3. Jh. n. Chr.	Germanenstämme dringen in Ostalpenraum ein.

Römerzeit Angelockt von den begehrten Handelsgütern Salz, Eisen und Gold, nahmen ab Mitte des 2. Jh.s v. Chr. die Römer wirtschaftliche Beziehungen zu den Norikern und Tauriskern auf. Auch um die Reichsgrenze gegen die ständigen Einfälle der Germanen zu sichern (113 v. Chr. wurden die Römer von den Kimbern bei Noreia in Kärnten besiegt), ging Rom dazu über, sich den Ostalpenraum einzuverleiben. Im Jahr 15 v. Chr. besetzten die beiden Adoptivsöhne von Kaiser Augustus, Drusus und der spätere Kaiser Tiberius, die Gebiete von

Nordtirol und Vorarlberg und brachten ganz Noricum unter ihre Kontrolle. Das Gebiet des heutigen Österreich wurde schließlich in die drei Provinzen »Raetia« (westlich des Zillertals), »Noricum« (östlich bis zur Mürz und Mur) und »Pannonia« (Alpenostrand) aufgeteilt. Zur Sicherung dieser Provinzen errichteten die neuen Herren den **obergermanisch-rätischen Limes** (Grenzwall). Zu den zivilen Siedlungen zählten u.a. Brigantium (Bregenz), Aguntum bei Lienz, Virunum am Zollfeld bei Klagenfurt, Iuvavum (Salzburg), Carnuntum bei Hainburg und Vindobona (Wien).

Völkerwanderung

Nach der ungefähr 150-jährigen römischen Periode, die einen enormen kulturellen und wirtschaftlichen Aufschwung brachte, drangen ab dem 3. Jh. n. Chr. immer öfter Germanenstämme in den Ostalpenraum ein, denen Rom letztendlich nichts mehr entgegenzusetzen hatte. Um 500 zogen sie sich endgültig aus den drei ehemaligen Provinzen zurück. Bis zum Ende des 8. Jh.s blieb der österreichische Raum ein Durchzugsgebiet der Völkerwanderungsströme. Germanen setzten über die Donau, hunnische Reitervölker gelangten vom Osten her bis nach Frankreich. Später siedelten im Osten Österreichs die Awaren, aus dem süddeutschen Raum drangen die Bajuwaren (Bayern) donauabwärts vor. Im nördlichen Niederösterreich, in Kärnten und in der Südsteiermark lebten slawische Völker.

Rund 400 Jahre lang war Petronell-Carnuntum bei Hainburg ein bedeutendes römisches Militär- und Handelszentrum.

»Salz ist unter allen Edelsteinen, die uns die Erde schenkt, der Kostbarste.« (Justus von Liebig)

DAS WEISSE GOLD

Was wäre ein Essen ohne Salz? Kaum auszudenken! Nach außen wirkt es unscheinbar, doch das Salz ist für die Menschen von unschätzbarem Wert – auch wegen seiner vielseitigen Verwendungsmöglichkeiten.

Schon sehr früh wurde im Salzkammergut und bei Hallein dieses Mineral abgebaut und erlebte die Geschichte des Salzes ihre Höhen und Tiefen. Als im Jahr 1989 wegen Unrentabilität der Dürrnberger Salzbergbau bei Hallein geschlossen wurde, fand ein etwa 3000-jähriges Kapitel der Geschichte sein Ende.

Klein, aber oho

Obwohl so klein und unscheinbar, hatte das Salz einst fast den gleichen Stellenwert wie Gold. Städte, die mit Salz handelten, gelangten zu **Reichtum**, es beeinflusste die Entwicklung des Transportwesens und des Handels, den Verlauf von Verkehrswegen und Reiserouten sowie die Anlage von Häfen. Da Gewinnung, Absatz und Verbrauch leicht zu kontrollieren sind, erweckte es schon sehr früh das **Interesse des Staates**, zu dessen wichtigsten Einkünften die **Salzsteuer** gehörte. Die Verwendungsmöglichkeiten des im Meerwasser, in Salzseen, Salzstöcken und Solen vorkommenden Salzes (aus Natrium und Chlor bestehendes Kochsalz NaCl), sind enorm, und ständig kommen neue hinzu.

Salz ist ein **Grundnahrungsmittel** – auch für Mikroorganismen, Pflanzen und Tiere. Es verleiht den Speisen Geschmack und reguliert den Wasserhaushalt. Aufgrund seiner hygroskopischen (d. h. wasserentziehenden) Fähigkeit half es den Menschen, alle Arten von Nahrung zu konservieren. Da es den Gefrierpunkt des Wassers von 0 °C auf –18 °C herabsetzt, ist es im Winter auf Straßen und Wegen gegen Schnee und Eis einsetzbar. Was kaum bekannt ist: Das weiße, kristalline Material bildet **einen der wichtigsten Rohstoffe** für die chemische Industrie – es ist neben dem Erdöl der Basisstoff für fast alle Plastikartikel!

»Glück auf!« Grubenfahrt durch das Salzbergwerk Hallstatt.

Auf und Ab

Im Ostalpenraum beschränkte sich der Salzabbau in vorchristlicher Zeit auf **Hallstatt** und auf den **Dürrnberg**. Wie Funde belegen, nutzten schon Jäger der Steinzeit vor 4500 Jahren die Salzquellen der nördlichen Kalkalpen. Einen ersten Höhepunkt erlebte die Salzförderung in Hallstatt von 800 bis 500 v. Chr., am Dürrnberg setzte der Salzabbau erst um die Mitte des 6. Jh.s v. Chr. ein. Der Handel mit dem weißen Mineral verhalf in jener Zeit den Kelten, die bei Hallein eines ihrer großen Zentren unterhielten, zu erheblichem Wohlstand. Ab dem 2. Jh. v. Chr. bekamen der Dürrnberg und Hallstatt auf dem Salzmarkt einen ernsthaften Konkurrenten: **Bad Reichenhall**, dessen Salz von besserer Qualität und leichter abbaubar war. Mit dem Beginn der Römerherrschaft über die Ostalpen (15 v. Chr.) kam das vorläufige Aus für die Salzproduktion auf dem Dürrnberg und in Hallstatt. Der Bedarf an Salz wurde nun mit **Meersalz** gedeckt, über das die Römer reichlich verfügten. Ab dem 6. Jh. gelangte Reichenhall wieder zu wirtschaftlicher Bedeutung und Wohlstand und konnte seine Monopolstellung auf dem Salzmarkt bis zum Ende des 12. Jh.s behaupten. Dann wurde die Produkton auf dem Dürrnberg erneut in Gang gesetzt, und das Zentrum der Salzproduktion verlagerte sich wieder – nicht zuletzt dank der Salzach als günstigem Transportweg – in den Süden der Bistumsstadt Salzburg. Nun aber bediente man sich einer anderen, ökonomischen Abbaumethode: Beim trockenen Steinsalzabbau, also bei hoher Salzkonzentration im Gestein, wurde das Salz noch in unterirdischen Kammern gebrochen, über Winden zutage gefördert und anschließend in die Sudhäuser gebracht, wo die Versie-

Jahrtausendelang war Salz ein seltener und begehrter Rohstoff, der mit Gold aufgewogen wurde.

Das lukrative Geschäft mit dem Rohstoff Salz machte die beteiligten Städte zu reichen Handelszentren.

dung in Blei- oder Eisenpfannen über einem Holzfeuer stattfand. Jetzt ließ man stattdessen künstlich geschaffene Räume in Innern des Salzstocks mit Wasser voll laufen und leitete das dann mit Salz angereicherte Süßwasser in die **Siedehütten** (Laugverfahren).

Staat im Staate

Erst wieder im Jahre 1311 wurde in Hallstatt der Salzbergbaubetrieb eröffnet. In den folgenden Jahrhunderten bildete das Salzkammergut einen **»Staat im Staate«**. Die Habsburger ließen Fremde nur mit besonderer Erlaubnis in ihren Salz-Tresor einreisen: Das Gebiet, das zunächst von Gmunden im Norden bis Hallstatt und zum Ausseerland im Süden reichte, war persönlicher Besitz des Kaisers und der Hofkammer, einer Art Finanzministerium, unterstellt. Die Bergleute waren zur Sesshaftigkeit verpflichtet. Dafür wurden ihnen **Privilegien** gewährt: Sie mussten keinen Militärdienst leisten, genossen ärztliche Hilfe und Steuerbefreiungen und hatten Anspruch auf eine Pension. Neben den staatlichen Salzarbeitern gab es die selbstständigen **Salzhandelsherren** (»Salzfertiger«), denen der Staat den Vertrieb überließ und von denen es viele zu fürstlichem Reichtum brachten. Im Lauf der Zeit entzog ihnen der Kaiserhof aber ihre Privilegien, bis sich 1848 auch der Vertrieb in staatlicher Hand befand.

»Schwarzes Hallein«

Nach dem Ende der Salzproduktion in der Saline von Hallein und auf dem Dürrnberg konzentrierte sich die Gewinnung des Minerals nur noch auf die Salzbergbaue Altaussee, Bad Ischl und Hallstatt. Heute ist der Dürrnberg als beliebtes alpines Schaubergwerk eine **Touristenattraktion** geworden. Die unterhalb des Dürrnbergs gelegene Stadt Hallein ist ebenfalls eine Reise wert, was nicht immer so war: In den 1820er-Jahren versuchte die Stadt, mit der Eröffnung eines Solebades der Kurstadt Bad Ischl nachzueifern. Doch der Versuch schlug fehl, die Stadt blieb heruntergekommen und schmutzig. Ein halber Tag Aufenthalt in dem »schwarzen Hallein« sei ausreichend, heißt es im Baedeker von 1830.

Mittelalter

um 700	Christianisierung und bayerische Herrschaft im Ostalpenraum
788	Karl der Große schafft Bollwerk gegen die Awaren.
955	Otto I. schlägt die Ungarn auf dem Lechfeld (Augsburg).
976	Babenberger bekommen Verwaltung der Ostmark anvertraut.
1278	Deutscher König Rudolf I. besiegt Ottokar II. von Böhmen.
1438	Albrecht V. gewinnt erstmals die Kaiserwürde für Habsburg.
1491	Maximilian I. vereinigt wieder beide Habsburger Linien.

Bayern

Mit der Herrschaft der Bayern im Donau- und Alpengebiet beginnt die österreichische Geschichte. Die bayerischen Herzöge aus dem Geschlecht der Agilolfinger brachten Oberösterreich, den Westen Niederösterreichs, Kärnten, Salzburg und Tirol bis 750 unter ihre Kontrolle. In dieser Epoche, um 700, setzte mit der irisch-angelsächsischen Mission auch die systematische Christianisierung des Ostalpenraumes ein.

Franken

Karl der Große gliederte 788 nach der Absetzung des bayerischen Herzogs Tassilo III. das bis dahin weitgehend selbstständige Bayern und die dazugehörigen österreichischen Gebiete in sein Reich ein. Zwischen den Flüssen Donau und Drau schuf der neue Herrscher die Karolingische Mark als Bollwerk gegen ein weiteres Vordringen der Awaren, die schließlich in blutigen Feldzügen von fränkischen Truppen so aufgerieben wurden, dass sie wenig später für immer von der Bildfläche verschwanden. Um das neu erworbene Land im Osten endgültig zu sichern, ließ Karl der Große zwischen Enns, Raab und Drau die Ostmark errichten.

Schlacht auf dem Lechfeld (955)

Doch bald schon drohte neue Gefahr aus dem Osten. Ab 900 fielen die Magyaren (Ungarn) fast alljährlich in das Deutsche Reich ein. Die bayerischen Siedler mussten das von ihnen besetzte Gebiet für fast ein Jahrhundert verloren geben. Erst König Otto I., dem späteren Kaiser, gelang es 955, die Ungarn in der Schlacht auf dem Lechfeld bei Augsburg zu schlagen und so den Magyareneinfällen ein Ende zu setzen. Daraufhin wurde die Ostmark – 996 erstmals »Ostarrîchi« genannt – zwischen Enns und Traisen wieder hergestellt. Historiker bezeichnen die Schlacht auf dem Lechfeld daher als die **Geburtsstunde Österreichs**.

Babenberger (976–1246)

Im Jahr 976 betraute Kaiser Otto II. das bayerische Adelsgeschlecht der Babenberger mit der Verwaltung der Ostmark. Zu dieser Zeit war Österreich noch immer dünn besiedelt. Äußerst zielbewusst erweiterten die Babenberger in den folgenden Jahrhunderten ihren Machtbereich und stiegen durch kluge Heiratspolitik zu einer der führenden Familien des Reiches auf. 1156 erhielt die Markgrafschaft der Babenberger von Kaiser Friedrich Barbarossa weitgehende Selbstständigkeit: die Ostmark wurde erbliches Herzogtum mit Residenz in Wien. Als die Babenberger um die Mitte des 13. Jh.s ausstarben, hatten sie ihr Herrschaftsgebiet nicht nur bedeutend vergrößert (1192 fiel das Herzogtum Steiermark an Österreich), sondern auch von einer kleinen, umkämpften Grenzmark zu einem politisch, kulturell und wirtschaftlich starken Herzogtum geführt.

Aufstieg des Hauses Habsburg (ab 1273)

Nach dem Aussterben der Babenberger 1246 begann für Österreich eine Zeit der ungeordneten politischen Verhältnisse. Weder Kaiser noch König waren da, die die beiden Reichslehen Österreich und Steiermark neu hätten vergeben können, so dass die österreichischen Adligen zur Selbsthilfe griffen und sich im böhmischen König Ottokar II. von Böhmen einen neuen Herrscher suchten. Doch nun zeigte auch der 1273 zum deutschen König gewählte Rudolf I. aus dem südwestdeutschen Herrschergeschlecht der Habsburger Interesse an dem Gebiet im Osten des Reiches.
In der entscheidenden **Schlacht auf dem Marchfeld** zwischen beiden Kontrahenten im Jahr 1278 verlor Ottokar schließlich Leben und Reich, worauf Rudolf I. Österreich und Steiermark als Reichslehen an seine beiden Söhne Rudolf und Albrecht vergab. Mit diesem Schritt begann die fast sechseinhalb Jahrhunderte dauernde Herrschaft des Hauses Habsburg über Österreich.

Ausdehnung des Machtbereichs ►

Zielstrebig und ausgesprochen geschickt erweiterten nun die Habsburger ihren Machtbereich. 1335 wurde der österreichische Herzog Albrecht II. von Kaiser Ludwig IV. mit Kärnten und Krain belehnt, 1363 musste Margarethe Maultasch, die letzte Herrscherin von Tirol, ihr Land an Österreich abtreten. 1363–1523 fielen einzelne Herrschaften von Vorarlberg durch Kauf an Österreich, 1382 konnten die Habsburger Triest ihrer Hausmacht hinzufügen. Nach dem Tod von Rudolf IV. (1339–1365) teilten dessen Brüder 1379 im **Vertrag von Neuburg** das Land in zwei unabhängige Herrschaftsbereiche auf: Albrecht erhielt das reiche Ober- und Niederösterreich, Leopold nahm die Steiermark, Kärnten, Tirol, Krain, Istrien und die Vorlande in Besitz. Die Leopoldiner versuchten vergeblich, ihren Machtbereich in die Schweiz auszudehnen, während der mit der Tochter Kaiser Sigismunds verheiratete Herzog Albrecht V. aus der albertinischen Linie 1438 nach dem Tod seines Schwiegervaters **erstmals die Kaiserwürde für das Haus Habsburg** gewann.

Kaiserwürde (ab 1438) ►

Von diesem Zeitpunkt an waren die Habsburger bis 1806 fast ununterbrochen Träger der deutschen Kaiserkrone (ausgenommen 1742–1745). Den Grundstein für die Großmacht Habsburg legte Kaiser Friedrich III. (1440–1493): Er hatte sich schon als Herzog in den fünf Vokalen des Alphabets, AEIOU, ein Motto erwählt, das Zeitgenossen und Nachgeborene gern als »Austria Est Imperare Orbi Universo« (»Alles Erdreich ist Österreich untertan«) oder auch als »Austria Erit In Orbe Ultima« (»Österreich wird ewig bestehen«) gedeutet haben. 1477 verheiratete er seinen Sohn, den späteren **Kaiser Maximilian I.** (1493–1519; ►Berühmte Persönlichkeiten), mit Maria von Burgund und verleibte so dem eigenen Haus die Niederlande und die Freigrafschaft Burgund ein. Maximilian vereinigte 1491 die beiden Linien des Habsburger Hauses wieder, erweiterte durch Ehe- und Erbverträge die habsburgische Hausmacht – sein Sohn Philipp heiratete die Alleinerbin Spaniens, seiner Nebenländer einschließlich Neapels und der neuen Kolonien in Amerika – und sicherte sich die Erbfolge in Böhmen und Ungarn (1515), die Voraussetzungen für das habsburgische Weltreich.

Frühe Neuzeit

1519–1556	Karl V., in dessen Reich »die Sonne nicht unterging«
1618–1648	Habsburg und Bayern sind wichtigste katholische Partei.
seit 15. Jh.	Osmanen versuchen immer wieder Österreich zu erobern.
1701–1714	Spanischer Erbfolgekrieg
1740–1780	Maria Theresia behauptet sich gegen Preußen und Bayern.

Weltreich

Maximilians Enkel Karl V. (1519–1556) ging als Herrscher, in dessen Reich »die Sonne nicht unterging«, in die Geschichte ein. Er war römisch-deutscher Kaiser und herrschte als König von Spanien über die spanischen Besitzungen in Amerika und Afrika. Doch auf Dauer ließ sich der **riesige spanisch-niederländisch-österreichische Komplex** nicht zusammenhalten. Bereits durch die Einsetzung von Karls Bruder Ferdinand I. als Regent für Österreich (1521/1522) und endgültig nach der Abdankung Karls V. (1556) spaltete sich die Herrschaft auf in eine spanische und eine österreichische Linie. Der entscheidende Schritt zur europäischen Großmachtbildung des österreichischen Hauses Habsburg war 30 Jahre zuvor erfolgt: 1526 konnte der Erbvertrag mit Böhmen und Ungarn eingelöst werden, und die Kronen Böhmens und Ungarns fielen an die Habsburger.

Reformation und Gegenreformation

Die von Martin Luther ausgelöste Reformationsbewegung stieß in Österreich, vor allem bei den Landesfürsten, auf großen Anklang. Diese Fürsten bestimmten auch über die Konfessionszugehörigkeit ihrer Untertanen, so dass bis zur Mitte des 16. Jh.s die habsburgischen Länder größtenteils evangelisch waren und nur noch ein Fünftel des österreichischen Volkes dem katholischen Glauben angehörte. Unter den fanatisch katholischen Habsburgern war Ferdinands Sohn und Nachfolger Maximilian II. (1564–1576) der einzige, dem Sympathien für den protestantischen Glauben nachgesagt wurden, er galt sogar als heimlicher Protestant. Doch nach seinem Tod begann in

Malerische Genealogie des Habsburger Herrscherhauses in Schloss Tratzburg bei Schwaz im Inntal

den habsburgischen Erblanden die Gegenreformation in großem Ausmaß, aus der Steiermark, Kärnten und Krain wurden die Protestanten ausgewiesen. Die Rekatholisierung des Landes durch Kaiser Rudolf II. (1576–1612) und seine Nachfolger war so erfolgreich, dass Österreich heute noch zum Großteil römisch-katholisch ist.

Dreißigjähriger Krieg (1618–1648)

Im Dreißigjährigen Krieg, der als Macht- und Religionskampf zwischen Protestanten und Katholiken begann und als allgemeines europäisches Kräftemessen endete, war das Haus Habsburg neben der von Bayern angeführten Katholischen Liga in Deutschland die wichtigste Machtbasis der katholischen Partei. Die ersten Kriegsjahre wirkten sich am stärksten auf Österreich aus. Im Böhmisch-Pfälzischen Krieg (1618–1623) gelang es den kaiserlichen Truppen, den protestantischen Adel in Böhmen, der mit seiner Erhebung gegen den Kaiser (**»Prager Fenstersturz«**) den Krieg ausgelöst hatte, vernichtend zu schlagen. Ansonsten war Österreich nur in der letzten Phase der größten europäischen Auseinandersetzung des 17. Jh.s Kriegsschauplatz, als 1636 die Schweden fast bis nach Wien und später ins vorarlbergische Rheintal vordrangen. Der Westfälische Friede von 1648 beschnitt zwar den Einfluss des Kaisers auf die deutschen Fürstenstaaten im Heiligen Römischen Reich Deutscher Nation, in Österreich selbst jedoch machte die Ausschaltung der protestantischen Stände den Weg frei zum habsburgischen Absolutismus in den österreichischen Erblanden.

Türkenkriege (1529, 1664, 1683)

Gefährlicher als der Dreißigjährige Krieg war für den Bestand von Österreich der Ansturm der Türken: Seit dem 15. Jh. versuchten es die Osmanen immer wieder. 1529 war Wien zum ersten Mal – ergebnislos – belagert worden. 1664 konnte das kaiserliche Heer unter

Graf Montecuccoli die Türken bei St. Gotthard an der Ostgrenze der Steiermark besiegen, bei der zweiten Türkenbelagerung Wiens 1683 schlug in der Schlacht am Kahlenberg das Reichsheer unter der Führung des Herzogs Karl von Lothringen die Osmanen, die sich nun immer weiter zurückzogen. Die Habsburger setzten ihnen nach und es gelang ihnen bis 1699, dem Osmanischen Reich Ungarn abzujagen und damit die Großmachtstellung Habsburgs im östlichen und südöstlichen Europa zu begründen.

Großmacht Habsburg

Die Türken waren nicht die einzigen Feinde des Habsburger Reiches. Seit der Herrschaft Maximilians I. bestimmte der Kampf zwischen Österreich und Frankreich die europäische Politik. Nach Aussterben der spanischen Habsburger stritten sich die Häuser Habsburg und Bourbon um das Erbe. Im Gefolge des **Spanischen Erbfolgekriegs** (1701–1713/1714) mussten zwar die österreichischen Ansprüche auf den spanischen Thron aufgegeben werden, dafür erhielt Österreich aber die bisher mit Spanien vereinigten Niederlande (in etwa das heutige Belgien und Luxemburg) und Teile Italiens. Mit diesem territorialen Zugewinn unter Karl VI. (1711–1740) war die »Monarchia Austriaca«, das lose Staatengebilde aus Königreichen, Erzherzog- und Fürstentümern, Grafschaften und Ländern, endgültig zur Großmacht aufgestiegen.

Zweite Belagerung Wiens 1683 durch die Türken

Maria Theresia (1740–1780)

Eine weitere Belastungsprobe für das Reich war der Österreichische Erbfolgekrieg (1740–1748), in dem Preußen und Bayern versuchten, Österreich unter sich aufzuteilen. Doch konnte sich die um die Anerkennung ihrer Thronfolge kämpfende Herrscherin Maria Theresia (1740–1780; ► Berühmte Persönlichkeiten) gegen ihre Feinde behaupten. Nur in den Schlesischen Kriegen (1740–1763) verlor Habsburg Schlesien an Friedrich den Großen von Preußen. Andererseits einigte sich Österreich mit Preußen und Russland auf die Teilung Polens und erhielt dabei die größten Teile von Galizien und das westliche Ruthenien. Innenpolitisch prägten gegen Ende des 18. Jh.s Reformen das Bild. Unter Maria Theresias Sohn Joseph II. (1781–1790), einem Vertreter des aufgeklärten Absolutismus, wurde 1781 das Toleranzpatent (Duldungserlass) für Protestanten erlassen, die Leibeigenschaft in Böhmen entschärft und Deutsch zur alleinigen Amtssprache erklärt (1784). Joseph ließ auch alle nicht gemeinnützigen Klöster aufheben und schuf mit der Gründung humanitärer Einrichtungen wie Armenhäuser und Spitäler die Grundlagen für den modernen Wohlfahrtsstaat. Doch gegen die in kurzer Zeit erfolgten Reformen erhob sich auch erbitterter Widerstand, so dass Joseph kurz vor seinem Tod viele Verordnungen zurücknehmen musste.

Neuzeit

1804	Franz I. wird erster »Kaiser von Österreich«.
1814/1815	Wiener Kongress
1870/1871	Schaffung des deutschen Nationalstaates ohne Österreich
1914	Ermordung des österreichischen Thronfolgerpaares
1918	Österreich-Ungarn zerfällt, Ende der Habsburger
1919	Republik Österreich
1938	»Anschluss« Österreichs
1945–1955	Österreich ist in vier Besatzungszonen aufgeteilt.
1986–1992	»Affäre Waldheim«
1995	Eintritt in die Europäische Union

Donaumonarchie (1804–1918)

Im Jahr 1805 erklärte der aus den Wirren der Französischen Revolution als Kaiser von Frankreich hervorgegangene Napoleon Bonaparte Österreich den Krieg. Nach dem entscheidenden Sieg des Korsen bei Austerlitz in Mähren verlor Wien Venezien an das Königreich Italien, Tirol und Vorarlberg an Bayern. 1806 legte Franz II. die römisch-deutsche Kaiserwürde nieder: das Heilige Römische Reich Deutscher Nation war damit aufgelöst. Doch bereits zwei Jahre zuvor hatte Kaiser Franz II. als Franz I. den Titel »Kaiser von Österreich« angenommen und so die Donaumonarchie begründet.

Restauration

Nach dem Sieg der aus Preußen, Großbritannien, Russland und Österreich bestehenden Koalition über Napoleon trafen die Staatsmänner Europas 1814/1815 in Wien zusammen (**»Wiener Kongress«**), um über die politische Neuordnung des Kontinents zu beraten. Treibende Kraft der neuen Ordnung Europas war Fürst Metternich (► Berühmte Persönlichkeiten). Er verfolgte im Rahmen der von Russland, Österreich und Preußen gegründeten Heiligen Allianz das Ziel, die durch die Französische Revolution und die Napoleonischen Kriege abgeschaffte absolutistische Ordnung wieder herzustellen. Hilfe dazu kam vom Deutschen Bund, einem Zusammenschluss von 39 Staaten (35 Fürsten und 4 freie Städte), in dem Österreich den Vorsitz übernahm. Doch trotz rigoroser polizeistaatlicher Maßnahmen wie Zensur und Spitzelwesen gegen revolutionäre und nationale Bewegungen konnte Metternich, der das uneingeschränkte Vertrauen von Franz I. (1804–1835) und Ferdinand I. (1835–1848) genoss, liberale Forderungen auf Dauer nicht verhindern.

Franz Joseph I. (1848–1916)

Die mit dem Sturz von Metternich eingeleitete Revolution von 1848, im Oktober blutig niedergeschlagen, änderte am System vorerst nichts. Nach der Abdankung von Ferdinand I., dem Gütigen, wie er wegen seiner mangelnden Durchsetzungsfähigkeit und körperlichen Beeinträchtigung – er litt an Epilepsie – beschönigend genannt wurde, bestieg sein erst 18-jähriger Neffe Franz Joseph (1848–1916) den Thron und regierte das Land bis 1860 weiterhin absolutistisch. In dieser Zeit verlor Österreich außenpolitisch an Macht. Im Krieg mit Frankreich und Piemont-Sardinien 1859 musste es die reiche Lombardei abtreten. Im Österreichisch-Preußischen Krieg um die Vorherrschaft in den deutschen Ländern erlitten die Österreicher gegen Preußen 1866 eine **militärische Niederlage bei Königgrätz**, was zur Auflösung des Deutschen Bundes und in letzter Konsequenz dann zur Schaffung des deutschen Nationalstaats (1870/1871) unter Ausschluss Österreichs führte. Die Niederlage von Königgrätz hatte auch innenpolitische Konsequenzen: Von der ungarischen Nationalbewegung unter Druck gesetzt, die sich die geschwächte Position des Kaisers zu Nutze machte, ließ sich Franz Joseph I. 1867 zum ungarischen König krönen. Dadurch entstand die k. u. k.-Monarchie: Ungarn wurde ein selbstständiger Reichsteil mit Regierung und Parlament. Von dieser Zeit an wurde das Schicksal Österreich-Ungarns bis zum Ersten Weltkrieg immer stärker durch das Nationalitätenproblem des Vielvölkerstaates bestimmt.

Entwicklung auf dem Balkan

1878 versuchte Österreich, die türkischen Provinzen Bosnien und Herzegowina zu besetzen. Damit geriet Wien mit Russland in Konflikt, das sich für eine Unabhängigkeit der slawischen Völker auf dem Balkan stark machte. Als Schutzmaßnahme gegen Russland und das Osmanische Reich gründete Österreich mit dem Deutschen Reich einen Zweierbund, der 1882 durch den Beitritt Italiens erweitert wurde. 1908 annektierte Österreich dann tatsächlich Bosnien und die Herzegowina. Die von den Russen unterstützten Serben wollten aber unter Einschluss der annektierten Gebiete einen südslawischen Staat begründen und leisteten heftigen Widerstand.

Erster Weltkrieg (1914–1918)

Nach der Ermordung des österreichischen Thronfolgerpaares durch großserbische Nationalisten in Sarajevo am 28. Juni 1914 entzündete sich das Pulverfass auf dem Balkan. Die Serben waren sofort bereit, alle Forderungen zu erfüllen, die der österreichische Außenminister in einem Ultimatum an sie stellte – hatte doch der Attentäter gar nicht im Auftrag der serbischen Regierung gehandelt, wie die Österreicher gern glauben machen wollten! Trotzdem erklärte Österreich-Ungarn am 28. Juli 1914 Serbien den Krieg – der Erste Weltkrieg begann. Nach Anfangserfolgen an den Fronten wurden die Mittelmächte Deutschland und Österreich-Ungarn bis 1918 von den gegnerischen Alliierten, Großbritannien, Frankreich, den USA (ab 1917) und Italien, das 1915 Österreich den Krieg erklärt hatte, besiegt. Auch die Bemühungen von Kaiser Franz Josephs Großneffen und Nachfolger Karl I. um eine Sonderfriedensregelung, die den Vielvölkerstaat erhalten sollte, nutzten nichts.

Ende des Habsburgischen Reichs

Mit der Niederlage brach Österreich-Ungarn auseinander, endete die über 600-jährige Herrschaft der Habsburger. Am 3. November 1918 begann der Waffenstillstand zwischen Österreich-Ungarn und den

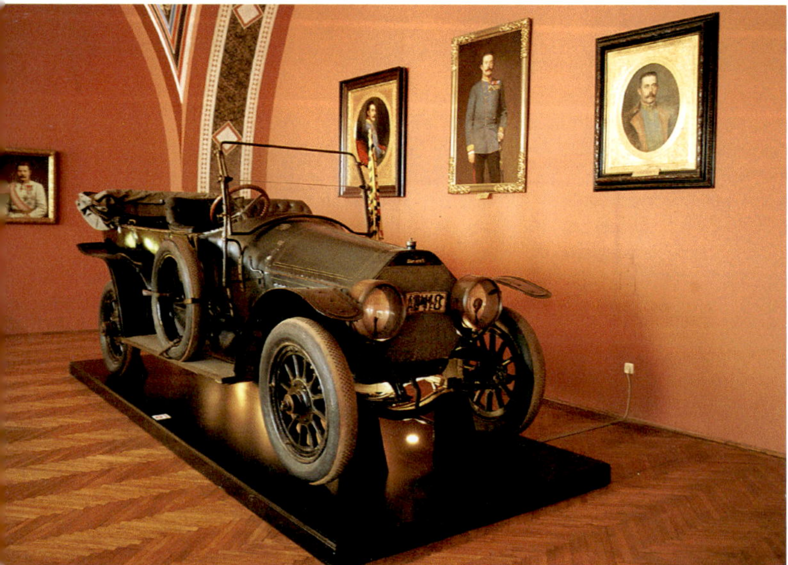

In diesem Auto wurden am 28. Juni 1914 in Sarajevo der Thronfolger Franz Ferdinand und seine Frau Sophie tödlich getroffen (Heeresgeschichtliches Museum, Wien).

Alliierten, am 11. November unterschrieb Kaiser Karl I. seinen Verzicht auf die Staatsgeschäfte und einen Tag später wurde die Republik ausgerufen. Gemäß dem Friedensvertrag von Saint-Germain-en-Laye am 10. September 1919 musste Österreich Südtirol, Istrien, Triest, einige Gebiete Dalmatiens, Kärntens und Krains an Italien abtreten sowie die nunmehr selbstständigen Staaten Tschechoslowakei, Polen, Ungarn und Jugoslawien mit den entsprechenden Gebietsabtretungen anerkennen. Der Reststaat, auf die deutschsprachigen Gebiete in seiner heutigen Gestalt reduziert, umfasste nur noch 12% der Fläche der alten Monarchie. Karl I. hatte zwar den Verzicht auf die Staatsgeschäfte unterzeichnet, nicht aber den Verzicht auf den Thron. Für ihn war die Herrschaft des Hauses Habsburg noch nicht beendet. So versuchte er, die Monarchie in Ungarn zu restaurieren, wurde aber von den Alliierten auf die portugiesische Insel Madeira verbannt, wo er 1922 starb.

◄ Erste Republik

Bereits am 12. November 1918 wurde der neue Staat »Deutschösterreich« ausgerufen. Erster Staatskanzler wurde Karl Renner. Man sah die neue Republik Deutschösterreich als Teil einer gesamtdeutschen Republik und bezweifelte die Lebensfähigkeit dieses »Rumpfstaates«. Die Alliierten verboten aber in der Folge mit dem Vertrag von St. Germain diesen Zusammenschluss, dies hätte ein zu starkes Deutsches Reich bedeutet. Auch der Name »Deutschösterreich« wurde verboten. Mit Ratifizierung des **Friedensvertrags am 21. Oktober 1919** wurde der Name in **»Republik Österreich«** geändert.

Politische Polarisierung

Ähnlich wie in Deutschland kam es in Österreich von Anfang an zu einer Radikalisierung und Polarisierung der politischen Positionen, erstarkten linksextreme und rechtsextreme Parteien und Verbände. Auf dem ideologischen Schlachtfeld bekriegten sich vor allem paramilitärische Einheiten des sozialdemokratischen Schutzbundes und der christlich-sozialen Heimwehr. Von 1918 bis 1934 verloren Hunderte von Menschen bei Straßenkämpfen ihr Leben.

Austrofaschismus und »Anschluss«

Um Österreichs Unabhängigkeit gegen die großdeutsche Anschlussbewegung der von Deutschland her beeinflussten, immer stärker werdenden Nationalsozialisten zu bewahren, führte im März 1933 der kleinwüchsige Kanzler **Engelbert Dollfuß** (»Minimetternich«) einen Staatsstreich durch, setzte die parlamentarische Verfassung außer Kraft und installierte einen autoritären Ständestaat (»Austrofaschismus«). Außer der von ihm gegründeten Vaterländischen Front wurden alle Parteien verboten. Doch die Nationalsozialisten blieben weiterhin das große innenpolitische Problem. Zwar missglückte letztendlich der Nazi-Putschversuch gegen den Bundeskanzler (»Juliputsch«) 1934, bei dem Dollfuß ermordet wurde. Aber sein Nachfolger Kurt Schuschnigg führte einen vergeblichen Kampf um die Selbstständigkeit Österreichs. 1936 schloss sein Kabinett ein Freundschaftsabkommen mit Hitler, um die Unabhängigkeit seines Landes zu retten. Dieses Abkommen normalisierte zwar die deutsch-österreichischen Beziehungen, bot aber dem deutschen Diktator nur Vorwände zur massiven Einmischung in die inneren Angelegenheiten des kleinen Nachbarn. So musste Schuschnigg auf deutschen Druck einer Amnestie für österreichische Nationalsozialisten und deren Aufnahme in die Regierung zustimmen. Im März 1938 zwang Hitler den österreichischen Kanzler zum Rücktritt, ließ seine Truppen in Österreich einmarschieren und den auch von vielen Österreichern gefeierten »Anschluss« an das nationalsozialistische Deutsche Reich vollziehen.

Deutsches Reich und Zweiter Weltkrieg

Nach dem am 10. April 1938 durch Volksabstimmung gebilligten Anschluss verschwand der Name Österreich von der Landkarte und wurde durch »Ostmark«, später durch »Donau- und Alpengaue« ersetzt. Sieben Jahre teilte Österreich das Schicksal des Deutschen Reiches. Das NS-System wurde übertragen, Juden fielen dem Holocaust zum Opfer. Im Zweiten Weltkrieg kämpften Österreicher in der deutschen Wehrmacht auf allen Kriegsschauplätzen mit. Städte erlitten erst durch die Luftbombardements, später durch Bodenangriffe der Alliierten schwere Zerstörungen, und österreichische Nazis beteiligten sich an den Verbrechen des Hitler-Regimes.

Besatzungszeit (1945–1955)

Wie Deutschland wurde auch Österreich nach Kriegsende von den Siegermächten in **vier Besatzungszonen** aufgeteilt: Die sowjetische Zone umfasste Niederösterreich und Oberösterreich nördlich der Donau sowie das Burgenland, die amerikanische Zone Oberösterreich südlich der Donau und Salzburg, die britische Zone die Steiermark, Kärnten und Osttirol sowie die französische Zone Nordtirol und Vorarlberg. Auch die Hauptstadt Wien teilten die Alliierten in vier Sektoren.

Zweite Republik ►

Zehn Jahre nach Kriegsende, im Wiener Staatsvertrag von 1955, einigten sich die Besatzungsmächte und die österreichische Regierung (bereits im November 1945 waren die ersten Nationalratswahlen) auf die staatliche Einheit und den Abzug aller Besatzungsmächte, Österreich war wieder souverän. Allerdings musste es sich dafür zu einer **»immerwährenden Neutralität«** verpflichten. Weder politisch noch wirtschaftlich durfte es mit Deutschland ein Bündnis eingehen. Noch im selben Jahr wurde die Alpenrepublik Mitglied der UNO.

Internationale Einbindung

Als Vermittler zwischen Ost und West gewann das neutrale und wirtschaftsstarke Österreich, das wie Deutschland dank des Marshallplanes in der Nachkriegszeit ein »Wirtschaftswunder« erlebt hatte, eine neue internationale Rolle, auch durch wichtige internationale Konferenzen auf seinem Boden. Diplomatisch isoliert war allerdings der von 1986–1992 amtierende Bundespräsident Waldheim, weil er entgegen den Fakten behauptet hatte, nie Mitglied des Nationalsozialistischen Studentenbunds und der SA gewesen zu sein. Durch die »Affäre Waldheim« geriet die Rolle Österreichs in der Nazizeit erneut in die öffentliche Diskussion.

Geopolitische Veränderung

Mit dem Ende des kommunistischen Ostblocks, mit dem Eintritt Österreichs in die Europäische Union (EU) 1995 und der geplanten EU-Erweiterung nach Osten rückte die Alpenrepublik in eine geopolitisch zentrale europäische Lage. Damit einher geht der allmähliche Abbau der einst identitätsstiftenden politischen Neutralität.

Österreich im 21. Jh.

Internationales Aufsehen erregte das Land, als sich nach den Wahlen zum Nationalrat im Oktober 1999, bei denen die Freiheitliche Partei Österreichs (FPÖ) nach der SPÖ als zweitstärkste Partei hervorgegangen war, ÖVP und FPÖ auf eine Koalition einigten. Die Regierungskoalition mit der vom Kärntner Landeshauptmann Jörg Haider geführten rechtspopulistischen FPÖ stieß im Ausland, aber auch in Österreich selbst, bei vielen auf strikte Ablehnung und führte sogar zum vorübergehenden »Einfrieren« bilateraler Kontakte seitens der anderen EU-Staaten.
Aus den vorgezogenen Nationalratswahlen 2002 ging die ÖVP als stärkste Kraft hervor, die FPÖ stürzte auf 10% ab, doch kam es zu einer Neuauflage der alten Koalition. Im April 2005 spalteten sich die Regierungsmitglieder und Parlamentarier der FPÖ von dieser ab und traten in die neu gegründete BZÖ (Bündnis Zukunft Österreich) unter Führung Haiders über.
Bei den Nationalratswahlen am 1. Okt. 2006 wurde die SPÖ stärkste Partei und bildet im Januar 2007 mit der ÖVP eine Große Koalition. Bundeskanzler wurde Alfred Gusenbauer (SPÖ), Vizekanzler (zugleich Finanzminister) Wilhelm Molterer von der ÖVP. Bereits nach 18 Monaten, im Juli 2008, zerbrach die Koalition, u. a. an der zu unterschiedlichen Europapolitik der beiden Parteien. Neuwahlen sollen im September 2008 stattfinden.

Euro 2008

Im Juni 2008 war Österreich – zusammen mit der Schweiz – Gastgeber der Fußball-Europameisterschaft. Austragungsorte waren Wien, Graz, Innsbruck und Salzburg.

Kunst und Kultur

Kunst und Wissenschaft haben in Österreich einen hohen Stellenwert und werden weit über die Landesgrenzen hinaus beachtet. Von der Steinzeit bis zur heutigen Avantgarde – die kleine Alpenrepublik hat viele international beachtete und großartige Künstler hervorgebracht.

Kunstgeschichte

Hinweis

Im Wesentlichen bezieht sich der folgende Abriss auf das Gebiet des heutigen Österreich. Allgemein kommen von außen wirkende kunsthistorische Einflüsse in Österreich meist erst mit einer gewissen Verzögerung zum Tragen, die in manchen Fällen bis zu eineinhalb Jahrhunderte betragen kann. So sind die für Deutschland, Frankreich und Italien geltenden Richtzeiträume etwa der Romanik, der Gotik und des Barock für Österreich erheblich später anzusetzen.

Frühgeschichtliche Zeit

Erste Funde

Der erste kunstgeschichtlich bedeutende Fund auf österreichischem Boden ist die erst 1988 in der Nähe der niederösterreichischen Stadt Krems ausgegrabene »Venus vom Galgenberg« (WEINSTADTmuseum Krems). Die gut 7 cm hohe und 32 000 Jahre alte Figur wurde von der Ausgräberin »Fanny – die tanzende Venus vom Galgenberg« genannt, eine Hommage an die berühmte österreichische Tänzerin Fanny Elßler. Aus der Altsteinzeit stammt die 27 000 Jahre alte, ca. 11 cm große Kultstatuette einer Frau, die nach ihrem Fundort in Niederösterreich als »Venus von Willendorf« (Naturhistorisches Museum, Wien) bezeichnet wird.

Venus von Willendorf

Erst wesentlich später folgt die nächste durch interessante Funde belegte Periode, nämlich in der nach ihrer Hauptfundstätte Hallstatt in Oberösterreich benannten **Hallstattzeit** (800–400 v. Chr.). Zu den Kostbarkeiten dieser Zeit zählen Beigaben aus über 2000 entdeckten Grabstätten, darunter beispielsweise reich verzierte Bronzeblechgefäße, die auf eine differenzierte Technik der Schmuckkunst schließen lassen. Wichtige Funde aus dieser Epoche, der älteren Eisenzeit, sind vor allem im Prähistorischen Museum von Hallstatt und im Naturhistorischen Museum in Wien zu sehen.

Einen umfassenden Einblick in die keltische Kultur, welche die **jüngere Eisenzeit** prägte,gibt das Keltenmuseum im salzburgischen Hallein.

Römerzeit und frühes Mittelalter

Römische Zeit

15 v. Chr. wurden Rätien und Noricum dem Römischen Reich als Provinzen einverleibt, damit war Österreich römisches Territorium. Ein Zeugnis ist der »Jüngling vom Magdalensberg«, die lebensgroße

← Rokokobau in Pastelltönen: Stift Wilhering

römische Kopie einer griechischen Statue, die im Jahre 1502 bei St. Veit an der Glan in Kärnten gefunden wurde. Interessante Fundstücke findet man auch im Freilichtmuseum Petronell und im Museum Carnuntum bei Hainburg, in Teurnia bei St. Peter im Holz und in Aguntum bei Lienz.

Völkerwanderung Nach dem Abzug der Römer (um 400 n. Chr.) wurde Österreich während der Zeit der Völkerwanderung abwechselnd von Germanen, Hunnen, Awaren, Slawen und schließlich von den Bayern teils durchwandert, teils auch besiedelt. In dieser historisch noch kaum erhellten Zeit lassen sich dennoch kunsthistorische Glanzpunkte feststellen: Ende des 7. Jh.s wurden in Salzburg die Klöster St. Peter und Nonnberg, 748 das Kloster Mondsee gegründet.

Karolingische Zeit Die nach Karl dem Großen benannte karolingische Kunst versuchte eine Synthese antiker und christlicher Formensprache herbeizuführen, d. h. klassische Traditionen wurden mit kunsthandwerklichen Fertigkeiten der christianisierten Einwohner Österreichs verknüpft. Neuartig in der Baukunst war der monumentale Steinbau, der sich sowohl am Zentralbau der antiken Basilika als auch an der Saalkirche orientierte und römische Bauformen wie Säule und Rundbogen verwendete. Ein Meisterwerk der Goldschmiedekunst ist der im Kloster Kremsmünster aufbewahrte, anlässlich der Gründung 777 von Herzog Tassilo III. gestiftete Tassilo-Kelch. Die karolingische Kunst, die ferner in der besonders schmuckfreudigen Buchmalerei (Wiener Krönungsevangeliar) zum Ausdruck kommt, wirkte bis ins 10. Jh. hinein und wurde von der Romanik abgelöst.

Romanik

Auftraggeberin Kirche Wie die gesamte Kunst des Mittelalters stand auch die der Romanik, des ersten geschlossenen abendländischen Stils seit der Antike, in Österreich fast gänzlich im Dienste der Kirche. Benediktiner, Zisterzienser und Augustiner trugen mit ihren Klostergründungen bzw. -umbauten zur kontinuierlichen Kunstentwicklung ab dem 12. Jh. in Österreich bei. Lediglich die Stadt Salzburg wies bereits seit der ottonischen Zeit (10. Jh.) eine Kunstentfaltung eigener Prägung auf, die besonders in den Salzburger illuminierten Handschriften des 11. Jh.s zum Ausdruck kommt.

Malerei Ähnlich wie die Buchkunst entfaltete sich die Monumentalmalerei. Reste wunderbarer romanischer Fresken sind in der Stiftskirche auf dem Salzburger Nonnberg, in der Johanneskapelle von Pürgg im Ennstal und im Benediktinerstift Lambach erhalten. Ein einzigartiges Werk aus dieser Epoche ist der **Verduner Altar** des Nikolaus von Verdun in Klosterneuburg: 1180 geschaffene und 1331 zu einem Flügelaltar zusammengefügte Emailtafeln mit Szenen aus dem Alten und Neuen Testament.

Architektur

Die Architektur des 12. Jh.s wurde im Westen Österreichs vornehmlich durch die Benediktiner (Stifte St. Peter, Nonnberg, Mondsee, Lambach, Kremsmünster) geprägt, im Osten hauptsächlich durch die Zisterzienser, die ab dem Jahre 1135 eine Reihe von Klöstern errichteten (Heiligenkreuz, Zwettl, Lilienfeld). Zeugen dieser frühen Bauphase sind das Langhaus der Stiftskirche von Heiligenkreuz im Wienerwald und das Kapitelhaus des Stiftes Zwettl. Als großartigstes Bauwerk der Romanik in Österreich gilt der **Dom von Gurk** (Kärnten), eine gewaltige dreischiffige Pfeilerbasilika (1174 geweiht) mit einer von hundert hellen Marmorsäulen getragenen Krypta und einem bemerkenswerten spätromanischen Freskenzyklus (um 1260) an der Westempore.

Übergangszeit

Die Zisterzienser nahmen auch als erste gotische Einflüsse auf: In den reich geschmückten Kreuzgängen von Zwettl, Heiligenkreuz und Lilienfeld, die ab Beginn des 13. Jh.s entstanden, sind gotische Elemente bereits sichtbar; die Stiftskirche von Lilienfeld, eine 1263 vollendete dreischiffige Pfeilerbasilika mit Chorumgang, verkörpert schon die burgundische Frühgotik. Wenngleich die heimischen Baumeister manche Anregungen übernahmen, sind die meisten Bauten der späten Babenbergerzeit in ihrer Gedrungenheit und recht massiven Gestaltung noch durchaus romanisch (Karner von Tulln und Mödling, Langhaus der Franziskanerkirche in Salzburg).

Das Brunnenhaus von Stift Lilienfeld ist eines der schönsten gotischen Bauwerke in Österreich.

Gotik

Erst gegen Ende des 13. Jh.s vermochte die Gotik in Österreich wirklich Fuß zu fassen. Die gotische Kunst des 14. Jh.s war eng mit dem **Haus Habsburg** verknüpft, das 1278 mit Rudolf I. an die Macht gekommen war. Da zwischen dem Wiener und dem Prager Hof – dem zeitweiligen Sitz des Kaisers – rege Verbindungen bestanden, gelangten über Böhmen französische, italienische und deutsche Einflüsse nach Wien und Österreich.

Bedeutende Werke gotischer **Bildhauerei** sind die Figuren am Singertor des Wiener Stephansdoms und die Marienstatuengruppe in Klosterneuburg. Besonders schön ist die Glasmalerei am Chor der Pfarrkirche in Viktring, Kärnten. Der Hauptakzent der **Malerei** lag in der Gotik jedoch bereits beim Tafelbild. Mit dem Bild von Rudolf IV. von 1365 schließlich entstand **das erste Porträt in Österreich**. In der Spätgotik erlebten Malerei und Plastik eine Blütezeit. Lokale Schulen mit ausgeprägtem Gestaltungswillen entstanden in Wien und Salzburg. Neben die Steinskulptur (teils im realistischen, teils im sanft gerundeten »weichen« Stil) trat bei der Bildhauerei die gefasste Holzplastik mit vollendeten Flügelaltären (Kefermarkt, um 1500; St. Wolfgang, Michael Pacher, 1481). Bedeutende Maler von Altarbildern sind der Albrechtsmeister (Klosterneuburg), der Schottenmeister (Schottenstift, Wien), auf dessen Bild »Flucht nach Ägypten« von 1469 sich die erste Stadtansicht von Wien findet, Conrad Laib (Museum Carolino Augusteum, Salzburg; Grazer Dom; Unteres Belvedere, Wien) und Rueland Frueauf der Ältere (Unteres Belvedere, Wien). In Innsbruck malte Jörg Kölderer die Fresken am Goldenen Dachl, das aber in der Ausgewogenheit der Proportionen schon in eine neue Zeit weist.

Donauschule Um die Wende vom 15. zum 16. Jh. bildete sich im Donauraum der Malstil der so genannten Donauschule heraus. Sie ging nicht etwa von einem Künstler aus, sondern vereinte eine Fülle von verschiedenen Werkstätten und Künstlern. Ihr charakteristischstes Merkmal ist die enge Verbindung des Handlungsinhalts mit der Natur, der ausdrucksstarken Landschaft, in die die Bildgeschichte eingebettet wird. Dazu kommen leuchtende Farben und eine bisweilen eigenwillige Linienführung. Zu ihren Hauptvertretern gehören Rueland Frueauf der Jüngere (Klosterneuburg), Lucas Cranach der Ältere (Stift St. Florian), Albrecht Altdorfer (Stift St. Florian) und der aus Vorarlberg stammende Wolf Huber (Pfarrkirche Feldkirch). Die Stilphase der Donauschule wurde Mitte des 16. Jh.s allmählich von der Renaissance abgelöst.

Architektur In Niederösterreich entfaltete der Zisterzienserorden weiterhin ein reges künstlerisches Leben: Chor und Brunnenhaus von Heiligenkreuz sind rein gotische Arbeiten. Als Marksteine gotischen Bauens im 14. Jh. gelten darüber hinaus auch die Leechkirche in Graz und die Augustinerkirche in Wien. Das 15. Jh. brachte eine Hochblüte spätgotischer Architektur. Die Bauhütte von St. Stephan in Wien erlangte große Bedeutung, der imponierendste Beweis für ihre Leistungsfähigkeit ist der Stephansdom mit seinem gewaltigen, in nur 25-jähriger Bauzeit entstandenen Südturm (»Steffl« genannt). Im Gegensatz zur feingliedrigen Wiener Spätgotik der Stephanskirche, der Kirche Maria am Gestade mit ihrem reizvollen durchbrochenen Turmhelm und der »Spinnerin am Kreuz«, einer Säule auf dem Wienerberg, steht der Hallentypus weiträumiger Art, wie er im übrigen Österreich bevorzugt wurde (z. B. Chor der Salzburger Franziskanerkirche). Ein Merkmal österreichischer Spätgotik sind die reichen Netz- und Sternrippengewölbe, eigenwilligstes Beispiel dafür ist der Gailtaler Dom in Kötschach-Mauthen. Als das schönste gotische Bürgerhaus in Österreich gilt das um 1500 erbaute Kornmesserhaus im steiermärkischen Bruck an der Mur.

Schmuckstück der Pfarrkirche von St. Wolfgang: der Pacher-Altar

Renaissance

Grundlegende Veränderungen

Nicht zuletzt durch die Entdeckungen von Christoph Columbus wandelte sich das mittelalterliche Weltbild. Mit Aufkommen und wachsender Bedeutung des Geldverkehrs veränderte sich auch die Wirtschaftsstruktur. Und ebenfalls von Italien ausgehend, verbreitete sich das Gedankengut der Renaissance über Europa. Diese **»Wiedergeburt der Antike«** stellte im bewussten Gegensatz zur Weltabgewandtheit und Jenseitsbezogenheit des Mittelalters den Menschen ins Zentrum der Betrachtung. In Österreich fand diese Zeit des Übergangs ihre Verkörperung in der Gestalt Kaiser Maximilians I. (► Berühmte Persönlichkeiten): Obwohl als Hinweis auf seine Verbundenheit mit der Vergangenheit »der letzte Ritter« genannt, war er doch aufgeschlossen für alles Neue, zog vorwärts strebende Künstler an seinen Hof und förderte Kunsthandwerk wie Wissenschaften. Zu den interessantesten Kunstwerken dieser Übergangsepoche zählt das Grabdenkmal, das der Kaiser selbst in Auftrag gab und in der Hofkirche zu Innsbruck errichten ließ: Die 28 überlebensgroßen Erzstandbilder wurden z. T. nach Plänen von Albrecht Dürer und Peter Vischer ausgeführt.

Krieg statt Kunst

Dass die Kunst der Renaissance in Österreich deutlich weniger vertreten ist als die Gotik oder das Barock, lässt sich auf die gewaltigen Auseinandersetzungen Österreichs mit dem Osmanischen Reich zurückführen, die seit der Zeit Maximilians während zwei Jahrhunderten meist auf dem Balkan, häufig aber auch auf österreichischem Boden ausgetragen wurden. In den Jahren 1529 und 1683 belagerten die Türken Wien zwar vergeblich, verwüsteten aber das Umland und suchten auch Kärnten und die Steiermark wiederholt heim. Alle Kräfte waren in diesen Kriegen gebunden, zur Pflege der Künste blieb nur wenig Energie und Geld.

Burgen Die Verteidigungslinie gegen die Türken wurde verstärkt: Klagenfurt, Graz und Wien erhielten Festungsbauwerke. In Graz errichtete der Festungsbaumeister Domenico d'Allio 1557–1565 auch den Haupttrakt des Landhauses mit dem schönen Arkadenhof, in Wien entstand der Amalientrakt der Hofburg mit dem Schweizertor. Weitere Beispiele dieser Bautätigkeit sind die stattliche Burg Hochosterwitz in Kärnten, die Riegersburg in der Steiermark und die Festungen des Burgenlandes. Zu den schönsten Bauten jener Zeit zählen die Schallaburg in Niederösterreich mit ihrem prächtigen terrakottageschmückten Hof und Schloss Porcia in Spittal an der Drau (Kärnten). Die meisten Bauwerke sind Arbeiten italienischer Festungsbaumeister, die die österreichische Architektur der Renaissance und auch noch des Frühbarock bestimmen.

Manierismus Unter dem in Prag Hof haltenden Kaiser Rudolf II. fand das Gedankengut des Manierismus, einem eigenständigen Kunststil zwischen Renaissance und Barock, Eingang in das Kunstschaffen. Kennzeichnend für diesen Stil ist die Abkehr von klassischen Formen und die Hinwendung zu verzerrten, asymmetrischen, teils bizarren Darstellungen in grelleren Farben. Beispiele sind die Kaiserkrone von 1602 in der Schatzkammer der Wiener Hofburg sowie die großen Werke der manieristischen Malerei im Wiener Kunsthistorischen Museum (Giuseppe Arcimboldo). In Salzburg entstanden Bauwerke einer rein italienischen, manieristisch-frühbarocken Stilrichtung, so der Neubau des Domes (1624–1628) von Santino Solari, der auch das Lustschloss Hellbrunn erbaute.

Barock

Entwicklung Erst nachdem die Gefahr der Türkenkriege endgültig beseitigt war, konnte sich der österreichische bzw. habsburgische Staatsgedanke durchsetzen. Dies bedeutete auch den Durchbruch für den Barock, der zur **hervorragendsten Epoche österreichischer Kunstentfaltung** wurde. Mit der Stärkung des absolutistischen Staatsgedankens ging ein Wiedererstarken der durch die Reformation erschütterten katholischen Kirche und ihr endgültiger Sieg in den katholischen Ländern durch die Gegenreformation einher. Die Folge war ein ungeheurer Aufschwung der Bautätigkeit, der zur Entstehung zahlreicher Kirchen, Klöster (gewaltiger, schlossartiger Stifte) und Schlösser führte und im Bereich von Skulptur und Malerei großartige Werke entstehen ließ. Vielfach bekamen ältere Bauwerke ein barockes Kleid übergestülpt, so stammen die charakteristischen Zwiebelhauben auf den schlanken gotischen Kirchtürmen aus dieser Zeit.

Architektur

Italienische Baumeister leiteten die Barockepoche ein, darunter Donato Felice d'Allio (Klosterneuburg) und Giovanni Pietro de Pomis (Mausoleum für Ferdinand II., Graz). Nach dieser vorbereitenden Phase gipfelte die Architektur in der feierlichen Pracht des Hochbarock. Die Auftraggeber für die Prunkbauten dieser Epoche waren das Herrscherhaus, der Hochadel und die Kirche. Wien erlebte eine glanzvolle Zeit auf dem Weg zur »Kaiserstadt«. Schlösser und Adelspalais wurden in großer Zahl erbaut, vor allem in den Vorstädten, die nach den Verwüstungen der Vergangenheit wieder auflebten.

Barockbaumeister

Die herausragendsten Künstlerpersönlichkeiten jener Zeit waren auf dem Gebiet der Architektur Lucas von Hildebrandt (Schloss Belvedere, Wien; Neubau des Schlosses Mirabell, Salzburg; Piaristenkirche, Wien; Schlosshof Halbturn östlich vom Neusiedler See), Johann Bernhard Fischer von Erlach und sein Sohn Joseph Emanuel (Karlskirche, Nationalbibliothek, Böhmische Hofkanzlei, Winterpalais des Prinzen Eugen und Graben-Pestsäule, Wien; Kollegienkirche in Salzburg), Jakob Prandtauer (Stift Melk) Joseph Munggenast (Stiftskirche Dürnstein) und Carlo Antonio Carlone (St. Florian; Fischbehälter des Stiftes Kremsmünster).

Malerei und Bildhauerei

Begleitet wurde die Bautätigkeit des Barock von einem lebhaften Aufschwung in Plastik und Malerei. Zu den bemerkenswertesten Schöpfern plastischer Kunstwerke zählen die Bildhauer Matthias Steinl

Halbturner Schloss-Impressionen: anmutiger Blumenreigen zum »Triumph des Lichts«. Das Deckenfresko stammt von Franz Anton Maulpertsch.

oder Steindl, Meinrad Guggenbichler, Balthasar Permoser (»Apotheose des Prinzen Eugen«, Barockmuseum Unteres Belvedere, Wien), Balthasar Moll (Sarkophag für Maria Theresia, Franz I., Kapuzinergruft, Wien), Georg Raphael Donner (Brunnen am Neuen Markt, Wien; Pietà, Dom zu Gurk) und Franz Xaver Messerschmidt (groteske Plastiken, Historisches Museum der Stadt Wien). Die wichtigsten Barockmaler, die vor allem Altarblätter und große Freskenzyklen schufen, waren Johann Michael Rottmayr, Daniel Gran, Bartolomeo Altomonte, Paul Troger, Martin Johann Schmidt (»Kremser Schmidt«) und Franz Anton Maulpertsch. Einige dieser Künstler wirkten in der zweiten Hälfte des 18. Jh.s, in einer Zeit, die man kunstgeschichtlich bereits dem Rokoko zurechnet.

Rokoko Da die Dynamik des Hoch- und Spätbarock in Österreich die Mitte des 18. Jh.s überdauerte, um dann fast unvermittelt zu enden, ist das Rokoko hier wenig ausgebildet (Zisterzienserabtei Wilhering, Trappistenkloster Engelhartszell; Basilika von Wilten, Tirol; Innenausstattung von Schloss Schönbrunn, Wien).

Übergangszeit Die auf die Französische Revolution folgenden Napoleonischen Kriege bedeuteten erneut die Verlagerung von Energien und bedeutenden Geldsummen auf den Unterhalt von Armeen, so dass erst nach dem Wiener Kongress (1814/1815) der Kunst wieder mehr Aufmerksamkeit gewidmet wurde. Zum Schutz vor den heranrückenden Franzosen hatte Franz II. die Reichskleinodien vorsichtshalber von Nürnberg nach Wien überführen lassen, wo sie heute in der Schatzkammer der Hofburg zu besichtigen sind.

Klassizismus und Biedermeier

Malerei Dem Klassizismus verbunden fühlten sich Heinrich Friedrich Füger und Johann Peter Krafft, der Romantik zugehörig waren der in Wien arbeitende Ostpreuße Ludwig Ferdinand Schnorr von Carolsfeld und Joseph von Führich, dessen Bilder den Einfluss der Nazarener verraten. Wie Führich brachten Moritz von Schwind und Leopold Kupelwieser romantische Züge in den späteren Historismus der so genannten Wiener Ringstraßenära ein. Die eigentliche Malerei des Biedermeier war in ihrem Themenkreis jedoch durch das bürgerliche Milieu festgelegt. Zu nennen sind hier Moritz Michael Daffinger, Friedrich von Amerling und Peter Fendi. Eine Ausnahme bildet Ferdinand Waldmüller, dessen Porträts und Landschaften kaum einer bestimmten Kunstrichtung zugeordnet werden können.

Architektur Klassizismus internationaler Prägung ist in Österreich nur spärlich vertreten. Hauptwerke sind die Gloriette im Park des Schlosses Schönbrunn von Ferdinand von Hohenberg (1775), das Grabmal der Erzherzogin Marie Christine in der Augustinerkirche Wien von Antonio Canova (1805) und das Äußere Burgtor in Wien von Peter von

Nobile (1824). Doch diese Kunstrichtung wurde bald vom privateren Stil des österreichischen Biedermeier abgelöst. Bedeutendster Architekt dieser Zeit war Josef Kornhäusel (Stadtensemble, Baden bei Wien; Husarentempel im Naturpark Föhrenberge, Mödling).

Historismus

Entwicklung

Historismus bezeichnet das Wiederaufgreifen historischer Stile und war lange Zeit eher negativ belegt. Sie seien unfähig, Eigenes, Neues zu schaffen, lautete der Vorwurf an die Vertreter von Neoromanik, Neogotik oder Neobarock. Der Rückgriff auf vergangene Kunstepochen ist jedoch – neueren Erkenntnissen zufolge – kein Phänomen der zweiten Hälfte des 19. Jh.s, sondern wurde schon früher praktiziert, allerdings nicht in dieser Intensität.

Festlicher Aufstieg ins Burgtheater unter den Fresken von Klimt und Matsch

Herausragende **Maler** des Historismus waren Emil Jacob Schindler, August von Pettenkofen und Hans Makart, der seinen neobarocken »Makart-Stil« entwickelte. Anton Romako war mit seinen Arbeiten, in denen bereits naturalistische und expressionistische Elemente anklingen, schon einer neueren Zeit verpflichtet.

Mit der 1859 begonnenen Stadterweiterung von Wien bot sich durch die Anlage der Ringstraße eine einmalige Gelegenheit, der Idee des Historismus in einer großzügigen Gesamtgestaltung bleibende Form zu verleihen. Als führende **Ringstraßenarchitekten** profilierten sich Theophil von Hansen (Akademie der bildenden Künste, Parlament, Börse), Heinrich von Ferstel (Museum für angewandte Kunst, Votivkirche, Universität), Friedrich Schmidt (Rathaus), August Siccard von Siccardsburg und Eduard van der Nüll (Oper), Gottfried Semper und Carl von Hasenauer (Burgtheater, Neue Hofburg, Museen am Maria-Theresien-Platz).

Jahrhundertwende und 20. Jahrhundert

Wiener Secession

In den Gemälden und Freskenentwürfen des Malers Gustav Klimt (► Berühmte Persönlichkeiten) dokumentiert sich die Wende zur Kunst des 20. Jh.s: Ihm gelang die Verbindung von romantischer Naturnähe und symbolhaft abstrahierender Ornamentik. 1897 wurde die dem Jugendstil verpflichtete »Wiener Secession« gegründet, neben ihrem **Hauptvertreter Klimt** waren der Maler und Kunsthandwerker Koloman Moser, der Architekt Joseph Maria Olbrich (Wiener Secessionsgebäude, 1897/1898) und der Bühnenbildner Alfred Roller prominente Mitglieder dieser Künstlervereinigung. Der Art nouveau verbunden, nahm auch das Kunsthandwerk eine schwungvolle Entwicklung, was sich in der Gründung der Wiener Werkstätte durch den Architekten Josef Hoffmann manifestierte. Ab 1903 arbeiteten hier bekannte Künstler mit Handwerkern an der Fertigung kunsthandwerklicher Produkte (Glas, Porzellan, Leder, Schmuck, Textilien). 1910 erregte die Secession Aufsehen mit der Ausstellung »Die Kunst der Frau«, die erstmals einen Überblick über das künstlerische Schaffen von Frauen vom 16. bis zum Anfang des 20. Jh.s mit Werken namhafter Künstlerinnen gab, wie Tina Blau, Marie Egner, Angelika Kauffmann, Olga Wiesinger-Florian, Käthe Kollwitz oder Berthe Morisot. Organisiert wurde die Ausstellung von der 1910 gegründeten Vereinigung Bildender Künstlerinnen Österreichs. Namhafte Architekten dieser Zeit neben Olbrich und Hoffmann waren Adolf Loos, dessen Epoche machender Bau am Wiener Michaelerplatz 1910 einen Skandal hervorrief, und Otto Wagner, Begründer der »Wiener Schule«, der in Wien die Haltestellenbauten der Stadtbahn und 1904–1906 das Postsparkassengebäude errichtete.

Hrdlickas Mahnmal gegen Krieg und Faschismus in Wien

Expressionismus

Außerhalb der Secession gelangte der Tiroler Albin Egger-Lienz zu Ansehen, ein Expressionist von monumentaler und herber Vitalität. Egon Schiele war mit seinen ausdrucksstarken Menschendarstellungen und zarten Naturschilderungen ein führender Vertreter des frühen Expressionismus. Neben Oskar Kokoschka ist auch Alfred Kubin zu nennen, ein Meister düsterer Traumwelten.

Zwischenkriegszeit

In der Zwischenkriegszeit findet man nur wenige bedeutende bildende Künstler, darunter die Maler Ingeborg Spann-Cramer und Herbert Boeckl, die Bildhauer Anton Hanak und Fritz Wotruba, der mit seiner archaischen Formensprache zu einem Klassiker der modernen Plastik wurde, sowie die Architekten Clemens Holzmeister, Karl Ehn und Lois Welzenbacher.

Nötscher Kreis

Erwähnung verdient der so genannte Nötscher Kreis. Die keinem Programm verpflichtete Künstlergruppe um Anton Kolig, Sebastian Isepp, Franz Wiegele und Anton Mahringer bildete eine Nahtstelle zwischen dem Wiener Symbolismus bzw. dem österreichischen Expressionismus und der französischen Künstlergruppe Nabis bzw. Cézanne.

Wiener Schule des phantastischen Realismus

Bald nach dem Zweiten Weltkrieg war es der Maler und Schriftsteller Albert Paris Gütersloh, der die »Wiener Schule des phantastischen Realismus« nachhaltig inspirierte. Diese **spezifisch österreichische Kunstausrichtung** steht dem Surrealismus nahe. Ihre wichtigsten Vertreter waren Erich (Arik) Brauer, Rudolf Hausner, Wolfgang Hutter, Anton Lehmden und Ernst Fuchs.

Moderne Architektur

Kaum einordnen lässt sich der im Jahr 2000 verstorbene, viel gerühmte und viel gescholtene österreichische Künstler **Friedensreich Hundertwasser** (► Baedeker Special S. 547), der nicht nur durch seine Bilder, sondern auch durch seinen höchst eigenwilligen Architekturstil bekannt geworden ist. Unschwer erkennbar sind die Arbeiten des Architekten und Stadtplaners Boris Podrecca, der nicht nur durch lebensfreundliche Gestaltung von Innenstadtplätzen auf sich aufmerksam machte, sondern auch am Millenniumtower von Wien beteiligt war. Zu den international bekanntesten österreichischen Architekten gehören außerdem die Gemeinschaft Coop Himmelb(l)au (Gasometer B, Wien), Gustav Peichl, Rudolf Weber (Millenniumtower, Wien), Hans Hollein (Haas-Haus, Wien) und Wilhelm Holzbauer (Studienhaus St. Virgil, Salzburg-Aigen).

Zeitgenössische Kunst

Bedeutung nach 1950 erlangten in Österreich und darüber hinaus die Maler Arnulf Rainer und Maria Lassnig, der Bildhauer und Grafiker Alfred Hrdlicka, die Bildhauer Annemarie und Joannis Avramidis und der Plastiker Rudolf Hoflehner. Zum Kreis des Wiener Aktionismus zählen Künstler wie Hermann Nitsch, Günter Brus und Walter Pichler, zur Wiener Gruppe Friedrich Achleitner, Gerhard Rühm, H. C. Artmann und Konrad Bayer. Jüngere Positionen vertreten Valie Export, Peter Kubelka und Peter Weibel. International bekannt sind auch Marie Luise Lebschik, Siegfried Anzinger, Martha Jungwirth, Gunther Damisch, Otto Zitko, Lore Heuermann, Birgit Jürgenssen, Herbert Brandl und Friederike Pezold. Für Fotokunst stehen Ines Doujak und Branko Lenart, für Installationen, Performances und Objektkunst neben vielen anderen Elke Krystufek oder Walter Obholzer.

Die zeitgenössische österreichische Kunstszene ist nicht nur außerordentlich lebendig und vielfältig, ihr internationales Renommee verdankt sie auch einer mit Nachdruck und Esprit betriebenen Erweiterung tradierter künstlerischer Mittel. Beispiel dafür ist die Gruppe Gelatin mit einer umfassenden Multimedia-Installation im österreichischen Pavillon auf der Biennale in Venedig 2002.

Berühmte Persönlichkeiten

Österreichs Berühmtheiten findet man in allen Sparten des öffentlichen Lebens. Nicht nur die Helden des Wintersports heimsen internationale Lorbeeren ein, es sind auch geistige, politische oder gesellschaftliche Größen, die den Ruhm Österreichs als Kulturnation nachhaltig in der Welt begründen.

Prinz Eugen (1663–1736)

Feldherr und Staatsmann

Preußenherrscher Friedrich der Große schrieb über Prinz Eugen: »... er regierte nicht nur die österreichischen Erblande, sondern auch das Reich. Eigentlich war er Kaiser ...« Wegen seines kleinen Wuchses und seiner unansehnlichen Gestalt wurde dem am Hof des Sonnenkönigs aufgewachsenen Prinzen Eugen Franz von Savoyen-Carignan von Ludwig XIV. der Eintritt in das französische Heer verweigert. Der französische Herrscher riet ihm, in den geistlichen Stand zu treten. Eugen ging jedoch lieber an den Kaiserhof nach Wien, trat in das habsburgische Heer ein, hatte dort bald Gelegenheit, sich im Kampf gegen die Türken, die Wien belagerten, auszuzeichnen und machte in Österreich rasch Karriere. Im Dienst dreier habsburgischer Kaiser – Leopolds I. und dessen Söhnen Joseph I. und Karl VI. – stieg er vom einfachen Offizier zum Feldmarschall, schließlich zum »Präsidenten des Hofkriegsrates« und Reichsmarschall auf. Über die drei Monarchen soll er einmal gesagt haben: »Kaiser Leopold war mein Vater, Joseph mein Bruder, Karl mein Herr.« Seinen Ruf als Feldherr begründete Eugen mit seinem **entscheidenden Sieg über die Türken** bei Zenta im Jahr 1697, der Österreich ganz Ungarn, Siebenbürgen, Kroatien und Slawonien einbrachte. Seine Erfolge gegen die Türken, die er 1717 mit der Eroberung Belgrads krönte, ließen ihn als »Prinz Eugen, den edlen Ritter« im Volkslied weiterleben. Doch Eugen war nicht nur das größte militärische Genie seiner Zeit, sondern auch der tonangebende Staatsmann des Habsburger Reiches, der an fast allen Friedensverhandlungen der damaligen Zeit maßgeblich mitwirkte. Außerdem war er ein großer Freund und Förderer von Kunst und Wissenschaft, dem Wien erlesene Bauwerke verdankt.

Kaiserin Elisabeth (1837–1898)

►Baedeker Special S. 289

Sigmund Freud (1856–1939)

Arzt und Psychologe

Viele seiner Theorien gelten als überholt oder sind mittlerweile widerlegt worden, doch ohne Sigmund Freud ist die moderne Psychologie nicht vorstellbar. Der Wiener Nervenarzt und Dozent für Neuropathologie gilt als Entdecker des Unbewussten und **Begründer der Psychoanalyse**. Das psychische Geschehen sah Freud hauptsächlich als triebgesteuert an: So zielen die Triebe, besonders die sexuellen, aus der Schicht des Unbewussten auf Befriedigung. Ursache see-

← Hier ist versammelt, was Rang und Namen hat: auf einem der zahlreichen Bälle in der Wiener Hofburg.

lischer Störungen sind verdrängte traumatische Erfahrungen, vor allem die Verdrängung frühkindlicher Erlebnisse und das daraus resultierende fehlerhafte Zusammenspiel der drei Kräfte, die das menschliche Erleben bestimmen: das »Es« (Unbewusstes) und das »Ich«, das als »selbstbewusste« Instanz zwischen den Forderungen des Es und denen der Außenwelt, dem »Über-Ich«, vermittelt. Um derartige krank machende Erlebnisse aufzudecken, entwickelte er ein als »Psychoanalyse« bezeichnetes Verfahren, das sich der Traumdeutung, selten auch der Hypnose bedient. Von Freud stammen einige Begriffe, die heute zum gängigen Vokabular gehören wie Ödipuskomplex, Lustgewinn und Todestrieb.

Freud, der wegen seiner jüdischen Abstammung 1938 nach London emigrieren musste, äußerte sich einmal über die Psychoanalyse und Wien. Es war der Vorwurf laut geworden, dass die Psychoanalyse, vor allem die These, Neurosen seien auf Störungen des Sexuallebens zurückzuführen, nur in einer so sinnlichen und unsittlichen Stadt wie Wien entstanden sein könne, also das Abbild der besonderen Wiener Verhältnisse sei. Nachdem er diese Theorie als »unsinnig« abgetan hatte, schrieb er: »Die Stadt Wien hat aber auch alles dazugetan, um ihren Anteil an der Entstehung der Psychoanalyse zu verleugnen. An keinem andern Orte ist die feindselige Indifferenz der gelehrten und gebildeten Kreise dem Analytiker so deutlich spürbar wie gerade in Wien.«

Heinrich Harrer (1912–2006)

Forschungsreisender

Bekannt wurde der Kärntner Heinrich Harrer als Sportlergröße in der österreichischen Skimannschaft bei den Olympischen Winterspielen 1936. Für richtige Schlagzeilen sorgte er im eigenen Land, als es ihm 1938 mit drei Kollegen gelang, erstmals die gefürchtete **Eigernordwand** zu durchsteigen. Bergsteigen war seine große Leidenschaft, und nichts wünschte er sich mehr, als an einer Himalaya-Expedition teilzunehmen. Die NS-Propaganda kam ihrem nun im »Großdeutschen Reich« lebenden Staatsbürger »gern« zu Hilfe: 1939 wurde er überraschend in die Expedition zum Nanga Parbat, einem der höchsten Berge im Himalaya, berufen – nur vier Tage blieben ihm, für diese Reise zu packen. Ohne Rücksicht auf seine hochschwangere Frau nahm er das Angebot an, das gemeinsame Kind sollte er erst zwölf Jahre später kennenlernen. Denn in Kaschmir wurden die Expeditionsteilnehmer vom Kriegsausbruch überrascht und von den Briten interniert. 1944 konnte Harrer gemeinsam mit seinem Bergsteigerkollegen und Landsmann Peter Aufschnaiter aus dem Lager über die Berge des Himalaya in die geheimnisvolle, verbotene Stadt Lhasa in Tibet fliehen, wo eine freundschaftliche Beziehung zwischen dem österreichischen Flüchtling und dem jungen, wissenshungrigen Herrscher, dem Dalai Lama, entstand. Während

Harrer den jungen Regenten in Englisch und Geografie unterrichtete und ihm die westliche Kultur erklärte, wurde er selbst zum Schüler seines Zöglings und lernte, die Welt durch dessen Augen zu sehen. Nach seiner Rückkehr 1951 unternahm der Kärntner Forscher Expeditionsreisen zu bedrohten Völkern im Amazonasgebiet, in den Dschungelwäldern Surinams, Zentralafrikas, Borneos, Neuguineas, auf den Andamaneninseln und im Norden Kanadas. Sein Buch **»Sieben Jahre in Tibet. Mein Leben am Hof des Dalai Lama«** wurde 1997 mit Brad Pitt in der Hauptrolle verfilmt. Bei der Filmuraufführung in Hollywood konnte Harrer aber nicht erscheinen: Die US-Behörden hatten ihm die Einreise verweigert, nachdem überraschend seine – bislang von ihm verschwiegene – SS-Mitgliedschaft bekannt geworden war. Am 7. Jan. 2006 starb der berühmte Bergsteiger im Alter von 93 Jahren im Deutschordensspital Friesach in Kärnten.

Andreas Hofer (1767–1810)

Freiheitskämpfer

Kein anderer großer Freiheitsheld des Tiroler Volksaufstandes gegen Napoleon und seine bayerischen Verbündeten reicht an den **Mythos Andreas Hofer** heran. Die für die Tiroler Bevölkerung weitaus berühmteste Persönlichkeit ihrer Landesgeschichte verweist auf der Bekanntheitsskala sogar Kaiser Maximilian I. auf Platz zwei. Unter der Leitung des Sandwirtes aus St. Leonhard im Südtiroler Passeiertal erhoben sich die Tiroler gegen die bayerische Vorherrschaft, die Tirol auf der Landkarte ausradieren wollte. In der Schlacht von Austerlitz 1805 hatte Napoleon Österreich vernichtend geschlagen, im folgenden Friedensdiktat war Tirol von der österreichischen Krone getrennt und dem neuen Königreich Bayern zugeteilt worden. Die Bayern erhoben Steuern, tilgten den Namen »Tirol« von der Landkarte und schlugen – was für die gläubigen Tiroler am schlimmsten war – einen harten antiklerikalen Kurs ein, der neben der Auflösung von Klöstern und Versetzung von Priestern sogar das Verbot der mitternächtlichen Christmette vorsah. 1809 begannen die Tiroler den Kampf gegen die bayerische Besatzungsmacht. Viermal führte Hofer seine Kämpfer am Bergisel gegen die Franzosen und Bayern in die Schlacht, dreimal siegreich. Am 15. August 1809 zog Hofer, als Retter Tirols von der Bevölkerung bejubelt, in die Landeshauptstadt Innsbruck ein und wurde für zwei Monate kaiserlicher

Denkmal für Andreas Hofer unterhalb der Bergisel-Schanze bei Innsbruck

Oberkommandant von Tirol. Als Österreich am 14. Oktober im Frieden von Schönbrunn erneut auf seine westlichen Lande verzichtete und Napoleon die Rückgabe Tirols an Bayern anordnete, lehnten sich Hofers Freiheitskämpfer ein viertes Mal gegen die Usurpatoren auf. Am 3. November 1809 wurden sie von Napoleons Soldaten am Bergisel geschlagen. Hofer gelang zwar die Flucht über den Brenner, doch er wurde von einem ehemaligen Kampfgefährten an die Franzosen verraten und in Ketten nach Mantua gebracht. Napoleon wollte um jeden Preis Hofers Kopf. Selbst Vizekönig Beauharnais, der Stiefsohn Napoleons, setzte sich für den Rebellenführer ein, und die Bürger Mantuas sammelten **5000 Silbertaler Lösegeld** für ihn. Es half alles nichts. Am 20. Februar 1810 trat der Freiheitskämpfer vor ein Erschießungskommando. Vor Ergriffenheit konnte der französische Feldwebel, der die Erschießung leiten musste, das Feuerkommando nicht geben, so dass Hofer selbst »Feuer« befahl. Tirol hat einen Mythos, von dem es wohl bis in alle Zeiten zehren wird.

Friedensreich Hundertwasser (1928–2000)

►Baedeker Special S. 547

Elfriede Jelinek (geb. 1946)

Kontroverse Sprachkünstlerin

Elfriede Jelinek, geboren in Mürzzuschlag/Steiermark, begann noch während der Schulzeit 1960 am Wiener Konservatorium Orgel, Blockflöte und später auch Komposition zu studieren. Bei ihrem Vater, Friedrich Jelinek, der vor 1945 als Chemiker in kriegsdienlicher Forschung tätig war und aufgrund dieser Tätigkeit vor antisemitischer Verfolgung einigermaßen geschützt blieb, stellte sich in den frühen fünfziger Jahren eine psychische Erkrankung ein.
1964 nahm Elfriede Jelinek das Studium der Theaterwissenschaft und Kunstgeschichte an der Universität Wien auf. Nach einigen Semestern brach sie das Studium wegen einer zu kritischen psychischen Verfassung ab. 1968 verbrachte Elfriede Jelinek in absoluter Isolation, sie verließ für ein Jahr das Elternhaus nicht mehr. Während dieser Zeit begann sie erste Gedichte zu schreiben. Ihr Vater starb 1969 in einer psychiatrischen Klinik. Nach 1969 engagierte sich Elfriede Jelinek in der Studentenbewegung und in den Literaturdiskussionen um die Zeitschrift »manuskripte«. 1971 Orgelabschlussprüfung am Wiener Konservatorium mit »sehr gutem Erfolg«. Erste Hörspiele. Seit 1974 ist sie verheiratet mit Gottfried Hüngsberg, der in den 1960er-Jahren dem Kreis um Rainer Werner Faßbinder angehörte. 1974 tritt Jelinek in die Kommunistische Partei Österreichs ein. Hörspiele und Übersetzungen. 1982 wurde das Drehbuch »Die Ausgesperrten« (nach dem gleichnamigen, 1980 erschienenen Roman) verfilmt. Der erste große Skandal um Jelinek wird 1983 durch die Uraufführung von »Burgtheater« heraufbeschworen. Das Drama setzt sich mit der mangelhaften NS-Vergangenheitsbewältigung in

Österreich auseinander. Poetologische Essays. Weitere Übersetzungen. Zusammenarbeit mit der Komponistin Patricia Jünger (»Die Klavierspielerin«, 1988). 1990 schreibt sie das Filmdrehbuch »Malina« zusammen mit Werner Schroeter, nach dem Roman von Ingeborg Bachmann. 1991 Austritt aus der KPÖ gemeinsam mit den beiden Parteivorsitzenden Susanne Sohn und Walter Silbermayer. **2004 erhielt sie den Literaturnobelpreis** für »den musikalischen Fluss von Stimmen und Gegenstimmen in Romanen und Dramen, die mit einzigartiger sprachlicher Leidenschaft die Absurdität und zwingende Macht der sozialen Klischees enthüllen«.
Elfriede Jelinek, die gegen Missstände im öffentlichen und politischen, aber auch im privaten Leben der österreichischen Gesellschaft schreibt, benutzt einen sarkastischen, provokanten Stil. Seit Jahren tobt eine heftige Kontroverse zwischen denen, die durch ihre Texte und auch ihre öffentlich kundgetane politische Meinung bis hin zur Schmähung und Aggressivität provoziert werden, und jenen, die sie als Sprachkünstlerin feiern.

Gustav Klimt (1862–1918)

Maler

»Malen und zeichnen kann ich. Von mir gibt es kein Selbstporträt. Ich interessiere mich nicht für die eigene Person – eher für andere Menschen, weibliche ... Ich male Tag um Tag von Morgen bis Abend – Figurenbilder und Landschaften, seltener Porträts«, so der Maler und Grafiker Gustav Klimt, der Bahnbrecher der modernen Malerei in Österreich und **Hauptvertreter des Wiener Jugendstils** in seiner zweiten Werkphase. Klimt war in seinen frühen Schaffensjahren noch stark der akademischen klassischen Tradition verpflichtet. Nach und nach löste er sich davon und gründete 1897 mit den Malern Joseph Maria Olbrich und Josef Hoffmann die **Wiener Secession**, die eine bewusste Abkehr von der Malerei des Historizismus vollzog. Kurz darauf entwickelte Klimt den für ihn typischen Stil. Manierierte Körper, die aus mosaikartigen, das ganze Bild überziehenden flächig-geometrischen Mustern herauswachsen, dominieren nun die Bilder. Dargestellt sind auf den meisterhaften Zeichnungen und zartfarbenen Bildern, deren dekorativer Effekt oft durch die Verwendung von Goldfarbe verstärkt wird, vielfach Akte und Porträts von Frauen. Frauen standen nun im Zentrum seiner Kunst, wobei seine Porträts von historischen über allegorische und mythologische zu erotischen

und klassischen Frauenbildnissen reichen (»Judith I«, 1910; »Porträt von Adele Bloch-Bauer I«, 1907; »Der Kuss«, 1907/1908). Über das Verhältnis von Klimt, der zum begehrtesten Porträtisten der Damen aus vornehmer Wiener Gesellschaft wurde, zu den Frauen selbst ist viel spekuliert worden. Seine Familie versuchte, den Schein des Familienmenschen zu wahren, doch weiß man mittlerweile, dass der Maler so zurückhaltend nicht war. Bis zu seinem Tod pflegte er eine recht intime Freundschaft mit der bekannten Wiener Modeschöpferin Emilie Flöge – dem Vernehmen nach stellt das berühmte Bild »Der Kuss» ihn und Emilie dar. Er hatte diverse Affären mit Damen der vornehmen Gesellschaft, mindestens drei uneheliche Kinder und bevorzugte schwarz- oder rothaarige Frauen. Immerhin: Seinen Modellen zahlte er stattliche Honorare.

Franz Lehár (1870–1948)

Komponist

Zwei große Männer gaben ihm den wichtigsten Ratschlag seines Lebens: Als Franz Lehár während seiner Geigerausbildung am Konservatorium in Prag eine d-Moll-Sonatine und eine F-Dur-Sonatine komponierte, rieten ihm Anton Dvorák und Johannes Brahms, er möge sich doch der Komposition zuwenden. Der im ungarischen Komorn geborene Musiker befolgte gern den guten Rat. Mit der Operette **»Die lustige Witwe«** (1905) gelang ihm der Durchbruch, das Werk wurde ein Welterfolg und öffnete ihm den Zugang zur »höheren Gesellschaft«. Zu seiner gesellschaftlichen Integration trug sicher auch der Umstand bei, dass er ab 1906 seine Sommer gerne in Bad Ischl verbrachte, wo nicht nur Kaiser Franz Joseph I. alljährlich Sommerurlaub machte, sondern auch der Adel. Für den Operettenkomponisten, der mit Operetten wie »Paganini« (1925), »Das Land des Lächelns« (1930), mit melancholischen »slawischen« Melodien und einfachen Tanzweisen nicht nur die Bühnen aller Länder, sondern auch die Herzen vieler Zuhörer eroberte, ergab sich mit dem »Anschluss« Österreichs an Nazi-Deutschland 1938 eine problematische Situation: Zwar gehörte Adolf Hitler zu seinen erklärten Bewunderern, doch seine Frau war jüdischer Abstammung. Lehár jedenfalls lehnte alle Auslandsangebote ab und weigerte sich strikt, seine komfortablen Unterkünfte in Wien und Bad Ischl aufzugeben. Durch seine Prominenz fühlte er sich ausreichend gesichert. Er hatte Glück, seine Familie blieb vom Holocaust verschont. Kurz vor seinem Tod 1948 vermachte der Komponist seine Villa in Bad Ischl der Stadt mit der Auflage, sie zu einem Lehár-Museum umzugestalten.

Maria Theresia (1717–1780)

Herrscherin

Als Kaiser Karl VI. 1740 starb, erlebte das Habsburger Reich seine schwerste Krise. Denn auf den Thron des Kaisers, der mehrere Töchter, aber keinen Sohn hatte, stieg kein männlicher Nachfolger, sondern – bestimmt durch die »Pragmatische Sanktion« (Erbfolgegesetz) – seine älteste Tochter Maria Theresia. Nur wenige europäische Mächte erkannten das Erbfolgegesetz an. Nicht nur der preußische König Friedrich II. wollte mit dem »Weiberrock auf dem Wiener Thron« kurzen Prozess machen, fast alle Nachbarn Habsburgs witterten die Chance, die junge Herrscherin auszuplündern. Doch die neue Regentin, die mit 23 Jahren ihr Amt antrat, belehrte die habgierigen Mächte eines Besseren. Mit fester Hand regierte sie das Reich, so dass ihre Feinde schon bald respektvoll spotteten, in Wien regiere jetzt der einzige Mann, den das Haus Habsburg bisher hervorgebracht habe. Ihr war es zu verdanken, dass das Habsburger Reich, das sich von der Kanalküste bis zu den Karpaten erstreckte, nach dem langwierigen österreichischen Erbfolgekrieg (1740–1748) ohne größere Gebietsverluste blieb. Nur Schlesien war in den zwei Schlesischen Kriegen an Preußens Friedrich II. verloren gegangen.

Auch im Inneren leistete Maria Theresia Beachtliches: Sie leitete eine **umfassende Staatsreform** ein, zu deren Maßnahmen die Formulierung eines neuen Strafgesetzbuches, die Regelung des Unterrichtswesens, die Abschaffung der Folter und die Milderung der Leibeigenschaft gehörte. Das österreichische Volk liebte seine Herrscherin, und so ging Maria Theresia als »Kaiserin« in die Geschichte ein. Dabei war sie eigentlich nicht Kaiserin, sondern nur Erzherzogin von Österreich sowie Königin von Ungarn und Böhmen. Den kaiserlichen Ehrentitel verdankt sie ihrem Gemahl Franz I., Kaiser des Heiligen Römischen Reiches Deutscher Nation, den sie – ein Ausnahmefall unter damaligen Dynasten – sehr liebte und mit dem sie, trotz seiner zahlreichen außerehelichen Affären, 16 Kinder hatte (»Man kann nicht genug davon haben«, pflegte sie zu sagen). Als sie 1780 starb, schrieb Friedrich II.: »Ich habe den Tod der Kaiserin-Königin bedauert: Sie hat ihrem Thron und ihrem Geschlecht Ehre gemacht. Ich habe mit ihr Kriege geführt, aber ich war nie ihr Feind.«

Maximilian I. (1459–1519)

Kaiser Maximilian I. ging als **»der letzte Ritter«** in die Geschichte ein. Er war der letzte Kaiser, der selbst eine Schlacht anführte und dabei im Kampfgetümmel vom Pferd geschossen wurde. Ritterturniere im alten Stil liebte er von ganzem Herzen. Doch Maximilian hatte auch einen Blick für das Neue, war in vielerlei Hinsicht moderner als etliche seiner zeitgenössischen Herrscherkollegen. Seine Vorliebe für Turniere stammte aus seiner Burgunder Zeit (1477–1482), als er mit der begehrtesten Erbtochter Europas, Maria von Burgund, verheiratet war. Auch die burgundische Ritterdichtung hatte großen Einfluss auf ihn, der autobiografische Romane wie »Theuerdank«, **Kaiser**

»Freydal« und »Weißkunig« ausarbeiten ließ. Der »letzte Ritter« aber erkannte, dass in seiner Zeit für romantisches Rittertum kein Platz mehr war, vielmehr verlangte es andere Mittel, um sich behaupten zu können. So förderte er die moderne Kriegstechnik, nämlich die neuartige, jedoch sehr schlagkräftige Infanterie der Landsknechte und die Artillerie, die die mit Handbüchsen und langen Spießen ausgerüsteten Söldner unterstützte. Das notwendige Geld für seine Feldzüge und seine diplomatischen Schachzüge holte er sich aus den großen Silber- und Kupferbergwerken Tirols, das ihn 1490 zum neuen Landesfürsten gewählt hatte. Er umgab sich mit Malern, Dichtern und Musikern, ließ Bauwerke von künstlerischem Rang errichten und förderte die Wissenschaften, was ihm unter den Humanisten den Ruf eines **Renaissancefürsten** einbrachte. Schließlich verstand es der wegen seiner Jagdleidenschaft und seiner umgänglichen Art beim Tiroler Volk sehr beliebte Herrscher vortrefflich, sich werbewirksam zu verkaufen: Er machte von der neuen Buchdruckerkunst Gebrauch und ließ Flugblätter für die Verkündung von Siegen oder Verhöhnung von Feinden unters Volk bringen. Als Maximilian sich die Kaiserkrone aufsetzen wollte, ihm das feindliche Venedig jedoch den Weg zum Papst nach Rom versperrte, proklamierte er sich im Dom von Trient 1508 kurzerhand selbst zum Kaiser – die Zeit der Kaiserkrönungen in Rom waren damit für immer vorbei.
Er setzte auch neue Akzente, als er den Aktionsbereich der habsburgischen Politik erweiterte, indem er mit England und den spanischen Königreichen Bündnisse gegen Frankreich schloss, das er wegen Italien jahrelang befehdete. Maximilian hinterließ nach seinem Tod eine Dynastie, die über ein riesiges Reich regierte (Österreich, Spanien, Burgund), Erbhoffnungen auf Böhmen und Ungarn hatte und zur europäischen Großmacht aufgestiegen war.

Fürst Metternich (1773–1859)

Staatsmann

Ein Aristokrat wie aus einem Bilderbuch des späten 18. Jh.s: gutaussehend, elegant, rhetorisch geschickt, selbstbewusst und grenzenlos eitel. Auch gedanklich war er noch sehr dem 18. Jh. verhaftet. Klemens Lothar Wenzel Metternich glaubte fest an die monarchisch-aristokratische Ordnung – die Französische Revolution, der Parlamentarismus und die bürgerliche Gleichstellung waren ihm ein Gräuel, vor allem nachdem seine aus einem rheinischen Adelsgeschlecht stammende Familie von französischen Truppen aus seiner Geburtsstadt Koblenz vertrieben worden war. In seiner neuen Heimatstadt Wien begann der unaufhaltsame Aufstieg als Staatsmann. Zunächst war er kaiserlicher Botschafter in Dresden, Berlin und Paris, 1809 übernahm er das österreichische Außenministerium und 1813 wurde er in den erblichen Fürstenstand erhoben. Höhepunkt seiner staatsmännischen Laufbahn war der **Wiener Kongress** 1814/1815, der unter seiner Leitung das europäische Chaos nach dem Sturz Napoleons zu entwirren hatte. Dabei gelang es dem Fürsten, die vorrevolutionäre politische Ordnung in Europa wieder herzustellen, womit er zur Hauptfigur der europäischen Restauration wurde. Außenpolitisch versuchte er ein Gleichgewicht der Großmächte zu schaffen, innenpolitisch etablierte er einen restaurativ-absolutistischen, auf polizeistaatliche Methoden gründenden Regierungsstil. Er war zu dieser Zeit der eigentliche Herr und Gebieter über das Geschehen in Europa, und niemand – am allerwenigsten er selbst – hegte Zweifel, dass sein politisches System lange Zeit bestehen würde. Doch im März 1848 brach in Wien die Revolution aus. Als verhasster Vertreter der Reaktion musste Metternich aus Österreich fliehen. Nach einigen Jahren in Großbritannien und Belgien kehrte er 1851 im Alter von 78 Jahren nach Wien zurück, wo er 1859 starb.

Wolfgang Amadeus Mozart (1756–1791)

►Baedeker Special, S. 418

Max Reinhardt (1873–1943)

Theaterregisseur

Max Reinhardt ist eine der bedeutendsten Persönlichkeiten der gesamten Theatergeschichte. Geboren wurde er unter dem Namen Max Goldmann in Baden bei Wien, 1904 legte sich der aus einer jüdischen Familie stammende Künstler nicht zuletzt wegen des herrschenden Antisemitismus den Namen Reinhardt zu. Begonnen hatte er seine Karriere auf der Bühne: 1893 war er Schauspieler in Salzburg, von 1894 bis 1903 spielte er am Deutschen Theater in Berlin. 1905 gelang ihm mit seiner ersten Inszenierung von Shakespeares »Sommernachtstraum« der triumphale Durchbruch als Regisseur. Im selben Jahr schon übernahm er das Deutsche Theater, dem er mit kurzen Unterbrechungen bis 1933 als Direktor vorstand. Gemeinsam mit Hugo von Hofmannsthal und Richard Strauss initiierte er 1920 die **»Salzburger Festspiele«**, die er bis 1937 leitete. 1929 gründete er in Wien das Max-Reinhardt-Seminar, eine Regie- und Schauspielschule. 1933 boten ihm die Nazis die »Ehrenarierschaft« an, die er empört ablehnte. Stattdessen emigrierte er nach Österreich, 1937 endgültig in die USA. Am 31. Oktober 1943 starb er nach einem Schlaganfall in New York.

Max Reinhardt gilt als der Begründer des modernen Regietheaters. Er nutzte den jeweils neuesten Stand der Bühnentechnik (Drehbühne, Rundhorizont, Lichttechnik). Er versuchte jedem Stück den ihm eigenen Spielort zuzuweisen und suchte dafür nach immer neuen Bühnenformen und Schauplätzen (Gärten, Schlösser, Kirchen). Außerordentlich wichtig war ihm die intensive Zusammenarbeit mit den Schauspielern, er bildete den Nachwuchs auch gezielt aus. Neben der Inszenierung von zeitgenössischen Dramen stand für Reinhardt die Neugestaltung des klassischen Dramas im Vordergrund. Die größtmögliche

Anlehnung an die dichterische Vorlage war für ihn der oberste Grundsatz. Seine Inszenierungen dienten einem Zweck – dem ästhetischen Genuss. Zeitbedingte ideologische, soziale oder literarische Botschaften vermied er gewissenhaft. Dichtung und Schauspiel, Malerei und Technik, Musik und Tanz als gleichwertige Komponenten zu vereinen – das entsprach seiner Vorstellung von Theater als festlichem Ereignis.

Romy Schneider (1938–1982)

Schauspielerin

Als Schauspielerin genoss die in Wien geborene Romy Schneider – als einer der wenigen Stars aus dem deutschsprachigen Raum nach dem Zweiten Weltkrieg – internationale Anerkennung, auch wenn ihr deutsch-österreichisches Stammpublikum und ihre französischen Fans ein jeweils anderes Bild von ihr hatten. Für einen Großteil der Deutschen und Österreicher blieb sie bis zu ihrem Tod die »Sissi«, die nach Paris gezogen war, um ein Vamp zu werden, und dafür vom Leben hart bestraft wurde. Sie verziehen ihr nicht, dass sie, die mit drei Filmen über die österreichische Kaiserin Elisabeth (► Baedeker Special S. 289) die Herzen vieler im Sturm erobert hatte, das Land verließ, um das Image vom »süßen Mädel« loszuwerden. In Frankreich hingegen wurde sie als eine Frau betrachtet, die sich emanzipiert hatte und dennoch einen Mann lieben konnte.

Romy Schneider selbst litt zeit ihres Lebens unter dem süßlichen »Sissi-Image« (»dem Grießbrei, der mir da angepappt war«). Den zweiten und dritten Sissi-Film drehte sie nur widerwillig unter dem Druck der Mutter, die auch in den Sissi-Filmen die Mutter spielte, und ihres Stiefvaters. Als ein vierter Teil geplant wurde, lehnte sie schließlich kategorisch ab. Ihrer beruflichen Karriere schadete dieser Schritt keineswegs – im Gegenteil: In rund 60 Filmen, darunter »Der Prozess« und »Das Mädchen und der Mörder«, feierte die hübsche Österreicherin oft riesige Erfolge, vor allem in ihrem neuen Heimatland Frankreich. Im Privatleben erlebte sie jedoch eine Katastrophe nach der anderen. Ihre »schöne Mammy« und ihr »fescher Papi«, wie Romy ihre Eltern, die Schauspieler Magda Schneider und Wolf Albach-Retty, liebevoll nannte, hatten für das kleine Mädchen keine Zeit und ließen sich scheiden, als ihre Tochter sieben Jahre alt war. Die Verlobung mit dem französischen Filmstar Alain Delon hielt nicht lange, ebensowenig ihre Ehe mit dem Schauspieler und Regisseur Harry Meyen, der sich nach der Scheidung das Leben nahm. Auch die Ehe mit Daniel Biasini ging nach kurzer Zeit in die Brüche. Am schlimmsten aber war für sie der Verlust ihres 14-jährigen Sohnes, der 1981 bei einem tragischen Unfall ums Leben kam. »Romy Schneider hat sich umgebracht«, titelte die Boulevardpresse am 29. Mai 1982 – Herzversagen stand auf dem Totenschein. Ihr Leben lang war Romy von Minderwertigkeitskomplexen und schweren Depressionen verfolgt worden, Hungerkuren, Tabletten und Alkohol hatten sie ausgelaugt. Als sie 43-jährig in Paris starb, war sie vollkommen mittellos. »In einem gewissen Sinne«, so ihr Biograf Curt Riess, »hatte Romy in der Tat Selbstmord verübt. Sie wollte nicht mehr.«

Arnold Schönberg (1874–1951)

Komponist

Er rauchte 60 Zigaretten am Tag und trank drei Liter schwarzen Kaffee, dazu viel Likör. Auch plagten ihn Ängste, nicht genügend zu verdienen, um seiner Familie den Lebensunterhalt zu sichern. Der Wiener Komponist Arnold Schönberg beschritt aber auch eigenwillige, neue Wege. Er hatte es überaus schwer, mit der von ihm entwickelten **atonalen Zwölftonmusik,** der Technik der »Komposition mit zwölf nur aufeinander bezogenen Tönen«, anerkannt zu werden. Trotzdem scharten sich um den großen Meister, der 1933 seiner jüdischen Herkunft wegen die Lehrtätigkeit an der Berliner Akademie der Künste aufgeben musste und in die USA emigrierte, Schüler wie Anton von Webern und Alban Berg. Arnold Schönberg trat auch als Maler hervor. Seine Porträts und Bilder fanden die Anerkennung von Oskar Kokoschka und Wassily Kandinsky, doch waren seine Werke zu ungewöhnlich. »Ganz wenige«, so ein Kritiker, »haben Zutrauen zu diesen Bildern. Die meisten hassen sie beim ersten Ansehen instinktiv.« Einen Namen machte sich Schönberg einzig auf dem Gebiet der Musik, und hier gilt er mit seinem Œuvre, darunter die Oper »Moses und Aron« und das Oratorium »Ein Überlebender aus Warschau«, als der wohl kühnste und vielseitigste Komponist seiner Zeit. Aber noch als Siebzigjähriger gestand er sich ein: »Ich bin mir der Tatsache bewusst, dass volles Verstehen meiner Werke für einige Jahrzehnte nicht erwartet werden kann.«

Johann Strauß, Sohn (1825–1899)

Komponist

Zwar ließ Johann Strauß senior (1804–1849), der Walzerkomponist und Begründer der Strauß-Dynastie, seinen ältesten Sohn auf den Namen Johann taufen, doch war er fest entschlossen, den Sprössling nicht Musiker werden zu lassen. Fürchtete der alte Herr die Konkurrenz aus der eigenen Familie, hatte er instinktiv die musikalische Begabung seines Ältesten erfasst? Immerhin überraschte dieser im Alter von sechs Jahren mit einem selbst komponierten Walzer. Wie der Vater es wünschte, absolvierte der Junior das Gymnasium und begann eine Banklehre, doch hinter dessen Rücken, mit Unterstützung der Mutter, nahm er Geigenunterricht und komponierte. 1844 gründete er ein eigenes Orchester, mit dem er im selben Jahr erstmalig auftrat und Stücke des Vaters, aber auch eigene Kompositionen spielte. Der Herr Papa soll Gastwirte bestochen haben, dem Sohn kein Lokal zu geben, munkelte die Wiener Bevölkerung, der der Konflikt zwischen

Vater und Sohn nicht verborgen blieb. Jedenfalls sorgte der erste Auftritt von Johann Strauß Sohn für einen grandiosen Erfolg – Strauß sen. war nicht mehr Alleinherrscher im Wiener Walzerreich. Nach dem Tode des Vaters unternahm Johann Strauß große Konzertreisen, die auch nach Russland führten. 1863 wurde er zum Dirigenten der Wiener Hofbälle ernannt. Vor Krankheiten soll er große Angst gehabt haben, eine Zeitung bezeichnete ihn einmal als »Hypochonder«, auch vor Misserfolgen, vor Armut und vor dem Tod. Vielleicht war es die Sorge, wieder arm zu werden, die ihn ebenso wie der gnadenlos fordernde Musikbetrieb in Wien dazu brachte, immer zu arbeiten. Tag und Nacht, wie es hieß. Knapp 300 Werke umfasst sein Lebenswerk, darunter 169 Walzer und 16 Operetten. Zu größter Popularität brachten es seine Meisterwerke »Die Fledermaus« (1874) und »Der Zigeunerbaron« (1885), mit denen die klassische Form der Wiener Operette begründet wurde. Weltruhm brachte der Walzer **»An der schönen blauen Donau«** (1867) ein, dazu den Neid von Johannes Brahms: »Leider nicht von Brahms«, soll er auf einen Fächer von Strauß' Frau geschrieben haben. 1890, als Strauß jun. 65 Jahre alt wurde, ergab eine Umfrage, dass er nach Königin Victoria und Bismarck zu den drei populärsten Menschen der Welt gehörte. Zwar gilt der Vater bis heute als »Erfinder« des Wiener Walzers, doch den Sohn betrachten die Wiener als ihren wahren **»Walzerkönig«**.

Bertha von Suttner (1843–1914)

Friedenskämpferin

Sie war Tochter eines Leutnants, hasste den Krieg und kämpfte hart. »Friedensbertha«, »Friedensfurie«, »Rote Bertha« wurde Bertha von Suttner wegen ihres mutigen Eintretens für Frieden und Völkerverständigung spöttisch genannt – und wegen ihres unerschrockenen Kampfes gegen die Militarisierung der Politik, den Rüstungswahnsinn der Großmächte, kriegslüsterne Regierungen und Rüstungslobbyisten. Ihre Waffe war das geschriebene Wort, von ihrer Mutter, einer geborenen Körner aus der Familie des Freiheitsdichters Theodor Körner, hatte sie wohl das Talent zum Schreiben geerbt. Von Schloss Harmannsdorf in Niederösterreich aus, wo sie mit ihrem Mann, dem Schriftsteller und Baron Arthur Gundaccar von Suttner, lebte, schickte sie ihre aufrüttelnden Schriften für die Bewahrung des Friedens in alle Welt. Hier schrieb sie auch »Die Waffen nieder!«, ihren berühmtesten und erfolgreichsten Roman, der, 1889 von einem zaudernden Verlagsbuchhändler in Dresden in nur 1000 Exemplaren gedruckt, innerhalb von fünfzehn Jahren mehr als dreißig Auflagen erlebte. Um die Öffentlichkeit für die Friedensidee und zur tätigen Mitarbeit zu gewinnen, gründete sie 1891 in Wien den »Verein der Friedensfreunde«, unternahm Vortragsreisen und knüpfte Kontakte zu vielen prominenten Schriftstellern und Politikern, darunter August Bebel und Wilhelm Liebknecht. Sie nahm auch Verbindung zum schwedischen Industriellen und Dynamit-Erfinder Alfred Nobel auf und inspirierte ihn zur Stiftung des **Friedensnobelpreises, den**

sie 1905 selbst erhielt. Abgerüstet aber wurde in Europa nicht, im Gegenteil: Trotz wachsender Popularität pazifistischer Bewegungen nahm das Säbelgerassel zu. Zum Schluss sah Bertha von Suttner sich sogar von den Sozialdemokraten verlassen, auf deren Friedenswillen sie gesetzt hatte, die sich aber 1914 der militaristischen Regierungspolitik anschlossen. Als sie am 21. Juni 1914 starb, blieb ihr wenigstens die furchtbarste Enttäuschung ihres Lebens erspart, nämlich das von ihr stets befürchtete Völkermorden im »kriegsverrotteten Europa«. Eine Woche nach ihrem Tod fielen die verhängnisvollen Schüsse von Sarajevo, die den Ersten Weltkrieg auslösten.

Stefan Zweig (1881–1942)

Schriftsteller

Stefan Zweig, Sohn eines Industriellen, war nie ernsthaft von materieller Not bedroht und unterstützte manchen seiner Schriftstellerkollegen. Doch nicht jeder seiner Zunft mochte ihn. Der auch nicht gerade aus einer armen Familie stammende Hugo von Hofmannsthal, mied den Wiener Berufskollegen und Bestsellerautor und nannte ihn nicht wenig neidisch den »Erwerbs-Zweig«. Während des Ersten Weltkriegs arbeitete Stefan Zweig im österreichischen Kriegspressehauptquartier, 1917 übersiedelte er in die Schweiz, wo er das Völkermorden anprangerte. Danach lebte er meist in Salzburg, wo er die literarisch produktivsten Jahre seines Lebens verbrachte. Er schrieb an seinem biographischen Hauptwerk »Die Baumeister der Welt«, verfasste den Roman »Ungeduld des Herzens«, zahlreiche Novellen über meist gefühlsmäßige Verstrickungen und untergründige Leidenschaften (gesammelt im Band »Verwirrung der Gefühle«), sowie Dramen, Erzählungen und Essays. Wegen der sich ausbreitenden antisemitischen Tendenzen verließ der Jude Stefan Zweig 1934 Österreich (»besser ein Jahr zu früh, als einen Tag zu spät!«). In Petrópolis in Brasilien, seinem letzten Exilland, nahm er sich – an Depressionen erkrankt oder, wie gerne kolportiert wird, aus Verzweiflung über die Zerstörung seiner geistigen Heimat Europa – gemeinsam mit seiner zweiten Frau Lotte am 23. Februar 1942 das Leben.

Ein besonderes Merkmal von Zweigs Erzählkunst ist die psychologische Charakterisierung seiner Protagonisten. Er zeichnete in biografischen Essays (Balzac, Kleist, Hölderlin) und Romanbiografien (Maria Stuart, Marie Antoinette) ein psychologisches Porträt und deutete entscheidende historische Begebenheiten. Seine autobiographische Schrift »Die Welt von gestern« (1942), ein Werk, das in höchst bedrängter Situation geschrieben wurde und den Untertitel »Erinnerungen eines Europäers« trägt, vermittelt einen Eindruck vom geistigen Leben in der ersten Hälfte des 20. Jh.s. »Es wird eigentlich nicht so sehr mein Schicksal sein, das ich erzähle«, schrieb Zweig im Vorwort zu seinen Erinnerungen, »sondern das einer Generation.«

Praktische Informationen

WIE SCHNELL DARF MAN AUF ÖSTERREICHS STRASSEN FAHREN? WO GIBT ES DIE BESTEN PISTEN UND LOIPEN? WELCHE KULINARISCHEN SCHMANKERLN BIETET DAS LAND? LESEN SIE ES NACH – AM BESTEN NOCH VOR DER REISE!

Anreise · Reiseplanung

Anreisemöglichkeiten

Mit dem Auto

Eine der meistbefahrenen Straßen von Deutschland nach Österreich ist die Autobahn A 8 von München über Salzburg nach Wien. Bei Rosenheim zweigt südwärts die Inntal-Autobahn ab, die über Kufstein nach Innsbruck verläuft. Von Ulm, führt die A 7 südwärts nach Kempten mit Verbindung zum österreichischen Bodenseegebiet und nach Vorarlberg. Von der Schweiz aus fährt man über Feldkirch nach Innsbruck. Die Benutzung österreichischer Autobahnen und Schnellstraßen ist gebührenpflichtig, die Gebühr wird durch den Erwerb einer Vignette bezahlt (►Verkehr).

i Entfernungen

- München – Salzburg 144 km
- Salzburg – Wien 299 km
- Rosenheim – Kufstein 39 km
- Ulm – Bregenz 122 km
- Zürich – Innsbruck 291 km

Die Österreichischen Bundesbahnen sind an das europäische **Bahnnetz** angeschlossen. Platzreservierung ist anzuraten. Im Winter verkehren von verschiedenen deutschen Bahnhöfen Autoreisezüge nach Feldkirch, Innsbruck, Landeck, Salzburg und Villach, im Sommer nach Innsbruck, Salzburg und Villach, den Platz muss man im Voraus buchen. Direkt nach Wien besteht keine Verlademöglichkeit. Auskunft erteilen die Dienststellen der Deutschen Bahn AG bzw. die DB Auto Zug GmbH.

Mit dem Bus

Zahlreiche deutsche Reisebüros und private Veranstalter bieten Fahrten zu den verschiedenen Reisezielen in Österreich an.

Mit dem Flugzeug

Österreich ist durch einheimische Fluglinien der Austrian Airlines Group (Austrian, Lauda Air und Austrian arrows) und die meisten ausländischen Fluglinien an das Weltflugnetz angeschlossen. Internationale Anschlüsse hat vor allem der Flughafen Wien-Schwechat, aber auch die Flughäfen Graz, Innsbruck, Klagenfurt, Linz und Salzburg (►Verkehr).

Mit dem Schiff

Von Mai bis September verkehren Schiffe auf der Donau entlang der traditionsreichen kaiserlichen Reiseroute von Passau über Linz, Melk und Krems nach Wien (►Verkehr).

Ein- und Ausreisebestimmungen

Reisedokumente

Deutsche Staatsangehörige und Reisende aus der Schweiz können mit **Reisepass oder Personalausweis** (auch dem vorläufig ausgestellten) nach Österreich einreisen. Für Kinder bis zum vollendeten sechzehnten Lebensjahr ist die Einreise mit Kinderausweis oder mit Eintragung in den Reisepass eines Elternteils nicht mehr möglich.

Autofahrer müssen den nationalen Führerschein und Kraftfahrzeugschein mitführen, die Mitnahme der Internationalen Grünen Versicherungskarte ist empfehlenswert. Kraftfahrzeuge sind verpflichtet das ovale Nationalitätskennzeichen zu tragen, sofern sie kein Euro-Kennzeichen haben. Für Kfz besteht Haftpflichtversicherungszwang.

Haustiere

Für Reisen mit bestimmten Heimtieren (Hunde, Katzen, Frettchen) gilt seit dem 1. Oktober 2004 folgende Regelung: Es ist ein **EU-Heimtierausweis** mitzuführen. Dieser Ausweis dient dem Nachweis, dass das Tier gegen Tollwut geimpft ist und ersetzt die bisherigen einzelnen Dokumente der EU-Staaten. Ein Musterausweis sowie weitergehende Informationen erhält man auf der Homepage des Bundesministeriums für Ernährung, Landwirtschaft und Verbraucherschutz (BMELV): www.bmelv.de.

Zoll für EU-Bürger

Die Mitgliedsstaaten der Europäischen Union (EU) bilden einen gemeinsamen Wirtschaftsraum, in dem der Warenverkehr für private Zwecke weit gehend zollfrei ist. Trotzdem gelten noch gewisse obere Richtmengen: 800 Zigaretten oder 400 Zigarillos oder 200 Zigarren

WICHTIGE ADRESSEN

BAHN

► **Deutsche Bahn AG**
Tel. 08 00/1 50 70 90 (kostenlos)
Persönliche Beratung
unter Tel. 1 18 61
(1,80 Euro/min.)
www.bahn.de

AUTOREISEZUG

► **DB Auto Zug GmbH**
Tel. 0 18 05/24 12 24
(0,14 Euro/min.)
www.dbautozug.de

BUS

► **Deutsche Touring**
Am Römerhof 17
D-60486 Frankfurt am Main
Service-Hotline:
Tel. 0 69/79 03 501
www.touring.de

► **Blaguss-Reisen**
A-1230 Wien
R.-Strauss-Str. 32
Tel. 00 43 (0)1/61 09 00
www.blaguss.at

FLUGGESELLSCHAFTEN

► **Lufthansa**
Tel. 01 80/583 84 26
(0,14 Euro/min.)
www.lufthansa.com

► **Swiss**
Tel. 01 80/3 00 03 37
(0,09 Euro/min.)
www.swiss.com

► **Austrian Airlines**
Tel. 01 80/3 00 05 20
(0,12 Euro/min.)
www.aua.com

oder 1000 g Tabak, 10 l Spirituosen über 22% Alkoholgehalt oder 20 l unter 22% Alkoholgehalt sowie 90 l Wein und 110 l Bier.

Zoll für Nicht-EU-Bürger Für Reisende aus Nicht-EU-Ländern (z. B. Schweiz) gelten folgende Freimengen: 500 g Röstkaffee, 100 g Tee, 200 Zigaretten oder 100 Zigarillos oder 50 Zigarren oder 250 g Tabak, 2 l Wein oder andere Getränke bis 22% Alkoholgehalt sowie 1 l Spirituosen mit mehr als 22% Alkoholgehalt. Souvenirs darf man in die Schweiz bis zu einem Wert von 100 sfr (unter 17 Jahre bis 50 sfr) zollfrei einführen.

Auskunft

WICHTIGE ADRESSEN

AUSKUNFT IN DEUTSCHLAND

► **Österreich Werbung**
Klosterstr. 64
D-10179 Berlin
Tel. 030/219 14 80
Fax 213 66 73
deutschland@austria.info
www.austriatourism.com

AUSKUNFT IN DER SCHWEIZ

► **Österreich Werbung**
Tel. 08 42 10 18 18
ferien@austria.info
www.austria.info@ch
Aus Lichtenstein:
Tel. 00 41/4 44 57 10 55
vacances@austria.info

AUSKUNFT IN ÖSTERREICH

► **Österreich Werbung**
Margaretenstr. 1
A-1040 Wien
Tel. 01/58 86 63 50 und
Tel. 0180 / 210 18 18
Fax 586 79 20
abcn@austria.info
www.austria.info

AUSKUNFT IN DEN BUNDESLÄNDERN

► **Burgenland Tourismus**
Schloss Esterházy
A-7000 Eisenstadt
Tel. 0 26 82/6 33 84-0
Fax 6 33 84 20
www.burgenland.info

► **Kärnten Werbung**
Casinoplatz 1
A-9220 Velden
Tel. 0 42 74/5 21 00-0
Fax 5 21 00 50
www.kaernten.at

► **Niederösterreich-Information**
Im Palais Niederösterreich
Herrengasse 13
A-1014 Wien
Tel. 01/53 61 00
Fax 53 61 01 98 58
www.noe.co.at

► **Landesverband für Tourismus in Oberösterreich**
Freistädter Str. 119, A-4041 Linz
Tel. 07 32/727 71 00
Fax 727 71 30
www.oberoesterreich-tourismus.at

- **Osttirol Werbung**
  Albin-Egger-Straße 17
  A-9900 Lienz
  Tel. 04350/21 22 12, Fax 21 22 12-2
  www.osttirol.com

- **Salzburger Land Tourismus**
  Wiener Bundesstr. 23
  A-5300 Hallwang bei Salzburg
  Tel. 06 62/66 88-0, Fax 66 88 66
  www.salzburgerland.com

- **Steirische Tourismus GmbH**
  St.-Peter-Hauptstraße 243
  A-8042 Graz
  Tel. 03 16/4 00 30, Fax 40 03 10
  www.steiermark.com

- **Tirol Info**
  Maria-Theresia-Straße 55
  A-6010 Innsbruck
  Tel. 05 12/72 72-0, Fax 7 27 27
  www.tourismus-tirol.com

- **Vorarlberg-Tourismus**
  Poststraße 11
  A-6850 Dornbirn
  Tel. 0 55 72/37 70 33-0,
  Fax 37 70 33-5
  www.vorarlberg-tourism.at

BOTSCHAFTEN UND KONSULATE

- **Deutsche Botschaft**
  Metternichgasse 3, A-1037 Wien
  Tel. 01/71 15 40, Fax 7 13 83 66
  www.wien.diplo.de

- **Deutsche Honorarkonsulate**
  Mariahilfstr. 27
  A-6900 Bregenz
  Tel. 0 55 74/4 31 80
  Email: deutscher.honorarkonsul.
  bregenz@vol.at
  Statteggerstr. 18, A-8045 Graz
  Tel. 03 16/69 49 70, Fax 690 24 25
  Email: deutscher-honorarkonsul-
  graz@andritz.com
  Maria-Theresien-Str. 23/II. Stock
  A-6020 Innsbruck
  Tel. 05 12/57 01 99-0, Fax -14
  Email: deutscher-honorarkonsul.-
  tirol@chello.at
  Hauptplatz 11
  A-4010 Linz
  Tel. 07 32/79 77 01, Fax 79 52 72
  Email: deutscher.honorarkonsul.-
  linz@oberbank.at
  Aribonenstr. 27
  A-5020 Salzburg
  Tel. 06 62/432 36 63 00
  Email: deutscher.honorarkonsul
  @schneiders.com

- **Schweizer Botschaft:**
  Prinz-Eugen-Straße 7
  A-1030 Wien
  Tel. 01/7 95 05, Fax 7 95 05 21
  www.eda.admin.ch/wien

INTERNET

- **www.austria.info**
  Österreichs größte Tourismus-Plattform glänzt mit vielen nützlichen Informationen und zweckdienlichen Links.

- **www.austria.gv.at**
  Internetauftritt der österreichischen Regierung mit Informationen über die aktuelle Politik des Landes.

- **www.austrianmuseums.net**
  www.museum.at
  Die beiden Webportale geben einen Überblick über die vielfältige Museumslandschaft Österreichs.

- **www.tiscover.at**
  Diese Website enthält aktuelle Reiseangebote, den Wetterbericht, Informationen über Infrastruktur und Sehenswürdigkeiten vor Ort sowie die Möglickeit zur Onlinebuchung von Unterkünften.

Mit Behinderung unterwegs

WICHTIGE ADRESSEN

- **Bundesverbands Selbsthilfe Körperbehinderter e.V.**
  Reiseservice
  Altkrautheimer Str. 20
  D-74238 Krautheim
  Tel. 0 62 94/428 10,
  Fax 42 81 79
  www.bsk-ev.org

- **Verband aller Körperbehinderten Österreichs**
  Schottenfeldgasse 29
  A-1070 Wien
  Tel. 01/9 14 55 62

- **Bundesarbeitsgemeinschaft der Clubs Behinderter und ihrer Freunde e.V.**
  Langenmarckweg 21
  D-51465 Bergisch Gladbach
  Tel. 0 22 02/9 89 98-11
  www.bagcbf.de

- **Mobility International Schweiz**
  Froburgstraße 4
  CH-4600 Olten
  Tel. 0 62/2 06 88 35
  Fax 2 06 88 39
  www.mis-ch.ch

Elektrizität

Das österreichische Stromnetz führt 220 Volt Wechselstrom. In der Regel sind Europa-Norm-Gerätestecker verwendbar.

Essen und Trinken

Restaurants

Die österreichischen Gaststätten und Restaurants haben in der Regel eine gut geführte Küche. Das Mittagessen wird in größeren Restaurants zwischen 12.00 und 14.00 Uhr, in kleineren oft schon früher angeboten. Den Nachmittagskaffee, wie jede andere Zwischenmahlzeit »Jause« genannt – entsprechend dem schwäbischen »Vesper« oder der bayerischen »Brotzeit« – trinkt man zwischen 16.00 und 17.00 Uhr. Das Abendessen wird normalerweise ab 18.00 Uhr serviert.

i Preiskategorien

- Fein & Teuer: ab 30 Euro
- Erschwinglich: 15 –20 Euro
- Preiswert: bis 15 Euro
- Restaurants ►Reiseziele von A bis Z

Speisekarte

Österreichische Küche

Die österreichische Küche ist sehr vielfältig und die Rezepte verraten süddeutsche, böhmische, ungarische, kroatische, slowenische und italienische Einflüsse des ehemaligen Vielvölkerstaates. Aus Mailand wurden das Schnitzel, aus Böhmen die Mehlspeisen und aus Ungarn das Gulasch übernommen. Mit Mundartausdrücken ist die Speisekarte reich gespickt. Gerühmt an der österreichischen Küche, die weder leicht noch kalorienarm zu nennen ist, werden insbesondere Fleisch- und Mehlspeisen; wunderbar ist das Angebot an Süßwasserfischen und die Qualität der Wildgerichte.

Suppen

Fischbeuschlsuppe ist eine Suppe mit Fischrogen und etwas Gemüse, Rinderbrühe wird gerne mit Einlagen wie Markknödel, Grießnockerl und Nudeln verschiedener Art verfeinert. Weitere Suppeneinlagen sind aus Nudelteig geriebene Gerstl, als Backerbsen bezeichnete ausgebackene Brandteigtropfen, aus zerschnittener Biskuitmasse hergestellte Schöberl und die in Streifen geschnittenen Pfannkuchen für die berühmte Frittatensuppe. Dazu kann man eine Semmel oder ein Weckerl knabbern, wie die Brötchen in Wien genannt werden.

Fleisch

Weltbekannt ist das Wiener Schnitzel, ein paniertes Kalbsschnitzel, dessen Rezept ursprünglich aus Mailand kommt. Unter garniertem oder feinem Rindfleisch versteht man gekochtes Rindfleisch mit Beilagen; Lungenbraten und Tafelspitz gehören zu den besten Rinderlendenstücken, wobei letzterer meist mit Apfelkren (Apfelmeerrettich) serviert wird. Beinfleisch, Tellerfleisch und Kruschpelspitz, also durchwachsenes Rindfleisch, erhält man häufig mit Schnittlauchsauce. Der Wiener Esterházyrostbraten aus einem Rippenstück vom Rind wird mit gewürztem Wurzelwerk serviert. Reichlich Pfeffer und Paprika charakterisieren das aus Ungarn eingeführte Gulasch und das ähnlich zubereitete Paprikahuhn. Gebratene Schweinelende mit Kümmel nennt man Jungfernbraten, Krenfleisch ein mit der Schwarte gesottenes Spanferkel mit Meerrettich. Kaiserfleisch entspricht dem Kasseler Rippenspeer, Stelze dem Eisbein, Geräuchertes heißt Geselchtes, Hackfleisch läuft unter der Bezeichnung Faschiertes, Schöpsernes ist Hammelfleisch. Geschmortes Wiener Beuschl oder Lüngerl wird aus Kalbslunge und -herz sauer zubereitet. Sehr beliebte Geflügelgerichte sind gefüllte Ganselbrust, Kapaun in Sardellensauce, Fasan im Speckhemd und gebratene Schnepfen. Backhendl sind panierte Hähnchen, gespickte Kalbsvogerln indessen kleine Rouladen. Frikadellen werden als

> **? WUSSTEN SIE SCHON ...?**
>
> - ... dass gekochte Fledermaus nicht der zum Essen zubereitete flatternde Nachtschwärmer ist? Den Namen trägt auch ein saftiger, zarter Muskel des Rindes, das handtellergroße Muskelfleisch vom Schlussknochen. Dazu serviert man mit Safran gewürzte Rindsuppe, verkocht mit Meerrettich und Semmeln, evtl. auch geröstete Erdäpfel.

Fleischlaberl tituliert, Wiener Würstchen heißen »Frankfurter« – in Frankfurt dagegen »Wiener«. Unter den Wildgerichten sind vor allem Wildschwein in Rahmsauce mit Serviettenknödel, Hirschragout mit Speck, Rehrücken in Wurzelwerkbeize und Hasenrücken in Weinsoße zu nennen.

Fischgerichte Typische Fischgerichte sind außer der Fischbeuschlsuppe Wurzelkarpfen mit Knoblauchbutter, Fogoschfilet (Zander) in Speck gebraten oder mit Paprikasauce, gedünsteter Wels und Zwiebelfisch.

Gemüse Heurige Erdäpfel sind neue Kartoffeln, als geröstete Erdäpfel werden klein geschnittene Bratkartoffeln bezeichnet. Fisolen steht für grüne Bohnen, Karfiol für Blumenkohl, Paradeiser für Tomaten, Sprossenkohl für Rosenkohl, Kukuruz für Mais, Kren für Meerrettich, Häuptesalat für Kopfsalat, Vogerlsalat für Feldsalat, Risipisi für Reis mit grünen Erbsen und Schwammerln für Pilze.

Mehlspeisen Die weltberühmten Salzburger Nockerln bestehen vor allem aus Luft – mit einer Hülle aus Zucker, Eiern und Mehl. Aus dünnem Nudel- oder Butterteig ausgezogener Strudel mit Obst, Topfen (Quark), Mohn oder anderen Füllungen gilt als beliebteste österreichische Nachspeise; zu den begehrtesten Variationen gehören Millirahmstrudel mit Vanillesauce und Apfelstrudel, den man mit Schlag bzw. Obers (Schlagsahne) garniert. Palatschinken bzw. Topfenpalatschinken ist ein süßer (mit Quark) gefüllter Eierpfannkuchen, der viel gepriesene Kaiserschmarrn ein dicker Rosinenpfannkuchen, der gebacken, in Zucker und Butter gebraten und mit zwei Gabeln in der Pfanne zerrissen wird. Topfenknödel serviert man gerne mit Zwetschgenröster; Germknödel nennt man mit Powidl, d. h. mit wenig oder ohne Zucker eingedicktem Pflaumenmus gefüllte Hefeteigklöße, die mit Mohn bestreut werden. Zudem sollte man Marillen- bzw. Aprikosenknödel oder Powidltaschtkerln probieren sowie die köstlichen Buchteln oder Wuchteln, gefüllte Rohr- oder Dampfnudeln. Lecker ist auch die Dobostorte, ein mit Schokoladencreme gefüllter Biskuitkuchen, und als krönenden Abschluss muss man sich ein Stück der legendärsten Schokoladentorte gönnen: die mit Aprikosenmarmelade gefüllte Sachertorte.

Sprachhilfe Eierspeise: Rührei; Ribisl: Johannisbeeren; Ringlotten: Reineclauden; Kipferl: Hörnchen; Obers: Sahne; Schlagobers: Schlagsahne.

Bier Bekannte Marken sind das Schwechater, das Gösser, das Puntigamer, das Stiegl und das Zipfer Bier. Das unter der Bezeichnung »Märzen« angebotene Bier hat nichts mit dem stärker eingebrauten bayerischen Märzenbier gemein, sondern ist einem Lagerbier vergleichbar. Beliebt sind auch die bitteren, stärker gehopften Biere des Pilsener Typs, dunkles Bier ist weniger verbreitet. Ein Krügel fasst 0,5 Liter, ein Seidel 0,35 Liter.

Sehr lecker, aber leider nicht besonders gesund: Mehlspeisen wie der Kaiserschmarrn

SÜSSE VERLOCKUNGEN

Was wäre die österreichische Küche ohne die Mehlspeisen? Dabei stellt Mehl nicht einmal den Hauptbestandteil dieser Köstlichkeiten dar, an deren Verbreitung Napoleon nicht ganz unschuldig ist. Auch sind nicht alle Mehlspeisen im Alpenland entstanden. Dass es aber die Österreicher mit ihren süßen Verlockungen sehr genau nehmen, beweist ein berühmter Tortenstreit.

»Mehlspeisen«, so ist im Wiener »Appetit-Lexikon« von 1894 zu lesen, »sind **die Pointen der Wiener Küche**, eine immer überraschender, blendender und beifallswürdiger als die andern, Compositionen von berückender Fülle und Lieblichkeit, gastronomische Ghaselen (orientalische Gedichtform, Anm. d. Red.) von so wunderbar verschlungenem Bau, dass der Laie staunend vor ihnen innehält.«

Die vielfältigen Mehlspeisen der gesamten Österreichischen Küche wie Strudel, Knödel, Aufläufe, Puddings, Schmarren, Dampfnudeln, Eierkuchen, Schmalzgebäcke, Torten usw. lassen den Betrachter tatsächlich ins Schwärmen geraten oder aber fürchterlich um die Linie bangen. Denn nicht das Mehl, wegen dem oft jegliches Raffinement aufgeboten wird, um seinen Anteil möglichst einzuschränken, sondern – viel schlimmer – der Zucker ist das eigentlich verbindende Element!

Schuld hatte auch Napoleon

Dass die warmen Mehlspeisen, die sich im Grunde aus den Fastenspeisen entwickelten, ab ca. 1800 in Mode kamen, ist auch Kaiser Napoleon zu verdanken. Denn mit der **napoleonischen Kontinentalsperre** von 1806 gelangte kaum noch der ohnehin teure Zucker ins Land, weshalb man den Anbau der billigen Zuckerrübe forcierte. Der daraus gewonnene raffinierte Zucker stieg schnell zum »Volksnahrungsmittel« auf, die mit Zucker zubereitete Mehlspeise wurde als Nachspeise in Restaurants und zu Hause »Pflicht«.

Ein Stück Sachertorte zum Kaffee – zum Anbeißen!

Aus fremden Landen

Viele Mehlspeisen sind für Österreich so typisch, dass man glauben möchte, sie seien auch dort entstanden. Doch etliche Spezialitäten wurden **aus anderen Ländern bzw. Kulturen übernommen**. So ist der Strudel mit seinem typisch deutschklingenden Namen, der sich wohl von der »strudelartig«, also wasserwirbelartig gedrehten Form herleitet, orientalischen Ursprungs. Wie heimisch die in unzähligen Variationen erscheinende Mehlspeise (Apfelstrudel, Topfenstrudel, Tiroler Strudel etc.), die zum ersten Mal im »Frauenzimmer-Lexikon« von 1715 erwähnt wird, in Österreich ist, bezeugen manche davon abgeleitete Redensarten, wie »sich abstrudeln« (»sich abrackern«).

Neben Backhendl und Schnitzel ist der **Wiener Faschingskrapfen** eine charakteristische Speise der Wiener Küche. Dabei wurde er – wie das Wiener Schnitzel – gar nicht in Wien erfunden, wenn auch Lokalhistoriker gerne behaupten, eine Wienerin namens Krapf habe ihn kreiert. Schon bei Griechen und Römern gab es gefüllte Krapfen, die vor allem bei den Frühjahrsbacchanalien gebacken wurden. Auf eindeutig fremde Einflüsse lässt der **Palatschinken** schließen. Der Name kommt vom lateinischen »placenta« (Kuchen), woraus dann rumänisch »placinta« und ungarisch »palacsinta« wurde. Von den Tschechen übernahmen schließlich die Österreicher Name und Gericht »palacinka«, gefüllte Eierkuchen. Der Teig bei den Palatschinken spielt nur eine sekundäre Rolle, er soll lediglich die Füllung, z. B. Marmelade, einfassen.

»Sacher-Torte nennt sich eine Chocoladentorte höherer Art, die ... unter der glänzenden Chocoladen-Robe noch ein Hemd von Aprikosen-Marmelade trägt.«

Echt österreichisch

»Ein Auflauf soll hoch steigen, eine fest aufgerissene Kruste bilden, welche auf einer Seite mit Anmut überhängen muss«, heißt es in einem alten

österreichischen Kochbuch. Uneingeschränkte »Königin der Aufläufe« ist das **Salzburger Nockerl**, das angeblich dem Salzburger Erzbischof Wolf Dietrich von Raitenau (1559–1617) zum ersten Mal serviert wurde.

Eine weitere in Österreich selbst kreierte Spezialität sind die **Schmarren**. Im Gegensatz zum Strudel mit der feinen Teighülle ist der Schmarren, eine Pfannenspeise, ursprünglich ein ländlich-bäuerliches Gericht aus der Alpenregion, das erst verhältnismäßig spät »salonfähig« wurde. Erstmals taucht das wohl von »Schmer« (d. h. Schmalz) abgeleitete Wort in einer Hochzeitspredigt 1563 auf. Der wohl bekannteste Schmarren war ursprünglich ein Kaiserinschmarren, denn er wurde 1854 von Wiener Köchen für die Kaiserin Elisabeth kreiert. Doch die stets auf ihre Linie bedachte Sisi (► Baedeker Special S. 289) fand weniger Gefallen daran als ihr Gatte Franz Joseph I., und so wurde daraus einfach der Kaiserschmarren.

Immer wieder ist zu lesen, die **Linzer Torte** sei 1822 vom bayerischen Zuckerbäcker Johann Konrad Vogl, der im selben Jahr nach Linz gekommen war, erfunden worden. Der Name tritt jedoch schon im Kochbuch der Anna Margarita Sagramosa aus dem Jahr 1653 auf. Vogls Verdienst bestand darin, die Linzer Köstlichkeit über die Stadtgrenzen hinaus bekannt gemacht zu haben.

Über die 1836 »hoffähig« gewordene **Sachertorte** schrieb 1894 das Appetit-Lexikon: »Sacher-Torte nennt sich eine Chocoladentorte höherer Art, die sich vor ihren Gefährtinnen noch besonders auszeichnet, indem sie unter der glänzenden Chocoladen-Robe noch ein Hemd von Aprikosen-Marmelade trägt.« In den 1950er-Jahren entbrannte in Wien ein **Tortenstreit**, wie er wohl nur in Österreich möglich ist: Das Haus Sacher und die Konditorei Demel bekriegten sich um den Anspruch, die originale Sachertorte herzustellen.

Man einigte sich salomonisch: Sacher stellt die Original-Sachertorte her, Demel fertigt sie mit dem Siegel Eduard Sacher-Torte. Egal ob von Sacher oder von Demel – die Sacher-Torten gehören zu den wenigen Mehlspeisen mit langer Haltbarkeit und sind leicht zu transportierende Mitbringsel.

Wiener Kaffeespezialitäten

Grundwissen Die Basis der Wiener Kaffeespezialitäten ist stets Mokka. Verlangt man als Nichteingeweihter einen »Kaffee«, so bekommt man in der Regel einen »Braunen« serviert. Im Wiener Kaffeehaus gehört zum Kaffee stets ein Glas Wasser, das auf Verlangen (auch mehrmals) nachgereicht wird. Da die Bestellung des Kaffees eine »Wissenschaft« für sich ist, hier eine kleine Zusammenstellung:

KLEINES KAFFEE-LEXIKON

Brauner (kleiner, großer)	Tasse Mokka mit wenig Milch
Dunkel	mit sehr wenig Milch
Einspänner	Glasbecher mit heißem Mokka und Schlagsahne
Eiskaffee	Glasbecher mit kaltem Mokka, Vanilleeis, Schlagsahne und Waffel
Espresso (Es)	Mokka aus der Espressomaschine
Fiaker	»großer Schwarzer« im Glas
Gestreckt	mit Wasser verlängert
Gold	goldbraune »Melange«
Kaffee ohne Kaffee	koffeinfreier Kaffee
Kaffee verkehrt	wenig Mokka mit viel Milch
Kaisermelange	»Schwarzer« mit Eidotter
Kapuziner	dunkelbraune »Melange«
Konsul	»Schwarzer« mit einem Spritzer Sahne
Kurz	besonders stark
Licht	hell, mit viel Milch
Mazagran	Glas kalter Mokka mit Maraschino, Eiswürfeln und Strohhalm
Melange	mitteldunkler Milchkaffee
Mokka (Mocca)	starker schwarzer Wiener Kaffee
Mokka gespritzt	Mokka mit einem Schuss Kognak
Nussschwarzer	Mokka
Obers	Sahne, Kaffeesahne
Obers gespritzt	Sahne mit einem Spritzer Mokka
Portion Kaffee	Mokka mit Milch zum Selbstmischen
Schale	Tasse
Schlag(obers)	Schlagsahne
Schwarzer (kleiner, großer)	Mokka
Schwarzer gespritzt	Mokka mit einem Schuss Rum
Teeschale	Tasse Milch
Teeschale Obers gespritzt	Tasse Sahne mit etwas Mokka
Türkischer	Mokka auf türkische Art im Kupferkännchen, wobei das Kaffeemehl und nach Belieben Zucker mitgekocht wird
Weißer	koffeinfreier Kaffee

Wein

Weinbau

Der Weinbau in Österreich hat eine **lange Tradition**. Bereits zur Zeit der Römer war er verbreitet, urkundlich nachgewiesen ist er seit dem fünften Jahrhundert. In Klosterneuburg bei Wien wurde 1860 die erste Weinbauschule Österreichs eröffnet.
Österreich verfügt über rund 44 500 ha Anbaufläche für Wein. Von der Gesamterzeugung entfallen rund 85% auf Weißweine und 15% auf Rotweine. Den größten Anteil an der Weinproduktion haben Niederösterreich mit dem Weinviertel und der Wachau, aber auch das Burgenland, die Steiermark und das Bundesland Wien haben nennenswerten Weinbau vorzuweisen.

Weißwein

Die weißen Trauben des Grünen Veltliner ergeben einen fruchtig-spritzigen Weißwein, Welsch- und Rheinriesling feinwürzige, rassige Weißweine, wobei der Rheinriesling als die edlere Rebsorte gilt. Mild-fruchtige, eher liebliche Weine werden aus Müller-Thurgau, Muskat-Ottonel und Traminer gekeltert, aus Weißburgunder und Zierfandler kräftige und bukettreiche Weine.

Rot- und Roséwein

Blaufränkisch und Blauburgunder ergeben rubinrote, fruchtige Weine, der Blaue Wildbacher den Schilcher, einen Roséwein. Dunkle, kräftige Rotweine liefern der Blaue Portugieser und der St. Laurent sowie der Blaue Zweigelt, eine Kreuzung aus den beiden erstgenannten Trauben.

Weinbaugebiete

◄ Niederösterreich

In Niederösterreich liegen die Weinbaugebiete um Krems (Wachau), im Weinviertel, Donauland (Klosterneuburg) und südlich von Wien an der »Thermenlinie« (Bad Vöslau–Baden–Mödling). Neben Weißweinen (Grüner Veltliner, Weißburgunder, Rheinriesling, Welschriesling) werden im Donauland, bei Gumpoldskirchen sowie um Baden bei Wien und Bad Vöslau auch Rotweine (Blaufränkisch, Blauer Portugieser, Blauer Zweigelt) angebaut.

◄ Burgenland

Bekannt für seine gehaltvollen Weiß- und Rotweine ist das Burgenland. Die Hauptanbauflächen liegen rund um den Neusiedler See. Das Weinbaugebiet bei Rust bringt unter anderem Spätlesen von hoher Qualität hervor. Welschriesling, Muskat, Traminer und Weißburgunder sowie Blauburgunder und Blaufränkisch sind hier die meistkultivierten Rebsorten.

◄ Steiermark

An steilen Südhängen, mit fast toskanischer Atmosphäre, wachsen die Reben in der Steiermark. Neben spritzigen Weißweinen erzeugt man den »Schilcher«, einen fruchtigen hellroten Wein (Rosé, ähnlich dem württembergischen Schillerwein).

◄ Wien

Bis ins Stadtgebiet reichen die Weinberge von Wien und bringen bekannte Weißweine hervor. Beliebte Ausflugsziele für Wiener und Besucher sind die Heurigenlokale und Buschenschenken (entsprechend den deutschen Besen- oder Straußwirtschaften) in den Vororten Sievering, Grinzing, Nußdorf. »Heuriger« ist der zuletzt gekelterte Wein.

Die Sprache des Weinetiketts

In Österreich werden weitgehend die **auch in Deutschland üblichen Bezeichnungen** gebraucht: »Naturwein« ist ungezuckert; »reinsortig« sind Weine, die aus einer einzigen Traubensorte gekeltert werden; unter »Ried« verstehen die Österreicher die Lage.

Österreichisches Weingütesiegel ▸ Das Österreichische Weingütesiegel kennzeichnet Qualitätsweine. Die Verbandsmarke »Wein aus Österreich« bezeichnet einen kontrollierten österreichischen Tafelwein, meist von einfacherer Art.

Weingesetz ▸ Als Folge der Weinskandale Mitte der 1980er-Jahre, als gepanschte Weine im Handel entdeckt wurden, gilt in Österreich ein strenges Weingesetz. Es sieht eine hundertprozentige Bezeichnungswahrheit für Herkunft, Sorte und Jahrgang vor. Ferner müssen Erzeuger, Qualitätsstufe, Alkohol- und Zuckergehalt angegeben sein. Genaue Aufzeichnungs- und Meldepflichten sowie Kontrollvorschriften von der Traube bis zum Verkauf des Endprodukts schützen vor Unlauterkeit.
Die Aufbesserung des Traubenmostes durch Zuckerzusatz ist nur bei Tafelwein, Landwein und Qualitätswein innerhalb enger Grenzen (generell bis 3,5%, bei Tafelweinen ausnahmsweise bis 4,5%) zulässig. Eine Herkunftsbezeichnung darf nur dann verwendet werden, wenn der betreffende Wein ausschließlich aus dem angegebenen Gebiet stammt.

Tafelwein (oder Tischwein)

Tafelwein ist ein aus österreichischen Trauben gekelterter Wein mit einem Mindestmostgewicht von 13 °KMW (Klosterneuburger Mostwaage).

Landwein

Landwein entspricht dem Tafelwein, enthält maximal 11,5 Volumenprozente Alkohol und maximal 6 Gramm Restzucker pro Liter. Nur Trauben aus einer Weinbauregion dürfen verwendet werden.

Urgemütlich – das Haas Beisl in Wien-Margarethen

Tafel- und Landweine (mit Ausnahme des hellroten Schilchers) werden in Flaschen von mindestens 1 l Inhalt abgefüllt.

Qualitätswein ist ein Wein aus einer zugelassenen Qualitätsweinrebsorte, die Trauben dürfen lediglich aus einem Weinbaugebiet stammen. Der Wein muss staatlich geprüft, das Etikett mit der Prüfnummer versehen sein. Qualitätswein

Kabinettwein ist Qualitätswein mit mindestens 17 ° bzw. höchstens 19 ° KMW Mostgewicht. Der Most darf nicht verbessert sein und der Wein nicht mehr als 9 Gramm Restzucker pro Liter enthalten. Kabinettwein

Prädikatsweine (auch als Qualitätsweine besonderer Reife und Leseart bezeichnet) sind Qualitätsweine, die nicht aufgebessert sein dürfen und deren Restsüße nur durch Gärungsunterbrechung erzielt wird. Die Jahrgangsangabe ist vorgeschrieben. Zu den Prädikatsweinen gehören insbesondere Spätlese, Auslese, Eiswein, Beerenauslese, Ausbruch und Trockenbeerenauslese. Prädikatsweine

Als Sturm bezeichnet man das durch Gärung von Traubenmost erzeugte Getränk mit mehr als 1% Alkoholgehalt, solange es sich im Zustand der Gärung befindet. Sturm darf nur vom 1. August bis 31. Dezember des Lesejahrs in Verkehr gebracht werden. Sturm

Feiertage · Feste · Events

FEIERTAGE UND FESTE

GESETZLICHE FEIERTAGE

1. Januar: Neujahr
6. Januar: Hl. Drei Könige
Ostersonntag/Ostermontag
1. Mai: Tag der Arbeit
Christi Himmelfahrt
Pfingstmontag
Fronleichnam
15. August: Mariä Himmelfahrt
26. Oktober: Nationalfeiertag
1. November: Allerheiligen
8. Dezember: Mariä Empfängnis
25./26. Dezember: Weihnachten

JANUAR

► **Neujahrskonzerte**
Konzerte der Wiener Philharmoniker, der Wiener Symphoniker und des Wiener Hofburg-Orchesters.

► **Vierschanzentournee**
Erste Januarwoche: das dritte und vierte Springen der Vierschanzentournee in Innsbruck und Bischofshofen.

► **Dreikönig**
Vielerorts am 6. Januar Dreikönigsumzüge – in Gmunden Dreikönigsfahrt auf dem Traunsee.

▶ **Aperschnalzen**
In vielen Gemeinden bei Salzburg wird zwischen Dreikönig und Aschermittwoch der Winter mit knallenden Peitschen vertrieben.

▶ **Hahnenkamm-Rennen**
Skiabfahrtslauf in Kitzbühel.

▶ **Mozartwoche**
Bei der Mozartwoche in Salzburg sind international renommierte Künstler zu hören.

FEBRUAR/MÄRZ

▶ **Tiroler Fasnacht**
In vielen Tiroler Gemeinden wird zur Faschingszeit bei Maskenumzügen der Winter aus- und der Frühling eingeläutet, so in Imst, Nassereith und Telfs.

▶ **Funkensonntag**
1. Sonntag nach Aschermittwoch: Holzscheite (»Funken«), auf deren Spitze eine lebensgroße Stoffpuppe, die Funkenhexe, befestigt ist, werden feierlich verbrannt. Erreichen die Flammen die Hexe, explodiert sie wegen des Schießpulvers im Bauch.

▶ **Diagonale**
Festival des österreichischen Films, bei dem alljährlich eine Werkschau der Kino- und TV-Filme des abgelaufenen Produktionsjahres sowie ein Überblick über das aktuelle Filmschaffen geboten wird.

MÄRZ/APRIL

▶ **Salzburger Osterfestspiele**
Bei den 1967 von Karajan gegründeten Osterfestspielen sind immer auch die Berliner Philharmoniker dabei.

MAI

▶ **Maibaum**
Vielerorts wird ein Maibaum aufgestellt.

▶ **Schubertiade**
Konzerte zu Ehren und mit Werken von Franz Schubert, aber auch von Wolf, Brahms, Schumann u. a., in Schwarzenberg im Bregenzer Wald in der 2. Maihälfte (nochmals Ende Aug./Anf. Sept.).

▶ **Ausseerland Narzissenfest**
In Altaussee, Bad Aussee und Grundsee werden aus Blüten kunstvolle Figuren geformt und im Auto- oder Bootskorso vorgeführt.

MAI BIS SEPTEMBER

▶ **Graz erzählt**
Festival der Erzählkunst an Pfingsten in Graz.

▶ **Linzer Kultursommer**
Konzerte unterschiedlichster Musikgenres, Theateraufführungen und Open-Air-Veranstaltungen in Linz.

Bootsprozession beim Narzissenfest in Bad Aussee

Die Naturarena der Burgruine Finkenstein ist Schauplatz bedeutender Kulturevents.

- **Urfahraner Markt**
  Zweimal jährlich, Ende April/Anfang Mai und Ende Sept./Anfang Okt., findet in Linz der größte und älteste Jahrmarkt Österreichs statt mit Festzelten und buntem Unterhaltungsprogramm.

JUNI

- **Donauinselfest**
  Größte Jugendparty Europas in Wien mit Hunderten von Rock- und Popmusikern auf 18 Bühnen (freier Eintritt).

- **Donaufestival Niederösterreich**
  Mehrspartenfestival (Musik, Tanz, Theater) in Krems, St. Pölten, Tulln, Melk, Weißenkirchen und Göttweig.

- **Glocknerwallfahrt**
  Wallfahrt Ende Juni von Ferleiten über das Hochtor nach Heiligenblut.

- **KlangBogen Wien**
  Kompositionen vom Barock bis zur Gegenwart zwischen Juni und September im Neuen Rathaus, auf Schloss Schönbrunn, auf dem Rathausplatz und in Wiener Konzerthäusern, Kirchen und Parks.

JUNI/JULI

- **Jazz Fest Wien**
  Internationale Interpreten des Jazz im Juni/Juli in der Staatsoper, im Volkstheater und in Open-Air-Konzerten.

- **Innsbrucker Tanzsommer**
  Internationaler Tanzsommer in Innsbruck: vom klassischen Ballett bis zu den unterschiedlichen Ausprägungen des Modern Dance, Jazz-Tanzes und modernen Ausdruckstanzes.

- **styriarte**
  Steirische Musikfestspiele in Graz, von Alter Musik bis Romantik, mit dem Dirigenten Nikolaus Harnoncourt.

JUNI BIS SEPTEMBER

- **Festspiele auf der Burgarena Finkenstein**
  Operetten, Konzerte, Musicals, Kabarett in den Resten einer Burg aus dem 12. Jahrhundert

JULI/AUGUST

Salzburger Festspiele
Eines der bedeutendsten Musik- und Theaterfestivals der Welt mit klassischen und zeitgenössischen Opern, Konzerten und Schauspielen.

Bregenzer Festspiele
Musiktheater auf der größten Seebühne der Welt.

Seefestspiele Mörbisch
Außerhalb von Wien hat sich Mörbisch als ein Zentrum der klassischen Operette – auf einer der größten Freilichtbühnen Europas – etabliert.

Daneben veranstalten viele kleinere Orte Kultursommer mit Musik, Tanz und Lesungen.

JULI BIS SEPTEMBER

Carinthischer Sommer
International renommiertes Festival klassischer und moderner Musik in Ossiach und Villach.

Bad Ischler Operettenfestspiele
Die Festspiele in Bad Ischl gehen auf eine Idee von Franz Lehár zurück. Alljährlich gibt es zwei Operetten, wobei eine von Lehár ist. Außerdem Orchesterkonzerte, Kabarett, Lesungen.

AUGUST

Internationales Folkfestival
Größtes Folkfestival Österreichs mit den besten Folkformationen der Welt in Hallein.

Seebühne Wörthersee
Musicals in Klagenfurt am Wörthersee.

SEPTEMBER

Internationale Haydntage
Haydn-Festspiele im Eisenstadter Schloss Esterházy.

Musikfest Brahms
Klassische Konzerte in Mürzzuschlag, wo Brahms einige Sommer verbrachte und seine 4. Symphonie schrieb.

Festlicher Almabtrieb
Ende September wird auf den Sommeralmen das Vieh festlich geschmückt und in die Ställe der talwärts gelegenen Gemeinden geführt.

OKTOBER

Viennale
Das große, urbane Filmfestival in Wien mit den Highlights des österreichischen und internationalen Filmschaffens.

OKTOBER/NOVEMBER

steirischer herbst
Avantgarde-Festival in Graz mit zeitgenössischen Opern- und Theateraufführungen, Konzerten und Lesungen.

Salzburger Jazz-Herbst
Internationale und österreichische Topstars geben 10 Tage im November ihr Bestes.

DEZEMBER

Christkindlmärkte
In allen größeren Orten gibt's zauberhafte Christkindlmärkte.

Geld

Währung

Währungseinheit ist der **Euro (€)**. Es gibt Banknoten zu 5, 10, 20, 50, 100 und 500 Euro sowie Münzen zu 1 Cent (Rückseite: Enzian), 2 Cent (Edelweiß), 5 Cent (Alpenprimel), 10 Cent (Stephansdom), 20 Cent (Belvedere) und 50 Cent (Secession) sowie 1 Euro (W. A. Mozart) und 2 Euro (Bertha von Suttner). Für 1 sfr müssen derzeit 0,62 Euro, für 1 Euro 1,61 sfr bezahlt werden.

> **i Kreditkarte verloren?**
>
> - Die einheitliche Notfall-Nummer für alle sperrbaren Kreditkarten, aber auch Handys lautet: Tel. 0049/116 116. Bitte prüfen Sie vor Antritt der Reise, ob Ihr Karteninstitut dort bereits angeschlossen ist.

An den österreichischen **Geldautomaten** kann man mit Kredit- und Bank-Karten Geld abheben. Die meisten Banken, Hotels und fast alle Tankstellen akzeptieren Kreditkarten, Restaurants und größere Geschäfte ebenfalls – es empfiehlt sich trotzdem, vorher nachzufragen. Der Verlust der Kreditkarte muss sofort bei der ausgebenden Bank bzw. der jeweiligen Kartenorganisation gemeldet werden, um sie sperren zu lassen.

Gesundheit

Kostenregelung

Die medizinische Versorgung in Praxen bzw. Krankenhäusern und die Hilfe in Notfällen sind grundsätzlich gewährleistet. Es empfiehlt sich, vor einem Österreich-Aufenthalt die neuesten Bestimmungen bei der zuständigen Krankenkasse zu erfragen und sich eine **Europäische Krankenversicherungskarte** (EHIC) zu besorgen, ansonsten muss man die Behandlung bezahlen. Generell ratsam ist der Abschluss einer privaten Auslandskrankenversicherung, zumal diese im Notfall auch die Kosten für einen Rücktransport übernimmt.

Apotheken

In der Regel haben Apotheken Mo bis Fr. 8.00–12.00 u. 14.00 bis 18.00 Uhr, Sa. 8.00–12.00 Uhr geöffnet. Geschlossene Apotheken weisen durch Aushang auf die nächstgelegene offene Apotheke hin.

Mit Kindern unterwegs

Kinderhotels

Spezielle Kinder- und Familienhotels, Babydörfer und »Windelwirte« haben sich auf die besondere Situation von Familien mit kleinen Kindern eingestellt.

Kinderhotels

- Kinderhotels Europa
  Seeblickstr. 49a
  A-9580 Villach-Drobollach
  Tel. 0 42 54/44 11, Fax 45 55
  www.kinderhotels.com

Viele Museen und Kulturdenkmäler haben besondere **Angebote für den Nachwuchs**, von der kindgerechten Themenführung bis zum Experimentieren. Teddybären-, Puppen- und Spielzeugmuseum bilden geradezu magische Anziehungspunkte, Freizeitparks, Bergbahnen, Museumsbahnen, Schiffsfahrten auf Flüssen und Seen, Höhlen, Besucherbergwerke, alte Burgen und vieles mehr lassen Kinderherzen höher schlagen. Österreich hat die längste europäische Sommerrodelbahn und die meisten Skate-Parks in Europa.

DIE BESTEN FREIZEITPARKS

► **Archälogischer Park Carnuntum**
Hauptstraße 3,
A-2404 Petronell-Carnuntum
Tel. 021 63/33 77-0, Fax 33 77-5
www.carnuntum.co.at
Der Archäologische Park Carnuntum vereinigt drei Museen: Das Freilichtmuseum Petronell, das Amphitheater Bad Deutsch Altenburg und das Archäologische Museum Carnuntinum.
► Hainburg, Umgebung

► **Böhmischer Prater**
Tivoli-Center
Laaer Wald 30 C, A-1100 Wien
Tel. 01/6 89 91 91, Fax -12
www.tivoli.at
Mai bis Sept.
Riesenrad, kindgerechte Fahrgeschäfte, Ringelspiel und Minigolf locken vor allem Familien.

► **Erlebnispark Strasswalchen**
Märchenweg 1
A-5204 Strasswalchen
Tel. 0 62 15/81 81
www.erlebnispark.at
Mitte April bis Ende Okt.
10.00–18.00 Uhr
Vom Märchenwald und Dracula-Geisterschloss über den Wilden Westen und das Abenteuerland Afrika bis zum 3-D-Kino reicht die Palette der Vergnügungen.

► **Erlebnisausstellung Hubhof**
Wunderwelt der optischen Illusionen und Phänomene
►Wachau, Maria Laach

► **Erlebniswelt Holzknechtland**
►Maria Zell, Umgebung

► **Familienparadies Reichenhauser**
Reauz 3, A-9074 Keutschach-See
Tel. 0 42 73/23 25, Fax 23 25-8
www.familienparadies-reichenhauser.at
Mai bis Ende Okt.
10.00–19.00 Uhr
Abenteuerspielplatz, Zauberwald und Indianerland sorgen für leuchtende Kinderaugen.

► **Spielpark Leutasch**
Weidach 318, A-6105 Leutasch
Tel. 0 52 14/62 19, Fax 203 59
Juli bis Okt. 9.00–18.00 Uhr
(Mai und Juni nur Wochenende)
Menschen mit Freude am Spielen sind herzlich willkommen.

► **1. Kärntner Erlebnispark**
►Gailtal

► **Märchenpark Neusiedler See**
►Neusiedler See, St. Margarethen

► **Märchenwald Steiermark**
►Judenburg, Umgebung

► **Minimundus**
► Klagenfurt

► **Laziland**
An der Bahn 50
A-3352 St. Peter i. d. Au
Tel./Fax 0 74 77/4 27 88
www.laziland.at
ganzjährig 9.00–18.00 Uhr
Lehrpfade, bäuerliche Kultur, Spielplätze, Klettersteig – das Laziland im Mostviertel verbindet Wissenswertes mit viel Spaß.

► **No Name City**
Westernstraße 1
A-2751 Wöllersdorf
Tel. 0 26 22/4 34 00
www.nonamecity.at
April, Mai, Sept. u. Okt.
Do. bis So. u. Fei. 10.00–19.00,
Juni bis Aug. tgl. 10.00–19.00 Uhr
Die Westernstadt für Westernfans von 8 bis 88.

► **Saurierpark Traismauer**
►St. Pölten, Umgebung

► **Styrassic Park**
Dinoplatz 1
8344 Bad Gleichenberg
Tel. 0 31 59/2 87 50,
Fax 28 75 16
www.styrassicpark.at
Ende März – Ende Okt. tgl. 9.00-17.00 Uhr
Expeditionen durch die Welt der Saurier, Mammuts, Säbelzahntiger und Höhlenbären.

► **Swarovski Kristallwelten**
►Hall in Tirol, Umgebung

► **Wurstelprater**
► Wien, Prater

► **Zwergenpark Gurktal**
A-9342 Gurk
Tel. 0 42 66/80 77
Fax 80 77-4
www.zwergenpark.com
Mai bis Mitte Sept.
11.00–16.00 Uhr,
Juli/Aug. 10.00 – 18.00 Uhr
Eine Liliputbahn tuckert mit ihren kleinen Gästen durch die bunte Welt der (Garten)Zwerge.

Knigge

»Verständigungs-Schwierigkeiten«

»Der Österreicher unterscheidet sich vom Deutschen durch die gemeinsame Sprache«, äußerte sich Karl Kraus, der scharfzüngige österreichische Schriftsteller und Sprachkritiker. Und er hat nicht ganz Unrecht mit seiner Aussage. Liegen die beiden Nachbarn auch in vielen Dingen ganz nah beieinander, gibt es in der Feinabstimmung doch gewisse Schwierigkeiten. Noch mehr, wenn die deutschen Urlauber, die »Piefkes«, aus nördlichen Gefilden kommen. Eher an klare Aussagen gewöhnt, haben sie manchmal Schwierigkeiten, die österreichisch-barocke Ausdrucksweise richtig einzuschätzen – besonders, wenn ihr Gegenüber aus Wien kommt. Man ist gut beraten, es die Gastgeber nicht spüren zu lassen, wenn gelegentlich Unverständnis oder Belustigung gegenüber manchen österreichischen Eigenheiten aufkommt. Gerade dem größeren Nachbarn verzeiht man solche Arroganz nur schwer.

! *Baedeker* TIPP

Literaturtipp!

Um Missverständnissen auf Grund von Sprachproblemen vorzubeugen, empfiehlt sich das Wörterbuch Österreichisch-Deutsch, das von Astrid Wintersberger mit allem gebotenen Witz zusammengestellt wurde. Sie wurde dabei durch den unvergleichlichen Dichter und Doyen der österreichischen Gegenwartsliteratur H. C. Artmann beraten. (Residenz Verlag, ISBN 9 78 37 01 70 96 32.)

Bekannt sind vor allem die Wiener durch ihren **»Schmäh«**, den Humor, der ihnen augenzwinkernd leicht über die Lippen kommt. Sie zeichnen sich auch aus durch jene merkwürdige Kombination aus kollektivem Minderwertigkeitskomplex und trotziger Selbstzufriedenheit, die psychologisch versierte Historiker mit der Erfahrung erklären, jahrhundertelang im Brennpunkt eines Weltreiches gelebt zu haben und sich mit einem Mal in einem Kleinstaat wiederzufinden, der zudem zwei Generationen lang am äußersten Rand des freien Europas lag.

Was man tun und lassen sollte

Einige **Grundregeln**. Vergessen Sie nicht, Kellnern, Taxifahrern, Friseuren, Tankwarten und Toilettenfrauen ein **Trinkgeld** zu geben, die nur dank der Trinkgelder finanziell halbwegs über die Runden kommen. Bestellen Sie in einem Traditionscafé nicht einfach »Kaffee« und betonen Sie auf keinen Fall die erste Silbe – auch wenn der Ober keine Miene verzieht, wird er innerlich den Kopf schütteln. Man bestellt hier einen kleinen oder großen Braunen oder Schwarzen, einen Kapuziner etc. und zwar mit Schlagobers, nicht Sahne.

Hier ist Etikette gefragt.

Wollen Sie Blumen pflücken oder Pilze sammeln, empfiehlt es sich, beim zuständigen Fremdenverkehrsbüro oder Gemeindeamt nachzufragen. Viele Pflanzen stehen unter strengem Pflanzenschutz. Auch für die **Schwammerlsuche**, wenn mehr als nur ein kleiner Eigenbedarf im Körbchen geführt wird, gelten sehr strenge Bedingungen: Es darf nur an geraden Tagen bis zu einer Menge von 1 kg pro Person von 7–19 Uhr gesammelt werden.

Literaturempfehlungen

Romane, Erzählungen, Anthologien

Altenberg, Peter, Sommerabend in Gmunden. Szenen und Skizzen zwischen Semmering und Salzkammergut. Schöffling, Frankfurt/M. 1997. – Bis zu seinem Tod verbrachte der österreichische Schriftsteller Peter Altenberg (eigentlich: Richard Engländer, 1859 bis 1919) viele Monate in den Sommerfrischen und an den Ausflugszielen rund um Wien.

Higgs, Barbara, Straub, Wolfgang (Hrsg.), Wegen der Gegend. Literarische Reisen durch Niederösterreich. Eichborn, Frankfurt/M. 2001. Österreichische und internationale Autoren schreiben über Niederösterreich. Von Barbara Higgs u. a. sind ebenfalls erschienen: Literarische Reisen durch Oberösterreich, Salzburg, die Steiermark, Tirol und Vorarlberg.

Markus, Georg, Meine Reisen in die Vergangenheit. Amalthea, Zürich/Leipzig/Wien 2002. – Geschichten aus der österreichischen Geschichte: vom Kaiserhof über Musik und Theater zu berühmten Zeitgenossen...

Roth, Joseph, Radetzkymarsch. dtv, München 1998. – Meisterhafter Abgesang auf die k. u. k.-Monarchie.

Tatzel, Sepp, Wien stirbt anders. Ibera, Wien 2002. – Eine zart ironische Studie über die Mentalität der Wiener, deutlich gemacht am Beispiel derer, die inzwischen auf dem Zentralfriedhof »wohnen«.

Torberg, Friedrich, Die Tante Jolesch oder Der Untergang des Abendlandes in Anekdoten. Langen/Müller, München 1996. – Zum »Klassiker« gewordene, oft wehmütige Beschreibung der Welt des Wiener Judentums in der Kriegs- und Nachkriegszeit.

! *Baedeker* TIPP

Schmöker fürs Hotelbett

Haslinger, Josef, Das Vaterspiel, Fischer (Tb), Frankfurt/M. 2002 – Haslinger beschreibt anhand des Lebens dreier Familien, dass niemand der Geschichte entkommen kann, weder der seines Landes noch seiner eigenen.

Geschichte und Politik

Vocelka, Kurt, **Geschichte Österreichs.** Kultur – Gesellschaft – Politik. Styria, Graz/Wien/Köln 2005. – Eine ebenso spannend wie lehrreich geschriebene Landesgeschichte von den Kelten bis zur Europäischen Union.

Menasse, Robert, **Erklär mir Österreich.** Essays zur österreichischen Geschichte. Suhrkamp, Frankfurt am Main 2000. – Scharfsinnige Analysen der österreichischen Gesellschaft, die über tagespolitische Erkenntnisse hinausgehen.

Für die Handtasche

Das kleine österreichische Kaffeebuch. KOMPASS Küchenschätze. KOMPASS-Karten, Rum/Innsbruck 2003.

Bildbände

Siepmann, Martin, Voigt, Marion, **Österreich.** Verlagshaus Würzburg, Würzburg 2002. – Mehr als 230 Bilder zeigen das Alpenland in all seinen Facetten.

Havlicek, Alfred, Mayer, Horst F., **Österreich mit den Augen des Adlers.** Styria, Graz/Wien/Köln 2001. – In diesem einzigartigen Bildband sind ausschließlich Luftbilder zu sehen: 170 Bilder, vom Helikopter aus geschossen.

DuMont Bildatlas **Kärnten.** DuMont Reiseverlag, Ostfildern 2010.

DuMont Bildatlas **Salzburger Land/Salzkammergut/Salzburg.** DuMont Reiseverlag, Ostfildern 2010.

DuMont Bildatlas **Tirol.** DuMont Reiseverlag, Ostfildern 2010.

DuMont Bildatlas **Wien.** DuMont Reiseverlag, Ostfildern 2010

Wanderführer

KOMPASS Wanderbücher (Nr. 918) **Dachstein – Steirisches Salzkammergut.** KOMPASS-Karten, Rum/Innsbruck.

KOMPASS Wanderbücher (Nr. 982) **Gailtal – Lesachtal – Karnischer Höhenweg.** KOMPASS-Karten, Rum/Innsbruck.

KOMPASS Wanderbücher (Nr. 908) **Innsbruck und Umgebung.** KOMPASS-Karten, Rum/Innsbruck.

Digitale Karten

KOMPASS Digital Maps (Nr. 4296) **Burgenland.** KOMPASS-Karten, Rum/Innsbruck.

KOMPASS Digital Maps (Nr. 4290) **Niederösterreich.** KOMPASS-Karten, Rum/Innsbruck.

KOMPASS Digital Maps (Nr. 4309) **Oberösterreich.** KOMPASS-Karten, Rum/Innsbruck.

KOMPASS Digital Maps (Nr. 4292) **Tirol**. KOMPASS-Karten, Rum/Innsbruck.

Radwanderführer

bikeline Radtourenbuch **RadFernWege Österreich**. Verlag Esterbauer, Rodingersdorf/Berlin 2003. – Alle großen Radwege Österreichs im Überblick.

Donau-Radweg: Passau – Wien – Bratislava. Kompass-Radwanderführer Band 1967. KOMPASS Karten GmbH, Rum/Innsbruck 2007. Auf Europas beliebtestem Radweg durch Österreich.

Nationalparks und andere Schutzgebiete

Nationalparks

In Österreich bestehen zahlreiche Einrichtungen zum Schutz der Pflanzenwelt: Nationalparks und Naturparks, Alpengärten und Naturschutzgebiete. Besondere Bedeutung kommt den derzeit **sieben Nationalparks** zu. Zwei grenzüberschreitende Nationalparks machen die Bedeutung des Schutzgedankens über Schlagbäume hinweg deutlich: der Nationalpark Neusiedler See (mit Ungarn) mit seinen Salzlacken, Feuchtwiesen und Schilfflächen an Europas westlichstem Steppensee und der Nationalpark Thayatal (mit Tschechien) mit dem wundervollen Durchbruchstal des Flusses Thaya. Eine der letzten Auenlandschaften Europas, gelegen zwischen Wien und der Grenze zur Slowakei, schützt der Nationalpark Donauauen. Die Nationalparks Nockberge, Kalkalpen und Gesäuse faszinieren mit ihrer fantastischen Berg- und ihrer einzigartigen Pflanzenwelt.

Naturparks

Unter dem Motto »Natur erleben – Natur begreifen« versucht der Verband der Naturparke Österreichs, den Besuchern die Schönheit und landschaftliche Vielfalt der derzeit **rund 40 Naturparks** in Österreich nahe zu bringen. Mit Veranstaltungen, Lehrpfaden, Themenwegen und Führungen sollen insbesondere auch die jüngeren Besucher spielerisch die jeweiligen Eigenheiten des Naturparks erleben und erfahren können. Dabei reicht die Spannweite von hochalpinen Regionen über Hügellandschaften, Trockensteppengebiete, Heideflächen, Moore, Wälder und Weingärten bis zu Flusstälern.
Die meisten Naturparks liegen in Niederösterreich, der Steiermark und dem Burgenland. Detaillierte Informationen zu allen Naturparks findet man unter www.naturparke.at.

Alpengärten

Eine naturschonende Art, die faszinierende Pflanzenwelt der Alpen anzuschauen, bieten die Alpengärten. Hier kann man die auf engstem Raum zusammengetragenen Arten und ihre Fähigkeiten, mit widrigen Umweltbedingungen fertig zu werden, bewundern.

NATIONALPARKS UND ALPENGÄRTEN

NATIONALPARKS

► **Donau-Auen**
(Wien, NÖ; ►S. 206)
Fläche: 93 km²
www.donauauen.at

► **Gesäuse**
(ST; ►S. 168), Fläche: 124 km²
www.nationalpark.co.at

► **Hohe Tauern**
(KÄ, SB, TI; ►S. 264)
Fläche: 1788 km²
www.hohetauern.at

► **Nockberge**
(KÄ; ►S. 232), Fläche: 184 km²
www.nationalparknockberge.at

► **Neusiedler See-Seewinkel**
(BL, Ungarn; ►S. 395)
Fläche in Österreich: 95 km²
www.nationalpark-neusiedlersee-seewinkel.at

► **Kalkalpen**
(OÖ; ►S. 472)
Fläche: 181 km²
www.kalkalpen.at

► **Thayatal**
(NÖ; ►S. 499)
Fläche in Österreich: 13 km²
www.np-thayatal.at

ALPENGÄRTEN (Auswahl)

► **Bad Aussee**
2 km nordwestlich vom Ort

► **Graz**
Botanischer Garten

► **Graz-St. Veit**
Alpengarten Rannach

► **Innsbruck**
Botanischer Garten der Universität
am Patscherkofel in 1900 m Höhe

► **Klagenfurt**
Botanischer Garten

► **Kühtai**
bei der Dortmunder Hütte

► **Linz**
Botanischer Garten

► **Rax**
beim Ottohaus

► **Reutte**
am Hahnenkamm

► **Schruns**
bei der Lindauer Hütte

► **Villacher Alpengarten**
Villacher Alpe

► **Wachau**
Schönbühel

► **Wien**
Botanischer Garten, Belvedere
Botanischer Garten, Universität

Sie ziert die Ufer naturbelassener Flussläufe – die Sibirische Schwertlilie.

Notdienste

Autohilfe

Hinweise

Beim Abschleppen darf das Warnblinklicht im Gegensatz zu Deutschland nicht eingeschaltet werden. Beim abschleppenden Fahrzeug ist auch tagsüber Abblendlicht vorgeschrieben. Die erlaubte maximale Abschleppgeschwindigkeit beträgt 40 km/h. Auf Autobahnen ist ein Abschleppen nur bis zur nächsten Abfahrt erlaubt.

WICHTIGE NOTRUFNUMMERN

NOTRUF IN ÖSTERREICH

- **Rettungsnotruf**
  Tel. 144

- **Feuerwehr**
  Tel. 122

- **Polizei**
  Tel. 133

- **Pannenhilfe**
  ►Automobilclubs

AUTOMOBILCLUBS

- **Österreichischer Automobil-, Motorrad- und Touring Club (ÖAMTC)**
  Schubertring 1–3, A-1010 Wien
  Tel. 01/71 19 90
  www.oeamtc.at
  Pannenhilfe: Tel. 120 (ÖAMTC)

- **Auto-, Motor- und Radfahrerbund Österreichs (ARBÖ)**
  Mariahilfer Straße 180
  A-1150 Wien
  Tel. 01/8 91 21, Fax 8 91 21-2 36
  www.arboe.or.at
  Reise-Notruf: Tel. 01/8 95 60 60
  Pannenhilfe: Tel. 123 (ARBÖ)

- **ADAC Wien**
  Tel. 01/9 85 69 66
  (ganzjährig; 24 Stunden)

NOTDIENSTE IN DEUTSCHLAND

- **ACE-Notrufzentrale Stuttgart**
  Kranken- und Fahrzeugrückholdienst
  Telefon aus Österreich:
  Tel. 00 49/18 02/34 35 36
  www.ace-online.de

- **ADAC-Notrufzentrale München**
  Telefon aus Österreich:
  Tel. 00 49/89/22 22 22
  (rund um die Uhr besetzt; Beratung nach Unfällen)
  Tel. 00 49/89/76 76 76
  (Ambulanzrückholdienst und Telefonarzt)

- **DRK-Flugdienst Bonn**
  Telefon aus Österreich:
  Tel. 00 49/2 28/23 00 23

- **Deutsche Rettungsflugwacht Stuttgart**
  Telefon aus Österreich:
  Tel. 00 49/7 11/70 10 70
  www.drf.de

NOTDIENSTE IN DER SCHWEIZ

- **Schweizerische Rettungsflugwacht Zürich**
  Tel. 00 41/333 333 333
  www.rega.ch

Post · Telekommunikation

Postämter Die Schalter der Postämter sind in der Regel Mo. bis Fr. 8.00–12.00 und 14.00–18.00 Uhr geöffnet. Hauptpostämter in großen Städten können durchgehend geöffnet sein. Vor den meisten Postämtern stehen Briefmarkenautomaten.
Briefmarken kann man in Postämtern und Trafiken (Tabakgeschäften) kaufen. Postkarten und Standardbriefe (bis 20 g) nach Deutschland und in die Schweiz kosten 0,55 €.

Telefon Von allen öffentlichen Fernsprechern können auch Gespräche ins Ausland geführt werden. Die Telefonzellen haben in der Regel außer dem Münzapparat auch ein Kartentelefon. Telefonkarten erhält man bei Postämtern oder Trafiken. Nach der Ländervorwahl entfällt die Null der Ortsvorwahl.
Für Ferngespräche innerhalb Österreichs und ins Ausland gelten Mo. bis Fr. 20.00 – 6.00 Uhr und an Wochenenden verbilligte Tarife.

Mobiltelefone ▶ Österreich besitzt ein dichtes Mobilfunknetz. Die einzelnen Netzbetreiber informieren auf ihrer Homepage über die Netzabdeckung und die österreichischen Kooperationspartner.

VORWAHLEN

- **Vorwahl von Deutschland und der Schweiz nach Österreich**
  Tel. 00 43 (nach Wien: 0 04 31)
- **Vorwahl von Österreich**
  nach Deutschland: 00 49
  in die Schweiz: 00 41
- **Telefonauskunft in Österreich**
  In- und Ausland:
  Tel. 11 88 77
  (1,35 Euro/min.)

Preise und Vergünstigungen

Vergünstigungen Erkundigen sollte man sich jeweils in den Tourist-Informationen nach Vergünstigungsmöglichkeiten: Die »Salzburg Card« oder die »Kärnten Card« beispielsweise gewähren freien oder ermäßigten Eintritt in Museen und anderen Einrichtungen.

Trinkgeld In Österreich ist es üblich, Kellnern und Taxifahrern etwa 10 Prozent des Rechnungsbetrages als Trinkgeld zu geben. Dem Zimmerpersonal sollte man 1 € pro Tag, Gepäckträgern 1 € pro Gepäckstück geben.

WAS KOSTET WIE VIEL?

Menü (3 Gänge)
ab 25 Euro

Einfaches Essen
ab 10 Euro

Eine Tasse Kaffee
2,50 Euro

Mietwagen
ab 50 Euro pro Tag

Einfaches Zimmer
ab 30 Euro

Reisezeit

Klima

Österreich hat ein kühl gemäßigtes Klima alpiner Prägung, entsprechend seiner Lage am Südostrand Mitteleuropas und der gebirgigen Natur des Landes. Nach Osten hin nimmt das Klima zunehmend kontinentale Züge an.

◀ Alpennordrand

Der nördliche Alpenrand weist ein besonders feuchtes Klima auf. Die in Mitteleuropa vorherrschenden westlichen und nordwestlichen Winde bringen feuchte atlantische Lufmassen heran, die im Stau des Gebirgsrandes aufsteigen und abkühlen. Die Folge sind kräftige Wolkenbildung und Niederschläge, in Bereichen zwischen 1000 und 1500 m liegen die Niederschläge etwa doppelt so hoch wie in Talregionen. Stauwetterlagen sind in der Regel mit einem deutlichen Kaltlufteinbruch verbunden, der auch in relativ tiefen Lagen zu Schneefall führen kann.

> **i Vorsicht Wetterfühlige!**
>
> - Eine Besonderheit des alpinen Klimas ist der Föhn, der vor allem in der Westhälfte Österreichs auftritt. Er kommt hauptsächlich im Frühjahr und Herbst vor, wenn ein Tief nördlich der Alpen Luft aus einem Hoch südlich des Gebirges ansaugt. Für Ihre Reiseplanung: Auf Föhn folgt meistens Regen!

◀ Innere Alpen

Das alpine Klima ist weniger feucht als am Alpennordrand, bleibt aber niederschlagsreich mit kurzen und kühlen Sommern. Wegen der intensiven Sonneneinstrahlung bei schönem Wetter werden niedrige Lufttemperaturen jedoch nicht so bewusst wahrgenommen. Im Landschaftsbild sind Unterschiede zwischen dem südlichen Sonnenhang und dem nördlichen Schattenhang deutlich ausgebildet. Herbst und Winter bescheren den Berg- und Gipfellagen deutlich mehr Sonnenschein und klare Luft (gute Fernsicht) als den Tälern. Häufig tritt ein rascher und kräftiger Wetter-

Österreich *Klimastationen*

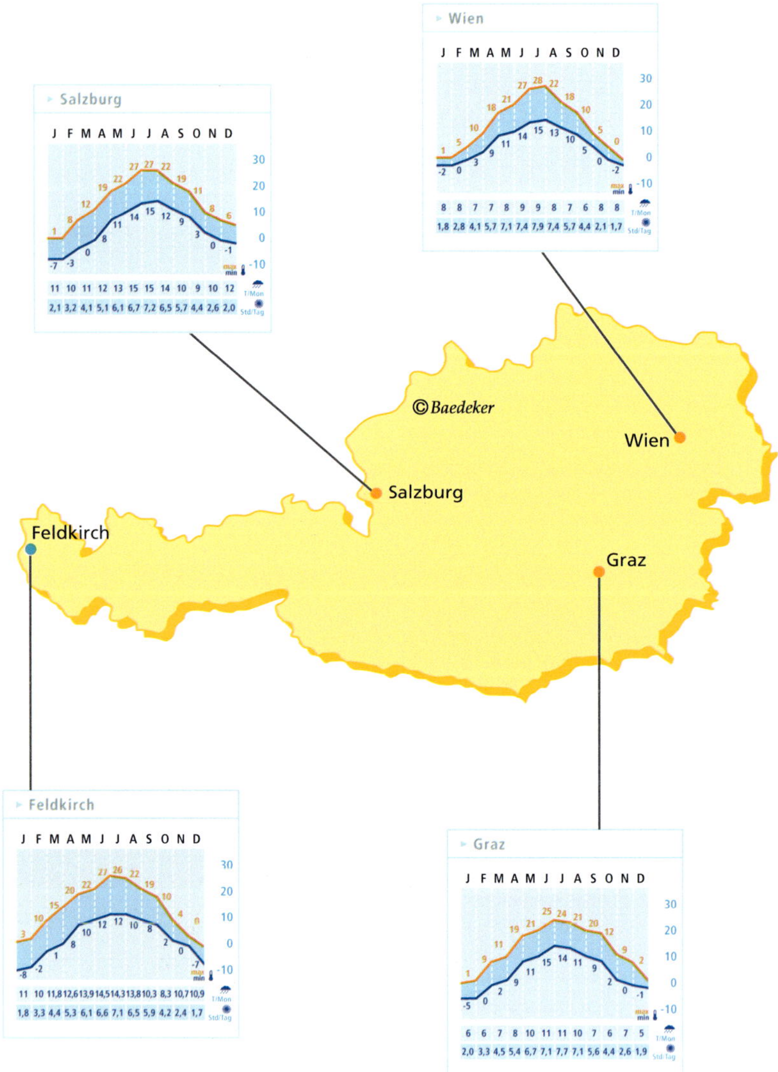

Tageshöchsttemperatur — nächtliche Tiefsttemperatur

Regentage — Sonnenstunden / Tag

umschwung auf. Nicht nur Bergwanderer und Kletterer müssen sich darauf einstellen, sondern auch Auto- oder Motorradfahrer, die im Herbst oder Frühjahr die Passstraßen befahren.

◄ Nördliches und östliches Alpenvorland

Ab dem mittleren Donaubereich geht das mitteleuropäische Klima ostwärts in das stärker kontinental geprägte Klima über. Die täglichen und jährlichen Temperaturschwankungen werden größer, die Niederschläge werden geringer, vor allem in der Wachau und dem Weinviertel. In Wien beispielsweise sind die Niederschläge nur noch halb so hoch wie in Salzburg, insbesondere fehlen die starken sommerlichen Regengüsse. Das östliche Alpenvorland weist schon deutliche Züge eines **kontinentalen Steppenklimas** auf – mit kurzem Frühling, heißem Sommer, schönem, trockenem Herbst und kaltem Winter.

Beste Reisezeiten

In den Voralpen reist man am besten von Mitte Mai bis Anfang Juli, für das Hochgebirge gilt neben Juli und August auch der September, der meist beständigeres Wetter und klare Sicht bringt, als beste Reisezeit. Mai, Juni und September sind im Mittelgebirge für Wanderungen vorzuziehen. Die Zeit der Obstblüte und der Herbst haben in Gegenden mit Weinbau (Wachau, Burgenland) besondere Reize.
Die größeren Urlaubsorte sind im Hochsommer oft überfüllt und entsprechend teuer. Für eine **Wienreise** sind Spätfrühling, Frühsommer und Herbst am günstigsten.
Im **Winter** ist Österreich ein Eldorado für Wintersportler und in den beliebten Zentren kann es durchaus zu Wartezeiten an den Skiliften kommen. Doch der Blick über verschneite Berggipfel im strahlenden Sonnenschein entschädigt für manche Mühe.

Shopping

Öffnungszeiten

Geschäfte

Im Allgemeinen sind Geschäfte Mo. bis Fr. 9.00 bis 18.00 bzw. bis 20.00 Uhr und Sa. 9.00 bis 12.00 Uhr geöffnet. Besonders in Städten können die Geschäfte bis 18.00 Uhr geöffnet haben. Die Läden in kleineren Orten sind vielfach von 12.00 bis 14.00 oder 15.00 Uhr geschlossen. Die Lebensmittelgeschäfte öffnen oft schon vor 8.00 Uhr und schließen um 18.30 Uhr. Daneben gibt es an Bahnhöfen und auf Flugplätzen Geschäfte, wo man während der Verkehrszeiten (teilweise bis 23.00 Uhr) einkaufen kann.
In Tourismusorten und in Ortszentren kann es Sonderregelungen vor allem für das Wochenende geben.

Banken

Die meisten österreichischen Banken sind Mo. bis Fr. 8.00–12.00 und 14.00–18.00 Uhr geöffnet.

Souvenirs

Kunsthandwerk In Österreich gibt es noch heute eine ganze Reihe **typischer Erzeugnisse der einheimischen Handwerkskunst**. Vor allem Keramik, Textilien, Kunstschmiedearbeiten und Holzschnitzereien sind beliebte Reiseandenken. In Vorarlberg und Tirol werden in erster Linie Holzarbeiten, Stickereien, Glaswaren und Keramik angeboten, in Salzburg, der Steiermark und Kärnten Kunstschmiedearbeiten, Trachten und Trachtenschmuck, Zinn und Keramik, in Niederösterreich Schmiedearbeiten. Eine Töpfer- und Keramiktradition, die bis in die Römerzeit zurückreicht, hat sich im Burgenland erhalten, es gilt ferner als Zentrum der Korbflechterei. Kärnten ist auch für seine Lederwaren und Felle bekannt. Wer Porzellan, Antiquitäten und Kunsthandwerk liebt, wird vor allem in Wien und Salzburg fündig, wo alljährlich Antiquitätenmessen stattfinden.

Leckereien Süßigkeiten und Gebäck, wie allerfeinstes Konfekt aus Patisserien und Konditoreien, Käseprodukte oder Spezialitäten wie Kürbiskernöl sind ein begehrtes Mitbringsel. Unter den alkoholischen Getränken zählen die Weiß- und zunehmend auch die Rotweine sowie Likör- und Schnapsspezialitäten zu den beliebtesten Souvenirs.

Ein beliebtes Mitbringsel: Gmundner Keramik mit den typischen rustikalen Mustern wird seit Jahrhunderten in Handarbeit hergestellt.

Spielcasinos

Österreich hat derzeit **zwölf Spielcasinos**, die mit den österreichischen Fremdenverkehrsstellen zusammenarbeiten: in Baden bei Wien, Bad Gastein, Bregenz, Graz, Innsbruck, Kitzbühel, Kleinwalsertal (Riezlern), Linz, Schloss Kleßheim bei Salzburg, Seefeld, Velden und Wien.
Angeboten werden French Roulette, American Roulette, Black Jack, Baccara, Poker, Red Dog, Sic Bo, European Seven Eleven, Punto Banco, Glücksrad und Spielautomaten. Die Spielcasinos sind in der Regel täglich ab 15.00 bzw. 19.00 Uhr geöffnet. Der Zutritt ist nur volljährigen Personen gestattet.

> **i Casinos Austria AG**
> - Rennweg 44, A-1038 Wien
> - Tel. 01/507 77 50
> - www.casinos.at

Sprache

Nicht nur die Gastronomie beschert manchem Deutschen fragende Blicke auf österreichische Speisekarten, auch in der Alltagssprache gibt es hin und wieder Missverständnisse, denn »der Deutsche unterscheidet sich vom Österreicher durch die gemeinsame Sprache«!

ÖSTERREICHISCH FÜR ANFÄNGER

Adabei	Wichtigtuer
Anrainer	Anlieger
Backhendl	paniertes und frittiertes Huhn
Beuschel	Lunge gekocht
Blunzen	Blutwurst
10 Deka(gramm)	100 Gramm
Doppler	Zweiliterflasche Wein
Eierschwammerl	Pfifferlinge
Eitrige	Käsekrainer
Erdäpfel	Kartoffeln
Faschiertes	Hackfleisch
Fisolen	grüne Bohnen
Frankfurter	Wiener Würstchen
Frittaten	Pfannkuchenstreifen
G'spritzter	Wein mit Sodawasser
Karfiol	Blumenkohl
Kasten	Schrank
Kracherl	Limonade

Kren	Meerrettich
Krügerl	0,5-Liter-Glas Bier
leiwand	gut, toll
Lungenbraten	Filet vom Rind
Marillen	Aprikosen
Melanzani	Auberginen
Obers	Schlagsahne
Paradeiser	Tomate
Ribisl	Johannisbeere
Sackerl	Tüte
Schanigarten	kleiner Gastgarten
Seidel	0,33-Liter-Glas Bier
Semmel	Brötchen
Sessel	Stuhl (auch nicht gepolstert)
Topfen	Quark
Trafik	Tabak- und Zeitschriftenladen
Verhackerts	Brotaufstrich aus geräuchertem Schweinefleisch
Vogerlsalat	Feldsalat
Weichsel	Sauerkirsche
Zwetschkenröster	Pflaumenkompott

Übernachten

Camping und Caravaning

Schöne Campingplätze

Camping ist in Österreich sehr verbreitet. Sowohl im Gebirge, besonders in den mattenreichen Hochtälern und auf den Passhöhen, als auch an den Ufern der warmen Kärntner Seen und der Salzkammergutseen sowie am Ufer der Donau, aber auch in anderen Regionen des Landes gibt es zahlreiche, oft sehr schön gelegene Campingplätze, die in der Regel **mit allen modernen Einrichtungen** versehen sind. Mitglieder von Campingclubs erhalten meist Gebührenermäßigung.

Wildes Campen

Außerhalb von Campingplätzen ist einmaliges Übernachten auf Autobahnrastplätzen gestattet, auf sonstigen öffentlichen Plätzen nur selten. In Wien, Tirol und in allen Landschaftsschutzgebieten, d. h. besonders in der Nähe von Seen, ist wildes Campen verboten.

Gesperrte Strecken

Zu beachten ist, dass manche Streckenabschnitte für Fahrzeuge mit Wohnanhänger generell gesperrt sind. Auskunft über Fahrverbote erteilen u. a. die Automobilclubs (►Notdienste).

Beim Urlaub auf dem Bauernhof können Kinder die Tiere hautnah erleben.

Wintercamping

Wintercamping hat in Österreich stark an Bedeutung gewonnen. Da die Nachfrage nach entsprechend ausgestatteten Campingplätzen das Angebot bei weitem übersteigt, sollte man frühzeitig einen Stellplatz buchen.

Ferien auf dem Bauernhof

Diese Urlaubsform erfreut sich in Österreich großer Beliebtheit. Den Gästen stehen rund 29 000 Bauernhöfe mit 300 000 Betten zur Verfügung. Es gibt besonders kinderfreundliche Bauernhöfe, Bio-Bauernhöfe, Ferienhöfe und andere, die Reiten, Radwandern u. a. anbieten. Anschriften von Vermietern erhält man bei örtlichen und regionalen Fremdenverkehrsverbänden (►Auskunft). Darüber hinaus gibt es einen Bundesverband »Urlaub am Bauernhof« und in jedem Bundesland einen Landesverein »Urlaub am Bauernhof«.

Hotels

Internationaler Komfort

Hotels in den größeren österreichischen Städten und in den Fremdenverkehrsorten bieten international üblichen Komfort. Auch in den Gasthöfen mittlerer und kleinerer Orte findet man meist gute Unterkunft und Verpflegung. Eine durchaus preiswerte und trotzdem bequeme Alternative sind die zahlreichen Pensionen und Privatzimmer.

Preiskategorien

- Luxus: ab 130 Euro
- Komfortabel: 70–130 Euro
- Günstig: bis 70 Euro
  für ein Doppelzimmer pro Nacht ohne Frühstück
- Hotels und Pensionen ►Reiseziele von A bis Z

Rechtzeitige Bestellung der Zimmer ist während der Sommermonate, der Wintersportsaison und an Feiertagen sehr zu empfehlen. Hotels und Pensionen in ausgesprochenen Wintersportgebieten sind im Sommer oft geschlossen.

Es gibt in Österreich Hotelgruppen, die sich auf spezielle Zielgruppen konzentrieren und eigene Kataloge und Informationen herausgeben (www.bestof-austria.at). Weitere Informationen finden Sie auch unter: Ferien auf dem Bauernhof, Wellness (► Urlaub aktiv) oder Kinderhotels (►Mit Kindern unterwegs).

Romantikhotels ► Auf unverwechselbares historisches Ambiente legt die Vereinigung der Romantikhotels Wert (Romantik Hotels & Restaurants International, Hahnstraße 70, D-60528 Frankfurt/Main, Tel. 0 69/66 12 34-0, Fax 66 12 34-56, www.romantikhotels.com).

Schlosshotels ► Wer den Urlaub hochherrschaftlich verbringen und dafür tiefer in die Tasche greifen möchte, hat in der ehemaligen k. u. k.-Monarchie diverse Möglichkeiten dazu (Schlosshotels und Herrenhäuser, Moosstraße 60, A-5020 Salzburg, Tel. 06 62/83 06 81 41, Fax 83 06 81 61, www.schlosshotels.co.at).

Hinweise Hotelverzeichnisse der einzelnen Städte und Orte kann man in Deutschland und in der Schweiz bei der Österreich Werbung (►Auskunft), in Österreich bei den jeweiligen Fremdenverkehrsämtern anfordern.

Jugendherbergen

Besonders für jüngere Touristen, aber auch für Familien bieten Jugendherbergen und Jugendgästehäuser preisgünstige Übernachtungsmöglichkeiten. Sie liegen **oft in landschaftlich reizvoller Umgebung** und stehen allen offen, die über einen Jugendherbergsausweis verfügen. Die maximale Verweildauer richtet sich in der Regel nach der Belegung. In der Hochsaison ist Voranmeldung zu empfehlen.

WICHTIGE ADRESSEN

CAMPING · CARAVANING

► **Österreichischer Campingclub (ÖCC)**
Schubertring 1–3, A-1010 Wien
Tel. 01/713 61 51
Fax 7 11 99 27 54
www.campingclub.at

► **Camping- und Caravaning-Club Austria (CCA)**
Mariahilfer Straße 180
A-1150 Wien
Tel. 01/89 12 12 22
Fax 89 12 12 74
www.cca-camping.at

FERIEN AUF DEM BAUERNHOF

- **Bundesverband Urlaub am Bauernhof**
  Gabelsbergerstraße 19
  A-5020 Salzburg
  Tel. 06 62/88 02 02
  Fax 88 02 02-3
  www.urlaubambauernhof.at

- **www.bauernhofurlaub.com**
  Umfangreiche Datenbank mit Urlaubsbauernhöfen und ländlichen Quartieren in ganz Europa.

JUGENDHERBERGEN

- **Öst. Jugendherbergsverband**
  Gonzagagasse 22, A-1010 Wien
  Tel. 01/5 33 53 53, Fax 533 5 3 5 3 50
  www.oejhv.or.at

- **Öst. Jugendherbergswerk**
  Helferstorfer Straße 4, A-1010 Wien
  Tel. 01/5 33 18 33, Fax 5 33 18 33 85
  www.oejhw.or.at

- **Jugend- & Familiengästehäuser**
  Idlhofgasse 74, A-8020 Graz
  Tel. 05/70 83-100 Fax 70 83-190
  www.jgh.at

Urlaub aktiv

Angeln

Sport und Freizeitspaß

Österreich bietet Sportanglern eine Vielzahl von Möglichkeiten in der **Grund-, Spinn- und Flugangelei**. Die strengen staatlichen Vorschriften hinsichtlich der Abwasserentsorgung gewährleisten eine nur sehr geringe Belastung der Fischgewässer mit Schadstoffen. In den Seen des Landes kann auf Seeforelle, Seesaibling, Hecht, Waller bzw. Wels und Schill geangelt werden, in den Gebirgsseen Bach- und Regenbogenforelle. Voraussetzung für das Angeln ist die **Amtliche Fischereikarte**, die von der Bezirkshauptmannschaft ausgestellt wird und für das ganze betreffende Bundesland gültig ist. Daneben benötigt man die Fischereierlaubnis des Besitzers oder Pächters des jeweiligen Fischwassers. Die gesetzlichen Schonzeiten variieren je nach Revier. Da für viele Angelreviere nur eine begrenzte Zahl von Gastkarten ausgegeben wird, ist es ratsam, sich bereits frühzeitig die Erlaubnis für den gewählten Ferienort zu sichern.

◄ Jahreskarte

Eine preiswerte Möglichkeit ist die Fischwasser-Österreich-Jahreskarte. Auskunft über die Mitgliedsbetriebe und Preise erteilt »Fischwasser Österreich« (Adresse s. S. 127).

Bergsteigen

Eldorado für Gipfelstürmer

Österreich ist ein **klassisches Bergsteigerland** und bietet eine fast unerschöpfliche Auswahl an Berg- und Klettertouren aller Schwierigkeitsgrade. Alpine Gefahren wie Wetterumschwung und Steinschlag dürfen nicht unterschätzt werden. Daher sollte man sich in höheren

Regionen nie alleine und nur unter sachkundiger Leitung bewegen, sowie grundsätzlich Dritten (z. B. dem Hotelpersonal oder dem Hüttenwirt) mitteilen, wohin man geht. In allen Gebirgsorten werden Bergführer vermittelt; vielerorts besteht auch die Möglichkeit, an Bergsteigerkursen teilzunehmen.
Wer in **Bergnot** gerät, ruft am besten durch das im gesamten Alpenraum bekannte Alpine Notsignal Hilfe herbei. Wie es funktioniert, erfährt man vorab unter http://bergnews.com/service/notsignal.php.

Österreichischer Alpenverein

Neben dem 1862 gegründeten Österreichischen Alpenverein (ÖAV), mit vielen Schutzhütten, die auch Nichtmitgliedern offen stehen, verfügt auch der Deutsche Alpenverein über zahlreiche Hütten.

Golf

Gute Möglichkeiten

Golf hat in Österreich zunehmend an Bedeutung gewonnen. Man findet **zahlreiche Golfplätze** – in Haupturlaubsorten ebenso wie in ländlich geprägten Regionen. Gastspieler sind auf den österreichischen Golfplätzen willkommen, wenn sie Mitglied eines Golfklubs sind oder eine Bestätigung für die Platzreife vorweisen können. Eine ausgezeichnete Zusammenstellung mit allen notwendigen Informationen liefert die Broschüre »Golf in Österreich« des Österreichischen Golf-Verbandes. Ferner gibt es in Österreich Golfhotels (ausschließlich 4- und 5-Sterne-Hotels), die über eine eigene Anlage verfügen oder in der Nähe eines Golfplatzes liegen.

Der Inntal-Radweg verläuft flussnah, abseits von Straßen auf befestigten Wegen: ein familienfreundliches Raderlebnis ohne größere Schwierigkeiten.

Fliegen

Voraussetzungen

Vor der Benutzung privater Flugplätze muss eine Genehmigung des Flugplatzhalters eingeholt werden. Für Gäste aus Deutschland und der Schweiz gilt die zwischen den jeweiligen Zivilluftfahrtbehörden getroffene Vereinbarung, nach der gültige Flugscheine gegenseitig anerkannt werden. Bei Gästen aus anderen Ländern werden Flugscheine für sportliche Zwecke befristet anerkannt.

Segel- und Motorflug

In Österreich gibt es zahlreiche Segelfliegerschulen. Für den Motorflug stehen Sportflugplätze und Verkehrsflughäfen zur Verfügung. Motorflugzeuge können auf den meisten Flugplätzen gemietet werden. Auskunft erteilen die Sektionen Segelflug und Motorflug des Österreichischen Aero-Clubs (Adresse s. S. 128).

Drachenfliegen, Paragleiten,

1973 gründete der Tiroler Sepp Himberger in Kössen am Fuß des Wilden Kaisers den ersten Drachenfliegerclub der Welt nebst Flugschule. Inzwischen hat sich ihre Anzahl deutlich vermehrt: Eine Reihe von **»Zivilluftfahrtschulen für Hängegleiter«** bilden Drachenflug- und Paragleitpiloten aus. Auskunft erteilt die Sektion Hänge-/Paragleiten des Österreichischen Aero-Clubs (Adresse s. S. 128).

Ballonfahren

Ballonfahrten erfreuen sich auch in Österreich großer Beliebtheit. Ein luftig buntes Schauspiel bietet die **Ballonwoche im Januar in Filzmoos**. Informationen erhält man unter www.ballonfahren.at.

Radfahren

Tolle Radwege

Neben dem beliebten Donau-Radweg gibt es den Inntal-Radweg, Tauern-Radweg (an Salzach und Saalach entlang), Salzkammergut-Radweg (Rundkurs), Grenzland-Radweg (durch das Mühlviertel), Neusiedler-See-Radweg (im Burgenland, z. T. auf ungarischem Gebiet), Mur-Radweg oder Drau-Radweg. Die Strecken sind **ausgezeichnet beschildert**, führen über verkehrsfreie Radwege oder verkehrsarme Nebenstraßen und folgen oft Flüssen oder Seeufern. Detaillierte Angaben enthält die Broschüre **»Radtouren in Österreich«**, die man bei der Österreich-Information bzw. der Österreich Werbung anfordern kann (▶Auskunft).

◀ Radhotels

Rund 100 österreichische Hotels, die an den Strecken der Radwanderwege liegen und sich speziell auf die Bedürfnisse von Radfahrern eingestellt haben (»Radhotels«), sind in einem der Broschüre beigefügten Verzeichnis aufgeführt.

◀ Radverleih

An vielen österreichischen Bahnhöfen kann man ein Fahrrad mieten. Die betreffenden Orte sind in der o. g. Broschüre aufgelistet.

◀ Mountainbiken

Auch in Österreich erfreut sich diese Sportart wachsender Beliebtheit. Von der Ausweisung unterschiedlich anspruchsvoller Strecken über die Ausrichtung von Mountainbike-Weltmeisterschaften bis zu geführten Touren spezialisierter Hotels reicht das Angebot.

Manche mögen's nass: Rafting auf dem Inn

Wassersport

Breites Angebot An fast allen Flüssen und Seen Österreichs bestehen zahlreiche Möglichkeiten für Wassersport mit Badestränden, Bootsverleih, Segel- und Windsurfschulen sowie Gelegenheit zum Wasserskilauf.

Motorboote ▶ Auf der Donau und auf dem Bodensee gelten die internationalen Bestimmungen, die jeder Schiffsführer kennen muss. Der private Verkehr ist auf allen anderen österreichischen Gewässern z. T. zeitlich begrenzt, oft gänzlich untersagt. Auskünfte erteilen die zuständigen Gendarmerien.

Segeln ▶ Mit Ausnahme des Bodensees ist auf den österreichischen Gewässern keine besondere Bewilligung notwendig. Auf dem Bodensee wird zum Führen von Segelbooten mit mehr als 12 m^2 Segelfläche der Schein D verlangt. Kenntnis und Beachtung der allgemein gültigen Regeln werden überall vorausgesetzt, auch die üblichen Rettungsmittel sind mitzuführen (gelbe oder rote Schwimmweste). An den meisten Seen gibt es Segelclubs und Bootsvermietungen.
Da der überwiegende Teil der Segelreviere in Oberösterreich, Kärnten und dem Land Salzburg liegt, sind **alpine Einflüsse** ausschlaggebend: Man muss mit raschem Umspringen des Windes und plötzlichen Wetterveränderungen rechnen.

Paddeln, Kanufahren Die Skala reicht vom Flusswandern auf Donau, Drau, Inn, Mur und Salzach bis zu schwierigsten Wildwasserstreckenauf Gebirgsflüssen wie Salza, Steyr, Möll, Lieser, Ziller und Lech. Die Möll ist alljährlich Schauplatz der internationalen Wildwasserwoche.

Rafting Der Inn und seine Nebenflüsse gelten als **eines der besten Rafting-Reviere Europas**, d. h. der Wildwasserfahrten in großen Schlauchbooten mit bis zu 30 Personen. Rafting ist aber auch auf der Salzach und ihrem linken Nebenfluss, der Saalach, möglich. Ausgangspunkte der Touren sind Salzburg, Hallein oder Abtenau.

Wandern

Idyllische Täler, tiefe Schluchten, tosende Wasserfälle, klare Gebirgsbäche, blühende Almwiesen, imposante Gletscher – Österreich hat für Wanderfreunde viel zu bieten. Auf unzähligen Spazier- und Wanderwegen, Themenpfaden, Höhenwander- und Bergtouren ist für jeden individuellen Wandergeschmack etwas dabei. Rund 50 000 km markierte Wanderwege und 13 500 Bergquartiere stehen den Gästen, die auf Schusters Rappen das Land erkunden möchten, zur Verfügung. Wenig geübte Wanderer sollten bedenken, dass sich der Organismus erst an die veränderten Umweltbedingungen anpassen muss, ehe wieder die normale Leistungsfähigkeit erreicht ist. Wichtig ist zweckmäßige Kleidung wie festes, gut eingelaufenes Schuhwerk, Regenschutz und eine Kopfbedeckung, die zum ungestörten Genuss der herrlichen Landschaft beitragen.

Gute Infrastruktur

Bei der Österreich Werbung bzw. Österreich-Information (▶ Auskunft) ist eine Broschüre erhältlich, in der Wanderdörfer und Wanderregionen, Tipps zum Wandern mit Kindern, Bergwandern und Gipfelstürmen sowie Wanderpauschalen, Wanderspezialisten, Themenwanderwege und Wanderhotels vorgestellt werden.

WICHTIGE SPORT-ADRESSEN

ANGELN

▶ **Fischwasser Österreich**
Ossiacher-See-Süduferstr. 59
A-9523 Landskron/Villach
Tel. 0 42 42/442 00 30
www.fischwasser.com

BERGSTEIGEN

▶ **Verband Alpiner Vereine Österreichs**
Bäckerstr. 16, A-1010 Wien
Tel. 01/5 12 54 88
www.vavoe.at

▶ **Österreichischer Alpenverein (ÖAV)**
Olympiastr. 37
A-6020 Innsbruck
Tel. 05 12/5 95 47
Fax 57 55 28
www.alpenverein.at

▶ **Deutscher Alpenverein (DAV)**
Von-Kahr-Straße 2
D-80997 München
Tel. 0 89/14 00 30
Fax 140 03 23
www.alpenverein.de

Immer an der Wand lang geht es nicht nur am Hohen Göll bei Salzburg.

Am Krippenstein stürzen sich Unerschrockene in die Tiefe.

GOLF

► **Österreichischer Golf-Verband**
Marxergasse 25
A-1030 Wien
Tel. 01/5 05 32 45 16
www.golf.at

► **Golf in Austria**
Glockengasse 4 D
A-5040 Salzburg
Tel. 06 62/64 51 53
www.golfinfo.at

FLIEGEN

► **Österreichischer Aero-Club**
Prinz-Eugen-Straße 12
A-1040 Wien
Tel. 01/5 05 10 28, Fax 5 05 79 23
www.aeroclub.at

► **Austro-Control (Österreichische Gesellschaft für Zivilluftfahrt)**
Schnirchgasse 11, A-1030 Wien
Tel. 5 17 03-0
www.austrocontrol.at

RADFAHREN

► **Argus – Die Radlobby**
Frankenberggasse 11
A-1040 Wien
Tel. 01/505 09 07
www.argus.or.at

► **Radtouren in Österreich**
c/o Landesverband für Tourismus in Oberösterreich
Freistädter Straße 119
A-4041 Linz
Tel. 07 32/22 10 22
Fax 727 77 01
www.radtouren.at
Organisieren Radtouren, geben Infos zu Radwegen und die Möglichkeit, Übernachtungen in Radhotels zu buchen.

WASSERSPORT

► **Österreichischer Segel-Verband**
Seestr. 17 b
A-7100 Neusiedl am See
Tel. 02 167/402430
Fax 40375
www.segelverband.at
Tel. 04 50/19 91 15 66 11

► **Österreichischer Kanu-Verband**
Gießereistraße 8
A-5280 Braunau
Tel. 0 77 22/8 16 00
Fax 8 26 00
www.kanuverband.at

► **Rafting**
Infos beim Tourismusverband in ►Hallein und unter
www.montee.com

WANDERN

► **Österreichs Wanderdörfer e.V.**
Unterwollaniger Straße 53
A-9500 Villach
Tel. 0 42 42/25 75 31, Fax 21 66 30
www.wandern-in-oesterreich.at

Wellness

Österreich ist mit seinen vielen Heil- und Mineralquellen, seinen Moor- und Schlammvorkommen und des günstigen Klimas wegen ein Kur- und Bäderland par excellence. Seit einigen Jahren nimmt außerdem die Zahl der Menschen zu, die sich einfach eine Auszeit gönnen, in der sie entspannen wollen. Neben den **Health Resorts**, die dem Gast, der Vorsorge treffen möchte oder schon mit körperlichen Beschwerden zu kämpfen hat, Ferien unter ärztlicher Obhut bieten, gibt es daher eine steigende Zahl von **Wellness Resorts**, die ihren Gästen neben entsprechenden Pflege- und Entspannungsangeboten auch diverse Sportmöglichkeiten offerieren.

Kur- und Bäderland

WICHTIGE ADRESSEN WELLNESS

► **Österreichischer Heilbäder- und Kurorteverband**
Josefsplatz 6, A-1010 Wien
Tel. 01/5 12 19 04, Fax 5 12 86 93

► **Österreichischer Kneippbund**
Kunigundenweg 10
A-8700 Leoben
Tel. 0 38 42/2 17 18, Fax 2 17 19
www.kneippbund.at

► **schlank und schön in Österreich**
Ossiacher-See-Süduferstr. 59
A-9523 Landskron/Villach
Tel. 0 42 42/442 00 40
www.schlankundschoen.at

► **Best Wellness Hotels Austria**
Brixnerstr. 3/3, A-6020 Innsbruck
Tel. 05 12/36 02 61
www.wellnesshotel.com

Zoologische Gärten und Wildparks

Auch Tierliebhaber kommen in Österreich auf ihre Kosten: In Zoos und Wildparks, Gehegen und Gattern kann man insbesondere die wunderbare Tierwelt der Alpen beobachten.

Alpentierwelt

DIE BESTEN ZOOS UND WILDPARKS

► **Wildpark Altenfelden**
►Mühlviertel

► **Wildpark Aurach**
Wildparkweg 5, A-6370 Aurach
Tel. 053 56/652 51
www.wildpark-tirol.at
Südlich von Kitzbühel: Rot- und Damwild, Yaks, Luchse
Öffnungszeiten: Mitte Mai – Mitte Nov. tgl. 9.00–17.00, Weihnachten bis Mitte Mai Mi. – So. 10.00 bis 17.00 Uhr

► **Wildpark Feld am See**
A-9544 Feld am See
Tel. 042 46/27 76
www.alpen-wildpark.com

Östlich vom Millstätter See gelegenes 11 ha großes Freigehege mit über 100 heimischen Wildtieren, Streichelzoo und »Fischmuseum«. Öffnungszeiten: Mai – Sept. tgl. 9.00–18.00, Okt. bis 17.00 Uhr

Alpine Lama-Trekkingtour

- **Fieberbrunn, Kleintierpark Großlehen**
  Lehen 21, A-6391 Fieberbrunn
  Tel. 053 54/564 55
  www.großlehen.at
  Südl. von St. Johann/Tirol kann man Mufflons, Affen, Lamas und Kängurus beobachten. Öffnungszeiten: Mitte Mai Okt. tgl. 10.00–19.00; Fütterung: 16.30 Uhr

- **Fusch, Wildpark Ferleiten**
  ►Großglockner-Hochalpenstraße

- **Tierpark Diana**
  ►Gmünd, Umgebung

- **Grünau, Cumberland-Wildpark**
  ►Traunsee

- **Tierpark Haag**
  Salaberg, A-3350 Haag
  Tel. 074 34/45 40 81
  www.tierparkstadthaag.at
  Im Park von Schloss Salaberg nordöstlich von Steyr leben rund 80 heimische und exotische Tierarten. Öffnungszeiten: April–Sept. tgl. 8.30–17.30, Okt.–März 9–16.00 Uhr

- **Tier- und Naturpark Schloss Herberstein**
  Buchberg 50
  A-8223 Stubenberg am See
  Tel. 031 76/80 77 70
  www.tierwelt-herberstein.at
  Gut 40 km nordöstlich von Graz; rund 100 Tierarten aus aller Welt Öffnungszeiten: Mai – Sept. tgl. 9.00–17.00, Okt. tgl., Nov. u. Dez. Sa. u. So. 10.00–16.00 Uhr

- **Wildpark Hochkreut**
  ►Traunsee

- **Reptilienzoo Happ**
  ►Klagenfurt

- **Alpenzoo Innsbruck**
  ►Innsbruck

- **Linzer Tiergarten**
  ►Linz

- **Wildpark Wildbichl**
  Gränzing 30
  A-6342 Niederndorferberg
  Tel. 053 73/622 33
  www.wildbichl.com
  In dem Wildpark, nordöstlich von Kufstein, leben Mufflons, Gämsen, Steinböcke und Luchse. Öffnungszeiten: April–Okt. 9–17.30, Nov. bis März 10.00–16.30 Uhr.

- **Pamhagen, Steppentierpark**
  ►Neusiedler See

- **Wildpark Rosegg**
  A-9232 Schloss Rosegg 1
  Tel. 042 74/523 57
  www.rosegg.at/tierpark.htm
  Südlich von Velden am Wörthersee beherbergt der größte Tierpark Kärntens rund 400 Tiere aus 35 Arten.
  Öffnungszeiten: Mitte März – Okt. tgl. 9.00–18.00 Uhr

- **Zoo Salzburg**
  ►Salzburg, Umgebung

- **Vogelpark Turnersee**
  ►Völkermarkt, Klopeiner See

- **Tierpark Wels**
  ►Wels

- **Zoologischer Garten Schmiding**
  ►Wels, Umgebung

- **Tiergarten Schönbrunn**
  ►Wien, Schönbrunner Park

- **Wien, Lainzer Tiergarten**
  Am Westrand der Stadt sieht man Hirsche, Rehe und Mufflons.
  Öffnungszeiten: Mitte Feb. – Mitte Nov. 8.00 bis zur Dämmerung, sonst 9.00 – 17.00 Uhr

Verkehr

Autoverkehr

Straßennetz

Das sehr dichte österreichische Straßennetz besteht aus Autobahnen, Schnellstraßen, Bundesstraßen (blaue und gelbe Nummernschilder), Landesstraßen und Gemeindestraßen.

Alpenstraßen

Der **Straßenzustand ist durchweg gut**. Vor allem auf Nebenstrecken sind die Alpenstraßen bisweilen recht schmal und reich an Kehren. Ausweichen muss stets derjenige, dem es vom Fahrzeug und der Situation her leichter fällt. Im Sommer ist wegen des starken Verkehrs auf den Alpenstraßen besondere Vorsicht geboten. Bergauf fahrende Fahrzeuge haben immer den Vorrang vor den bergab Fahrenden. Von Oktober bis Mai muss witterungsbedingt mit Sperrungen auf den Passstraßen gerechnet werden. Auskunft erteilen u. a. die Automobilclubs (►Notdienste).

Autobahngebühren, Vignetten

Die Benutzung der österreichischen Autobahnen und Schnellstraßen ist gebührenpflichtig. Für Pkw (bis 3,5 t Gesamtgewicht) und Motorräder gibt es Jahresvignetten und Vignetten, die 2 Monate bzw. 10 Tage gültig sind. Die Jahresvignette (gültig für ein Kalenderjahr inkl. der Dezember des Vorjahres und der Januar des folgenden Jahres) kostet 76,20 € (Motorrad: 30,40 €), die Zwei-Monats-Vignette 22,90 € (Motorrad: 11,50 €) und die Zehn-Tages-Vignette 7,90 € (Motorrad: 4,50 €). Wer keine Vignette besitzt, muss mit einer Geldstrafe bis zu 3 000 Euro rechnen. Eine eigene Vignette für Wohnwagen wird nicht benötigt. In Österreich ist die Vignette in Tabakläden, Postämtern und bei Automobilclubs erhältlich. Im Ausland wird die Vignette über die Automobilclubs und über grenznahe Tankstellen vertrieben.

Mautstraßen ▶ Ungeachtet der Vignette sind **einige Straßenabschnitte mautpflichtig**: Arlbergtunnel, Brennerautobahn, Felbertauernstraße, Felbertauerntunnel, Gerlosstraße, Großglockner-Hochalpenstraße, Karawankentunnel, Pyhrnautobahn (Bosrucktunnel, Gleinalmtunnel), Silvretta-Hochalpenstraße, Timmelsjoch-Hochalpenstraße und die Autoverladung an der Tauernschleuse (Böckstein–Mallnitz). Auch kleinere Bergstraßen können mautpflichtig sein.

Verkehrszeichen Im Allgemeinen entsprechen die Verkehrsregeln und Verkehrszeichen in Österreich denen der übrigen europäischen Länder mit Rechtsverkehr.

Kreisverkehr ▶ Anders als in Deutschland gilt auch im Kreisverkehr – falls nicht anders ausgeschildert – die Regel »rechts vor links«; das in den Kreisverkehr einfahrende Fahrzeug hat Vorfahrt.

Verkehrsregeln Folgende **Höchstgeschwindigkeiten** gelten für Motorräder und Pkw: auf Autobahnen 130 km/h, auf anderen Straßen 100 km/h, in Ortschaften 50 km/h. Von 22.00 bis 5.00 Uhr beträgt die Höchstgeschwindigkeit auf Autobahnen mit Ausnahme der A 1 Salzburg–Wien und der A 2 Wien–Villach 110 km/h.

Für Gespanne bis 3,5 t gilt außerhalb von Ortschaften und auf Autobahnen die Höchstgeschwindigkeit von 100 km/h; für Gespanne über 3,5 t sowie Wohnmobile bis 7,5 t beträgt außerorts die Höchstgeschwindigkeit 70 km/h, auf Autobahnen 80 km/h.

Auf allen Sitzen besteht **Anschnallpflicht**. Im Falle eines Unfalls wird die Versicherungsleistung gekürzt, wenn der Geschädigte nicht angeschnallt war. Vorgeschrieben ist auch das Mitführen eines **Warndreiecks** und einer sog. **Warnweste**.

Die **Promillegrenze** liegt bei **0,5**. Bei Überschreiten dieser Grenze werden empfindlich hohe Geldbußen fällig; der Führerschein kann entzogen werden.

Alle an Unfällen Beteiligte, ob schuldig oder nicht, werden auf Alkohol- oder Drogengenuss hin kontrolliert; die Verweigerung der Kontrolle wird als Schuldeingeständnis gewertet.

Telefonieren während der Fahrt durch den Fahrzeuglenker ist nur mit **Freisprecheinrichtung** erlaubt.

Kinder Kinder unter zwölf Jahren dürfen nicht auf den Vordersitzen eines Personenwagens befördert werden. Empfohlen werden Kindersitze mit Gurten. Das Überqueren der Fahrbahn ist Kindern stets zu ermöglichen. An Schulbussen darf nicht vorbeigefahren werden, wenn die gelbroten Warnleuchten eingeschaltet sind.

Parken Gelbe Zick-Zack-Linien bedeuten absolutes Park- und Halteverbot. In vielen Städten gibt es Kurzparkzonen, teilweise gebührenfrei, für die man aber eine Parkscheibe braucht. Wenn sie 25 Euro überschreiten, können österreichische Strafmandate auch von den deutschen Behörden eingetrieben werden.

Winterreifen und Schneeketten

Bei Schneelage sind Winterreifen unbedingt zu empfehlen (teilweise vorgeschrieben!), auf verschiedenen Berg- und Passstraßen sind Schneeketten erforderlich.
Der ÖAMTC und ARBÖ (Automobilclubs ►Notdienste) haben Verleihstellen für Schneeketten eingerichtet.

Motorradfahrer

Motorradfahrer und Mopedfahrer müssen einen Schutzhelm tragen, bei Tag das Abblendlicht einschalten und einen Verbandskasten mitführen. Das Mindestalter für mitfahrende Kinder auf Motorrädern ist 10 Jahre.

Verkehrsunfälle

Zu Verkehrsunfällen mit Personenschaden ist unverzüglich die Polizei hinzuzuziehen, bei Sachschaden nur, wenn die gegenseitige Identität nicht nachgewiesen wurde.

Kraftstoff

In Österreich sind Euro-Super (bleifrei, 95 Oktan), Super Plus (bleifrei, 98 Oktan), Diesel und Flüssiggas erhältlich.

Pannenhilfe

►Notdienste

MIETWAGENRESERVIERUNG

IN DEUTSCHLAND

- **Avis**
  Tel. 0 18 05/21 77 02
  www.avis.de
- **Europcar**
  Tel. 01 80/ 580 00
  www.europcar.de
- **Hertz**
  Tel. 0 18 05/33 35 35
  www.hertz.de
- **Sixt**
  Tel. 01 80/525 25 25
  www.sixt.de

IN DER SCHWEIZ

- **Avis**
  Tel. 08 48/81 18 18
- **Europcar**
  Tel. 044/654 53 67
- **Hertz**
  Tel. 08 48/82 20 20
- **Sixt**
  Tel. 01 80/525 22 22

IN ÖSTERREICH

- **Avis**
  Tel. 08 00/08 00 87 57
- **Europcar**
  Tel. 01/8 66 16 33
- **Hertz**
  Tel. 01/7 95 32
- **Sixt/Budget**
  Tel. 08 10/97 74 24

Bahn und Bus

Österreichische Bundesbahnen (ÖBB) Mit Ausnahme einiger touristisch wichtiger Lokalbahnlinien gehören die Bahnen als Österreichische Bundesbahnen (ÖBB) dem Staat. Das Netz der Intercity- und Eurocity-Züge ist gut ausgebaut. Die Eurocity-Verbindung Bregenz–Wien führt zwischen Wörgl (Tirol) und Salzburg über die Korridorstrecke, d. h. über deutsches Gebiet.

Auf allen wichtigen österreichischen Hauptstrecken ermöglicht ein vernetzter Taktfahrplan, mit ein- und zweistündigen Intervallen konzipiert, rasche Umsteigeverbindungen. Auf der West- und Südbahn gibt es Schnellverbindungen im Stundentakt; auf allen übrigen Strecken meist im Zweistundentakt. Die ÖBB haben in den größeren Städten und Orten eigene Auskunftbüros. Information erhält man auch in Reisebüros mit Fahrkartenverkauf.

Auskunft ►

Fahrkarten ► Fahrkarten für Entfernungen bis einschließlich 100 km gelten einen Tag, ab 101 km bei einfacher Fahrt 3 Tage, bei Hin- und Rückfahrt einen Monat. Für die Benutzung von Schnellzügen werden Zuschläge erhoben, desgleichen für Eurocity- und Intercity-Züge und andere Züge mit besonderem Komfort. **Kinder** bis zum vollendeten sechsten Lebensjahr fahren in Begleitung Erwachsener (pro Begleitperson höchstens zwei Kinder) kostenlos, vom vollendeten sechsten bis zum vollendeten fünfzehnten Lebensjahr zahlen sie einen um 50% ermäßigten Preis.Verschiedene Personengruppen – Familien, Senioren u. a. – erhalten auf den Strecken der ÖBB **erhebliche Ermäßigungen**. Man erkundige sich beim Fahrkartenkauf.

Autoreisezüge ► Auch innerhalb Österreichs gibt es Autoreisezüge. Sie verkehren zwischen Wien und Villach, Salzburg, Bischofshofen, Innsbruck, Feldkirch bzw. Lienz sowie zwischen Feldkirch und Linz, Graz bzw. Villach.

Fahrrad am Bahnhof ► An ca. 50 österreichischen Bahnhöfen werden von April bis Oktober Fahrräder vermietet, die an jedem beliebigen Verleihbahnhof zurückgegeben werden können. Rechtzeitige Reservierung ist besonders in der Hauptsaison und an Wochenenden empfehlenswert. Für Inhaber einer ÖBB-Fahrkarte ermäßigt sich der Mietpreis. Zum Mieten muss man einen amtlichen Lichtbildausweis vorlegen.

Schmalspurbahnen In den meisten europäischen Ländern hat die Bahn eine Normal- oder Vollspur von 1435 mm Breite. Die Dampfeisenbahnen vergangener Zeiten hatten z. T. eine geringere Spurbreite (Schmalspur). Einige Schmalspurbahnen, zu denen auch Bergbahnen und Straßenbahnen zählen, wurden in Österreich in die neue Zeit »gerettet« und ziehen mit ihrem nostalgischen Charme Eisenbahnfreunde an.

Busverkehr Von großer Bedeutung für den Verkehr sind, vor allem in den alpinen Gebieten, die Buslinien. Man unterscheidet zwischen Post- und Bahnbuslinien (ÖBB). Der öffentliche Busverkehr in Österreich umfasst mehr als 2000 fahrplanmäßige Linien, so gut wie alle touristisch relevanten Orte sind mit dem Bus zu erreichen.

WICHTIGE ADRESSEN

BUNDESBAHNEN

► **Österreichische Bundesbahnen**
Wienerbergstr. 11, A-1100 Wien
Tel. 01/93 00 00
www.oebb.at

► **Zentrale Zugauskunft Wien**
Tel. 01/17 17 (aus ganz Österreich zum Ortstarif)

► **Bahn- und Postbusauskunft**
Tel. 01/7 11 01

SCHMALSPURBAHNEN

► **Bregenzer Waldbahn**
Bezau–Schwarzenberg-Bersbuch
Streckenlänge: 6,1 km
Spurweite: 760 mm
Dampfbetrieb; im Sommer an Wochenenden

► **Stubaitalbahn**
Innsbruck–Fulpmes
Streckenlänge: 18,2 km
Spurweite: 1000 mm
Elektr. Betrieb; ganzjährig

► **Straßen- und Mittelgebirgsbahn**
Innsbruck–Igls
Streckenlänge: 8 km
Spurweite: 1000 mm
Elektr. Betrieb; ganzjährig

► **Achenseebahn**
Jenbach–Achensee
Streckenlänge: 6,8 km
Spurweite: 1000 mm
Dampfzahnradbetrieb; Mai–Sept.

► **Zillertalbahn**
Jenbach–Zell a. Ziller–Mayrhofen
Streckenlänge: 31,7 km
Spurweite: 760 mm
Dampf- und Dieselbetrieb; ganzjährig

► **Pinzgauer Lokalbahn**
Zell am See–Krimml
Streckenlänge: 52,7 km
Spurweite: 760 mm
Elektrischer und (selten) Dampfbetrieb; ganzjährig

► **Reißeck-Höhenbahn**
Berghotel Reißeck–Reißeck
Streckenlänge: 3,3 km
Spurweite: 600 mm
Dieselbetrieb; Mai bis Oktober

► **Taurachbahn**
Mauterndorf–Mariapfarr–St. Andrä
Streckenlänge: 11 km
Spurweite: 760 mm
Diesel- und Dampfbetrieb; im Sommer an Wochenenden

► **Murtalbahn**
Unzmark–Murau–Tamsweg
Streckenlänge: 65,5 km
Spurweite: 760 mm
Diesel- und Dampfbetrieb; ganzjährig; Dampfsonderzüge und Amateurlokfahrten nach Vereinbarung mit der Betriebsleitung in Murau

► **Museumstramway Klagenfurt/See**
Haltestelle Lendkanal–Endstelle »Im Moos«
Streckenlänge: 800 m
von Pferden gezogene Straßenbahn; im Juli und August am Wochenende

► **Schafbergbahn**
St. Wolfgang–Schafberg
Streckenlänge: 5,9 km
Spurweite: 1000 mm
Dampf- und Dieselbetrieb; April bis Oktober

► **Attergaubahn**
Vöcklamarkt–St. Georgen–Attersee
Streckenlänge: 13,3 km
Spurweite: 1000 mm
Elektr. Betrieb; ganzjährig

► **Straßenbahn Gmunden**
verkehrt im Anschluss von und zu allen ÖBB-Zügen am Hauptbahnhof Gmunden
Streckenlänge: 2,4 km
Spurweite: 1000 mm
Elektrischer Betrieb

► **Traunseebahn**
Gmunden–Vorchdorf
Streckenlänge: 14,6 km
Spurweite: 1000 mm
Elektr. Betrieb; ganzjährig

► **Museumsbahn St. Florian**
St. Florian–Pichling
Streckenlänge: 6 km
Spurweite: 900 mm
Elektrischer Betrieb; im Sommer an Sonn- und Feiertagen

► **Linzer Pöstling-Bergbahn**
Streckenlänge: 2,9 km
Spurweite: 1000 mm
Elektr. Betrieb; ganzjährig

Seit mehr als 100 Jahren schnauft die Zahnradbahn den Schneeberg hinauf.

► **Waldviertler Schmalspurbahn**
Gmünd–Litschau und Heidenreichstein
Streckenlänge: 38,3 km
Spurweite: 760 mm
Dampfbetrieb; im Sommer an Wochenenden

► **Steyrtalbahn**
Steyr–Grünburg
Streckenlänge: 17 km
Spurweite: 760 mm
Dampfbetrieb; im Sommer an Sonntagen

► **Ybbstalbahn**
Waidhofen–Lunz–Ybbsitz
Streckenlänge: 76,7 km
Spurweite: 760 mm
Dampfbetrieb

► **Gurktalbahn**
Pöckstein–Zwischenwässern
Streckenlänge: 3,3 km
Spurweite: 760 mm
Dampfbetrieb; im Sommer an Wochenenden

► **Stainzer Bahn**
Preding–Stainz
Streckenlänge: 10,6 km
Spurweite: 760 mm
Dampfbetrieb; im Sommer mehrmals wöchentlich

► **Feistritztalbahn**
Weiz–Birkfeld
Streckenlänge: 23,9 km
Spurweite: 760 mm
Dampfbetrieb; im Sommer zweimal wöchentlich

► **Die Krumpen Bahn**
Ober–Grafendorf–Wieselburg
Streckenlänge: 62,3 km
Spurweite: 760 mm
Elektrischer Betrieb; im Sommer Dampfsonderzüge

► **Mariazellerbahn**
St. Pölten–Mariazell
Streckenlänge: 91,3 km
Spurweite: 760 mm
Elektrischer Betrieb;
Dampfsonderzüge

► **Höllentalbahn**
Payerbach–Reichenau–
Hirschwang
Streckenlänge: 5,2 km
Spurweite: 760 mm
Elektrischer Dampf- und
Dieselbetrieb

► **Schneebergbahn**
Puchberg–Hochschneeberg
Streckenlänge: 9,7 km
Spurweite: 1000 mm
Dampfzahnradbetrieb; Ende April
bis Ende Oktober

FLUGVERKEHR

► **Zentrale Flugauskunft**
Flughafen Wien
Tel. 01/70 07-22 31 und -22 32
Austrian Airlines
Tel. 05/17 66 10 00

SCHIFFFAHRT

► **DDSG Blue Danube Schiffahrt GmbH**
Handelskai 265, A-1020 Wien
Tel. 01/58 88 00, Fax 58 88 04 40
www.ddsg-blue-danube.at

► **Donauschiffahrt Wurm + Köck**
Höllgasse 26, D-94032 Passau
Tel. 08 51/92 92 92, Fax 3 55 18
www.donauschiffahrt.de

Untere Donaulände 1
A-4020 Linz
Tel. 07 32/78 36 07

► **Donauschiffahrt Ardagger**
A-3321 Ardagger 155
Tel. 0 74 79/6 46 40, Fax 64 65 10
www.tiscover.at/donauschiffahrt

► **Internationale Touristische Werbegemeinschaft »Die Donau«**
Floragasse 7/701, A-1040 Wien
Tel. 01/23 00 01 31 07
Fax 23 00 01 35 50
www.danube-river.org

Flugverkehr

Im innerösterreichischen Flugverkehr werden die Flughäfen Wien Schwechat, Graz, Innsbruck, Klagenfurt, Linz und Salzburg, zu denen auch internationale Anschlüsse bestehen, von der Austrian Airlines Group verbunden.

Schifffahrt

Donau

Zwischen Deutschland und Österreich im grenzüberschreitenden Verkehr fahren Schiffe der Firma Wurm + Köck von Passau nach Linz bzw. Wien. Die DDSG Blue Danube Schiffahrt GmbH verkehrt zwischen Melk und Krems und bietet Tagesausflüge von Wien in die Wachau, verschiedene Themenfahrten in Wien und – mit dem Tragflügelboot – Ausflüge nach Bratislava und Budapest an. Mit ihrem Heimathafen in Ardagger im Strudengau, wie das Donau-Engtal östlich von Linz heißt, veranstaltet die »Donauschiffahrt Ardagger« Strudengaurundfahrten und Charterfahrten. Neben den Ausflugsfahrten auf der Donau innerhalb Österreichs werden von den Mitgliedern der Internationalen Touristischen Werbegemeinschaft »Die Donau« **Kreuzfahrten auf der gesamten Donau** angeboten.

Seen Auf den größeren österreichischen Seen finden im Sommer **Rund- und Ausflugsfahrten** statt. Neben Kreuzfahrten auf dem Bodensee (Vorarlberg) gibt es Schiffsfahrten auf folgenden Seen: Plansee (Tirol), Achensee (Tirol), Zeller See (Land Salzburg), Mondsee (Oberösterreich), Wolfgangsee (Oberösterreich), Attersee (Oberösterreich), Traunsee (Oberösterreich), Hallstätter See (Oberösterreich), Grundlsee (Steiermark), Ossiacher See (Kärnten), Wörthersee (Kärnten).

Wintersport

Ideales Urlaubsland Österreich ist ein **Paradies für Wintersportler**. In den mittleren und höheren Gebirgsregionen Österreichs liegt im Winter oft monatelang hoher Schnee und in einigen Regionen kann man sogar im Sommer dem weißen Sport frönen. Vielerorts finden sich nicht nur Pisten für absolute Könner, sondern auch gemütlichere Abfahrten. Und wer langlaufen möchte, hat hier reichlich Gelegenheit dazu.

Skischaukeln ► Inzwischen haben sich Fremdenverkehrsorte und ganze Skiregionen zusammengeschlossen, so dass man für die Lifte des Wintersportgebiets mit mehreren Skischaukeln nur einen Skipass erwerben muss, wie in der »Sportwelt Amadé« (Salzburger Sportwelt, Schladming-Dachstein Tauern, Gasteiner Tal, Hochkönig und Großarltal). Teilweise gibt es auch Saisonkarten für mehrere Skigebiete.

Informationen ► Bei der »Österreich Werbung« (► Auskunft) erhält man detaillierte Informationen zu den Wintersportgebieten und -orten.

WICHTIGE ADRESSEN UND SKIGEBIETE

SCHNEEBERICHTE

www.bergfex.at
www.schneehoehen.de
www.ski-online.de
www.snowreporter.com
www.wetteronline.de/ski.htm

WINTERSPORTZENTREN

siehe Karte S. 140

► **1. Bodensee/Rheintal**
Orte: Bregenz, Buch, Dornbirn, Eichenberg, Hohenems
Seilbahnen: bis 1100 m ü. d. M.
Loipen: rund 40 km

► **2. Vorarlberger Oberland**
Orte: Feldkirch, Frastanz/Bazora, Laterns, Zwischenwasser/Furx
Seilbahnen: bis 1800 m ü. d. M.
Loipen: rund 35 km

► **3. Brandnertal–Bludenz**
Orte: Bludenz, Brand, Bürs,

Bürserberg;
Seilbahnen: bis 1920 m ü. d. M.
Loipen: rund 30 km

▶ **4. Montafon**
Orte: Gargellen, Gaschurn, Gortipohl, Partenen, St. Gallenkirch, Schruns, Silbertal, Tschagguns, Vandans
Seilbahnen: bis 2380 m ü. d. M.
Loipen: rund 40 km

▶ **5. Großwalsertal**
Orte: Fontanella/Faschina, Raggal/Marul, Sonntag
Seilbahnen: bis 2000 m ü. d. M.
Loipen: rund 25 km

▶ **6. Bregenzer Wald**
Orte: Alberschwende, Andelsbuch, Au, Bezau, Bizau, Damüls, Egg, Hittisau, Mellau, Schoppernau, Schröcken, Schwarzenberg, Sibratsgfäll, Sulzberg, Warth
Seilbahnen: bis 2050 m ü. d. M.
Loipen: rund 320 km

▶ **7. Kleinwalsertal**
Orte: Hirschegg, Mittelberg, Riezlern
Seilbahnen: bis 2200 m ü. d. M.
Loipen: rund 50 km

▶ **8. Klostertal**
Orte: Braz, Dalaas, Klösterle/Langen, Wald
Seilbahnen: bis 2300 m ü. d. M.
Loipen: rund 25 km

▶ **9. Arlberg**
Orte: Lech, St. Anton, St. Christoph, Stuben, Zürs
Seilbahnen: bis 2810 m ü. d. M.
Loipen: rund 100 km

▶ **10. Paznauntal**
Orte: Galtür, Ischgl, Kappl, Pians
Seilbahnen: bis 2870 m ü. d. M.
Loipen: rund 100 km

▶ **11. Oberstes Inntal**
Orte: Fiss, Ladis, Nauders, Pfunds, Ried im Oberinntal, Serfaus, Tösens
Seilbahnen: bis 2750 m ü. d. M.
Loipen: rund 170 km

▶ **12. Kaunertal–Landeck**
Orte: Feichten, Fließ, Grins, Imsterberg, Kauns, Landeck, Mils, Prutz-Faggen-Fendels, Schönwies, Zams
Seilbahnen: bis 3200 m ü. d. M.
Loipen: rund 90 km

▶ **13. Pitztal–Imst**
Orte: Arzl-Wald, Haiming, Imst, Innerpitztal, Jerzens, Nassereith, Roppen, Tarrenz, Wenns-Piller
Seilbahnen: bis 3200 m ü. d. M.
Loipen: rund 210 km

▶ **14. Lechtal**
Orte: Bach, Boden-Bschlabs, Elbigenalp, Forchach, Häselgehr, Hinterhornbach, Holzgau, Stanzach, Steeg, Weißenbach
Seilbahnen: bis 1800 m ü. d. M.
Loipen: rund 130 km

▶ **15. Tannheimer Tal**
Orte: Grän-Haldensee, Jungholz, Nesselwängle, Schattwald, Tannheim, Zöblen
Seilbahnen: bis 1900 m ü. d. M.
Loipen: rund 50 km

▶ **16. Zwischentoren–Reutte**
Orte: Berwang, Biberwier, Bichlbach, Ehrwald, Heiterwang, Höfen, Lähn-Wengle, Lechaschau, Lermoos, Reutte
Seilbahnen: bis 2950 m ü. d. M.
Loipen: rund 220 km

17. Seefelder und Mieminger Plateau
Orte: Leutasch, Mieming, Mösern, Obsteig, Reith bei Seefeld, Scharnitz, Seefeld, Telfs, Wildermieming
Seilbahnen: bis 2100 m ü. d. M.
Loipen: rund 370 km

18. Inntal und Sellrain
Orte: Gries im Sellraintal, Hatting, Inzing, Kematen, Kühtai, Mötz, Oberperfuß, Rietz, St. Sigmund-Praxmar, Sellrain, Silz, Stams, Zirl
Seilbahnen: bis 2500 m ü. d. M.
Loipen: rund 130 km

19. Ötztal
Orte: Gries im Ötztal, Längenfeld-Huben, Niederthai, Obergurgl/Hochgurgl, Ötz, Sautens, Sölden/Hochsölden, Umhausen, Vent, Zwieselstein
Seilbahnen: bis 3250 m ü. d. M.
Loipen: rund 160 km

20. Wipptal und Stubaital
Orte: Fulpmes, Gries am Brenner, Gschnitz, Matrei am Brenner, Mieders, Navis, Neustift, Obernberg, St. Jodok-Schmirn, Steinach am Brenner, Telfes, Trins
Seilbahnen: bis 3250 m ü. d. M.
Loipen: rund 460 km

21. Innsbruck und Umgebung
Orte: Aldrans, Axams, Birgitz, Götzens, Grinzens, Innsbruck-Igls, Lans, Mutters, Natters, Patsch, Sistrans
Seilbahnen: bis 2340 m ü. d. M.
Loipen: rund 170 km

22. Östlich von Innsbruck
Orte: Absam, Ampaß, Baumkirchen, Fritzen, Gnadenwald, Hall in Tirol, Mils bei Hall, Rinn, Rum, Tulfes, Volders, Wattens
Höhe: 550–920 m ü. d. M.
Seilbahnen: bis 2200 m ü. d. M.
Loipen: rund 100 km

23. Zillertal
Orte: Dornauberg-Ginzling, Finkenberg, Fügen, Gerlos, Hart, Hippach, Kaltenbach, Mayrhofen, Ried, Schlitters, Straß, Stumm-Stummerberg, Tuxertal, Uderns, Zell a. Ziller
Seilbahnen: bis 3260 m ü. d. M.
Loipen: rund 240 km

24. Achental-Schwaz und Umgebung
Orte: Achenkirch, Jenbach, Maurach-Eben, Münster, Pertisau, Schwaz-Pill, Stans, Steinberg am Rofan, Vomp, Weerberg, Weer-

Kolsaß-Kolsaßberg, Wiesing
Seilbahnen: bis 2000 m ü. d. M.
Loipen: rund 220 km

25. Inntal–Wildschönau–Alpbachtal
Orte: Alpbach, Angerberg, Brandenberg, Breitenbach am Inn, Brixlegg, Kramsach, Kundl, Langkampfen, Mariastein, Rattenberg-Radfeld, Reith im Alpbachtal, Wildschönau (Oberau, Niederau, Auffach), Wörgl
Seilbahnen: bis 2000 m ü. d. M.
Loipen: rund 280 km

26. Kitzbüheler Alpen
Orte: Aurach, Brixen im Thale, Ellmau, Hopfgarten im Brixental, Itter, Jochberg, Kelchsau, Kirchberg, Kitzbühel, Oberndorf, Reith bei Kitzbühel, Söll, Westendorf
Seilbahnen: bis 2000 m ü. d. M.
Loipen: rund 250 km

27. Kufstein und Umgebung
Orte: Angath, Bad Häring, Ebbs, Erl, Hinterthiersee, Kirchbichl, Kufstein, Landl, Niederndorf, Scheffau, Schwoich, Thiersee
Seilbahnen: bis 1700 m ü. d. M.
Loipen: rund 240 km

28. Kaiserwinkel
Orte: Erpfendorf, Fieberbrunn, Going, Hochfilzen, Kirchdorf, Kössen, St. Jakob i.H., St. Johann in Tirol, St. Ulrich am Pillersee, Schwendt, Waidring, Walchsee
Seilbahnen: bis 1870 m ü. d. M.
Loipen: rund 470 km

29. Osttirol nördlich von Lienz
Orte: Hopfgarten im Defereggental, Huben, Kals am Großglockner, Matrei in Osttirol, Prägraten, St. Jakob im Defereggental, St. Veit im Defereggental, Virgen
Seilbahnen: bis 2500 m ü. d. M.
Loipen: rund 130 km

30. Pustertal und Lienzer Dolomiten
Orte: Abfaltersbach, Ainet, Amlach, Anras, Außervillgraten, Dölsach, Heinfels, Innervillgraten, Iselsberg-Stronach, Kartitsch, Lavant, Lienz, Nikolsdorf, Oberlienz, Obertilliach, Sillian, Strassen, Thal-Assling, Tristach
Seilbahnen: bis 2400 m ü. d. M.
Loipen: rund 220 km

31. Salzburg und Umgebung
Orte: Anif, Salzburg
Seilbahnen: bis 1100 m ü. d. M.
Loipen: rund 20 km

32. Tennengau, Salzburger Salzkammergut
Orte: Abtenau, Annaberg, Bad Dürrnberg, Faistenau, Hintersee, Krispl-Gaißau, Kuchl, Lungötz, Rußbach, St. Gilgen, St. Martin am Tennengebirge, Strobl
Seilbahnen: bis 1600 m ü. d. M.
Loipen: rund 250 km

33. Hochkönig, Tennengebirge
Orte: Bischofshofen, Mühlbach am Hochkönig, Pfarrwerfen, Werfen, Werfenweng
Seilbahnen: bis 1900 m ü. d. M.
Loipen: rund 80 km

34. Pinzgauer Saalachtal
Orte: Leogang, Lofer, Maishofen, Maria Alm, Saalbach-Hinterglemm, Saalfelden, Unken
Seilbahnen: bis 2000 m ü. d. M.
Loipen: rund 260 km

35. Unterpinzgau, Europa-Sportregion, Oberpinzgau
Orte: Bruck am Großglockner, Fusch an der Großglocknerstraße,

Kaprun, Königsleiten, Krimml, Mittersill, Neukirchen am Großvenediger, Rauris, Uttendorf/Weißensee, Zell am See
Seilbahnen: bis 3000 m ü. d. M.
Loipen: rund 220 km

36. Gasteinertal und Großarltal
Orte: Bad Gastein, Bad Hofgastein, Dorfgastein, Großarl, Hüttschlag
Seilbahnen: bis 2700 m ü. d. M.
Loipen: rund 120 km

37. Radstädter Tauern, Sonnenterrasse
Orte: Altenmarkt-Zauchensee, Eben im Pongau, Filzmoos, Flachau, Goldegg, Kleinarl, Obertauern/Untertauern, Radstadt, St. Johann/Alpendorf, Wagrain
Seilbahnen: bis 2300 m ü. d. M.
Loipen: rund 180 km

38. Lungau
Orte: Mariapfarr, Mauterndorf, Obertauern/Tweng, St. Margarethen, St. Michael, Tamsweg, Thomatal-Schönfeld
Seilbahnen: bis 2400 m ü. d. M.
Loipen: rund 250 km

39. Nationalparkregion, Goldberge und Mölltal
Orte: Flattach, Großkirchheim-Döllach, Heiligenblut, Kolbnitz-Reißeck, Lurnfeld/Möllbrücke, Mallnitz, Obervellach, Rangersdorf, Stall, Winklern
Seilbahnen: bis 2700 m ü. d. M.
Loipen: rund 160 km

40. Oberes Drautal
Orte: Berg im Drautal, Dellach im Drautal, Greifenburg, Irschen, Klebach-Lind, Oberdrauburg, Steinfeld, Weißensee-Techendorf
Seilbahnen: bis 2200 m ü. d. M.
Loipen: rund 100 km

41. Karnische Skiregion
Orte: Dellach im Gailtal, Hermagor-Naßfeld, Kirchbach im Gailtal, Kötschach-Mauthen, Lesachtal, St. Stefan im Gailtal, Weißbriach/Gitschtal
Seilbahnen: bis 2000 m ü. d. M.
Loipen: rund 250 km

42. Region Mittleres Drautal
Orte: Paternion, Stockenboi, Weißenstein
Seilbahnen: bis 2100 m ü. d. M.
Loipen: rund 80 km

43. Millstätter See
Orte: Baldramsdorf, Feld am See, Ferndorf, Fresach, Lendorf, Millstatt, Radenthein-Döbriach, Seeboden, Spittal an der Drau
Seilbahnen: bis 2100 m ü. d. M.
Loipen: rund 230 km

44. Bad Kleinkirchheim
Ort: Bad Kleinkirchheim
Seilbahnen: bis 2000 m ü. d. M.
Loipen: rund 20 km

45. Lieser- und Maltatal
Orte: Gmünd, Krems in Kärnten, Malta, Rennweg-Katschberg
Seilbahnen: bis 2200 m ü. d. M.
Loipen: rund 50 km

46. Region Turrach, Hochrindl, Simonhöhe
Orte: Albeck/Sirnitz, Ebene Reichenau–Turracher Höhe, Feldkirchen, Glanegg, Gnesau, Himmelberg, St. Urban am Urbansee, Steuerberg
Seilbahnen: bis 2300 m ü. d. M.
Loipen: rund 210 km

47. Wintersportregion Villach
Orte: Arnoldstein, Arriach, Bad Bleiberg, Faaker See–Finkenstein, Hohenthurn, Nötsch

im Gailtal, Ossiach, St. Jakob, Steindorf, Treffen/Sattendorf, Villach, Warmbad Villach
Seilbahnen: bis 1900 m ü. d. M.
Loipen: rund 250 km

48. Region Wörthersee
Orte: Klagenfurt, Moosburg, Velden am Wörthersee
Seilbahnen: bis 600 m ü. d. M.
Loipen: rund 260 km

49. Region Rosental
Orte: Feistritz, Ferlach, Ludmannsdorf, Zell
Seilbahnen: bis 1100 m ü. d. M.
Loipen: rund 70 km

50. Region Völkermarkt
Orte: Bleiburg, Diex, Eisenkappel-Vellach, Griffen, Neuhaus, Sittersdorf, Völkermarkt
Seilbahnen: bis 2000 m ü. d. M.
Loipen: rund 220 km

51. Region St. Veit an der Glan
Orte: Metnitz, St. Veit an der Glan, Weitensfeld-Flattnitz
Seilbahnen: bis 1900 m ü. d. M.
Loipen: rund 70 km

52. Region Lavanttal
Orte: Bad St. Leonhard, Lavamünd, Preitenegg, Reichenfels, St. Andrä i. Lavanttal, St. Paul i. Lavanttal, Wolfsberg
Seilbahnen: bis 2200 m ü. d. M.
Loipen: rund 90 km

53. Weststeiermark
Orte: Bad Gams, Modriach, Pack, Salla, St. Oswald ob Eibiswald,

Früh übt sich, was ein Ski-Ass werden will.

Schwanberg, Soboth, Trahütten
Seilbahnen: bis 1800 m ü. d. M.
Loipen: rund 80 km

54. Mürztal, Roseggers Waldheimat, Steirischer Semmering, Mürzer Oberland, Oberes Feistritztal
Orte: Falkenstein, Fischbach, Kapellen an der Mürz, Kindberg, Krieglach/Alpl, Langenwang, Mürzsteg, Mürzzuschlag, Neuberg an der Mürz, Ratten, Rettenegg, St. Kathrein am Hauenstein, Spital/Steinhaus am Semmering
Bergbahnen: bis 1400 m ü. d. M.
Loipen: rund 200 km

55. Alpenregion Hochschwab
Orte: Aflenz-Kurort, Breitenau bei Mixnitz, Etmißl, Gußwerk, Halltal, Mariazell, St. Sebastian, Seewiesen, Tragöß, Turnau
Seilbahnen: bis 1800 m ü. d. M.
Loipen: rund 110 km

56. Alpenregion Gesäuse
Orte: Admont, Altenmarkt/St. Gallen, Ardning, Hieflau, Johnsbach, St. Gallen, Weng bei Admont
Seilbahnen: bis 1500 m ü. d. M.
Loipen: rund 120 km

57. Alpenregion Liesingtal
Orte: Gai, Kalwang, Kammern, Mautern, Traboch, Wald am Schoberpass
Seilbahnen: bis 1200 m ü. d. M.
Loipen: rund 40 km

58. Oberes Murtal
Orte: Judenburg, Krakaudorf, Murau, Obdach/St. Wolfgang am Zirbitz, Oberwölz, Oberzeiring, Predlitz-Turrach, St. Georgen–St. Lorenzen, St. Johann am Tauern, St. Lambrecht
Seilbahnen: bis 2300 m ü. d. M.
Loipen: rund 260 km

59. Heimat am Grimming
Orte: Aigen am Putterersee, Donnersbach-Planneralm, Donnersbachwald-Riesneralm, Irdning, Liezen-Lassing, Pürgg-Trautenfels/Wörschachwald, St. Martin am Grimming, Weißenbach bei Liezen
Seilbahnen: bis 1600 m ü. d. M.
Loipen: rund 120 km

60. Dachstein-Tauern-Region
Orte: Aich-Assach, Gössenberg, Gröbming, Haus im Ennstal, Mitterberg, Öblarn, Pruggern, Ramsau am Dachstein, Rohrmoos-Untertal, Schladming
Seilbahnen: bis 2700 m ü. d. M.
Loipen: rund 250 km

61. Steirisches Salzkammergut
Orte: Altaussee, Bad Aussee, Bad Mitterndorf, Grundlsee, Pichl/Kainisch, Tauplitz/Tauplitzalm
Seilbahnen: bis 2000 m ü. d. M.
Loipen: rund 100 km

62. Pyhrn-Eisenwurzen
Orte: Gaflenz-Forsteralm, Hinterstoder, Klaus, Spital/Pyhrn, Ternberg, Vorderstoder, Windischgarsten
Seilbahnen: bis 1900 m ü. d. M.
Loipen: rund 200 km

63. Oberösterreichisches Salzkammergut
Orte: Altmünster, Bad Goisern, Bad Ischl, Ebensee, Gmunden, Gosau, Grünau im Almtal, Hallstatt, Mondsee, Obertraun, St.Wolfgang, Scharnstein, Weyregg am Attersee
Seilbahnen: bis 2100 m ü. d. M.
Loipen: rund 140 km

► **64. Mühlviertel**
Orte: Bad Leonfelden, Freistadt, Haslach, Hellmonsödt, Klaffer, Sandl, St. Johann am Wimberg, Schwarzenberg, Ulrichsberg
Seilbahnen: bis 1400 m ü. d. M.
Loipen: rund 780 km

► **65. Niederösterreichisches Voralpenland**
Orte: Annaberg, Gaming, Göstling a. d. Ybbs, Hollenstein a. d. Ybbs, Lackenhof am Ötscher, Lilienfeld, Lunz am See, Mitterbach am Erlaufsee, Puchenstuben, St. Aegyd am Neuwalde, Türnitz, Waidhofen a. d. Ybbs, Ybbsitz
Seilbahnen: bis 1800 m ü. d. M.
Loipen: rund 150 km

► **66. Niederösterreich alpin**
Orte: Aspangberg-St. Peter, Grünbach am Schneeberg, Mönichkirchen, Puchberg am Schneeberg, Reichenau an der Rax, Rohr im Gebirge, St. Corona am Wechsel, Semmering
Seilbahnen: bis 1600 m ü. d. M.
Loipen: rund 100 km

SOMMERSKIGEBIETE

► **67. Mittelbergferner**
Gletschergebiet in 2730–3240 m
Ausgangsort: St. Leonhard-Mittelberg im Pitztal

► **68. Rettenbachferner und Tiefenbachferner**
Gletschergebiet in 2700–3300 m
Ausgangsort:
Sölden im Ötztal

► **69. Stubaier Gletscher und Daunkogelferner**
Gletschergebiet in 2600–3200 m
Ausgangsort:
Ranalt im Stubaital

► **70. Weißseeferner**
Gletschergebiet in 2750–3160 m
Ausgangsort: Feichten im Kaunertal

► **71. Hintertuxer Ferner**
Gletschergebiet in 2660–3270 m
Ausgangspunkt: Hintertux

► **72. Kitzsteinhorn**
Gletschergebiet in 2450–3030 m
Ausgangsort: Kaprun

► **73. Dachstein**
Gletschergebiet in 2520–2700 m
Ausgangsort: Ramsau

► **74. Mölltaler Gletscher**
Gletschergebiet in 2200–3122 m
Ausgangsort: Flattach (Gletscherexpress)

Zeit

Sommerzeit

Im Winter gilt die Mitteleuropäische Zeit (MEZ), von Anfang April bis Ende Oktober die Sommerzeit (MEZ + 1 Std.).

Touren

DURCH DIE BERGWELT
ODER LIEBER KULTUR IN
DER STADT? AN DEN WARMEN BADESEE ODER LIEBER WANDERUNGEN DURCH WILDE SCHLUCHTEN? MIT DEM AUTO, ZU FUSS ODER MIT DEM FAHRRAD? WIR VERRATEN IHNEN, WO UND WIE SICH ÖSTERREICH AM BESTEN ENTDECKEN LÄSST.

TOUREN DURCH ÖSTERREICH

In Österreich gibt es viel zu entdecken. Ob außergewöhnliche Landschaften, schöne Erholungsgebiete oder die zahlreichen Möglichkeiten für einen Kultururlaub – wir zeigen Ihnen, welche Strecken durch das Land am schönsten sind.

TOUR 1 **Österreich entdecken**
Haben Sie Zeit für einen längeren Urlaub? Dann sind Sie bei dieser Tour mit der Mischung aus Tal und Berg, Stadt und Land, Wasser und viel Kultur genau richtig. ► **Seite 152**

TOUR 2 **Vom Bodensee ins Hochgebirge**
In zwei bis drei Tagen kann man eine schöne Tour vom mediterranen Flair des Bodensees bis in die Hochgebirgswelt und zurück durch den Bregenzer Wald machen. ► **Seite 156**

TOUR 3 **Salzkammergut – Seenlandschaft**
Das Salzkammergut fasziniert auf dieser dreitägigen Tour mit seiner bezaubernden Seenlandschaft, kulturellen Highlights und der gewaltigen Schönheit des Dachsteinmassivs. ► **Seite 157**

TOUR 4 **Ab in den Süden!**
Warme Badeseen vor malerischer Bergkulisse und dazu jede Menge kulturhistorischer Sehenswürdigkeiten bietet diese mindestens – es kommt ganz auf Sie an! – zweitägige Rundfahrt. ► **Seite 159**

Im südlichen Innsbrucker Stadtteil Wilten steht eine der schönsten Rokokokirchen Nordtirols, die Pfarrkirche des Wiltener Stiftes. Der Innenraum ist in Schwarz, Weiß und Gold gestaltet.

Malerisch liegt Traunkirchen auf einer Halbinsel. Die prächtige Fronleichnams-prozession per Boot auf dem Traunsee ist ein Touristenmagnet.

Hoch über der Donau thront die Ruine der Burg Aggstein auf einem steilen Felsen.

Nördlich von Maria Saal veran-schaulicht das Kärntner Freilicht-museum bäuerliche Lebensweisen.

Unterwegs in Österreich

Vielseitiger Urlaub

Bei Österreichkennern hat das Land schon lange sein Image der etwas verstaubten Alpenrepublik verloren. Nicht nur die üblichen Kultur-, Wander- und Skireisenden finden sich hier, mittlerweile ist Österreich auch für junge Menschen mit seinen vielen Sport- und Freizeitmöglichkeiten ein interessantes Urlaubsland geworden. Man bekommt hier alles, was einen Urlaub ausmacht: Erholung, Wellness, Natur, Sport und Kultur – und das Ganze vom Feinsten. Selbst die unermüdlichen Sonnenanbeter kommen an Kärntens Badeseen auf ihre Kosten.

Zu Wasser und zu Land

Will man sich Österreich einmal anders als nur mit dem Auto erschließen, gibt es einige Möglichkeiten. Für Bewegungsfreudige bieten sich schöne Radfahrwege an, die gut beschildert und in verschiedenen Schwierigkeitsgraden vorhanden sind (►S. 125). Eine andere, besondere Art zu Reisen ist eine Schifffahrt die Donau hinunter, wo man das Land ganz in Ruhe aus einer anderen Perspektive betrachten kann. Auch mit der Bahn, ob Linie, historische Strecke oder in der Höhe, kann man wunderbar reisen. Sicher ist, für jedes Reisetempo gibt es das richtige Verkehrsmittel!

Kulinarische »Schmankerl«

Auf einer Tour durch Österreich darf man auf keinen Fall die vielen regionalen, kulinarischen Spezialitäten versäumen. Zu einem gelungenen Urlaub gehört schließlich gutes Essen! Ob Bier oder Wein – sowohl die Liebhaber des edlen Tropfens wie diejenigen, die ihren Durst lieber mit einem kräftigen Schluck Bier löschen wollen, haben in Österreich eine reiche Auswahl. Besonders im Südosten und Osten des Landes finden Weintrinker entlang der Weinstraßen wunderschöne, gemütliche Buschenschanken mit deftiger Hausmacherküche und guten Tropfen.

Neben der österreichischen Kaffehaus-Kultur, die Kaffee für jeden Anlass in jeder Variation bereithält und eher in den Städten ausgeprägt ist, sind die österreichischen Mehlspeisen typisch für das Land. Jedenfalls sollte man als Liebhaber von Süßigkeiten das Kalorienzählen einmal vergessen. Die Einflüsse auf die österreichische Küche sind so vielfältig, wie die Geschichte des Vielvölkerstaates es vermuten lässt, doch überwiegt das Deftige.

✓ NICHT VERSÄUMEN

- das Weinviertel in Niederösterreich
- die Schilcher-Weinstraße im Westen der Steiermark
- die Südsteirische Weinstraße – hier bilden (wohl einmalig) zwei 2,5 km lange Straßenteile die Staatsgrenze zu Slowenien.

Über dem Mondsee erhebt sich als markanter Fels die → sagenumwobene Drachenwand.

Tour 1 Österreich entdecken

Start K 4

Länge: ca. 1700 km **Dauer:** mind. 3 Wochen

Wer einen vertieften Einblick in Österreichs Vielfalt und Schönheit gewinnen möchte, braucht dafür mindestens drei Wochen. So kann man ohne Hektik die wichtigsten Sehenswürdigkeiten besichtigen und die abwechslungsreiche Landschaft vom Hochgebirge bis zur Puszta genießen.

Von der Barockstadt ❶ ★★ **Salzburg**, die mit ihren Sehenswürdigkeiten jährlich Millionen Besucher insbesondere zu Festspielzeiten anzieht, geht die Fahrt ins Salzkammergut über den **Wolfgangsee**

Hoch über dem Inntal thront wuchtig Schloss Tratzberg, das schon Kaiser Maximilian und den Fuggern als Jagdschloss diente.

Kurvenreich windet sich die Großglockner-Hochalpenstraße durch eine grandiose Bergwelt – sie erschließt den Nationalpark Hohe Tauern.

nach ❷ ✶ **Bad Ischl**. Hier zweigt man für den Abstecher zum ❸ ✶ ✶ **Hallstätter See** und **Dachstein** nach Süden ab. Die Hauptstrecke führt weiter nach Norden am Westufer des **Traunsees** und an der **Traun** entlang über **Lambach** und **Wels** bis zur Donau und der oberösterreichischen Hauptstadt ❹ ✶ **Linz**.

Ein Abstecher nach ❺ ✶ ✶ **St. Florian** ist für Bruckner-Freunde ein Muss.

Donauabwärts folgen die Flussabschnitte Strudengau, Nibelungengau mit der Wallfahrtskirche **Maria Taferl** und schließlich das Benediktinerstift ❻ ✶ ✶ **Melk**. Weiter Richtung Wien erreicht man die berühmte ❼ ✶ ✶ **Wachau**, Weltkultur- und -naturerbe seit 2000. Über ❽ **Klosterneuburg**,

Farbenspiel – das Hundertwasserhaus in Wien.

Die Schönheiten des gewaltigen Dachsteinmassivs lassen sich auf einer Wanderung am besten erleben.

dessen Augustiner-Chorherrenstift den kostbaren Verduner Altar beherbergt, kommt man dann schließlich in die Bundeshauptstadt 9 * * **Wien**.

Von Wien folgt man der Donau Richtung Osten durch den **Nationalpark Donau-Auen**, eine der letzten intakten Auenlandschaften Europas, um bei 10 * * **Petronell-Carnuntum** eine Reise in die römische Vergangenheit zu unternehmen. Weiter südlich liegt inmitten der Puzsta-Landschaft der **Neusiedler See**. Die burgenländische Landeshauptstadt 11 * **Eisenstadt** erinnert an Joseph Haydn, der hier 30 Jahre lang in den Diensten der Fürstenfamilie Esterházy stand. Über **Wiener Neustadt** kommt man westwärts zum 12 **Semmering** mit der inzwischen in das Weltkulturerbe aufgenommenen **Semmeringbahn**, einer technischen Meisterleistung des 19. Jh.s. Der Mürz abwärts folgend, erreicht man 13 * **Bruck an der Mur**, von wo man an der Mur entlang, über das auch als steirisches Rothenburg bezeichnete **Frohnleiten**, nach 14 * * **Graz** kommt, dessen Altstadt seit 1999 zum Weltkulturerbe der UNESCO gehört. Ein lohnender Abstecher führt nach Osten ins **Steirische Thermenland** und an die **Südsteirische Weinstraße**.

Entweder fährt man über die Autobahn A 2 nach 15 * **Klagenfurt** oder man wählt die gut 20 km längere, aber überaus malerische Stre-

Die Wachau zeichnet sich durch eine einzigartige Harmonie von Kultur und Natur aus: Schloss Schönbühel über den Ufern der Donau.

cke entlang der Schilcherstraße nach **Eibiswald** und biegt dort nach Westen Richtung Klagenfurt ab. Von Klagenfurt empfiehlt sich ein Abstecher nach Norden: zur Wallfahrtskirche in 16 ✶ ✶ **Maria Saal**, der mächtigen **Burg Hochosterwitz** in 17 ✶ **St. Veit an der Glan** und der Domkirche von 18 ✶ ✶ **Gurk**.
Nimmt man wieder die Fahrt von Klagenfurt auf, am schönen Südufer des **Wörther Sees** entlang, grüßt kurz vor 19 ✶ **Villach** die eindrucksvolle **Ruine Landskron**, wo sich ein kurzer Abstecher zum **Ossiacher See** anbietet. Hinter Villach folgt die Straße dem Drautal bis nach 20 ✶ **Spittal an der Drau**. Von dort sind es nur wenige Kilometer zum Westufer des **Millstätter Sees**. Weiter drauaufwärts führt der Weg nach 21 ✶ **Lienz** in Osttirol am Fuß der wildzerklüfteten Lienzer Dolomiten. Etwas östlich davon zweigt die Straße nach Norden zum Großglockner ab. Die fast 50 km lange **Großglockner-Hochalpenstraße** beginnt in 22 ✶ **Heiligenblut** und bietet herrliche Ausblicke auf die fantastische Bergwelt der Hohen Tauern, insbesondere auf der Abzweigung zur Franz-Josefs-Höhe am Fuße des höchsten Berges Österreichs, des 3798 m hohen Großglockners.

Vom nördlichen Ende der Großglockner-Hochalpenstraße bis nach 23 ✶ **Zell am See**, wo an der **Schmittenhöhe** eine der schönsten Höhenwanderungen Österreichs, der **Pinzgauer Spaziergang**, beginnt, und ins 24 ✶ **Kapruner Tal** mit dem Sommerskigebiet am Kitzsteinhorn sind es nur wenige Kilometer. Man fährt weiter an der Salzach entlang, wo sich ab 25 **Mittersill** ein nördlicher Abstecher nach 26 ✶ **Kitzbühel** anbietet. Weiter nach Westen erreicht man von Mittersill die 27 ✶ ✶ **Krimmler Wasserfälle**, die in drei Stufen insgesamt 380 m in die Tiefe stürzen, ein eindrucksvolles Naturschauspiel! Bei Zell am Zillerwendet sich die Straße nach Norden und führt durch das untere Zillertal ins Inntal. Hier geht es westlich über 28 ✶ **Hall in Tirol** in die Tiroler Landeshauptstadt 29 ✶ ✶ **Innsbruck**, die mit ihrer entzückenden Altstadt, dem Goldenen Dachl und der Hofkirche mit dem Grabmal von Kaiser Maximilian I. Besucher anlockt.

Dem Inntal aufwärts folgend, erreicht man hinter 30 **Landeck** die Abzweigung ins schneesichere **Paznauntal**, an dessen hinterem Ende die 31 ✶ **Silvretta-Hochalpenstraße** fantastische Ausblicke auf die südlich gelegene Silvrettagruppe und die nördliche Verwallgruppe bietet. Die **Bielerhöhe** markiert die Grenze zu Vorarlberg, Österreichs westlichstem Bundesland. Vom Hochtal **Montafon**, wo schon Ernest Hemingway auf Brettern den Berg hinab sauste, entlang der schönen Bergwelt des **Rätikon**, führt der Weg in das ehemalige Silberbergbauzentrum 32 ✶ **Bludenz** und zur mittelalterlich wirkenden Grenzstadt 33 ✶ **Feldkirch**. Von dort lohnt sich der Abstecher ins 34 **Fürstentum Liechtenstein**, das außer der reizenden Berglandschaft auch ein bedeutendes Kunstmuseum vorzuweisen hat. Nach wenigen Kilometern Richtung Norden endet die Österreich-Rundfahrt in der Festspielstadt 35 ✶ **Bregenz** im Dreiländereck am Bodensee.

Tour 2 Vom Bodensee ins Hochgebirge

Start C 4/5

Länge: ca. 290 km **Dauer:** ca. 3 Tage

Für Bregenzurlauber, die etwas mehr als den Bodensee genießen wollen, lohnt sich diese etwa zweitägige Tour auf jeden Fall. Über sehenswerte Rheintalstädte bis in die spektakuläre Hochgebirgswelt des westlichen Österreichs, wieder zurück über die sanftere Hügellandschaft des Bregenzer Waldes genießt man die herrliche Landschaft.

In ① ✶ **Bregenz** am Bodensee beginnt die Rundreise und führt erst einmal nach Süden durch das Rheintal, vorbei an Dornbirn bis zur mittelalterlich wirkenden Grenzstadt ② ✶ **Feldkirch**.

Feldkirch an der westlichsten Spitze Österreichs wird von der Schattenburg beherrscht.

Rund um den Arlberg haben die meisten Orte eine lange Tradition als Wintersportgebiet.

Vor der Abfahrt erst das traumhafte Panorama genießen: Silvretta Nova.

Von Feldkirch aus lohnt sich ein Abstecher ins 3 **Fürstentum Liechtenstein**, den meisten lediglich als Steuerparadies bekannt. Dabei hält der winzige Staat für Freunde eines gemütlichen Urlaubs schöne Wanderwege bereit und hat auch kulturell einiges zu bieten. Besonders Briefmarkensammler führt der Weg schnurstracks nach **Vaduz** ins Museum, und für Kunstliebhaber besitzt das neue Kunstmuseum mit Exponaten aus den Sammlungen des Fürstenhauses eine große Anziehungskraft.

Die Schnellstraße führt von Feldkirch weiter zum einstigen Silberbergbauzentrum 4 * **Bludenz** und seiner ansprechenden Altstadt. Südöstlich von Bludenz folgt man nun rund 40 km lang der Straße durch das **Montafon**, zwischen dem westlich gelegenen Rätikon und der östlich gelegenen Verwallgruppe.
Die wild zerklüftete Hochgebirgswelt entlang des von der Ill durchflossenen Hochtals zieht sommers wie winters Besucher an. Am Ende des Montafon schließt sich die 5 * **Silvretta-Hochalpenstraße** an, die sich in kühnen Kehren nach oben windet bis zu Europas höchstgelegenem Stausee, dem **Silvretta-Stausee** am Fuß des Piz Buin, und zur Bielerhöhe, die die Grenze zwischen Vorarlberg und Tirol bildet. Von hier geht es steil bergab ins schneesichere **Paznauntal** mit dem Hauptort 6 **Ischgl** Richtung **Landeck**. Kurz vor Landeck biegt man westlich ab Richtung 7 **St. Anton** am **Arlberg** und und folgt der Straße nach Norden über Zürs nach 8 * **Lech**, bekannte und beliebte Wintersportorte und Heimat vieler Skifahrer, die es zu olympischen oder Weltmeister-Ehren gebracht haben. In **Warth** geht es in nordwestlicher Richtung zum Hochtannbergpass, dann entlang der Bregenzer Ache durch den 9 * **Bregenzer Wald**. Über **Alberschwende**, den Geburtsort des SOS-Kinderdorf-Gründers Hermann Gmeiner, kommt man zurück nach 1 * **Bregenz**.

Tour 3 Salzkammergut – Seenlandschaft

Start K 4

Länge: ca. 230 km **Dauer:** ca. 3 Tage

Seenlandschaft, Kultur und Bergwelt kombiniert diese Rundfahrt, für die man sich etwa drei Tage Zeit nehmen sollte. Man begegnet hier reizvoller Landschaft und vielfältigen Kulturzeugnissen samt einigen sich hartnäckig haltenden Legenden.

Man fährt von 1 * * **Salzburg** auf der Autobahn A 1 nach Osten und verlässt sie bei der Ausfahrt zum wärmsten See des Salzkammergutes, dem 2 * **Mondsee**. Der Ort Mondsee bewahrt im Pfahlbaumuseum einige der ältesten Spuren menschlicher Besiedlung im Al-

Kunstvoll-filigranes Tragwerk schmückt die Franziskanerkirche von Salzburg.

Inmitten des gepflegten Kurparks von Bad Ischl steht das einstige Kurhaus, in dem schon Erzherzogin Sophie zu Gast war.

Der Fundort auf dem Salzberg über dem Hallstätter See war namengebend für eine ganze Epoche: die Hallstattzeit.

penraum auf. Dann geht es am nördlichen Ufer des Mondsees entlang mit Aussicht auf die gegenüberliegende **Drachenwand**. Bis zum südlichen Ende des ❸ ★ **Attersees** ist es nur ein kurzes Stück. Hier kann man wählen zwischen der Fahrt am westlichen oder am östlichen Ufer, wo sich für Musikfreunde ein Blick in Gustav Mahlers Komponierklause empfiehlt, bis am nördlichen Ende ❹ **Seewalchen** mit Blick auf Schloss Kammer folgt. Von Steinbach führt eine aussichtsreiche Bergstraße nach Osten zum 5 ✶ **Traunsee**. Das hübsch gelegene **Gmunden** am Nordufer ist Fernsehzuschauern durch Seeschloss Ort bekannt, die Gmundener Keramik gehört zu den beliebtesten Mitbringseln aus Österreich. Der Österreichischen Romantikstraße folgend, geht es am Westufer des Traunsees entlang über das malerische 6 ✶ **Traunkirchen** nach Süden bis nach Ebensee und weiter nach 7 ✶ **Bad Ischl**, wo sich Kaiser Franz Joseph I. und Elisabeth, die berühmte Sisi, verlobten. Kaiservilla und Lehár-Villa sind nostalgische Zeugen aus der k. u. k - Zeit.

In Bad Ischl beginnt der überaus lohnenswerte Abstecher nach Süden zum 8 ✶ ✶ **Hallstätter See** und nach **Hallstatt**, Weltkultur- und -naturerbe der UNESCO, am nördlichen Fuß des gewaltigen **Dachsteinmassivs** gelegen. Sei es der schon von Alexander von Humboldt gerühmte Blick auf das pittoreske Hallstatt oder die Fahrt in das Salzbergwerk, eine Führung durch die fantastischen Dachsteinhöhlen oder allein die Aussicht auf das Dachsteinmassiv – jede einzelne Attraktion ist genügend Grund für diesen Ausflug.

Von Bad Ischl führt der Weg westlich zum **Wolfgangsee**, an dessen nördlichem Ufer 9 **St. Wolfgang**, seine prachtvolle Wallfahrtskirche und das aus Benatzkys walzerseligen Operette bekannte **Weisse Rössl** einen Abstecher lohnen. Wer einen beträchtlichen Teil seiner Rundreise aus der Höhe nachvollziehen möchte, sollte sich der Schafbergbahn anvertrauen. Am südlichen Ufer entlang mit Ausblick auf den Schafberg führt die Strecke dann weiter nach 10 **St. Gilgen**, einst Wohnsitz von Mozarts Mutter und später seiner Schwester Nannerl, und von dort, nach einer kurzen Berührung des Fuschlsees, zurück nach 11 ✶ ✶ **Salzburg**.

Tour 4 Ab in den Süden!

Start K/L 6

Länge: ca. 270 km **Dauer:** ca. 2 Tage

Wer noch nicht weiß, wo er seinen nächsten Badeurlaub verbringen will, ist mit dieser Rundfahrt durch Kärnten gut beraten. Sie führt zu hübschen und warmen Badeseen vor malerischen Bergkulissen, berührt aber auch interessante Städte wie Klagenfurt oder Villach. Zwei Tage benötigt man mindestens dafür, aber es können auch leicht zwei Wochen oder mehr daraus werden.

Von 1 ✶ **Spittal an der Drau** mit seinem entzückenden Renaissanceschloss Porcia fährt man zunächst im Liesertal parallel zur Autobahn nach 2 ✶ **Gmünd**, wo das beeindruckende **Porschemuseum** Autofans anzieht.

Das malerische **Maltatal** zweigt in Gmünd nach Nordwesten ab und endet nach Wasserfällen und einem Wildpark an der **3** **Kölnbrein-Sperre**, einer der gewaltigsten Talsperren Österreichs.

Die Hauptstrecke führt von Gmünd weiter nach Norden, wo man hinter Krems nach Osten abbiegt und auf der kurvenreichen, 35 km langen, mautpflichtigen Nockalmstraße den **4** ★ **Nationalpark Nock-**

Die Bischöfe von Gurk residierten mehrere Jahrhunderte lang auf Schloss Straßburg mit herrlichem Arkadenhof.

Den Hauptplatz von Villach dominiert die Stadtpfarrkirche.

Mondäner Badespaß bei Velden am Wörther See.

berge quert. Nach einem kurzen Stück am Flüsschen Gurk entlang biegt man in der Ebene Reichenau nach Osten Richtung Deutsch-Griffen und **Gurk** ab. Die 5 ✶ ✶ **Domkirche in Gurk** zählt zu den bedeutendsten romanischen Kirchen Österreichs. In Gurk geht der Weg dann wieder Richtung Süden und führt nach 6 ✶ **St. Veit an der Glan**.

Hauptattraktion von St. Veit an der Glan ist die einige Kilometer östlich gelegene gewaltige **Burg Hochosterwitz**, deren Zugangsweg durch immerhin 14 Tore gesichert wird. Auf dem Weg nach Süden biegt man in Willersdorf links ab und erreicht nach wenigen Kilometern den 7 ✶ **Magdalensberg**, eine der bedeutendsten keltisch-römischen Siedlungen Österreichs, heute eine umfangreiche Ausgrabungsstätte. Nächstes Ziel ist kurz vor dem Ort Maria Saal der neben der Bundesstraße stehende **»Kärntner Herzogstuhl«**. Das Kärntner Freilichtmuseum veranschaulicht die Lebensweise vergangener Jahrhunderte. In **Maria Saal** lohnt die herrliche 8 ✶ ✶ **Wallfahrtskirche** einen Besuch. Danach sind es nur noch wenige Kilometer bis 9 ✶ **Klagenfurt**, der Kärntner Landeshauptstadt.

Westlich geht es nun zum viel besuchten 10 ✶ ✶ **Wörther See**. An seinem Südufer liegt **Maria Wörth**, dessen malerischer alter Ortskern auf einer Halbinsel im See zu den beliebtesten Zielen des Wörther Sees gehört. Danach fährt man entweder am **Südufer** entlang weiter zum eleganten Kurbad 11 **Velden**, in dem sich der Jetset gerne trifft. Ein Bummel an der Strandpromenade gehört dazu. Wenige Kilometer südlich liegt der kleine Faaker See, einer der bekanntesten Badeseen Kärntens. Von dort führt die Straße über Warmbad Villach, wo man sich im gepflegten Thermalbad eine Ruhepause gönnen kann, weiter nach 12 ✶ **Villach**.

Eine schöne Variante ist die Fahrt am lebhaften **Nordufer** des Wörther Sees entlang über Moosburg und Feldkirchen zum Ossiacher See. Er zieht nicht nur Wassersportbegeisterte an seine Ufer, sondern auch Musikliebhaber, die den **Carinthischen Sommer** im Hauptort 13 **Ossiach** am Südufer genießen wollen. Am Nordufer lohnen höhere Interessen: Nach 12 km kurvenreicher Strecke bietet sich von der Gerlitzen ein wunderschöner Blick hinab auf den See und auf die im Süden aufragenden Karawanken.

Die B 100 führt, parallel zur Autobahn, von Villach nach Nordwesten. In Feistritz biegt man nach Norden zum 14 ✶ ✶ **Millstätter See** ab. Der traumhaft zwischen dem Seerücken im Süden und den Nockbergen im Norden gelegene Millstätter See wird nicht umsonst »Sonnenregion Kärntens« genannt und gehört zu den beliebtesten Badeseen in Kärnten. 15 **Millstatt** am Nordufer, das schon zu römischer Zeit besiedelt war, besitzt eine sehenswerte Stiftskirche. Von hier sind es dann nur noch wenige Kilometer bis ✶ **Spittal an der Drau**, dem Ausgangspunkt der Kärntenrundfahrt.

Reiseziele von A bis Z

BEEINDRUCKENDE ALPENLANDSCHAFTEN, WUNDERSCHÖNE ALMEN, KLARE BERGSEEN UND STÄDTE MIT CHARME UND KULTUR: ÖSTERREICH BEWEIST SCHON LANGE SEINE ATTRAKTIVITÄT ALS VIELSEITIGES URLAUBSZIEL – NICHT NUR IM WINTER!

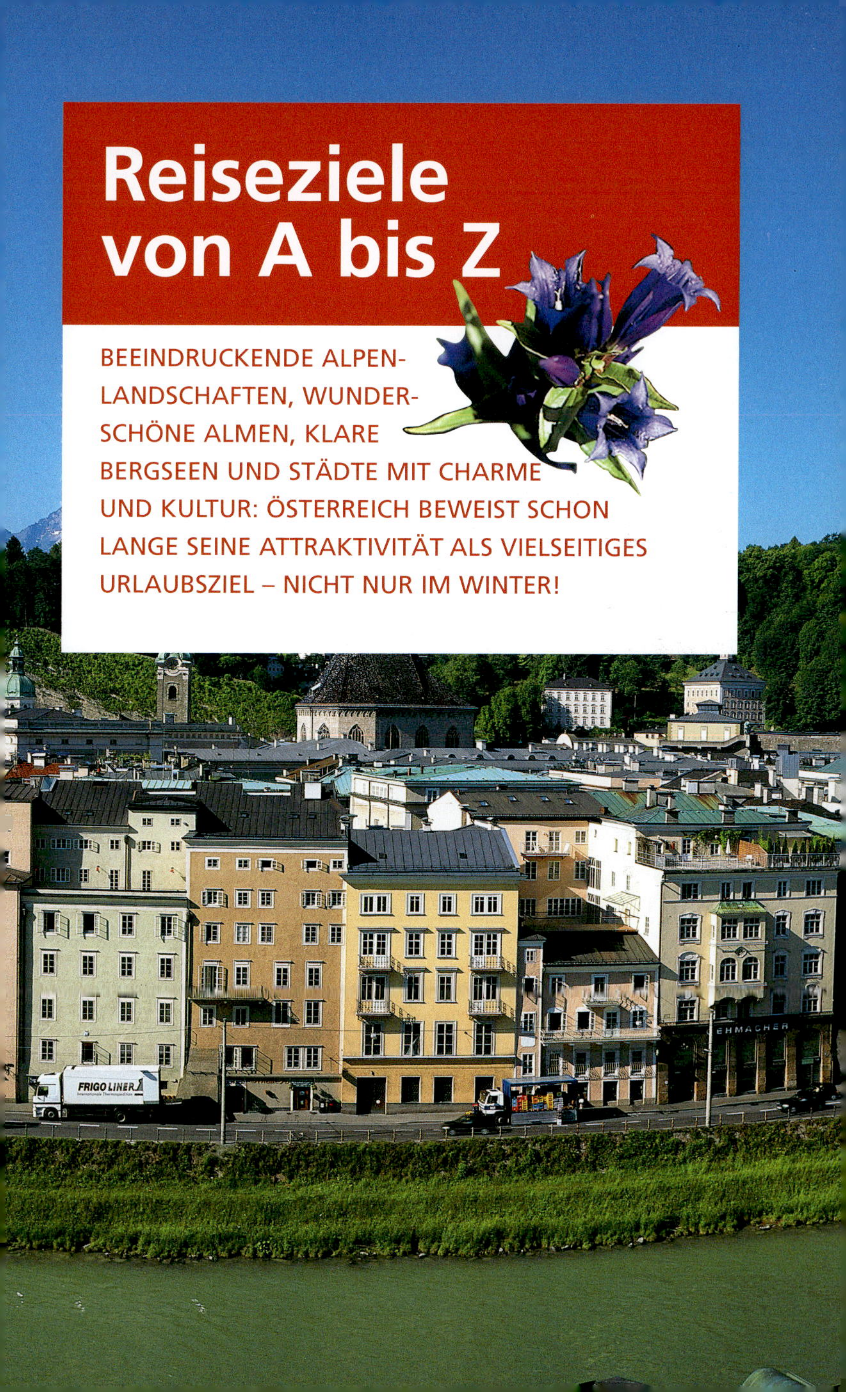

✶ Achensee

G 5

Bundesland: Tirol **Höhe:** 929 m ü.d.M.

Der hellgrüne, an einen norwegischen Fjord erinnernde Achensee, nordöstlich von Innsbruck, ist von dunklen Nadelwäldern umgeben. Mit 9 km Länge, 1 km Breite und 133 m Tiefe ist er der größte und schönste der Tiroler Seen.

Gebirgsluft und Freizeitparadies

Westlich und südlich des Sees ragen die Gipfel des Karwendelgebirges auf, im Osten das Rofan- oder Sonnwendgebirge. Das Wasserkraftwerk Jenbach nutzt die 380 m Gefälle vom Achensee zum Inntal. Besonders für Segler und Surfer bietet der See zahreiche Möglichkeiten. Badegäste müssen schon hartgesotten sein, um sich in das selbst im Sommer höchstens 18 °C kalte Wasser zu begeben. Von Mitte Mai bis Mitte Oktober verkehren auf dem See zwei Ausflugslinienschiffe. Sonderfahrten werden mit dem Schraubendampfer »St. Josef« von 1897 veranstaltet, das erste Schiff für Dampferrundfahrten auf dem Achensee. Eine Seerundfahrt dauert ca. 2 Stunden. Für Eisenbahnfreunde ist eine Fahrt mit der ältesten dampfbetriebenen Zahnradbahn Europas von Jenbach zum Achensee ein Erlebnis. Die über 100 Jahre alte Achenseebahn überwindet auf der 6,7 km langen Strecke einen Höhenunterschied von 440 m. Auch Bergtouren bieten sich am Achensee an, Wintersportler zieht es nach Maurach-Eben, Pertisau und Achenkirch.

Zur Achenseeflotte zählt auch die »St. Benedikt« mit Heimathafen in Pertisau.

ACHENSEE ERLEBEN

AUSKUNFT

Tourismusverband Achensee
A-6215 Achenkirch
Rathaus 387
Tel. 0 52 46/53 00, Fax 53 33
www.achensee.com

ÜBERNACHTEN

► **Luxus**

Sporthotel Alpenrose
A-6212 Maurach am Achensee
Tel. 0 52 43/5 29 30, Fax 54 66
www.alpenrose.at
Das beliebte Hotel am Achensee besitzt zahlreiche Freizeiteinrichtungen, darunter ein Hallen- und ein Freibad, eine Beautyfarm und einen sog. Vitaltempel – mit römischer, türkischer und finnischer Sauna. Der Weinkeller birgt so manchen guten Tropfen.

Hotel Fürstenhaus
A-6213 Pertisau am Achensee
Tel. 0 52 43/54 42, Fax 61 68
www.fuerstenhaus.at
Das große Fresko im Treppenhaus zeigt eine Jagdszene: Der Achensee und die umliegenden Wälder sind ein Reservoir für Fischerei und Jagd. Hier stand das legendäre »Fischerhaus« von Kaiser Maximilian I.

Mit der Dampfzahnradbahn geht's zum Achensee.

Orte am Achensee

Maurach-Eben

Aus dem Inntal kommend, zieht die Straße zunächst in aussichtsreichen Kehren aufwärts. Am südlichen Ende des Achensees erreicht sie den Ort Maurach (960 m; 1600 Einw.). Etwas außerhalb von Eben, dem Gemeindehauptsitz, steht die **barocke Pfarr- und Wallfahrtskirche zur hl. Notburga** (15.–18. Jh.). Die fromme Magd aus Rattenberg und einzige weibliche Heilige Tirols (1265–1313) gilt als Schutzherrin der Dienstmägde. Im Hochaltar befindet sich ein Glasschrein mit dem stehenden Skelett Notburgas. Kunstvolle Stuckaturen umgeben die Deckenbilder im Langhaus, sie zeigen Episoden aus dem Leben der Heiligen, so das Sichelwunder: Als einst ihr Herr, ein Bauer, Notburga befahl, nach dem Angelusläuten weiterzuarbeiten und sie dadurch an der Andacht hinderte, warf sie mit dem Ausruf »Der Herrgott soll richten zwischen dir und mir« die Sichel in die Luft, wo sie an einem Sonnenstrahl hängen blieb.

◄ Wallfahrtskirche

Vom Ortsteil Maurach führt die gut 2 km lange Rofanseilbahn zur 1834 m hoch gelegenen bewirtschafteten Erfurter Hütte auf dem Mauritzköpfl. Neben den prachtvollen Ausblicken bieten sich auch lohnende Gebirgswanderungen zu anderen Gipfeln.

◄ Mauritzköpfl

Pertisau Rund 5 km nordwestlich von Maurach-Eben liegt am Westufer des Sees der Urlaubsort Pertisau (950 m; 460 Einw.). Von hier lohnt ein Abstecher zum **Steinöl-Schaubergwerk** am Seeberg. Dort wurde bis 1917 der hochwertige Heilölstein für medizinische Zwecke abgebaut.

Achenkirch Die Achenseestraße führt auf einer eindrucksvollen Strecke mit Tunnels und Durchblicken zum Wasser vom Ostufer des Sees nach Norden. Am anderen Ufer stürzt die 2053 m hohe Seekarspitze schroff zum Wasser ab. Das lang gezogene Dorf Achenkirch (930 m; 1900 Einw.) liegt am Nordende des Sees. Sehenswert sind neben den prächtigen alten Bauernhäusern die Pfarrkirche von 1748 und das Heimatmuseum im Sixenhof mit seinen Originalgegenständen früheren bäuerlichen Lebens. Zu den zahlreichen Freizeiteinrichtungen gehört eine Sommerrodelbahn. Rund 9 km nördlich verläuft kurz vor dem Achenpass (941 m) die österreichisch-deutsche Grenze.

✶✶ Admont

M 4

Bundesland: Steiermark
Höhe: 639 m ü.d.M.
Einwohnerzahl: 2900

Admont, mitten in einem weiten Talbecken der Enns gelegen, besitzt als besondere Attraktion die wohl schönste und größte Klosterbibliothek der Welt. Doch das Städtchen wartet nicht nur mit Kultur auf – bei Admont beginnt das »Gesäuse«, der jüngste österreichische Nationalpark.

✶ Benediktinerstift Admont

Die Benediktinerabtei Admont geht auf eine Stiftung der hl. Hemma von Gurk zurück und wurde 1074 vom Salzburger Erzbischof Gebhard gegründet. Sie brannte 1865 bis auf die wertvolle Bibliothek fast völlig ab und wurde in den Folgejahren wieder aufgebaut. Die früheren Höfe hat man zu einem Park umgestaltet. Das Benediktinerstift Admont ist das **älteste bestehende Kloster der Steiermark**, bis heute geistliches, kulturelles und wirtschaftliches Zentrum der Region (Öffnungszeiten: Mitte März bis Anf. Nov. tgl. 10.00 – 17.00 Uhr). Seine Betriebe (Forstwirtschaft, Bau- und Kulturabteilung, Gärtnerei etc.) beschäftigen rund 1000 (weltliche) Mitarbeiter.

Überragt wird die **Kirche** von zwei 70 m hohen Türmen. Der Innenraum ist dreischiffig. Zur Ausstat-

! *Baedeker* TIPP

Virtueller Klosterbesuch

Unter www.stiftadmont.at findet man jede Menge Informationen über das prächtige Benediktinerstift, u. a. alle Veranstaltungen, Ausstellungstipps und sehenswerte Fotogalerien.

Die Bibliothek des Benediktinerstifts Admont gehört zu den schönsten Klosterbibliotheken der Welt.

Stiftskirche

tung gehören eine Immaculata, geschaffen von Martin Altomonte, und eine geschnitzte Weihnachtskrippe (1755). Gestickte Wandteppiche umgeben den Hochaltar, vor dem sich eine Kopie der »Admonter Maria« befindet (1310; Original im Grazer Joanneum).

★★ Bibliothek

Der barocke Bibliothekssaal (72 m lang, 14 m breit) im Ostflügel der Abtei ist der kunsthistorisch wichtigste Teil der Anlage. Bemerkenswert sind die Deckenfresken Altomontes mit Darstellungen der »vier letzten Dinge« (Himmel und Hölle, Tod und Gericht), die überlebensgroßen Statuen der Propheten Moses und Elias sowie der Apostel Petrus und Paulus. Die Bibliothek enthält weit über 100 000 Bände, darunter 1100 Handschriften und 900 Inkunabeln (Drucke bis 1500).

Sammlungen

Im Naturhistorischen Museum des Stifts gibt es neben einer umfassenden Sammlung von Mineralien, Insekten, Vögeln und Säugetieren eine kostbare kunsthistorische Sammlung sowie zeitgenössische Kunst (Öffnungszeiten Bibliothek und Sammlungen: Mitte März bis Anfang Nov. tgl. 10.00 – 17.00 Uhr, sonst n. V. ab 20 Pers.; Tel. 0 36 13/23 12-0).

Umgebung von Admont

Ennstaler Alpen

Die Ennstaler Alpen sind ein dicht bewaldeter, steiler Gebirgszug der Nördlichen Kalkalpen bei Admont mit malerischen Felsformationen. Ihre höchste Erhebung erreichen sie im Hochtor (2372 m). Geübte Kletterer und Bergsteiger finden in dieser Region zahlreiche lohnende Touren.

ADMONT ERLEBEN

AUSKUNFT

Tourismusverband Alpenregion Nationalpark Gesäuse
Hauptstraße 35
A-8911 Admont
Tel. 036 13/211 60 10
Fax 211 60 40
www.alpenregion.cc

ESSEN

► **Erschwinglich**
Zur Ennsbrücke
Hall 300, A-8911 Admont
Tel. 0 36 13/22 91
www.pirafelner.at
In diesem Lokal, das direkt am Ortseingang liegt, wird mit Saisonprodukten der Region gekocht.

★ Nationalpark Gesäuse

Das »Gesäuse« ist ein hochalpines Durchbruchstal zwischen Admont und dem östlich gelegenen Hieflau. Der Name soll das Geräusch ausdrücken, das die Enns bei ihrem Weg durch die hoch aufragenden Felsen erzeugt. 2002 avancierte der eindrucksvollste Teil der Ennstaler Alpen zum Nationalpark. Zwischen Admont und Hieflau haben die Wasser der brausenden Enns auf rund 16 km Länge einen mächtigen Kalkalpenstock durchschnitten. **»Eine Sinfonie aus Fels und Wasser«** wird das Gesäuse daher auch genannt. Egal, wie man diese großartige Landschaft erlebt – vom Auto oder Zug aus, auf einer Wanderung, beim Klettern oder per Rad –, es bleibt auf jeden Fall ein unvergesslicher Anblick.

Schloss Röthelstein

3 km südlich des Marktes Admont liegt an einem Waldhang Schloss Röthelstein (817 m; 17. Jh.), ein Bau mit doppelgeschossigem Laubenhof und einer barocken Schlosskapelle. Die über 300 Gemälde des Schlosses, das im Zweiten Weltkrieg stark beschädigt wurde, hängen heute teils im Kapitelsaal, teils im Museum. Eine Übernachtung im Schloss Röthelstein kann sich heute übrigens jeder leisten: Das Schloss ist eine Jugendherberge.

Wallfahrtskirche Frauenberg

Ursprünglich spätgotisch, wurde die Wallfahrtskirche Frauenberg, 6 km westlich von Admont, im 17. Jh. barockisiert. Im Inneren sind Fresken aus dem Marienleben und ein schöner Kreuzaltar von J. Th. Stammel.

Liezen

Hauptort des steirischen Ennstales ist das 20 km westlich von Admont gelegene Liezen (659 m; 7000 Einw.). In der Pfarrkirche verdienen Gemälde des Kremser Schmidt Beachtung.

Spital am Pyhrn

Über den 945 m hohen Pyhrnpass gelangt man zu dem 16 km nordöstlich gelegenen Ort Spital am Pyhrn (647 m; 2200 Einw.). Neben Wellness-Angeboten bietet Spital eine Barockkirche und ein Felsbildermuseum.

★ Altenburg

P 2

Bundesland: Niederösterreich **Höhe:** 387 m ü.d.M.
Einwohnerzahl: 850

Der kleine Ort Altenburg im ►Waldviertel, rund 30 km nördlich von Krems an der Donau, verdankt seine Bekanntheit dem Benediktinerstift, auch Barockjuwel des Waldviertels genannt.

★ Benediktinerstift

Die üppigen Formen des Bauwerks und seine mächtige, über 200 m lange Ostfront bilden einen ganz eigenen Kontrast zur herben Natur der Umgebung. Durch Plünderungen und Zerstörungen im Dreißigjährigen Krieg wurde das bereits 1144 gegründete Kloster fast vernichtet. Beim Wiederaufbau entstanden die Stiftsbauten in ihrer heutigen Form, innen mit prächtigen Stuckdekorationen im Barock- und Rokokostil. Dem ursprünglich vorhandenen Bau wurden eine Bibliothek, ein Kaisertrakt und ein Marmorsaal angefügt.

★ **Kunstvolle Bibliothek**

Besonders sehenswert ist die farbenprächtige Klosterbibliothek, eine der großartigsten und reichhaltigsten Österreichs. Der Bibliothekssaal ist drei Stockwerke hoch und 48 m lang, die Deckengemälde (das Urteil Salomos, die göttliche Weisheit, das Licht des Glaubens u. a.) stammen von Paul Troger. Unterhalb der Bibliothek befindet sich eine Krypta mit interessanten Fresken, insbesondere grotesken Totentanz-Szenen.

Die **Stiftskirche**, ein ovaler Kuppelraum, wurde 1730–1733 von Josef Munggenast erneuert. Das Kuppelfresko gehört zu den monumentalsten Arbeiten Paul Trogers. Am Hochaltar ist die Himmelfahrt Mariens dargestellt, darüber die hl. Dreifaltigkeit.

In den vergangenen Jahren haben Ausgrabungen das so genannte **»Kloster unter dem Kloster«** freigelegt: Refektorium, Kapitelsaal, Arbeits- und Wohnräume der Mönche, einen Kreuzgang und die romanisch-gotische Veitskapelle (Öffnungszeiten: Palmsonntag bis 1. Nov. tgl. 10.00–17.00 Uhr, Mitte

Stift Altenburg Orientierung

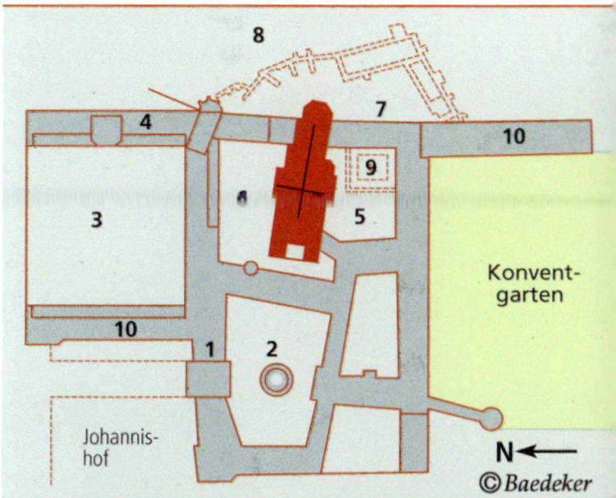

1 Pforte/Klosterladen
2 Prälatenhof
3 Kaiserhof
4 Kaisertrakt
5 Brunngarten
6 Kirchhof
5 Altane
6 Mönchszellen u. Abtshaus (14. Jh.)
7 Kreuzgang (14. Jh.)
8 Bibliothek/ Krypta

ALTENBURG

AUSKUNFT

Gemeinde Altenburg
Zwettlerstraße 16, A-3591 Altenburg
Tel. 0 29 82/27 65 oder 34 51 14
Fax 27 65 16, www.altenburg.at

Juni bis Anf. Sept. bis 18.00 Uhr, Führung »Barockjuwel im Waldviertel« ganzjährig für Gruppen nach Voranmeldung; Tel. 0 29 82/34 51; www.stift-altenburg.at).

Ein akustischer Leckerbissen sind Auftritte der **Altenburger Sängerknaben**, die oft die Gottesdienste mit ihrem Gesang bereichern, wenn sie nicht gerade auf Tournee sind.

Umgebung von Altenburg

Schloss Greillenstein

Das imposante **Renaissanceschloss** Greillenstein (16./17. Jh.) erhebt sich rund 7 km westlich vom Stift Altenburg. Für Geschichts- bzw. Rechtsinteressierte gibt es ein besonderes Schmankerl: Im Anschluss an die Führung wird eine historische mittelalterliche Gerichtsverhandlung in alten Kostümen nachgespielt. Der Vollzug drakonischer Strafen, wie dies in früheren Zeiten durchaus üblich war, ist allerdings nicht zu erwarten (Öffnungszeiten: April – Okt. tgl. 9.30 bis 17.00 Uhr, Nov. bis März ab 5 Personen n. V.; Tel. 0 29 89/808 00).

*** Rosenburg**

Südöstlich von Altenburg liegt malerisch über einem Abhang zur Kamp die Rosenburg. Der reich gegliederte Schlossbau (14.–17. Jh.), bereits im 19. Jh. restauriert und der Öffentlichkeit zugänglich gemacht, besitzt einen prächtigen Turnierhof. Beeindruckend ist vor allem die Bibliothek mit einer reich geschnitzten Kassettendecke und das Vogerlzimmer, dessen Wände mit Vogeldarstellungen geschmückt sind. Die Rosenburg ist **würdiger Rahmen** für sommerliche Schlosskonzerte und Festspiele. Auf kleine Besucher wartet die Märchenwelt, beliebteste Attraktion aber ist die **Falknerei**. Adler, Falken, Eulen und Geier zeigen ihre faszinierenden Flugkünste. Hier wird auch über Artenschutz sowie Geschichte und Entwicklung der Falknerei informiert. Zudem belebt man hier eine alte niederösterreichische Tradition wieder, nämlich die Falknerei zu Pferde, die Jagd mit dem Beizvogel (Öffnungszeiten: April und Okt. Di. – So. 9.30 – 16.30, Mai bis Sept. tgl. bis 17.00, Juli und Aug. bis 18.00 Uhr; Greifvogelvorführungen tgl. 11.00 und 15.00 Uhr; Falknerei zu Pferd in historischen Kostümen siehe unter www.rosenburg.at).

Der Falkner auf der Rosenburg kennt sich auch mit Adlern aus.

Gars

Südlich der Rosenburg trifft man auf Gars (244 m; 3500 Einw.), dessen romantische Burgruine ein Relikt aus der Babenberger-Zeit ist und alljährlich als Schauplatz sommerlicher Opernfestspiele dient. Musik lag hier offenbar schon früher in der Luft: Franz von Suppé war fast 20 Jahre lang als Sommerfrischler zu Gast in Gars und schrieb hier auch seine Operette Boccaccio (Franz-von-Suppé-Gedenkstätte in der Kremser Straße 40).

Horn

Die kleine Stadt Horn (309 m, 8000 Einw.), 6 km nordöstlich von Altenburg, besitzt außer zahlreichen Renaissance- und Barockbauten zwei sehenswerte Museen. Das **Höbarth-Museum** zeigt vorgeschichtliche und heimatkundliche Sammlungen. Es gehört damit zu den Museen des **»Kulturparks Kamptal«**, die die geologischen Besonderheiten sowie die Vor- und Frühgeschichte des Kamptals präsentieren. Im dazugehörigen **Mader-Museum** sind landwirtschaftliche Maschinen und bäuerlicher Hausrat zu sehen (Wiener Str. 4; Öffnungszeiten: Palmsonntag bis 2. Nov. tgl. 9.00 – 17.00 Uhr).

★ Arlberg

D 5

Bundesländer: Tirol und Vorarlberg

Kaum eine andere Region hat so viele Olympiasieger und Weltmeister im Wintersport hervorgebracht wie der Arlberg. Das ganze Massiv wurde mit zahlreichen Bergbahnen und hunderten Liften überzogen, die im Sommer auch von Wanderern genutzt werden.

Wintersportparadies

Der Arlberg, ein Gebirgsstock an der Grenze zwischen Vorarlberg und Tirol, ist mit 1793 m das **höchste Massiv der ►Lechtaler Alpen**. Er bildet sowohl die Wasserscheide zwischen Rhein und Donau als auch die Wetterscheide. Das hat zur Folge, dass im Winter regelmäßig große Schneemengen fallen und rund um den Arlberg mit dem alles überragenden Valluga (2811 m) die bekannten Wintersportorte St. Anton, Lech, Zürs und Stuben entstanden.

Arlbergstraße

Die Arlbergstraße führt vom Rheintal durch das bei ►Bludenz beginnende Klostertal Richtung Osten zum Inntal. Am Arlbergpass erreicht sie eine Höhe von ca. 1800 m.

Flexenstraße

Östlich von Stuben Richtung Norden zweigt die 1895–1900 gebaute Flexenstraße ab und führt über den 1784 m hohen Flexenpass zum Lechtal. Sie ist landschaftlich sehr eindrucksvoll und bietet prächtige Ausblicke auf die Verwallgruppe. Vor Lawinen schützen zahlreiche Galerien die Straße, die in großartigen Windungen an der schroffen Felswand der Stubenbachschlucht vorbeiführt. Die nördliche Zufahrt ist zwischen Warth und Lech im Winter oft geschlossen.

ARLBERG ERLEBEN

AUSKUNFT

Tourismusverband St. Anton
Dorfstr. 8, A-6580 St. Anton
Tel. 0 54 46/2 26 90, Fax 25 32,
www.stantonamarlberg.com

Lech Zürs Tourismus
Dorf 2, A-6764 Lech am Arlberg
Tel. 0 55 83/216 10, Fax 31 55,
www.lech-zuers.at

Lech Zürs Tourismus
Büro Zürs, A-6763 Zürs
Tel. 0 55 83/22 45, Fax 29 82
www.lech-zuers.at

ESSEN

► Fein & Teuer

Goldener Berg
Oberlech 117
A-6764 Lech am Arlberg
Tel. 0 55 83/2 20 50
Mittags ist das Panoramarestaurant auf Skifahrer eingestellt. Abends gibt es Fisch- und Lammspezialitäten.

► Erschwinglich

Arlberg
Dorf 187
A-6764 Lech am Arlberg
Tel. 0 55 83/21 34
In den gemütlichen Gasträumen werden österreichische Küche – z. B. Tafelspitz – mit internationalem Touch sowie leichte Gerichte serviert.

ÜBERNACHTEN

► Luxus

St. Antoner Hof
A-6580 St. Anton am Arlberg
Tel. 0 54 46/29 10
Fax 35 51
www.antonerhof.at
Das stilvolle Tiroler Hotel ist nur fünf Gehminuten von Liften und Bergbahnen entfernt. Neben erlesener Küche erwartet den Gast ein umfangreiches Wellness- und Unterhaltungsangebot.

Baedeker-Empfehlung

Walch's Rote Wand
A-6764 Lech-Zug am Arlberg
Tel. 0 55 83/3 43 50
Fax 34 35 40
www.rotewand.com
Walch's Rote Wand zählt zu den besten Unterkünften am Arlberg mit Sauna, Dampfbad, Beautyfarm, Indoorgolf und einer hervorragenden Küche.

Orte am Arlberg

St. Anton am Arlberg

Eine lange Tradition als Wintersportort hat St. Anton am Arlberg (1284 m). Hier entwickelte Hannes Schneider die Abfahrtsskitechnik der Arlbergschule und Stefan Kruckenhauser das Wedeln. Da der Ort dank des Straßentunnels kaum vom Verkehr tangiert wird, ist eine attraktive Fußgängerzone entstanden. Das Ski- und Heimatmuseum, gleichzeitig Restaurant, erzählt die Geschichte des Arlbergs, des alpinen Skisports und der Erschließung der Arlbergorte (Rudi-Matt-Weg 10; Öffnungszeiten: im Sommer Mi. – So. 12.00 – 18.00, im Winter tgl. 15.00 – 18.00; Restaurant ab 18.00 Uhr).

Ski- und Heimatmuseum ►

✶ Lech am Arlberg

Lech am Arlberg (1450 m; 1400 Einw.), Hauptort des Tannbergs, liegt am Zusammenfluss von Lech und Zürser Bach nördlich des Arlbergs. Vor 100 Jahren gehörte der Ort zu den ärmsten und einsamsten Dörfern Vorarlbergs und war von der Entsiedlung bedroht. Mit dem aufkommenden Skitourismus, der die alte Walsersiedlung entdeckte, kam die Rettung. Heute ist Lech der nobelste Wintersportort Österreichs. Die Pfarrkirche wurde 1390 von den Walsern (aus dem Wallis stammend) im gotischen Stil errichtet und 1791 im Rokokostil umgestaltet. Sehenswert sind die Fresken aus dem 15./16. Jh. im Chorraum und Langhaus sowie zwei große Glocken: Sie mussten 1746 auf dem Kirchplatz gegossen werden, weil man sie auf den Saumwegen nicht transportieren konnte. In dem 1516 erwähnten »Weißen Haus« (Nr. 17) tagte zwischen 1563 und 1806 das aus dem frei gewählten Ammann und zwölf Geschworenen bestehende Walsergericht.

? WUSSTEN SIE SCHON …?

- … dass Luis Trenker in Stuben 1931 sein Drama »Berge in Flammen« drehte? Der Film, ein schlichter Lobgesang auf Alpinismus und Völkerverständigung, brachte ihm den internationalen Durchbruch.

Zürs am Arlberg

Zürs (1730 m; 130 Einw.) ist durch Pistenreviere mit Lech verbunden und hat sich wie dieses zu einem weltbekannten Wintersportort entwickelt. Schneereichtum im Winter – der erste Skikurs Österreichs wurde hier schon 1906 abgehalten – und herrliche Wander- und Tourenmöglichkeiten zur Sommerzeit locken die erholungssuchenden Gäste an.

Stuben am Arlberg

Auch das nach einer mittelalterlichen Wärmestube der Johanniter von Feldkirch benannte Stuben, ein gastliches Dorf am Westhang des Arlbergs (1407 m) ist bei Wintersportlern beliebt.

Umgebung des Arlbergs

Die **Verwallgruppe** (auch »Ferwallgruppe«) baut sich im Norden der Silvretta zwischen Klostertal, Stanzer Tal, ► Montafon und Paznauntalin mehreren, von tief eingeschnittenen Tälern gegliederten Teilgruppen auf. Im Norden stellt der Arlbergpass die Verbindung zu den Lechtaler Alpen und dem Skigebiet am Arlberg her. Kühne Gipfel, von kleinen Gletschern flankiert, steile Wände und Karmulden mit kleinen Seen (Valschavielsee, Versailsee, Blankaseen) sind kennzeichnend für das Gebiet.

Das Arlberg-Gebiet bietet Pisten für Anfänger und Könner.

Bergtouren ► Gut ausgebaute Wege verbinden die Schutzhäuser; die Besteigung der höheren Verwallberge mit ihrem Hauptgipfel, der fünfzackigen Kuchenspitze (3170 m), sowie dem imposanten, 3059 m hohen Patteriol setzt jedoch einige Erfahrung und Übung im Klettern voraus.
Zu den schönsten Skitouren des Verwalls zählt jene, die von Stuben am Arlberg über die Kaltenberg-Hütte (2100 m) auf den Kalten Berg (2900 m) führt.
In der südlichen Verwallgruppe befindet sich die von St. Anton zugängliche Heilbronner Hütte (2320 m). Sie ist eine wichtige Zwischenstation für die beliebte Tour über das Verwall zur Silvretta.

★ Attersee

K/L 4

Bundesland: Oberösterreich **Höhe:** 465 m ü.d.M.

Schon Gustav Klimt fing die flirrenden Reflexe des Wassers und die Schönheit der Uferorte des Attersees in manchen Bildern ein. Mit 171 m Tiefe, 20 km Länge und 2–3 km Breite ist er der größte See des Salzkammerguts und der österreichischen Alpen.

Ein Anblick zum Träumen: der Attersee von Seewalchen aus

ATTERSEE ERLEBEN

AUSKUNFT

Tourismusverband Ferienregion Attersee
Nußdorferstr. 15
A-4864 Attersee
Tel. 0 76 66/77 190
Fax 77 19 19
www.attersee.at

ESSEN

► **Erschwinglich**
Seegasthof Oberndorfer
Hauptstraße 18, A-4864 Attersee
Tel. 0 76 66/7 86 40
www.oberoesterreich.at/oberndorfer
In diesem über 100-jährigen Familienbetrieb schmeckt der frische Fisch aus dem Attersee besonders gut.

Aktivurlaub

Rund um den See gibt es Wassersportmöglichkeiten wie Surfen, Tauchen (mit Sichtweiten bis 30 m!), Segeln und Wasserski, aber auch Tennis, Minigolf, Reiten, Wandern, Drachenfliegen und Paragliding.

Orte am Attersee

Attersee (Ort)

Attersee (1500 Einw.) war im 9. Jh. Kaiserpfalz, im 13. Jh. ließ der damalige Salzburger Erzbischof eine Burg für sich errichten. Aus der ehemaligen Burgkapelle ging die heutige Pfarr- und Wallfahrtskirche **»Maria Attersee«** hervor, ursprünglich gotisch wurde sie von Jakob Pawanger zwischen 1722 und 1728 barockisiert. Den Hochaltar gestaltete Josef Matthias Götz aus Passau. Sehenswert ist auch die spätgotische Laurentiuskirche im Ortsteil Abtsdorf – Hochaltar, Seitenaltäre und Kanzel schuf um 1700 der Bildhauer Meinrad Guggenbichler aus ►Mondsee.

! Baedeker TIPP

Komponistenklause

Um in Ruhe arbeiten zu können, baute sich Gustav Mahler 1894 beim Gasthof Föttinger in Steinbach am Südostufer des Attersees ein Komponierhäuschen. Heute ist eine kleine Gedenkstätte mit Bildern und Dokumenten zu Mahlers Attersee-Aufenthalten eingerichtet (Öffnungszeiten: April–Okt.; Anmeldung im Gasthof, Tel. 0 76 63/81 00).

Ab 1900 verbrachte der Wiener Maler Gustav Klimt etliche Sommerfrischen in dem 4800-Seelendorf **Seewalchen** am Attersee. Er war auch zu Gast in der Villa Paulick, die heute ein kleines Hotel ist. Hier wurde er durch die befreundete Familie Flöge eingeführt – die Wiener Modeschöpferin Emilie Flöge war eines seiner bevorzugten Modelle.

Schörfling

Auf einer malerischen Landzunge steht in Schörfling **Schloss Kammer**, das Gustav Klimt auf mehreren Bildern verewigt hat. Das Schloss ist in Privatbesitz, öffnet seine Pforten aber für Sommerkonzerte.

★ Bad Aussee

L 4

Bundesland: Steiermark
Einwohnerzahl: 5080
Höhe: 650 – 1000 m ü.d.M.

Bad Aussee ist das wirtschaftliche und kulturelle Zentrum im steirischen Teil des Salzkammergutes und die geografische Mitte Österreichs. Der Ort liegt idyllisch ins Tal der Traun zwischen dem Toten Gebirge und dem Dachstein eingebettet.

Traditionsreicher Luftkurort

Seine Entwicklung verdankt es reichen Salzvorkommen, heute profitiert Bad Aussee vom gut ausgebauten Skigebiet. Bezaubernd ist die Gegend im späten Frühling zur Narzissenblüte. Berühmt wurde der Ort im 19. Jh. durch die vom Wiener Hof zunächst missfällig beäugte Liebe des Erzherzogs Johann zur Postmeisterstochter Anna Plochl (1804–1885). Mit Billigung seines kaiserlichen Bruders heiratete er sie 1829. Ab Mitte des 19. Jh.s entwickelte sich das Ausseer Land zur bevorzugten Sommerfrische vor allem der literarischen Avantgarde, eine Art Fortsetzung ist heute der Ausseer Kultursommer.

Sehenswertes in Bad Aussee

Kammerhof

Jahrhundertelang profitierte die Gegend von den reichen Salzvorkommen. Da die Salinen einer ordentlichen Verwaltung bedurften, baute man um 1400 am Chlumeckyplatz das sehenswerte Salzamt, heute Kammerhof genannt, mit dem Heimatmuseum. Es verbindet Elemente der Spätgotik und der Renaissance miteinander und gilt als ältester Profanbau der Steiermark (Öffnungszeiten: April, Mai, Okt. Di. u. Sa. 16.00 – 18.00, Fr. u. So. 10.00 – 12.00 Uhr, Mitte Juni – Sept. tgl. 10.00 – 12.00, 15.00 – 18.00 Uhr, www.badaussee.at).

BAD AUSSEE ERLEBEN

AUSKUNFT

Tourismusverband Ausseerland
Bahnhofstr. 132,
A-8990 Bad Aussee
Tel. 0 36 22/54 04 00
www.ausseerland.at

WANDERN

Der etwa 12 km lange Rundweg Via Artis führt an früheren und heutigen Domizilen verschiedener Künstler vorbei und beginnt bzw. endet im »Künstlerwinkel« des Kurzentrums. Dort sind alle Künstler, die hier lebten und arbeiteten, in einer Ausstellung dokumentiert.

ÜBERNACHTEN

► Komfortabel

Hotel Erzherzog Johann
Kurhausplatz 62, A-8990 Altaussee
Tel. 0 36 22/5 2507, Fax 5 25 07-680
Herzlich und heimilig, traditionell und trendig präsentiert sich das Hotel mit seinem Johann SPA, einer Wohlfühlwelt über den Dächern von Aussee.

Ein Ausflugsboot bringt Besucher auf den sagenumwobenen Toplitzsee.

DER SCHATZ IM TOPLITZSEE

Der kleine, von steilen Felswänden eingefasste Toplitzsee ist seit Kriegsende Gegenstand wilder Gerüchte: Hier sollen 1945 von den Nazis ein sagenhafter Goldschatz und Geheimdokumente versenkt worden sein. Nach aufwändigen Tauchexpeditionen ist das wahre Geheimnis des Bergsees endlich gelüftet.

In der Nacht vom 28. auf den 29. April 1945 fuhren zwei LKWs des nahe gelegenen Konzentrationslagers Ebensee an den Toplitzsee. SS-Männer sprangen ab, luden Kisten in Fischerboote, ruderten auf den See hinaus und kehrten mit leeren Booten ans Ufer zurück. Es entstanden allerlei **Gerüchte und Legenden**: Enthielten die versenkten Kisten Gold und Geheimdokumente? Der »Stern« wollte 1959 Klarheit schaffen: Insgesamt sieben Kisten holte das beauftragte Taucherteam vom Seegrund. Doch die Kisten gaben nur dicke Bündel britischer Pfundnoten preis: **Falschgeld**, mit dem im Krieg der englische Geldmarkt überschwemmt werden sollte. Auch 1963 bargen Taucher nur Behälter voller Blüten. Bei weiteren Expeditionen wurden dann Ausrüstungsgegenstände der deutschen Kriegsmarine und Bomben aus den letzten Tagen des Krieges gefunden.

Die siebte große Tauchexpedition im Juni 2000 förderte außer gefälschten Pfundnoten eine **Blechkiste** zu Tage, in der jede Menge Bierflaschenkapseln mit der Aufschrift »Leider nicht!« lagen. Eine fröhliche Stammtisch-Runde aus Bad Aussee soll 1984 die Kiste nachts im See versenkt haben, um den **Meeresbiologen Dr. Fricke** an der Nase herumzuführen. Doch Fricke war nicht hinter dem Nazi-Schatz her, sondern inspizierte die bisher unerforschten Tiefen des Toplitzsees.

Biologische Sensation

Er entdeckte, dass die Wassertemperatur über dem Grund knapp 6 °C beträgt, während sie bei Alpenseen im Durchschnitt bei 4 °C liegt. Außerdem fehlt im 103 m tiefen See ab ca. 20 m Tiefe der Sauerstoff und Fricke fand in der mehr als 80 m mächtigen, zunehmend salzhaltigen Tiefenschicht teils bis dahin unbekannte Bakterien und Würmer, die **ohne Sauerstoff** auskommen. Mit anderen Worten: In diesem See schwimmen die Fische immer oben, und die auf dem Grund kreuz und quer liegenden Bäume verwittern wegen des Sauerstoffmangels nicht. So ist auch zu erklären, dass die Pfundnoten und andere Funde aus den Tiefen des Bergsees noch relativ gut erhalten sind.

Umgebung von Bad Aussee

✶ **Altausseer See** Wenige Kilometer nördlich liegt zu Füßen des Toten Gebirges der reizvolle Altausseer See. Er lässt sich in 2 Stunden umrunden oder mit dem Ruderboot gemütlich erkunden. Bester Ausgangspunkt ist der hübsche Kurort Altaussee (1900 Einw.).

Salzbergwerk Auf dem Weg zum See liegt das alte Salzbergwerk, wirtschaftliche Grundlage dieser Gegend seit dem 12. Jh. und im Zweiten Weltkrieg bombensichere Lagerstätte für unzählige Kunstschätze, darunter der Genter Altar (Führungen: April tgl. 10.00, 12.00 u. 14.00 Uhr, Mai bis Okt. tgl. 10.00–16.00 Uhr zu jeder vollen Stunde, Nov. bis März Do. 14.00 Uhr). Von Altaussee führt die gewundene Loser **Panoramastraße** hinauf bis auf 1600 m Höhe, wo sich neben dem Bergrestaurant ein herrlicher Blick auf die Gipfel des Toten Gebirges und der Dachsteingruppe bietet.

Loser ►

Seen Nordöstlich von Bad Aussee liegt in einem waldumrahmten Wiesental der **Grundlsee** (709 m), dahinter der sagenumwobene **Toplitzsee** (►Baedeker Special, S. 177). Allerdings förderten diverse Tauchexpeditionen bislang nichts Derartiges zutage. Nur zu Fuß erreichbar ist der dahinter liegende malerische **Kammersee**.

✶ **Totes Gebirge** Das Tote Gebirge, der zweite Hauptgebirgsstock im Salzkammergut, besitzt die größte Hochfläche der Nördlichen Kalkalpen und bietet eines der schönsten Gebirgspanoramen. Es erstreckt sich vom Trauntal im Westen und Süden weit nach Osten mit seinen markantesten und höchsten Erhebungen, die Gipfel des Großen Priel (2514 m) und der 2446 m hohe Spitzmauer. Im Gegensatz zur Großartigkeit der Hochfläche und des Nordabfalls steht die heitere, offene Landschaft im Süden des Gebirges mit Altaus- und Grundlsee.

Bad Mitterndorf Der heilklimatische Kurort Bad Mitterndorf (809 m; 3200 Einw.) ist ein beliebtes Ferienziel. Bootswanderungen auf der auf 5 km gestauten Salza, Mountainbiketouren in der Umgebung, gut präparierte Pisten oder die größte Naturskiflugschanze der Welt am Kulm – hier schlägt das Sportlerherz höher.

Tauplitzalm Die Tauplitzalm (1650 m) hat sich zu einer von zahlreichen Liften erschlossenen Skiregion mit jeder Menge touristischen Einrichtungen entwickelt. Wenige Minuten östlich der Bergstation liegt der malerische Steirer See (1457 m); westlich bringt ein Sessellift Besucher bequem auf den 1964 m hohen Lawinenstein.

Pürgg Bei Pürgg (786 m) liegt vor dem mächtig aufragenden Grimming ein kunsthistorisches Kleinod: die romanische Johanneskapelle. Sie ist mit den mutmaßlich ältesten Fresken im nördlichen Alpenraum, aus der Zeit um 1200, geschmückt.

Das sehenswerte Schloss Trautenfels an der Einmündung ins Ennstal wurde im 13. Jh. als Sperrfestung gebaut und mit imposanten Basteien und Rundtürmen ausgestattet. Im Landschaftsmuseum erfährt man Wissenswertes zur regionalen Kultur- und Naturgeschichte (Öffnungszeiten: Palmsonntag bis Okt. tgl. 10.00–17.00 Uhr).

Schloss Trautenfels

★ Baden bei Wien

Q 3

Bundesland: Niederösterreich
Höhe: 220 m ü.d.M.
Einwohnerzahl: 28 000

Das reizvolle Biedermeier- und Villenstädtchen wurde zwischen 1803 und 1834 Treffpunkt der Wiener Gesellschaft. Nur 30 km südlich von Wien am Ostrand des Wienerwaldes gelegen, verdankte es seinen Aufschwung den regelmäßigen Sommeraufenthalten des Habsburgischen Hofes.

Villenstädtchen und Kurort

Besonders Musikern hatte es Baden angetan: Neben Mozart, Schubert, Carl Maria von Weber und Beethoven, der hier Teile der neunten Symphonie und der Missa Solemnis schrieb, liebten auch Operetten- und Walzerkönige wie Strauß Vater und Sohn, Josef Lanner oder Carl Millöcker seine heiter-beschwingte Atmosphäre.

◄ Schwefelquellen

Schon zur Römerzeit wurde Baden bei Wien als Heilbad geschätzt und soll das bedeutendste Schwefelbad Österreichs sein (Aquae Pannoniae). Die Schwefelquellen erreichen Temperaturen bis 36 °C und die tägliche Schüttung beträgt über 4 Mio. Liter. Mit dem Wasser lassen sich rheumatische Leiden und Gefäßerkrankungen behandeln.

Gesellschaftlicher Mittelpunkt in Baden ist das Spielcasino.

Sehenswertes in Baden bei Wien

Altstadt Am Hauptplatz sieht man außer der barocken Dreifaltigkeitssäule und dem klassizistischen Rathaus von Joseph Kornhäusel auch das vergleichsweise bescheidene Kaiserhaus (1792), von 1813 bis 1834 Sommerresidenz von Kaiser Franz I. Das Stadttheater (1909) am Hauptplatz hat sich besonders der Operette verschrieben. Eine Tafel in der Pfarrkirche St. Stephan (15. Jh.) erinnert daran, dass Mozart sein »Ave verum« für den Chorleiter dieser Kirche komponierte.

Ludwig van Beethoven wohnte wiederholt in der Rathausgasse 10, wo er Teile der 9. Sinfonie schrieb (Öffnungszeiten: Di. – Fr. 16.00 bis 18.00 Uhr, Sa.u. So. 10.00 – 12.00 u. 16.00 – 18.00 Uhr).

Bäderarchitektur Vor allem in der **Biedermeierzeit** entstanden etliche hübsche Bäder, die inzwischen anderweitig genutzt werden, z. B. das Frauenbad (Josefsplatz 5). Heute logiert dort das **Arnulf Rainer Museum**, das dem

BADEN BEI WIEN ERLEBEN

AUSKUNFT

Tourist Information Baden
Brusattiplatz 3
A-2500 Baden bei Wien
Tel. 0 22 52/22 60 06 00,
www.baden.at

BADENER ROSENTAGE

Für Rosenfreunde gibt es im Doblhoffpark eine duftende Attraktion: Im Rosarium blühen und gedeihen rund 25 000 Rosenstöcke in mehr als 600 Arten. Jedes Jahr im Juni zur Zeit der schönsten Blüte dreht sich während der Badener Rosentage zwei Wochen lang alles um die königliche Blume. Vom Duftspaziergang bis zum Rosenball reicht die Palette der Veranstaltungen. Das gesamte Programm ist einzusehen unter www.baden.at oder erhältlich im Tourismusbüro.

ESSEN

► **Erschwinglich**

① ***Restaurant Tsatsiki***
Bezirksstraße 1
A-2500 Baden bei Wien
Tel. 0 22 52/2 28 70
Das griechische Lokal in Saaß bei Baden bietet in einem angenehmen Ambiente besonders leckere, hausgemachte Spezialitäten (Mezes).

ÜBERNACHTEN

► **Luxus**

① ***Grand Hotel Sauerhof***
Weilburgstraße 11
A-2500 Baden bei Wien
Tel. 0 22 52/41 25 10, Fax 4 36 26
www.sauerhof.at
Das prachtvolle Biedermeier-Palais im Herzen der Kurstadt sah schon viele illustre Gäste, darunter die Dichter Franz Grillparzer und Friedrich Schlegel.

② ***Hotel Schloss Weikersdorf***
Schlossgasse 9–11
A-2500 Baden bei Wien
Tel. 0 22 52/48 30 10; Fax 48 30 11 50
www.hotelschlossweikersdorf.at
Elegantes Hotel im Doblhoffpark. Sein Gourmetrestaurant verwöhnt mit österreichischen Spezialitäten, im historischen Schlosskeller kann man die Weine der Region verkosten.

Baden bei Wien Orientierung

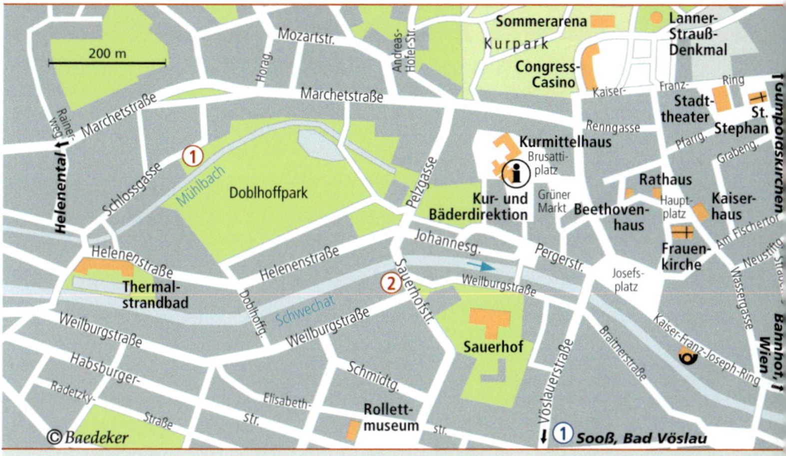

Essen
① Tsatsiki, Sooß

Übernachten
① Grand Hotel Sauerhof
② Hotel Schloss Weikersdorf

in Baden geborenen und international anerkannten Künstler gewidmet ist und seine Werke präsentiert (Öffnungszeiten: Do. – Mo. 10.00 – 18.00 Uhr, Mi. 10.00 – 20.00 Uhr). Sehenswert sind außerdem das Johannesbad (Johannesgasse 12–14) als »Theater am Steg«, oder das Leopoldsbad (Brusattiplatz 3), in dem die Touristinformation sowie die Kur- und Bäderdirektion logieren.
Ebenfalls sehen lassen können sich die neuen Bäder: Das Thermalstrandbad (Helenenstraße 17–19), im schönsten Jugendstil erbaut, bietet neben vielen Spiel- und Sporteinrichtungen einen riesigen Sandstrand! Die biedermeierliche Römertherme (Brusattiplatz 4) wird von einem modernen Glasdach überspannt. Im Hotel Sauerhof (Weilburgstraße 11–13) wohnten schon Grillparzer und Beethoven damals allerdings ohne Wellness-Angebot.

Am Anfang des Kurparks trifft man auf das prachtvoll gestaltete **Casino Baden**. Im Park erinnern Denkmäler an bedeutende Gäste, etwa der Beethoventempel (1926), die Grillparzerbüste (1899) und die Bronzegruppe (1912) der Komponisten Joseph Lanner und Johann Strauss. Die Sommerarena, ein Jugendstilbau mit beweglichem Glasdach, ist nostalgischer Schauplatz von Operettenaufführungen.

Rollettmuseum

Im Rollettmuseum werden umfangreiche Sammlungen prähistorischer und römischer Fundstücke präsentiert. Skurril ist die Schädelsammlung des Anatomen Josef Gall (1758–1828) am Weikersdorfer Platz 1 (Öffnungszeiten: Mi. – Mo. 15.00–18.00 Uhr).

Bludenz

C 5

Bundesland: Vorarlberg
Einwohnerzahl: 14 000
Höhe: 588 m ü.d.M.

Die Vorarlberger Bezirkshauptstadt Bludenz ist von einer wundervollen Bergkulisse umgeben. Sie entwickelte sich vom einstigen Silberbergbau-Zentrum zum heutigen wirtschaftlichen Mittelpunkt des Vorarlberger Oberlandes.

Vorarlberger Wirtschaftszentrum

Bludenz erstreckt sich 60 km südlich von Bregenz an der Ill, dem Schnittpunkt der fünf Täler ► Montafon, Brandner Tal, Klostertal, Walgau und Großes Walsertal. Mit dem Bau der Arlbergbahn im Jahr 1884 begann der wirtschaftliche Erfolg der Stadt, heute prägen Handel, Gewerbe, Textil-, Schokolade- und Bierindustrie das Bild. Man erreicht von Bludenz aus schnell die bekanntesten Skigebiete in der Umgebung: Brandnertal, Montafon, Klostertal und Arlberg.

BLUDENZ

AUSKUNFT

Bludenz Tourismus
Werdenbergerstraße 42
A-6700 Bludenz
Tel. 0 55 52/6 36 21-260, Fax -1261
www.bludenz.at

ESSEN

► **Preiswert**

Gasthof Sonne
Jagdbergstr. 29
A-6721 Thüringerberg
Tel. 0 55 50/24 19
Ein Besuch dieses Gasthofs lohnt sich schon wegen der herrlichen Aussicht auf die Bergwelt im Großen Walsertal.

Sehenswertes in Bludenz und Umgebung

Urkundlich wurde Bludenz erstmals 830 erwähnt. Die Stadt verfügt über eine **altertümliche, eng gebaute Altstadt** mit einer mittelalterlichen Stadtbefestigung, zwei erhaltenen Stadttoren und barocken Stadthäusern. Südländisch anmutende Laubengänge laden zum Bummeln ein. Wer Lust hat, sich Stadt und Umgebung von oben anzusehen, kann mit einer Seilbahn auf den »Sonnenbalkon« Muttersberg (1412 m) nördlich über dem Ort hinauffahren.

St. Laurentius ►

Wahrzeichen der Stadt ist die Pfarrkirche St. Laurentius (1491–1514) mit 50 m hohem Turm und Zwiebelhaube. Von der Innenausstattung des einschiffigen Baus mit Sternrippengewölbe im Chor sind besonders zwei Bilder beachtenswert, auf denen die Heimsuchung und Vermählung Mariens dargestellt sind.

Brandner Tal

Südwestlich der Stadt Bludenz erstreckt sich ca. 12 km lang das Brandner Tal. Das Bergdorf Brand (1037 m; 650 Einw.), Luftkur- und Wintersportort, gilt als touristischer Mittelpunkt des ►Rätikon.

Die Straße führt durch eine landschaftlich reizvolle Szenerie 6,5 km bergan über Innertal und die Schattenlagant-Alpe zur Talstation der Lünerseebahn (1565 m). Bei der Neuen Douglass-Hütte (1979 m) liegt die Bergstation am 1,5 km langen **Lüner See**, der als Speicherbecken für die Illwerke dient. In drei Stunden kann man von hier zur **Schesaplana** aufsteigen (2965 m), dem höchsten Gipfel des Rätikon.

! *Baedeker* TIPP

»Köstliche Kiste«

Kulinarische Spezialitäten von Bauernhöfen aus dem Biosphärenpark, verpackt in einer Holzkiste und versehen mit dem griffigen Namen »Köstliche Kiste« – wer würde da nicht gerne zugreifen? Erhältlich ist die Kiste im Lädle der Erlebnissennerei in Sonntag-Boden (Öffnungszeiten: tgl. 8.30–12.00 und 14.30–18.00 Uhr, Mi. u. Sa. nur vormittags, Tel. 0 55 54/55 64).

✶ Großes Walsertal

Das Große Walsertal nördlich von Bludenz zählt zu den schönsten Hochgebirgstälern Österreichs. Seit November 2000 ist das dünn besiedelte Tal ein von der UNESCO anerkannter Biosphärenpark.

Braunau am Inn

K 3

Bundesland: Oberösterreich
Höhe: 352 m ü.d.M.
Einwohnerzahl: 17 350

Bis heute leidet Braunau darunter, Geburtsstadt von Adolf Hitler zu sein. Doch die alte Handelsstadt mit langer Geschichte und schönem, altem Ortskern geht mit diesem schweren Erbe aktiv um: Sie hat eine Stätte der Begegnung und Versöhnung geschaffen.

Historische Handelsstadt

Braunau am rechten Innufer ist mit der gegenüberliegenden bayerischen Stadt Simbach durch eine Brücke verbunden. 1220 erstmals urkundlich erwähnt und 1260 zur Stadt erhoben, besaß sie im Lauf ihrer Geschichte diverse Handelsprivilegien. Die Bürger brachten es zu einem gewissen Wohlstand, der an der **schmucken Altstadt** sichtbar wird.

BRAUNAU AM INN

AUSKUNFT

Tourismus Braunau
Stadtplatz 2, A-5280 Braunau am Inn
Tel. 0 77 22/6 26 44, Fax 6 26 44 14
www.braunau.at

Sehenswertes in Braunau

Schöne Bürgerhäuser aus dem 16. und 17. Jh. sowie Reste der mittelalterlichen Stadtbefestigung bezeugen die einstige Bedeutung der Stadt als Handelszentrum. Am Stadtplatz steht der alte Salzburger Torturm mit einem Glockenspiel, östlich davon der Stadtturm, der noch aus der Gründungszeit von Braunau stammt.

St. Stephan Der mächtige, 96 m hohe Turm der Pfarrkirche St. Stephan, 1439 bis 1466 errichtet, ist der **dritthöchste Kirchturm Österreichs** und das Wahrzeichen von Braunau. Als Hauptbaumeister der dreischiffigen gotischen Kirche gilt Stephan Krumenauer. Beachtenswert sind u. a. die Kanzel und in der fünften Kapelle links vom Chor der »Bäckeraltar« aus dem 16. Jh. An den Außenmauern findet man eine Vielzahl von Grabsteinen, darunter ein Epitaph des einstigen Stadthauptmannes Hans Staininger, der wegen seines rund 2 m langen Bartes berühmt war. Die Behauptung, er habe bei einem Stadtbrand vergessen, die lockige Pracht aufzuwickeln, sei darüber gestolpert und habe sich das Genick gebrochen, ist allerdings nicht bewiesen.

Auf Stainingers Lockenpracht wäre sogar Samson neidisch gewesen.

Bart, Adels- und Wappenbrief befinden sich im **Bezirksmuseum**, das auch die Heimatstube der Donauschwaben, volkskundliche Sammlungen, eine Fischerstube, eine Bäckerei sowie eine Glockengießerwerkstatt beherbergt. Diese Glockengießerei befand sich hier nachweislich bereits im Jahre 1385 (Johann-Fischer-Gasse 18 – 20; Öffnungszeiten: Mai – Aug. Di. – Sa. 13.00 – 17.00, So. 14.00 – 16.00, Juli u. Aug. auch 10.00 – 12.00 Uhr). Der andere Teil des Stadtmuseums logiert in unmittelbarer Nähe des Hauses Altstadt 10.

Der anschließende **Palmpark** bekam seinen Namen nach dem Nürnberger Buchhändler Johannes Palm (geb. 1766; Bronzestandbild), der 1806 von einem französischen Militärgericht in Braunau zum Tode verurteilt und erschossen wurde: Er hatte eine patriotische Schrift verfasst und verbreitet. An die Exekution erinnert eine Gedenktafel am Haus Salzburger Straße Nr. 19.

Mahnmal vor Hitlers Geburtshaus Vor dem Geburtshaus Hitlers in der Salzburger Vorstadt steht ein aus Mauthausener Stein gehauenes Mahnmal für die Opfer des NS-Regimes.

Umgebung von Braunau

Ranshofen Ranshofen, 4 km südlich gelegen, wurde von keinem Geringeren als Karl dem Großen zur Kaiserpfalz erhoben. 898 stiftete Kaiser Arnulf die St.-Pankraz-Kapelle, das 1125 gegründete und 1811 aufgehobene Augustinerstift sorgte für die Errichtung einer Klosterkirche, die Ende des 17. Jh.s aufs Schönste barockisiert wurde.

Nördlich von Braunau erstreckt sich über 55 Flusskilometer das einzigartige Europareservat Unterer Inn, Rastplatz riesiger Vogelzüge im Frühjahr und Herbst, Refugium für eine Vielzahl seltener Schmetterlinge, Äskulapnatter und Biber. Das Bayerisch-Österreichische Infozentrum »Europareservat Unterer Inn« in Ering auf der deutschen Seite bietet auch geführte Wanderungen an (Öffnungszeiten: Mitte März – Okt. Di. – Sa. 10.00 – 12.00 und 13.00 – 17.30, So. 13.00 bis 16.00 Uhr; Gruppenführungen n. V. unter Tel. 085 73 / 13 60).

Europareservat Unterer Inn

★ Bregenz

C 4/5

Bundesland: Vorarlberg
Einwohnerzahl: 29 000
Höhe: 395 m ü.d.M.

Bregenz besticht durch seine wunderschöne Lage. Geöffnet zum Bodensee und umgeben von eindrucksvollen Bergen ist es ein Touristenmagnet – nicht zu vergessen seine Bedeutung für Freunde der klassischen Musik. Jeden Sommer pilgern sie zu den Bregenzer Festspielen und genießen die Aufführungen auf der Seebühne.

Festspielstadt am Bodensee

Die Hauptstadt und zweitgrößte Stadt des Bundeslandes Vorarlberg liegt auf einem in Terrassen zum See abfallenden Plateau zu Füßen des Pfänders. Seit 15 v. Chr., als die Römer die keltische Siedlung Bri-

Eines der eindrucksvollsten Bühnenbilder der Bregenzer Seefestspiele entstand für die Oper »Der Maskenball« von Giuseppe Verdi.

gantium eroberten und in der Folgezeit daraus eine Handels- und Verkehrsmetropole machten, war Bregenz für die Bodenseeschifffahrt ein **bedeutender Hafenplatz**. Im Mittelalter begründete der Holzhandel einen gewissen Wohlstand, nach dessen Niedergang der Kornhandel. Neuer wirtschaftlicher Aufschwung setzte 1884 mit der Eröffnung der Arlbergbahn, dem Beginn der österreichischen Dampfschifffahrt auf dem Bodensee und der systematischen Industrialisierung ein. Seit 1860 Sitz des Landtages von Vorarlberg, avancierte die Stadt am Bodensee 1923 schließlich zur Landeshauptstadt. Bregenz ist ein wichtiger Verkehrsknotenpunkt im Dreiländereck Deutschland–Österreich–Schweiz.

Alt und Neu Hier begegnen sich Vergangenheit und Gegenwart: Die Unterstadt, aus der vereinzelt weiße Hochhäuser in den Himmel ragen, wird be-

BREGENZ ERLEBEN

AUSKUNFT

Bregenz Tourismus
Rathausstr. 35 A, A-6900 Bregenz
Tel. 0 55 74/4 95 90, Fax 49 59 59,
www.bregenz.at

KULTUR IM SOMMER

Seit 1946 sind die Bregenzer Festspiele fester Bestandteil der internationalen Musiktheaterwelt und ziehen jedes Jahr im Juli/August Hunderttausende von Besuchern aus dem In- und Ausland an. Karten und Infos unter: www.bregenzerfestspiele.com

ESSEN

► **Erschwinglich**

① ***Burgrestaurant Gebhardsberg***
Gebhardsberg 1, A-6900 Bregenz
Tel. 0 55 74/4 25 15
Weite Aussicht von der Burg auf dem Gebhardsberg. Die Küche bietet dem Gast gute regionale Gerichte: Puten aus dem Bregenzer Wald und Fisch aus dem Bodensee.

► **Preiswert**

② ***Gasthaus Maurachbund***
Maurachgasse 11, A-6900 Bregenz
Tel. 0 55 74/4 40 20
Die rustikale und doch elegant wirkende Gaststube überzeugt mit freundlichem Service und ausgezeichneten Gerichten. Spezialitäten: Bodenseefelchen-Filet und Maurachgässer Pfanne.

ÜBERNACHTEN

► **Luxus**

① ***Deuringschlössle***
Ehreguta-Platz 4, A-6900 Bregenz
Tel. 0 55 74/4 78 00, Fax 4 78 00 80
www.deuring-schloessle.at
Das Hotel liegt in der Bregenzer Oberstadt. Wer auf der Terrasse frühstückt, kann gerade noch einen Blick auf die berühmte Bregenzer Seebühne werfen. Der Küchenchef zählt zu den besten Vertretern der neuen österreichischen Küche.

► **Günstig**

② ***Hotel Deutschmann***
Rheinstraße 83 a, A-6900 Bregenz
Tel. 0 55 74/6 77 40, Fax 67 74 12
www.deutschmann-bregenz.at
Das komfortable, gediegene Hotel in Zentrumsnähe veranstaltet auch Spezialprogramme für Gruppen und Gesellschaften.

Bregenz Orientierung

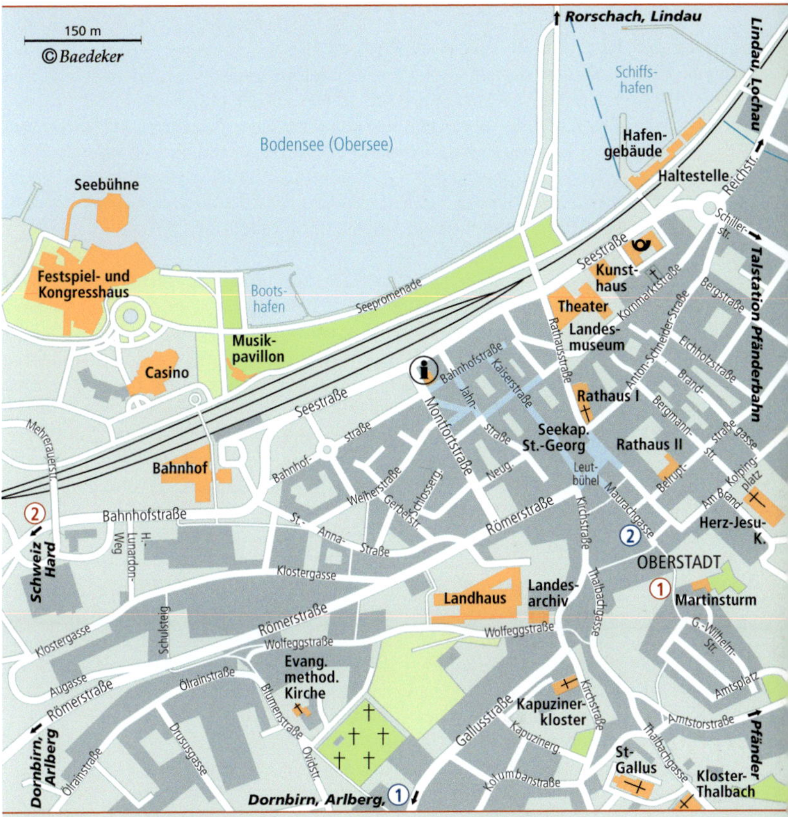

Essen

① Burgrestaurant Gebhardsberg
② Gasthaus Maurachbund

Übernachten

① Deuringschlössle
② Hotel Deutschmann

herrscht von dem modernen Festspiel- und Kongresshaus am Ufer sowie dem im Zentrum gelegenen Kunsthaus. Im Gegensatz dazu versteckt sich die ruhige, romantische Oberstadt mit ihrem historischen Altstadtkern, ihren drei Gassen und hübschen Fachwerkhäuschen hinter Baumkronen und nur die Zwiebelkuppel des Martinsturms ist von weitem zu erkennen. Die Uferanlagen mit herrlichem Blick auf den See laden zum Flanieren, Radfahren und Inline-Skating ein, die Schiffe zu Ausflügen auf den Bodensee. Südliches Flair strahlt das Zentrum mit seinem Einkaufsviertel und Märkten sowie teils verkehrsberuhigten Geschäftsstraßen aus.

Sehenswertes in Bregenz

Uferanlagen und Seepromenade

Schon 1888 wurden entlang des Bodenseeufers weitläufige Parkanlagen geschaffen, vom Zentrum der Unterstadt durch Bahngleise und die städtische Hauptverkehrsstraße abgetrennt. Im Osten ist der Schiffshafen Ausgangspunkt von Ausflugs- und Kursschifffahrten auf dem Bodensee. Westlich gibt es einen Bootsverleih und vor dem Musikpavillon zuweilen ein heiteres Promenadenkonzert. Etwas weiter stößt man auf das Spielcasino und das ausgedehnte Sport- und Freizeitareal mit Hallenbad, Sport- und Motorboothafen.

✶ **Festspiel- und Kongresshaus mit Seebühne**

Am Bodenseeufer steht das Festspiel- und Kongresshaus, ein mehr funktionaler als ästhetisch schöner Bau (1992–1997). Die vorgelagerte schwimmende Seebühne ist jedes Jahr Schauplatz für das »Spiel auf dem See« der **Bregenzer Festspiele**. Begonnen hat die Geschichte der Seebühne im Jahre 1946 auf zwei Kieskähnen im Bregenzer Gondelhafen. Fundament der heutigen Seebühne, die als größte der Welt auch im Guinness-Buch der Rekorde verzeichnet ist, sind 200 Pfähle. Über 400 Menschen bevölkern während der Opern-, Operetten-, Musical- und Ballettaufführungen die Bühne, fast 7000 Zuschauer finden auf der Tribüne Platz.

Unterstadt

Den Mittelpunkt der neueren Unterstadt bildet der **Kornmarktplatz**, früheres Zentrum des Getreidehandels. Heute findet hier dienstags und freitags ein Obst- und Gemüsemarkt statt. Zwischen Kornmarkttheater und dem im klassischen »Schönbrunner Gelb« erstrahlenden »Kaiserlich-Königlichen Postgebäude« (1895) steht das Kunsthaus Bregenz, an der Nordseite des Platzes das Vorarlberger Landesmuseum. Die Rokoko-Rundkapelle St. Nepomuk (1757), nordöstlich an der Kornmarktstraße gelegen, ist dem hl. Johannes von Nepomuk, Schutzpatron der in Wassernot Geratenen, geweiht.

✶ **Kunsthaus Bregenz**

1997 wurde das Kunsthaus Bregenz (KUB) eröffnet, konzipiert vom Schweizer Architekten Peter Zumthor. Der **»gläserne Kubus«** wirkt, von außen betrachtet, wie ein Leuchtkörper, der das sich verändernde Licht des Himmels und des Sees in sich aufnimmt und je nach Tageszeit, Witterung und Blickwinkel zurückstrahlt. Wechselnde Ausstellungen widmen sich der zeitgenössischen Kunst mit den Schwerpunkten Bildende Kunst, Architektur und Design (Öffnungszeiten: Di. – So. 10.00–18.00, Do. bis 21.00 Uhr).

✶ **Vorarlberger Landesmuseum**

Das Vorarlberger Landesmuseum, 1857 gegründet, befindet sich seit 1905 im Gebäude am Bregenzer Kornmarktplatz. Das 1960 letztmalig umgebaute Museum erfährt bis 2013 eine architektonische Neugestaltung. So werden die vielfältigen Exponate des Museums 2013 zwar am alten Standort aber in einem modernen, doppelt so großes Haus zu sehen sein: Das neue Museumskonzept wird den veränderten Anforderungen des 21. Jh.s Rechnung tragen.

Bis 2013 geschlossen ►

Durch die Rathausstraße mit dem Rathaus (1686 als Getreidespeicher errichtet, seit 1810 Rathaus) kommt man zum Leutbühel, schon früher Marktplatz und Verkehrsknotenpunkt. Das Alte Rathaus von 1662 in der Oberstadt wird heute als Wohnhaus genutzt.

★ **Oberstadt**

Über die kopfsteingepflasterte Maurachgasse gelangt man zum unteren, wappengeschmückten Stadttor der einst befestigten Oberstadt (Altstadt). Hier befand sich früher die keltische und später die ummauerte römische Stadt Brigantium. Der **Martinsturm** (1599–1602) ist das Wahrzeichen der Stadt. Seine barocke, mit Holzschindeln bedeckte Zwiebelhaube gilt als größte Mitteleuropas und bietet einen herrlichen Blick auf die Stadt und den Bodensee. Im oberen Turmgeschoss ist eine militärgeschichtliche Sammlung untergebracht.

Licht- und Schattenspiele am Bregenzer Kunsthaus

Gleich nebenan befindet sich der **Ehregutaplatz**, benannt nach der sagenhaften Stadtretterin. Als 1407 in den Appenzeller Kriegen (1403–1408) Bregenz von Schweizern belagert wurde, soll die Bettlerin Guta den geplanten Angriff der Belagerer belauscht haben. Rechtzeitig konnte sie die Bregenzer warnen und so die Stadt retten. Noch bis in die 1920er-Jahre rief der Stadtwärter vom Martinsturm täglich um 19.00 Uhr die Worte »Ehret die Guta« als Schutz für die Stadt.

Südwestlich, jenseits vom Thalbach, liegt das **Kapuzinerkloster** mit der Kapuzinerkirche von 1636, im 18. Jh. um eine Josephskapelle erweitert. Bis vor wenigen Jahren lebten hier noch Kapuzinermönche.

Die Pfarrkirche **St. Gallus** ist ein einfacher gotischer Bau (14./15. Jh.; um 1740 erweitert) mit spätbarocker Innenausstattung der Vorarlberger Bauschule. Sie gilt als besonders schönes Beispiel für den Bodenseebarock. Auf dem Altarblatt »Anbetung der Könige« trägt eine der Hirtinnen die Züge der österreichischen Kaiserin Maria Theresia.

Umgebung von Bregenz

Kloster Mehrerau

In idyllischer Lage nahe am Bodensee befindet sich westlich das 1094 gegründete, mehrfach zerstörte Zisterzienserkloster Mehrerau, mit neuromanischer, 1961–1964 umgestalteter Kirche. Die Anlage ist immer noch im Besitz des Zisterzienserordens und beherbergt heute eine Internatsschule, ein Sanatorium, einen Landwirtschafts- und den Gastronomiebetrieb »Klosterkeller«.

Gebhardsberg Etwa 3 km südlich von Bregenz erhebt sich der 600 m hohe Gebhardsberg. Hier finden sich die Reste der Burg Hohenbregenz, die 1647 von den Schweden zerstört wurde, und eine Wallfahrtskapelle aus dem 18. Jh. mit Fresken um 1900. Von der Terrasse des Burgrestaurants bietet sich ein herrlicher Blick auf Bregenz, den Bodensee und das Rheintal. Lohnend ist der Abstieg südlich auf dem »Ferdinand-Kinz-Weg«.

✶ Pfänder Den schönsten Blick auf Bregenz, den Bodensee sowie die nahe und ferne Bergwelt hat man vom **Hausberg der Bregenzer** und der höchsten Erhebung am Bodensee, dem 1064 m hohen Pfänder. Mit einer Kabinenseilschwebebahn gelangt man in wenigen Minuten auf den Berg. Die Talstation mit dem liebevoll gestalteten »Pfänderbahn Museum« ist mit dem Stadtbus Linie 1, Haltestelle Pfänderbahn, erreichbar und gut 5 Gehminuten vom Hafen bzw. 15 vom Bahnhof entfernt. Auch von Lochau führt eine schmale Straße über Haggen auf den Berg hinauf. Bei der Bergstation der Schwebebahn (1022 m) befinden sich das Berghaus Pfänder mit Restaurant, nebenan eine Adlerwarte mit Greifvogel-Flugschau und ein **Alpenwildpark**. In etwa fünf Minuten erreicht man von hier den Gipfel. Auf dem Rundwanderweg mit Waldlehrpfad kann man in 30 Minuten alpenländische Wildtiere, darunter Alpensteinböcke, Hirsche, Mufflons und Murmeltiere beobachten. Der Abstieg geht in 45 Minuten über Haggen nach **Lochau** oder in ca. 3 Stunden von der Pfänder-Bergstation bis hinab zum Bodensee.

! *Baedeker* TIPP

Zigarrenfreaks willkommen

Im Lochauer Traditionswirtshaus Messmer (Landstraße 3, A-6911 Lochau, ausgezeichnete Küche, tolles Weinangebot) gibt es einen begehbaren Humidor, wo die besten Zigarren verwahrt werden. Zigarrenraucher können ganz nobel in einem Vorraum ihrer Leidenschaft frönen (www.wirtshaus-messner.at).

✶ Bregenzer Wald

C/D 4/5

Bundesland: Vorarlberg **Höhe:** 398 – 2090 m ü.d.M.

Rund ein Viertel von Vorarlbergs Landesfläche bedeckt der Bregenzer Wald. Allerdings straft der Name Lügen, denn allzu viele Bäume gibt es wegen Rodung hier nicht mehr – gerade mal ein Viertel der Gesamtfläche dieser Region ist heute noch bewaldet.

Sonnenterrassen und Hochgebirge Der Bregenzer Wald bzw. Bregenzerwald bildet den Nordteil der Vorarlberer Alpen und steigt vom Bodensee zum ►Arlberg an. Im nördlichen Teil, der vom Pfänderstock bei Bregenz bis zum Hochälpele bei Bezau reicht, zeigt er sich sanft hügelig mit weit zerstreuten, auf »Sonnenterrassen« gelegenen Siedlungen. Sein südlicher Teil hingegen weist Hochgebirgscharakter mit steilen Felsen auf, dazwischen liegen die breiten Auen von Bezau bis Schoppernau. Tief eingeschnitten zieht sich das Tal der Bregenzer Ache vom Hochtannberg bis zum Bodensee bei ► Bregenz hin. Von diesem Tal aus erreicht man idyllische Bauerndörfer und zahlreiche Wandergebiete.

◄ Feuchtes Klima

Durch die räumliche Öffnung nach Norden ist der Bregenzer Wald ozeanischen Klimaeinflüssen ausgesetzt, weshalb er mit die höchsten Niederschlagsmengen von ganz Österreich hat. Im Winter fällt hier viel Schnee, der allerdings wegen der verhältnismäßig geringen Höhe (500–2000 m) oft rasch wieder verschwindet.

Urlaubsorte und Ausflugsziele im Bregenzer Wald

Alberschwende

Alberschwende (2500 Einw.) ist das **»Eingangstor zum Bregenzer Wald«**. Hier wurde Hermann Gmeiner, Begründer der weltweit verbreiteten SOS-Kinderdörfer, geboren. Wahrzeichen des Dorfes ist die fast tausendjährige Dorflinde bei der katholischen Pfarrkirche.

Lingenau

Etwa 4 km östlich von Alberschwende liegt Lingenau (1400 Einw.), die Blumengemeinde im Bregenzer Wald und ein idealer Sommer- und Winterferienort mit Kur- und Gesundheitscenter. Die in besonders reinem Barockstil aus Quelltuffstein errichtete St.-Anna-Kapelle (1722; 1968 renoviert) besitzt schöne farbige Kirchenfenster mit Darstellungen verschiedener Heiliger.

Hittisau

Einen Kilometer weiter zweigt eine Straße über die 88 m hohe Lingenauer Brücke in das Nebental von Hittisau ab. Sehenswert ist die zum Museum umgebaute, noch funktionstüchtige Sennerei (Besichtigung nach Voranmeldung: Tel. 0 55 13/62 09-50).

◄ Frauenmuseum

Im Juli 2000 wurde im neuen Feuerwehrhaus **Österreichs erstes Frauenmuseum** eröffnet. Die Initiatorin und Museumsleiterin Elisabeth Stöckler begründete die Eröffnung im als konservativ geltenden Bregenzer Wald damit, dass schließlich die »starken Frauen aus dem Bregenzer Wald«, wenn die Männer im Sommer zur Saisonarbeit das Gebiet verließen, die harte Arbeit in der Landwirtschaft allein bewältigten. Gezeigt werden Wechselausstellungen zu sozial- und kulturgeschichtlichen Themen unter regionalen und nationalen Aspekten (Öffnungszeiten: 30. Mai – 31. Okt. Do. 15.00 – 20.00, Fr. 15.00 bis 17.00, Sa. u. So. 10.00 – 12.00, 14.00 – 17.00 Uhr).

Talaufwärts folgt **Egg** (3500 Einw.), Wirtschaftszentrum der Region und ein **Ausgangspunkt für schöne Wanderungen**. Das in der alten Volksschule untergebrachte Heimatmuseum ist das älteste des Landes Vorarlberg, mit vielen Exponaten aus den Bereichen Landschaft, Sitte,

BREGENZER WALD

AUSKUNFT

Bregenzerwald Tourismus
Gerbe 1135, A-6863 Egg
Tel. 0 55 12/23 65
www.bregenzerwald.at

Wie eine versteinerte Welle wirkt dieser Berg bei Schoppernau im Bregenzer Wald.

Brauchtum und Wohnkultur. Besonders umfangreich ist die Präsentation der Bregenzwälder Tracht (Öffnungszeiten: Juni/Juli Mi., Sa. u. So. 15.00–17.00 Uhr, Aug. bis Okt. Mi. u. Sa. 15.00–17.00 Uhr).

Schwarzenberg Etwa 4 km südwestlich von Egg liegt Schwarzenberg (1700 Einw.), mit seinem malerischen Dorfkern und 250 Jahre alten Häusern eines der schönsten Wälderdörfer. Viel besucht ist die barocke Pfarrkirche: Die Apostelbilder und das Hochaltarbild wurden von der **Malerin Angelika Kauffmann** (1741–1807) angefertigt, der der Dichterfürst Goethe ein »unglaubliches Talent« bescheinigte. Auch das Heimatmuseum widmet sich der berühmten Schwarzenbergerin, der »vielleicht kultiviertesten Frau Europas« (Herder). Tatsächlich hielt sie sich nur zweimal einige Wochen hier auf, ansonsten lebte sie in London und Rom, fühlte sich aber zeitlebens ihrer Heimat verbunden. Dank der Schubertiade, eines jährlichen musikalischen Programms mit dem Themenschwerpunkt Franz Schubert, ist der Ort weit über seine Grenzen hinaus bekannt geworden.

Bezau Bezau (2000 Einw.), Hauptort des Bregenzer Waldes, ist die Heimat der Baumeisterfamilie Thumb: Michael († 1690) sowie seine Söhne Christian († 1726) und Peter (1681–1766), der die Wallfahrtskirche Birnau geschaffen hat. Der Bahnhof war von 1902–1980 Endstation des von Bregenz herführenden »Wälderbähnle«, das heute als Museumsbahn zwischen Bezau und Bersbuch verkehrt.

Größte Attraktion der südöstlich von Bezau gelegenen »Erlebnis- und Sportgemeinde« Bizau (1000 Einw.) ist die **Sommerrodelbahn**, die als die längste der Welt gilt: 1650 m lang mit 70 Kurven. Eine weitere Sehenswürdigkeit ist die 1,5 km lange Schneckenlochhöhle, größte und bekannteste Karsthöhle Vorarlbergs mit Tropfsteinen, unterirdischem See, Fledermäusen etc. (Besichtigung nur mit Führung Juli u. Aug.; Tel. 0 55 14/21 29). **Bizau**

Talaufwärts erreicht man den Geburts- und Wohnort von Vorarlbergs bedeutendstem Dichter des 19. Jh.s, Franz Michael Felder (1839–1869). Er machte auch als kritischer Zeitgenosse und Sozialrevolutionär von sich reden. In der Dichterstube des Gemeindeamtes sind Briefe und Dokumente über sein Leben und Schaffen ausgestellt. (Öffnungszeiten: Mo. – Fr. 9.00 – 12.00 u. 14.00 – 17.00 Uhr). Schoppernau (860–2080 m) ist Ausgangspunkt für Klettertouren und schöne Wanderungen bis in das Kleine Walsertal. **Schoppernau**

Brenner

F/G 5/6

Bundesland: Tirol

Der Brenner ist die wichtigste Verkehrsverbindung zwischen Deutschland und Italien. Mit nur 1374 m Höhe ist der Pass der niedrigste ganzjährig nutzbare Alpenübergang in Westösterreich.

Wichtiger Alpenübergang

Die Passstraße führt vom Inntal durch das Wipptal bergan über die Wasserscheide Adria/Schwarzes Meer ins Südtiroler Etschtal. Seit 1919 verläuft am Brenner die österreichisch-italienische Staatsgrenze. Schon in römischer Zeit gab es einen Verkehrsweg entlang der östlichen Talschulter über den Brenner. Erst im 19. Jh. wurde die Straße, später auch die Autobahn, auf die andere Talseite verlegt.

◄ Brenner-Autobahn

Bereits wenige Jahre nach dem Zweiten Weltkrieg wurde klar, dass die Kapazität der Brenner Staatsstraße sehr begrenzt war. Man plante daher eine neue Trasse, mit der 1959 begonnen wurde. Die 1974 fertig gestellte Brenner-Autobahn führt von Innsbruck südwärts und zunächst unterhalb des Patscherkofels entlang. Das tief eingeschnittene Wipptal wird von der 795 m langen und 190 m hohen **Europabrücke** überspannt, die bei ihrer Fertigstellung 1963 die höchste Pfeilerbrücke Europas war. Bereits 1867 wurde die Brennerbahn eröffnet. Sie verbindet die Tiroler Landeshauptstadt Innsbruck mit Bozen in Südtirol. Die Bahnstrecke ist nicht steil, aber kurvenreich, so dass die Züge nur mit geringer Geschwindigkeit verkehren können. 1994 wurde der Inntal-Eisenbahntunnel als Umfahrung Innsbrucks in Betrieb genommen. Um die Brennerbahn leistungsfähiger zu machen, soll in den nächsten Jahren ein Brennerbasistunnel gebaut werden. Am 30. Juni 2006 erfolgte der symbolische Spatenstich. ◄ Brennerbahn

Luftverschmutzung Für die Bevölkerung am Brenner stellt die Transitroute über Autobahn und Landstraße wegen des enormen Verkehrslärms und der Abgase ein ungeheures Problem dar. Innerhalb von vier Jahrzehnten stieg die Zahl der den Brenner überquerenden Fahrzeuge (Pkw und Lkw) von 0,5 auf über 12,5 Mio. an. Auch werden über die Straße etwa viermal so viele Güter transportiert (2007 ca. 31 Mio. t) wie über die Bahn. Schon öfter haben Anwohner die Brenner-Autobahn blockiert, um auf die umweltschädliche Situation hinzuweisen.

Sehenswerte Orte am Brenner

Matrei am Brenner Matrei am Brenner (2000 Einw.) ist die älteste Siedlung im Wipptal. 1916 fiel der Ort einer verheerenden Brandkatastrophe und 1945 dem Bombenterror zum Opfer. Doch dank **vorbildlicher Restaurierung** findet man in der Altstadt des viel besuchten Ortes Wohnhäuser aus der Zeit um 1500 mit schön bemalten Fassaden, alten Giebeln und gotischen Portalen sowie Gasthöfe mit schmiedeeisernen Schildern. Beachtung verdient die Pfarrkirche Maria Himmelfahrt, ein spätgotischer Bau (um 1310) mit barocker Innenausstattung. Eindrucksvoll sind besonders die Deckenfresken, um 1755 nach Plänen von Josef Adam Mölk geschaffen, und das Gnadenbild »Unser Herr im Elend« am Rokoko-Hochaltar.

Maria Waldrast Westlich von Matrei liegt mit 1636 m **Tirols höchste Wallfahrtsstätte**, das einstige Kloster Maria Waldrast. Das Deckenfresko im spätgotischen Chor zeigt die Auffindung des Waldraster Gnadenbildes (um 1666). Überragt wird das Kloster von der 2718 m hohen Serles, auf deren Gipfel man in gut drei Stunden steigen kann. Der Volksmund nennt den Berg »Hochaltar von Tirol«: Der Sage nach wurden hier der hartherzige König Serles und seine beiden Söhne zu Stein.

Steinach am Brenner Etwa 5 km weiter folgt Steinach am Brenner (3200 Einw.), wo das Gschnitztal in das Wipptal mündet. Der Ort, 1286 erstmals urkundlich erwähnt, ist ein beliebtes Wintersportgebiet: Per Kabinenbahn geht es auf die Bergeralm (1586 m) und weiter mit der Doppelsesselbahn bis knapp unter das Nößlachjoch (2231 m). Die für Tirol untypische neoromanische Pfarrkirche von Steinach, im 19. Jh. an Stelle einer ausgebrannten Barockkirche errichtet, hat eine Doppelturmfassade. Der Hochaltar stammt aus der alten Barockkirche. Das Bild hat der 1725 in Steinach geborene Martin Knoller gemalt.

Einen Besuch wert ist das Alfons-Graber-Kunstmuseum (Brennerstraße 28; Öffnungszeiten: Di. und Do. 16.00 – 18.00 Uhr), mit Ölgemälden und Grafiken des zunächst expressionistisch, später abstrakt arbeitenden Künstlers (1901–1990).

Gschnitztal Das Gschnitztal, das bei Steinach in das Silltal mündet, ist durch die Straße nach Trins erschlossen. Von Trins, mit barockisierter Kirche und Schloss Schneeburg (18. Jh.), verläuft die Straße weiter nach

Gschnitz, wo es alte Bauernhöfe mit Fassadenmalerei, verzierten Giebeln und interessanten Inschriften zu sehen gibt. Am südlichen Talhang des Gschnitztals liegt die Wallfahrtskapelle zur hl. Magdalena auf dem Bergl, die an der Stelle eines Quellheiligtums aus vorchristlicher Zeit errichtet wurde. Im Inneren sind romanische Fresken zu sehen, so Adam und Eva im Paradies und die Flucht nach Ägypten.

Gries am Brenner

Kurz vor der Passhöhe, am Fuß des Padauner Kogels (2068 m), liegt der sommers wie winters als Urlaubsziel geschätzte Ort Gries (1200 Einw.). Die Pfarrkirche Maria Heimsuchung, um 1530 als Kapelle erwähnt und im 19. Jh. neu errichtet, beherbergt beachtliche Deckengemälde sowie zwei Tafelbilder mit den 14 Nothelfern aus der abgetragenen Nothelferkapelle.
Ski- und Bergtouren führen zur bewirtschafteten Sattelalm (1652 m) und von dort in 1½ Stunden auf den 2113 m hohen Sattelberg, von dessen Gipfel sich eine herrliche Aussicht bis nach Südtirol bietet.

Brennersee und Brenner

Vorbei am Brennersee erreicht man nach rund 5 km den Brenner (ital. Brennero) und damit die österreichisch-italienische Staatsgrenze. Diese Grenze teilt die Ortschaft Brenner (1000 Einw.) in einen kleineren österreichischen und einen größeren italienischen Teil.

★ Bruck an der Mur

05

Bundesland: Steiermark
Einwohnerzahl: 13 500
Höhe: 498 – 1630 m ü.d.M.

Genau an der Mündung der Mürz in die Mur wurde das bereits 860 erstmals urkundlich erwähnte Städtchen gegründet. Bruck an der Mur besaß in früheren Jahrhunderten einige Bedeutung aufgrund seiner Lage an der Salz- und Eisenstraße.

Alte Handelsstadt

Seinen Namen erhielt das Städtchen nach den Brücken (abgeleitet von den wechselnden Bezeichnungen »Prukka«, »Prukke« und »Prukkha«). Und auch heute noch ist Bruck ein **wichtiger überregionaler Knotenpunkt für den Straßen- und Bahnverkehr** sowie eine Gewerbe- und Handelsstadt. Wichtigste Industrien sind Drahterzeugung und Papierherstellung. Außerdem beherbergt die Stadt die inzwischen in Österreich einzige Bundeslehranstalt für Forstwirtschaft.

Geschichte

Durch König Ottokar II. wurde die ehemalige Römersiedlung Poedicum 1263 neu angelegt und erhielt 1277 von Rudolf von Habsburg Stadtrecht. Im Mittelalter war Bruck Hauptstapelplatz des Venedighandels mit umfangreichen Brau- und Marktprivilegien, im 16. Jh. war es Landtagssitz. Nach der Brandkatastrophe von 1792 entstand die heutige Stadt. Den größten Aufschwung erlebte Bruck ab 1844 durch die Eröffnung der Eisenbahnlinie Mürzzuschlag–Bruck–Graz und der 24 Jahre später errichteten Linie Bruck–Leoben.

Um Mur und Mürz

Die Häuser der Siedlung liegen zu beiden Seiten von Mur und Mürz, das alte Ortszentrum befindet sich nördlich der Mur. Von den Befestigungsanlagen sind Ringmauer, Burgtor und Burgturm erhalten. Einkaufen kann man am besten in Mittergasse und Burggasse, in der Fußgängerzone hat sich eine weithin bekannte »Beislszene« etabliert. Fußgängern und Radfahrern ist die Hohenlimburgbrücke vorbehalten, die den Altstadtkern mit der Vorstadt verbindet und ihren Namen der deutschen Partnerstadt verdankt.

Sehenswertes in Bruck an der Mur

Koloman-Wallisch-Platz

Auf dem Koloman-Wallisch-Platz, einem der größten zentralen Plätze der Steiermark, steht der Eiserne Brunnen. Früher diente der Renaissancebrunnen von 1626 mit kunstvoll gearbeiteter schmiedeeiserner Überdachung zur Wasserversorgung der Stadt. 1710 wurde die Pestsäule im Auftrag der Bürgerschaft errichtet, um die Plage von der Stadt abzuhalten.

★ Kornmesserhaus

Der Eisenhändler Pankraz Kornmess ließ sich 1499–1505 ein prächtiges Haus am Hauptplatz erbauen, das heute als einer der schönsten spätgotischen Profanbauten Österreichs, mit deutlich venezianischem

***Bruck an der Mur** Orientierung*

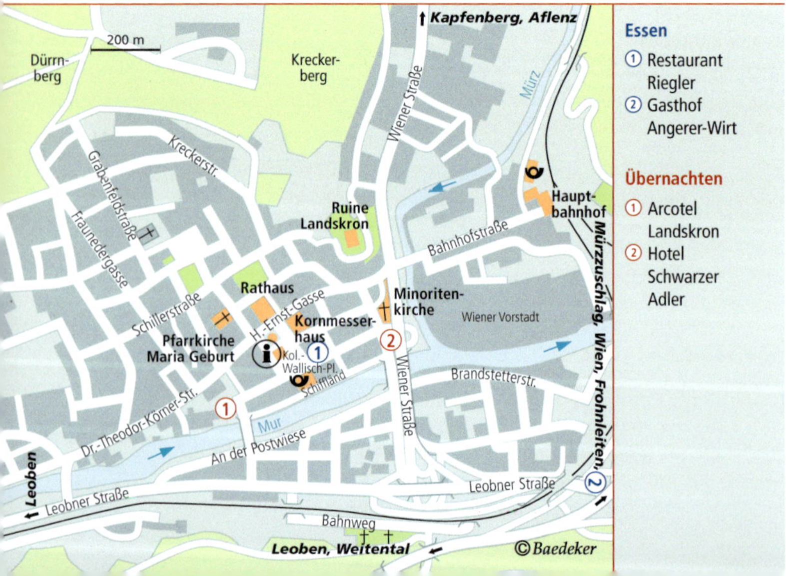

BRUCK AN DER MUR ERLEBEN

AUSKUNFT

Stadtmarketing Bruck an der Mur
Koloman-Wallisch-Platz 1
A-8600 Bruck an der Mur
Tel. 0 38 62/89 01 21, Fax 89 01 02
www.bruckmur.at

ESSEN

► Erschwinglich

① ***Restaurant Riegler Schmankerlwirtshaus***
Hauptplatz 11
A-8600 Bruck an der Mur
Tel. 0 38 62/549 04
Das Restaurant serviert steirische Gerichte, die Spezialität des Hauses ist Wild. Dazu kann man steirische, niederösterreichische und burgenländische Qualitätsweine genießen.

► Preiswert

② ***Gasthof Angerer-Wirt***
Frauenberg 3
A-8600 Bruck an der Mur
Tel. 0 38 64/4 28 42
Die Aussichtsterrasse bietet einen Blick über das Mürztal und auf den Hochschwab. Der Gasthof verfügt über einen großzügigen, teilweise überdachten Sitzgarten, in dem 100 Personen Platz finden. Für kleine Besucher gibt es einen Kinderspielplatz und einen Streichelzoo. Im Winter kann man sich auf einer Natureisbahn vergnügen.

ÜBERNACHTEN

Baedeker-Empfehlung

► Komfortabel

① ***Arcotel Landskron***
Am Schiffertor 3
A-8600 Bruck an der Mur
Tel. 0 38 62/58 45 80, Fax 58 45 86
www.arcotel.co.at/landskron.htm
Das Hotel bietet neben Seminar- und Tagungsräumen ein Restaurant, Sauna/Dampfbad, eine großzügige Terrasse mit Blick ins Grüne sowie freien Internetzugang für Gäste.

► Günstig

② ***Hotel Schwarzer Adler***
Minoritenplatz 8
A-8600 Bruck an der Mur
Tel. 0 38 62/5 67 68, Fax 0 38 61/41 41
www.tiscover.at/minoriten
Kleines Hotel im Zentrum, ideal für Geschäftsleute, Stadtbummler oder Radfahrer. Alle Zimmer verfügen über SAT-TV, Telefon und Internetzugang.

Einfluss, gilt. Um das Erdgeschoss verläuft ein Laubengang, die Fassade wird von einer wunderbaren Loggia geschmückt. Ebenfalls sehenswert sind die **Arkadenhöfe** im Apothekerhaus (1520–1530), im Fabriziushaus, einem der ältesten Patrizierhäuser der Stadt, und im Rathaus (1530). Letzteres wurde behutsam renoviert, der Hof mit Glas überdacht.

Stadtpfarrkirche Maria Geburt

Oberhalb des Koloman-Wallisch-Platzes erhebt sich die gotische Pfarrkirche (15. Jh.). Beachtung verdienen das raffinierte Netzrippengewölbe und die Sakristeitür (1500), eine schöne Arbeit aus Eichenholz und Schmiedeeisen im Stil der österreichischen Gotik. Im 17. Jh. wurde der Innenraum barock umgestaltet, das Altarbild (19. Jh.) hat der Maler Matthias Schiffer geschaffen.

Minoritenkirche Maria im Walde Die Mittergasse führt ostwärts zur Minoritenkirche (13. Jh.). Sie gehörte zu einem 1782 aufgehobenen Kloster und gilt als **eine der ältesten und bedeutendsten Saalkirchen Österreichs**. Besonders die Wandmalereien aus dem 14. Jh. und ein frühgotischer Kreuzgang sind sehenswert.

Ruine Landskron Vom Minoritenplatz gelangt man über einen Treppenweg (5 Min.) zu den Resten der Burg Landskron mit dem Uhrturm. Der Aufstieg lohnt sich!

Umgebung von Bruck an der Mur

Weitental Nur wenige Gehminuten südlich vom Zentrum erstreckt sich ein ausgedehntes Erholungsgebiet: jahrhundertealte Bäume, Naturlehrpfade, Wanderwege, Mountainbike-Strecken, ein Naturschutzzentrum mit Auffangstation für bedrohte Tierarten, ein Streichelzoo und ein von Kindern (!) geplantes Waldspielgelände. Die Wanderung auf den bewirtschafteten **Hochanger** (1312 m) gehört zu den schönsten Touren. Rund 25 km nordwestlich von Bruck endet die Straße bei Tragöss-Oberort am Fuß der für Wanderer und Bergsteiger gleichermaßen geeigneten Hochschwabgruppe.

! *Baedeker* TIPP

Ein (fast) verschwundener See

Nordwestlich von Tragöss liegt der Grüne See (757 m). Im Winter verschwindet er fast ganz, im Sommer wird er je nach Niederschlagsmenge durch eine Karstquelle wieder aufgefüllt. Schön ist der Spaziergang vom Parkplatz zum See (ca. 30 Min.), den man dann in einer weiteren Stunde umrunden kann. Zwei Gaststätten laden zur Einkehr ein.

Nordöstlich von Bruck liegt das Städtchen Kapfenberg, überragt von der Burg **Oberkapfenberg** (14. Jh.), deren Burgschänke, Rittersaal und Falknerei ein beliebtes Ausflugsziel sind (Flugvorführungen: Mai bis Okt. Di. – So. 11.00 u. 15.00 Uhr; Tel. 038 62 / 273 09).

✶ Bärenschützklamm Mixnitz, 12 km südöstlich von Bruck, bildet den Ausgangspunkt für eine Wanderung durch die wildromantische Bärenschützklamm, **eine der schönsten Wasser führenden Felsenklammen Österreichs**. Die Gesamtlänge beträgt 1300 m, der Höhenunterschied 350 m.

Frohnleiten Das 26 km südlich von Bruck gelegene Frohnleiten (7400 Einw.) gilt als das **»steirische Rothenburg«** und ist ein anschauliches Beispiel für die im Mittelalter als Straßendorf angelegten Märkte. Burg Rabenstein in der Nähe ist ein reizvoller Veranstaltungsort für Ausstellungen und Konzerte.

Bei Wanderungen erschließt sich die ganze Schönheit des Dachsteingebietes.

★ Dachstein

K/L 5

Bundesländer:
Salzburg, Oberösterreich und Steiermark

Höchste Erhebung:
Hoher Dachstein (2995 m ü.d.M.)

Mit seinen 2993 m ist der Hohe Dachstein der höchste Gipfel des gleichnamigen Massivs. Für Skifreunde ist das Gebiet ideal: Auf dem Gletscher kann man ganzjährig Ski fahren.

Riesiges Bergmassiv

Der Dachstein ist ein mächtiger, stark verkarsteter Hochgebirgsstock der Nördlichen Kalkalpen mit weiten Hochflächen, wo Oberösterreich, Salzburg und die Steiermark aneinander grenzen. Das riesige, gegen Norden geneigte Bergmassiv besitzt eine Reihe 2000 bis knapp 3000 m hoher Gipfel mit scharfem Profil. Zwischen den Berggipfeln sind imposante Gletscher eingebettet, darunter der Große Gosau-Gletscher und der Hallstätter Gletscher. Der Nordabfall der Dachsteingruppe umschließt in steilen Wänden die hübschen Gosauseen und den ►Hallstätter See. Seit Ende 1997 gehört die historische Kulturlandschaft der Region Hallstatt-Dachstein mit ihren seltenen Pflanzen und Tieren sowie ihren bedeutenden archäologischen Fundstätten zum **Weltkultur- und Weltnaturerbe der UNESCO**.

Klettergebiet

Insgesamt ist die Dachsteinregion ideales Gebiet für anspruchsvolle Kletterpartien – allerdings sollten sich Anfänger hier in Bescheidenheit üben. Wer die noch relativ einfache Tour zur Gletscherhochflä-

DACHSTEIN

AUSKUNFT

Schladming-Dachstein Tourismus
Ramsauerstr. 756, A-8970 Schladming
Tel. 0 36 87/233 10, Fax 232 32
www.schladming-dachstein.at

che mit Bravour meistert, kann sich an den steil ansteigenden Graten (z. B. Torstein, 2948 m, Großer Koppenkarstein, 2865 m) versuchen. Gut ausgebaute Wege führen zu den wichtigsten Berghütten im Gletschergebiet: Von der Simony-Hütte (2206 m) beim Hallstätter Gletscher und von der Adamek-Hütte (2196 m) beim Gosaugletscher aus erklettert man den **Hohen Dachstein** in rund 3 Stunden.

Gosaukamm ► ✶ Beliebt ist auch der nordwestlich anschließende grandiose Gosaukamm, eine wilde, zackenartige Bergkette hoch über dem Gosautal. Die Hofpürglhütte (1703 m) südöstlich der Bischofsmütze (2459 m), erreicht man von der Adamek-Hütte über den Linzer Steig. Unterhalb des Gosaukamms führt der Weg zum Gablonzer Haus (1550 m) auf der Zwieselalm, eine der schönsten Hochalmen des Salzkammergutes. Von hier gelangt man zu Fuß in etwa zwei Stunden auf den Großen Donnerkogel (2054 m).

! *Baedeker* TIPP

Skywalk

Wer Alpin-Feeling genießen möchte, ohne dabei klettern zu müssen, wagt sich auf den Dachtein-Skywalk: Die Aussichtsplattform mit einem Glasboden liegt direkt neben der Bergstation der Dachstein-Seilbahn über der 250 m steil abfallenden Felswand des Hunerkogels und bietet herrliche Tief- und Ausblicke (Öffnungszeiten: Mitte Mai - Nov. 8.00 - 17.00 Uhr).

Östlich schließt sich an den Dachsteinstock die wasserlose, von Dolinen durchsetzte Hochfläche »Auf dem Stein« an, in deren Nordabfall gegen den Hallstätter See und das Trauntal die beiden gewaltigen **Dachsteinhöhlen** (► Hallstätter See) liegen.

Ski- und Wandergebiet Drei große Skigebiete stehen zur Verfügung: das Gebiet Dachstein West am Gosaukamm, Ramsau am Dachstein mit den Gletscherskigebieten und Dachstein-Krippenstein südlich von Obertraun.

Auch Wanderer kommen hier auf ihre Kosten. Um den von steilen Felswänden umschlossenen Vorderen Gosausee (933 m) ist ein einfacher Spazierweg angelegt, der herrliche Blicke zum Dachstein mit dem Gosaugletscher bietet. Von hier führt ein Wanderweg in knapp zwei Stunden vorbei an der Holzmeisteralm (973 m) und der Gosaulacke zum Hinteren Gosausee (1154 m).

Stoderzinken ► Lohnende Touren für ausdauernde Wanderer sind die sommerliche wie winterliche Überquerung der großen Hochfläche: Entweder östlich vom Hohen Dachstein zum Guttenberg-Haus am Südrand (2145 m) oder weiter ostwärts zum Kemetgebirge und zur Brünner Hütte (1747 m) am aussichtsreichen Stoderzinken.

Grimming ► Östlichster Ausläufer des Dachsteins ist der vom Kemetgebirge durch das Salzatal getrennte Grimming (2351 m), Wahrzeichen des mittleren Ennstals und imposanteste Bergformation der Steiermark.

★ Donautal

A–S 1–4

Bundesländer: Oberösterreich und Niederösterreich

Österreich und die Donau – selten ist ein Fluss so eng mit dem Namen eines Landes verbunden. Und das, obwohl Österreich an der Gesamtlänge des Flusses nur rund 350 km Anteil hat.

Österreichs Hauptstrom

Die Donau ist nach der Wolga der zweitlängste Fluss in Europa und Hauptstrom Österreichs. Von seinen Quellflüssen Brigach und Breg in Süddeutschland bis zur Mündung in das Schwarze Meer in Rumänien legt der Fluss etwa 2900 km zurück.

Historische Bedeutung

Als **einzige von West nach Ost führende europäische Wasserstraße** hat die Donau Jahrtausende hindurch eine wichtige Rolle in der Geschichte der Völker gespielt. Sie zeichnete den Weg vor für die große Heerstraße vom Rhein zum Schwarzen Meer, die Römer errichteten befestigte Lager an ihren Ufern (Vindobona, Carnuntum) und die Nibelungen zogen längs dem Strom ihrem Schicksal entgegen. Auch die Franken unter Karl dem Großen, die Kreuzfahrer unter Kaiser Barbarossa und Napoleon I. gingen diesen Weg.

Aussichtspunkt an der Donauschlinge bei Schlögen

DONAUTAL

AUSKUNFT

Donau Oberösterreich
Lindengasse 9, A-4040 Linz
Tel. 07 32/727 78 00, Fax 727 78 04
www.danube.at

Donau Niederösterreich
Schlossgasse 3, A-3620 Spitz
Tel. 0 27 13/300 60 60, Fax 300 60 30
www.donau.com

In umgekehrter Richtung, donauaufwärts, führte Attila die Hunnen nach Frankreich, auch die Awaren und Ungarn drangen nach Westen vor. Blutige, Europas Schicksal entscheidende Schlachten sind an den Ufern der Donau geschlagen worden. Zweimal hat das Abendland bei Wien dem Ansturm der Türken standgehalten (1529, 1683), und mit der verlorenen Schlacht bei Aspern begann 1809 der militärische und politische Abstieg Napoleons I.

Naturschutz

Viele Jahrzehnte lang war die Donau samt ihrer Ufer durch die Einleitung von Abwässern und Abfallprodukten sowie durch Kraftwerksanlagen belastet. Inzwischen ist man bemüht, die Belastungen für den Wasserhaushalt zu verringern. Die Wachau, Weltkultur- und Weltnaturerbe, sowie der Abschnitt zwischen Wien und Hainburg sind die letzten verbleibenden freien Fließstrecken der Donau in Österreich (Nationalpark Donau-Auen, S. 206).

Von Passau bis Bratislava

Zwischen der deutsch-österreichischen Grenze bei Passau und der oberösterreichischen Landeshauptstadt Linz verläuft die Donau streckenweise in großen Schleifen in dem waldumrahmten Tal zwischen dem Mühlviertel im Norden und dem Innviertel im Süden. Jenseits von Linz folgt der Strudengau, ein bewaldetes Engtal zwischen Ardagger und Ybbs, dann der Nibelungengau bis Melk.

Am berühmtesten ist die Wachau mit ihren alten Städtchen zwischen Melk und Krems, weiter strömt der Fluss durch das Tullner Becken bis Wien. Die Donauniederung östlich von Wien in Richtung der slowakischen Hauptstadt Bratislava lässt schon den Übergang zur ungarischen Pusztalandschaft erkennen.

Straße und Bahn ►

Donau-Radweg ►

Straßen- und Bahnverbindungen begleiten den Strom. Sie kürzen den Weg häufig ab, finden aber immer zurück zum Fluss, vor allem in den landschaftlich schönsten Abschnitten. Radwanderungen entlang der Donau sind beliebt: Der Abschnitt zwischen Passau und Wien bzw. Hainburg gehört zu den schönsten Radwanderwegen Europas. Der gesamte **Donau-Radwanderweg verläuft von Donaueschingen bis nach Budapest** (1260 km).

Landschaftlich reizvolle und abwechslungsreiche Abschnitte wie die Schlögener Schlinge, die Wachauer Weinberge oder diverse Auen wechseln sich ab mit ansehnlichen Schlössern, Stiften und Städten. Viele Gasthöfe entlang der Strecke haben sich auf Radfahrer eingestellt, bieten gesicherte Radabstellplätze sowie Trockenräume und erteilen Auskunft über Entfernungen, alternative Routen oder Donaufähren. Der ganze Radweg ist gut ausgebaut und ausgeschildert. Er ist flach, fast durchgehend asphaltiert und kommt kaum mit Autoverkehr in Berührung, weswegen er sich bestens für Familien mit Kindern ab etwa acht Jahren eignet.

◄ Personenschifffahrt

Auch zu Wasser kann man die Donau erleben und sie auf ihrer gesamten Länge in Österreich und bis weit über die Grenzen hinaus befahren. Über Termine, Fahrzeiten und Preise informieren die Büros der verschiedenen Gesellschaften (Adressen ►S. 137).

★★ Fahrt durchs Donautal

Von Passau nach Linz

Der Strom verlässt das fast südländisch anmutenden Passau, wo Inn und Ilz in die Donau münden, und kommt zunächst durch ein gewundenes Waldtal nach Obernzell, dem letzten bayerischen Ort.

◄ Schneiderschlössl

Erstes Schloss am oberösterreichischen Ufer ist **Krempelstein**, das sagenumwobene »Schneiderschlössl«.

◄ Jochenstein, Haus am Strom

Rechts grüßt hoch vom Berg Schloss Vichtenstein. Dann folgen das Donaukraftwerk Jochenstein und auf der linken Donauseite – direkt am Donauradweg – das Haus am Strom, eine Umweltstation mit didaktisch gut aufgebauter Informationsausstellung zum Thema Wasser (Nov. bis März geschlossen). Bald rechts hinter Engelhartszell, wo sich das **einzige Trappistenkloster Österreichs** befindet, wird das Donautal enger, links ragen die Schlösser Rannariedl und Marsbach auf.

★ ◄ Schlögener Schlinge

Nach einer mächtigen Kehre um die Schlögener Schlinge mit schönen Aussichtspunkten wechselt das Bild: Die Ufer werden von freundlichen Urlaubsorten wie Obermühl und Neuhaus, mit seiner weithin sichtbaren Burg, gesäumt. Beim lang gestreckten **Aschach**, einem der ältesten Märkte an der Donau mit schönen Giebelhäusern aus dem 16.–18. Jh., treten die Berge zurück und geben den spektakulären Blick bis zur Alpenkette frei. Etwas südlich der Donau liegt das bereits im Nibelungenlied genannte Städtchen **Eferding**. Lohnenswert ist die Besichtigung der spätgotischen Stadtpfarrkirche und des Starhembergschen Schlosses (13. Jh., mehrfach umgebaut) mit seiner klassizistischen Schauseite.

? WUSSTEN SIE SCHON ...?

- ... dass im »Schneiderschlössl« einst ein Schneider wohnte, der das Leiden seiner kranken Geiß abkürzen wollte, indem er sie von den Schlossmauern warf? Unglücklicherweise verfing er sich in den Hörnern des Tieres, wurde mitgerissen und ertrank im Schlossgraben – so die Sage.

◄ Stift Wilhering

Gegenüber von Schloss Ottensheim, das in Privatbesitz ist, sieht man den weitläufigen Gebäudekomplex von Stift Wilhering (► Linz, Umgebung). Die äußerlich schlichte Kirche stellt im Inneren eines der vollendetsten Bauwerke des Rokoko in Österreich dar. Am südlichen Ufer der Donau entlang liegt der Kürnberger Wald, in dem sich Spuren steinzeitlicher Besiedlung fanden.

◄ Linz

Angekommen in Linz, vermittelt der Blick von der Schiffsanlegestelle einen Eindruck von der schönen Lage der Stadt.

Mauthausen Orientierung

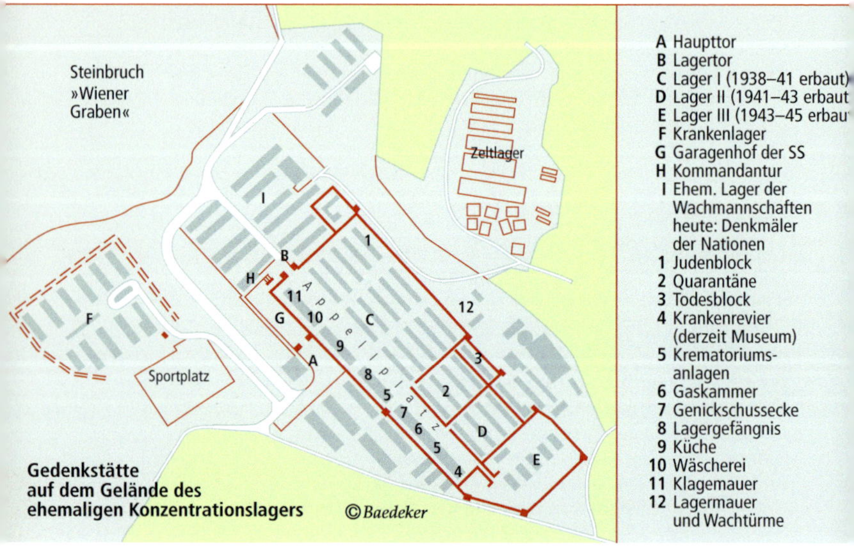

Von Linz bis Melk

Von Linz aus lohnt sich ein Abstecher 15 km südöstlich in das berühmte Augustiner-Chorherrenstift ► St. Florian und 2 km weiter östlich zum Freilichtmuseum Sumerauerhof.

Mauthausen ▶

Ehemaliges Konzentrationslager (Gedenkstätte) ▶

Gegenüber der Ennsmündung liegen die alte Zollstation Mauthausen und Schloss Pragstein (15. Jh.), die romanische Barbarakapelle der Pfarrkirche zeigt Wandmalereien aus dem 14. Jh. Ein Salzstadel am Ortsende erinnert an den Salzhandel im Mittelalter. Zu Mauthausen gehören auch Österreichs größte Granitbrüche. Von 1938 bis 1945 mussten hier Häftlinge des rund 3 km nordwestlich des Ortes liegenden berüchtigten Konzentrationslagers arbeiten. In dem Lager – die 49 Außenstellen eingeschlossen – wurden mehr als 200 000 Menschen gefangen gehalten, von denen über die Hälfte aufgrund der unmenschlichen Bedingungen starb. Die Österreichische Bundesregierung hat ein Gebäude als Museum eingerichtet und das übrige Lager in eine Mahn- und Gedenkstätte umgewandelt. Verschiedene Denkmäler weisen darauf hin, aus welchen Ländern die Inhaftierten stammten.

Enns ▶

Etwa 4 km ennsaufwärts entstand auf den Resten des römischen Lagers »Lauriacum« die **älteste Stadt Österreichs**, Enns. Unter der gotischen Basilika St. Laurenz (13. Jh.) wurden die Fundamente des römischen Kapitols, einer frühchristlichen Basilika sowie einer karolingischen Kirchenanlage freigelegt. In der mittelalterlichen Altstadt sind der 60 m hohe Stadtturm (1564–1568) und das Römermuseum Lauriacum sehenswert (Öffnungszeiten: April bis Okt. tgl. außer Mo. 10.00–12.00 u. 14.00–16.00 Uhr, im Winter nur So. u. Fei.).

Strudengau

Östlich von Mauthausen erscheint das Habsburgerschloss Wallsee mit einem markanten Turm aus dem 14. Jh. Den Beginn des Strudengaus, des engen, wildromantischen Flusstals, bildet der Ardagger Markt. An der Bundesstraße 119 liegen das Bauernmuseum, mit mehreren tausend Exponaten vergangenem bäuerlichen Lebens, und das Wehrmachtsmuseum, mit Waffen, Uniformen und Fahrzeugen aus der Zeit von 1918 bis 1945.

◄ Ardagger Stift

Rund 2,5 km südöstlich befindet sich der Gemeindeteil Ardagger Stift mit dem gleichnamigen ehemaligen Kollegiatsstift (1049–1784). Sehenswert ist die spätromanische Pfeilerbasilika mit spätgotischen, barocken und klassizistischen Ausstattungsstücken und dem eindrucksvollen Margaretenfenster (um 1240) im Ostchor. Die Mostgalerie erläutert die Geschichte und Erzeugung des volkstümlichen Getränks (Öffnungszeiten: Di. – So. 10.00 – 18.00 Uhr).

◄ Grein

Am linken Donauufer folgt das malerische Schifferstädtchen Grein. In seiner mächtigen Burg logiert das Oberösterreichische Schifffahrtsmuseum (Öffnungszeiten: Mai/Okt. tgl. außer Mo. 10.00 bis 12.00 u. 13.00–17.00 Uhr, Juni bis Sept. tgl. außer Mo. 10.00–18.00 Uhr). Die **Greinburg** ist auch bekannt durch ihren entzückenden Arkadenhof aus dem 17. Jh. Am Stadtplatz steht eines der ältesten erhaltenen und regelmäßig im Sommer bespielten Rokoko-Theater Österreichs.

> **! Baedeker TIPP**
>
> **Mögen Sie Fisch?**
>
> Unverzichtbar ist für Radler, Wanderer oder Vogelbeobachter ein Besuch der für ihre Fischspezialitäten bekannten Ufer-Gasthäuser. Eine perfekte Aussicht genießt man im Uferhaus in Orth, einem der traditionsreichsten Gasthäuser entlang der Donau. Bei Karpfen und Holunder-Limonade beobachtet man die riesigen Ausflugsschiffe, die langsam den Strom hinauftuckern (www.uferhaus.at).

Die Stadt Persenbeug wird überragt vom gleichnamigen Schloss, in dem der letzte österreichische Kaiser Karl I. (1887–1922) geboren wurde. Eine Brücke verbindet Persenbeug mit Ybbs. Sehenswert sind entlang des historischen Kulturpfades die gotische Pfarrkirche und der Stadtkern mit alten Häusern und Renaissancebrunnen. Hier beginnt der **Nibelungengau**, so genannt, weil die Region im Nibelungenlied, das im frühen Mittelalter im bayerisch-österreichischen Raum entstanden ist, eine dramatische Rolle spielt.

Von rechts mündet die Ybbs in die Donau, und nach wenigen Kilometern schaut hoch vom Berg linker Hand die barocke Wallfahrtskirche ► Maria Taferl (443 m) ins Tal. Rechts folgt die alte Stadt Pöchlarn (► Maria Taferl, Umgebung).

Wachau

► siehe dort

Von Krems nach Wien

Krems ist wichtiger Verkehrsknotenpunkt und Ausgangsort für Ausflüge in die ► Wachau, in das ► Waldviertel und in den am anderen Donauufer gelegenen Dunkelsteiner Wald. Ab hier weitet sich das

Störche finden einen reich gedeckten Tisch in den Donauauen.

Donautal, an den Ufern zieht sich das Tullner Feld hin. Im Strom tauchen immer wieder kleine Inseln auf. Am Nordufer liegt der Ort Altenwörth, wo Karl der Große 791 die Awaren besiegte. Zwentendorf wurde durch sein Atomkraftwerk bekannt, dessen Inbetriebnahme 1978 eine Volksabstimmung verhinderte.

Tulln ►

Kurz hinter Zwentendorf liegt am rechten Ufer Tulln (►Klosterneuburg, Umgebung). Bis dorthin war König Etzel einst seiner Braut Kriemhild entgegengereist, und sehr viel früher hatten hier die Römer die Siedlung »Comegena« errichtet. Für Kunstliebhaber empfiehlt sich ein Besuch des **Egon-Schiele-Museums**. Bei Höflein umfließt die Donau die letzten Ausläufer des Wienerwaldes, wendet sich nach Südosten und passiert Korneuburg (►Weinviertel) und Klosterneuburg mit seinem berühmten Augustinerstift.

Von Wien nach Hainburg

Wie wichtig die Donau-Auen als Überschwemmungsgebiete sind, hat sich beim Hochwasser im August 2002 gezeigt: Die Verwüstung war hier bei weitem nicht so schlimm wie flussaufwärts, etwa in der Wachau und im Kamptal.

✶ Nationalpark Donau-Auen ►

Der Nationalpark Donau-Auen beginnt kurz hinter Wien und zieht sich bis zur Einmündung der March bei ►Hainburg etwa 38 km lang hin. Hier wird **eine der letzten intakten Flussauenlandschaften Europas** mit ihrem einzigartigen Tier- und Pflanzenbestand geschützt. Neben der geglückten Ansiedlung von Bibern soll nun auch der Seeadler wieder Einzug in die Donau-Auen halten. Am meisten bekommt man als Besucher bei einer von Nationalpark-Betreuern geführten Tour zu sehen (Informationen: www.donauauen.at).

Weitere Ziele ► ►Hainburg, Petronell-Carnuntum

Dornbirn

C 5

Bundesland: Vorarlberg
Einwohnerzahl: 42 000
Höhe: 436 m ü.d.M.

Dornbirn, die größte Stadt des Bundeslandes Vorarlberg, liegt nur wenige Kilometer südlich von Bregenz. Sie ist wirtschaftliches Zentrum der Region und international bedeutender Messestandort.

Vom Dorf zur beliebten Stadt

Die liebevoll von ihren Bewohnern als **»Gartenstadt im Grünen«** bezeichnete Stadt ist nach Hohenems die zweitjüngste Stadt des Bundeslandes: Zusammengewachsen aus fünf Gemeinden, wurde 1901 das bis dahin größte Dorf der Donaumonarchie zur Stadt erhoben. Nach dem Ersten Weltkrieg 1919 votierten 70% der Bevölkerung Dornbirns in einer Volksabstimmung für den Anschluss an die Schweiz. Doch bei den Friedensverhandlungen in Saint-Germain kam dieses Thema überhaupt nicht zur Sprache. Heute sitzen hier viele namhafte Betriebe der Textil- und Metallindustrie und Sportbegeisterte finden auf dem Messegelände (Autobahnausfahrt Dornbirn-Süd), das sich in den letzten Jahren zu einem Multi-Sportzentrum entwickelt hat (Tennis, Klettern, Leichtathletik, Eislauf etc.) ihr Eldorado. Das Stadtzentrum ist rund um den Marktplatz eine Fußgängerzone, auf dem vor allem mittwochs und samstags beim Markt reges Leben herrscht. Dornbirn genießt in der Region einen guten Ruf als Einkaufsstadt.

! *Baedeker* TIPP

Kultur für alle

Ob Musik, Tanz oder Theater, Kabarett, Film oder ein Clown für Kinder – das Kulturzentrum Spielboden in Dornbirn, untergebracht in einer künstlerisch umgestalteten Fabrikhalle in der Färbergasse 15, verspricht in allen Sparten Kurzweiliges. Programminformationen und Reservierung unter Tel. 0 55 72/2 19 33 oder www.spielboden.at.

Sehenswertes in Dornbirn

St. Martin

Sehr markant am Marktplatz ist die mächtige klassizistische Fassade der Kirche St. Martin. Ihre gewaltig wirkende, tempelartige Säulenvorhalle (1840) mit bemaltem Giebelfeld gruppiert sich zusammen mit dem klassizistischen Pfarrhof um den freistehenden gotischen Glockenturm aus dem Jahr 1493.

Rotes Haus

Südlich davon steht das von der bekannten Vorarlberger Familie Rhomberg 1639 erbaute Rote Haus, ein typisches Rheintaler Holzhaus mit Außenstiege, Butzenscheibenfenstern und Spitzgiebeln. Es wurde nach dem Vorbild eines Straßburger Ziegelfachwerkbaus rot gestrichen – die Farbe stammt von der früher üblichen Färbung mit Ochsenblut. Heute befindet sich in dem Gebäude ein Restaurant mit ausgezeichneter Küche.

Stadtmuseum Das städtische Museum ist im Lorenz-Rhomberg-Haus, einem 200 Jahre alten Patrizierhaus, am Marktplatz untergebracht (Öffnungszeiten: Di. – So. 10.00 – 12.00 und 14.00 – 17.00 Uhr).

inatura An der Marktstraße Richtung Süden findet sich die »inatura Erlebnis Naturschau Dornbirn«, ein Museum zur Vorarlberger Pflanzen- und Tierwelt, zu Geologie und Mineralogie. Besonders eindrucksvoll sind die verschiedenen Forschungsstationen. Sie geben Einblicke in Technik, Mechanik und Physik und in die daraus resultierenden Wunder der Natur. (Öffnungszeiten: tgl. 10.00 – 18.00 Uhr, www.inatura.at).

Umgebung von Dornbirn

Karren Etwa 2,5 km südlich der Stadt erhebt sich der Karren (975 m) mit seinem architektonisch außergewöhnlichen Panoramarestaurant. Der Gipfel ist bequem erreichbar mit einer Kabinenseilbahn.

Rolls-Royce Museum Vor dem Eingang zur Rappenlochschlucht im Gütle wurde 1999 in einem ehemaligen Spinnereikomplex das Rolls-Royce Museum aus der Sammlung Franz Vonier eröffnet. Zu bestaunen sind vorwiegend Fahrzeuge der »Goldenen Jahre« (1923 – 1938) mit berühmten Vorbesitzern wie König George V. und John Lennon (Öffnungszeiten: April – Okt. tgl. 10.00 – 18.00, Nov. – März tgl. bis 17.00 Uhr).

Dornbirn Orientierung

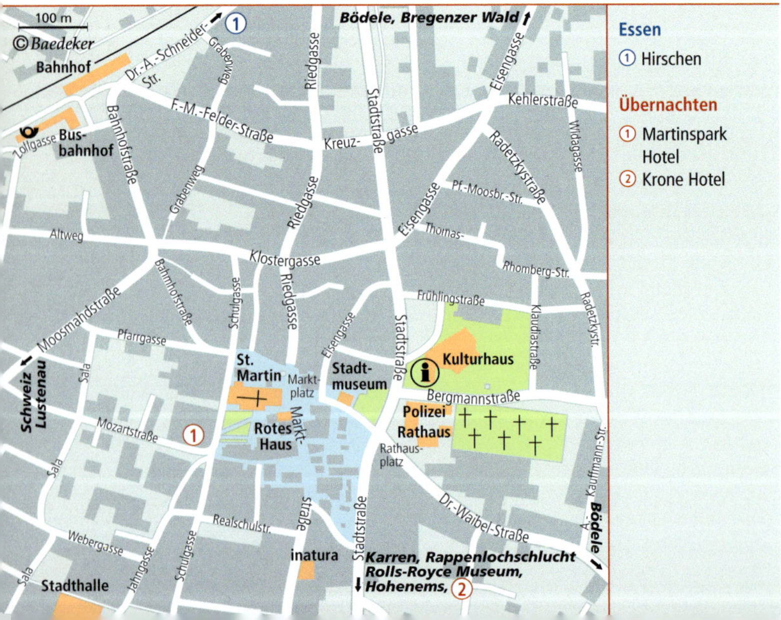

Krippenmuseum

Ganz in der Nähe des Rolls-Royce Museums sind rund 120 Krippen aus aller Welt im Krippenmuseum ausgestellt (Gütle 11c; Öffnungszeiten: Mai – 6. Januar Di. – So. 10.00 – 17.00 Uhr).

Rappenlochschlucht

Der Gasthof Gütle bildet den Ausgangspunkt für Erkundungen der wildromantischen, von der tosenden Ache durchströmten Rappenlochschlucht. Über gesicherte Wege, Steige und Brücken gelangt man in 30 Minuten zum Staufensee und von dort weiter zum malerischen Alploch.

Bödele

Etwa 10 km östlich oberhalb von Dornbirn kommt man zum Bödele (1148 m), einem landschaftlich reizvollen Fleckchen Erde mit Wiesen, Moorsee und Fichtenwäldern. Es wird sowohl als sommerliche Erholungsregion wie auch als schneesicheres Skigebiet mit rund 23 km Pisten geschätzt und war Trainingsort vieler österreichischer Skipioniere. Die tolle Aussicht reicht vom Säntis im Westen über das Bodenseegebiet bis zu den Allgäuer Alpen und zur Braunarlspitze (2649 m), dem höchsten Gipfel des Bregenzer Waldes.

Hohenems

6 km südwestlich von Dornbirn liegt die frühere Rheintalresidenz Hohenems (433m; 14 000 Einw.). Trotz mittelalterlicher Stadtrechte darf sich der Ort erst seit 1983 Stadt nennen und ist damit die jüngste Vorarlbergs. Auf dem Schlossberg, den man in ca. 40 Minuten be-

DORNBIRN ERLEBEN

AUSKUNFT

Dornbirn Tourismus
Rathausplatz 1, A-6850 Dornbirn
Tel. 0 55 72/221 88, Fax 312 33,
www.dornbirn.info

ESSEN

► **Erschwinglich**

① ***Hirschen***
Haselstauderstraße 31
A-6850 Dornbirn, Tel. 0 55 72/2 63 63
Regionale Gerichte und internationale Spezialitäten. Köstlich ist das Leberle mit Rösti vom Ländle-Kalb.

ÜBERNACHTEN

► **Luxus**

① ***Martinspark Hotel***
Mozartstraße 2, A-6850 Dornbirn
Tel. 0 55 72/37 60, Fax 3 76 03 76
www.martinspark.at
Österreichs erstes Designhotel wurde bis ins kleinste Detail vom Architektenduo Carlo Baumschlager & Dietmar Eberle entworfen. Im Haus stehen auch Tagungs- und Seminarräume zur Verfügung.

► **Komfortabel**

② ***Krone Hotel***
Hatlerstraße 2
A-6850 Dornbirn
Tel. 0 55 72/2 27 20
www.kronehotel.at
Zentral gelegen, Zimmer mit allem Komfort, Tagungsräume und Wellnessbereich. Der neu erbaute Trakt ist behindertengerecht gestaltet. Das Restaurant wurde mit einer Haube ausgezeichnet und serviert je nach Saison erlesene Gerichte mit Zutaten aus der Region.

steigen kann, thronen die Ruine Alt-Ems (713 m; 12. Jh.) und die als Zweitburg erbaute Burg Neu-Ems (oder Schloss Glopper; 14. Jh.). Im Stadtgebiet erhebt sich die 1797 erbaute Pfarrkirche St. Karl Borromäus, die mit Fresken von Andreas Brugger ausgeschmückt ist und einen Renaissance-Hochaltar besitzt.

Nibelungenhandschriften ►

Gleich nebenan befindet sich ein außerordentliches Beispiel italienischer Renaissance, der **Palast der Grafen Waldburg-Zeil** (1562). In dessen Archiv wurden 1755 und 1779 die Handschriften C und A des Nibelungenliedes gefunden.

Jüdisches Museum ►

In der 1864 gebauten Villa Heimann-Rosenthal wurde 1991 ein Jüdisches Museum eingerichtet. Es dokumentiert das Leben der Hohenemser Juden und ihre Bedeutung für das Land in bemerkenswerter Weise (Schweizer Straße 5, www.jm-hohenems.at; Öffnungszeiten: Di. – So. 10.00 – 17.00 Uhr).

✶ Eisenerz

N 4

Bundesland: Steiermark **Höhe:** 745 m ü.d.M.
Einwohnerzahl: 6200

Das alte Bergbaustädtchen Eisenerz liegt am Fuß des mächtigen Steirischen Erzbergs inmitten großartiger Gebirgszüge. Noch heute deckt der Abbau des Erzbergs – auch »steirischer Brotlaib« genannt – einen ansehnlichen Teil des österreichischen Stahlbedarfs.

Sehenswertes in Eisenerz

Altstadt

Einige der historischen Radmeisterhöfe – wie man früher die Besitzer der Schmelz- bzw. Radwerke nannte – sind immer noch in der Stadt zu sehen. Insbesondere um den Bergmannplatz finden sich noch mehrere Gebäude aus dem 16. bis 18. Jahrhundert. Auf einer Anhöhe steht die wehrhaft befestigte gotische Pfarrkirche St. Oswald (1470 bis 1518) mit verschiedenen Bergmannsmotiven. Der Schichtturm, etwas weiter westlich, dessen Glocke 1581 aus türkischen Kanonen gegossen wurde, läutete einst zum Schichtwechsel im Bergwerk.

EISENERZ

AUSKUNFT

Informationsbüro Eisenerz
Körnerplatz 1
A-8790 Eisenerz
Tel. 0 38 48/37 00, Fax 21 00
www.eisenerz.at

Stadtmuseum

Geschichte und Technik des Bergbaus sowie Kunsthandwerk im Zusammenhang mit der Eisenbearbeitung zeigt das Stadtmuseum im **Kammerhof** (Schulstraße 1; Öffnungszeiten: Mai – Okt. Di. – So. 10.00 – 12.00 und 14.00 – 17.00 Uhr).

✶ **Steirischer Erzberg**

Am Steirischen Erzberg (1465 m) wird Spateisenstein mit rund 33% Eisengehalt abgebaut. Früher wurde im Stollen- und Tagebau gearbeitet, seit rund 200 Jahren gibt es nur noch den treppenförmigen Tagebau. Schon die Römer sollen hier Erz gewonnen haben, sicher nachweisbar ist die Bergbautätigkeit jedoch erst seit dem 12. Jh. Einen guten Überblick hat man vom Schichtturm und vom Aussichtspunkt bei der Eisenbahnhaltestelle Krumpental sowie vom Polster (►Umgebung).

Schaubergwerk

Im letzten, 1986 stillgelegten Stollen ist ein Schaubergwerk eingerichtet. Ein Erlebnis ist die Fahrt über das Tagebaugelände mit dem Hauly, einem 860 PS starken Schwerlaster (www.abenteuer-erzberg.at; Tel. 0 38 48/ 32 00; Führungen: Mai – Okt. tgl. 10.00 bis 15.00 Uhr).

Die Fahrt mit dem Hauly ist ein Vergnügen für Groß und Klein.

Für Eisenbahn-Nostalgiker gibt es die 1891 zum Erztransport zwischen Eisenerz und Vordernberg eingerichtete Erzbergbahn. Diese **steilste Normalspurbahn Österreichs** wird im Sommer als Museumsbahn mit Schienenbussen betrieben.

Umgebung von Eisenerz

Vom **Polster** (1910 m), 10 km östlich von Eisenerz, bietet sich ein einzigartiger Ausblick auf die Stufenpyramide des Erzberges und auf die Gipfelketten der Eisenerzer und Ennstaler Alpen.

Nordöstlich der Stadt Eisenerz liegt die nur zu Fuß erreichbare **Frauenmauerhöhle**. Ihren Westeingang (1435 m) erwandert man in knapp 3 Stunden über Gsoll. Der verwinkelte, ca. 640 m lange Höhlengang (Eiskammer) führt quer durch den Berg, Führung und warme Kleidung sind dringend anzuraten (Führungen: Juni bis Sept. Sa., So. u. Fei. vom Westeingang um 9.00, 11.00 u. 13.00 Uhr, vom Osteingang um 10.00, 12.00 u. 14.00 Uhr).

◄ Naturpark Eisenwurzen

In zwei Stunden ist über den Polster der Osteingang (1560 m) zu erreichen, von dem man einen herrlichen Blick auf das Naturparadies der Hochschwabgruppe hat. Der Naturpark Eisenwurzen mit seinen dichten Wäldern, grünen Hochalmen und schroffen Bergspitzen bietet Erholung abseits großer Touristenströme.

★ Eisenstadt

R 4

Bundesland: Burgenland
Einwohnerzahl: 12 400
Höhe: 182 m ü.d.M.

Eisenstadt, Hauptstadt des Burgenlandes, hat ihren Charme als Residenzstadt der Fürstenfamilie Esterházy bis heute behalten. Reizvoll ist ihre Lage zwischen Wien (50 km) und dem Neusiedler See (15 km), am Beginn der unendlich wirkenden Ebene nach Osten.

Fürstliche Residenzstadt

Eisenstadt ist untrennbar verbunden mit klassischer Musik: Fürst Nikolaus Esterházy förderte den Komponisten und Hofkapellmeister **Joseph Haydn** (1732–1809), der dreißig Jahre seines Lebens in Eisenstadt verbrachte.
Bereits 1118 in einer Chronik erwähnt, 1264 auch in einer Urkunde, erhielt Eisenstadt 1373 das Stadtrecht. Von 1445 bis 1648 gehörte der Ort den Habsburgern, 1648 wurde es königlich ungarische Freistadt und Residenz der Fürsten Esterházy. Im Jahr 1921 kam die Stadt wieder zu Österreich, seit 1925 ist sie die burgenländische Hauptstadt.

Sehenswertes in Eisenstadt

Schloss Esterházy

Beherrschendes Bauwerk der Stadt ist das Schloss der Fürsten Esterházy. Mit vier Ecktürmen und Innenhof errichtet (1388–1392), wurde die mittelalterliche Burg ab 1663 vom italienischen Barockbaumeister Carlone umgestaltet. Ende des 18. Jh.s modernisierte der Franzose Moreau es in der jetzigen Form. Prunkstück ist der über

Eisenstadt Orientierung

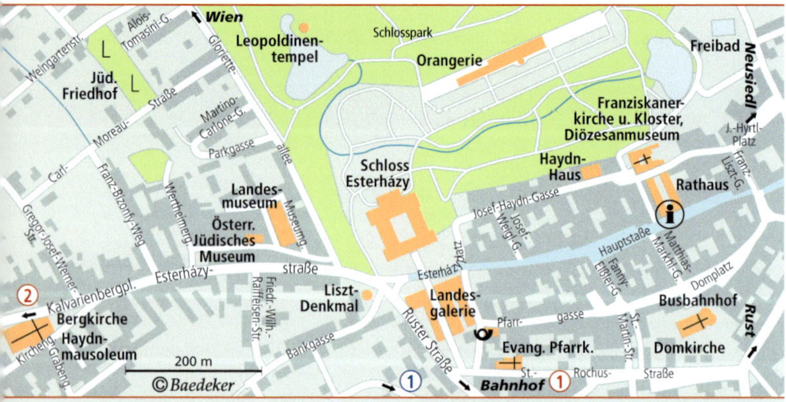

Essen
① Reisner

Übernachten
① Gasthof Ohr
② Hotel Burg Bernstein

Mit Prunk und hervorragender Akustik begeistert der Haydnsaal Konzertbesucher.

drei Stockwerke reichende Haydnsaal mit kunstvollen Fresken, wo der Komponist viele seiner Werke (ur-)aufführte. Heute kann man die gepriesene Akustik im Rahmen der Haydn-Festspiele genießen, die jedes Jahr im September stattfinden. Die ständige Esterházy-Ausstellung bietet Einblick in das Leben der fürstlichen Familie und ist nur mit Führung zu besichtigen (Führungen: Mitte März – Mitte Nov. tgl. 8.30 – 18.00, Mitte Nov. – Mitte März Mo. – Do. 9.00 bis 17.00, Fr. bis 15.00 Uhr).

★ ◀ Haydnsaal

Das Weinmuseum, untergebracht in den historischen Kellergewölben des Schlosses, gibt einen Überblick über die Weinbautradition im Burgenland (Öffnungszeiten: Mo. – Fr. 10.00 – 18.00 Uhr; Mai bis Okt. auch Sa. u. So.).

◀ Weinmuseum

Gegenüber dem Schloss dienen die ehemaligen Stallungen der Burgenländischen Landesgalerie für ihre Ausstellungen (Öffnungszeiten: Di. – Sa. 9.00 – 17.00, So. ab 10.00 Uhr).

◀ Landesgalerie

Hinter dem Schloss erstreckt sich der herrliche Park im Stil eines Englischen Gartens.

◀ Schlosspark

Altstadt

Aufgrund der historischen Entwicklung wird die Altstadt östlich vom Esterházyplatz auch **»Freistadt«** genannt: 1648 erkauften sich die Eisenstädter Bürger vom Fürsten Esterházy die Freiheit zum fürstlichen Preis von 16 000 Gulden und 3000 Eimern Wein (immerhin rund 159 000 Liter, was etwa 9000 Gulden entsprach).

Die Domkirche in der Pfarrgasse, ein dreischiffiger gotischer Hallenbau aus dem 15. Jh., ist dem Schutzpatron des Burgenlandes, dem heiligen Martin, geweiht.

◀ Domkirche

Haydn-Haus

Musikfreunde zieht es zum Haydn-Haus in der Haydngasse 19, einst Wohnhaus des Komponisten. Gezeigt werden u. a. Originalinstrumente, Porträts und Handschriften (Öffnungszeiten: Mitte März bis Mitte Nov. tgl. 9.00 – 17.00 Uhr).

Jüdisches Museum

Als die Juden von Kaiser Leopold I. aus Wien vertrieben wurden, entstand im 17. Jahrhundert in Eisenstadt-Unterstadt, nordwestlich des Schlosses, ein abgegrenztes jüdisches Viertel. Es existierte bis ins 20. Jahrhundert. Hier liegt auch der jüdische Friedhof.

Das Österreichische Jüdische Museum ist im 1694 erbauten Haus des ungarischen Landesrabbiners Wertheimer untergebracht. Besonders schön ist die ehemalige Privatsynagoge Wertheimers (Unterbergstraße 6; Öffnungszeiten: Mai – Okt. Di. – So. 10.00 – 17.00, Nov. – April Mo. – Do. 9.00 – 16.00, Fr. bis 13.00 Uhr).

Burgenländisches Landesmuseum

Ganz in der Nähe zeigt das Burgenländische Landesmuseum, im früheren Haus der jüdischen Familie Wolf, Geschichte, Volks- und Naturkunde des Burgenlandes, darunter die vielfältige Vogelwelt des Neusiedler Sees (Museumgasse; Öffnungszeiten: Di. – Sa. 9.00 bis 17.00, So. ab 10.00 Uhr).

Kalvarienberg

Bergkirche ►

Weiter westlich erhebt sich der 1701–1705 künstlich aufgeschüttete Kalvarienberg mit einem sehr eindrucksvollen **Passionsweg**. Mehr als 300 Holz- und Steinfiguren begleiten ihn in 24 Stationen. Auf dem höchsten Punkt steht die wuchtige Bergkirche mit rundem Grundriss und niedrigen Türmen.

Haydn-Mausoleum ►

Das prunkvolle Mausoleum von Joseph Haydn unter dem Nordturm ist eine Stiftung anlässlich seines 200. Geburtstags durch Fürst Paul Esterházy. Haydn war in Wien beigesetzt und erst später nach Eisenstadt überführt worden.

EISENSTADT ERLEBEN

AUSKUNFT

Eisenstadt Tourismus
Rathaus, Hauptstr. 35
A-7000 Eisenstadt
Tel. 026 82/7 05-1 55, Fax 7 05-1 59,
www.eisenstadt.at

ESSEN

► **Fein & Teuer**

① ***Reisner***
Hauptstraße 141
A-7212 Forchtenstein
Tel. 0 26 26/6 31 39
Landgasthaus am Fuß der romantischen Burg Forchtenstein im Burgenland. Hier macht sich schon der Einfluss der ungarischen Küche bemerkbar.

ÜBERNACHTEN

► **Komfortabel**

① ***Gasthof Ohr***
Rusterstraße 51, A-7000 Eisenstadt
Tel. 0 26 82/6 24 60, Fax 62 46 09
www.hotelohr.at
Zum zentral, doch ruhig gelegenen Familienbetrieb gehört auch ein empfehlenswertes Drei-Sterne-Restaurant.

② ***Hotel Burg Bernstein***
A-7434 Bernstein
Tel. 0 33 54 / 63 82
www. burgbernstein.at
Die ruhig gelegene Burg Bernstein ist ein guter Ausgangspunkt für Ausflüge in das mittlere Burgenland oder die Bucklige Welt.

Umgebung von Eisenstadt

Wallfahrtskirche Loretto

Die barocke Wallfahrtskirche Loretto, 10 km nördlich von Eisenstadt, besuchen jährlich mehr als 200 000 Pilger. An ihren Kreuzgang schließt sich zum Hof hin die Gnadenkapelle an. Auf dem Altar hinter einem Gitter steht die Statue der »Schwarzen Madonna«.

Draßburg

Im südlich gelegenen Draßburg (234 m; 1100 Einw.) wurde einer der bedeutendsten Schätze der Jungsteinzeit (5500–2200 v. Chr.) gefunden – das Bruchstück eines Gefäßes, in das eine Frauengestalt eingeritzt ist. Sie wurde als **»Venus von Draßburg«** berühmt und ist im burgenländischen Landesmuseum Eisenstadt ausgestellt.

★ Burg Forchtenstein

Nahe bei Mattersburg, etwa 16 km südwestlich von Eisenstadt, thront auf hohem Fels die mächtige Burg Forchtenstein aus dem frühen 14. Jh. 1635–1652 ließen die Esterházys sie wegen der drohenden Türkeneinfälle mit Toren und Höfen festungsähnlich ausbauen. Ihr martialisches Äußeres findet im Innern in den reichhaltigen Waffensammlungen und der Rüstkammer seine Entsprechung. Freundlicher wirkt die üppig bestückte **Schatzkammer** – Zeugnis der Esterházy'schen Sammelleidenschaft – mit teils recht exotischen Objekten, wie einem Augsburger Silberprunktisch, Kommoden aus China oder einem Vogelbauer aus Meissener Porzellan (Öffnungszeiten: April bis Okt. tgl. 10.00–18.00 Uhr; im Juli am Wochenende spezielle Programme für Kinder; Tel. 0 26 26/8 12 12; www.burg-forchtenstein.at).

Das Zeughaus von Burg Forchtenstein zeigt einstiges Beutegut.

Südliches Burgenland

Naturpark Landseer Berge

Teils im Burgenland, teils in Niederösterreich erstreckt sich der 2001 eröffnete Naturpark Landseer Bergemit einer Reihe hübscher Sehenswürdigkeiten. Bei Schwarzenbach (Niederösterreich) befindet sich die größte keltische Wallanlage Österreichs; das Keltenmuseum dokumentiert die einstige keltische Fürstenstadt auf dem Burgberg.

Burgruine Landsee ►

Eine der **größten Burgruinen Mitteleuropas** ist die 1772 zerstörte Burg Landsee (13./15.–17. Jh.), mit vier Mauerringen und einem als Aussichtsplattform hergerichteten Bergfried. Den sommerlichen Festspielen steht eine Bühne zur Verfügung.

Raiding

In dem kleinen Örtchen Raiding (253 m ü. d. M., 800 Einw.), rund 20 km östlich von Landsee, kann man das bereits 1911 als Museum eingerichtete Geburtshaus des gefeierten Klaviervirtuosen und Komponisten **Franz Liszt** (1811–1886) besichtigen. Gezeigt werden Dokumente, Noten und Fotos (Öffnungszeiten: Ostern bis Okt. tgl. 9.00–12.00 und 13.00–17.00 Uhr; www.listzentrum.at).

★ Burg Lockenhaus

Über dem Markt Lockenhaus, nahe der ungarischen Grenze nach Köszeg, thront auf einem Bergsporn die stattliche gleichnamige Burg (13. Jh.). Sie gilt als letzte echte Ritterburg des Burgenlandes und ist eine Attraktion des grenzüberschreitenden Naturparks Geschriebenstein. Sehenswert sind der Kapitelsaal der Tempelritter, eine zweischiffige Halle mit gotischem Kreuzrippengewölbe und die Burgkapelle mit Fresken aus der Bauzeit. Die Dauerausstellung »Der Templerorden« informiert auch über die Geschichte der ehemaligen Burgherren. Seit 1982 findet alljährlich im Juli ein **Kammermusikfestival** statt, initiiert vom Lockenhauser Pfarrer Herowitsch und dem in Riga geborenen Geiger Gidon Kremer. (Öffnungszeiten: April – Dez. tgl. 9.00 – 16.00 Uhr).

Stadtschlaining, rund 25 km südwestlich von Lockenhaus, besitzt noch Reste seiner Stadtmauer und die stattliche Burg Schlaining aus dem 13. Jahrhundert. Dort ist das einzigartige **Europäische Museum für Frieden** untergebracht, das sich den Themen Gewalt, Konflikte, Umwelt und Friedensentwicklung widmet (www.friedensmuseum.at; Öffnungszeiten: April – Okt. Di. bis So. 9.00 – 17.00 Uhr).

! *Baedeker* TIPP

Uhudler wird nicht gejodelt

Kein akustischer, sondern ein kulinarischer Genuss ist der Uhudler, Sammelbezeichnung für diverse Rot- und Weißweinsorten, die nur in wenigen Gemeinden des südlichen Burgenlandes gekeltert werden. Nachdem ab 1860 die Reblaus viele europäische Weinrebenbestände vernichtet hatte, begann man, amerikanische mit europäischen Rebsorten zu veredeln. Manche der amerikanischen Sorten überstanden die Einbürgerung unveredelt und genießen heute Seltenheitswert als Uhudler. Probieren kann man ihn in der Uhudler-Vinothek am Ende des Uhudlerpfades am Hochkogel bei Eltendorf (Öffnungszeiten: Fr. und So. 14.00–21.00 Uhr).

Östlich von Güssing erstreckt sich der Naturpark in der Weinidylle – ein beschauliches Fleckchen Erde mit ausgedehnten Auwäldern und Feuchtwiesen, lieblichen Weingärten und romantischen Kellervierteln. Die Weinidylle ist das **kleinste der burgenländischen Weinbaugebiete**, mit den Sorten Blaufränkisch und Welschriesling. Mehr Informationen liefert das Weinmuseum in Moschendorf.

Naturpark in der Weinidylle

Westlich von Güssing hat man im Örtchen Gerersdorf ein sehenswertes Freilichtmuseum errichtet. Das »Dorf im Dorf« besteht aus rund 30 Bauernhäusern des Burgenlandes des 18. und 19. Jh.s (Öffnungszeiten: April – Okt. Mo. – Fr. 9.00 – 17.00, Sa. und So. 10.00 – 18.00 Uhr). Im Dorfladen gibt es spezielle Produkte aus der Gegend – Obst, Honig oder Wein – zu kaufen.

Freilichtmuseum Ensemble Gerersdorf

★ Faaker See

L 6

Bundesland: Kärnten **Höhe:** 560 m ü.d.M.

Der malerische Faaker See ist Österreichs südlichstes Badegewässer – und eines der beliebtesten obendrein. Er ist umgeben von weiten Wiesen und schmalen Waldstreifen, im Süden ragt aus der Karawankenkulisse der markante Mittagskogel (2143 m) auf.

Touristisch bestens erschlossen ist der etwa 5 km südöstlich von Villach gelegene kleine See, wo nahezu jede Wassersportart (außer Motorboote) ausgeübt wird. Kein Wunder, bei Wassertemperaturen von

Bildstock vor dem Karawankenmassiv am Faaker See

bis zu 27 °C! Aber auch Radfahrer, Bergliebhaber und kulturell Interessierte finden hier ein Urlaubsparadies: Der 12 km lange Faaker Radwanderweg ist auch für Familien mit kleineren Kindern gut zu bewältigen, Drauradweg und Karnischer Radweg verlaufen in der Nähe. Zu den Karawanken oder der Villacher Alpe ist es nur ein Katzensprung. Ebenso nur wenige Autominuten entfernt sind Villach – Faschingshochburg und neben Ossiach Veranstaltungsort des Carinthischen Sommers –, Velden mit Spielcasino sowie der Wörther See.

Burgruine Finkenstein Etwas südlich des Faaker Sees liegt malerisch die Burgruine Finkenstein samt Burgrestaurant in den Bergen. Im Sommer finden in der knapp 1200 Gäste fassenden Burgarena Konzerte von Klassik bis Pop statt (Informationen über Programm und Karten erhält man unter Tel. 0 42 54/51 05 11 oder über www.burgarena.at).

DEN FAAKER SEE ERLEBEN

AUSKUNFT

Tourismusinformation Faak am See
Dietrichsteiner Straße 2
A-9583 Faak am See
Tel. 0 42 54/21 10
Fax 21 10 21
www.faakersee.at

EUROPEAN BIKE WEEK

Einmal im Jahr, Anfang September, wird es fünf Tage lang mächtig laut am Faaker See. Dann nämlich, wenn sich Zigtausende von stolzen Harley-Davidson-Besitzern hier treffen und außer dem Harley-Sound auch Livemusik geboten wird.

ESSEN

► Preiswert

Brennerstüberl
Seeblickstr. 62,
A-9580 Drobollach
Tel. 06 64/ 1 3147 35
Familienfreundliches Lokal mit ansprechendem Ambiente sowie Biergarten und Kinderspielplatz. Die österreichisch-bayrische Küche verarbeitet frische Produkte aus der Region.

ÜBERNACHTEN

► Luxus

Karnerhof, A-9580 Egg
Tel. 0 42 54/21 88, Fax 36 50
www.karnerhof.com
Das Wellness- und Genießerhotel bietet erstklassisge Freitzeitangebote direkt am See.

► Komfortabel

Inselhotel Faakersee
A-9583 Faak am See
Tel. 0 42 54/21-45, Fax 21-36 77
www.inselhotel.at
Erholsames, luxuriöses Hotel fernab vom Rest der Welt auf einer Insel im Faaker See. Umfangreiches Sport- und Freizeitprogramm.

► Günstig

Finkensteiner Hof
Mallestiger Platz 1
A-9584 Finkenstein
Tel. 0 42 54/21 76, Fax 21 76 80
www.finkensteinerhof.at
Das zentral gelegene Haus bietet einen Privatstrand und Swimmingpool, Fahrräder können kostenlos geliehen werden.

★ Feldkirch

C 5

Bundesland: Vorarlberg
Einwohnerzahl: 30 700
Höhe: 459 m ü.d.M.

Feldkirch, Geburtsstadt vieler bedeutender Wissenschaftler und Künstler, ist die westlichste Stadt Österreichs. Nicht zuletzt wegen ihrer unmittelbaren Grenze zum Fürstentum Liechtenstein und zur Schweiz war sie für viele Menschen während des Krieges ein Schicksalsort.

Westlichste Grenzstadt

Die Stadt mit einem der am besten erhaltenen mittelalterlichen Stadtbilder von Vorarlberg liegt etwa 35 km südlich von Bregenz am Austritt der Ill aus dem Walgau in die Rheinebene. Feldkirch ist internationaler Eisenbahn- und Straßenverkehrsknotenpunkt.
Hier hielten sich, als Österreich unter dem Hakenkreuz stand, viele nervöse Naziflüchtlinge auf. Schließlich war diese Station der letzte Halt vor der Ausreise aus Österreich in die rettende Schweiz. Auch der irische Schriftsteller James Joyce (1882–1941), Autor von »Ulysses«, musste 1915 im Ersten Weltkrieg in Feldkrich ungewollt einen längeren Aufenthalt einlegen.
Feldkirch ist Geburtsort des Arztes und Geografen Hieronymus Münzer (1447–1508), des Malers Wolf Huber (ca. 1480–1539), eines bedeutenden Meisters der »Donauschule«, sowie des Humanisten, Mathematikers und Astronomen Georg Joachim Rheticus (1514 bis 1574), einem Schüler von Nikolaus Kopernikus.

Stadtbild

Im Jahr 1200 von Graf Hugo I. von Montfort gegründet, stellte die Stadt, deren Namensform »ad Veltkirichun« (bei der Feldkirche) erstmals 842 auftaucht, im Mittelalter einen wichtigen Stütz-, Lager-

Feldkirch Orientierung

Essen
① Wirtschaft zum Schützenhaus
② Schloss-wirtschaft Schattenburg

Übernachten
① Hotel Alpenrose
② Hotel Montfort
③ Hotel Büchel

Zu Füßen der alten Schattenburg liegt das mittelalterliche Feldkirch.

und Schutzpunkt dar. Sie hat im Zentrum viel von ihrem mittelalterlichen Gesicht bewahrt. Von der Stadtbefestigung stehen noch Mauern, zwei Tore und vier Türme. Enge verträumte Gassen, Laubengänge, Fachwerkhäuser und reich gestaltete Fassaden zieren das romantische **»Studierstädtle«** (so genannt nach seinen vielen Schulen). Die Weinberge am Ardetzenberg zeugen davon, dass hier jahrhundertelang der Weinbau eine beträchtliche Einkommensquelle war. Bei seinem Besuch in Vorarlberg 1839 lobte Erzherzog Johann den Feldkircher Wein und sprach sogar vom typischen »Feldkircher Geschmack«.

Sehenswertes in Feldkirch

Marktplatz Geschäftiges Zentrum der Altstadt ist der Marktplatz mit seinen schönen alten Laubengängen und Patrizierhäusern. An seiner östlichen Seite steht die 1218 von Graf Hugo von Montfort für den Johanniterorden gestiftete Johanneskirche.

Palais Liechtenstein Vom Marktplatz führt nordöstlich die Kreuzgasse mit ihren spätgotischen Häusern zum vornehmen Palais Liechtenstein (1697), heute Stadtbibliothek und Stadtarchiv.

Domkirche Über die Herrengasse kommt man zum Domplatz und zur 1478 nach einem Stadtbrand im spätgotischen Stil erneuerten Domkirche St. Nikolaus mit farbenprächtigen modernen Glasfenstern (1966). Von außen einfach erscheinend, birgt die bedeutendste gotische Kirche Vorarlbergs eine Innenausstattung von kunsthistorischer Bedeutung: auf dem rechten Seitenaltar eine »Beweinung Christi«, in der Predella das »Schweißtuch der Veronika«, zwei Gemälde von Wolf Huber sowie das zur Kanzel umgestaltete schmiedeeiserne Sakramentshaus von 1540.

Kapuzinerkloster

Etwas außerhalb der Stadtmauern liegt das Kapuzinerkloster (1605) mit Reliquie und Zelle des 1622 ermordeten und 1746 heilig gesprochenen Stadtpatrons St. Fidelis. Während der großen Hungerkatastrophe 1817 speisten die Kapuziner an die 2000 Menschen täglich.

Katzenturm

Eindrucksvollstes Zeugnis der alten Stadtbefestigung ist der um 1500 erbaute Katzenturm (Katzen = Kanonen). In seinem Obergeschoss

FELDKIRCH ERLEBEN

AUSKUNFT

Stadtmarketing und Tourismus Feldkirch GmbH
Palais Liechtenstein
Schlossergasse 8, A-6800 Feldkirch
Tel. 0 55 22/7 34 67
www.feldkirch.at

ESSEN

► Erschwinglich

① ***Wirtschaft zum Schützenhaus***
Göfiser Straße 2, A-6800 Feldkirch
Tel. 0 55 22/8 52 90, Fax 85 29 04
www.schuetzenhaus.at
Über den Dächern der Altstadt, mit Blick auf die Schattenburg und die Schweizer Berge, liegt das romantische Schützenhaus, das heimische Wirtshausküche aus vorwiegend regionalen Produkten bietet. (Di. und Mi. geschl.)

② ***Schlosswirtschaft Schattenburg***
Burggasse 1, A-6800 Feldkirch
Tel. 0 55 22/7 24 44
www.schattenburg.cc
Im Restaurant der Schattenburg finden Schnitzelfans ein wahres Paradies: Hier gibt es die größten Wiener Schnitzel weit und breit.

ÜBERNACHTEN

► Luxus

① ***Hotel Alpenrose***
Rosengasse 4–6, A-6800 Feldkirch
Tel. 0 55 22/7 21 75, Fax 72 17 55
www.hotel-alpenrose.net
Inmitten der Altstadt gelegen. Das Haus vereint den Charme eines alten Bürgerhauses aus dem 16. Jh. mit dem Komfort eines modernen Hotels. 25 geschmackvolle Zimmer im Biedermeierstil.

► Komfortabel

② ***Hotel Montfort***
Galuragasse 7, A-6800 Feldkirch
Tel. 0 55 22/7 21 89, Fax 7 47 99 11
www.montfort-dashotel.at
Das Arthotel ist ruhig gelegen, die hellen, freundlichen Komfortzimmer sind behindertengerecht eingerichtet.

► Günstig

③ ***Hotel Büchel***
Sägerstraße 20, A-6800 Feldkirch
Tel. 0 552 2/7 33 06, Fax 7 33 06 33
www.hotel-buechel.at
Familienbetrieb am Ortsrand, Sauna und Hallenbad. Im Restaurant werden österreichische und regionale Spezialitäten serviert.

Churertor ► befindet sich heute eine 7,5 t schwere Glocke. Das Churertor, auch Salztor genannt, steht etwas weiter westlich. Sein sechsgeschossiger Torturm wurde gegen Ende des 14. Jh.s erneuert.

Illbrücke, Illkai Schließlich kommt man zur Illbrücke. Da im Mittelalter an dieser Stelle die Ill leicht zu überschreiten war, errichtete man weitere Befestigungsanlagen wie den bereits 1482 erwähnten mächtigen Wasserturm (östlich) und den Diebesturm (westlich). Am linken Illkai führt flussaufwärts der Graf-Rudolf-Wehrgang zum Zeughaus, zum Pulverturm und zum Mühletor. Etwas östlich liegen das Einkaufszentrum Illpark und die Stadthalle (Montforthaus).

✶ Schattenburg Die **größte und am besten erhaltene Burganlage Vorarlbergs** ist die um 1260 erbaute Schattenburg. Ihr Name leitet sich vom mittelhochdeutschen »schade« (= Schutz) ab. Von der Mitte des 13. Jh.s bis 1390 hatten hier die Grafen von Montfort ihren Sitz. Die Burg besitzt einen hübschen Innenhof mit hölzernem Umgang, sehenswerte Räume sowie eine Burggaststätte. Im **Heimatmuseum** wird u. a. eine interessante Waffensammlung gezeigt (Öffnungszeiten: Jan. – März Mo. – Fr. 13.30 – 16.00, Sa. und So ab 11.00, April – Okt. Mo. – Fr. 9.00 – 12.00 und 13.30 – 17.00, Sa. und So. 9.00 – 17.00 Uhr).

Umgebung von Feldkirch

Rankweil Etwa 6 km nordöstlich von Feldkirch lädt am Anfang des Laternser Tales die kleine Stadt Rankweil (470 m; 11 500 Einw.) ein. Mitten im Ort erhebt sich der Liebfrauenberg (515 m) mit Resten der alten Burg Hörnlingen (14. Jh.) und der im 15. und 17. Jh. in sie hineingebauten **Wallfahrtskirche Mariä Heimsuchung**. Die Kirche besitzt etliche Schätze, darunter eine Muttergottesstatue aus dem 15. Jh. und ein romanisches Holzkruzifix (Ende 12. Jh.), das 1728 eine Silberhülle erhielt und als »wundertätig« betrachtet wurde. Seit dem 13. Jh. floriert die Wallfahrt.

Laternser Tal Mit einer Reihe kleiner, hübscher Orte beginnt östlich von Rankweil das windungsreiche Laternser Tal: Batschuns (570 m; 1200 Einw.) mit seiner Bergkirche (1923), dem um 1400 erbauten Schloss Weißenberg und dem großen Exerzitienhaus von 1964; Innerlaterns, Bad Laterns und natürlich Laterns (998 m; 700 Einw.) selber, das von Rankweil aus auch in einem zweistündigen Spaziergang durch die »Üble Schlucht« zu erreichen ist.

Alpe Furx Von Laterns gelangt man in nördlicher Richtung zur Alpe Furx (1100 m), beliebt als Luftkurort und Wintersportplatz. Ca. 3 Stunden braucht man über den Alpwegkopf (1430 m) und die Saluveralm (1609 m) zum Freschenhaus (1846 m) mit der Freschenkapelle »Zum heiligen Bernhard« (1952) und einem Alpengarten. Weitere 30 Minuten sind es zum Gipfel des Hohen Freschen (2006 m).

Friesach

M 6

Bundesland: Kärnten
Einwohnerzahl: 5200
Höhe: 636 m ü.d.M.

Für Historienfreunde genau das Richtige ist ein Besuch in Friesach mit seiner mittelalterlichen Altstadt. Bereits damals besaß das Städtchen wegen seiner strategischen Lage an der Handelsstraße zwischen Wien und Venedig große Bedeutung.

Lebendiges Mittelalter

Friesach vermittelt wie kaum eine andere Stadt in Kärnten **mittelalterliches Flair**. An jedem letzten Juliwochenende trifft man sich hier zu Österreichs größtem Mittelalterfest – mit Gauklern, Ritterspielen, Alchemisten und Spielleuten.

Die rund 30 km nördlich von ►Klagenfurt gelegene Stadt konnte ihren strategischen Vorteil auch finanziell nutzen. Von 1125 bis 1300 wurden hier Münzen geprägt, der Friesacher Pfennig besaß als Zahlungsmittel über 200 Jahre lang bis nach Ungarn Gültigkeit. Im 13. Jh. kam der Deutsche Ritterorden, es folgten das Kapitel Virgilienberg und der Dominikanerorden. Bis 1803 gehörte Friesach den Erzbischöfen von Salzburg und war eine ihrer reichsten Städte. Es wurde mehrfach belagert, geplündert, zerstört – und wieder aufgebaut.

Alljährlich im August wird in Friesach bei einer opulenten Rittertafel das Mittelalter wieder lebendig.

FRIESACH ERLEBEN

AUSKUNFT

Tourismusinformation Friesach
Fürstenhofplatz 1, A-9360 Friesach
Tel. 0 42 68/22 13-40, Fax 22 13-43
www.friesach.at

ESSEN

► **Preiswert**

① ***Schenke »Zum Krebsen«***
Neumarkter Straße 19
A-9360 Friesach
Tel. 042 68/23 36
www.schenke-zum-krebsen.at
Das Gasthaus, das sich seit 1926 in Familienbesitz befindet, serviert eine bodenständige Kärntner Küche.

ÜBERNACHTEN

► **Komfortabel**

① ***Der Metnitztaler Hof***
Hauptplatz 11
A-9360 Friesach
Tel. 0 42 68/2 51 00,
Fax 25 10 54
www.metnitztalerhof.at
Das Haus am mittelalterlichen Hauptplatz von Friesach stammt aus dem 16. Jh., der Weinkeller sogar aus dem 13. Jh. Die komfortablen Zimmer sind im Kärntner Landhausstil eingerichtet, das Hotel verfügt zudem über einen Wellnessbereich und ein Restaurant (Do. Ruhetag).

Sehenswertes in Friesach

★ **Altstadt** Zu den noch erhaltenen Teilen der mächtigen Stadtbefestigung um die Altstadt gehören die 1131 vollendete Ringmauer mit drei wehrhaften Tortürmen und der 800 m lange Stadtgraben.

Hauptplatz Mittelpunkt ist der lang gestreckte Hauptplatz, gesäumt von schönen alten Häusern, mit einem Renaissancebrunnen, auf dem Szenen aus der griechischen Mythologie zu sehen sind, und dem Alten Rathaus aus dem 16. Jahrhundert.

St. Bartholomäus Nördlich vom Hauptplatz steht an der Wiener Straße der **größte Kirchenraum Kärntens**, die ursprünglich romanische Stadtpfarrkirche St. Bartolomäus. Sehenswert sind der Taufstein (12. Jh.), die Chorfenster (13./14. Jh.), der barocke Hochaltar von 1679 sowie das Rokokogestühl und Apostelfiguren aus dem 18. Jh.

Getreidespeicher Der monumentale Getreidespeicher aus dem 14. Jh. lädt heute zu einer erlebnisorientierten, poetischen Inszenierung ein: »Die Spur des Einhorns« ist eine von Hans Hoffer konzipierte virtuelle Mythenwelt (Öffnungszeiten: Mai – Okt. tgl. 10.00 – 18.00 Uhr).

Dominikanerkloster Seit 1251 ist hier das Dominikanerkloster ansässig, älteste Niederlassung dieses Ordens im deutschsprachigen Gebiet. Die 1255–1320 erbaute Kirche besitzt das längste Kirchenschiff Kärntens und statt eines üppigen Turmes nur einen kleinen Dachreiter – wie es sich für einen Bettelorden gehört. Sie birgt zwei frühgotische Kostbarkeiten: ein Astkruzifix (14. Jh.) und eine Sandsteinmadonna (um 1300).

In der **Heiligblutkirche**, südwestlich vom Hauptplatz, soll sich 1238 während der Messe ein Blutwunder ereignet haben.

Von der einst mit vier Türmen ausgestatteten **Rotturmanlage**, ursprünglich Teil der Stadtbefestigung, sind noch zwei übrig.

In 10 Minuten erreicht man vom Hauptplatz aus zu Fuß das romanische Burgkirchlein **St. Peter** am Petersberg, von wo man den schönsten Blick über Friesach und seine Umgebung hat.

Weiter oberhalb stehen die stattlichen Reste der romantischen **Burg Petersberg**, Schlossfestung der Salzburger Erzbischöfe (vor 1077). Die Burgschänke heute ist der einstige Wohnsitz des Burghauptmannes. Im Oberhof finden im Sommer Burgfestspiele statt. Wer das Treppensteigen nicht scheut, sollte das reichhaltige Stadtmuseum im sechsgeschossigen Bergfried besuchen.

Friesach *Orientierung*

Umgebung von Friesach

Metnitztal
◄ Grades

Nur wenige Kilometer nördlich von Friesach beginnt das westlich ausgerichtete Metnitztal, mit seinen Wäldern, Almen und sanft geschwungenen Bergen ein beliebtes, **ruhiges Sommer- und Winterurlaubsziel**. Beim Örtchen Grades steht das einstige Schloss der Bischöfe von ► Gurk. Die Wallfahrtskirche St. Wolfgang besitzt eine schöne Innenausstattung.

◄ Metnitz

Rund 4 km westlich liegt der seit dem 9. Jh. besiedelte Markt Metnitz. Seine beeindruckende frühgotische Wehrkirche weist eine üppige Barockausstattung auf, an der Außenwand des achteckigen Karners sieht man eine Kopie des **monumentalsten Totentanzes Österreichs**.

Gailtal

J/K 6

Bundesland: Kärnten

Der abwechslungsreiche Gebirgszug und das schöne Tal sind durch Wanderwege und Hütten gut erschlossen. Da sie bisher vom Massentourismus verschont geblieben sind, empfiehlt sich das lang gestreckte Gailtal als Erholung versprechendes Urlaubsziel.

Erholsames Urlaubsziel Es verläuft zwischen den Gailtaler Alpen im Norden und den Karnischen Alpen im Süden – beide mit den Lienzer Dolomiten zu den Südalpen gehörig – und endet am Zusammenfluss der Gail mit der Drau bei ►Villach.

Lesachtal Entlang der Gail erstreckt sich westlich von Kötschach-Mauthen das Lesachtal. Urwüchsige Ortschaften mit stattlichen Höfen, weitläufige Almen und eindrucksvolle Bergformationen kennzeichnen das ruhige Hochtal.

Kötschach-Mauthen Der Hauptort des oberen Gailtals ist Kötschach-Mauthen (710 m, 3600 Einw.). Sehenswert ist die spätgotische Hallenkirche »Unsere Liebe Frau« (1518–1527), auch **»Gailtaler Dom«** genannt, mit einzigartiger Gewölbedekoration: Das gotische Netzrippengewölbe wurde zu einem höchst fantasievollen Schlingwerk weiterentwickelt. Schön sind auch im Chor das Fresko mit Bildern der Mariengeschichte und das Gnadenbild am Hochaltar.

DAS GAILTAL ERLEBEN

AUSKUNFT

Karnische Tourismus GmbH
Hauptstr. 14
A-9620 Hermagor
Tel. 042 82/31 31
Fax 31 31 31
www.naturarena.com

1. KÄRNTNER ERLEBNISPARK

Hinter den Begriffen »Luna-Loop« und »Nautic-Jet« verbirgt sich kein Raumfahrtzentrum, sondern der 1. Kärntner Erlebnispark am Pressegger See. Wer nicht im Seebad abtauchen will, kann seine Fähigkeiten an Wackelrädern oder dem Astronautentest erproben. Und im Kleinkinderparadies dürfen sich die Jüngsten austoben (www.erlebnispark.cc; Öffnungszeiten: Mai – Sept. tgl. 9.00 – 18.00 Uhr).

ESSEN

► Fein & Teuer

Landhaus Kellerwand
Mauthen 24
A-9640 Kötschach-Mauthen
Tel. 0 47 15/2 69, Fax 0 47 15/2 69 16
www.sissy-sonnleitner.at
Immer mehr Feinschmecker finden den Weg in das kulinarische Paradies von Sissy Sonnleitner. Wer Lust hat, selber im Topf zu rühren, kann hier auch ein Kochseminar belegen.

Ziel langer Wanderungen in den Karnischen Alpen ist der Wolayer See.

Museum 1915–1918

Kötschach-Mauthen besitzt Museen der besonderen Art: Im Rathaus zeigt das »Museum 1915–1918 – Vom Ortler bis zur Adria« mit zahlreichen Exponaten die Grausamkeit und Absurdität eines Krieges anhand der Schicksale einfacher Soldaten und der Zivilbevölkerung auf beiden Seiten (Öffnungszeiten: Mitte Mai bis Mitte Okt. Mo. – Fr. 10.00 – 13.00 u. 15.00 – 18.00 Uhr, Sa. und So. 14.00 – 18.00 Uhr). Dazu gehören die **Freilichtmuseen** am Plöckenpass und am Monte Piano, wo unter Einbeziehung historischer Anlagen und Objekte ehemalige Stellungen der alpinen Frontlinie gezeigt werden. Ziel ist es, für Völkerverständigung und Frieden zu werben.

Östlich vom Plöckenpass

Östlich vom Plöckenpass erheben sich zahlreiche imposante Berge, die vom Gailtal aus relativ schnell bestiegen werden können, z. B. der Gailtaler Polinik (2331 m) bei Mauthen, der wuchtige Trogkofel (2279 m) und der gezackte Gartnerkofel (2195 m), wo die außerordentlich seltene, streng geschützte blaue »Wulfenia carinthiaca« wächst. Beide Berge sind von der Sonnenalpe Nassfeld über die Nassfeld-Hütte (1513 m) zu erreichen.

Hermagor

Hermagor (600 m; 7200 Einw.) liegt im Herzen des Gailtals und ist Mittelpunkt von etwa 30 Ortsteilen und Weilern sowie Ausgangspunkt für Wanderungen und Touren. Die spätgotische Pfarrkirche (15. Jh.) wurde nach den Kriegen gegen die Türken neu erbaut. Im Chor hat man Wandmalereien aus dem 14. Jh. freigelegt. Rund 5 km östlich liegt der 1 km lange Pressegger See (560 m), wegen seinen bis zu 28 °C auch die **»Badewanne des Gailtals«** genannt.

Poludnig, Garnitzenklamm

Garnitzenklamm ►

Beim Ortsteil Möderndorf beginnt eine 10 km lange, landschaftlich sehr reizvolle Straße, die steil zu den Karnischen Alpen hinaufführt. Südöstlich auf der Grenze erhebt sich der Poludnig (2000 m). Von dieser Straße kommt man zur Garnitzenklamm, deren Geo-Trail anhand von Tafeln ihre Entstehungsgeschichte erzählt – Schwindelfreiheit und Trittsicherheit vorausgesetzt.

★★ Gasteiner Tal

K 5

Bundesland: Salzburg **Höhe:** 830 – 1137 m ü.d.M.

Mittlerweile bröckelt der Putz an manchem Belle-Epoque-Hotel, und illustre Gäste sind eine Seltenheit geworden. Aber mit ein bisschen Fantasie kann man leicht das Bild der einstigen feinen Gesellschaft, die die Annehmlichkeiten eleganter Unterkünfte genießt und das schöne Panorama bewundert, heraufbeschwören.

Treffpunkt der Hautevolee

Als im 19. Jh. Adel und vermögendes Bürgertum die Alpen zur bevorzugten Sommerfrische erkoren, entwickelte sich auch das Gasteiner Tal zum mondänen Urlaubsziel. Eine stattliche Reihe berühmter Gäste wie Schubert, Schopenhauer, Bismarck, Sir Arthur Conan Doyle und gekrönte Häupter wie indische Maharadschas oder der deutsche Kaiser Wilhelm I. fanden sich vor allem in Bad Gastein ein.

Wasserfall mitten im Ort: die Gasteiner Ache auf ihrem Weg durch Bad Gastein

Auch heute gehört das knapp 40 km lange Gasteiner Tal zu den **beliebten Feriengebieten Österreichs**. Vom Salzachtal zweigt es über die wildromantische Gasteiner Klamm nach Süden zu den ►Hohen Tauern ab und steigt allmählich an. Die Tauernbahn führt durch das Tal, dann in einem 8,5 km langen Tunnel durch den Tauernhauptkamm (Autoverladung zwischen Böckstein im Norden und Mallnitz im Süden) – bis zum Bau des Felbertauerntunnels die einzige ganzjährige Ostalpenquerung.

Besucher aus aller Welt schätzen neben den Thermen die **Wanderwege** in schönster Lage und besonders die drei ganz unterschiedlichen **Skigebiete**: Die Skischaukel Stubnerkogel – Schlossalm (mit Bad Hofgastein), das Gebiet Graukogel und die hochalpinen und sehr schneesicheren Abfahrten in Sportgastein (Informationen: www.gastein.com).

Radonthermen

Mit Temperaturen zwischen 44 und 47 °C entspringt das Thermalwasser von Bad Gastein insgesamt 18 Quellstollen und wurde bereits zu römischen Zeiten genutzt. Auch Paracelsus pries die Thermen, deren Wasser weniger der Mineral- als vielmehr der Radongehalt wertvoll macht. Ob durch Bäder oder Inhalationen: Chronische Leiden wie Rheuma und Asthma, Kreislauferkrankungen oder Störungen des vegetativen Nervensystems erfahren eine deutliche Linderung.

> ! *Baedeker* TIPP
>
> **Rheumatherapie**
>
> Leiden Sie an Rheuma? Dann beginnen Sie sofort eine Therapie im Gasteiner Heilstollen. Bis zum Jahr 1944 hat man bei Böckstein, am südlichen Talende, Gold geschürft. Als etliche der Bergleute von rheumatischen Leiden geheilt wurden, merkten die Mediziner auf. Seit 1952 nutzt man den Stollen nun zur Therapie, dessen Wirkung auf dem hohen Radongehalt der Luft, hoher Lufttemperatur (bis 42 °C) und hoher Luftfeuchtigkeit beruht (www.gasteiner-heilstollen.com).

Sehenswerte Ziele im Gasteiner Tal

»Entrische Kirche«

Die Gasteiner Klamm am nördlichen Beginn des Tales wird von der Durchgangsstraße in einem Tunnel umgangen. Ein Naturlehrpfad führt vom Parkplatz Klammstein in etwa 45 Minuten zur **Naturhöhle** »Entrische Kirche«. Ab dem 16. Jh. geheimer Versammlungsort der Protestanten, ist sie heute Winterquartier für etliche Fledermausarten. Ein Höhlenteil mit schönen Tropfstein- und Sinterformen ist für Besucher zugänglich (nur mit Führung, Dauer ca. 50 Min., April – Sept. Di. bis So. 11.00, 12.00, 14.00 u. 15.00, Mitte Juli und Aug. tgl. 10.00 – 16.00 Uhr jede Stunde; Tel. 064 33 / 76 95).

Dorfgastein

Südlich der Klamm liegt Dorfgastein (840 m; 1500 Einw.). Auf die umliegenden Berge führen herrliche Wanderwege, das Fulseck (2033 m) ist ein beliebtes Skigebiet (Skischaukel Dorfgastein-Großarl). Der noch recht ländlich wirkende Ort verbindet Bergromantik mit einem umfangreichen Sportangebot wie Mountainbiken, Paragliden, Snowboarden und Eisklettern.

★ Bad Hofgastein

Bad Hofgastein (860 m; 6700 Einw.), der alte Hauptort an der breitesten Stelle des Tales, ist ein **traditionsreiches Heilbad** und Ziel vieler Wintersportler, nicht zuletzt wegen seiner Loipen und der auch für weniger erfahrene Skiläufer gut gepflegten Pisten auf der Schlossalm (2050 m). Im 16. Jh. war es, bedingt durch den Goldbergbau, nach Salzburg der reichste Ort des Landes, was auch an der prächtigen spätgotischen Pfarrkirche abzulesen ist. Die Sanatorien und Kureinrichtungen werden von den aus Bad Gastein herbeigeleiteten Radonquellen gespeist, von wo auch ein dreistündiger Spaziergang nach Bad Hofgastein führt.

★ Bad Gastein

Den Reiz dieses Heilbads (1083 m; 5600 Einw.) macht vor allem die Lage des Ortes vor dem großartigen Hochgebirgspanorama aus. Es

DAS GASTEINER TAL ERLEBEN

AUSKUNFT

Gasteinertal Tourismus GmbH
Tauernplatz 1
A-5630 Bad Hofgastein
Tel. 064 32/339 30
Fax 33 93 120
www.gastein.com

ESSEN

► Fein & Teuer

Zum Stern
Weitmoserstraße 33
A-5630 Bad Hofgastein
Tel. 0 64 32/8 45 00
www.zumstern.com
Schon die Aussicht auf die Berge lohnt den Besuch. Familiäre Atmosphäre und regional orientierte Speisekarte.

► Erschwinglich

Unterbergerwirt
Unterberg 110, A-5632 Dorfgastein
Tel./Fax 0 64 33/70 77
Der Koch des Hauses war Sieger bei einer »Salzburger-Nockerl-Olympiade«, weiß aber auch andere Gerichte sehr schmackhaft zuzubereiten.

ÜBERNACHTEN

► Luxus

Salzburger Hof
Grillparzerstraße 1
A-5640 Bad Gastein
Tel. 0 64 34/2 03 70, Fax 38 67
www.salzburgerhof.com
Das stilvolle Haus ist geschmackvoll eingerichtet, bietet guten Service und ist ein idealer Ausgangsort für Spaziergänge und Wanderungen.

► Komfortabel

Österreichischer Hof
Kurgartenstraße 6
A-5630 Bad Hofgastein
Tel. 0 64 32/6 21 60, Fax 62 16 51
www.oehof.at
Österreichische Gastlichkeit verbindet sich hier mit einer persönlichen Atmosphäre. Restaurant für Hausgäste.

Landhotel Römerhof
A-5632 Dorfgastein 22
Tel. 0 64 33/77 77, Fax 77 77-12
www.roemerhof.com
Ältester Teil dieses stattlichen Hotelgasthofs ist ein Turm aus römischer Zeit. Neben gemütlichen Gastzimmern und großzügigen Appartements findet man hier ein Erlebnisbad mit Whirlpool, Dampfbad und Sauna.

Villa Hiss
Erzherzog Johann Promenade 1
A-5640 Bad Gastein
Tel. 0 64 34/2 10 53
www.relaxhotel-gastein.at
Gemütliches Appartement-Hotel.

Mit seinen Belle-Epoque-Hotelpalästen war Bad Gastein einst Österreichs feinster Kurort.

war schon im Mittelalter bekannt und hat sich trotz moderner Kur- und Freizeiteinrichtungen wie Felsenbad und Casino ein wenig den Flair der Belle Epoque bewahrt. Welche erlesenen Gäste hier einst Landschaft und Wasser genossen, zeigt das Gasteiner Museum. Zudem informiert es über den hiesigen Bergbau und das Badewesen (Haus Austria ist derzeit geschlossen). Für Bergsteiger und Pistenfans ein Eldorado sind die durch Seilbahnen erschlossenen Berge, westlich der Stubnerkogel (2246 m), östlich der Graukogel (2492 m) und südlich der Kreuzkogel (2686 m).

? WUSSTEN SIE SCHON ...?

- ... dass Kaiserin Sisi gerne in Gastein zu Gast war? Sie beschrieb ihre Zuflucht in den Bergen einmal sogar in Versform:
»Brausende Wasser, tosender Fall, / Einförmig doch so melodischer Fall, / Müde der Körper, lauscht noch das Ohr, / Rauschen die Tön' so bekannt ihm doch vor, / Werfen schon glitzernde Perlen in' Traum – / Süsses Gedenken, zerstäubender Schaum.«

Böckstein

Am südlichen Ende des Gasteiner Tals liegt das alte Dorf Böckstein. Ein malerisches Ensemble bildet die historische Montansiedlung Altböckstein mit Betriebs-, Verwaltungs- und Wohngebäuden. Der frühere Salzstadel beherbergt heute das Montanmuseum Böckstein (Öffnungszeiten: Mai – Okt. 10.00 – 12.00 und 15.00 bis 17.30 Uhr; Tel. 064 34 /54 14).

★ Gmünd

L 6

Bundesland: Kärnten
Einwohnerzahl: 2700
Höhe: 749 m ü.d.M.

Die auf eine wechselvolle Geschichte zurückblickende, lebhafte Kleinstadt ist heute stolz auf ihre zahlreichen Ateliers, Galerien und Ausstellungen. Sie bilden im Verein mit dem mittelalterlichen Ambiente eine gelungene Mischung.

Strategisch gute Lage

Gmünd liegt am Zusammenfluss von Lieser und Malta sowie am Beginn des malerischen Maltatals. Wegen ihrer strategisch bevorzugten Lage an der Handelsstraße von Salzburg nach Venedig wurde die seit etwa 1250 bestehende Burg ausgebaut. Die Herrschaft Gmünd gehörte 1639–1932 den aus Südtirol stammenden Grafen Lodron.

Sehenswertes in Gmünd

Das mächtige **Alte Schloss**, heute größtenteils Ruine, stammt aus

GMÜND

AUSKUNFT

Künstlerstadt Gmünd
Hauptplatz 20, A-9853 Gmünd
Tel. 047 32/22 15-14, Fax 22 15 35
www.stadtgmuend.at

Im Porschemuseum Gmünd sind die allerersten Porsche-Coupés zu sehen.

dem 13. bis 17. Jh. und wurde nach mehreren Bränden liebevoll restauriert. Es dient als Veranstaltungsort. Die Altstadt ist von einer kräftigen Ringmauer mit vier Toren aus dem 16. Jh. umgeben. Am Oberen Stadttor kann man den mittelalterlichen Pranger betrachten. 1651–1654 wurde das vergleichsweise schlichte Stadtschloss derer von Lodron am Hauptplatz von Gmünd errichtet. Seine steinernen Barocklöwen sind eine Gabe aus dem Mirabellgarten in Salzburg – der Löwe war das Wappentier der Grafen von Lodron.

> ! **Baedeker TIPP**
>
> **Geschichte einer Giftmischerin**
>
> Unheimliche Giftmischerin oder tragisches Opfer der Justiz? Eva Faschauner, die laut Anklage ihren Ehemann mit Arsen vergiftet haben soll, wurde nach dreijähriger Haft und Folter 1773 geköpft. Der damals Aufsehen erregende Fall wird im Heimatmuseum ausführlich dokumentiert (Kirchgasse 48; nach Absprache geöffnet, Tel. 0 47 32/22 15 18 oder 28 80).

✶ Porsche Automuseum

Auch wer sich für Autos nicht sonderlich interessiert, wird hier bestimmt staunen: Die Wiege des legendären Porsche 356 – des ersten Autos mit dem Namen Porsche – stand in Gmünd! Von 1944 bis zum Jahr 1950 hatte Ferdinand Porsche (1875 – 1951) die Porsche-Werke nach Gmünd verlegt: In dieser Zeit wurden 44 Coupés und 8 Cabrios von 300 Mitarbeitern gefertigt. 1982 entstand auf Initiative des Porschefans Helmut Pfeifhofer das sehenswerte private Porsche-Museum (Öffnungszeiten: Mitte Mai – Mitte Okt. tgl. 9.00 bis 18.00, sonst tgl. 10.00 – 16.00 Uhr, www.auto-museum.at).

Umgebung von Gmünd

✶ Nationalpark Nockberge

Östlich von Gmünd liegt der zweigeteilte Nationalpark Nockberge, dessen sanft gerundete, bis 2300 m hohe Kuppen, weite Almen, stille Seen und Moore, dunkle Bergwälder und einzigartige Tier- und

Pflanzenwelt alle Wanderer begeistern. Die rund 35 km lange, mautpflichtige Nockalmstraße beginnt nördlich bei Innerkrems und schlängelt sich nach Südosten bis zur Ebene Reichenau. Verschiedene Hütten und Stationen entlang dieser Straße informieren über den Nationalpark.

★ **Maltatal**

Zwischen Reißeckgruppe im Südwesten, Ankogelgruppe im Westen und Haffnergruppe im Norden erstreckt sich das rund 30 km lange, zu den großartigsten Gebirgstälern Österreichs gehörende Maltatal. Sogar Löwen und Tiger gibt es außer einheimischem Wild im **Tierpark Diana** bei Feistritz zu bestaunen.

Das **»Tal der stürzenden Wasser«**, so der Beiname des kurz hinter Feistritz beginnenden Teils des Tales, besitzt mehrere Wasserfälle, darunter den fast 200 m hohen Fallbach-Wasserfall. Die ab der Falleralm mautpflichtige Malta-Hochalmstraße windet sich in großartigen Kehren über neun Brücken und durch sechs Tunnels hinauf bis zur Kölnbreinsperre, eine der größten und mit der 200 m hohen Staumauer die **höchste Talsperre Österreichs**. Von hier bietet sich ein spektakulärer Blick.

◄ Kölnbreinsperre

★★ Graz

05

Bundesland: Steiermark
Einwohnerzahl: 254 500
Höhe: 368 m ü.d.M.

Graz war im Mittelalter und in der Renaissance glanzvolle Residenzstadt der Habsburger. Als Erbe dieser Zeit besitzt die Stadt heute noch eine der besterhaltenen historischen Altstädte Mitteleuropas und gehört seit 1999 zum Weltkulturerbe der UNESCO.

Renaissance und Moderne

Die Zeiten, in denen Graz vom übrigen Österreich als »Pensionopolis« belächelt wurde, sind inzwischen vorbei. Außerdem: Wer hätte es vielen österreichischen Pensionären verübeln wollen, dass sie für ihren Alterssitz eine Stadt wählten, die südländischen Charme mit milden Klima verband – und außerdem deutlich kostengünstiger war als etwa die Bundeshauptstadt Wien. In den vergangenen Jahrzehnten hat sich neben altem Adel und bodenständigem Trachtenbürgertum eine höchst vitale Kunstszene entwickelt, die mit den Avantgardefestivals »styriarte« und »Steirischer Herbst« Graz weit über die Grenzen Östereichs hinaus bekannt gemacht hat.

Für die Wahl zur »Kulturhauptstadt Europas 2003« hatte sich die Stadt nochmals ins Zeug gelegt und mit dem neuen Kunsthaus ein Wahrzeichen moderner Architektur geschaffen. Diese Mischung aus Tradition und Avantgarde, aus Renaissance und Moderne, aus Festhalten am Bewährten und einer gewissen Aufgeschlossenheit gegenüber dem Neuen macht den ganz besonderen Reiz dieser Stadt aus.

Altehrwürdige Mauern und Dächer zeigt der Blick aus der Vogelperspektive.

Zweitgrößte Stadt Österreichs

Überragt vom weithin sichtbaren Schlossberg, liegt die Hauptstadt der Steiermark und Sitz der steirischen Landesregierung an der Mur, die hier aus einem engen Durchbruchstal in das fruchtbare Grazer Becken tritt. Nicht nur als bedeutendes Wirtschafts- und Handelszentrum, sondern auch mit moderner Architektur hat sich Graz einen Namen gemacht. Rund 50 000 Studierende bevölkern die drei Universitäten der Stadt.

Geschichte

1128	Erste urkundliche Erwähnung von Graz
1379–1619	Residenz der leopoldinischen Linie der Habsburger
1619	Ferdinand II. wird deutscher Kaiser – Graz verliert seine Bedeutung als Machtzentrum.
19. Jh.	Erzherzog Johann fördert Wirtschaft und Technik – bis heute ist Graz ein erfolgreicher Industriestandort.
2003	Graz ist Kulturhauptstadt Europas.

Wie Ausgrabungen beweisen, war bereits 800 n. Chr. das Gebiet der heutigen Stadt besiedelt, doch urkundlich wird Graz erstmals 1128 erwähnt. Der Name stammt vom slawischen »Gradec« (»kleine Burg«). Als Handelszentrum gewann Graz mehr und mehr an Bedeutung. 1281 räumte der habsburgische König Rudolf I. der Stadt besondere Privilegien ein, 1379–1619 war sie Residenz der leopoldinischen Linie der Habsburger. Die im Wesentlichen aus dieser Zeit stammende Altstadt gehört zu den schönsten und besterhaltenen Stadtzentren Europas.

Graz wurde vom 15. bis 17. Jh. gegen die vom Osten und Süden vordringenden Völker zur Festung ausgebaut – die Türken belagerten die Stadt mehrmals erfolglos. Als 1619 Ferdinand II. zum deutschen Kaiser gewählt wurde, vereinigte er die gesamten österreichischen

Länder. Seinen Hof verlegte er nach Wien, womit die Bedeutung von Graz als Machtzentrum zu Ende war. Im 19. Jh. förderte der beliebte, volkstümliche Erzherzog Johann die wirtschaftliche und technische Entwicklung der Stadt und des Landes. Motor- und Antriebstechnik gehören heute zu den wichtigsten Wirtschaftszweigen von Graz.

Sehenswertes in Graz

Die Altstadt mit ihren farbenfrohen Fassaden und vielen reizvollen Innenhöfen kann sich der **größten geschlossenen Renaissancebebauung im deutschsprachigen Raum** rühmen! ** Altstadt

Am Hauptplatz, dessen Mitte eine Brunnenplastik des Erzherzogs Johann ziert, beginnt der Spaziergang. Das Rathaus (1887–1893) beherrscht die Südseite des Platzes, nördlich an der Abzweigung zur Sporgasse fasziniert der Anblick des Luegg-Hauses mit Laubengang und Stuckfassade (17. Jh.) – der Name kommt übrigens von »um die Ecke luegen« (»um die Ecke gucken«). Hauptplatz

Nach Nordwesten geht die belebte Sackstraße ab, früher tatsächlich eine Sackgasse, mit einigen schönen Palais: Einen wunderschönen Renaissancehof besitzt der Krebsenkeller (Nr. 12), im Palais Herberstein (Nr. 16) sind prächtige Rokokozimmer zu bewundern. Die Neue Galerie wird nach einer Schließzeit voraussichtlich Ende 2011 im Museumsgebäude Neutorgasse 45 wiedereröffnet – mit Gemälden des 19. und 20. Jahrhunderts (www.neuegalerie.at). Sackstraße ◄ Neue Galerie

Highlights Graz

Altstadt
Ein Bummel durch die stimmungsvolle Altstadt von Graz macht deutlich, warum sie zum Weltkulturerbe ernannt wurde.
► Seite 235

Landhaus
Eines der bedeutendsten Renaissancebauten Österreichs ist Sitz des Landtags.
► Seite 237

Zeughaus
Für Geschichtsinteressierte und Kenner alter Waffen ein besonderes Schmankerl.
► Seite 237

Landesmuseum Joanneum
Mit Alter Galerie und weiteren Abteilungen ist es ein sehenswertes Museum.
► Seite 238

Dom und Mausoleum
Dom und Mausoleum gegenüber der Burg gehören zu den Prachtbauten der oberen Altstadt.
► Seite 239

Uhrturm
Wahrzeichen von Graz ist der Uhrturm auf halber Höhe des Schlossbergs.
► Seite 239

Kunsthaus
Zwiespältige Reaktionen ruft das neue Kunsthaus hervor – nichtsdestotrotz ein mutiger, außergewöhnlicher Bau des amerikanischen Achitekten und Designers Vito Acconci in einem spannungsreichen Ambiente!
► Seite 240

Landesmuseum Joanneum ► 1811 wurde das Steirische Landesmuseum Joanneum vom Erzherzog gestiftet und ist das älteste erhaltene Museum Österreichs. Im Palais Khuenburg (Nr. 18) kam 1863 der 1914 in Sarajevo ermordete Thronfolger Franz Ferdinand zur Welt, heute logiert hier das Stadtmuseum. Gegenüber steht das Palais Attems (Nr. 17), der bedeutendste Barockbau der Stadt.

Sporgasse Auch in der Sporgasse sind zwei schöne Palais zu bewundern: das Deutschritterordenshaus (Nr. 22) und das Palais Saurau (Nr. 25), dessen Giebel die Figur eines säbelschwingenden Türken ziert.

Schauspielhaus Biegt man rechts in der Sporgasse zum Freiheitsplatz ab, steuert man auf das um 1825 erbaute Schauspielhaus zu. Einen Vorstellung zu besuchen lohnt sich alleine schon wegen seines schönen Innenraums!

Herrengasse Die Fußgängerzone Herrengasse führt vom Hauptplatz nach Südosten und weist zahlreiche Repräsentationsbauten auf, darunter das »Gemalte Haus« (Nr. 3) mit Fresken von 1742 oder Haus Nr. 13, wo einst Napoleon übernachtete.

Graz Orientierung

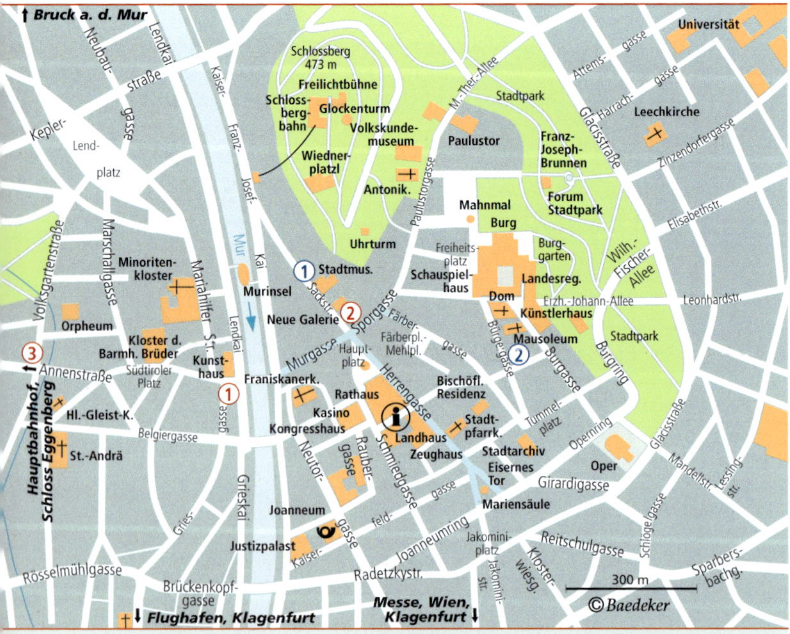

Essen
① Café König
② Stainzerbauer

Übernachten
① Grand Hotel Wiesler
② Erzherzog Johann
③ Drei Raben

GRAZ ERLEBEN

AUSKUNFT

Grazer Tourismus Information
Herrengasse 16, A-8010 Graz
Tel. 03 16/8 07 50, Fax 80 75 15
www.graztourismus.at

ESSEN

► Erschwinglich

① ***Café König***
Sackstraße 14, A-8010 Graz
Tel. 03 16/83 03 26
Süße Verlockungen in gediegenem Ambiente üben eine große Anziehungskraft auf Schleckermäuler aus (So. Ruhetag).

② ***Stainzerbauer***
Bürgergasse 4, A-8010 Graz
Tel. 03 16/8 21 10 69
www.stainzerbauer.at
Das beliebteste Restaurant verwöhnt mit solider steirischer Küche.

ÜBERNACHTEN

► Luxus

① ***Grand-Hotel Wiesler***
Grieskai 4, A-8020 Graz
Tel. 03 16/7 06 60
www.hotelwiesler.com
Das Luxushotel hat Zimmer mit Marmorbädern; Komfort und Bedienung lassen nichts zu wünschen übrig. Eine besondere Attraktion ist das Jugendstilmosaik im Café.

Baedeker-Empfehlung

② ***Erzherzog Johann***
Sackstraße 3-5 (Hauptplatz)
A-8010 Graz
Tel. 03 16/81 16 16, Fax 81 15 15
www.erzherzog-johann.com
Das schöne alte Palais im Stadtzentrum mit Wellnessangebot besticht durch einen als Wintergarten umgestalteten Arkadenhof.

► Günstig

③ ***Drei Raben***
Annenstraße 43, A-8020 Graz
Tel. 03 16/71 26 86, Fax 7 15 95 96
www.bestwestern.at
Das modern ausgestattete Haus ist ein gemütliches Stadthotel in Zentrumsnähe und mit der Straßenbahnhaltestelle vor dem Haus.

★ ◄ Landhaus

Einer der bedeutendsten Renaissancebauten in Österreich vom italienischen Festungsbaumeisters Domenico dell'Allio ist das Landhaus (Herrengasse Nr. 16; 1557–1565), über Jahrhunderte hinweg Sitz der steirischen Landstände, heute des Landtags der Steiermark. Rundbogenfenster und eine Loggia bestimmen das Bild der Hauptfront zur Herrengasse hin. Der schmucke Arkadenhof ist an zwei Seiten von prachtvollen dreigeschossigen Lauben umgeben und im Sommer ein beliebter Kultur-Veranstaltungsort.

★★ ◄ Zeughaus

Neben dem Landhaus steht das 1642–1644 erbaute Zeughaus mit der weltweit größten und einzigartigen, weil vollständig erhaltenen Waffensammlung aus dem 16.–19. Jh., darunter Stücke aus der Zeit der Türkenkriege: Harnische, Helme und Prunkwaffen für sage und schreibe 28 000 Mann! Selbst für heutige Begriffe eine stattliche Armee!

Stadtpfarrkirche ► Eine kunsthistorische Kostbarkeit besitzt die gotische Stadtpfarrkirche (1519), mit barocker Fassade und Glockenturm versehen: Jacopo Tintoretto wird die Himmelfahrt Mariä am Johann-Nepomuk-Altar zugeschrieben. Im Chor zeigen die Glasfenster (1953) die Passion Christi – unter den an der Geißelung Beteiligten erkennt man auch Hitler und Mussolini. Schräg gegenüber der Kirche zweigt die nach dem Barockbaumeister Johann Bernhard Fischer von Erlach (1656 bis 1723) benannte Gasse mit seinem Geburtshaus ab.

★ **Alte Galerie Landesmuseum Joanneum**

Zu den bedeutendsten mittelalterlichen Kunstwerken der Alten Galerie des Landesmuseums Joanneum gehören die »Admonter Madonna« (um 1310) und das »Urteil des Paris« (um 1515) von Lucas Cranach d. Ä. (Eggenberger Allee 90; Öffnungszeiten: April – Okt. Di. – So. 10.00 – 18.00, Nov. – März Di. – So. 10.00 bis 17.00 Uhr). Die Abteilungen Botanik, Zoologie, Mineralogie und Geologie/Paläontologie des Landesmuseums Joanneum befinden sich in der Raubergasse 10 (Öffnungszeiten: wie Alte Galerie).

Stadtpark

Hinter dem neobarocken Opernhaus (1898/1899) beginnt der Stadtpark, in der zweiten Hälfte des 19. Jh.s als englischer Park auf den geschleiften Festungsanlagen geschaffen. Mittendrin steht der 1873 für die Weltausstellung in Wien gestaltete üppige Kaiser-Franz-Joseph-Brunnen.

Im Stadtpark hat auch das überaus reiche Kulturleben von Graz eine seiner Wurzeln mit der legendären Institution des **Forum Stadtpark**. Seine Bedeutung scheint seit den 1960er-Jahren nicht zu verblassen – Künstler wie Peter Handke, Barbara Frischmuth, Gerhard Roth oder Wolfgang Bauer begannen hier.

Jenseits der Glacisstraße, am östlichen Rand des Stadtparks, erreicht man die älteste Marienkirche von Graz (1275–1293). Die **Leechkirche**, die in gotischem Stil verändert wurde, lohnt einen Blick auf das Westportal mit der gotischen Madonna im Tympanon, der Chor besitzt die ältesten Glasgemälde von Graz (14. Jh.).

! *Baedeker* TIPP

Schlüsselqualifikation

Wer Ungewöhnlichem gegenüber aufgeschlossen ist, dem erschließt sich in der Wienerstr. 10 im Nordwesten von Graz das Museum für Sperrmechanismen aller Art – eine Welt der Schlösser, Schlüssel, Kästchen und Kassetten. Die Schell Collection zeigt höchst aufschlussreiche Objekte (Öffnungszeiten: Mo. – Fr. 8.00 – 16.00, Sa. 9.00 bis 12.00 Uhr, www.schell-collection.com).

Burg- und Dombezirk

In die Burg (15. Jh.), ehemalige Residenz Friedrichs III. und einst ausgedehnte Anlage, ist die Steirische Landesregierung eingezogen. Erhalten blieb auch die originelle doppelläufige Wendeltreppe von 1499, eine beachtliche architektonische Leistung, zu sehen neben dem rechten Durchgang zum hinteren Burghof. Auf dem Freiheitsplatz erinnert die Statue des letzten Römischen Kaisers Deutscher Nation, Franz II., an die vergangene Reichsherrlichkeit.

Südlich der Burg steht der 1462 fertig gestellte spätgotische Dom. Das Hauptportal mit Wappenschmuck erinnert an seinen Erbauer, Kaiser Friedrich III. Das sog. Landplagenbild (1480) an seiner Südseite zeigt das von Türken, Pest und Heuschrecken bedrohte Graz. Im barocken Inneren trennt ein schmaler Triumphbogen die breite Halle vom Chor. Beiderseits des Triumphbogens stehen kostbare Reliquienschreine (1477). Von der ursprünglich gotischen Einrichtung ist noch das Christophorusfresko bei der Kreuzkapelle übrig. ★ ◄ Dom

Gegenüber steht das im manieristisch-barocken Stil für Kaiser Ferdinand II. erbaute Mausoleum (1614–1633). Als Architekt zeichnete der Italiener Pietro de Pomis verantwortlich, an der Innenausstattung war J. B. Fischer von Erlach beteiligt. Die Anlage besteht aus der Katharinenkapelle, einem Kuppelbau, und der sich anschließenden Grabkapelle mit den Gräbern von Maria von Bayern, der Mutter des Kaisers, und von Ferdinand II. ★ ◄ Mausoleum

Glockenspiel

Am Glockenspielplatz tanzen um 11.00, 15.00 und 18.00 Uhr zwei rund 100 Jahre alte Trachtenfiguren nach drei verschiedenen Melodien aus den Giebelfenstern eines großen Hauses hervor.

Das kleine Robert-Stolz-Museum am Mehlplatz 1 lockt Operettenliebhaber in das Geburtshaus des Komponisten (Eingang Färberplatz 1; zzt. geschlossen). ◄ Robert-Stolz-Museum

Schlossberg

Überragt wird die Altstadt vom mehr als 120 m hohen Schlossberg. Die Standseilbahn (Abfahrtsstelle Kaiser-Franz-Josef-Kai) braucht drei, der Fußweg dauert etwas anstrengende 20–25 Minuten.

Auf halber Höhe steht der weithin sichtbare, 28 m hohe Uhrturm (1561), beliebtes Wahrzeichen von Graz und neben dem Glocken- ★ ★ ◄ Uhrturm

Ein Brückenschlag zwischen den Ufern: die muschelförmige Murinsel (s. S. 240)

turm letzter Rest der einst mächtigen Festungsanlage. Sie wurde 1809 nach dem Wiener Frieden zwischen Österreich und Frankreich kurzerhand gesprengt. Der Stundenzeiger der Turmuhr ist länger als der Minutenzeiger!
Der Glockenturm steht oben auf dem Berg (1588; 35 m hoch), seine Glocke wird liebevoll »Liesl« genannt. Im 19. Jh. hat man die früheren Festungsanlagen in eine schöne Parkanlage verwandelt.

★ **Kunsthaus**

Von den vielen zeitlich begrenzten Aktivitäten, Veranstaltungen und Aufbauten für die **Kulturhauptstadt Graz 2003** sind zumindest zwei von Dauer: Das futuristisch wirkende, im spannungsreichen Kontrast zu seiner Umgebung stehende Kunsthaus am linken Ufer der Mur, wird von seinen englischen Architekten Fournier und Cook selbst als »friendly alien« bezeichnet. Auf den Fundamenten thront eine große Blase mit einer teils transparenten, teils undurchsichtigen »Haut« aus Acrylplatten, in Symbiose mit der frühesten österreichischen Gusseisenkonstruktion, dem Eisernen Haus.

Murinsel ►

Multikulturelle Zwecke – Lesungen, Theater, Café – erfüllt die so genannte Murinsel, ein muschelförmiger, schwimmender, mit den Murpromenaden durch zwei geschwungene Stegbrücken verbundener Stahlbau des New Yorker Architekten und Designers Vito Acconci (►Abb. S. 239).

Umgebung von Graz

Schloss Eggenberg

Rund 3 km westlich von Graz thront auf einer Anhöhe Schloss Eggenberg (1625–1635), eine dem spanischen Escorial nachempfundene gewaltige quadratische Anlage von Pietro de Pomis (►Mausoleum). Das Schloss erhält seinen ganz eigentümlichen Reiz dadurch, dass es eine **Allegorie der Zeit und des Universums** darstellt: Es hat insgesamt 365 Fenster, 24 Prunksäle mit 52 Fenstern und vier die Himmelrichtungen symbolisierenden Ecktürme. Mittelpunkt ist der frühbarocke Planetensaal mit Gemälden des Hofmalers H. A. Weissenkircher. Das Schloss ist auch ein Standort für die über viele Gebäude in Graz verstreuten Sammlungen des Landesmuseums Joanneum (Öffnungszeiten: Mai – Okt. tgl. 8.00 – 19.00 Uhr, Nov. bis März tgl. 8.00 – 17.00 Uhr).

Schlosspark ►

Der Schlosspark ist beliebter Aufenthaltsort und erhielt inzwischen sein früheres Aussehen als herrschaftlicher Landschaftsgarten wieder (Öffnungszeiten: tgl. 8.00–19.00 Uhr).

Luftfahrtmuseum

Im Flughafen Graz-Thalerhof wartet das Österreichische Luftfahrtmuseum auf Liebhaber von Flugzeugveteranen und Flugtechnik (Öffnungszeiten: April – Ende Okt. So. 10.00 – 18.00 Uhr).

Schöckl

St. Radegund (714 m; 560 Einwo.), etwa 18 km nordöstlich von Graz, ist ein beliebter Erholungsort mit interessantem Kalvarienberg. Von hier führt eine Seilbahn auf den **Hausberg der Grazer**, den Schöckl

(1445 m). Der berühmte Mathematiker und Astronom Johannes Kepler, der 1594 bis 1600 in Graz Mathematik lehrte, nutzte den Berg für Naturbeobachtungen.

Lurgrotte

Zwischen Semriach und Peggau befindet sich die 25 km nördlich von Graz liegende Lurgrotte. Diese **größte und schönste Tropfsteinhöhle Österreichs** ist nur im Rahmen einer Führung ab Eingang Peggau zu besichtigen (durchgehend 9 °C, warme Kleidung erforderlich; Dauer ca. 1 Std.; Öffnungszeiten: April – Okt. 9.00 – 16.00, Führungen: 10.00 – 15.00 Uhr zu jeder vollen Stunde;Tel./Fax 031 27/25 80).

★ Österreichisches Freilichtmuseum

In Stübing am rechten Murufer hat man 1970 das Österreichische Freilichtmuseum eingerichtet. Die sehenswerte Anlage vereinigt mehr als 90 unterschiedlich alte Bauernhäuser, Gehöfte, Ställe, Speicher, Mühlen und Spezialbauten wie beispielsweise Dörr-, Selch- oder Köhlerhütten. Aus allen Bundesländern Österreichs wurden Gebäude hierher verbracht. Der Rundgang, für den man zwei bis drei Stunden einplanen sollte, vermittelt einen hervorragenden Überblick über die vielfältigen Erscheinungsformen der bäuerlich-handwerklichen Vergangenheit. Zahlreiche Vorführungen verschaffen auch praktische Einblicke in spezielle handwerkliche Fertigkeiten wie Salbensieden oder Haussegenschnitzen (www.freilichtmuseum.at; Öffnungszeiten: Anfang April – Ende Okt. Di. bis So. 9.00 – 17.00 Uhr, Mai – Mitte Sept. auch Mo. geöffnet).

Im Freilichtmuseum von Stübing können Besucher in alte bäuerliche Lebensweisen eintauchen.

Rund 40 km westlich von Graz liegt der kleine Ort **Bärnbach** (427 m; 5200 Einw.). Schon 1979 beschloss man, seine erst 1948–1952 erbaute Kirche St. Barbara umgestalten zu lassen. Man gewann dafür **Friedensreich Hundertwasser** (► Baedeker Special S. 547), der sie 1984 bis 1987 mit seinen bekannten Stilmitteln wie goldenem Zwiebelturm und kräftig bunten Farben schmückte (www.baernbach.at; Öffnungszeiten: tgl. 8.00 – 18.00 Uhr außer während der Gottesdienste, Führung n. V. unter Tel. 0 31 42/ 6 25 81).

◄ Glasmuseum

Hinter seiner prämierten gläsernen Fassade zeigt das Museum im Stölzle Glas-Center zeitgenössische Kunst- und Gebrauchsgegenständen sowie echte Raritäten. Viele wertvolle Exponate dokumentieren die Kunst des Glasmachens im Wandel der Zeit (Öffnungszeiten: März – Dez. Mo. – Fr. 9.00 – 17.00, Sa. bis 13.00 Uhr).

Gestüt Piber Bei der Geburt sieht man den **Lipizzanern** ihre charakteristische weiße Fellfärbung noch keineswegs an – sie kommen mit grauem oder braunem Fell zur Welt. Ursprünglich kamen die Pferde aus Spanien und wurden seit 1580 in der Nähe des Ortes Lipica (Slowenien) gezüchtet. Im Gestüt Piber, westlich von Bärnbach, kann man die Tiere beobachten (Besichtigungen: Ende März – Ende Okt. Di. – So. 9.30 bis 12.00 und 13.00 – 17.00 Uhr).

! *Baedeker* TIPP

Dunkles Gold

Die Farbe ist gewöhnungsbedürftig, der Geschmack phänomenal! Wer steirisches Kürbiskernöl haben möchte, beachte den Zusatz »g.g.A.« auf dem Etikett: »geschützte geografische Angabe« – ein von der Europäischen Union ersonnener Markenschutz für typische regionale Produkte. Infos und Adressen: u. a. Verein für Schilcherland-Spezialitäten, Schulgasse 28, A-8530 Deutschlandsberg, www.schilcherland.at.

Ein kulinarisches Aushängeschild der Steiermark ist der Schilcher, aus der »Blauen-Wildbacher«-Traube gekelterter, in der Regel roséfarbener Wein. Die 50 km lange **»Schilcherstraße«** führt von Ligist im Norden über Stainz und Deutschlandsberg bis nach Eibiswald nahe der slowenischen Grenze. Zur Verkostung des edlen Gewächses empfehlen sich die heimeligen Buschenschänken. Deutschlandsberg (372 m; 7600 Einw.), **Zentrum der Schilcherproduktion**, ist auch Ausgangspunkt für Touren in die westlich gelegene Koralpe (Großer Speik-Kogel, 2140 m), eine beliebte Wander- und Skiregion.

Kitzeck Rund 22 km östlich von Deutschlandsberg liegt Kitzeck (562 m; 1200 Einw.), Österreichs höchstgelegenes Weindorf mit dem 1. Steirischen Weinbaumuseum (Öffnungszeiten: April – Nov. Sa. und So. 10.00 – 12.00 und 14.00 – 17.00 Uhr).

★★ Großglockner-Hochalpenstraße

J 5

Bundesländer: Salzburg und Kärnten

Die Großglockner-Hochalpenstraße gehört zu den großartigsten und landschaftlich eindrucksvollsten Hochgebirgsstraßen Europas. Sie erschließt mit den Hohen Tauern Österreichs höchstes Gebirgsmassiv und trotz neuer Nord-Süd-Verkehrswege übt sie auf viele Auto- und Radfahrer immer noch einen besonderen Reiz aus.

Kurven und Aussichten Von Bruck im Pinzgau bis Heiligenblut am Fuß des Großglockner führt sie nicht nur auf die Passhöhe und wieder hinab, sondern bietet auf mehr als 2000 m Höhe eine beispiellose **Panoramafahrt** von rund 9 km Länge. Trotz Fertigstellung der Felbertauernstraße und der Tauernautobahn (beide winterfest wegen der Tunnels) wird sie weiterhin oft genutzt. Zahlreiche Informationsstellen und Lehrwege

Der Ausblick auf Bergwelt und Straße ist an sich schon eine Belohnung!

informieren über Flora, Fauna, Geologie und vieles mehr: Auf dieser Straße durchfährt man nämlich sämtliche Klima- und Vegetationszonen vom mitteleuropäischen Österreich bis zur Arktis!

◄ Altbekannter Alpenübergang

Schon die Römer benutzten den Alpenübergang über das Hochtor. Ein befestigter Weg wurde allerdings erst im Hochmittelalter angelegt: Saumpferde transportierten Wein, Südfrüchte, Glas, Seide und Gewürze nach Norden, Salz, Pelze und Edelmetalle nach Süden. Angeregt durch das neue Reisemittel Auto beschloss man, eine Panoramastraße zu bauen. Von Norden her existierte bereits eine Mautstraße bis Ferleiten, von Süden her eine dem Alpenverein gehörende Privatstraße von Heiligenblut bis zum Glocknerhaus. Am 30. August 1930 erfolgte die erste Sprengung und schon am 3. August 1935 die Freigabe der Straße für den öffentlichen Verkehr.

◄ Mautgebühr, Fahrbeschränkungen

Für die Benutzung der ungefähr 48 km langen Straße mit maximal 12% Steigung muss eine Mautgebühr bezahlt werden. Befahrbar ist sie in der Regel von Mai bis Oktober. Aus Naturschutzgründen gilt zwischen 22.00 und 5.00 Uhr ein allgemeines Fahrverbot. Von Zell am See und Lienz fährt im Sommer mehrmals täglich der »Glocknerbus« zur Kalser-Franz-Josefs-Hütte (www.wildpark-ferleiten.at).

★★ Panoramastraße im Hochgebirge

Wildpark Ferleiten

Von Bruck Richtung Süden folgt nach 14 km der Wildpark Ferleiten. Hier repräsentieren Rot-, Dam-, Sika-, Muffel-, Gams- und Steinwild, Wölfe und Luchse die großen Tiere dieser Bergwelt (Öffnungszeiten: Mai bis Nov. tgl. 8.00 bis Einbruch der Dunkelheit).

Spektakuläre Aussichten

Unmittelbar nach dem Wildpark passiert man das Mauthaus und gelangt nach 5 km zum Parkplatz Piffkar (Naturlehrpfad) in 1620 m Höhe. 2,5 km weiter, beim bereits über der Baumgrenze liegenden Parkplatz Hochmais (1850 m), genießt man einen schönen Blick auf die Ostabstürze des Wiesbachhorns (3564 m). In der Nähe der Hexenküche (2058 m), 1,5 km weiter südlich, fand man Häftlingsketten (17. Jh.), die verurteilten Strafgefangenen gehörten. Sie wurden in Ketten über das Hochtor nach Venedig für Galeeren-Strafdienste getrieben. Nach 3 km folgt das Museum Alpine Naturschau mit botanischem Lehrpfad (Öffnungszeiten: tgl. 9.00–17.00 Uhr).

Abstecher zur Edelweißspitze

Gleich südlich vom Museum zweigt die 2 km lange Seitenstrecke (Steigung bis zu 14%) zur Edelweißspitze ab. Der Parkplatz mit Aussichtsplattform (2571 m) ist **der höchste Punkt der Großglocknerstraße**. Bei gutem Wetter hat man einen traumhaften Panoramablick auf 37 Dreitausender!

Hochtortunnel

Der 311 m lange Hochtortunnel markiert die Grenze zwischen Salzburg und Kärnten. Beim Bau der Straße fand man eine kleine Herkulesstatue – der »Passheilige« der Römer. Am Tauerneck (2099 m) bekommt man Großglockner und Zamitzkehren aufs Foto.

Abstecher Gletscherstraße

Rund 3 km später folgt die Abzweigung der 9 km langen Gletscherstraße. An ihrem Ende wird man bei der Kaiser-Franz-Josefs-Hütte mit einem prächtigen Blick auf den höchsten Berg Österreichs, den Großglockner (3798 m), sowie auf Schwerteck, Leiterköpfe, Glocknerwand, Teufelskamp, Romariswandkopf, die drei Felsköpfe des Burgstalls und – dahinter – die Firnpyramide des Johannisbergs belohnt. Unterhalb der Aussichtsplattform, über einen Steig oder die Standseilbahn erreichbar, erstreckt sich die rund 9 km lange und 1,5 km breite **Pasterze**, der größte Gletscher der Ostalpen.

GROSSGLOCKNER-HOCHALPENSTRASSE ERLEBEN

Heiligenblut am südlichen Ende der Großglockner-Hochalpenstraße

AUSKUNFT

Tourismusverband Heiligenblut
Hof 4, A-9844 Heiligenblut
Tel. 0 48 24/20 01 21, Fax 20 01 43
www.heiligenblut.at

ÜBERNACHTEN

► Komfortabel

Senger
Hof 23, A-9844 Heiligenblut
Tel. 0 48 24/22 15, Fax 2 21 59
www.romantic.at
In schöner Lage mit herrlicher Aussicht auf den Großglockner. Behaglich durch viel »altes« Holz im früheren Bauernhaus.

Die nach ihrem berühmten Besucher benannte Kaiser-Franz-Josefs-Höhe bietet Touristen die Wilhelm Swarovski Beobachtungswarte und ein Besucherzentrum. Beim Parkplatz Freiwandeck beginnt der 2,5 km lange Gamsgrubenlehrweg zu Entstehung und Bewegung der Gletscher und zur hochalpinen Tierwelt (►Hohe Tauern).
Zurück auf der Großglocknerstraße folgt 2 km nach der Abzweigung Guttal der Rast- und Parkplatz Kasereck (1930 m). Zur Bergseite hin sind wieder Reste des einstigen Römerwegs erkennbar.

★ **Heiligenblut**

Heiligenblut (1301 m; 1100 Einw.) ist ein viel besuchter Sommererholungs- und Wintersportort am steilen Wiesenhang des Mölltals. Die gotische Wallfahrtskirche St. Vinzenz (15. Jh.) ist eines der meistfotografierten Motive entlang der Großglockner-Hochalpenstraße.

★ ★ Gurk

M 6

Bundesland: Kärnten
Einwohnerzahl: 1300
Höhe: 662 m ü.d.M.

Der Dom von Gurk ist eine der bedeutendsten romanischen Kirchen in Österreich und das Ziel vieler Wallfahrten. Gründerin von Kirche und Kloster war Gräfin Hemma, die nach dem Tod ihres Gatten und ihrer Söhne eine der reichsten Frauen der Zeit war.

Romanische Kostbarkeit

In dem kleinen Markt Gurk, rund 30 km nordwestlich von ►Klagenfurt, gründete Hemma 1043 Marienkirche und Frauenkloster, das 1072 vom Salzburger Erzbischof in ein Hilfsbistum verwandelt wurde. Aus ihm entstand über Jahrhunderte die heute selbständige Diözese Gurk. 1788 zog das Domkapitel nach Klagenfurt, die 51 Bischöfe von Gurk residierten bereits seit dem 12. Jh. auf der Straßburg (► Umgebung). Seit 1932 nutzt der Salvatorianerorden die im 17. Jh. errichteten Stiftsgebäude.

★ Domkirche

Der 1140–1220 erbaute Dom ist eine dreischiffige Pfeilerbasilika mit Querhaus und drei Apsiden. Im 12. Jh. wurden die Reliquien der hl. Hemma in die Krypta unter dem Chor überführt (Führungen: tgl. 10.30, 13.30 u. 15.00 Uhr).

Domkirche Gurk *Orientierung*

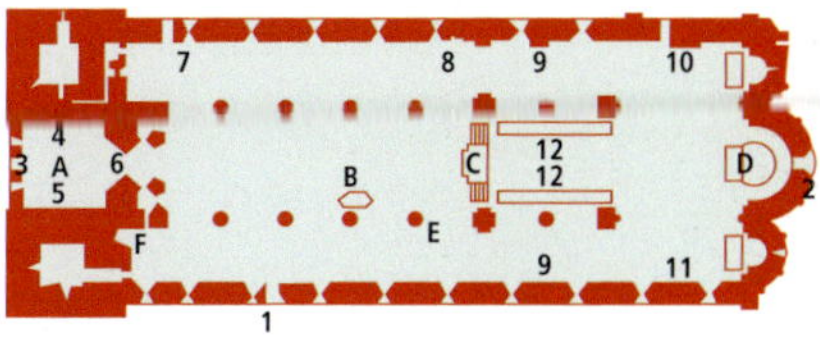

A Äußere Vorhalle
B Kanzel
C Kreuzaltar
D Hochaltar
E Zur Krypta
F Zur Bischofskapelle

1 Südportal mit Christus-Tympanon (1150)
2 Löwe und Basilisk (1180)
3 Gotische Wand (1340)
4 Altes Testament (1340)
5 Neues Testament (1340)
6 Trichterportal (1200)
7 Hemma-Reliquiar (1955)
8 Samson-Tympanon (1200)
9 Hemma-Reliefs (1500)
10 Christophorus-Fresko (1250)
11 Apokalypsen-Fresko (1380)
12 Chorgestühl (1680)

Außen schlicht, innen eine der interessantesten Kirchen Österreichs: der Dom zu Gurk

Die 41 m hohen Türme an der Westfassade der schlichten Domkirche tragen seit dem Jahr 1682 Zwiebelhauben. Mit gotischen Wandfresken und Glasgemälden (um 1340) ist die äußere Vorhalle geschmückt, deren Portal von 1200 stammt. An der Nordwand zeigen Malereien Szenen aus dem Alten, an der Südwand aus dem Neuen Testament.

Stilepochen verschiedener Jahrhunderte prägen den Bau im Innern: Langhaus und Querhaus überspannt ein Netzrippengewölbe, den Chor ein Sternrippengewölbe. Das **Samsonportal** an der linken Langhauswand stammt von 1200. Der **Kreuzaltar** ist eine Rokoko-Schöpfung von Georg Raphael Donner (1741), die barocke **Kanzel** ein prächtiges Beispiel für die Anstrengungen der Gegenreformation. Sechs bunt bemalte **Holzreliefs** veranschaulichen die Legende der Klosterstifterin hl. Hemma. Ein Werk des sächsischen Meisters Michael Hönel ist der ganz in Gold gehaltene – und reich mit Schnitzfiguren (82 Engelsköpfe und 72 Statuen) verzierte – barocke **Hochaltar** (1626–1632). Zur Passionszeit wird er mit dem größten und ältesten Fastentuch Kärntens (1458) verdeckt, auf dem 99 Szenen zu sehen sind. Es ist sonst nur während der Führung zu sehen.

★ Bischofskapelle ► Ebenfalls nur bei den Führungen kann man die **Bischofskapelle** auf der Westempore betreten. Der Raum besitzt einmalige spätromanische Fresken (um 1220) im Zackenstil.

★ Krypta (Hemmagruft) ► Von hundert Säulen wird die berühmte, im Rahmen der Führungen gezeigte **Krypta** unter dem Chor getragen, die Grabkirche der Stifterin Hemma († 1045). Sie wurde zwar erst 1938 heilig gesprochen, doch bereits seit dem 12. Jh. reißt der Strom der Wallfahrer nicht ab.

GURK

AUSKUNFT

Gurk-Info
Domplatz 11, A-9342 Gurk
Tel. 0 42 66/81 25, Fax 8 12 55,
www.gurk.at

Umgebung von Gurk

Wenige Kilometer östlich von Gurk liegt am Fuß der 1147 erbauten und mehrfach erweiterten Burg die kleine Stadt **Straßburg** (650 m; 2200 Einw.). Lange Zeit dem Verfall preisgegeben, wurde die Burg mit dem prachtvollen Arkadenhof inzwischen restauriert und dient als schöner Rahmen für kulturelle Veranstaltungen. Sie beherbergt volkskundliche Sammlungen sowie ein **Jagdmuseum** (Öffnungszeiten: Mitte Mai bis Ende Okt. tgl. 10.00 – 17.00 Uhr).

Hainburg

R 3

Bundesland: Niederösterreich
Höhe: 161 m ü.d.M.
Einwohnerzahl: 5850

Eine der wichtigsten Fernhandelsstraßen Europas vom Baltikum zum Mittelmeer verlief einst durch Hainburg: die Bernsteinstraße. Die Grenzlage im Osten, kurz vor der Slowakei, machte Hainburg von der Antike bis heute zu einer historisch interessanten Stadt.

Geschichte

Im Mittelalter avancierte der Ort an der Donau zur Festungsstadt an der Ostgrenze des Heiligen Römischen Reiches Deutscher Nation. Die Siedlung entstand am Fuß einer Burg und erhielt 1244 das Stadtrecht. Herzogin Margarethe von Österreich, die letzte Babenbergerin, heiratete hier 1252 Markgraf Ottokar von Mähren, später König von Böhmen. Mehrfach hatte Hainburg unter verheerenden Überfällen der Magyaren und Türken zu leiden, 1683 wurden fast alle 8000 Einwohner umgebracht. Durch eine verstärkte Stadtbefestigung versuchte man der schwierigen Grenzsituation zu begegnen.

Alte Meister in würdigem Rahmen: Schloss Harrachs Gemäldesammlung

HAINBURG UND CARNUNTUM ERLEBEN

AUSKUNFT

Stadtgemeinde Hainburg a. d. Donau
Hauptplatz 23
A-2410 Hainburg
Tel. 0 21 65/6 21 11
Fax 621 11 30
www.hainburg.at

Archäologischer Park Carnuntum
(Freilichtmuseum Petronell, Amphitheater Bad Deutsch-Altenburg, Archäologisches Museum Carnuntinum)
Hauptstraße 3
A-2404 Petronell-Carnuntum
Tel. 0 21 63/33 77-0, Fax 33 77-5
www.carnuntum.co.at

Sehenswertes in Hainburg

Altstadt Hainburg besitzt von der Burg bis zur Donau rund 2,5 km gut erhaltene Befestigungsmauern mit drei Toren und 15 Türmen.

★ Wiener Tor ► Das über 20 m hohe Wiener Tor (13. Jh.) an der westlichen Stadteinfahrt ist das **größte mittelalterliche Stadttor Europas**. Der Unterbau besteht aus 22 Buckelquaderschichten, wohingegen der obere Teil einen erkerartigen, spitzbogigen Aufbau trägt. Die Figuren an den Torinnenseiten werden Etzel und Krimhilde genannt, die nach dem Nibelungenlied hier übernachtet haben sollen. Mehrere Museen, darunter das Stadtmuseum befinden sich im Tor. Eine Kolonie von Mausohrfledermäusen hat das Dachgewölbe im Frühjahr zu seiner »Wochenstube« auserkoren.

Ältestes Stadttor Hainburgs ist das massive Ungartor (um 1230) im Osten der Stadt. Das Fischertor war 1683 Schauplatz des Türkenüberfalls, bei dem fast die gesamte Einwohnerschaft getötet wurde, weshalb die Straße zum Hauptplatz heute Blutgasse heißt.

Mariensäule ► Neben der barockisierten Stadtkirche ist am Hauptplatz besonders die Mariensäule (1749) bemerkenswert. Sie gilt als eine der schönsten Rokokosäulen Österreichs.

Umgebung von Hainburg

Braunsberg Der Braunsberg nordöstlich von Hainburg war Standort einer keltischen Wallburg aus dem 2. Jh. v. Chr. Ein Wanderweg führt entlang des noch erkennbaren Erdwalls zu einem rekonstruierten hölzernen Befestigungswerk mit Turm und Palisade. Die Wallburg diente einst dem Schutz des Donauübergangs der Bernsteinstraße.

Schloss Harrach 15 km südwestlich bei Rohrau ist im Schloss Harrach die **größte private Gemäldesammlung Österreichs** zu bewundern, über 400 Kunstwerke spanischer und italienischer Meister des 17. und 18. Jh.s (Öffnungszeiten: Ostern bis 1. Nov. Di. – So. 10.00 – 17.00 Uhr).

Der kleine Ort Rohrau hat im **Joseph-Haydn-Geburtshaus** ein Museum zu Ehren des berühmten Komponisten und seines Bruders Michael eingerichtet (Öffnungszeiten: tgl. außer Mo. 10.00–16.00 Uhr). **Rohrau**

Nordwestlich von Hainburg erstreckt sich das Marchfeld, früher Schauplatz erbitterter Grenzkämpfe, heute Kornkammer Österreichs. Sehenswert sind die so genannten Marchfeldschlösser Schloss Marchegg (Jagdmuseum, Afrikamuseum), Schloss Ort (Fischereimuseum) oder Schloss Niederweiden. **Marchfeld**

✶ Petronell-Carnuntum

Von Hainburg rund 5 km donauaufwärts erreicht man die Nachbarorte Bad Deutsch-Altenburg und Petronell-Carnuntum. Dort markieren mehr als 8 km ausgedehnte Ausgrabungsfelder eine der größten und bedeutendsten römischen Siedlungen in diesem Raum aus dem 1. Jh. n. Chr. **Römische Siedlung**

Schon 6 n. Chr. wurde Carnuntum als bedeutende keltische Stadt im Königreich Noricum erwähnt. Hier errichtete die berühmt-berüchtigte Legion XV Apollinaris des Kaisers Tiberius zwischen 35 und 40 n. Chr. ein großes Militärlager. Zusammen mit dem zivilen Siedlungsbereich entwickelte es sich am Schnittpunkt von Bernsteinstraße und Limesstraße zur Hauptstadt der Provinz Oberpannonien mit bis zu 50 000 Einwohnern römischen Bürgerrechts. **Geschichte**

Blick auf das Amphitheater der alten Römerstadt Carnuntum

Petronell Archäologischer Park Carnuntum

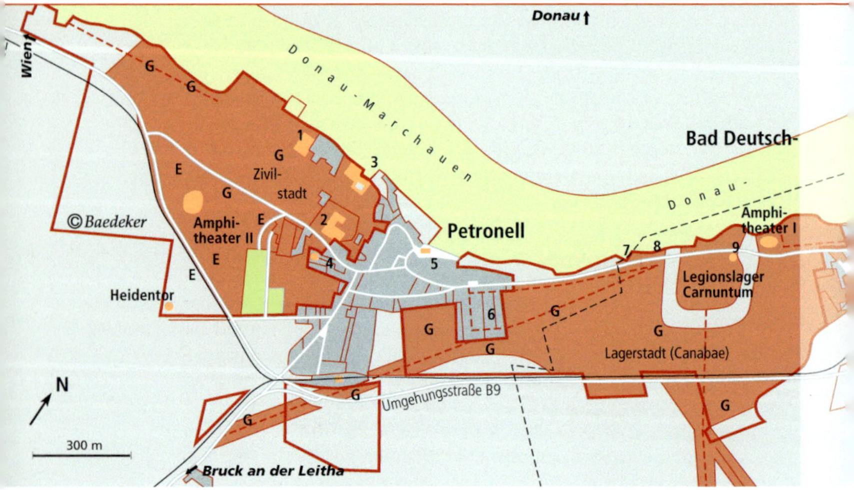

Antike Siedlungsfläche (rot: Baudenkmäler und offen gehaltene Ausgrabungen)
Antike Landwirtschaft (geplante Anlage)
Bebaute Fläche
Naturschutzgebiete

1 Große Therme (»Palastruine«)
2 Wohnviertel der Zivilstadt (Freilichtmuseum)
3 Schloss Petronell
4 Rundkirche Petronell
5 Pfarrkirche Petronell
6 Auxiliarlager (Kastell) Petronell
7 Statthalterpalast (?)
8 Heiligtum der Epona (?)
9 Porta principalis dextra
10 Badeanlage
11 Tempelbezirk der orientalischen Gottheiten (Mühläcker)
12 Canabae im Bereich Mühläcker
13 Schloss Deutsch-Altenburg
14 Museum Carnuntinum
15 Pfarrkirche und Karner Deutsch-Altenburg
16 Tumulus Bad Deutsch-Altenburg (Kirchenberg)

Immer wieder kamen römische Regenten in die Stadt, von 171 bis 173 n. Chr. war Carnuntum das Hauptquartier von Marc Aurel, 193 n. Chr. wurde hier Septimus Severus zum neuen römischen Kaiser ausgerufen. Unter dem Druck der Goten und Hunnen begannen sich ab 400 n. Chr. die Römer aus Carnuntum zurückzuziehen.

Freilichtmuseum Petronell

Von den Bauten der Zivilstadt sind umfangreiche Reste freigelegt worden. Fundamente von Wohnhäusern, Thermen und Kanälen vermitteln einen Eindruck vom Leben der Zivilbevölkerung in Carnuntum. Im Grabungsgelände kann man den Archäologen unmittelbar bei der Arbeit zusehen. Im wieder aufgebauten Dianatempel werden Fundstücke zum Thema Handel und Verkehr gezeigt, auch ein römischer Baukran und eine Römerstraße wurden rekonstruiert. Einen Überblick hat man vom Aussichtsturm (Öffnungszeiten: Mitte März bis Ende Okt. tgl. 9.00–17.00 Uhr, Führungen Sa., So. u. Fei. 10.00, 14.00, 15.30 Uhr).

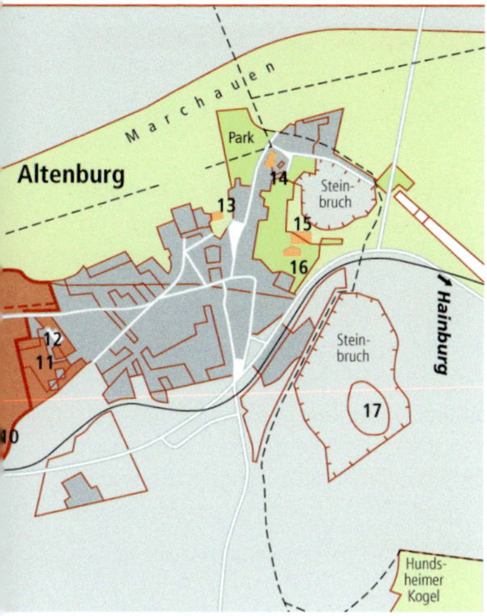

17 Tempelbezirk des Jupiter Optimus Maximus Karnuntinus am Pfaffenberg (heute zerstört)

E Größere im Grundriss geortete Einzelbauten

G Gräberfeld

- - - - - - Antike Straßen

- - - - - - Gemeindegrenzen

Große Therme

Rund 500 m vom Freilichtmuseum entfernt und leicht zu Fuß zu erreichen ist die Große Therme, gelegentlich irrtümlich als Palastruine bezeichnet. Freigelegt wurden u. a. Fußbodenheizungen, Kanäle, Bade- und Schwimmbecken.

Amphitheater II

Das etwa 700 m entfernte Amphitheater der Zivilstadt (Amphitheater II) entstand im 2. Jh. n. Chr. und bot 13 000 Besuchern Platz, die Arena maß 68 x 51 m. Heute wird es für Theateraufführungen im Rahmen des **Sommerfestivals ART Carnuntum** genutzt (www.art-carnuntum.at).

Heidentor

In Wirklichkeit war das Heidentor weder ein Tor noch heidnisch, sondern wurde als Doppel-Triumpfbogen für Kaiser Constantin 354–361 errichtet. Zwei mächtige, durch einen Bogen verbundene Pfeiler sind heute noch erhalten.

Militärstadt

◄ Amphitheater I

Im heutigen Bad Deutsch-Altenburg stand im Militärlager von Carnuntum ein Amphitheater für 8000 Besucher. Hier wurde mutmaßlich der neue Kaiser Septimus Severus ausgerufen.

◄ Marschlager

Den spartanischen Alltag eines Legionärs im straff organisierten Militärwesen zeigt die Rekonstruktion eines Marschlagers. (Öffnungszeiten: Mitte März bis Ende Okt. tgl. 9.00–17.00 Uhr). Als besonderes Erlebnis für Kinder werden jährlich Sommercamps unter dem Motto »Leben bei den Römern« veranstaltet.

Museum Carnuntinum

Weit über 3000 Ausstellungsstücke, die nur einen kleinen Teil der insgesamt geborgenen Funde ausmachen, sind im 1904 eröffneten Museum Carnuntinum ausgestellt: Werkzeuge, Waffen, Schmuck, Kunstgegenstände und Objekte insbesondere des Mithraskultes zeigen eindrucksvoll die Kultur der Carnuntiner Bevölkerung (Hauptstraße 3, www.carnuntum.co.at; Öffnungszeiten: Anfang Jan. – Ende Okt. tgl. 10.00 – 17.00 Uhr).

★ Hall in Tirol

G 5

Bundesland: Tirol **Höhe:** 574 m ü.d.M.
Einwohnerzahl: 12 400

Hall in Tirol ist eine der am vollständigsten erhaltenen mittelalterlichen Städte in Österreich. Sie verdankt sowohl ihren Namen als auch ihre Bedeutung dem Salzbergbau, der vom 13. Jh. bis in die Sechzigerjahre des 20. Jh.s betrieben wurde.

Mittelalterliche Salzstadt

10 km östlich von Innsbruck, am Fuß der steil aufragenden Bettelwurfkette (2725 m), liegt die Salzstadt (Hall = kelt. Salz). Früher auch Solbad, dient das ehemalige Kurhaus heute als Veranstaltungszentrum. Die pulsierende Kleinstadt besitzt zwei große idyllische Stadtplätze, verwinkelte Ecken, malerische Gässchen, schöne Zeugnisse der Gotik und des Barock sowie über 300 Altstadthäuser, von denen viele den mittelalterlichen Stadtplatz umrahmen.

Sehenswertes in Hall in Tirol

Unterstadt

Unübersehbares Wahrzeichen der Stadt ist die südlich vom Unteren Stadtplatz durch das Münzertor erreichbare Burg Hasegg (um 1280) mit dem zwölfeckigen Münzerturm. In der Burg wurden von 1486

HALL IN TIROL ERLEBEN

AUSKUNFT

Tourismusverband Region Hall-Wattens
Wallpachgasse 5
A-6060 Hall in Tirol
Tel. 052 23/455 44-0
Fax 455 44 20
www.regionhall.at

ESSEN

► Erschwinglich

① ***Heiligkreuz***
Reimmichlstraße 18
A-6060 Hall in Tirol
Tel. 0 52 23/5 71 14
www.heiligkreuz.at
Österreichische Naturküche, Fischgerichte und Tiroler Schmankerl wie Spinatknödel serviert das gediegene Restaurant am Stadtrand.

ÜBERNACHTEN

► Luxus

① ***Parkhotel Hall***
Thurnfeldgasse 1,
A-6060 Hall
Tel. 0 52 23/5 37 69, Fax 5 46 53
www.parkhotel-hall.at
Alle Zimmer im preisgekrönten Glasturm des Hotels haben Panoramblick oder Balkon mit Aussicht auf die mittelalterliche Stadt und das Inntal.

► Komfortabel

② ***Gartenhotel Maria Theresia***
Reimmichlstraße 25, A-6060 Hall
Tel. 052 23/563 13, Fax 5 63 13-66
www.gartenhotel.at
Die Zimmer sind modern ausgestattet und haben einen traumhaften Ausblick auf die Tiroler Bergwelt.

Hall in Tirol Orientierung

Essen

① Heiligkreuz

Übernachten

① Parkhotel Hall
② Gartenhotel Maria Theresia

bis zum Jahre 1809 Münzen geprägt, das neu errichtete Technische Museum MÜNZE HALL zeigt Prägemaschinen der vergangenen Jahrhunderte. Das ebenfalls im Burgkomplex untergebrachte Stadtmuseum dokumentiert das Haller Kultur- und Wirtschaftsleben der letzten Jahrhunderte (Öffnungszeiten: April – Okt. Di. – So. 10.00 bis 17.00, Nov. – März Di. – Sa. 10.00 – 17.00 Uhr).

Barbara-Säule

Auf dem Weg von der Burg zur Altstadt passiert man die reliefgeschmückte Barbara-Säule, von der Bruderschaft der Knappen 1486 ihrer verehrten Patronin geweiht.

Bergbaumuseum

In der Fürstengasse, etwas unterhalb vom Oberen Stadtplatz, zeigt das Bergbaumuseum in einem realistisch nachgebildeten Bergwerk aus dem Halltal die alte Technik der Salzgewinnung (Führungen: bis Ende Sept. Mo., Do.-So. 11.30 Uhr; Tel. 052 23 / 45 54 40).

Oberer Stadtplatz

Mittelpunkt der höher gelegenen malerischen Altstadt ist der von liebevoll restaurierten alten Häusern gesäumte Obere Stadtplatz. Dort steht auch das mittelalterliche Rathaus, in dem man den Ratssaal, dessen Gebälk von 1451 stammt, und die Bürgermeisterstube (1660 getäfelt) besichtigen kann. Auf einer Terrasse erhebt sich die spätgoti-

Im Zauberreich von Swarovskis Kristallwelten glitzert und funkelt es überall märchenhaft.

sche, 1752 im Rokokostil neu ausgestattete Pfarrkirche St. Nikolaus. Eine interessante Reliquiensammlung bewahrt die im linken vorderen Teil befindliche Waldlaufkapelle, vom Ritter Florian von Waldlauf zusammengetragen.

Stiftsplatz Am kleinen Stiftsplatz liegen die Jesuitenkirche und das 1773 aufgehobene Jesuitenkolleg, heute Bezirksgericht. Es besitzt nach originalgetreuer Restaurierung einen der schönsten barocken Innenhöfe Tirols. Die Stiftskirche mit sehenswertem Stiftsportal und Arkadenhof aus der Renaissance, auch Herz-Jesu-Basilika genannt, gehört zum von Erzherzogin Magdalena 1567–1569 erbauten, zwischenzeitlich geschlossenen, seit 1912 wieder benutzten Damenstift.

Speckbacher-Denkmal Am Stadtgraben steht ein Denkmal für den in Hall i. T. gestorbenen Tiroler Freiheitskämpfer Josef Speckbacher (1767–1820).

Umgebung von Hall in Tirol

Absam Rund 2 km nördlich von Hall liegt das alte Dorf Absam (632 m) mit einer viel besuchten Wallfahrtskirche. Der Ort gilt als Tirols schönstes Krippendorf: Zwischen Weihnachten und Dreikönig sind hier rund 250 Krippen zu besichtigen.

Wattens Am südlichen Innufer liegt der Ort Wattens (567 m; 7600 Einw.), wo seit jeher Glasdiamanten und optische Geräte hergestellt werden. Anlässlich ihres hundertjährigen Firmenjubiläums (1995) ließ die Firma Swarovski den Künstler **André Heller** nach eigenen Vorstellungen »Kristallwelten« errichten. Heller inszenierte zusammen mit anderen Künstlern das Thema Kristall überraschend, spannend und sinnlich.

✶ ✶ »Swarovski Kristallwelten« ▶

Unter einem grasbewachsenen Hügel in Form des wasserspeienden Kopfes eines alpinen Riesen, vor dem ein kleiner See liegt, schuf er »Räume, dem Staunen und dem Amusement« gewidmet. Vorbei an Kristallarbeiten bekannter Künstler wie Picasso, Miró, Dali oder Warhol führt der Weg durch farbenfrohe, glitzernde »Wunderkammern«. Im Park findet sich ein Labyrinth in Form einer Hand. Die »Swarovski Kristallwelten« gehören zu den meistbesuchten Attraktionen Österreichs (www.kristallweltenswarovski.com, Öffnungszeiten: tgl. 9.00 – 18.30 Uhr,).

Schwaz

Weitere 11 km innabwärts folgt Schwaz (535 m; 13 000 Einw.), das seine Bedeutung dem Erzabbau (Silber und Kupfer) verdankt. Um 1500 hatte Schwaz 20 000 Einwohner und war damit nach Wien die bevölkerungsreichste Stadt des Landes. Die alten Häuser des Marktes stammen noch aus der Blütezeit des Bergbaues (1450–1550). Nahe der Brücke am Stadtplatz erinnert das gotische Fuggerhaus mit Erkertürmchen und Laubenhof daran, dass die Fugger die bedeutendsten Unternehmer im Schwazer Bergbau und Edelmetallhandel waren. Die Pfarrkirche aus dem 15. Jh. ist die größte gotische Hallenkirche Tirols, deren Dach mit dem »Bergsegen«, 15 000 gehämmerten Kupferplatten, gedeckt ist. Einst war die Nordhälfte des barock gestalteten Kirchenraums für die Bürger, die Südhälfte für die Knappen bestimmt. Einen Besuch lohnt das **Haus der Völker** am Stadtrand, ein Museum für Kunst und Ethnografie (Öffnungszeiten: tgl. 10.00 bis 18.00 Uhr).

> ! *Baedeker* TIPP
>
> **Unendliche Weiten**
>
> Vom Stollen ins Universum – in Schwaz kein Problem: Direkt neben dem Schaubergwerk bringt das Zeiss-Planetarium Besuchern kosmische Ereignisse näher (Alte Landstraße 15; Tel. 0 52 42/7 21 29; www.planetarium.at).

◄ Burg Freundsberg

Südöstlich erhebt sich die Stammburg der Familie Freundsberg (707 m), urkundlich bereits um 1100 erwähnt. Jörg von Freundsberg (1473–1528) war einer der Heerführer Kaiser Maximilians I. und »Vater der Landsknechte«. Der Bergfried beherbergt ein Heimatmuseum mit den Schwerpunkten Bergbau und Volkskunst (Öffnungszeiten: April – Okt. tgl. außer Do. 10.00 – 17.00 Uhr).

◄ Schaubergwerk

Etwa einen Kilometer östlich von Schwaz (Alte Landstraße 3a) wurde der frühere Sigmund-Erb-Stollen (Silberbergbau) als Schaubergwerk eingerichtet: Mit einer Grubenbahn fährt man 800 m tief in den Berg ein, vorbei an Sinter- und Tropfsteinbildungen, und erlebt eine spannende, rund 90-minütige Führung: Mai bis Ende Sept. Mo., Do. bis So. 11.30 Uhr sowie auf Anfrage Tel. 0 52 23/45 54 40, www.silberbergwerk.at)

Kellerjoch

Südöstlich von Schwaz erhebt sich das Kellerjoch (2344 m). Bis zum Arbeser (1880 m) kann man mit einer Seilbahn fahren, dann führt ein etwa einstündiger Aufstieg zum Kellerjoch.

Vomp Gegenüber von Schwaz steht in Vomp Schloss Sigmundslust (15. Jh.), in dem 1521 die erste Druckerei Tirols eingerichtet und das erste katholische Gesangsbuch in deutscher Sprache gedruckt wurde.

✶ Schloss Tratzberg Innabwärts liegt östlich von Stans am Berghang das vierflügelige Schloss Tratzberg. Es diente schon Kaiser Maximilian und den Fuggern als Jagdschloss. Der spätgotische, in der Renaissance erweiterte und reich ausgestattete Bau ist das einzige Schloss in Tirol mit original erhalten gebliebener Einrichtung. Interessant ist ein 46 m langes Wandbild mit der Darstellung von 148 Habsburgern (Führungen: Mitte März – Anfang Nov. tgl. 10.00 – 16.00 Uhr; für Kinder gibt's eine spezielle Führung mit dem Schlossgeist Tratzi).

✶ Hallein

K 4

Bundesland: Salzburg
Einwohnerzahl: 19 500
Höhe: 460 m ü.d.M.

Über Jahrtausende wurde in der uralten Salinen- und Keltenstadt Hallein das »weiße Gold« abgebaut. Die Salzgewinnung, mit der bereits die Kelten etwa 700 v. Chr. auf dem Dürrnberg begannen, verhalf der Stadt zu beträchtlichem Wohlstand.

Hallein liegt am Austritt der Salzach aus dem Gebirge in das Voralpenland, rund 15 km südlich von Salzburg. Im hohen Mittelalter begründete der Salzabbau die wirtschaftliche Machtstellung Halleins im Ostalpenraum. Gefördert durch die Salzburger Erzbischöfe und seiner Lage an einer der bedeutendsten Nord-Süd-Verbindungen, kam die Stadt zu beträchtlichem Wohlstand – heute noch ablesbar an der

HALLEIN ERLEBEN

AUSKUNFT

Tourismusverband Hallein
Mauttorpromenade 6
A-5400 Hallein-Pernerinsel
Tel. 062 45/853 94
Fax 853 94 29
www.hallein.com

Schnabelkanne, ca. 400 v. Chr., Keltenmuseum

ESSEN

► Erschwinglich
Gasthof Hohlwegwirt
Salzburgerstraße 84
A-5400 Hallein-Taxach
Tel. 0 62 45/82 41 50
www.hohlwegwirt.at
Der traditionsreiche Gasthof serviert klassische österreichische Küche. Besonders empfehlenswert sind die köstlichen Desserts und die reichhaltige Weinkarte (Mo. Ruhetag).

schönen Altstadt. Erst 1989 endete mit der Schließung der Saline Hallein der Jahrtausende währende Salzabbau. Hallein ist Bezirkshauptstadt des Tennengau und ein bedeutender Industriestandort für u. a. Papier, Chemie und Maschinenbau.

Sehenswertes in Hallein

Altstadt

Die pittoreske Altstadt von Hallein lädt in ihre hübschen kleinen Gassen und Sträßchen zum Flanieren ein, vorbei an farbigen Barock- und Rokokohäusern, Torbögen und Statuen. Von der mittelalterlichen Pfarrkirche ist nur der gotische Chor erhalten. Sehenswert sind der Hochaltar (1799) mit einem Altarbild des Malers Andreas Nesselthaler und der spätgotische Taufstein.

»Stille Nacht«-Museum

An der Nordseite der Pfarrkirche findet man das Grab des Organisten und Komponisten **Franz Xaver Gruber** (1787–1863) der das berühmteste deutsche Weihnachtslied »Stille Nacht« schrieb. Gegenüber der Kirche ist in seinem ehemaligen Wohnhaus das »Stille Nacht«-Museum eingerichtet (Öffnungszeiten: 1. Advent bis 6. Jan. tgl. 11.00 – 17.00, sonst tgl. 15.00 – 17.00 Uhr).

✶ Keltenmuseum

Das großartige Keltenmuseum mit Sitz im ehemaligen Salinenverwaltungsgebäude dokumentiert anschaulich die Salzgewinnung. Es besitzt eine einmalige Sammlung von Zunftgeräten, volkskundlichen Exponaten und zahlreichen Funden aus hiesigen Siedlungen und Gräbern der Hallstatt- und Latènezeit (750–15 v. Chr.) (Pflegerplatz 5; Öffnungszeiten: tgl. 9.00–17.00 Uhr; www.keltenmuseum.at).

Ein besonderes Erlebnis ist die Fahrt über den unterirdischen Salzsee im Bad Dürrnberger Bergwerk.

Umgebung von Hallein

✶ Salzwelten Salzburg

Die Salzwelten Salzburg Bad Dürrnberg sind das **älteste Schaubergwerk der Welt**. Ein besonderes Erlebnis ist die Fahrt mit der Grubenbahn, die langen Bergmannsrutschen und die unterirdische Floßfahrt über den großen Salzsee, der sich übrigens auf deutschem Gebiet befindet. Zum See geht es durch enge Stollen, weite Hallen und an glänzenden Felsen vorbei, sphärische Klänge und Lichtspiele begleiten die Floßfahrt (Führungen: Mitte März – Okt. tgl. 9.00–17.00, Nov. – Mitte März 10.00 bis 15.00 Uhr). Im Preis enthalten ist die Führung im Salzbergwerk sowie der Eintritt ins Keltendorf und Keltenmuseum Hallein (www.salzwelten.at).

Keltendorf Hier wähnt man sich in frühere Zeiten versetzt: Auf dem einstigen keltischen Siedlungsgebiet wurden ein Wirtschaftshof und ein Fürstengrab rekonstruiert, die das Leben der Kelten vor etwa 2500 Jahren zeigen (Öffnungszeiten: wie Salzwelten, siehe S. 257).

Adneter Marmor Schon die Römer lobten seine Schönheit, doch der Abbau von Adneter Marmor begann erst zur Zeit der Spätgotik (um 1500) im großen Stil. Er fand weltweit Verwendung, ob im Wiener Stephansdom, in der Kirche St. Peter in Salzburg, bei der Mariensäule auf dem Münchner Marienplatz oder in der Jerusalemer Grabeskirche. Der wunderbar rötlich schimmernde Stein stammt aus den Marmorbrüchen von Adnet östlich von Hallein. Marmorlehrpfad, Kugelmühle und **Marmormuseum** informieren über das kostbare Material (Öffnungszeiten: Mo. 14.00 – 16.00, Mi. 9.00 –11.00, Fr. 17.00 bis 19.00, Sa. 14.00 – 17.00, So. 10.30 – 11.30 Uhr).

Gollinger Wasserfall Rund 12 km südlich von Hallein liegt Golling (480 m; 4000 Einw.) mit seinem malerischen Wasserfall. Er stürzt in zwei Stufen rund 75 m herab (zugänglich gegen Eintrittsgebühr: Mai bis Oktober).

Lammeröfen Auf halbem Weg zwischen Golling und dem östlich gelegenen Abtenau zweigt der Fußweg zu den zerklüfteten Lammeröfen ab. Die etwa 1 km lange, höchst verwinkelte Klamm kann zwischen Mai und Oktober begangen werden.

✶✶ Hallstätter See

L 4

Bundesland: Oberösterreich **Höhe:** 508 m ü.d.M.

Die Region Hallstatt-Dachstein mit dem idyllischen Hallstätter See wurde aufgrund ihrer reichhaltigen prähistorischen Fundstätten und der einzigartigen Natur von der UNESCO 1997 zum Weltkultur- und Weltnaturerbe erklärt.

Hallstattzeit Der Hallstätter See am nördlichen Fuß des gewaltigen Dachsteinmassivsist 8,5 km lang, 1–2 km breit und etwa 125 m tief. Die schmalen, von steilen bewaldeten Wänden eingeschlossenen Seeufer gehören zu den ältesten besiedelten Gebieten Österreichs.

Um 1846 hat man beim Rudolfsturm auf dem Salzberg fast 1000 Keltengräber mit kostbaren Beigaben entdeckt. Umfangreiche Ausgrabungen und zahlreiche Funde bezeugen, dass die Kelten hier etwa zwischen 800 und 450 v. Chr. ein auf dem Salzabbau

HALLSTÄTTER SEE

AUSKUNFT

Tourismusbüro Hallstatt
Seestraße 169 (Kongreßzentrum)
A-4830 Hallstatt, Tel. 0 61 34/82 08
Fax 83 52; www.hallstatt.net

Vom Rudolfsturm auf dem Salzberg bietet sich ein zauberhafter Blick auf Hallstatt und den See.

basierendes Wirtschaftsimperium besaßen. Archäologen fanden hier erstmals auch Gegenstände aus Eisen. Nach seinem reichsten Fundort wird dieser **Zeitabschnitt keltischer Hochkultur**, der gleichzeitig den Beginn der Eisenzeit markiert, Hallstattzeit genannt.

Sehenswertes am Hallstätter See

★★ Hallstatt

Alexander von Humboldt nannte Hallstatt **»den schönsten Seeort der Welt«**, wie man ihm angesichts der bezaubernden, am steilen Berghang klebenden Häuser zustimmen mag. Den schönsten Blick hat man vom See aus. Hallstatt wurde nach dem hier schon in frühgeschichtlicher Zeit betriebenen Salzbergbau benannt (Hall = kelt. Salz), ist aber erst seit 1890 über eine Straße am Seeufer zu erreichen (Parkplatz am Südausgang des Umgehungstunnels).

St. Michaelskapelle

Die gotische Pfarrkirche zieht insbesondere wegen des eigenartigen Pagodendaches ihres Turms die Blicke auf sich. Im Inneren birgt sie zwei sehenswerte Flügelaltäre (1450, 1515) und spätgotische Fresken. Die Krypta bewahrt alte Totenschädel, viele davon bemalt und mit Namen und Lebensdaten versehen. Aufgrund des Platzmangels im winzigen Friedhof wurden die vorhandenen Gräber in rascher Folge neu belegt und die Gebeine der »Vorgänger« im Beinhaus verwahrt.

Museum Hallstatt 🕑

Das Museum Hallstatt widmet sich der kulturgeschichtlichen Entwicklung der Region, beginnend mit dem Gräberfeld am Salzberg bis zur Aufnahme in die Welterbeliste (Seestraße 56; Öffnungszeiten: Jan bis März tgl. außer Di. 11.00 – 15.00, April tgl. 10.00–16.00, Mai bis Sept. tgl. 10.00 – 18.00, Okt. 10.00 –16.00 Uhr, Nov./Dez. Mi. – Mo. 11.00 – 15.00 Uhr, www.museum-hallstatt.at).

Salzberg

Ganz gemütlich mit der Standseilbahn oder zu Fuß etwas beschwerlicher über den Soleleitungsweg erreicht man vom Zentrum Hallstatts aus den Salzberg. Bei der Bergstation erhebt sich der Rudolfsturm mit lohnender Aussichtsterrasse und Berggasthof. Ein kurzer Fußweg bringt Besucher – vorbei am Hallstätter Gräberfeld – zum **ältesten Salzbergwerk der Welt** (Führungen: Ende April – Mitte Sept. 9.30 bis 16.30, Mitte bis Ende Sept. bis 15.30, Okt. bis 15.00 Uhr, nicht für Kinder unter vier Jahren; www.salzwelten.at).

Salzwelten Hallstatt ►

✶✶ Dachsteinhöhlen

Koppenbrüllerhöhle

Benannt nach dem Höhlenbach, der aus dem Koppenberg mit Getöse herabstürzt, ist die Koppenbrüllerhöhle eigentlich eine riesige Quelle im Berg. Wenige Kilometer östlich des Hallstätter Sees bzw. Obertrauns gelegen, erreicht man sie über einen kurzen Fußweg vom Ortsende Obertraun aus, vorbei am Gasthaus Koppenrast (Führungen: Mai bis Anf. Okt. Aug. 10.00 bis 16.00 Uhr; gutes Schuhwerk und warme Kleidung erforderlich!).

Seltenes Naturschauspiel: die Rieseneishöhle

Die **Rieseneis- und Mammuteishöhle** sind beide am Nordrand des Dachsteinplateaus gelegen. In wenigen Minuten bringt die Schwebebahn südlich von Obertraun Besucher zur Mittelstation (1350 m) auf die Schönbergalm. Von dort sind es jeweils gut 15 Minuten Fußmarsch zur Rieseneis- und zur Mammuthöhle, die neben der Eisriesenwelt bei ►Werfen die großartigsten Höhlen der Ostalpen sind. Bei Temperaturen von 0–3 °C ist für die Besichtigung beider Höhlen festes Schuhwerk und warme Kleidung unabdingbar. (Informationen: Tel. 0 61 34/ 53 10, www.dachsteinwelterbe.at).

In der Rieseneishöhle, einer der größten Eishöhlen der Welt, legt man auf rund 800 m Weg insgesamt etwa 120 m Höhenunterschied zurück. Der Anblick der Tropfsteinhöhle und der Eisfälle, Eispaläste und Eisdome – entstanden aus einsickerndem und wieder gefrorenem Schmelzwasser – entschädigt für alle Strapazen (Führungen: Anfang Juni – Ende Aug. 9.20 – 16.30, Sept./Okt. 9.20 – 16.00 Uhr).

Die Mammuthöhle bekam ihren Namen aufgrund ihrer immensen Größe von über 50 km Länge. Rund 1 km davon ist von der **»Höhle der Höhlenforscher«** touristisch erschlossen. Was die Höhlenforscher bei ihren mehrtägigen Höhlenaufenthalten erleben, wird anschaulich vermittelt.

Auf den Hohen Krippenstein (2108 m), ein Eldorado für Paraglider, führt die Schwebebahn von der Mittelstation hoch zur Bergstation (2079 m; Berghaus Krippenstein). Mit einer weiteren Schwebebahn geht es hinab zur Gjaidalm (1795 m), die man aber auch direkt mit der Kabinenbahn von Obertraun aus erreichen kann.

★ **Hoher Krippenstein**

★ Hochkönig

K 5

Bundesland: Salzburg

Südöstlich an das Steinerne Meer schließt der Hochkönig, eine der schönsten Gebirgsgruppen der Nordalpen, an. Das mächtige, in schroffen Wänden abbrechende Massiv wird auch poetisch »Übergossene Alm« oder »Ewiges Schneegebirge« genannt.

Beliebtes Wanderziel

Gekrönt von einem gewölbten Eisfeld ragt der Gipfel des Hochkönig (2941 m) nur wenig heraus. Dank der freien Lage des Bergstockes ist die Aussicht vom Gipfel großartig. Auch im Winter ist der Hochkönig ein beliebtes Ferienziel, »Hochkönigs Winterreich« ist dem Skiverbund Amadé angeschlossen (►St. Johann im Pongau).
Besteigen kann man den Hochkönig ohne besondere Schwierigkeit südlich vom Arthur-Haus (1503 m) bei Mühlbach oder von ►Werfen aus über die Ostpreußen-Hütte (1630 m). Mehr Erfahrung erfordert der Anstieg von Hinterthal, vorbei am mächtigen Hochseiler (2793 m). Der »Königsjodler« über die Teufelshörner ist der schwierigste Klettersteig und wirklich nur etwas für geübte Alpinisten.

HOCHKÖNIG ERLEBEN

AUSKUNFT

Tourismusverband Maria Alm
Am Gemeinde-Platz 7
A-5761 Maria Alm
Tel. 0 65 84/2 03 88, Fax 20 38 85
www.hochkoenig.at

WANDERBUS

Der Wanderbus bringt in den Sommermonaten morgens Wanderer in geeignete Ausgangsposition und nachmittags die müde gewordenen Gipfelstürmer wieder nach Hause. Er verkehrt zwischen Maria Alm, Hintermoos, Hinterthal, Filzensattel, Dienten, Dientner Sattel, Mühlbach und Arthurhaus; den Fahrplan erhält man im Tourismusverband Dienten/Hochkönig (Tel. 06461/263, Fax 521).

ÜBERNACHTEN

► Günstig

Hotel Hochkönig
Dorf 17, A-5652 Dienten
Tel. 0 64 61/2 16, Fax 21 68
www.hotel-hochkoenig.at
Im familiär geführten Hotel (mit Restaurant) hilft man mit Wandertipps und Bergführer, am hoteleigenen Swimmingpool können sich die Gäste von den Kletterpartien erholen.

Herrlich wandern kann man auch bei Mühlbach am Fuß des Hochkönigs.

Orte am Hochkönig

Maria Alm (800 m; 2200 Einw.) westlich des Hochkönigmassivs zählt zu den drei Ortschaften von »Hochkönigs Bergreich« und besitzt zahlreiche Liftanlagen. Der 84 m hohe, schlanke Spitzturm seiner Wallfahrtskirche (1480) ist einer der höchsten Kirchtürme Österreichs und markantes Zeichen in der Landschaft.

Das gemütliche, traditionelle Bergdorf **Dienten** (1071 m; 800 Einw.) erfreut die Gäste durch üppigen Blumenschmuck.

Das **Bergbaumuseum** und ein Schaustollen (Kupferabbau) in **Mühlbach** (854 m; 1600 Einw.) weisen auf die jahrtausendealte Bergbaugeschichte in dieser Gegend hin (Öffnungszeiten: Mai – Okt. Do. – So. 14.00 – 17.00 Uhr, Führung im Stollen: Do. – So. 16.00 Uhr). Eine Gedenktafel im Ort erinnert an den Mühlbacher Sepp Bradl, der als erster Skiflieger der Welt 1936 im slowenischen Planica die magische Marke von 100 m überflog.

★★ Hohe Tauern

H/J/K 5

Bundesländer:
Salzburg, Tirol (Osttirol) und Kärnten

Höchste Erhebungen:
Großglockner (3798 m ü.d.M.) und Großvenediger (3674 m ü.d.M.)

Gewaltig ist der Gebirgszug Hohe Tauern, der das Salzburger Land südlich gegen Osttirol und Kärnten abgrenzt. Die Zentralalpen entfalten hier vor ihrem Ausklingen nach Osten noch einmal ihre ganze Pracht.

Faszinierende Bergwelt

Weite Firnflächen und zerrissene Hängegletscher, steile, eisbedeckte Felsspitzen und blendend weiße Schneegiebel – diese großartigen Bilder bietet der vom westlichen Birluckn bis zum Murtörl reichende Hauptkamm der Hohen Tauern.

Täler am Nordhang ►

Die kurzen, tief eingeschnittenen und in jähen Stufen abwärts führenden Nordtäler münden in das Salzachtal, das die Kette parallel begleitet. Wild schäumende Gletscherabflüsse (»Achen«) stürzen in **gewaltigen Wasserfällen** (Krimmler Fälle, Kesselfall, Gasteiner Fall) die Talstufen hinab oder zersägen sie in tiefe Klammen (Siegmund-Thun-Klamm, Kitzlochklamm, Liechtensteinklamm).

Nach Süden ziehen vom Hauptkamm des Gebirges recht lange Seitenkämme abwärts zum Drautal mit seinen Seitentälern: Das Osttiroler Iseltal und das Kärntner Mölltal dringen tief in den Hauptstock vor. Stark besiedelt und gut für den Fremdenverkehr gerüstet, stehen sie im Gegensatz zur düsteren Großartigkeit der meisten Täler auf der Salzburger Nordseite.

◄ Kämme und Täler am Südhang

Die westlichste Gruppe der Hohen Tauern, die Venedigergruppe, weist nach den Bergen des Ötztales die größte Gletscherbedeckung der österreichischen Alpen auf. Hauptgipfel ist der Großvenediger (3674 m), der mit seiner prächtigen, allseits von Eis umgebenen Firnpyramide gletscherkundigen Wanderern keine großen Schwierigkeiten macht. Die Region ist Ziel zahlreicher Bergsteiger, Skifahrer schätzen die herrliche Abfahrt über das große Obersulzbachkees.

Venedigergruppe

*

◄ Großvenediger

Der kaum vergletscherte Kamm der Granatspitzgruppe verbindet die Venedigergruppe mit der Glocknergruppe. Nicht die namengebende Granatspitze (3086 m) ist die höchste Erhebung dieses Gebirgszuges, sondern der nach Süden vorgeschobene Große Muntanitz (3232 m).

Granatspitzgruppe

Etwa 40 Gletscher, auch als »Kees« oder »Winkel« bezeichnet, verteilen sich auf die verschiedenen Kämme der Glocknergruppe. Die rund 9 km lange **Pasterze, größter Gletscher der Ostalpen**, und der gewaltige Großglockner (3798 m) bilden den Kern dieser großartigen Gebirgsformation, die im Sommer problemlos auf der ►Großglockner-Hochalpenstraße erreichbar ist.

Glocknergruppe

* *

◄ Großglockner

Bereits 1561 hatte der Hofkartograf Wolfgang Lazius in seinem Atlas als einzigen Gipfel den »Glocknerer« eingetragen. Der erste Versuch der Besteigung des Großglockner im August 1799 gelang wegen widriger Witterungsverhältnisse nur teilweise, die Expedition erklomm den Gipfel des 28 m niedrigeren Kleinglockner, den man vom Tal aus für den höheren gehalten hatte. Am 28. Juli 1800, ein Jahr später, wurde dann tatsächlich der Gipfel des Großglockner gleich von mehreren Bergsteigern erreicht.

◄ Erstbesteigung

HOHE TAUERN ERLEBEN

NP-VERWALTUNGEN

Hohe Tauern/Kärnten
Döllach 1, A-9843 Großkirchheim,
Tel. 048 25/200 49, Fax 20 04 94
www.nationalpark-hohetauern.at

Nationalparkzentrum BIOS
A-9822 Mallnitz 36
Tel. 047 84/701
www.bios-hohetauern.at

Nationalparkverwaltung Salzburg
Gerlos Straße. 18
A-5730 Mittersill
Tel. 065 62/408 49-0
www.hohetauern.at

Hohe Tauern/Tirol
Kirchplatz 2, A-9971 Matrei i. O.
Tel. 0 48 75/51 12-0
www.hohetauern.at

✶✶ Nationalpark Hohe Tauern

Entstehung des Nationalparks

Am Nationalpark Hohe Tauern haben die Bundesländer Salzburg, Kärnten und Tirol Anteil. Er gehört mit einer Fläche von 1800 km² zu den größten Naturreservaten Europas.

Über 80 Jahre alt ist die Idee eines Nationalparks in den Ostalpen. Mit dem Ziel, Flora und Fauna zu schützen, erwarb der Münchner Verein Naturschutzpark 1909 12 km² Alm- und Waldflächen auf der Nordseite der Hohen Tauern, im Felber- und Stubachtal. Teile der Glocknergruppe in Osttirol und am Hohen Sonnenblick folgten in den anschließenden 50 Jahren. Das Bemühen um ein großflächiges Schutzgebiet war lange Zeit erfolglos. Erst das Naturschutzgesetz von 1970 brachte den politischen Anstoß und 1971 eine erste vertragliche Vereinbarung zwischen Salzburg, Kärnten und Tirol. Kärnten erklärte 1983 ein 200 km² großes Gebiet in der Schober- und Glocknergruppe zum Nationalpark, 1984 folgte Salzburg mit Teilen des Pinzgau am Nordabfall der Hohen Tauern. 1991 erhielt der Nationalpark mit der Beschlussfassung des Tiroler Nationalparkgesetzes seine heutige Größe.

Station Glocknerblick: Wandern mit Sicht auf Österreichs höchsten Berg

> **? WUSSTEN SIE SCHON ...?**
>
> - ... dass der zweithöchste Berg Österreichs, der Großvenediger (3 662 m), erstmals 1841 von Ignaz von Kürsinger erstiegen wurde?

Die von Landes- und Bezirksbehörden verwalteten und überwachten Schutzzonen gliedern sich in **Außenzonen** (Almen, Kulturland), **Kernzonen** (Hochgebirge, Urlandschaft mit unberührter Natur) und **Sonderschutzgebiete**. Im gesamten Nationalpark ist die Errichtung von neuen Skiliften, Straßen und Anlagen zur Energiegewinnung verboten. Darüber hinaus ist in der Kernzone und den Sonderschutzgebieten jeder Eingriff in die Natur sowie jede Beeinträchtigung des Landschaftsbildes untersagt. Das Schutzgebiet reicht von ca. 1000 m Höhe bis in die hochalpine Stufe.

Flora und Fauna

Im Hochgebirge ist die Vegetationsperiode kurz und die Pflanzen sind häufig extremen Witterungsschwankungen ausgesetzt. Nur noch Zwergstrauchheiden, Polsterpflanzen, verschiedene Flechten und den Gletscherhahnenfuß sieht man in den höchsten Regionen. Gut angepasst ist auch die Zirbe, eine langsam wachsende, widerstandsfähige Kiefernart. Man trifft hier u. a. auf Gams, Murmeltier und Hermelin, Birk- und Schneehuhn, Steinadler und Bartgeier.

Ziele des Nationalparks

Den Nationalparkverwaltungen der Bundesländer geht es in erster Linie darum, Besuchern die wunderbare Gebirgslandschaft auf umweltschonende Weise zu erschließen und Wissenswertes über das empfindliche Ökosystem der Hochalpen zu vermitteln. 17 verschiedene Besucherzentren (u. a. Bios-Erlebniswelt Mallnitz, ► Mölltal; WasserWunderWelt, ► Krimml, Wasserfälle) informieren über Wandertouren, Hütten, Museen und vieles andere. Im Sommer werden geführte Wildbeobachtungen, Wanderungen und Trekkingtouren unterschiedlichster Schwierigkeitsgrade geboten. Broschüren helfen bei der Erkundung des Hochgebirges auf eigene Faust. Um das Gebiet vom Autoverkehr zu entlasten, wurden Buszubringerdienste geschaffen, in den für privaten Verkehr gesperrten Tälern verkehren »Nationalparktaxis«.

★ Höllental

P 4

Bundesland: Niederösterreich

Die romantische Schlucht entlang der Schwarza, rund 20 km südwestlich von Wiener Neustadt, erstreckt sich zwischen den beiden Wiener Hausbergen Rax und Schneeberg.

Romantische Schlucht

Auf der etwa 14 km langen Strecke stehen die Felsen oft so dicht zusammen, dass kaum Platz für die ständig zwischen den Ufern wechselnde Straße und für Besiedlung bleibt.

HÖLLENTAL ERLEBEN

AUSKUNFT

Tourismusbüro Reichenau/Rax
Schlossplatz 9, A-2651 Reichenau
Tel. 0 26 66/5 28 65 oder 5 22 06 40
www.reichenau.at

ÜBERNACHTEN

► **Komfortabel**
Seminar-Park-Hotel Hirschwang
Hirschwang 11
A-2651 Reichenau/Rax
Tel. 0 26 66/5 81 10
www.seminarparkhotel.at
Helle, freundliche Zimmer, Restaurants, Wellness-Oase, Fitness-Bereich.

► **Günstig**
Gasthof Flackl
Hinterleiten 12
A-2651 Reichenau/Rax
Tel. 0 26 66/5 22 91, Fax 5 32 91
www.flackl.at
Das Haus bietet nicht nur eine freundliche Unterkunft, sondern zeigt auch über 700 Bilder einheimischer und internationaler Künstler.

Wiener Wasserversorgung ►

Parallel der Straße verläuft die **erste Wiener Hochquellenleitung** zur Wasserversorgung. Näheres erfährt man auf dem entsprechenden Wanderweg und im Wasserleitungsmuseum Kaiserbrunn in Reichenau an der Rax, wo die Wassererschließung und Versorgung Wiens dokumentiert wird (Öffnungszeiten: Mai bis Okt. So. u. Fei. 10.00 bis 17.00 Uhr u. n. V. ab 10 Personen unter Tel. 0 26 66/525 48).

Umgebung des Höllentals

Wiener Hausberge

★ Schneeberg ►

Der Schneeberg, höchster Berg von Niederösterreich und einer der »Hausberge« der Wiener, bildet die nordöstliche Begrenzung des Höllentales. Im Sommer beliebtes Wandergebiet praktisch vor den Toren der Hauptstadt, ist er im Winter bevorzugtes Schnee- und Skiparadies. Von Puchberg aus kommt man in wenigen Minuten mit der Doppelsesselbahn zur Bergstation in 1248 m Höhe mit ausgedehnten Wanderwegen. Ein Fall für nostalgische Eisenbahnfans ist die Zahnrad-Schneebergbahn. Sie bringt Besucher in gemächlichen 1 ½ Stunden zur Station Hochschneeberg (1796 m). Ein moderater Fußweg führt zum Gipfel Klosterwappen (2075 m). Vom nahen Kaiserstein (2061 m), reicht der Blick an klaren Tagen bis nach Wien und zum Neusiedler See.

Raxalpe ►

Von Hirschwang am Eingang zum Höllental führt die Raxseilbahn, eine schon 1926 eröffnete, ganzjährig verkehrende Kabinenseilbahn auf die Raxalpe (Bergstation 1545 m). Auf den zwischen 1500 und 2000 m gelegenen, rund 30 km² großen Almen findet man ein gutes Wanderwegenetz und mehrere Schutzhütten. In der Nähe des Otto-Hauses zeigt der Alpengarten rund 200 der hier wachsenden Pflanzenarten. Höchster Gipfel des auch zum Wintersport gut geeigneten Hochplateaus ist die Heukuppe (2007 m) am westlichen Rand.

Imst

E 5

Bundesland: Tirol
Einwohnerzahl: 9500
Höhe: 828 m ü.d.M.

Auf einer Terrasse über dem Inn, am Anfang des Gurgltals, liegt die alte Stadt Imst. Sie ist der wichtigste Straßenknotenpunkt zwischen Innsbruck und Landeck und Ausgangspunkt für Touren ins Ötztal und Pitztal.

Erstes SOS-Kinderdorf

Imst, 763 als »Oppidum Humiste« (= hervorsprudelnde Quelle) urkundlich erwähnt, war einst bekannt für seine Vogelhändler, die mit Käfigen und Kanarienvögeln kreuz und quer durch Europa zogen. Berühmt wurde es auch durch das erste SOS-Kinderdorf, das der Sozialpädagoge Hermann Gmeiner 1949 gründete, gemäß dem Grundsatz »Kleine Schritte, große Hoffnung«.

Barocke Prachtentfaltung in der Stiftskirche Stams

Sehenswertes in Imst

Auffällig in der Stadt mit ihren Patrizierhäusern, Kirchen und Kapellen sind die zahlreichen Brunnen. Neu eröffnet wurde das **Museum im Ballhaus**, das im 16. Jh. erbaut wurde und als Lager für Stoffballen gedient hat. In den nun neu adaptierten Räumen zeigt man Kunstwerke und Objekte, die für die Geschichte der Stadt von Bedeutung sind. Sonderausstellungen sind im Dachgeschoss zu sehen (Öffnungszeiten: Di., Do. und Fr. 16.00 – 19.00, Sa. 10.00 – 12.00 Uhr). Interessant ist der **»Schemenlauf«**, ein alle drei Jahre stattfindender alpenländischer Fastnachtsbrauch. Die spätgotische Pfarrkirche Mariä Himmelfahrt hat den höchsten Kirchturm in Tirol (86 m) und vierthöchsten Österreichs. An der Außenwand haben sich Reste von Fresken (um 1500) erhalten, darunter eine Christophorusdarstellung.

Umgebung von Imst

Rosengartenschlucht

Ein Sessellift führt westlich von Imst auf die schöne Untermarkter Alm (bewirtschaftet) und von dort weiter auf das Alpjoch (2050 m). Die Region bietet gute Möglichkeiten zum Skifahren, Langlaufen

IMST ERLEBEN

AUSKUNFT

Tourismusverband Imst – Gurgltal
Johannesplatz 4
A-6460 Imst
Tel. 0 54 12/69 100
Fax 69 108
www.imst.at

ESSEN

► **Preiswert**

Gasthof Sonne
Johannesplatz 4, A-6460 Imst
Tel. 0 54 12/672 92
www.sonne-imst.at
Der Gasthof bietet einen Biergarten und serviert in der gemütlichen Gaststube typische Tiroler Speisen.

und Rodeln. Sehr empfehlenswert ist auch eine Wanderung durch die wildromantische Rosengartenschlucht, die mit einer besonderen Gesteinsvielfalt aufwarten kann.

Nassereith Rund 13 km nordöstlich von Imst liegt das als Sommererholungs- und Wintersportort beliebte Nassereith (843 m; 2000 Einw.). Hier findet alle drei Jahre an einem Sonntag vor dem Faschingssonntag das so genannte »Schellerlaufen«, ein bunter Maskenumzug, statt. Nördlich kann man über den Fernpass (1209 m) nach Ehrwald und weiter nach Garmisch fahren.

Telfs Östlich führt eine recht gut ausgebaute Panoramastraße über das Mieminger Plateau nach Telfs (630 m; 14 500 Einw.), das durch das »Schleicherlaufen«, einen weiteren alten, alle fünf Jahre stattfindenden Fastnachtsbrauch bekannt ist.

Stams Stams (671 m; 1300 Einw.) liegt rund 25 km innabwärts auf leicht erhöhtem Gelände am südlichen Flussufer. Die große Zisterzienserabtei zählt zu den schönsten barocken Baudenkmälern Österreichs. Sie wurde 1273 von Elisabeth von Bayern, Mutter des in Neapel 1268 hingerichteten letzten Hohenstaufen Konradin, zum Gedächtnis an ihren Sohn gestiftet. Die aus dem 13. Jh. stammende, im 17./18. Jh. veränderte Stiftskirche mit den markanten Türmen ist das **größte barocke Gotteshaus Tirols** und die Gruftkirche der Tiroler Fürsten. Sehenswert ist die Fürstengruft, die 1670 in den Fußboden versenkt und mit zwölf vergoldeten Holzstatuen der hier bestatteten Fürsten und Fürstinnen geschmückt wurde, sowie der Hochaltar von 1613 mit 84 Figuren, ein Meisterwerk barocker Schnitzkunst, die Kanzel (um 1740) und das schmiedeeiserne Chorgitter (18. Jh.). In der südlich angebauten Heiligblutkapelle (1716) ist ein filigran gearbeitetes Rosengitter zu bewundern. Stams ist auch durch sein berühmtes Skigymnasium (erbaut 1977–1982) bekannt, das viele österreichische Stars wie Anita Wachter oder Martin Höllwarth hervorgebracht hat.

Skigymnasium ►

★★ Innsbruck

F 5

Bundesland: Tirol
Höhe: 574 m ü.d.M.
Einwohnerzahl: 119 500

Im Nebeneinander von Natur und Kultur liegt die besondere Attraktivität von Innsbruck: Einerseits ermöglicht es die Stadt, im Gebirge städtische Kultur zu genießen und andererseits sich in der die Tiroler Metropole umgebenden Natur den sportlichen Aktivitäten wie Bergsteigen, Wandern und Skifahren zu widmen.

Die Stadt im Gebirge

Innsbruck, die Landeshauptstadt von Tirol, liegt – »herrlich in einem breiten, reichen Tale zwischen hohen Felsen und Gebirgen« (Goethe) – im weiten Längstal des Inn und am Schnittpunkt großer Verkehrslinien von Deutschland nach Italien und von Wien in die Schweiz. Überall in der Stadt öffnen sich Durchblicke auf die Berge, die über den anmutigen Mittelgebirgsterrassen aufragen: nördlich die Gipfel der Nordkette (Karwendelgebirge), im Süden über dem bewaldeten Rücken des Bergisel die Saile (2403 m) und die Gruppe der Serles (2718 m), südöstlich über den Lanser Köpfen die runde Kuppe des als Skigelände beliebten Patscherkofels (2247 m).

◄ Vielseitige Stadt

Der historische Stadtkern begeistert mit mittelalterlich engen, winkligen Gassen und hohen Häusern spätgotischen Gepräges, an denen man vielfach schöne Erker und Portale sieht. In den Außenbezirken,

Nicht nur die schöne Lage am Inn zu Füßen des Karwendel, sondern auch das Stadtbild und ein reges Kulturleben machen Innsbruck so anziehend.

Stattliche Bürgerhäuser im Rokokokleid säumen die Herzog-Friedrich-Straße.

besonders im Osten und Norden, sind dagegen moderne Viertel entstanden. Anlässlich der **Olympischen Winterspiele 1964 und 1976** errichtete man Sportanlagen, die noch heute Schauplatz nationaler und internationaler Wettbewerbe sind. Innsbruck ist Universitätsstadt und Bischofssitz sowie Industriestandort mit regelmäßig stattfindenden Messen. Durch seine Lage vor Nordwinden geschützt, erfreut sich die Stadt eines vergleichsweise milden Klimas. Die Landeshauptstadt ist wichtigste Fremdenverkehrsgemeinde Tirols.

Geschichte

15 v. Chr.	Das Römerkastell Veldidena wird errichtet.
1180	Gründung von Innsbruck
1239	Innsbruck wird zur Stadt erhoben.
1420–1665	Residenzstadt der Habsburger
1669	Gründung der Universität durch Kaiser Leopold I.
1806	Tirol fällt an Bayern.
1814/15	Wiener Kongress spricht Innsbruck erneut Österreich zu.

Funde aus der Bronzezeit weisen auf eine frühzeitliche Besiedlung hin. Auch die Illyrer und Römer hinterließen ihre Spuren. Kurz nach der Zeitenwende entstand als erste Siedlung in der Flussebene das kleine Römerkastell Veldidena, das dem heutigen Ortsteil »Wilten« seinen Namen gab. An seiner Stelle erhebt sich seit dem 12. Jh. ein Prämonstratenserstift. Die eigentliche Gründung als Brückenmarkt (»Innspruke«) erfolgte 1180 durch die Grafen von Andechs, die vom bayerischen Ammersee stammten. Im Jahre 1239 wurde Innsbruck zur Stadt erhoben und mit Mauern und Türmen umgeben. 1363 fiel die Stadt an eine Nebenlinie der Habsburger und war von 1420 bis 1665 Residenz.

Unter Kaiser Maximilian I. (1490–1519; ► Berühmte Persönlichkeiten) wurde die Stadt zentraler Verwaltungssitz und somit ein Mittelpunkt von Kunst und Kultur. Zeitweise war die **Lieblingsstadt Maximilians** Hauptresidenz der deutschen Krone. Im Jahre 1665 starb die Tiroler Linie der Habsburger aus, was das Ende Innsbrucks als Residenzstadt bedeutete. Dafür gründete Kaiser Leopold I. vier Jahre später die Universität. 1703 versuchten die Bayern vergebens, Innsbruck und ganz Tirol einzunehmen. Unter dem Druck Napoleons fiel Tirol 1805 an Bayern. Trotz erfolgreichem Befreiungskampf und siegreicher Schlachten am Bergisel (1809 unter Andreas Hofer) kam Tirol wieder zu Bayern. Erst der Wiener Kongress von 1814/1815 sprach es erneut Österreich zu. Anstelle von Meran wurde 1849 Innsbruck Hauptstadt Tirols. Nach dem Bau der Brennereisenbahn (1867) begann für Innsbruck das Zeitalter der Industrialisierung.

Sehenswertes in Innsbruck

✶✶ Altstadt

Die Altstadt gehört zu den besterhaltenen mittelalterlichen Stadtkernen Österreichs. Vorherrschend im profanen Hausbau ist das Inn-

Highlights Innsbruck

Goldenes Dachl

Die populärste Sehenswürdigkeit der Stadt besteht aus 2657 vergoldeten Kupferschindeln. Der Erker diente als luftige Zuschauerloge.

► Seite 273

Dom

Erst 1950 wurde der Dom (Anfang 18. Jh.) nach dem Krieg wieder hergestellt. Im Innenaum finden sich viele Schätze – von den Altären bis zu den Deckengemälden.

► Seite 275

Hofkirche

Beeindruckende Grabmäler bekommt man in der Hofkirche zu sehen: Neben dem des Freiheitskämpfers Andreas Hofer steht im Hauptschiff das bedeutende, allerdings leere Grabmal Maximilians I.

► Seite 277

Tiroler Volkskunstmuseum

Modelle von Tiroler Bauernstuben samt Inventar und einer Weihnachtskrippensammlung bekommt man hier zu sehen.

► Seite 279

Tiroler Landesmuseum Ferdinandeum

Gezeigt werden Sammlungen zur Geschichte und Kunst Tirols, eine Galerie niederländischer und flämischer Meister sowie die Originalskulpturen des Goldenen Dachls.

► Seite 279

Schloss Ambras

Seine Exponate vermitteln ein Bild des Landes quer durch Wirtschaft, Handwerk und Landschaft, dazu kommt noch die Geschichte der Tiroler Freiheitskämpfe.

► Seite 279

Wiltener Pfarrkirche

Sie ist eine der schönsten Rokokokirchen Nordtirols mit Deckenfresken und Stuckaturen.

► Seite 282

Bergisel

Tolle Sportanlagen, von denen die Skisprungschanze ein ganz besonderes Highlight ist. Nur für Schwindelfreie!

► Seite 280

Salzach-Stadthaus: lang gestreckter Grundriss, Lichtschacht zwischen dem Vorder- und Hinterhaus, vier- bis fünfgeschossige, schmale Fassaden mit schönen Portalen und Erkern. Auf eine Feuerverordnung Maximilians I. gehen die Graben- und Muldendächer zurück.

Innsbruck Orientierung

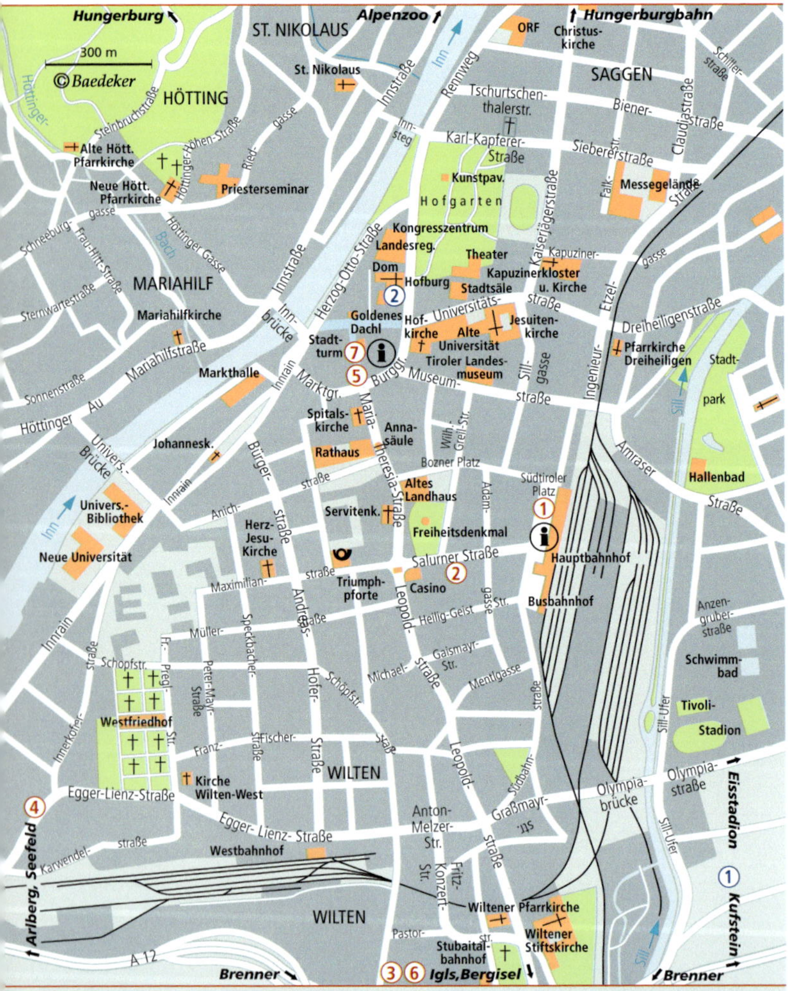

Essen
① Gasthof Kapeller
② Stiftskeller

Übernachten
① Grand Hotel Europa
② Hilton Innsbruck
③ Schlosshotel
④ Jagdschloss Kühtai
⑤ Goldener Adler
⑥ Hotel Sonnenhof
⑦ Weißes Kreuz

Auffallend in der Altstadt sind die erdgeschossigen Laubengänge, die sich beidseitig der Herzog-Friedrich-Straße entlangziehen. In seinen prachtvollen Renaissance-, Barock- und Rokokobauten wird die einstige Bedeutung Innsbrucks als Residenz sichtbar.

Das berühmte Goldene Dachl

Von Süden führt die Herzog-Friedrich-Straße mit ihren stattlichen Bürgerhäusern direkt zu der populärsten Sehenswürdigkeit der Stadt, dem berühmten **Goldenen Dachl**. Der mit einem Dach aus 2657 vergoldeten Kupferschindeln gedeckte spätgotische Prunkerker wurde 1497 bis 1500 errichtet. Der Erker diente dem Hof als luftige Zuschauerloge bei Volksfesten auf dem Stadtplatz. Man fügte ihn der nach 1420 aus zwei Bürgerhäusern zur Residenz umgebauten Fürstenburg an. Ursprünglich reichte der Erker über die gesamte Gebäudehöhe, das oberste Stockwerk wurde erst im 19. Jh. aufgesetzt. Wappenreliefs schmücken die untere Brüstung des Erkers, das mit einer offenen Plattform (»Söller«) versehene obere Geschoss ist mit figürlichen Reliefs verziert. Das Goldene Dachl steht symbolisch für die Vision Maximilians I. (1459 – 1519), sein Reich in ein »goldenes Zeitalter« zu führen.

◄ Museum Goldenes Dachl

In dem Haus wurde das Museum Goldenes Dachl (vormals: Maximilianeum) eingerichtet: eine **Gedenkstätte** für Kaiser Maximilian I. Zu sehen sind u. a. eine Urkunde mit der Unterschrift Maximilians I., ein von Hofmaler Bernhard Strigel geschaffenes Porträt des Kaisers von 1507/1508, ein Harnisch und eine gusseiserne Ofenplatte mit Jagdszenen (Öffnungszeiten: Mai – Sept. tgl. 10.00 – 17.00 Uhr, Okt. bis April Di. – So. 10.00 – 17.00 Uhr).

Helblinghaus

Gegenüber dem Goldenen Dachl zieht das schöne Helblinghaus die Aufmerksamkeit auf sich. Der ursprünglich spätgotische Bau wurde 1730 barock umgestaltet. Beachtenswert ist die Stuckfassade mit Putten, Akanthusblättern und weiteren schmuckvollen Ornamenten, die von Wessobrunner Künstlern gestaltet wurden.

Ottoburg

Am westlichen Ende der Herzog-Friedrich-Straße liegt am Innufer die so genannte Ottoburg, ein **Wohnturm** von 1495 mit vier Erkern und einem traditionsreichen Gasthof im Innern. Vor dem Gebäude steht eine von Christian Plattner 1909 geschaffene Bronzegruppe der Tiroler Freiheitskämpfer mit der Inschrift »Anno 1809«.

INNSBRUCK ERLEBEN

AUSKUNFT

Tourismusverband Innsbruck und seine Feriendörfer
Burggraben 3, A-6021 Innsbruck
Tel. 05 12/598 50
www.innsbruck.info

INNSBRUCK-CARD

Die beim Tourismusverband erhältliche Innsbruck-Card (24, 48 oder 72 Stunden) berechtigt zum günstigeren Eintritt in Museen und zur freien Fahrt mit öffentlichen Verkehrsmitteln.

SHOPPING

Gut bummeln lässt es sich rund um das Rathaus, in der Maria-Theresien-Straße, Museumstraße, am Marktgraben, Burggraben und Bozener Platz.

ESSEN

► Fein & Teuer

① ***Gasthof Kapeller***
Philippine-Welser-Straße 96
A-6020 Innsbruck (Ambras)
Tel. 05 12/34 31 01
Gute Lage und freundlicher Service, gepflegte Küche und hohe Weinkultur laden zu einem Besuch ein.

► Erschwinglich

② ***Stiftskeller***
Burggraben 31, A-6020 Innsbruck
Tel. 05 12/57 07 06
Das in der Hofburg untergebrachte Restaurant mit großem Gastgarten serviert schmackhafte gutbürgerliche Küche in nostalgischem Ambiente.

ÜBERNACHTEN

► Luxus

① ***Grand Hotel Europa***
Südtiroler Platz 2, A-6020 Innsbruck
Tel. 05 12/59 31
www.grandhoteleuropa.at
Das führende Haus in Innsbruck, gegenüber dem Bahnhof, war früher Stammhaus der Aristokratie, heute ist es eine Hochburg des Tourismus wie der Innsbrucker Gesellschaft.

② ***Hilton Innsbruck***
Salurner Straße 15, A-6020 Innsbruck
Tel. 05 12/5 93 50
www.hilton.de/innsbruck
Das luxuriöse, moderne Hotel ist nur wenige Gehminuten von Altstadt und Kongresszentrum entfernt und beherbergt ein großes Spielkasino.

③ ***Schlosshotel***
Viller Steig 2, A-6080 Igls
Tel. 05 12/37 72 17, Fax 3 77 21 71 98
www.schlosshotel-igls.com
Jeder Raum ist ausgestattet mit antiken Möbeln, Bildern und Kunstgegenständen. Das Restaurant serviert beste Küche.

④ ***Jagdschloss Kühtai***
A-6183 Kühtai/Tirol
Tel. 0 52 39/52 01, Fax 52 81
www.jagdschloss.at
Das Jagdschloss Kühtai mit seinen stilvoll gestalteten Räumen und seinem Ambiente mittelalterlicher Romantik ist im Sommer geschlossen.

Baedeker-Empfehlung

► Komfortabel

⑤ ***Goldener Adler***
Herzog-Friedrich-Straße 6
A-6020 Innsbruck
Tel. 05 12/57 11 11, Fax 58 44 09
www.bestwestern.at/goldeneradler
Das Hotel bewirtet seine Gäste seit über 600 Jahren; hier wohnten Goethe und Mozart. Das stilvolle Restaurant hat u. a. Tiroler Spezialitäten auf der Karte.

► **Günstig**

⑥ ***Hotel Sonnenhof***
Fernkreuzweg 16, A-6080 Igls
Tel. 05 12/37 73 79
Fax 377 37 95
www.sonnenhof-igls.at
Das familiär geführte Hotel am Ortsrand bietet gemütliche Zimmer mit Balkon einen Fitnessraum, Solarium und Sauna.

⑦ ***Weißes Kreuz***
Herzog-Friedrich-Straße 31
A-6020 Innsbruck
Tel. 05 12/59 47 90
Fax 5 94 79 90
www.weisseskreuz.at
Im historischen Gasthof mitten in der Altstadt wohnte der 13-jährige Mozart auf seiner ersten Italienreise. Das Restaurant serviert Alpenspezialitäten.

Der im 14. Jh. mit dem anschließenden Alten Rathaus als Wachtturm erbaute, später veränderte, 57 m hohe **Stadtturm** steht an der Ostseite der Herzog-Friedrich-Straße. Von dem 33 m über der Straße liegenden Umgang bietet sich ein weiter Rundblick.

Kohleggerhaus

Unter den Lauben des Kohleggerhauses, Wohnhaus des einstigen Stadtrichters Walter Zeller d. Ä. (Herzog-Friedrich-Straße 35, Eingang »McDonalds«) ist ein heraldisches Gewölbefresko aus den Jahren 1495/1496 zu sehen, mit dem Blutbahn- oder Quaternionenadler, dessen Gefieder mit den Wappen der Stände und Länder des Heiligen Römischen Reiches geschmückt ist. Dabei handelt es sich um die älteste öffentliche Darstellung des alten Reichssymbols.

Dom

Der neue, barocke Dom, wie wir ihn heute kennen, wurde 1717–1724 erbaut und nach schwerer Zerstörung im Zweiten Weltkrieg erst 1950 wieder hergestellt. Johann Jakob Herkomer (†1717) hat das Bauwerk geplant und wurde während der Bauphase von Johann Georg Fischer, Herkomers Schwiegersohn und Schüler, abgelöst. 1904 wird die ehemalige Stadtpfarre St. Jakob zur Propstei und 1964 zur Bischofskirche erhoben. Ihr Äußeres bestimmt eine mächtige Doppelturmfront und eine hohe Chorkuppel. Im Innenraum imponieren die Deckengemälde (Verherrlichung des hl. Jakob) sowie die Stuckaturen der Brüder Cosmas Damian Asam und Egid Quirin Asam. Die barocken Marmoraltäre wurden 1726–1732 errichtet. Am Hochaltar befindet sich der größte Schatz der Kirche, das **Gna-**

Innsbruck Dom

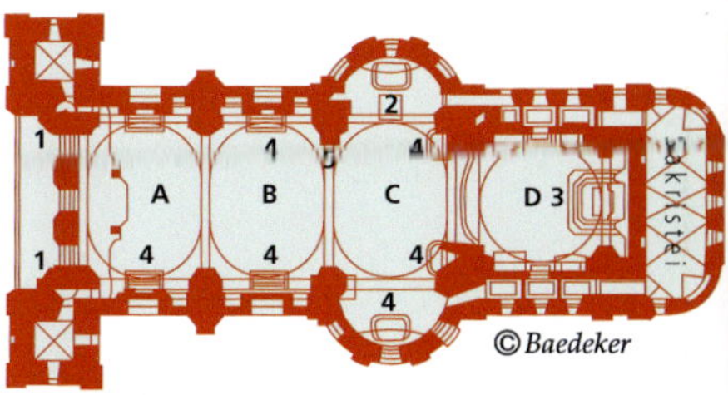

A St. Jakob als Fürbitter für Kirche, Reich, Land und Stadt
B St. Jakob bittet für die leidende Menschheit
C St. Jakob empfiehlt dem Volk die Verehrung der Madonna
D St. Jakob als Führer der Spanier gegen die Sarazenen.

1 Patrone der Diözese Brixen
2 Grabmal des Erzherzogs Maximilian III.
3 Hochaltar
4 Seitenaltäre
5 Kanzel

denbild »Maria hilf«, geschaffen von Lukas Cranach d. Ä. (um 1530). Die reich skulptierte Kanzel stammt aus der Zeit um 1725. Im nördlichen Seitenschiff steht das prunkvolle Grabmal des Erzherzogs Maximilian III. (1558–1618), einem Hochmeister des Deutschen Ordens: Sein von den Brüdern Reinhardt gegossenes Grabmal ist ein Meisterwerk des Bronzegusses im Frühbarock.

✶ **Maria-Theresien-Straße**

An der Maria-Theresien-Straße stehen stattliche alte Bauten. Mit dem über 2300 m hohen Kamm der Nordkette im Hintergrund bietet sich ein großartiges Bild. Der nördliche Straßenabschnitt ist platzartig erweitert.

Annasäule ►

Vor dem Neuen Rathaus erhebt sich ein Wahrzeichen Innsbrucks: die Annasäule. Sie wurde 1706 zur Erinnerung an den Abzug der bayerischen Truppen am Annatag (26. Juli) des Jahres 1703 gestiftet. Auf dem Säulenschaft erhebt sich eine Statue der Jungfrau Maria, die hl. Anna steht auf dem Sockel neben dem hl. Georg, dem Schutzpatron Tirols, und anderen Heiligen.

Altes Landhaus ►

Das Alte Landhaus an der Ecke zur Meraner Straße wurde 1725–1728 von Hofbaumeister Georg Anton Gumpp als monumentaler Barockpalast, mit reich gegliederter Fassade und geschnitzten Türen, errichtet. Heute hat die Tiroler Landesregierung hier ihren Sitz. Der Landtagssaal ist mit Fresken von Cosmas Damian Asam ausgeschmückt. An den rechteckigen Hof schließt sich die Landhauskapelle an, deren Fassadengiebel eine von Putten getragene Wappenkartusche mit dem Tiroler Adler ziert. Schräg gegenüber dem Alten Landhaus steht die **Servitenkirche**, die 1615 erbaut und später verändert wurde. Beachtenswert sind das Dreifaltigkeitsfresko an einem Erker der Außenwand und im Inneren die kostbar geschnitzten Bänke aus dem 17. Jahrhundert.

? WUSSTEN SIE SCHON ...?

- ... dass Herzog Siegmund der Münzreiche 1490 für seinen riesenhaften Leibwächter Niklas Haidl das Burgriesenhaus (Hofgasse Nr. 12) erbauen ließ? Haidl maß 2,22 m!

Triumphpforte ►

Den südlichen Abschluss der Maria-Theresien-Straße bildet die Triumphpforte. Maria Theresia (► Berühmte Persönlichkeiten) hatte sie 1765 aus Anlass der Heirat ihres Sohnes Leopold, des späteren Kaisers Leopold II., mit der spanischen Infantin Maria Ludovica an der damaligen Stadtgrenze aus den Quadern des abgebrochenen Georgstors errichten lassen. Die 1774 angebrachten Marmorreliefs zeigen auf der Südseite die Hochzeit und beklagen auf der Nordseite den Tod des während der Festlichkeiten unerwartet verstorbenen Kaisers Franz I., dem Vater des Bräutigams.

Hofburg

Die Kaiserliche Hofburg (Führungen: tgl. 12.30 Uhr), ein vierflügeliger Bau in den Formen des Wiener Spätrokokos, stammt aus dem 15./16. Jh., auf Anweisung Maria Theresias wurde sie im 18. Jh. im Barock- und Rokokostil erneuert. Gezeigt werden Prunkräume mit Stuckaturen und Deckengemälden. Sehenswert ist besonders der

»Riesensaal«, ein mit poliertem Marmor ausgekleideter und weißgolden dekorierter Festsaal mit Bildnissen der Kaiserfamilie und drei großen Deckenfresken (1775), geschaffen von Franz Anton Maulpertsch.

◄ Alpenverein-Museum

Das Alpenverein-Museum, das bis 2013 hier untergebracht ist, informiert über die Geschichte des Bergsteigens. Das Museum besitzt das älteste Bergrelief der Welt: ein von Kaiser Maximilian I. um 1500 in Auftrag gegebenes Relief des Wettersteins (Öffnungszeiten für Hofburg und Alpenverein-Museum: tgl. 9.00 – 17.00; Einlass bis 16.30 Uhr).

Im Erdgeschoss der Hofburg lädt eine Filiale des berühmten Wiener Hotels Sacher zum Besuch ein.

★ Hofkirche

In den Jahren 1553 bis 1563 wurde die Hofkirche in spätgotischem Stil erbaut. Beim Haupteingang steht das Grabmal Andreas Hofers (► Berühmte Persönlichkeiten), der 1823 hier beigesetzt wurde. Daneben ruhen seine Kampfgenossen Josef Speckbacher (1767–1820) und Joachim Haspinger (1776–1858).

★★ ◄ Grabmal Maximilians I.

Im Hauptschiff der Kirche steht das (leere) Grabmal Kaiser Maximilians I. († 1519, begraben in Wiener Neustadt), bedeutendstes Werk deutscher Renaissanceplastik. Es soll die Idee des deutschen Kaisertums darstellen. Mittelpunkt ist der schwarze Marmorsarkophag mit

Innsbrucks schönster Blick: Die Annasäule erhebt sich vor dem Karwendel.

Die Schwarzen Mander bewachen das leere Maximiliansgrab.

der Bronzefigur des Kaisers (1584; Alexander Colin), das schmiedeeiserne Gitter ist ein Werk des Prager Kunstschlossers G. Schmiedhammer (1573). An den Seiten des Sarkophages erzählen 24 Marmorreliefs Begebenheiten aus dem Leben des Kaisers. Um den Sarkophag sind 28 überlebensgroße Bronzestandbilder (1508–1550), u. a. seine Vorfahren und Zeitgenossen, gruppiert. In der Nürnberger Werkstatt Peter Vischers d. Ä. entstanden um 1513 einige der berühmten, »Schwarze Mander« genannten Statuen, 20 Männer und acht Frauen, die der Kaiser für würdig erachtete, ihm im Tod das Geleit zu geben. Dazu gehören z. B. der sagenhafte König Artus von England und der Ostgotenkönig Theoderich, beide geschaffen nach Zeichnungen von Albrecht Dürer. Die Figur der Elisabeth von Österreich wird Veit Stoß und Hans Leinberger zugeschrieben. Auf der nördlichen Empore der Kirche stehen 23 zum Maximiliansgrab gehörende Bronzestatuetten von Heiligen aus der Familie der Habsburger.
Die Ebert-Orgel (1555–1561) ist die größte fast original erhaltene Renaissanceorgel in Österreich und die älteste nördlich der Alpen.

Silberne Kapelle

Über dem »Franziskanerbogen«, dem Straßendurchlass zwischen Rennweg und Burggraben, liegt die Silberne Kapelle, 1578–1587 als Grabkapelle Erzherzog Ferdinands II. erbaut (Zugang von der Hofkirche). Ihren Namen erhielt sie nach einer in Silber getriebenen Madonna und entsprechenden Reliefs der Lauretanischen Litanei am Altar. In den Mauernischen befinden sich die Grabmäler des Erzherzogs († 1595) und seiner Gemahlin Philippine Welser († 1580), beide von Alexander Colin.

Hofgarten

Die Stadtsäle mit dem Landestheater (1846) liegen an der Ostseite des Rennwegs. Nördlich davon erstreckt sich der Hofgarten mit dem Kunst- und Konzertpavillon. Er entstand um 1400 zunächst als Obst- und Gemüsegarten des Hofes. Östlich vom Hofgarten erstreckt sich das Messegelände, Schauplatz der Innsbrucker Herbstmesse.

Kongresszentrum

An der Westseite des Rennwegs (Nr. 3–5) befindet sich das Tiroler Kongresszentrum Innsbruck. Historisches Kernstück des Gebäudes ist die »Dogana«, eine 2000 m² große und 13 m hohe Säulenhalle aus dem 16. Jh., die, durch einen Gang mit der Hofburg verbunden, im ausgehenden Mittelalter Ballspiel-, Komödien- und Reithaus der Habsburger war.

Alte Universität

Das im Jahre 1562 als Jesuitenkolleg errichtete und 1673 erneuerte Gebäude der Alten Universität sowie die 1722 umgestaltete Alte Universitätsbibliothek liegen an der Universitätsstraße. Dazwischen steht die Jesuitenkirche, ein kreuzförmiger Zentralbau (1627–1640) mit 60 m hoher Kuppel. Gegenüber befindet sich das modernste Universitätsgebäude der Stadt, in das 1999 die Fakultät für Sozial- und Wirtschaftswissenschaften einzog und das noch im selben Jahr einen Preis für »Neues Bauen in Tirol« erhielt.

Kapuzinerkloster

In der Kaiserjägerstraße steht das im Jahre 1593 gegründete Kapuzinerkloster. Als größte Sehenswürdigkeit, in der linken Seitenkapelle der Kirche, gilt ein Altar mit einem Marienbild von Lukas Cranach d. Ä. (1528).

✶ Tiroler Volkskunstmuseum

Das Tiroler Volkskunstmuseum (Universitätsstraße 2) besitzt Modelle von über 20 Tiroler Bauernstuben, darunter gemauerte Häuser mit Erker aus dem Oberinntal und Holzhäuser aus dem Zillertal, Trachten, Bauernmöbel und Werkzeuge aus den verschiedenen Regionen Tirols, Gläser und Keramik, Webstühle und Textilien sowie Schmiedekunst. Eine Krippensammlung zeigt Weihnachtskrippen vom 18. Jahrhundert bis heute (Öffnungszeiten: tgl. 10.00 – 18.00, Do. 10.00 – 21.00 Uhr, Okt. – Mai Mo. geschl.).

✶ Tiroler Landesmuseum Ferdinandeum

Besuchenswert ist auch das Tiroler Landesmuseum Ferdinandeum (Museumsstraße) mit Sammlungen zur Geschichte und Kunst Tirols sowie einer Galerie niederländischer und flämischer Meister. Hier sind auch die Originalskulpturen des Goldenen Dachls ausgestellt (Öffnungszeiten: tgl. 10.00 – 18.00, Do. 10.00 – 21.00 Uhr, Okt. bis Mai Mo. geschl.).

✶ Museum im Zeughaus

Im Osten der Innenstadt – an der Sill – ist im Alten Zeughaus ein landeskundliches Museum eingerichtet. Gezeigt werden bis zu 240 Mio. Jahre alte Fossilien, Exponate zu Mineralogie, Bergbau, Kartografie, Jagd und Technik, Wildbach- und Lawinenverbauung, Mün-

SKISPRUNGSCHANZE »BERGISEL«

★★ **Der Bergisel am Südrand von Innsbruck ist historischer Boden: 1809 verlief hier die heiß umkämpfte Front der Tiroler Freiheitskriege unter Andreas Hofer. 1927 fand das erste Skispringen auf der Naturschanze statt. Sogar der Papst war 1988 auf dem Bergisel zu Besuch und hielt im Stadion eine Messe ab. 2001 wurde die renommierte Architektin Zaha Hadid für die Neugestaltung von Stadion und Sprungschanze gewonnen. Heute ist der »Leuchtturm von Innsbruck« ein modernes Wahrzeichen der Stadt.**

Öffnungszeiten:
Juni – Okt. tgl. 9.00 – 18.00,
Einlass bis 17.30 Uhr
Nov. – Mai tgl. 10.00 – 17.00,
Einlass bis 16.30 Uhr
www.bergisel.info

Technische Daten
Turmhöhe: 50 m, Spitze 791 m ü. d. M.
Höchster Punkt: ca. 250 m über Innsbruck
Tiefster Punkt Auslauf: 650 m ü. d. M.
Höhendifferenz: Anlauf–Auslauf 128 m
Zuschauerplätze: 28 000
Schanzenrekord: 136 m (Adam Małysz, 2004)

① **Aufstieg**
Sportliche bewältigen die 455 Stufen vom östlichen Stadion-Eingang bis zum Schanzenturm zu Fuß. Bequemer und schneller ist die Auffahrt mit dem neuen Schrägaufzug. Dieser befördert bis zu 350 Personen pro Stunde und legt die 250 m lange Strecke zwischen Eingang und Turm in ca. 2 Minuten zurück. Dort bringt ein Aufzug Besucher zum Café und zur Aussichtsebene im Turmkopf hinauf.

② **Turm**
Eine 16 x 20 m große Fundamentplatte trägt den Turmschaft. In den Untergeschossen sind Technik, Lager und Personalräume untergebracht.

③ **Turmkopf**
Auf dem Betonschaft des Turmes wurde ein dreigeschossiger Stahlhut mit Restaurant, Aussichtsplattform und Rettungsebene aufgesetzt. Die auskragenden Ebenen reichen bis zu 12 m über den Turmschaft hinaus.

④ **Anlauframpe**
Der Entwurf sah ursprünglich einen Durchlaufträger über vier Felder mit drei Stützen vor. Ausgeführt wurde das Tragwerk für die steile Anlaufbrücke dann aber als so genannter Fischbauch, ein Stahlfachwerk-Trog mit Seilunterspannung, der stützenfrei über 68,5 m schiefe Länge führt und dabei bis zu 35 ° Neigung hat.

⑤ **Panorama-Restaurant »Café im Turm«**
Vor raumhohen Glasfronten genießen die Besucher hier neben dem Menü auch eine einzigartige Aussicht über das Inntal. Das Lokal ist wie das Stadion tgl. geöffnet und bietet 120 Sitzplätze an Tischen, Stehtischen und an der Bar.

Skispringer über den Dächern von Innsbruck

Vom
Scha
das V
biete
Repo

zen sowie eine Uhrensammlung, Musikinstrumente und eine Ausstellung zur Geschichte der Tiroler Freiheitskämpfe (Öffnungszeiten: tgl.. 10.00 – 18.00, Do. bis 21.00 Uhr, Okt. – Mai Mo. geschl.).

Haus der Architektur Im ehemaligen Sudhaus des Adambräu am Bahnhof hat das neue Haus der Architektur für Tirol eröffnet. Die oberen Geschosse beherbergen das Archiv für Baukunst der Innsbrucker Architekturfakultät, im unteren Drittel hat sich das frühere Architekturforum – jetzt »aut. Architektur und Tirol« – angesiedelt (an Wochenenden geschlossen).

✶ **Wiltener Pfarrkirche** Im südlichen Innsbrucker Stadtteil Wilten steht die zweitürmige Wiltener Pfarrkirche (1751–1755), **eine der schönsten Rokokokirchen Nordtirols**. Den Innenraum schmücken Deckenfresken von Matthäus Günther und Stuckaturen von Franz Xaver Feichtmayr. Das Gnadenbild »Maria unter den vier Säulen«, eine Sandsteinskulptur aus dem 14. Jh., ziert den Hochaltar.

Stift Wilten Gegenüber der Kirche befindet sich der umfangreiche Gebäudekomplex von Stift Wilten, einem Prämonstratenserkloster (1138). Die Anlage wurde in den Jahrenb 1670 bis 1695 barock umgestaltet. In der Vorhalle der 1651 bis 1665 errichteten Stiftskirche sieht man die große gotische Holzfigur des an der Klostergründung angeblich beteiligten Riesen Haymon (um 878). Eine von Löwen flankierte Treppe zum »Thron Salomonis« öffnet sich im Giebelaufsatz des Hochaltars.

✶ **Alpenzoo** Flussabwärts, nordöstlich vom Stadtteil Hötting, erreicht man den höchstgelegenen Zoo Europas (727 m). Er zeigt die gesamte Tierwelt der Alpen und liegt schön inmitten der Bergwelt (Öffnungszeiten: April – Okt. tgl. 9.00–18.00, Nov. – März bis 17.00 Uhr).

✶ Bergisel

Sportanlagen Im Süden der Stadt erhebt sich der Bergisel (750 m), zu Fuß von Wilten in etwa 15 Min. erreichbar. Er ist von der Brennerautobahn und der zum Brenner führenden Eisenbahn untertunnelt. Oben befinden sich verschiedene Sportanlagen: das Bergiselstadion, 1964 für die Olympischen Winterspiele ausgebaut und 2001/2002 nach Plänen der Stararchitektin Zaha Hadid neu errichtet; das Olympia-Eisstadion mit Schnelllaufbahn und die Olympia-Kunsteisbahn.

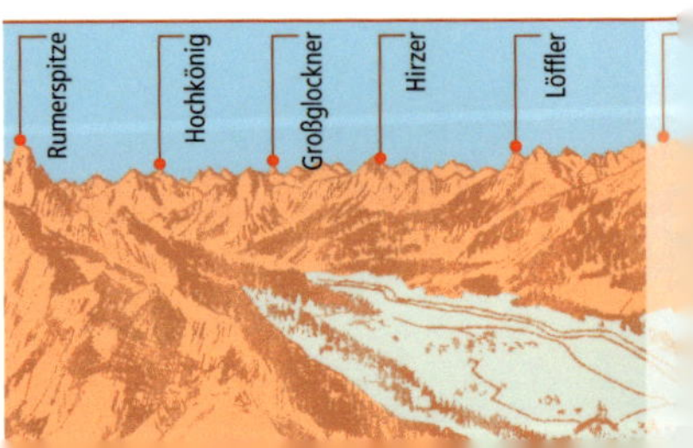

Bekannt ist der Bergisel durch die Kämpfe des Jahres 1809, in deren Verlauf Tiroler Bauern unter Führung von Andreas Hofer (► Berühmte Persönlichkeiten) dreimal ihre Hauptstadt von Bayern und Franzosen befreiten. Unterhalb der Sprungschanze hat man eine Gedenkstätte für alle Tiroler Freiheitskämpfer geschaffen, den Mittelpunkt bildet das Andreas-Hofer-Denkmal von 1893. Ferner steht hier eine Gedächtniskapelle (1909) mit dem Ehrengrab der Tiroler Kaiserjäger. Im früheren Schützenhaus ist das Regimentsmuseum mit Erinnerungen an die verschiedenen Freiheitskämpfe und an die Geschichte der Kaiserjäger bis zum Ersten Weltkrieg eingerichtet.

✶ Hafelekar und Hungerburg

Herrliche Aussichten

Im Norden von Innsbruck liegt auf einer etwa 900 m hohen Mittelgebirgsterrasse die Landhaussiedlung Hungerburg. Man erreicht sie entweder mit der 2007 eingeweihten und von Baha Hadid entworfenen »Hungerburgbahn«. Oder von einer beim Kongresszentrum beginnenden Standseilbahn sowie auf der Höttinger Höhenstraße. Von dort führt die Nordkettenbahn, eine etwa 3500 m lange Seilschwebebahn, über die Zwischenstation Seegrube (1905 m) auf das 2334 m hohe Hafelekar, von dem sich eine herrliche Aussicht bietet.

Bergisel-Panorama

Das berühmte »Bergisel-Panorama«, ein 1000 m² großes Riesenrundgemälde (19. Jh.) mit einem Schlachtbild von 1809 wird ab Februar 2011 in einem neuen Museum auf dem Bergisel zu sehen sein.

Umgebung von Innsbruck

✶ Schloss Ambras

Südöstlich von Innsbruck liegt jenseits der Inntalautobahn das märchenhaft anmutende Renaissanceschloss Ambras. Erzherzog Ferdinand II. (1563–1595) ließ es für seine nicht standesgemäße, bürgerliche Gattin, die Augsburgerin Philippine Welser, als Sommerresidenz ausbauen. Der Name leitet sich von »ad umbras« (lat. für »im Schatten liegend«) ab. Im Unterschloss befinden sich die Waffensäle, im ersten Stock des Kornschüttgebäudes die wertvolle Kunstkammer (Plastiken und Kunstgewerbe). Das Hochschloss mit hübschem Innenhof beherbergt das Badezimmer von Philippine Welser, im ersten

Panorama vom Hafelekar

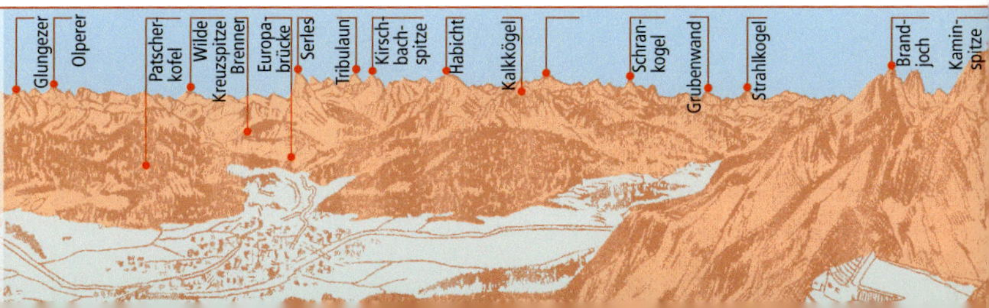

und zweiten Stock sind Kunstwerke (Malerei und Plastik) ausgestellt. Der **Spanische Saal**, eines der frühesten Beispiele deutscher Renaissance-Raumgestaltung (1570/1571), zählt zu den bedeutendsten freistehenden Saalbauten dieser Epoche: Er besitzt eine schöne Kassettendecke und zeigt an den Wänden 27 Porträts der Tiroler Landesfürsten. Umgeben ist das Schloss von einem wunderschönen Park mit altem Baumbestand, auf der Südseite des Spanischen Saals liegt ein für die Renaissance typischer »Keuchengarten«, eine Mischung aus Nutz- und Ziergarten. Restaurant und Gartencafé sorgen für das leibliche Wohl (Öffnungszeiten: tgl. 10.00 – 17.00, Aug. bis 18.00 Uhr, Nov. geschl.; www.khm.at/ambras).

Igls 5 km südlich von Innsbruck liegt die **»Sonnenterrasse Innsbrucks«**, wie der Luftkurort und Wintersportplatz Igls (870–900 m) genannt wird. Eine 3700 m lange Schwebebahn führt auf den Patscherkofel (2247 m). Von der Bergstation (1951 m) ist der Gipfel zu Fuß in etwa einer Stunde oder mit einem Sessellift zu erreichen. Der Patscherkofel ist ein gutes Skigelände und im Sommer laden hier schöne Wege zum Wandern ein.

Zirbenweg ► Der Zirbenweg, ein 7 km langer, als Lehrpfad angelegter Wanderweg, führt durch den größten geschlossenen Zirbenbestand der Ostalpen. Erreichbar ist der Wanderweg, an dem auch viele Alpenrosen blühen,

Renaissanceschloss Ambras vor den Toren Innsbrucks

vom Gipfel des Patscherkofels aus. Endstation ist die Tulfeinalm, wo ein Sessellift hinunter nach Tulfes führt.

Sellraintal

Rund 10 km westlich von Innsbruck beginnt bei Kematen das schöne Sellraintal. Vom Hauptort Sellrain (909 m) aus lassen sich lohnende Bergtouren unternehmen.

◄ Lüsenstal
Alm Kühtai

Von Gries (1238 m) führt eine Straße südlich ins Lüsenstal. Bleibt man auf der Sellraintalstraße Richtung Westen, erreicht man den Kühtaisattel (2016 m) und die Alm Kühtai (1967 m) mit vielen Bergseen. Der Höhenluftkurort und Wintersportplatz mit Seilbahnen und Liften ist ein Eldorado für Bergwanderer und Kletterer.

Axams

Oberhalb des Ortes Axams (878 m), 18 km südwestlich von Innsbruck, breitet sich das Wintersportgebiet der Axamer Lizum (Lizum-Alpe, 1633 m) mit den Olympiastrecken aus. Seilbahnen und Lifte erschließen die Region, davon eine Standseilbahn und ein Sessellift auf den Hoadl (2340 m) und ein Sessellift zum Birgitzköpfl (Bergstation 2044 m).

Unweit östlich von Axams liegt der Götzens (868 m). Die »Pfarrkirche zu den Aposteln Peter und Paul«, im 18. Jh. von Franz Singer erbaut, gehört zu den **schönsten Sakralbauten des Rokoko im deutschen Sprachgebiet**. Sie ist mit Altären, Stuckaturen und Fresken prachtvoll ausgestattet. Die Gewölbefresken von M. Günther stellen Szenen aus dem Leben der Apostel Petrus und Paulus dar. Das Hochaltarbild stammt von F. A. Maulpertsch.

? WUSSTEN SIE SCHON ...?

- ... dass von Philippine Welser, der Gattin des Erzherzogs Ferdinand II., das älteste Tiroler Kochbuch mit 245 Rezepten stammt?

★ Innviertel

K/L 3

Bundesland: Oberösterreich

Kleine Dörfer und Weiler, Gehöfte und Kirchen prägen das Bild der Landschaft. Das Innviertel empfängt seine Gäste mit einer freundlichen Szenerie aus ländlichem Leben, Heimatverbundenheit, Natur, Ruhe und Beschaulichkeit.

Zwischen der Donau im Norden, Inn und Salzach im Westen, dem bewaldeten Höhenzug Hausruck im Süden und dem Innbach im Osten gelegen, gehörte das Innviertel bis 1779 und von 1809 bis 1814 zu Bayern. Dass die Innviertler nach wie vor gerne über den Tellerrand ihres schönen Hügellandes hinausschauen, beweisen **grenzüberschreitende Einrichtungen**: der Römer-Radweg von bayerischen Passau zum österreichischen Attersee, das Europareservat Unterer Inn bei Braunau oder die Oberösterreichisch-Bayerische Bierregion.

Neben dem Radfahren, Golfen, Reiten oder Wandern spielt auch die Gesundheit eine große Urlaubsrolle, so stehen u. a. in Aspach und Gainberg, Gallspach und Bad Schallerbach verschiedene Wellness-Einrichtungen und Thermalbäder zur Verfügung.

Sehenswertes im Innviertel

Ried im Innkreis

Einen wichtigen Impuls erhielt die Bildhauerkunst aus Ried im Innkreis (429 m; 11 500 Einw.), dem zentral gelegenen Hauptort des Innviertels. Hier war ab der Mitte des 17. Jh.s fast 200 Jahre lang eine der bedeutendsten Bildhauerdynastien beheimatet: Die Familie Schwanthaler, wohnhaft in der Schwanthalergasse 11, zählt in ihren Reihen 21 Bildhauerkünstler. Etliche ihrer Werke sind in der Stadtpfarrkirche und in Kirchen der Umgebung zu finden.

Museum Innviertler Volkskundehaus ►

Das Museum Innviertler Volkskundehaus zeigt Schwanthaler-Skulpturen, volkskundliche Sammlungen, darunter beachtliche Exponate religiöser Volkskunst, und die überregional bedeutende Galerie der Stadt (Kirchenplatz 13 a; Öffnungszeiten: Di. – Fr. 9.00 – 12.00 und 14.00 – 17.00, Sa. 14.00 – 17.00 Uhr).

*** Schärding**

Gut 40 km nördlich von Ried liegt das entzückende **Barockstädtchen** Schärding (313 m; 4900 Einw.) hoch über dem Inn. Erhalten sind Reste der alten Stadtmauer, Tore und Türme, der lang gezogene Stadtplatz wird von den Fassaden barocker Bauten eingefasst. Besonders eindrucksvoll ist die Silberzeile am oberen Stadtplatz, ein bezauberndes Häuserensemble, in dem einst vermögende Salz- und Holzhandelskaufleute lebten. Ihre reichlich angehäuften Silberlinge sind vermutlich für den Namen verantwortlich.

Zu welchen Turbulenzen österreichisch-bayerische Grenzbeziehungen führen konnen, zeigt die zweiteilige Komödie »Die Dickköpfe« mit den Publikumslieblingen Ottfried Fischer und Harald Krassnitzer in den Hauptrollen. Der als Auftakt zur TV-Serie geltende Film wurde im Frühjahr 2002 in Schärding und Umgebung gedreht.

INNVIERTEL

AUSKUNFT

Tourismusverband der Stadt Ried
Kirchenplatz 13
A-4910 Ried im Innkreis
Tel. 077 52/851 80
www.ried.at

Obernberg am Inn

Folgt man dem Inn flussaufwärts, erreicht man nach 20 km Obernberg (365 m; 1500 Einw.). Das freundliche Ortsbild des schon um 1250 genannten Marktes prägen Giebelhäuser mit schönen Rokokofassaden. Die herrlichen Stuckfassaden des Wörndle-, Apotheker- und Schiffsmeisterhauses stammen von Johann Baptist Modler.

Im Mittelalter war Obernberg Stapelplatz, vor allem für das auf dem Inn transportierte Salz. Das Heimatmuseum, untergebracht im Gurtentor am Marktplatz 22, dokumentiert die Geschichte der Flößerei und Schifffahrt auf dem Inn (Öffnungszeiten: Mai – Okt. Fr. – So. 14.00 – 16.00 Uhr; Tel. 077 58 / 29 02, www.obernberg.at).

Kur- und Thermenregion Innviertel

Nordwestlich von Obernberg im Bayerischen liegt der beliebte Kurort Bad Füssing, unweit südlich davon das österreichische Pendant mit der Kur- und Thermenregion Innviertel. »Gesundheit als Genuss erleben« lautet das Motto der Therme Geinberg, die zu den wärmsten (97 °C) und ergiebigsten Thermen Österreichs zählt. Ihr Wasser hilft bei Erkrankungen des Bewegungsapparates und der Haut.

Braunau

►Seite 183

Michaelbeuern

Rund 5 km südöstlich von Moosdorf und bereits im Salzburgischen liegt das Benediktinerkloster Michaelbeuern. Es blickt auf eine mehr als tausendjährige Geschichte zurück. Von Ende März bis Ende Oktober findet sonntags um 14.00 Uhr eine **Klosterführung** statt: Höhepunkte sind die barocke Klosterbibliothek mit der Waltherbibel, einem kostbaren Werk romanischer Buchmalerei (um 1140), und der von Franz Nikolaus Streicher im Rokokostil ausgestaltete Abteisaal. Der Hochaltar der Stiftskirche wurde 1691 von Meinrad Guggenbichler aus Mondsee und Johann Michael Rottmayr geschaffen.

Baden mit Musik in der Therme Geinberg

Frankenburg Etwa 20 km südlich von Ried im Innkreis liegt Frankenburg (519 m; 5300 Einw.). Alle zwei Jahre wird im Juli und August auf der Naturfreilichtbühne das **»Frankenburger Würfelspiel«** in Erinnerung an ein historisches Ereignis aufgeführt: Im Mai 1625 sollte ein neuer Geistlicher ins Amt eingesetzt werden, wogegen sich Bürger und Bauern zur Wehr setzten. Der bayerische Statthalter versprach ihnen Gnade, falls sie die Rebellion beendeten – die allerdings war »gnadenlos«: 36 Menschen mussten je zu zweien um ihr Leben würfeln, die Verlierer wurden gehenkt. Das makabre Würfelspiel war einer der Auslöser für den oberösterreichischen Bauernkrieg des Jahres 1626. Nun spielen seit 1925 rund 400 Frankenberger Laiendarsteller alle zwei Jahre (nächste Aufführung: 2009) das grausame Ereignis für Tausende von Zuschauern nach – als Mahnung gegen Intoleranz und Fanatismus.

! *Baedeker* TIPP

Flussreise

Wer die letzten Flusskilometer des romantischen Inntals zwischen Schärding und Passau vom Wasser aus genießen möchte, hat von April bis Ende Oktober auf dem Salzfürstenschiff Gerda die Gelegenheit dazu (Di. bis So. 14.00 und 16.00 Uhr, Informationen: Tel. 0 77 12/73 50).

Ampflwang Pferdefreunden ist das Reiterdorf Ampflwang (560 m; 3800 Einw.) wenige Kilometer östlich von Frankenburg ein Begriff. Hier findet man **eines der größten Islandpferdegestüte Europas**, 300 km ausgebaute Reit- und Kutschenfahrwege und zahlreiche Reiterhöfe.

★ Bad Ischl

L 4

Bundesland: Oberösterreich
Einwohnerzahl: 14 100
Höhe: 469 m ü.d.M.

Bad Ischl, bekannt als Verlobungsort der späteren Kaiserin Sisi und Treffpunkt der eleganten Welt, liegt von waldreichen Höhen umgeben im Herzen des Salzkammergutes.

Kaiserliche Sommerfrische Die Bedeutung des entzückenden Kurorts als Sommerfrische begann, als der Wiener Arzt Dr. Wirer 1827 der nach sechsjähriger Ehe immer noch kinderlosen Erzherzogin Sophie empfahl, in Bad Ischl kuren zu gehen. Das erfreuliche Ergebnis: vier Buben, die daher scherzhaft auch die Salzprinzen genannt wurden. Kaiser Franz Joseph I., der älteste Sohn, verbrachte 60 Jahre lang die Sommerzeit in Bad Ischl. Heute noch kann man an den schönen Villen und gepflegten Parkanlagen die frühere Bedeutung des Ortes ablesen. Auch berühmte Musiker wie Anton Bruckner, Johann Strauß (►Berühmte Persönlichkeiten) und Franz Lehár sowie die Dichter Nikolaus Lenau und Johann Nestroy gaben sich hier ein Stelldichein.

Elisabeth in großer Robe auf einem Gemälde von Franz Xaver Winterhalter in der Hofburg

SELBSTINSZENIERUNG UND VERWEIGERUNG

Mit den schnulzigen »Sissi-Filmen« der 1950er-Jahre hat Kaiserin Elisabeth von Österreich so gut wie nichts gemein. Sisi fühlte sich am Wiener Hof nie heimisch, ihre Rolle als Monarchin lehnte sie ab. Aus sich selbst schuf sie eine Kunstfigur, die aus nichts als Ästhetik bestand.

Es begann wie im Märchen. Eigentlich war für Österreichs Kaiser Franz Joseph I. Helene als Frau ausgewählt worden, die Tochter des bayerischen Herzogs Maximilian aus dem Wittelsbacher Haus. Doch es sollte anders kommen. Als die **15-jährige Elisabeth** ihre Schwester zur Verlobung nach Bad Ischl begleitete, verliebte sich der junge Herrscher über das damals mächtigste Reich Europas Hals über Kopf in sie. Kurze Zeit später reiste die Auserwählte auf einem rosengeschmückten Raddampfer donauabwärts nach Wien, umjubelt von Menschenmassen, die das Ufer säumten. Die **Traumhochzeit** des Jahrhunderts am 24. April 1854 war an Pomp kaum zu übertreffen.

Die unglückliche Kaiserin

Nach den Flitterwochen in Laxenburg fand das Märchen auch schon sein Ende. Der **kaiserliche Alltag** sah ein überaus reglementiertes Leben vor. Mit aller Härte versuchte der Hof, aus dem »bayerischen Landkind« eine würdige Kaiserin zu machen. Vor allem Sophie – eine wirklich böse Schwiegermutter! – achtete mit Argusaugen darauf, dass Sisi, wie Elisabeth nun hieß (die Schreibweise

»Sissi« hat sich erst seit den Kinofilmen mit Romy Schneider eingebürgert), sich an das steife Hofzeremoniell hielt.

Sisi verabscheute das leere und formale Leben am Hof, hasste Wien und ihre Schwiegermutter. Zwar wurde sie von ihrem Mann geliebt, doch wegen der Regierungsgeschäfte hatte Franz Joseph kaum Zeit für sie und stand zu sehr unter der Fuchtel seiner Mutter. Diese übernahm auch die **Erziehung der Kinder** (drei Töchter und ein Sohn). Anfangs begehrte die junge Kaiserin dagegen auf, doch letztendlich kapitulierte sie. Und dann häuften sich noch die Gerüchte von den Liebschaften des Kaisers.

Von ihrer eigenen Mutter hatte sich Sisi einmal sagen lassen müssen, eine Prinzessin habe zu lernen, sich mit **Anmut zu langweilen**. Sisi versuchte stattdessen, aus ihrer Rolle herauszutreten – mit Selbstinszenierung und Verweigerung.

Eitel, klug und ruhelos

Über Jahre hinweg galt Sisi in Europa als »die schönste Monarchin der Welt«, für Sisi war **Schönheit der zentrale Punkt** ihres Lebens. Für ihr bodenlanges Haar kreierte sie eine Flechtfrisur, die ihren Kopf wie eine natürliche Krone schmückte. Sie fastete exzessiv, hatte bei einer Körpergröße von 1,72 m eine Taillenweite von nie mehr als 50 cm, und trat nur **makellos** aussehend in die Öffentlichkeit. Sie lächelte nicht, weil sie ihre Zähne nicht schön fand, und verbarg meist ihre Hände – die der französischen Kaiserin Eugénie waren feiner geschnitten. Später ließ sie sich nicht mehr fotografieren oder malen: Das strahlende Gesicht ihrer Jugend sollte nicht von Bildern der alternden Frau ersetzt werden. In der Öffentlichkeit verschwand sie hinter Fächern und Schirmen. Sisi trieb auch verbissen **Sport**. Sie konnte stundenlang reiten und legte lange Fußwanderungen in

Ein angemessenes Hochzeitsgeschenk: die Kaiservilla in Bad Ischl

Bilder einer Kaiserin in der Kaiservilla

irrwitzigem Tempo zurück. Aber hinter dem schönen Gesicht verbarg sich ein kluger Kopf: Sie beherrschte elf Sprachen, darunter Ungarisch, las Homers Werke im Original, Heine, Byron und Shakespeare, dachte **liberal und antimonarchistisch** und befürwortete, zum Entsetzen des Hofes, Reformen in der maroden k.u.k.-Monarchie. Ihr Geld deponierte sie in der republikanischen Schweiz, wo es ihr sicherer schien.

Später kehrte die nach heutigen Erkenntnissen wohl unter **einer manisch depressiven Erkrankung** leidende Kaiserin Wien, dem Habsburger Reich und ihrem Mann immer häufiger den Rücken. Sie besuchte Griechenland, Spanien, den Vorderen Orient und England, ließ sich auf der Insel Korfu einen Palast errichten und trug als Zeichen ihres Freiheitsdrangs einen tätowierten Anker auf der Schulter, was die ihren Leichnam obduzierenden Ärzte schockte: So etwas vermutete man nur bei Schwerverbrechern! Während ihrer 44 Ehejahre hielt sich Sisi zusammengenommen kaum vier Jahre in Wien auf. »Da fährt sie hin – die Kaiserin, die Reiserin«, spotteten die Wiener, wenn sie wieder einmal die Stadt verließ. Der Kaiser ließ sie gewähren. Für Liebe hatte Sisi keinen Platz mehr – ihrem Gemahl besorgte sie eine **Geliebte**, die Schauspielerin Katharina Schratt, mit der Franz Joseph bis zu seinem Tod 1916 eine Beziehung unterhielt.

Ihren Mörder gefunden

Nach dem **tragischen Selbstmord** ihres Sohnes Rudolf auf Schloss Mayerling 1889 wollte Sisi nicht mehr leben. Am **10. September 1898** wurde sie in Genf – mehr als Zufallsopfer – von dem italienischen Anarchisten Luigi Lucheni mit einer Feile erstochen. »Sie hat ihren Mörder gefunden«, soll Marie Válerie, Sisis Lieblingstochter, geklagt haben.

Bad Ischl Orientierung

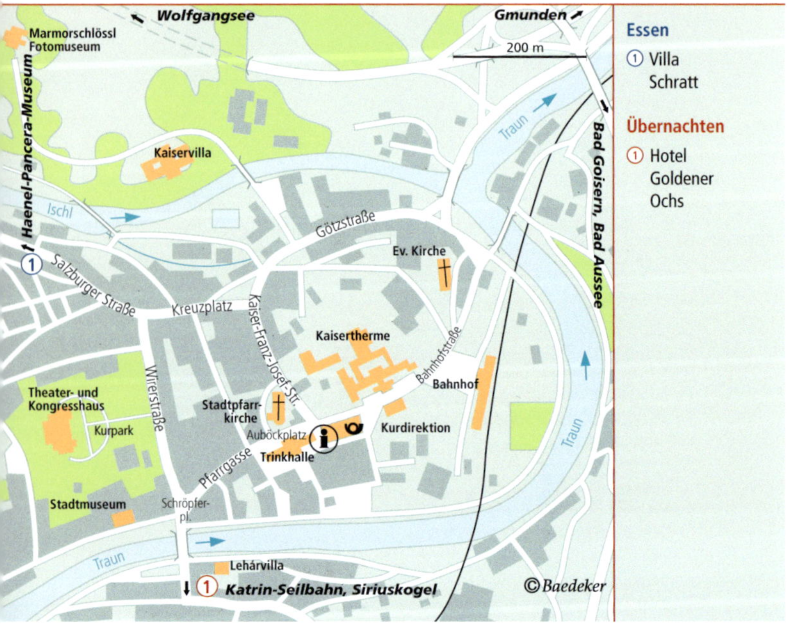

Sehenswertes in Bad Ischl

Kaiservilla

Am Nordufer der Ischl steht die Kaiservilla, **Sommerresidenz von Franz Joseph I.**, die er und seine Frau Elisabeth von der Kaisermutter zur Hochzeit geschenkt bekamen (Führungen: Jan – März Mi., April tgl., Dez. Sa. u. So. 10.00 – 16.00, Mai – Okt. tgl. 9.30 – 17.00 Uhr). Im schönen Kaiserpark steht, versteckt zwischen Bäumen, das für Kaiserin Elisabeth gebaute **Marmorschlössl**, in dem das Photomuseum des Landes Oberösterreich untergebracht ist (Öffnungszeiten: April Okt. tgl. 9.30 – 17.00 Uhr, www.kaiservilla.com).

Photomuseum ►

Haenel-Pancera-Museum

Auf dem Weg zum Kurpark lohnt sich ein Abstecher zum Haenel-Pancera-Museum. Es zeigt Kunstgegenstände und Mobiliar aus verschiedenen Epochen, die das Ehepaar Haenel und Pancera – er Ingenieur, sie Konzertpianistin – auf ihren ausgedehnten Reisen im ersten Drittel des vorigen Jh.s zusammentrugen (Concordiastraße 3; Öffnungszeiten: Mai – Sept. tgl. 9.00 – 12.00 und 14.00 – 17.00 Uhr, Führungen zur vollen Stunde).

Kurpark

Im gepflegten Kurpark steht das ehemalige Kurhaus, heute Kongress & TheaterHaus und eleganter Rahmen für Vorträge, Konzerte, Ballett-, Oper- und Operettenaufführungen.

Stadtmuseum

Das Stadtmuseum zur Geschichte und Volkskunde des Salzkammergutes und Bad Ischls ist im ehemaligen Hotel Austria eingerichtet, dazu die Sarsteiner-Sammlung, eine Ostasienkollektion (Esplanade 10; Öffnungszeiten: tgl. 10.00 – 17.00, Mi. 14.00 bis 19.00 Uhr, Nov. geschl.; www.stadtmuseum.at).

Lehár-Villa

Jenseits der Traun steht die Villa von Franz Lehár (► Berühmte Persönlichkeiten), sein Domizil ab 1912 bis zu seinem Tod 1948. Der **Meister der Wiener Operette** vermachte sie der Stadt unter der Bedingung, ein Lehár-Museum darin einzurichten (Lehár-Kai 8; Öffnungszeiten: Mai – Sept. tgl. 10.00 – 17.00 Uhr).

Umgebung von Bad Ischl

★ Siriuskogel

Unmittelbar südlich der Stadt erhebt sich der Hausberg Siriuskogel (598 m), den man zu Fuß in etwa 45 Minuten bezwingen kann. Etwas weiter führt eine Schwebebahn zur Katrinalm (1480 m) mit schöner Aussicht auf den Dachsteingletscher.

Technisches Museum

Etwa auf halber Strecke zwischen Bad Ischl und Bad Goisern findet man an der Bundesstraße 145 das Museum Fahrzeug – Technik – Luftfahrt. Oldtimer, ein Riesenscheinwerfer von 1942, militärische

BAD ISCHL ERLEBEN

AUSKUNFT

Tourismusverband Bad Ischl
Auböckplatz 5 (Trinkhalle)
A-4820 Bad Ischl
Tel. 0 61 32/277 57-0
www.badischl.com

ESSEN

► **Fein & Teuer**

① ***Villa Schratt***
Steinbruch 43, A-4820 Bad Ischl
Tel. 0 61 32/2 76 47
Die stilvoll restaurierte Villa besitzt einen idyllischen Garten. Spezialitäten: Lamm und Seefische; gute Weine.

ÜBERNACHTEN

► **Komfortabel**

① ***Hotel Goldener Ochs***
Grazer Str. 4, A-4820 Bad Ischl
Tel. 0 61 32 / 23 52 90
www.goldenerochs.at
Das 1791 gegründete Hotel zählte schon den Operettenkomponisten Franz Lehár zu seinen Stammgästen. Die meisten der gemütlichen Zimmer besitzen ein Balkon oder Erker mit einem romantischen Ausblick über die Traun. Das hoteleigene Restaurant »Lehár-Stuben« serviert ausgezeichnete österreichische Gerichte.

Baedeker-Empfehlung

Süße Verführung
In die Konditorei Zauner (gegründet 1832) lockt außer süßen Verführungen wie dem »Zaunerstollen« auch ein entzückender Jugendstilsalon (Stammhaus: Pfarrgasse 7, www.zauner.at). Öffnungszeiten: tgl. 8.30 bis 18.00 Uhr, Esplanade: tgl. 10.00 bis 20.00 Uhr, Jugendstilsalon (nach Bedarf).

Motorräder und uralte Traktoren sind ein Paradies für Nostalgiefans (Öffnungszeiten: April bis Okt. tgl. 9.00 – 18.00 Uhr).

Bad Goisern Bad Goisern ist ein Kurort, dessen Jodschwefelquelle bei Haut- und Gelenksleiden hilft. Das Landler-Museum erinnert an den Bauernphilosophen (1814–1884), der wegen republikanischer Gesinnung inhaftiert und 1862 verbannt wurde. Berühmt sind die »Goiserer«, eisenbeschlagene Bergstiefel, die hier nach alter Tradition gefertigt werden (Öffnungszeiten: Juni – Sept. Di. – So. 9.30 – 12.00 Uhr).

★ Judenburg

N 5

Bundesland: Steiermark
Einwohnerzahl: 10 200
Höhe: 737 m ü.d.M.

In römischer Zeit und im Mittelalter war Judenburg eine bedeutende Stadt am Kreuzungspunkt wichtiger Handelsstraßen. So durfte das Städtchen im 14. Jh. die erste Goldmünze im Alpenraum prägen, den Judenburger Gulden.

Altes Handelszentrum Judenburg liegt rund 45 km nördlich von Klagenfurt auf einer Terrasse über dem rechten Ufer der Mur. Von hallstattzeitlicher Besiedlung der Umgebung zeugt der Strettweger Kultwagen (um 600 v. Chr.), von dem eine Kopie im Stadtmuseum zu besichtigen ist, das Original steht im Landesmuseum Joanneum in Graz. Durch die Verlagerung der Handelswege und diverse Stadtbrände büßte Judenburg erheblich an Bedeutung ein. Erst mit dem Bau der Eisenbahn begann allmählich ein erneuter Aufschwung.

Zum Handeltreiben braucht man Geld. Um an das stets knappe Gut zu kommen, siedelten etliche Landesherren auf ihrem Gebiet Juden an und ließen sich diese »Großzügigkeit« mit klingender Münze lohnen. Ab dem Spätmittelalter gab es neben jüdischen Bankiers auch christliche Geldverleiher, die sich 1496 in Österreich der jüdischen Konkurrenz auf drastische Weise entledigten: Sie setzten beim Kaiser deren Vertreibung durch und verdienten dabei ganz ordentlich.

JUDENBURG

AUSKUNFT

Tourismusverband Judenburg
Burggasse 3, A-8750 Judenburg
Tel./Fax 0 35 72/471 27
www.judenburg-tourism.at

ÜBERNACHTEN

► **Luxus**

Hotel Schloss Gabelhofen
Schlossgasse 54, A-8753 Fohnsdorf
Tel. 0 35 73/5 55 50
www.gabelhofen.at
Das 5 km von Judenburg entfernte Hotel gilt als exklusive Adresse im Grünen; erst Bauernhaus, 1450 zum Schloss ausgebaut, 1994 zum erstklassigen Hotel umgestaltet.

Sehenswertes in Judenburg

Altstadt

Trotz der Stadtbrände besitzt das älteste Handelzentrum der Steiermark noch einige Bauten aus der Blütezeit im Hochmittelalter. Wahrzeichen ist der 75 m hohe Stadtturm (1449–1509), das oberste Geschoss mit der umlaufenden Galerie wurde erst nach dem Brand von 1840 aufgesetzt. Um den Hauptplatz gruppieren sich das Rathaus mit Gründerzeitfassade und alte Bürgerhäuser mit schönen Arkadenhöfen. Reste der mittelalterlichen Burg findet man am Ufer der Mur. Sehenswert sind in der Kirche St. Nikolaus eine Muttergottes mit Kind aus Kalkstein (um 1420) und Apostelfiguren aus der Werkstatt des Judenburger Barockkünstlers Balthasar Prandtstätter. Die Magdalenenkirche besitzt kostbare mittelalterliche Glasfenster und Fresken (1370–1420).

> ! *Baedeker* TIPP
>
> **Die Sonne – völlig neu gesehen**
>
> Das Planetarium Judenburg, im höchsten Stadtturm Österreichs untergebracht, ist das höchste Planetarium der Welt. Hobby-Astrologen können – dank modernster Technik und 3D-Show – völlig neue Ausblicke auf die zahlreichen Himmelskörper werfen (Kirchplatz 1; Infos unter Tel. 035 72/440 88 und www.sternenturm.at).

Burg Liechtenstein

Oberhalb der Stadt ragen die Reste der Burg Liechtenstein (12. Jh.) auf, einst Stammsitz des Minnesängers **Ulrich von Liechtenstein** (ca. 1200 – 1275). Bekannt wurde er insbesondere durch den »Frauendienst«, eine Sammlung bedeutender Minnelieder.

Vom Judenburger Stadtturm geht der Blick weit über die Stadt.

Umgebung von Judenburg

Märchenwald Steiermark

Hier fühlt man sich versetzt in die Zeiten, »als das Wünschen noch geholfen hat«. Doch der Märchenwald Steiermark in St. Georgen ob Judenburg verzaubert Besucher nicht nur mit über 100 bekannten und weniger bekannten Märchenfiguren. sondern auch mit Kasperltheater, einem Wikingerschiff, Ritter- und Indianerfesten sowie zahlreichen weiteren Attraktionen.(Öffnungszeiten: Ende März bis Ende Okt. tgl. 8.30 Uhr bis Einbruch der Dämmerung, www.maerchenwald.at).

Zirbitzkogel

Der höchste Gipfel der südwestlich gelegenen Seetaler Alpen ist der Zirbitzkogel (2396 m), zu erreichen entweder über den Ort Neumarkt im Westen oder östlich über Obdach und die bewirtschaftete Sabathyhütte (1616 m).

Benediktinerabtei Seckau

Über Knittelfeld führt der Weg rund 10 km nördlich zur Benediktinerabtei Seckau. Die von Mauern umschlossene Abtei wurde um 1140 von Augustiner-Chorherren gegründet, 1782 aufgehoben und 1883 von Beuroner Benediktinern übernommen. Heute betreibt das Kloster eine Goldschmiede, eine Kunsttischlerei und eine Destillerie, deren Erzeugnisse sich sehen (und schmecken!) lassen können (nähere Infos gibt's auf www.abtei-seckau.at).

Dom ► Der ursprünglich romanische Dom wurde im Jahre 1164 geweiht und zwischen 1480 und 1510 gotisch eingewölbt. Bemerkenswert sind im linken Seitenschiff das Renaissance-Mausoleum des Erzherzogs Karl II., der Freskenzyklus zum Leben Johannes des Täufers (13. Jh.) sowie die modernen Fresken der »Seckauer Apokalypse« (1952–1960; H. Böckl).

✶ Kaisergebirge

H 4

Bundesland:
Tirol

Höchste Erhebung:
Ellmauer Halt (2344 m ü.d.M.)

Von unvergleichlicher Wucht und Schönheit sind die großartig geformten, durch düstere Schluchten getrennten Gipfel des Kaisergebirges. Das wildzerklüftete Bergmassiv ist ein Eldorado für Bergsteiger und Kletterer.

Adel verpflichtet

Das Kaisergebirge, kurz auch der »Kaiser« genannt, erhebt sich mit mächtigen, steilen Mauern und Türmen unvermittelt aus dem weiten Wald- und Wiesenvorland nördlich der Kitzbüheler Alpen sowie östlich vom Inn. Den touristischen Mittelpunkt der Region bildet der reizend gelegene Ort Hinterbärenbad (831 m). Bei Kufstein mündet das tiefe Kaisertal in das Inntal und setzt sich dann östlich im Kaiserbachtal fort. Es trennt den nördlichen Teil des Gebirges, den **Zahmen Kaiser,** auch »Hinterer Kaiser« genannt, mit der Vorderen Kesselschneid und der schönen Pyramidenspitze (1997 m) vom Wilden Kaiser im Süden.

Ebbs

Im **berühmten Fohlenhof** von Ebbs, im Jahr 788 als »ad Episas« = Pferdetränke bzw. Rossbach erstmals urkundlich erwähnt, befindet sich das Haflingergestüt Tirols. Die als zäh bekannten Haflinger, eine Kreuzung aus Tiroler Gebirgsstute und Araberhengst, sind nicht nur zu besichtigen, sie werden auch zu touristischen Ausflugsfahrten vor Pferdewagen und Schlitten gespannt.

Wilder Kaiser

Man kann die höchste Erhebung des Wilden Kaiser, auch »Vorderer Kaiser« genannt, den dreizackigen Ellmauer Halt (2344 m), sowohl vom Anton-Karg-Haus bei Hinterbärenbad im Kaisertal (ca. 5 Std.) als auch von Süden über die Grutten-Hütte (1620 m) bei Ellmau ersteigen.

Walchsee

Der Walchsee liegt am gleichnamigen Ort (660 m; 1800 Einw.) nördlich vom Kaisergebirge in freier Wald- und Wiesenlandschaft. Er zählt mit einer Fläche von 1 km² zu den größeren Seen Tirols. Zum Wintersport und wegen der vielfältigen Wassersportaktivitäten wird der Ort Walchsee gerne besucht.

Hintersteiner See

Kleiner als der Walchsee, aber von seltener Schönheit ist der Hintersteiner See südwestlich des Gebirges. Südöstlich von Kufstein führt eine Straße im Tal der Weißache am Fuß des Wilden Kaiser entlang nach St. Johann in Tirol (►Kitzbühel, Umgebung). Von dieser Straße zweigt ein ausgeschilderter Fußweg ab über die »Steinerne Stiege« (1 Std.) zum Hintersteiner See (892 m). Man kann den See aber auch von Scheffau am Wilden Kaiser aus auf einer 4 km langen Nebenstraße erreichen. Im klaren Wasser des Hintersteiner Sees spiegeln sich die Felsen des Scheffauer (2113 m).

KAISERGEBIRGE ERLEBEN

AUSKUNFT

Kitzbüheler Alpen
St. Johann in Tirol
Oberndorf – Kirchdorf – Erpfendorf
Poststraße 2
A-6380 St. Johann in Tirol
Tel. 0 53 52/63 33 50
Fax 6 52 00
www.st.johann.tirol.at

ÜBERNACHTEN

► **Luxus**

Hotel der Bär
Kirchbichl 9, A-6352 Ellmau
Tel. 0 53 58/23 95, Fax 23 95-56
www.hotelbaer.com
Im gemütlichen »Bär« mit stilvollen Zimmern gibt es eine Saunalandschaft mit Hallenbad und ein Restaurant, das nichts zu wünschen übrig lässt.

★ Kapruner Tal

J 5

Bundesland: Salzburg **Höhe:** 757 m ü.d.M.

Morgens Sommerskilaufen am Kitzsteinhorn, dem ersten Gletscherskigebiet in Österreich, nachmittags Baden im Zeller See – diese gelungene Kombination für so manchen Urlauber bietet das Kapruner Tal.

Gletscherski und Wasserkraft

Wer auch in der wärmeren Jahreszeit auf Schnee und Eis nicht verzichten möchte, muss hohe Regionen wie das Kapruner Tal in den ► Hohen Tauern erklimmen. Zusammen mit Zell am See (►Zeller See) bildet es die **Europasportregion**.

Die technisch imponierenden Wasserkraftwerke im Kapruner Tal liefern einen großen Teil der Elektrizität in Österreich. Bereits zu Anfang des 20. Jh.s. wurden Pläne zur Nutzung der Wasserkraft entwickelt. Nach dem »Anschluss« Österreichs an das Deutsche Reich 1938 begannen die Bauarbeiten und wurden während des Zweiten Weltkriegs auch unter Einsatz von Zwangsarbeitern fortgesetzt. Das Kapruner Tal war nach dem Krieg die größte Baustelle im Land, finanziert mit maßgeblicher Unterstützung aus Marshallplan-Geldern. Es geriet in zweifacher Hinsicht zum **»Mythos Kaprun«**: Einmal wurden die Bauarbeiten zum Kampf und Sieg der Technik gegen die Naturgewalt hochstilisiert. Zum anderen stand das Projekt als nationales Symbol für den Aufbauwillen Österreichs nach den Verheerungen des Krieges und für den Übergang von der Agrarwirtschaft zum Industriezeitalter.

Kraftwerksgruppe Glockner-Kaprun

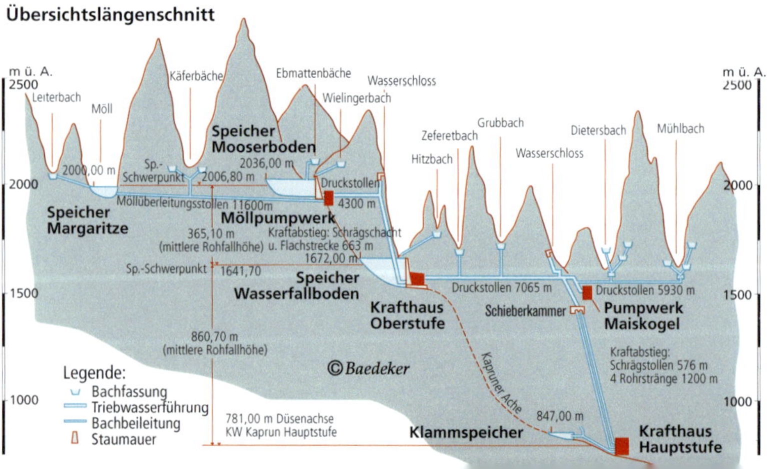

Sonniger Rastplatz mit bester Aussicht auf das hintere Kapruner Tal

Kaprun

Vor 100 Jahren war Kaprun noch ein unbedeutender Weiler. Mit dem Bau der Kraftwerke begann der Aufschwung. Heute ist die Stadt ganz auf Tourismus und Sport eingestellt. Die wuchtige Burg Kaprun, deren erste urkundliche Erwähnung aus dem Jahr 1280 stammt, bildet seit ihrer Restaurierung einen würdigen Rahmen für kulturelle Veranstaltungen. In **Vötters Fahrzeugmuseum** kommen Oldtimerfans auf ihre Kosten: Über 150 Fahrzeuge aus den 1950er- bis 1970er-Jahren begeistern die Besucher (Schlossstraße 47/4/621; Öffnungszeiten: So. – Fr. 11.00 – 18.00 Uhr, www.oldtimer-museum.at). Traurige Berühmtheit erlangte Kaprun, als am 11. November 2000 bei einem verheerenden Brand im Tunnel der Standseilbahn 155 Menschen starben. Die Standseilbahn wurde aufgegeben und durch die Gondelbahnen Gletscherjet 1 und 2 ersetzt.

Kraftwerk Hauptstufe

Das Informationszentrum im Kraftwerk Hauptstufe am südlichen Ortsrand von Kaprun zeigt Wissenswertes über die Entwicklung und Technik des Kraftwerks (Öffnungszeiten: Ende Jan. – Mitte Dez. tgl. 8.00 – 18.00 Uhr). Am Informationszentrum beginnt der Naturlehrpfad zur Sigmund-Thun-Klamm (zugänglich: Mitte Mai – Mitte Sept. tgl. 9.00 – 17.00 Uhr).

*** Kitzsteinhorn**

Rund 6 km südlich von Kaprun erreicht man die großen Parkplätze von Kaprun-Thörl mit der Talstation (928 m) der Gondelbahnen. Panoramabahn und Gletscherjet 1 bringen die Besucher auf 1978 m Höhe, von wo man Zugang zu weiteren Schleppliften, Gondeln und Sesselbahnen in das Gletscherskigebiet oder zur Gipfelstation mit Panoramaterrasse und Glocknerkanzel (3029 m) hat. Das Alpincenter auf 2450 m Höhe sorgt für das leibliche Wohl der Gäste.

KAPRUNER TAL ERLEBEN

AUSKUNFT

Fremdenverkehrsverband Kaprun
Salzburger Platz 6, A-5710 Kaprun
Tel. 0 65 47/8 64 30
www.kaprun.at

ESSEN

► **Erschwinglich**
Hilberger's Beisl
Wilhelm Fazokas Straße 149
A-5710 Kaprun, Tel. 0 65 47/7 24 61
Gute steirische Küche mit großer Auswahl an Spitzenweinen.

ÜBERNACHTEN

► **Günstig**
Gasthof Zur Mühle
Nikolaus-Gassnerstr. 66,
A-5710 Kaprun 38, Tel. 065 47/82 54
www.muehle-kaprun.at
Die Unterkunft bietet gemütliche Zimmer und eine Saunalandschaft.

Tauernkraftwerk Glockner-Kaprun

Die Straße im Tal verläuft weiter südlich bergan zum Parkplatz Limbergstollen und schließlich zum Kesselfall-Alpenhaus (1068 m), wo die Fahrt mit dem eigenen Pkw endet. Auf der Lärchwandstraße verkehren nur Linienbusse, die die Besucher des Tauernkraftwerks Glockner-Kaprun zur Talstation des Lärchwand-Schrägaufzugs bringen – eigenen Angaben zufolge der größte elektrobetriebene Schrägaufzug Europas (Ende Mai bis Mitte Okt., 8.10-16.45 Uhr).
Von der Bergstation auf 1640 m Höhe geht es mit Bussen entlang der Limbergsperre und dem Stausee Wasserfallboden weiter zum Stausee Mooserboden. Beide Stauseen haben das enorme Fassungsvermögen von je weit über 80 Mio.m³. Das Besucherzentrum **»Erlebniswelt Strom und Eis«** informiert im Museum Tauernstrom über die Geschichte des Wasserkraftwerks und in der »Erlebniswelt Gletschereis« über das einzigartige Naturphänomen Gletscher. Auch eine Führung durch das Innere der Staumauer wird angeboten.

! *Baedeker* TIPP

Ultimative Herausforderung

Der Maiskogel im Westen von Kaprun gilt als der »Hahnenkamm der Mountainbiker«! Weniger Wagemutige finden in der Europasportregion ebenfalls eine Reihe von – leichter zu bewältigenden – Abfahrten. Einzelheiten gibt's unter www.zellamsee-kaprun.com oder bei den Tourismusbüros von Kaprun und Zell am See.

Großes Wiesbachhorn

Für erfahrene Wanderer gibt es Bergtouren auf gut erschlossenen Wegen zu den Hütten und Gipfeln der umliegenden Tauernberge, beispielsweise in gut fünf Stunden über das Heinrich-Schwaiger-Haus (2802 m; Unterkunft) auf das Große Wiesbachhorn (3564 m). Man kann aber auch einfach auf der Aussichtsterrasse des Restaurants Heidnische Kirche, wo während der Gegenreformation heimliche Treffen der Protestanten stattfanden, die wundervolle Aussicht auf die Gletscher des hinteren Kapruner Tals genießen.

★ Karwendel

F/G 5

Bundesland: Tirol

Das Karwendelgebirge, zwischen Seefeld in Tirol, Innsbruck und dem Achensee gelegen, gehört zu den Nördlichen Kalkalpen. Auffallendstes Merkmal sind seine mächtigen Steilwände und hoch gelegenen Felsenkessel (Kare).

Alpenpark Karwendel

Bereits 1928 wurde die erste Schutzverordnung für das Gebiet erlassen, heute steht das Karwendelgebirge unter Naturschutz und ist unter dem Begriff Alpenpark Karwendel (rund 920 km²: 730 km² in Österreich, 190 km² in Deutschland) in verschiedene Schutzzonen eingeteilt. Die höchste Erhebung des Karwendel ist mit 2749 m die Birkkarspitze, der einzige ständig besiedelte Ort der nur von Norden (Bayern) zugängliche Weiler Hinterriß. Das Gebirge gliedert sich in vier parallel verlaufende Kalkmassivketten mit tief eingeschnittenen Längs- und Quertälern. Zahlreiche Gipfel sind auf guten Wegen leicht zu erreichen, andere nur über schwere Kletterpartien, weshalb das Gebiet für Anfänger und Fortgeschrittene gleichermaßen attraktiv ist.

Die Eng-Alm am Großen Ahornboden im Karwendel erreicht man nur von Bayern.

Die südlichste der vier Ketten, die **Solsteinkette**, erhebt sich unmittelbar über dem Inntal und blickt als »Innsbrucker Nordkette« der Tiroler Landeshauptstadt buchstäblich in die Gassen hinein. Innsbruckbesucher kennen den berühmten Blick von der Maria-Theresien-Straße auf die schneebedeckten Berge, die dem Stadtbild seinen charakteristischen Hintergrund geben. Die Nordkettenbahn von Innsbruck führt über die Zwischenstation Seegrube (1905 m) auf das 2334 m hohe Hafelekar (►Panoramakarte S. 283).

Bettelwurfkette

In der zweiten nordwärts folgenden Kette, der Bettelwurf- oder Gleirschkette, lockt vor allem die Spitze des Großen Bettelwurfs (2725 m), **einer der schönsten Aussichtsberge Tirols**. Aber auch Hoher Gleirsch (2492 m), Speckkarspitze (2621 m) oder Großer Lafatscher (2696 m) sind für Bergbegeisterte interessant.

Hintere Karwendelkette

Über dem Karwendelhaus (1790 m; bewirtschaftet) erhebt sich in der dritten Kette, der Hinteren Karwendel- oder Birkkarkette, die ebenmäßige Pyramide der Birkkarspitze (2749 m). Das beliebte Kletterziel erfordert allerdings eine wirklich gute Kondition und Trittsicherheit.

Am nördlichsten liegt die **Vordere Karwendelkette**, auch Karwendelgebirge im engeren Sinn. Hier verläuft die deutsch-österreichische Grenze. Hauptgipfel sind die Östliche Karwendelspitze (2537 m) und die Westliche Karwendelspitze (2385 m), für einen geübten Bergsteiger keine Schwierigkeit.

> **KARWENDEL**
>
> **AUSKUNFT**
>
> ***Österreichischer Alpenverein***
> Olympiastr. 37
> A-6020 Innsbruck
> Tel. 05 12/595 47, Fax 57 55 28
> www.alpenverein.at

Wanderroute Ca. 5 Stunden benötigt man für eine der eindrucksvollsten Wanderrouten: Sie führt vom Grenzort Scharnitz unterhalb des Scharnitzpasses über den Wanderweg 201 am Karwendelbach entlang zum **Karwendelhaus** (1765 m) am Fuß der Birkkarspitze. Von dort kann man Touren zur Birkkarspitze unternehmen oder, wenn man dem Wanderweg weiter folgt, in weiteren 5 Stunden – vorbei an den imposanten Felswänden der Laliderer – zum **Großen Ahornboden** (1216 m) im hintersten Rißtal gelangen. Der Fußmarsch vom Großen Ahornboden mit seinen uralten Ahornbeständen zum Achensee dauert 5–6 Stunden.

Kaunertal

E 5/6

Bundesland: Tirol

Das Kaunertal ist ein 28 km langes rechtes Seitental des Oberinn und wird vom Faggenbach durchflossen. Ab Prutz gelangt man über die öffentliche Talstraße mit maximal 14 % Steigung zum Stausee Gepatsch-Speicher.

Prutz An der Mündung des Kaunertals in den oberen Inn liegt der altertümliche Sommerurlaubsort Prutz (866 m; 1700 Einw.). »Der Herrgott lässt's regnen über Gerechte und Ungerechte, nur über die Prutzer nicht«, heißt es im Volksmund über die **niederschlagsarme Gegend**. Beim Ort befindet sich ein Kraftwerk, dem das Wasser aus dem Gepatsch-Speicher durch einen 14,8 km langen Druckstollen zuströmt.

> **KAUNERTAL**
>
> **AUSKUNFT**
>
> ***Tourismusbüro Kaunertal***
> A-6524 Feichten, Kaunertal
> Tel. 054 75/29 20, Fax 29 29
> www.kaunertal.com

Ladis und Obladis

Westlich von Prutz liegen auf einer Terrasse über dem Inn die Kur- und Wintersportorte Ladis (1190 m), mit alten bemalten Bauernhäusern aus dem 15./16. Jh., und Obladis (1386 m). In beiden Ortschaften entspringen Schwefelquellen, in Obladis ein Sauerbrunnen, der mindestens seit dem 15. Jh. bekannt ist.

Gepatsch-Speicher

Rund 8 km hinter dem Dorf Feichten (1289 m) erreicht die Straße die 630 m lange und 130 m hohe Staumauer des vom Gepatsch-Ferner gespeisten Gepatsch-Speichers. Er bildet einen 6 km langen Stausee mit etwa 140 Mio. m^3 Inhalt. Eine schmale Straße führt am See entlang bis zum Talende bei der Gepatsch-Alm (2000 m). Hier steht auch das Gepatsch-Haus, die erste Schutzhütte einer deutschen Alpenvereinssektion auf österreichischem Boden.

Gletscher-Panoramastraße

Die Kaunertaler Gletscher-Panoramastraße wurde bis auf 2750 m hinaufgeführt (Gletscherrestaurant), ein Sessellift bringt die Besucher auf 3010 m. Nach etwa 25 Minuten erreicht man von dort eine Stelle nahe der Karlesspitze (3160 m) mit einem imposanten Blick auf Österreich, Italien und die Schweiz.

Gepatsch-Ferner

Südlich des Gepatsch-Speichers erstreckt sich der rund 8 km lange Gepatsch-Ferner, **zweitgrößter Gletscher der Ostalpen nach der Pasterze**. Dem Gletscher entströmt der Faggenbach.

Der Gepatsch-Stausee ist Tirols größter Wasserspeicher.

★ Kitzbühel

H 5

Bundesland: Tirol
Einwohnerzahl: 8300
Höhe: 800 – 2000 m ü.d.M.

Das mondäne Wintersportparadies Kitzbühel war schon im 16. und 17. Jh. aufgrund seines Kupfer- und Silberbergbaus eine blühende Stadt. Heute ist der Ort der ganzen Welt durch sein berühmtes Hahnenkamm-Skirennen ein Begriff.

Vom Bergbau zum Tourismus

Seine Beliebtheit als bevorzugtes Winterurlaubsziel geht auf die segensreiche Neugier des Wahl-Kitzbüheler Franz Reisch zurück: Nach der Lektüre des Buches »Auf Schneeschuhen durch Grönland« des norwegischen Polarforschers Fridtjof Nansen wollte Reisch Ende des 19. Jh.s genau wissen, was es mit diesen merkwürdigen Schuhen auf sich hatte. Er ließ sich aus Norwegen welche schicken, machte 1892/1893 die ersten Rutschversuche und veranstaltete bereits 1895 mit seinen Freunden in Kitzbühel **das erste Skirennen**. Den Sprung in die Top Ten der Nobelorte schaffte Kitzbühel, als der englische Kronprinz es ab 1935 zu seinem bevorzugten Winterurlaubsziel erkor. »Kitz« hat sich auf ein internationales Ferienpublikum eingestellt, im Spielcasino, in den Nachtbars und auf den Golfplätzen geben sich Jet-Set und »Adabeis« gern ein Stelldichein.

★ Sportregion

Angesichts der bestens ausgebauten Infrastruktur zieht es insbesondere Skibegeisterte hierher. Und seit neuestem gibt es eine spektakuläre Verbindung zwischen dem Hahnenkamm/Pengelstein und Jochberg/Resterhöhe-Skigebiet: Ohne zwischendurch den Skibus nehmen zu müssen, kann man seit Januar 2005 mit der Dreiseil-Umlaufbahn, einer technischen Neuerung, in gewaltigem Bodenabstand über den Saukasergraben von einer Station zur anderen schweben.
Aber auch Sommersportler kommen mit Tennis und Golf, Reiten, Bergwandern oder mit dem Mountainbike auf ihre Kosten. Zahlreiche Zuschauer pilgern zu den Sportveranstaltungen in Kitzbühel und Umgebung, es locken das Internationale Hahnenkammrennen im Januar und das Austrian Open ATP Championship Series im Sommer mit Stars aus aller Welt.

Sehenswertes in Kitzbühel

★★ Malerischer Bauernhausstil

Der idyllische Ort mit mittelalterlicher Anlage liegt auf einem lang gestreckten Hügel. Im Zentrum verlaufen zwei Straßen, die breite »Vorderstadt« und die etwas schmalere »Hinterstadt«. Schöne Bauten, Gewerkenhäuser und breite, niedrige Gebäude im Unterinntaler Bauernhausstil prägen das Stadtbild. Anders als bei den Inn-Salzach-Städten sind die Häuser nicht aneinandergebaut, sondern nach bayerischem Vorbild durch kleine Abstände (Bauwiche) voneinander ge-

Das schöne Stadtbild und die herrliche Bergkulisse machen Kitzbühel zu einem der beliebtesten Urlaubsorte Österreichs.

trennt. Dadurch konnten die Kitzbüheler sowohl die strengen feuerpolizeilichen Vorschriften von Kaiser Maximilian (► Berühmte Persönlichkeiten) umgehen, wonach Hausdächer ummauert werden mussten, als auch den bäuerlichen Charakter des von den weit vorspringenden Satteldächern geprägten Stadtbildes erhalten.

Altstadt

Gegenüber dem Casino liegt die schlichte gotische Katharinenkirche, mit einem modernen Christophorusfresko von 1950 an der Außenwand. Im Inneren verdienen ein Flügelaltar mit bemalten Außenflügeln und eine auf einer Mondsichel thronende Madonna (spätes 15. Jh.) Beachtung. Ganz in der Nähe steht das mittelalterliche Jochberger Tor, das einzige noch heute in Kitzbühel erhaltene Stadttor, bei dem auch die alte Burg vermutet wird.

◄ Museum Kitzbühel

Das »Museum Kitzbühel« ist in den beiden interessantesten Gebäude des Ortes untergebracht: dem alten Getreidekasten und dem über 700 Jahre alten Südwestturm, dem ältesten erhaltenen Gebäude Kitzbühels. Gezeigt werden Exponate zur politischen, wirtschaftlichen und kulturellen Geschichte der Stadt und Region (Öffnungszeiten: 1. Dez. – Ostern: Di. – Fr. 14.00 – 18.00, Sa. 10.00 – 18.00, 26. Dez. – 10. Jan. tgl. 10.00 – 18.00, Ostern – 31. Okt. Di. – Fr. 10.00 – 13.00, Sa. 10 – 17.00, 20.Juli – 20. Sept. tgl. 10.00 — 17.00 Uhr, www.museum-kitzbuehel.at).

Außerhalb der Altstadt

Nördlich der Altstadt steht die 1435–1506 erbaute, später barock veränderte Pfarrkirche St. Andreas. Äußerlich ist die Kirche ein massiger Bau, der niedrige Turm trägt eine barocke Haube. Das Innere ist ausgestattet mit schönen Stuckaturen und Deckengemälden. Den Chor schmücken Fresken aus dem 15. Jh., angefügt ist die Rosakapelle mit Maßwerkfenstern und einem Deckengemälde der hl. Rosa (um 1750). Beachtenswert ist der schwarz-goldene Hochaltar vom Kitzbüheler Bildhauer Simon Benedikt Faistenberger (17. Jh.).

Liebfrauenkirche ► Die Unterkirche der kleinen doppelgeschossigen Liebfrauenkirche stammt von 1373. Das Deckengemälde von der Krönung Mariens (1739) in der Oberkirche schuf Simon Benedikt Faistenberger. Sehenswert sind ferner das Rokokogitter (1781) und die Orgel. Stolz der Stadt ist der gewaltige Wehrturm mit der 6332 kg schweren Glocke, die als klangschönste des Landes gilt.

Umgebung von Kitzbühel

Bauernhausmuseum Hinterobernau

Außerhalb von Kitzbühel lohnt das Bauernhausmuseum Hinterobernau einen Besuch. Ein alter Bauernhof aus dem Jahre 1559 des Salzburg-Tiroler Einhaustyps wurde eingerichtet wie vor 100 Jahren. Zum Anwesen gehören eine Rauchküche, eine Stube und Schlafkammern, ein Stall und ein Stadel – alles mit entsprechenden Gegenständen, Gerätschaften und Werkzeugen ausgestattet – sowie eine kleine Kapelle und ein Bauerngarten (Öffnungszeiten: nur auf Anfrage, Tel. 05357/2220).

KITZBÜHEL ERLEBEN

AUSKUNFT

Kitzbühel Tourismus
Hinterstadt 18, A-6370 Kitzbühel
Tel. 053 56/6 66 60, Fax 6 66 60 77
www.kitzbuehel.com

ESSEN

► Fein & Teuer

Tennerhof
Griesenauweg 26, A-6370 Kitzbühel
Tel. 0 53 56/6 31 81
www.tennerhof.com
Die Küche gehört mit ihren harmonischen Kreationen zu den Höhepunkten der Tiroler Gastronomie.

► Erschwinglich

Gasthof Eggerwirt
Untere Gänsbachgasse 12,
A-6370 Kitzbühel
Tel. 0 53 56/6 24 55
www. eggerwirt-kitzbuehel.at
Familiär geführter Betrieb mit gutbürgerlicher Küche.

► Preiswert

Gasthof Mauth
Hauptplatz 7,
A-6380 St. Johann in Tirol
Tel. 0 53 52/6 22 42
www.gasthof-mauth.at
Die Küche serviert gute, bodenständige Gerichte.

ÜBERNACHTEN

► Luxus

Hotel Schloss Lebenberg
Lebenbergstraße 17, A-6370 Kitzbühel
Tel. 0 53 56/69 01, Fax 69 01 88
www.schloss-lebenberg.at
Schloss Lebenberg, auf einem Hügel am Stadtrand gelegen, verfügt über Hallenbad, Fitnessraum, Kurabteilung und einen eigenen Kindergarten.

★ **Hahnenkamm**

Der Hahnenkamm (1655 m; Kabinenbahn und Sessellift) wird als Höhenkurgebiet, für Wanderungen sowie im Winter wegen seines idealen Skigeländes besucht. In der Bergstation der Hahnenkammbahn zeigt das Bergbahnmuseum Exponate zur Entwicklung des Skisports (Öffnungszeiten: tgl. 8.30 – 16.30 Uhr), im Skisimulator kann man den Höllenritt über die berüchtigte Abfahrtsstrecke **»Streif«** täuschend echt nachvollziehen. Bei einer geführten Wanderung entlang der Streif im Sommer lässt sich ermessen, was eine Abfahrt hier bedeutet. Auf realen Brettern muss man allerdings nicht zwangsläufig die weltberühmte Hahnenkamm-Rennstrecke (3,5 km lang) nehmen – es gibt auch die harmlosere Familienstreif.

★ **Kitzbüheler Horn**

Im Nordosten von Kitzbühel ragt das Kitzbüheler Horn (1998 m) mit Gipfelhaus, Kapelle, Restaurant und Sendemast auf, »dessen Gipfel, vom Städtchen aus betrachtet, zwei runde Hügel bilden, die einem Frauenbusen ziemlich ähnlich sehen«, so der österreichische Feuilletonist Daniel Spitzer im Jahr 1877. Von dem mit einer Seilbahn über die 1273 m hohe Pletzeralm bequem erreichbaren Horn (Aufstieg von Kitzbühel etwa 4–5 Std.) bietet sich eine großartige Aussicht: von den Radstädter Tauern im Süden bis zu den Ötztaler Alpen, im Norden das nahe Kaisergebirge, ganz im Westen die Lechtaler Alpen, im Osten der Hochkönig. Nahe dem Gipfelhaus wurde ein Alpenblumengarten (www.alpenhaus.at) angelegt (20 000 m²).

> **! Baedeker TIPP**
>
> **Wildpark Tirol**
>
> Beliebtes Ausflugsziel ist der 8 km von Kitzbühel entfernte Wildpark Tirol in Oberaurach. Auf einer Fläche von 40 ha leben mehr als 200 Alpentiere, die man aus der Nähe beobachten kann (Öffnungszeiten: Sommer tgl. 9.00 – 17.00, Winter tgl.10.00 – 17.00, Fütterung 14.30 Uhr).

Etwa 10 km nördlich von Kitzbühel liegt **St. Johann in Tirol** (660 m; 7800 Einw.). Der wichtige Straßenknotenpunkt ist ein sommers wie winters gern besuchter Ort mit malerischen Bauernhäusern. In der doppeltürmigen Pfarrkirche Mariä Himmelfahrt (1723–1728), dem Wahrzeichen des Ortes, sind schöne Stuckaturen und ein Deckengemälde von Simon Benedikt Faistenberger zu bewundern; in der Antoniuskapelle (1671–1674), einem achteckigen frühbarocken Zentralbau, befindet sich ein Kuppelfresko von Josef Schöpf (1803). Die im Westen des Ortes gelegene »Spitalkirche in der Weitau« besitzt eine Rokokoausstattung von 1740 und das einzige gotische Bildfenster in Tirol – gleichzeitig das größte und bedeutendste mittelalterliche Glasgemälde des Bundeslandes: zehn farbige Glasscheiben mit Heiligen- und Stifterfiguren (um 1480) auf einem zweibahnigen Spitzbogenfenster hinter dem Hochaltar.

Kitzbüheler Alpen

Die Kitzbüheler Alpen schließen sich östlich an das Zillertal an und werden im Süden vom Salzachtal bzw. Pinzgau begrenzt. Als **größter Schieferalpenzug Österreichs** erstrecken sie sich mit ihren weitverzweigten sanften Kämmen auf rund 100 km Länge. Ihr natürlich baumarmes Almgelände senkt sich von den Kammhöhen bis zu den Böden der zahlreichen Längs- und Quertäler herab und hat die Entwicklung der Kitzbüheler Alpen zu einem der ausgedehntesten und der beliebtesten Skigebiete Österreichs, ja Europas, sehr begünstigt.

Kreuzjoch, Großer Galtenberg, Salzachgeier ►

Am höchsten und mit ausgeprägtesten Formen zeigen sich die Kitzbüheler Alpen im westlichen Teil, vom Kreuzjoch (2558 m) zum Torhelm (2495 m) und nordwärts über viele Erhebungen zum Großen Galtenberg (2425 m) bei Alpbach, sowie auf dem Salzachgeier (2470 m).

Großer Rettenstein ►

Markantester Berg der Kitzbüheler Alpen ist der Große Rettenstein (2363 m) südwestlich von Kitzbühel, erreichbar von der Oberland-Hütte (1041 m) bei Aschau aus.

★ Klagenfurt

M 6

Bundesland: Kärnten
Einwohnerzahl: 93 500
Höhe: 445 m ü.d.M.

Klagenfurt ist eine lebhafte Industrie- und Handelsstadt und zeigt dennoch in seinen alten Vierteln mit ansprechenden Gassen und zauberhaften Arkadenhöfen südländisches Flair. Für seine Bemühungen um den Erhalt der idyllischen Altstadt wurde die Stadt mehrfach ausgezeichnet.

Rose vom Wörther See

»Rose vom Wörther See« nennt sich die südlichste österreichische Landeshauptstadt am Ostufer des Sees. Sie ist südlich begrenzt vom Waldrücken der Sattnitz, hinter dem die Karawanken aufragen.

Literarische Tradition

Klagenfurt ist Geburtsort von Robert Musil (1880–1942), der durch seinen Roman »Der Mann ohne Eigenschaften« (1930–1933) berühmt wurde. Ebenfalls hier geboren wurde Ingeborg Bachmann (1926–1973), die sich vor allem durch ihre Lyrik (»Die gestundete Zeit«, 1953; »Anrufung des Großen Bären«, 1956) einen Namen machte. Der nach ihr benannte jährlich verliehene Literaturpreis anlässlich der »Tage der deutschsprachigen Literatur« gehört zu den begehrtesten Literaturpreisen überhaupt.

Geschichte

Mitte des 12. Jh.s wurde der Marktflecken an einer Furt über die Glan angelegt. Der Name bezieht sich neueren Forschungen zufolge darauf, dass der Volksaberglaube in dem sumpfigen Gebiet um die Furt unheimliche, Menschenopfer fordernde Wasserdämonen vermutete. Hier liegt auch der Ursprung der Sage vom Lindwurm, der in den Sümpfen lebte und das Vieh der

? WUSSTEN SIE SCHON ...?

- ... dass die Städtepartnerschaft zwischen Klagenfurt und Wiesbaden von 1930 als die älteste in ganz Europa gilt?

Bauern riss, bis ein tapferer Kärntner ihn erschlug und fortan Herkules genannt wurde. **Lindwurm und Herkules** sind heute noch präsent – in Stein gehauen auf dem Neuen Platz. 1514 wurde die Stadt von einem Brand zerstört. Zu dieser Zeit suchten die Kärntner Landstände eine eigene Stadt und baten Kaiser Maximilian I. (►Berühmte Persönlichkeiten), ihnen das verarmte Städtchen zu schenken. Er entsprach 1518 dieser Bitte. Klagenfurt avancierte zur neuen Landeshauptstadt (vorher St. Veit an der Glan) und dehnte sich aus. Von 1527 bis 1558 wurde der Lendkanal angelegt, der die Gräben um die Stadt mit Wasser füllte und Klagenfurt noch heute mit dem Wörther See verbindet.

Der Alte Platz mit Dreifaltigkeitssäule, Stadtmodell und schmucken Bürgerhäusern.

Sehenswertes in Klagenfurt

Neuer Platz

◄ Lindwurmbrunnen

Zentrum der **malerischen Altstadt** ist der weiträumige Neue Platz mit dem Lindwurmbrunnen, dem Wahrzeichen Klagenfurts. Vorbild für den Kopf der 1590 entstandenen steinernen Plastik war der Schädel eines in der Nähe gefundenen eiszeitlichen Wollhaarnashorns, der heute im Landesmuseum gezeigt wird. Diesen Schädel hielt man damals für einen Drachenkopf. Die Herkulesfigur, gefertigt vom Schöpfer des Hochaltars im Gurker Dom, Michael Hönel, und das eiserne Gitter wurden im Jahr 1636 hinzugefügt.

Um den Neuen Platz gruppieren sich etliche schöne alte Häuser. Das ehemalige Palais Rosenberg an der Westseite des Neuen Platzes, um 1650 erbaut, dient seit 1918 als Rathaus. Hier ist auch die Touristeninformation untergebracht. Haus Nr. 4, Nr. 7 und Nr. 10 besitzen schöne Arkadenhöfe, Nr. 9 (Apotheke) an der Ostseite entzückende Rokoko-Stuckaturen im Innenraum. An der Ostseite steht das 1764 errichtete älteste Standbild der Kaiserin Maria Theresia (►Berühmte Persönlichkeiten). 1873 wurde das alte Hartblei-Standbild durch die jetzige Bronzestatue ersetzt.

Kramergasse

Die Kramergasse ist die älteste Fußgängerzone Österreichs (seit 1961) und **eine der ältesten Straßen der Stadt** mit Häusern aus der Gründer- und Jugendstilzeit. Hier findet sich auch eine kleine Skulptur des »Wörther-See-Mandls« (1965) von Heinz Goll (► Wörther See).

Alter Platz Kern des ältesten Stadtbezirks ist der lang gestreckte Alte Platz mit der Dreifaltigkeitssäule (1689). Er wird umrahmt von prächtigen Barockbauten mit Arkadenhöfen, dazu gehören das Alte Rathaus (17. Jh.) mit malerischem dreistöckigen Laubenhof und das Haus zur Goldenen Gans (Nr. 31; um 1500), einst Quartier des Kaisers. Er trat dafür seine später geschleifte Burg den Landständen zum Bau des Landhauses ab.

Klagenfurt Orientierung

Essen
① Augustin

Übernachten
① Hotel Goldener Brunnen
② Schlosshotel Wörther See

Wer genügend Geduld aufbringt, kann nachzählen: Offiziell schmücken 665 Landstädte-Wappen den Wappensaal des Landhauses.

Stadtpfarrkirche St. Egyd

Nördlich vom Alten Platz erhebt sich die Stadtpfarrkirche St. Egyd, ein stattlicher, etwas düsterer Bau aus dem 17./18. Jh., mit zahlreichen alten Wappensteinen und Wappengrabsteinen.

★ **Landhaus**

Der repräsentativste Profanbau der Stadt, das 1574–1594 an Stelle der herzoglichen Wasserburg errichtete Landhaus, steht zwischen dem Alten Platz und dem weiter westlich gelegenen Heilig-Geist-Platz. Sein Äußeres prägen zwei von Zwiebelhelmen gekrönte Treppentürme und ein doppelgeschossiger Arkadenhof. Nach einem Brand wurde der sehenswerte Große Wappensaal 1739/1740 eingebaut, die Wände schmücken 665 Wappen der Kärntner Landstände. Ein Gemälde des Kärntner Barockmalers Joseph Fromiller von 1728 ziert die Decke: Die Huldigung der Stände an Karl VI. (Öffnungszeiten: April – Okt. Mo. – Sa. 9.00 – 17.00 Uhr).

◂ Stadttheater

Nordwestlich des Landhauses erhebt sich das Jugendstilgebäude (1908–1910) des inzwischen erweiterten Stadttheaters.

Domkirche

Über die Ursulinengasse und die Wiesbadener Straße gelangt man wieder zum Neuen Platz. Weiter führt die Karfreitstraße südlich zur Domkirche, von den protestantischen Ständen 1578–1591 erbaut. 1604 wurde sie den Jesuiten übergeben, seit dem Jahre 1787 ist sie Kathedrale des in Klagenfurt residierenden Fürstbischofs des Bistums Gurk. Das Innere der **ältesten Wandpfeilerkirche Österreichs**, deren lichte Raumgestaltung von umlaufenden Emporen bestimmt wird, ist mit Stuckarbeiten und Gemälden aus dem 18. Jh. ausgeschmückt. Die üppige Kanzel ist wohl ein Werk von Christoph Rudolph (1726), das Hochaltargemälde stammt von Daniel Gran (1752). In den Seitenkapellen sieht man farbenreichen Marmorschmuck.

Diözesanmuseum Das Diözesanmuseum am Domplatz präsentiert kichliche Gewänder, sakrale Kunst, Volkskunst und Glasgemälde. Fachleute halten die »Magdalenenscheibe« (1170) für das älteste Glasgemälde Österreichs (Öffnungszeiten: Juni – Mitte Okt. Mo. – Sa. 10.00 – 12.00, Mitte Juni – bis Mitte Sept. 15.00 – 17.00 Uhr).

✶ Landesmuseum Rudolfinum Gegenüber der Domkirche erhebt sich das stattliche Gebäude der Landesregierung. Östlich daneben steht das 1879–1884 errichtete Kärntner Landesmuseum. Es besitzt umfangreiche Sammlungen zur Natur- und Kulturgeschichte Kärntens und Exponate zur Stadtgeschichte, darunter auch den Wollnashornschädel, »Vorbild« für den Klagenfurter Lindwurmbrunnen. Reliefs des Großglockners, der Villacher Alpe und der Ostkarawanken zeigen die Kärntner Gebirgswelt. Im Museumspark sind römische Steindenkmäler, Grab- und Votivsteine aufgestellt, die auch in Virunum auf dem Zollfeld nördlich von Klagenfurt gefunden wurden (Museumsgasse 2; Öffnungszeiten: Di. – Fr. 10.00 – 18.00, Do. bis 20.00, Sa. u. So. bis 17.00 Uhr).

Robert-Musil-Literaturmuseum In der Bahnhofstraße 50, dem Geburtshaus von Robert Musil, ist das Robert-Musil-Literaturmuseum eingerichtet. Es dokumentiert auch das Leben und Werk der Schriftstellerinnen **Ingeborg Bachmann** und **Christine Lavant** (Öffnungszeiten: Mo. – Fr. 10.00 – 17.00 Uhr, Sa. 10.00 – 14.00 Uhr, www.musilmuseum.at).

KLAGENFURT ERLEBEN

AUSKUNFT

Klagenfurt Tourismus
Neuer Platz 1
A-9010 Klagenfurt am Wörthersee
Tel. 04 63/5 37 22 23, Fax 5 37 62 18
www.info.klagenfurt.at

ESSEN

► Erschwinglich

① ***Augustin***
Pfarrhofgasse 2, A-9020 Klagenfurt
Tel. 04 63/51 39 92
Das Augustiner Wirtshausbier stammt aus Puntigam (Graz), die Küche ist recht bodenständig. Spezialität: Bieraufstrichbrot. (So. Ruhetag)

ÜBERNACHTEN

► Komfortabel

① ***Hotel Goldener Brunnen***
Karfreitstraße 14, A-9020 Klagenfurt
Tel. 04 63/5 73 80; Fax 51 65 20
www.goldener-brunnen.at
Durch verglaste Arkaden blickt man auf den begrünten Innenhof mit Café und Boutiquen, von den straßenseitig gelegenen Zimmern geht der Blick auf den Domplatz.

► Günstig

② ***Schlosshotel Wörther See***
Villacher Straße 338
A-9020 Klagenfurt
Tel. 04 63/21 15 80
www.schloss-hotel.at
Das nahe am Seeufer gelegene Hotel bietet 30 gut ausgestattete Zimmer sowie 5 Appartmens. Es verfügt über einen eigenen Badestrand, Tagungsräume und ein rustikales Restaurant, in dem eine internationale Küche serviert wird.

★ **Minimundus**

Westlich vom Stadtzentrum liegt am Ufer des Wörther Sees das riesige Städtische Strandbad und die Schiffsanlegestellen. Einen ausgiebigen Besuch lohnt neben dem Europapark das entzückende Minimundus: Die »kleine Welt am Wörther See« zeigt **Nachbildungen von berühmten Bauwerken** aus aller Welt im Maßstab 1 : 25, ein Hafenbecken mit Modellschiffen und eine Modelleisenbahn (Öffnungszeiten: April und Okt. 9.00 – 18.00, Mai, Juni und Sept. bis 19.00, Juli und Aug. bis 20.00, Juli, Aug. Mi. bis 22.00 Uhr).

Weltberühmte Architektur im Minimundus

Sehenswert sind auch das gleich neben dem Minimundus gelegene Planetarium und der **Reptilienzoo Happ**, mit Schlangen, Krokodilen, Spinnen und Insekten aus aller Welt (Öffnungszeiten: im Winter tgl. 10.00–17.00 Uhr, im Sommer 8.00–18.00 Uhr). Hier werden übrigens auch einheimische bedrohte Schlangenarten für die Auswilderung nachgezüchtet.

Botanischer Garten

Nordwestlich der Altstadt liegt am Fuß des Kreuzbergl in einem alten Steinbruchgelände der Botanische Garten von Klagenfurt. Auf Felsbänken und Geländestufen werden neben der einheimischen Pflanzenwelt auch Gewürz-, Nutz- und Heilpflanzen gezeigt. Wer in freier Natur noch nicht das Glück hatte, auf eine Wulfenia Carinthiaca zu treffen, wird hier fündig (Öffnungszeiten: Mai bis Sept. tgl. 9.00–18.00 Uhr, Okt. bis April Mo. bis Do. 9.00–16.00 Uhr).

◄ Bergbaumuseum

Im Botanischen Garten befindet sich auch der Zugang zum Bergbaumuseum in Klagenfurts einstigem Luftschutzstollen. Die reiche Bergbaugeschichte des Landes wird illustriert durch wunderschöne Mineralienfunde (Öffnungszeiten: tgl. 10.00–18.00 Uhr, www.bergbaumuseum.at; warme Kleidung nicht vergessen!).

Umgebung von Klagenfurt

Maria Saal

►Seite 363

Viktring

Südwestlich von Klagenfurt liegt das heute eingemeindete Viktring, bekannt wegen seines ehemaligen Zisterzienserstiftes (1142 gegründet und 1786 aufgelassen), **eine der bedeutendsten Klosteranlagen Kärntens**. Heute ist hier ein Gymnasium mit musischem Schwerpunkt untergebracht. Während der Sommermonate veranstaltet das Musikforum Viktring jedes Jahr Meisterkurse und Konzerte von Neuer Musik bis Jazz. Die ehemalige Stiftskirche ist die einzige im deutschen Sprachraum erhaltene Zisterzienserkirche aus dem 12. Jh. Im Chor sind kostbare Glasgemälde aus der Zeit um 1400 zu sehen.

Karawanken Die gipfelreiche, zwischen 20 und 40 km breite und etwa 120 km lange Kette der Karawanken südlich von Klagenfurt, ein Teil der südlichen Kalkalpen, setzt die Linie der Karnischen Alpen nach Osten fort und bildet die Grenze. Ihr langer Kamm erhebt sich zwischen den Tälern der Drau und der Save. Die meisten Gipfel sind relativ leicht zu ersteigen, von oben bietet sich ein schöner Blick auf die Kärntner Seen. Einige Höhenwege gestatten es, mehrere Berggipfel nacheinander ohne größeren Höhenverlust zu erklimmen, die höchste Erhebung der Karawanken ist der Hochstuhl (2238 m). In den Karawanken gibt es mehrere Alpenübergänge, darunter den Loiblpass auf der Fernstraße Klagenfurt–Ljubljana.

Kleinwalsertal

D 5

Bundesland: Vorarlberg

Südwestlich von Oberstdorf, nahe der österreichisch-deutschen Grenze, liegt das Kleinwalsertal (Kleines Walsertal). Das Große Walsertal erstreckt sich südlich des Bregenzer Waldes bzw. nördlich von ►Bludenz.

Zwischen Deutschland und Österreich Obwohl das 15 km lange Kleinwalsertal zum österreichischen Bundesland Vorarlberg gehört, erhielt es 1891 Zollanschluss an das Deutsche Reich – es ist durch mächtige Zweitausender (Widderstein, Untschenspitze, Hoher Ifen) von Österreich getrennt und hat somit zum übrigen Vorarlberg keine Straßen- bzw. Bahnverbindung. Es gibt hier österreichische Briefmarken, auch die Autos haben österreichische Kennzeichen (Zollausschlussgebiet). Allerdings durften bis vor einiger Zeit im Kleinwalsertal Verhaftete nicht über deutsches Gebiet nach Österreich transportiert werden und mussten in Beglei-

KLEINWALSERTAL ERLEBEN

AUSKUNFT

Kleinwalsertal Tourismus
Im Walserhaus
A-6992 Hirschegg/
D-87568 Hirschegg
Tel. 055 17/511 40,
Fax 511 44 19
www.kleinwalsertal.com

WALSERBUS

Im Kleinwalsertal ist der öffentliche Nahverkehr gut ausgebaut. Der Walserbus bietet kurze Taktzeiten: 15 Min. im Sommer, 8 Min. im Winter. Linie 1 verkehrt zwischen Oberstdorf und Baad, Linie 2 zwischen Riezlern und Schwende bzw. Egg, Linie 3 zwischen Hirschegg und Wäldele, Linie 4 zwischen Mittelberg und Höfle, Linie 5 zwischen Ifen und Hirschegg.

Charakteristisch für das Kleine Walsertal ist das Walserhaus.

tung eines erfahrenen Bergführers einen mehrstündigen Fußmarsch über verschiedene Joche und Pässe hinüber nach Österreich auf sich nehmen. Im 14.–16. Jh. erwartete Kriminelle im Kleinwalsertal eine andere Strafe: Kapitalverbrecher mussten am Tatort eigenhändig drei Kreuze, »Sühnekreuze«, aus Stein meißeln und aufrichten. Sie stehen in Mittelberg unterhalb der Pfarrkirche St. Jodok neben der Walmendingerhornbahn.

★ **Landschaft und Siedlungen**

Das Kleinwalsertal ist ein breitwelliger Talgrund, durch den die Breitach fließt und über dessen waldbedeckte Flanken schroffe Kalkgipfel aufragen. Es ist **eines der reizvollsten und bekanntesten Gebirgstäler** und wird wegen seines Hochgebirgsklimas und der schneesicheren Lage besonders als Wintersportregion viel besucht. Die Gemeindeteile Riezlern, Hirschegg, Mittelberg und Baad umfassen etwa 5000 Einwohner. Ihre Vorfahren sind um 1300 aus dem schweizerischen Kanton Wallis eingewandert – willkommen als Spezialisten für die Erschließung rauer Hochgebirgstäler. Mit weit reichenden Freiheiten wie Selbstverwaltung, vererbbaren Lehnhöfen und niedrigen Naturalabgaben versüßten die mittelalterlichen Landesherren die Mühen der Kolonisten. Die Landesherren wechselten, die Freiheiten wie die »Schwizer« Mundart blieben, und auch das traditionelle walserische Brauchtum mit alten Trachten wird weiterhin gepflegt.

Ausgangspunkt Oberstdorf

Ausgangsort für einen Besuch des Kleinwalsertales ist Oberstdorf in den Allgäuer Alpen. 6 km hinter dem Ort erreicht man beim Gasthof Walserschanz die deutsch-österreichische Grenze. Der Weg führt weiter talaufwärts mit schönem Blick auf den Hohen Ifen und auf die Gottesackerwände.

★ **Breitachklamm**

Nahe der Grenze bei der Walserschanz (991 m) befindet sich der obere Eingang der wildromantischen, förmlich ausgefrästen Breitachklamm. Ein Steig mit zahlreichen Brücken und Galerien führt zwischen bis zu 100 m hohen Felswänden abwärts, an einem Wasserfall vorbei und zum Ausgang der Klamm auf deutschem Gebiet.

Riezlern Riezlern (1100 m), größter Ort des Kleinwalsertales, liegt an der Einmündung des Schwarzwassertales. Neben dem **Walsermuseum** mit seinen Sammlungen zur Geschichte und zum Brauchtum des Tales (Öffnungszeiten: Weihnachten bis Ostern u. Ende Mai bis Ende Okt. Mo. – Sa. 14.00–17.00 Uhr), dem **Skimuseum** im Walserhaus (Öffnungszeiten: Mo. – Sa. 8.30 – 17.30, So. 9.00 – 15.00 Uhr) sowie einem Spielkasino gibt es in Riezlern mehrere Freizeiteinrichtungen (Hallenbad, Freibad, Tennisplätze).

Kanzelwandbahn, Fellhorn Südlich von Riezlern führt die Kanzelwandbahn bis auf 2000 m Höhe, wo ein ausgedehntes Wander- und Skigebiet beginnt. Nördlich der Ortschaft ragt das Fellhorn (2039 m) auf, zu dem von deutscher Seite her eine Kabinenbahn hinaufführt.

Hirschegg Hirschegg (1124 m) wird von Wanderern und Skiläufern als Standquartier geschätzt. Auf einer Anhöhe über dem Leidtobel, wo einst ein Hirsch mit einem Bären gekämpft haben soll, steht heute die Hirschegger Pfarrkirche. Das im rustikalen Stil erbaute Veranstaltungszentrum »Walserhaus« ist der Treffpunkt der Feriengäste. Hier ist das Tourismusbüro untergebracht und es finden auch Aufführungen eines Bauerntheaters statt.

Baad, Widderstein Baad (1250 m), eine zu Mittelberg gehörende Häusergruppe am Ende des Walsertales, liegt unter dem im Süden aufragenden 2533 m hohen Widderstein. Im Sommer gelangt man über den Hochalppass (1938 m) zur Bregenzerwaldstraße beim Hochtannbergpass.

★★ Klosterneuburg

Q 3

Bundesland: Niederösterreich **Höhe:** 192 m ü.d.M.
Einwohnerzahl: 25 500

Von der Donau durch einen breiten Augürtel getrennt, liegt das Weinstädtchen am nordöstlichen Rand des Wienerwaldes. Es lockt die Besucher mit sakraler und moderner Kunst: Dem berühmten Augustiner-Chorherrenstift und der Sammlung Essl.

★ Chorherrenstift

Stiftsgebäude Die umfangreiche Klosteranlage hoch über der Donau geht auf eine Stiftung des Babenberger Markgrafen Leopold III. (des Heiligen) im 12. Jh. zurück. Einer Legende zufolge wurde sie genau an der Stelle erbaut, wo Leopold neun Jahre nach der Eheschließung den verloren gegangenen Brautschleier seiner Frau Agnes wiederfand. Zu den Gebäuden des Stiftes, die nur im Rahmen einer Führung zugänglich sind, gehören die Stiftskirche, die Leopoldskapelle, ein romanisch-gotischer Kreuzgang, der Leopoldihof sowie der Stiftskeller.

Stiftskirche

1114–1136 wurde die romanische Stiftskirche erbaut und im 17./18. Jh. aufs Schönste barockisiert. Ende des 19. Jh.s. erhielten die beiden Türme neugotische Spitzhelme. Der Komponist und Organist Anton Bruckner lobte den Klang der berühmten Orgel (1642) – es handelt sich um die weltweit größte erhaltene Monumentalorgel, deren Klang sehr genau dem Zustand von 1642 entspricht.

Leopoldskapelle
★ ★

◄ Verduner Altar

Eine Treppe führt hinab in die Leopoldskapelle (12. Jh.; einst Kapitelsaal), Grabkapelle Leopolds III., wo hinter einem Gitter der berühmte Verduner Altar zu sehen ist. Dieses **großartige Emailwerk des Mittelalters** besteht aus 51 Bildtafeln nach biblischen Motiven, ausgeführt in Grubenschmelzmalerei auf vergoldetem Kupfer. Als Verkleidung des Ambo (Kanzel) in der romanischen Kirche schuf 1181 Meister Nikolaus von Verdun die Emailtafeln – er hat auch am Kölner Dreikönigsschrein gearbeitet. Nach einem Brand im Jahre 1330 wurden die Tafeln zum jetzigen gotischen Flügelaltar zusammengefasst. In einem vergoldeten Silberschrein ruhen die Gebeine des Stifters. Beachtenswert sind auch die schönen Glasfenster aus dem 14. und 15. Jh.

Der Verduner Altar ist ein schönes Beispiel mittelalterlicher Emailkunst.

KLOSTERNEUBURG

AUSKUNFT

Tourismusverein Klosterneuburg
Bahnhof Kierling, Niedermarkt 4
A-3400 Klosterneuburg
Tel. 0 22 43/3 20 38, Fax 2 67 73
www.klosterneuburg.net

1730 begann Kaiser Karl VI., Vater Maria Theresias, mit einem groß angelegten Neubau. Kirchliche und weltliche Gebäude sollten die Anlage auf die vierfache Größe erweitern. Doch die Arbeiten wurden nach zehn Jahren mit dem Tod des Kaisers eingestellt und die Gebäude erst 1834–1842 in deutlich verkleinertem Maßstab fertig gebaut. Der Residenztrakt stellt gleichwohl eine großartige Barockanlage dar, die beiden Kuppeln tragen die deutsche Kaiserkrone und den österreichischen Erzherzogshut. Über der barocken Hauptstiege liegt die größte wissenschaftliche Privatbibliothek Österreichs, deren Bestände nur zu Studienzwecken zugänglich sind.

★ Residenztrakt, Bibliothek

Stiftsmuseum

Im sehenswerten Stiftsmuseum sind ein Stammbaum der Habsburger und vier Tafelbilder der Rückseite des Verduner Altars ausgestellt (Öffnungszeiten: Mai – Nov. Di. – So. 9.00 – 18.00 Uhr).
Bei der **Stiftsführung** werden auch der Kuchlhof, die Kaiserzimmer mit Marmor- und Gobelinsaal (kostbare Brüsseler Tapisserien), der Kreuzgang und die Leopoldskapelle gezeigt (tgl. 10.00 – 17.00 Uhr).

Klosterneuburg *Chorherrenstiftsbereich*

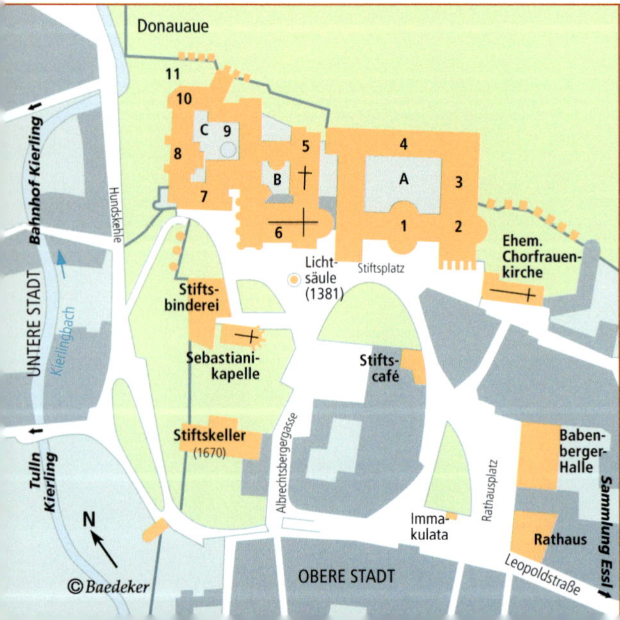

- **A** Kaiserhof im Stiftsneubau (im 2. Stock das Stiftsmuseum)
- **B** Kreuzgang (Freisinger Kapelle, Lapidarium)
- **C** Leopoldihof
- **1** Kaiserstiege (oben Bibliothek)
- **2** Marmorsaal
- **3** Kaiserzimmer
- **4** Prälatur
- **5** Leopoldskapelle (Verduner Altar)
- **6** Stiftskirche
- **7** Ehem. Turm
- **8** Stiftsarchiv
- **9** Brunnen (1592)
- **10** Mosmillerflügel (1620)
- **11** Orangerie

Vinothek

Das Stiftsweingut Klosterneuburg, 1114 von Markgraf Leopold III. gegründet und damit **das älteste Weingut Österreichs**, bringt vorzügliche Weine hervor. Auf rund 110 ha werden zu 55% Rot- und zu 45% Weißweine erzeugt, die in der Vinothek verkostet werden können (Öffnungszeiten: Mo. bis Fr. 9.00–18.00 Uhr, Sa. bis 17.00 Uhr). Bei einer Führung (Tel. 02243/363750) durch die mächtigen, vierstöckigen Kellergewölbe mit den bis zu 7 m dicken Mauern kann man das **Tausendeimerfass** (56 000 l) aus dem Jahre 1704 bewundern.

Weitere Sehenswürdigkeiten in Klosterneuburg

★ Sammlung Essl

Einen eindrucksvollen Kontrast zum hübschen Städtchen mit seinen alten Bürgerhäusern und dem barocken Rathaus bildet das vom österreichischen Architekten Heinz Tesar erbaute moderne Kunsthaus mit der bemerkenswerten Sammlung Essl: Die Bandbreite der seit den 90er-Jahren international ausgerichteten Sammlung reicht vom Informel über den Wiener Aktionismus und die realistischen Tendenzen der 70er- bis zur »Neuen Malerei« der 80er-Jahre und zum Stil- und Medien-Pluralismus der Gegenwart. Beispiellos ist die österreichische Malerei seit 1945 dokumentiert und in einen internationalen Kontext gestellt. Zusätzlich finden jährlich Sonderausstellungen statt (An der Donau-Au 1; Öffnungszeiten: Di. bis So. 10.00 – 18.00 Uhr, Mi. bis 21.00 Uhr).

? WUSSTEN SIE SCHON ...?

- ... dass das Stift Klosterneuburg mit umweltfreundlicher Biomasse heizt? Mit einer Hackschnitzel-Anlage haben das Stift und das Freizeitzentrum Happyland eines der technisch aufwändigsten und zukunftsweisendsten Projekte gestartet. Die CO_2-neutrale Biomasse-Fernwärme versorgt auch Spital, Babenbergerhalle und Rathaus.

Kafka-Gedenkraum

Im westlichen Ortsteil Kierling steht das ehemalige Sanatorium Hoffmann. Der Raum, in dem Franz Kafka die letzten Tage seines Lebens verbrachte – er starb am 3. Juni 1924 an Kehlkopftuberkulose –, wurde zu einer Gedenkstätte für den Dichter ausgestaltet (Hauptstr. 187; Öffnungszeiten: Mo. – Fr. 8.00 – 12.00, 14.00 – 17.00 Uhr).

Umgebung von Klosterneuburg

Tulln

Am rechten Donauufer, 25 km westlich von Klosterneuburg, liegt Tulln (170 m; 14 100 Einw.), **einer der ältesten Orte Österreichs**. Zu römischen Zeiten befand sich hier der Militärstützpunkt Comagena, im Nibelungenlied empfing König Etzel in »Tulne« Kriemhild. Kunsthistorisches Schmuckstück der Stadt ist der spätromanische **Karner** (13. Jh.), ein elfeckiger Bau mit eigenartigem Trichterportal. Die Gebäude des im 13. Jh. gegründeten **Minoritenklosters** stammen aus dem 18. Jh. und beherbergen u. a. Kunstausstellungen und das Österreichische Zuckermuseum (Minoritenplatz 1; Führungen n. V. unter Tel. 022 72 / 60 22 30).

◂ Zuckermuseum

Römermuseum ► Das Römermuseum dokumentiert mit Originalfunden, Dioramen und Modellen das Leben im Kastell Comagenis. Ein Raum ist dem von Rudolf I. gegründeten »Kaiserlichen Frauenstift« vorbehalten (Marc-Aurel-Park 1 b; Öffnungszeiten: April – Okt. Di. – So. 10.00 – 12.00 und 13.00 – 17.00 Uhr).

Egon Schiele Museum ► Die Geburtsstadt des Malers Egon Schiele (1890–1918) hat ihrem großen Sohn ein Museum im ehemaligen Bezirksgefängnis eingerichtet. Zu sehen sind u. a. eine Dokumentation zu Leben und Werk Schieles sowie mehr als 100 Originalwerke (Donaulände 28; Öffnungszeiten: April – Okt. Di. – So. 10.00 – 12.00, 13.00 – 17.00 Uhr)

★ Krems an der Donau

P 3

Bundesland: Niederösterreich **Höhe:** 221 m ü.d.M.
Einwohnerzahl: 23 900

Ein Spaziergang durch die malerischen Gassen von Krems gleicht einer Reise durch die Jahrhunderte. Gut erhaltene historische Bauten prägen das Bild der Stadt, die mit der Wachau seit 2000 Weltkulturerbe der UNESCO ist.

»Tor zur Wachau« Krems, das »Tor zur Wachau«, zugliech eine der ältesten Städte Niederösterreichs, liegt umgeben von Weinbergterrassen am östlichen Ende der ► Wachau und am Schnittpunkt des Donauhandelswegs mit der Nord-Süd-Verbindung von Wald- bzw. Weinviertel mit dem Alpenvorland. Neben dem Tourismus spielt der Weinbau nach wie vor eine wirtschaftlich große Rolle.

Geschichte Im Jahre 995 urkundlich erwähnt, erhielt Krems im 12. Jh. Stadtrecht und entwickelte sich zu einer Münzstätte (»Kremser Pfennig«). Klostergründungen aus der Karolinger-Zeit und danach verstärkten den Weinbau deutlich. Bis zum 19. Jh. war Krems eine bedeutende Handelsstadt. Bekanntester Kremser ist der Barockmaler Martin Johann Schmidt (1718–1801), **Kremser Schmidt** genannt.

Sehenswertes in Krems

★ Altstadt

Steiner Tor ► Das Steiner Tor (1480), letztes der vier mittelalterlichen Stadttore und Wahrzeichen von Krems, bildet den westlichen Abschluss der altstädtischen Hauptachse Obere und Untere Landstraße. Es trägt einen hohen barocken Aufsatz (1754) und wird flankiert von zwei spitz auslaufenden Rundtürmen.

WEINSTADT-museum Am Dominikanerplatz steht die ehemalige Dominikanerkirche aus dem 13. Jh. mit zugehörigem Kloster, das 1786 aufgehoben wurde. Heute ist in den einstigen Klosterräumlichkeiten das WEINSTADTmuseum untergebracht. Hier wird dem Besucher die Welt der Winzer gezeigt, aber auch erlesene Kunstschätze, darunter eine Kopie der in der Nähe von Krems ausgegrabenen kleinen Statue der **Venus vom Galgenberg**. Sie ist 32 000 Jahre alt und damit die älteste bisher bekannte Menschenplastik (Körnermarkt 14; Öffnungszeiten: März – Mitte Nov. Mi. – Sa.. 10.00 – 18.00. So. 13.00 – 18.00 Uhr).

St. Veit

Am Pfarrplatz steht, gegenüber dem Rathaus, die Pfarrkirche St. Veit. Ursprünglich eine romanische Anlage, wurde sie gotisch und ab 1616 vom italienischen Baumeister C. Biasino barock umgebaut. Die Deckenfresken sind Werke des Kremser Schmidt, Hochaltar, Kanzel und Chorgestühl hat J. M. Götz 1733–1735 gestaltet.

Krems Orientierung

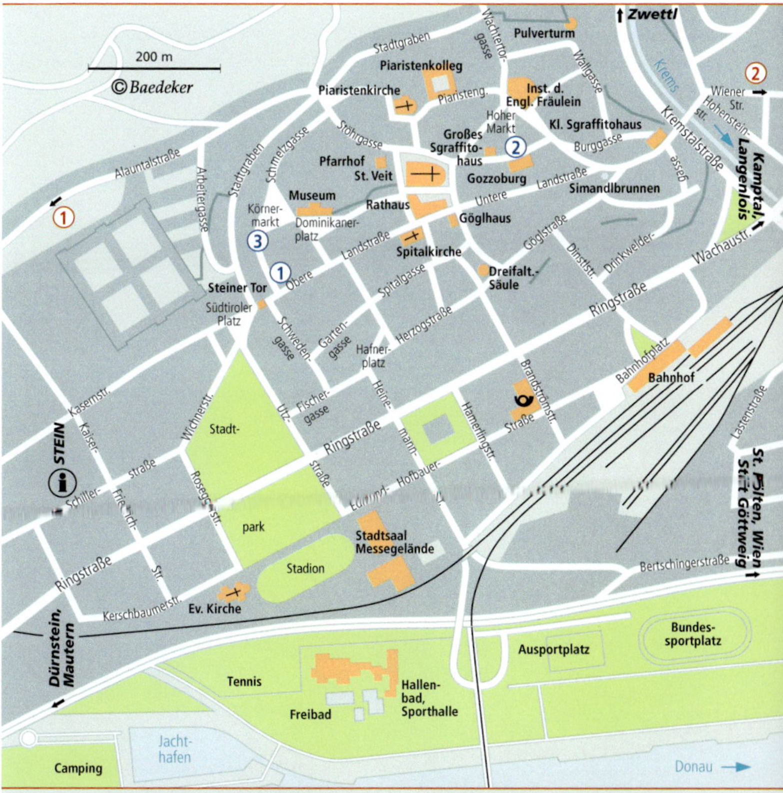

Essen
① Alte Post
② Gasthof Jell
③ Kaiser von Österreich

Übernachten
① Avance Hotel Krems
② Hotel Zum Goldenen Engel

KREMS AN DER DONAU ERLEBEN

AUSKUNFT

Krems Tourismus
Utzstraße 1, A-3504 Krems
Tel. 0 27 32/8 26 76, Fax 7 00 11
www.krems.info

ESSEN

► Erschwinglich

① ***Alte Post***
Obere Landstr. 32, A-3500 Krems
Tel. 0 27 32 / 822 76
www.altepost-krems.at
In dem gemütlichen Gasthaus mit romantischem Arkadenhof genießt man hausgemachte Spezialitäten und Weine aus der Wachau.

② ***Gasthaus Jell***
Hoher Markt 8–9, A-3500 Krems
Tel. 0 27 32/8 23 45
www.amon-jell.at
(Sa./So. ab 14.00 Uhr geschlossen)
Serviert werden Österreichische Klassiker und Weine aus der Wachau.

③ ***Kaiser von Österreich***
Körnermarkt 9, A-3500 Krems
Tel. 0 27 32/8 60 01
Hübsches Altstadtrestaurant, österreichische Küche mit mediterranem Einschlag, reichhaltige Weinkarte.

ÜBERNACHTEN

► Luxus

① ***Avance Hotel***
Am Goldberg 2, A-3500 Krems
Tel. 0 27 32/7 10 10, Fax 7 10 10 50
www.steigenberger.com
Das gediegene Steigenberger Avance Hotel mit Wellness- und Therapieangeboten liegt auf dem Goldberg inmitten von Weinbergen.

► Günstig

② ***Hotel »Goldener Engel«***
Wienerstraße 41, A-3500 Krems
Tel. 0 27 32/8 20 67, Fax 7 72 61
www.hotel-ehrenreich-krems.at
Die Historie des in der Altstadt gelegenen Hauses geht auf das Jahr 1658 zurück, seit 1795 wird das Hotel von der Familie Ehrenreich geführt.

Die Wachau ist Feinschmecker-Land: Gasthof »Alte Post« in Krems.

Piaristenkirche

Durch die Piaristengasse gelangt man zur hoch gelegenen, originellen Piaristenkirche, einem stattlichen Bau der Spätgotik (um 1457 Chor; 1511–1515 Langhaus) und offenbar ein Werk der Wiener Dombauhütte. Die meisten Altarbilder sind Arbeiten des Kremser Schmidt.

Gozzoburg

Die Gozzoburg am Hohen Markt, die älteste Stadtburg nördlich der Alpen, wurde Mitte des 13. Jh.s von dem Kremser Stadtrichter Gozzo erbaut und weist mit dem Gerichtssaal, dem Wappensaal, der Katharinenkapelle und dem Freskenraum architektonische und kunsthistorische hochmittelalterliche Juwelen auf (Führungen: März – Nov. Fr., Sa. 12.00 und 14.00 Uhr, April – Okt. auch So. 14.00 Uhr, Tel. 0 27 32/80 15 67).

Großes Sgraffitohaus

Etwas weiter westlich in der Margaretengasse steht das Große Sgraffitohaus (Nr. 5; um 1560), ein Gebäude mit Meisterwerken der Sgraffitokunst des Malers Hans von Pruch.

Simandlbrunnen

In der Unteren Landstraße steht der Simandlbrunnen. »Simandl« (= kleiner Simon) bittet seine Ehefrau auf Knien um die Herausgabe des Schlüssels. Der Sage nach hatten die ängstlichen Kremser Bürger die Stadt einst kampflos an die böhmischen Truppen übergeben wollen. Daraufhin übernahmen die energischen Bürgerfrauen das Kommando über die Stadtverteidigung und die Ehemänner.

Kapuzinerkloster Und

Eine uralte Scherzfrage: Was liegt zwischen Krems und Stein? Richtig! Vom Steiner Tor gelangt man westlich in den Stadtteil »Und«. Im ehemaligen Kapuzinerkloster logiert heute die Touristeninformation.

Kunsthalle

Die bemerkenswerte »Kunsthalle Krems« zeigt im einstigen Tabakfabrikgebäude österreichische und internationale Kunst des 19./20. Jh.s (Franz-Zeller-Platz 3; Öffnungszeiten: tgl. 10.00–18.00 Uhr). Ebenfalls Teil der Kremser Kunstmeile ist das wunderbare Karikaturmuseum mit seiner lustigen Außenfassade. Es widmet sich den Karikaturisten **Manfred Deix** mit seinen treffsicheren Darstellungen nicht nur der österreichischen Seele und **IRONIMUS** (Gustav Peichl), der auch für die Architektur verantwortlich zeichnet. Darüber hinaus bietet es Wechselausstellungen (Steiner Landstraße 3a; www.kunsthalle.at)

◄ Karikaturmuseum

Umgebung von Krems

Steiner Altstadt

Entlang der Steiner Landstraße reihen sich die historischen Gebäude der Altstadt, beginnend mit dem Kremser Tor aus dem 15. Jh. und dem Göttweigerhof aus dem 13./14. Jh. Die ehemalige Minoritenkirche dient heute als würdiger Rahmen für Kunstausstellungen. Vorbei an der Pfarrkirche St. Nikolaus mit Deckenfresko und Altarbildern vom Kremser Schmidt erreicht man den Passauerhof, schon 1263 als Zehnthof des Passauer Bischofs in den Annalen genannt, das Maut-

Franz Anton Pilgrams Kaiserstiege von 1738 im Stift

haus, ein prächtiges Renaissancehaus von 1536, und das Mazzettihaus, ein Barockpalais von 1721, in dem der Mozartforscher Ludwig von Köchel geboren wurde. Vor dem Linzer Tor steht das Wohnhaus des Kremser Schmidt, der hier von 1756 bis zu seinem Tod 1801 lebte.

Am südlichen Donauufer gegenüber von Krems liegt die alte Römer- und Brückenzollstadt **Mautern** (im Nibelungenlied »Mutaren«). Vom 1. bis 5. Jh. bildete die Donau die nördliche Grenze des römischen Reiches, hier befestigt durch das Kastell Favianis. Im **Römermuseum** werden Funde aus der Bronzezeit bis zum Ende der römischen Herrschaft gezeigt (Schlossgasse 12; Öffnungszeiten: Mai – Nov. Mi. – So. 10.00 – 12.00, Fr./Sa. auch 16.00 – 18.00 Uhr, www.roemerhalle.at).

★ **Stift Göttweig**

Wenige Kilometer südlich von Krems thront, weithin sichtbar auf einer bewaldeten Anhöhe, das ebenfalls seit 2000 zum Weltkulturerbe der UNESCO gehörende Stift Göttweig. Es wurde 1083 vom Passauer Bischof Altmann gegründet und 1094 den Benediktinern überlassen. In Anlehnung an das benediktinische Mutterkloster wird Stift Göttweig auch das **»österreichische Montecassino«** genannt. Nachdem das Kloster 1718 größtenteils abgebrannt war, begann 1719 der – nicht vollendete – Wiederaufbau im Barockstil nach Plänen des Baumeisters Johann Lukas von Hildebrandt.

Die prachtvolle, architektonisch eigenwillige **Stiftskirche** besitzt zwei bemerkenswerte Türme, die in stumpfen Pyramiden enden. Dazwischen steht eine Vorhalle mit vier toskanischen Säulen. Ungewöhnlich ist der rosafarbene Anstrich, im reich ausgestatteten Kirchenraum dominieren die Gold-, Braun- und Blautöne. Beachtenswert sind der mächtige Hochaltar von 1639, die Glasfenster hinter dem Hochaltar, das Chorgestühl, der reich verzierte Orgelprospekt aus dem Jahr 1703 und die Alt-

Krems *Stift Göttweig*

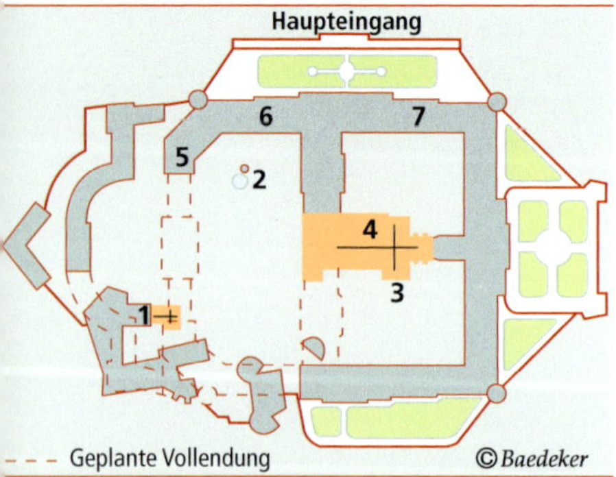

1 Erentrudiskapelle
2 Brunnenobelisk
3 Schatzkammer, nur mit Gruppenführung
4 Kreuzgangflügel
5 Kaiserstiege
6 Fürstenzimmer
7 Kaiserzimmer

mannkrypta mit dem Reliquienschrein des Klostergründers. Im westlichen Trakt des Stiftes befindet sich die dreigeschossige **Kaiserstiege** (1738), eines der schönsten Treppenhäuser des Barock, das Deckengemälde (1739) von Paul Troger stellt die Apotheose Kaiser Karls VI. dar. In den Fürsten- bzw. Kaiserzimmern ist das »Museum im Kaisertrakt« mit jährlichen Sonderausstellungen der eigenen Kunstsammlungen zu sehen. Die ständige Ausstellung »Klosterleben« zeigt Arbeit und Leben der Göttweiger Mönche früher und heute (Öffnungszeiten: Stiftsanlage ganzjährig, Museum im Kaisertrakt Ende März – Ende Okt. tgl. 10.00 – 18.00, letzter Einlass 17.00, Juni bis Sept. ab 9.00 Uhr, www.stiftgoettweig.at).
Die Gartenterrasse des Stiftsrestaurants bietet einen überwältigenden Panoramablick über das Donautal. Hier kann man auch die Weine des stiftseigenen Kelleramtes kosten.

Kremsmünster

M 3

Bundesland: Oberösterreich **Höhe:** 345 m ü.d.M.
Einwohnerzahl: 6400

Hauptanziehungspunkt von Kremsmünster ist sein Benediktinerstift, das weithin sichtbar auf einer Terrasse über dem Kremstal thront. Das Städtchen liegt etwa 35 km südwestlich von Linz.

✶ Benediktinerstift

Klostergründung

Der Sage nach hatte im Jahr 777 Gunther, Sohn des Bayernherzogs Tassilo, in den umliegenden Wäldern einen Eber gejagt und war dabei ums Leben gekommen. Sein betrübter Vater beschloss die Gründung eines Klosters an dieser Stelle. Somit ist Kremsmünster nach Mondsee das zweitälteste Kloster Österreichs, wenn man vom erst seit dem 19. Jh. zu Österreich gehörenden Salzburg absieht. Gunthers Grabmal ist in der Stiftskirche zu sehen. Ab 1680 wurde der ursprünglich romanisch-gotische Bau (13. Jh.) vom Barockbaumeister Carlo A. Carlone umgestaltet, üppiger Stuck und schöne Fresken zieren die Deckengewölbe. Das riesige Hochaltarbild der Verklärung Christi stammt von J. A. Wolf, die meisten der Marmorengel an den Seitenaltären schuf Michael Zürn (1682–1686).

◄ Schatzkammer

In der Schatzkammer wird ein einzigartiges kunsthistorisches Kleinod aufbewahrt: der **Tassilo-Kelch**, gut 25 cm hoch und mehr als 3 kg schwer. Das vergoldete Kupfergefäß entstand wohl 768 anlässlich der Hochzeit von Herzog Tassilo mit der langobardischen Prinzessin Luitbirg und zählt zu den schönsten Werken frühmittelalterlicher Goldschmiedekunst. Auch ein Scheibenkreuz (1170) und der Codex millenarius (Evangelienhandschrift aus Mondsee; um 800) sind sehenswert.

Stiftsgebäude Im 17. und 18. Jh wurden die heutigen Stiftsgebäude errichtet. Der prächtige Kaisersaal und die ebenso schöne Bibliothek mit rund 160 000 Bänden werden bei der Führung gezeigt (Führungen: Mai bis Okt. tgl. ab 4 Personen um 10.00, 11.00, 14.00, 15.00 und 16.00 Uhr, www.stift-kremsmuenster.at). Immer zugänglich sind die Fischkalter von C. Carlone, fünf mit mythologischen Figuren verzierte Wasserbecken (1691) im äußeren Stiftshof.

Stift Kremsmünster

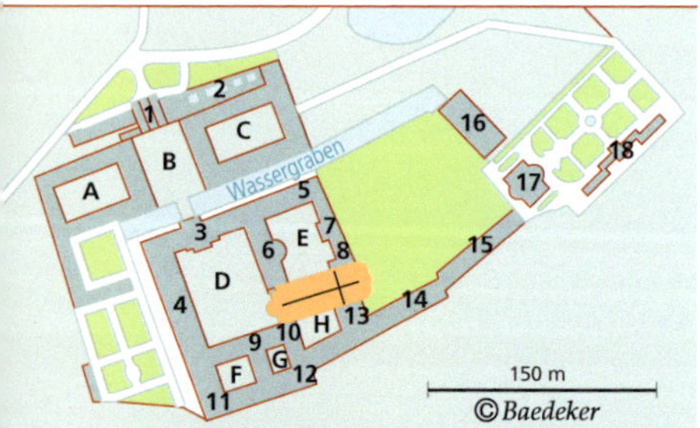

A Oberer Meierhof
B Äußerer Stiftshof
C Unterer Meierhof
D Prälatenhof
E Konvikthof
F Küchenhof
G Portnerhof
H Kreuzhof

1 Eichentor
2 Fischbehälter
3 Brückenturm
4 Gästetrakt
5 Konviktsspeisesaal
6 Konviktstrakt
7 Akademische Kapelle
8 Schatzkammer
9 Kunstsammlungen
10 Kapitelzimmer
11 Kaisersaal
12 Refektorium; darüber Bibliothek
13 Marienkapelle
14 Konventstrakt
15 Klerikatstrakt
16 Gymnasium
17 Sternwarte
18 Gartenhaus

Die 50 m hohe **Sternwarte** des Klosters, mathematischer Turm genannt und 1748–1759 erbaut, ist **das älteste Hochhaus Europas**. Ihre Sammlungen dokumentieren die naturwissenschaftliche Entwicklung der vergangenen 250 Jahre, seit 1762 ist sie meteorologische Station (Führungen ab 5 Pers. Mai bis Okt. tgl. 10.00 u. 14.00 Uhr).

Das Gymnasium sorgt bereits seit 1549 für Bildung und Erziehung. Hier drückte einst Adalbert Stifter die Schulbank.

Umgebung von Kremsmünster

Östlich außerhalb von Kremsmünster steht **Schloss Kremsegg**. Einst beherbergte es eine Oldtimersammlung, die jetzt in Hartberg in der Steiermark zu besichtigen ist (Oldtimer Museum Kröpfl).

Blech und Ventile findet man hier aber immer noch – in Form der Musikinstrumentensammlung mit Raritäten wie dem Horn von Zar Peter oder einer Trompete von Louis Armstrong. Gezeigt werden außerdem historische Klaviere (Öffnungszeiten: tgl. außer Di. 10.00 bis 17.00 Uhr, www.schloss-kremsegg.at).

Bad Hall Es rief die Mediziner auf den Plan, dass Bauern Kropfproblemen mit Quellwasser aus dem 8 km östlich gelegenen Bad Hall (388 m; 5100 Einw.) zu begegnen wussten. Man wurde fündig: Die Salzquellen sind jodhaltig. Ab Mitte des 19. Jh.s avancierte das Bad zum gern besuchten Kurort. Bruckner und Grillparzer kamen, Mahler schwang vor dem Kurorchester den Taktstock. Heute lässt man es sich in der Tassilotherme gut gehen. Einen Besuch lohnt das Handwerk- und Heimatmuseum **»Forum Hall«** (Eduard-Bach-Straße 4; Öffnungszeiten: April – Okt. Do. – So. 14.00 – 18.00 Uhr, www.forumhall.at).

Das südlich anschließende Dorf **Pfarrkirchen** besitzt eine berühmte, ursprünglich gotische, barock umgestaltete Kirche mit entzückender Rokokoausstattung. Stuckarbeiten, Fresken und Altarbilder sind das Werk des Malers Wolfgang Heindl (1693–1757).

Schlierbach (407 m; 2750 Einw.) ist bekannt für seine 1355 gegründete Zisterzienserabtei. Ab 1674 wurde die Kirche von der Künstlerfamilie Carlone neu erbaut und aufs Üppigste mit Stuck und Fresken geschmückt. Berühmt ist das Kloster auch für zwei weitere Attraktionen: Die **Glasmalereiwerkstätte,** die im Jahre 1884 gegründet wurde, hat schon die Fenster für die Verkündigungskirche in Nazareth, die Gedächtniskirche in Hiroshima und die Europakapelle in Brüssel hergestellt. Köstlich ist der Stiftskäse, der in den barocken Kellergewölben ideal heranreift und dessen Herstellung man in der Schaukäserei gut verfolgen kann (Führungen finden ganzjährig statt. Auskunft über Tel. 0 75 82/8 30 13).

KREMSMÜNSTER

AUSKUNFT

Tourismusbüro
Bad Hall – Kremsmünster
Rathausplatz 3,, A-4540 Bad Hall
Tel. 075 83/72 12
www.kremsmuenster.at

ESSEN

► Preiswert
Stiftsschank Kremsmünster
Stift 1, A-4550 Kremsmünster
Tel. 0 75 83/75 55, Fax 6539
Im klösterlichen Ambiente schmeckt die Forelle aus dem Stiftskalter besonders gut.

Micheldorf

In Micheldorf (448 m; 5950 Einw.) lohnt eine Rarität, das **Sensenschmiedemuseum**, einen Besuch. Eher mystisch geht es bei den »Klangwelten Phyrn-Eisenwurzen« im selben Gebäude zu, wenn Töne, Geräusche und Musik aus der Region präsentiert werden (Gradnstraße 10; Öffnungszeiten: Mai – Okt. Sa., So. 10.00 – 13.00, 14.00 – 17.00 Uhr, Tel. 075 82/517 00, www.kulturschmiede.at).

★ Krimml

H 5

Bundesland: Salzburg
Einwohnerzahl: 850
Höhe: 1067 m ü.d.M.

Schon alleine um von hier aus den höchsten Wasserfällen Mitteleuropas einen Besuch abzustatten, lohnt sich ein Zwischenstopp in dem kleinen Kirchdorf Krimml.

Wasser-WunderWelt

Das hoch über dem Salzachtal gelegene Kirchdorf Krimml ist Ausgangspunkt für den Besuch der Krimmler Wasserfälle. Bevor man sich aber auf den Weg macht, lohnt sich ein Besuch in der Wasser-WunderWelt. Hier vermittelt man anschaulich, welche fantastischen

Möglichkeiten in einem Wassertropfen liegen und wofür man Wasser brauchen kann (Haus des Wassers, Aqua-Park; Öffnungszeiten: Mai bis Okt. tgl. 9.30 – 17.00 Uhr).

✶✶ Krimmler Wasserfälle

Spektakuläre Naturschönheit

Südlich vom Gerlos-Pass, der das Zillertal in Tirol mit dem Salzachtal im Land Salzburg verbindet, stürzt die Krimmler Ache von einem schönen Hochtal in drei Stufen insgesamt 380 m in die Tiefe. 1961 wurden die Krimmler Wasserfälle unter Naturschutz gestellt, sie gehören zu den bedeutendsten Attraktionen der Ostalpen. Vom Wasserfallparkplatz führt ein ca. 4 km langer, mit etlichen Aussichtskanzeln ausgestatteter Wanderweg in gut anderthalb Stunden bis über die oberste Fallstufe.

23 Gletscher speisen die Krimmler Wasserfälle.

Der Besuch der Wasserfälle ist eine ziemlich feuchte Angelegenheit, denn die stürzenden Wasser sorgen für ständigen Sprühnebel, was ein günstiges Klima für viele seltene Moosarten schafft. Darunter fällt das faszinierende **Leuchtmoos**, eine winzige Moosart, die über Licht reflektierende Zellen verfügt. Besonders wenn es auf grauem Stein in Felsspalten wächst, blinkt es dort je nach Lichteinfall golden hervor. Holt man den moosbewachsenen Stein aber ans Tageslicht, ist es sofort vorbei mit dem goldenen Schimmer – und dem »sagenhaften« Goldfund.

Umgebung von Krimml

Vom oberen Ende der Wasserfälle geht es in gut 2 Stunden südlich weiter durch das schöne Hochtal zum **Krimmler Tauernhaus** (1631 m) mit Bewirtschaftung und Unterkunft. Das urkundlich bereits 1389 genannte Berghaus verfügt über moderne Einrichtungen, die alte Gaststube hingegen blieb seit Jahrhunderten unverändert.

✶ **Glockenkarkopf**

Geübte Bergsteiger gehen von hier aus in vier Stunden zum Glockenkarkopf (2913 m) an der italienischen Grenze. Die Wanderung vom Krimmler Tauernhaus zur Passhöhe Krimmler Tauern (2633 m) dauert etwas mehr als 3 Stunden. Von dort geht es über einen uralten Saumpfad in das Südtiroler Ahrntal.

Die in schönen Kehren angelegte **Gerlosstraße** (mautpflichtig) führt von Krimml etwa 17 km über den Scheitelpunkt auf der Filzsteinalpe zum Durlaßboden-Stausee (1400 m). Vom Filzstein (1648 m; Gasthof) hat man einen wunderbaren Blick ins Tal der Krimmler Ache.

Am Speicher Durlaßboden (1376 m) zweigt das noch zum Nationalpark Hohe Tauern gehörige Wildgerlostal ab. Die Wanderung zum Alpengasthof Finkau dauert rund 2 Stunden, von dort geht es in 3 Stunden zur Zittauer Hütte (2329 m; bewirtschaftet) im großartigen Talschluss am Unteren Gerlossee.

★ **Wildgerlostal**

KRIMML

AUSKUNFT

Tourismusverband Krimml
A-5743 Krimml
Tel. 065 64/72 390, Fax 72 39 14
www.krimml.at

★ Kufstein

H 4

Bundesland: Tirol
Einwohnerzahl: 17 000
Höhe: 503 m ü.d.M.

Kufstein ist ein viel besuchter Ferienort inmitten eines reizvollen Seengebietes. Große Bedeutung hat die alte Tiroler Grenzstadt für den Verkehr zwischen Bayern und Tirol.

Die »Perle Tirols« wird Kufstein, am Durchbruch des unteren Inn zwischen ►Kaisergebirge im Osten und Pendling im Südwesten gelegen, in einem bekannten Volkslied genannt. Zum Schutz für die im Mittelalter zwischen Bayern und Tirol oft umkämpfte Siedlung entstand seine markante Feste.

»Perle Tirols«

Sehenswertes in Kufstein

Ziemlich unbeschadet hat die Feste Kufstein, das Wahrzeichen der Stadt, die Stürme der Jahrhunderte auf ihrer schroffen Felsbastion hoch über dem Inn überstanden. Man erreicht sie zu Fuß auf einem überdachten Stufenweg rechts an der Pfarrkirche vorbei oder bequemer mit einem gläsernen Schrägaufzug vom Festungsneuhof aus. Erstmals im Jahre 1205 erwähnt, wurde die Feste 1504 von Kaiser Maximilian I. (►Berühmte Persönlichkeiten) den Bayern entrissen: Der Kaiser ließ die als unüberwindlich geltende Burg mit den beiden Riesenkanonen »Weckauf«

★ **Feste Kufstein**

? WUSSTEN SIE SCHON ...?

- ... dass Schneidermeister Josef Madersperger 1814 in Kufstein die erste Nähmaschine erfand? Für Interessierte lohnt ein Besuch im Nähmaschinenmuseum in der Kinkstraße 16 (Öffnungszeiten: tgl. 9.00 – 17.00 Uhr).

und »Purlepaus« sturmreif schießen, er selbst hatte den ersten Schuss ausgelöst. Der Festungsverteidiger, Hans von Pienzenau, wurde öffentlich geköpft, weil er es gewagt hatte, die Mauern mit Besen abkehren zu lassen, um die Belagerer zu verhöhnen. In der Folgezeit wurde die Festung zur stärksten des Landes ausgebaut, der 90 m hohe so genannte »Kaiserturm« entstand in den Jahren 1518–1522. Seit 1997 gehört die Festung zur **»Via Imperalis«**, der Schlösserstraße Österreichs.

Heldenorgel Berühmt ist die Heldenorgel (1931) im »Bürgerturm«: Sie hat 4307 Pfeifen und 46 Register. Täglich um 12.00 Uhr (im Sommer auch um 17.00 Uhr) wird sie zum Gedenken an die Opfer der beiden Weltkriege gespielt. Die größte Freiorgel der Welt ist immerhin 13 km weit zu hören.

Altstadt Bei einem schönen Stadtspaziergang sieht man noch Reste der ehemaligen Stadtmauer, die Wasserbastei. In der Römerhofgasse findet man mehrere Weinlokale. Von dort verläuft der belebte Untere Stadtplatz mit dem Marienbrunnen (Marienstatue) über den Inn. In der Nähe des Unteren Stadtplatzes stehen das Rathaus und die Pfarrkirche St. Vitus, eine 1400 anstelle eines älteren Gotteshauses erbaute spätgotische Hallenkirche. Außerdem lohnt sich ein Besuch der **»Tiroler Schauglashütte«**, Schauglasbläserei des Unternehmens Riedel, zu der auch ein Museum gehört (Öffnungszeiten: Mo – Fr. 9.00 bis 17.30, Sa. bis 17.00 Uhr, www.riedel.com).

Nachgerade majestätisch blickt die Feste Kufstein über die Stadt.

Kufstein Orientierung

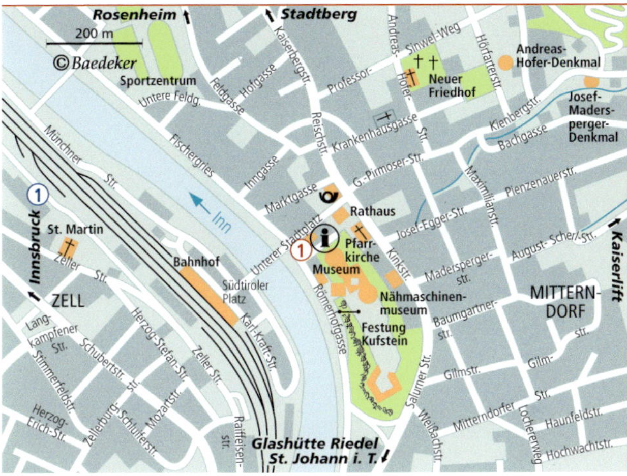

Essen

① Sigwart's Tiroler Weinstuben

Übernachten

① Hotel Auracher Löchl

Andreas-Hofer-Denkmal

Vom Oberen Stadtplatz gelangt man in zehn Minuten zum Kalvarienberg. Hier oben steht auch das Denkmal für den berühmtesten Tiroler, Andreas Hofer (► Berühmte Persönlichkeiten), 1926 vom Bildhauer Theodor Khuen geschaffen.

Innschifffahrt

1998 wurde die Innschifffahrt bei Kufstein wiederbelebt. Abfahrt ist am Fischergrieß (April – Okt., Rundfahrten mehrmals täglich, Tel. 05243/5253, www.tirol-schifffahrt.at).

Umgebung von Kufstein

Seen

Kufstein ist von mehreren kleinen Seen umgeben, die die Eiszeit hinterlassen hat. Da die Gewässer im Sommer Badetemperaturen erreichen, gibt es hier Strandbäder und Bootsverleihe. Besonders hübsch sind der waldumrahmte Stimmersee (3 km südwestlich) und der Hechtsee (nördlich).

Thiersee

Westlich von Kufstein führt eine kurvenreiche Straße auf die Marblinger Höhe und weiter nach Thiersee (678 m; 2800 Einw.). Der reizende Ort inmitten der tief eingeschnittenen Thierseer Ache führt im Passionsspielhaus am See alle sechs Jahre Passionsspiele auf. Diese gehören neben den Oberammergauer Passionsspielen zu den berühmtesten im süddeutschen Sprachraum.

Wörgl

Nach ungefähr 15 km innaufwärts kommt man nach Wörgl (511 m; 12 100 Einw.) an der Einmündung der von Südosten zufließenden Brixenthaler Ache. 1932 sorgte die Gemeinde für Schlagzeilen, als der damalige Bürgermeister Unterguggenberger angesichts der

KUFSTEIN ERLEBEN

AUSKUNFT

Tourismusverband Ferienland Kufstein
Unterer Stadtplatz 8, A-6330 Kufstein
Tel. 0 53 72/6 22 07, Fax 6 14 55
www.kufstein.com

ESSEN

► Erschwinglich

① ***Sigwart's Tiroler Weinstuben***
Marktstraße 40, A-6230 Brixlegg
Tel. 0 53 37/6 33 90
www.tiroler-weinstuben.at
Gemütliche Tiroler Stuben. Dem Namen entsprechend, wird eine reichhaltige Weinkarte geboten, auch die Küchenleistungen sind beachtlich. (Mo. – Mi. geschl.).

ÜBERNACHTEN

► Komfortabel

① ***Hotel Auracher Löchl***
Römerhofgasse 2-5, A-6330 Kufstein
Tel. 0 53 72/6 21 38
www.auracher-loechl.at
Gut ausgestattete Zimmer im Tiroler Landhausstil mit Blick auf Inn und Pendling. Im angeschlossenen, seit 1409 bestehenden Weinhaus, dem ältesten Österreichs, werden regionale Spezialitäten serviert.

Arbeitslosigkeit und Geldnot »Schwundgeld« herausgeben ließ: Dieses Geld galt als offizielles Zahlungsmittel, das jeden Monat neu mit einer Marke, die 1% des Geldscheines betrug, freigemacht werden musste, was der Gemeinde schließlich 12% des umlaufenden Kapitals einbrachte, womit öffentliche Projekte finanziert werden konnten. Von dem erfolgreichen Geldexperiment, dem **»Wunder von Wörgl«**, waren selbst der damalige französische Ministerpräsident Daladier und der US-Volkswirt Irving Fischer beeindruckt. Der Verkehrsknotenpunkt Wörgl wurde im Zweiten Weltkrieg schwer bombardiert, weshalb kaum alte Gebäude erhalten sind. Zu den wenigen Sehenswürdigkeiten zählt die Pfarrkirche mit barocken Figuren und einer spätgotischen Madonna (»Wörgler Madonna«, um 1500).

Wildschönau Südlich von Wörgl erstreckt sich das auch als Skigebiet beliebte wiesenreiche Hochtal der Wildschönau mit der aus mehreren Orten bestehenden gleichnamigen Gemeinde (938 m; 4200 Einw.). Nach der Sage war die Wildschönau einst ein See, in dem ein fürchterlicher Drache hauste. Ein Bauer tötete ihn durch List. Im Verenden biss das Ungeheuer den Felsen nach Kundl durch, und der See entleerte sich. So entstanden die Wildschönau und die Kundler Klamm.

Rattenberg Die kleine Stadt Rattenberg (521 m; 500 Einw.) bietet mit ihren typischen Innstadthäusern, erkergeschmückten stattlichen Bürgerhäusern (15./16. Jh.), gotischen Portalen und Lichthöfen, Winkeln und schmiedeeisernen Gasthofschildern ein einheitliches **mittelalterliches Stadtbild**. Von der Stadtmauer mit fünf Toren ist noch das turmartige Inntor erhalten. Die ursprünglich spätgotische Pfarrkirche St. Virgil (15. Jh.) wurde 1735 barock ausgestattet, das Deckenfresko des Augsburgers Matthäus Günther im Langhaus stellt auch u. a. Petrus und die hl. Katharina über dem Stadtbild von Rattenberg dar. Das Augustinermuseum im einstigen Eremitenkloster zeigt Schmiedearbeiten aus Gold und Silber, gotische Plastiken und Malerei aus dem 17. und 18. Jahrhundert (Öffnungszeiten: Mai – 2. So. im Okt. tgl. 10.00 – 17.00 Uhr, www.augustinermuseum.at).

◄ Schloss Rattenberg

Auf einem Bergsporn über der Stadt steht die Ruine von Schloss Rattenberg, im 11. Jh. von den Bayern als Bollwerk gegen Tirol errichtet und im 15. Jh. von den Tirolern zu einer mächtigen Festung mit äußerem Mauerring ausgebaut. 1651 wurde in der Burg, die auch als Gefängnis diente, der Tiroler Kanzler Dr. Wilhelm Biener auf eine falsche Anklage hin enthauptet, Aufführungen der Burgfestspiele erinnern an diese Tragödie.

Kramsach

Kramsach, am nördlichen Innufer gegenüber (519 m; 500 Einw.), besitzt ein Schloss der Grafen Taxis aus dem 17. Jh. und eine Schule für Glaskünstler. Im schönen Freilichtmuseum »Tiroler Bauernhöfe« können auf einem Areal von gut 11 ha 14 Bauernhöfe aus allen Teilen Tirols besichtigt werden (Öffnungszeiten: Palmsonntag bis Ende Okt. tgl. 9.00 – 18.00 Uhr, www.museum-tb.at).

◄ Skulpturenpark

Im Ortsteil Mariatal ist ein interessanter Skulpturenpark zu besichtigen mit etwa 20 Werken des hiesigen Künstlers Alois Schild.

★ **Alpbach**

Südlich des Inns und dem von sieben Burgen umgebenen Brixlegg erstreckt sich das Alpbachtal. Eine 10 km lange Bergstraße führt zum Hauptort Alpbach (973 m). Der Ort mit seinen ausnahmslos im bäuerlichen Landesstil errichteten Holzhäusern gilt einer Umfrage zufolge als **»schönstes Dorf Österreichs«**. Seit 1945 ist das idyllische

! *Baedeker* TIPP

»Schmunzelfriedhof«

Eine Kuriosität in Kramsach ist ein kleiner »Friedhof ohne Tote« mit ca. 50 alten schmiedeeisernen Kreuzen, auf denen, vom Kunstschmied Guggenberger zusammengetragen, originelle und humorvolle, jedenfalls authentische Grabsprüche angebracht sind. So reimte ein Witwer über seine streitbare Gattin:
»Hier liegt mein Weib, Gott sei's gedankt. Oft hat sie mit mir gezankt. Oh lieber Wanderer, geh' gleich fort von hier, sonst steht sie auf und zankt mit Dir.«

Dorf ein »Ort der Begegnung der Denker Europas«, denn Schriftsteller, Philosophen, Soziologen, Psychologen, Politiker, Volkswirtschaftler und Künstler treffen sich im **»Europäischen Forum Alpbach«**. Arthur Koestler, der wie Friedrich Dürrenmatt, Max Frisch, Theodor W. Adorno, Herbert Marcuse, Karl Popper, Hermann Josef Abs und Indira Gandhi einmal im »Forum« zu Gast war, beschrieb in seinem satirischen Roman »Die Herren Call-Girls« ironisch das breit gestreute Themenspektrum des Forums. 1999 übersiedelte das Forum in das neu errichtete, architektonisch recht interessante Congress Centrum Alpbach.

★ Lambach

L 3

Bundesland: Oberösterreich **Höhe:** 366 m ü.d.M.
Einwohnerzahl: 3400

Lambach gedieh im Schutz der Burg, die der letzte Burgherr Graf Adalbero, gleichzeitig Bischof von Würzburg, in ein Benediktinerkloster umwandelte. Er hatte sich im Investiturstreit auf die Seite des Papstes geschlagen und musste sich mehrfach hierher zurückziehen.

Alter Handelsplatz

An der alten Fernstraße von Salzburg nach Linz auf dem linken Traunufer liegt Lambach. Das Städtchen war im Mittelalter Stapelplatz für das Salz aus dem Salzkammergut, das hier umgeladen und in die damalige Hauptabnahmeregion Böhmen transportiert wurde.

Sehenswertes in Lambach und Umgebung

Benediktinerstift

Die mächtige Klosteranlage besitzt ein prächtig ausgeschmücktes Refektorium (Stuck, Fresken), eine Bibliothek mit Fresken von Melchior Seidl und das einzige erhaltene barocke Klostertheater Österreichs (1746–1770). Es wurde mit einer Aufführung für die 15-jährige Marie-Antoinette eröffnet, die sich auf dem Weg nach Frankreich zu ihrer Hochzeit mit Ludwig XVI. befand.

Stiftskirche ►

Von 1652–1656 wurde die Stiftskirche im barocken Stil neu gebaut, von der alten Kirche aus romanischer und gotischer Zeit blieb nur der Westchor als Sockel für die neuen Türme übrig. Hinter der notwendig gewordenen Verstärkung der Mauern blieben die Originalfresken aus dem 11. Jh. verborgen – und erhalten. Von 1955 bis 1967 hat man sie freigelegt und restauriert. Die Farben waren ungewöhnlich gut erhalten, die Gesichter der dargestell-

LAMBACH

AUSKUNFT

Marktgemeinde Lambach
Marktplatz 8, A-4650 Lambach
Tel. 0 72 45/28 35 50,
www.lambach.ooe.gv.at

Christus in der Synagoge: romanisches Fresko im Stift Lambach

ten Personen sind ausdrucksvoll. Stilistisch sind die Malereien eher von der östlich-byzantinischen als von der weströmischen Kirchenkunst beeinflusst. Interessant ist die zentrale Darstellung Marias mit dem Kind und zwei Hebammen. Schön ist die Szene, in der die Hl. Drei Könige mit Herodes diskutieren – eine Anspielung auf den Investiturstreit um weltliche oder kirchliche Vormachtstellung? Vermutlich waren die Wandmalereien bereits zur Weihe der alten Kirche im Jahr 1089 fertig gestellt (Führungen: tgl. 14.00 Uhr, Gruppen ab 15 Personen jederzeit n. V. unter Tel. 072 45/21 71 03 34, www.stift-lambach.at).

★ ◀ Romanische Fresken

Stadl-Paura

Wer sein Glück auf Erden auf dem Rücken der Pferde vermutet, sollte sich im **Österreichischen Pferdezentrum** Stadl-Paura, südwestlich von Lambach, umsehen. Bekannt ist der Ort aber auch wegen seiner architektonisch höchst eigenwilligen Wallfahrtskirche: Abt Maximilian Pagel hatte 1713 gelobt, eine Kirche zu erbauen, falls Lambach von der Pest verschont bliebe. Der schöne Barockbau wurde 1714–1724 von Johann Michael Prunner zu Ehren der Heiligen Dreifaltigkeit errichtet, mit der Zahl drei als maßgeblichem Element: Die Kirche steht auf dreieckigem Grundriss mit drei Türmen, drei Portalen, drei Altären und drei Orgeln.

Steyrermühl

In Steyrermühl bei Laakirchen, rund 15 km südlich von Lambach, hat die Papierproduktion eine lange Tradition. Also wurde hier das Österreichische **Papiermacher-Museum** in den Hallen der einstigen Papierfabrik Steyrermühl eingerichtet (Öffnungszeiten: April – Okt. Di. – So. 10.00 – 16.00 Uhr, www.papiermuseum.freyerweb.at).

Vöcklabruck Mit Stolz verweist die freundliche Stadt Vöcklabruck (435 m; 11 000 Einw.) auf die einzigen erhaltenen Wappentürme Kaiser Maximilians I. (► Berühmte Persönlichkeiten) in ihren Mauern. Carlo Antonio Carlone als Baumeister und sein Bruder Giovanni Battista Carlone als Stuckateur schufen hier mit der Dörflkirche ein weiteres barockes Kunstwerk. Ihre höchst eigenartige Architektur schuldeten der gotischen Kirche im Statteil Schöndorf dagegen die Reformationswirren: Die Lücke zwischen dem vorhandenen Turm und dem angefangenen Hauptschiff wurde einfach mit einem schmaleren Turm aufgefüllt.

Landeck

E 5

Bundesland: Tirol
Einwohnerzahl: 7700
Höhe: 816 m ü.d.M.

Landeck war schon zu römischen Zeiten ein wichtiger Verkehrsknotenpunkt. Hier hatten im Mittelalter die Baumeister Konjunktur, denn es galt, die Übergänge über die Pässe zu sichern.

»Sichere Kreuzung« Das Städtchen liegt am Kreuzungspunkt der Ost-West-Verbindung von Wien nach Zürich und der Nord-Süd-Verbindung von Deutschland nach Italien. Die mächtigen Mauern von Burg Landeck zeugen von der Dringlichkeit der Befestigungsarbeit.

Sein heutiges Erscheinungsbild verdankt der Ort im Wesentlichen der Industrialisierung Ende des 19./Anfang des 20. Jh.s (Chemie- und Textilindustrie). Der damals erreichte Wohlstand zeigt sich an vielen repräsentativen Häusern vor allem im Stadtteil Angedair und in der Malser Straße. Landeck ist aber auch Zentrum eines beliebten Wintersportgebietes.

LANDECK ERLEBEN

AUSKUNFT

Tourismusverband TirolWest
Malser Straße 10
A-6500 Landeck
Tel. 054 42/656 00, Fax 656 00 15
www.tirolwest.at

Tourismusverband Paznaun/Ischgl
Dorfstr. 43,, A-6561 Ischgl/Tirol
Tel. 05 09 90/100, Fax 199
www.ischgl.com

ÜBERNACHTEN

► **Komfortabel/Günstig**

Hotel Auhof
A-6555 Kappl
Tel. 0 54 45/63 11
Fax 63 11 33
www.hotelauhof.at
Das gut ausgestattete Biker-Hotel steht direkt neben der Talstation der Dias-Bahnen und bietet u. a. einen großen Wellnessbereich und eine ausgezeichnete Küche.

Sehenswertes in Landeck und Umgebung

Liebfrauenkirche

An der Stelle eines älteren Sakralbaus entstand 1471 die Liebfrauenkirche. Ihr Mittelschiff ist fast doppelt so hoch wie die beiden Seitenschiffe. Im Tympanon des Westportals zeigt ein Relief Maria mit dem Kind und zwei Engeln. Sehenswert ist im Inneren der spätgotische, dem hl. Oswald geweihte Flügelaltar (16. Jh.), der später ergänzt wurde. In die Südwand ist der Deckstein vom Grab des Ritters Oswald von Schrofenstein (15. Jh.) eingelassen, an der südlichen Wand findet man zwei geschnitzte Totenschilde.

»Trutzig« ist wohl der richtige Ausdruck für Burg Landeck.

Auf dem hoch ragenden Felsen über dem Inn steht **Burg Landeck** (um 1200), die später mehrfach verändert und 1949 teilweise restauriert wurde. Beeindruckend an der Burg, die unter den Rittern von Schrofenstein ihre Glanzzeit erlebte, ist der mächtige Bergfried mit seiner weiten Sicht. Außerdem verdienen eine Halle mit gotischem Gewölbe und die mit Fresken (16. Jh.) geschmückte Kapelle Beachtung. Im Schloss präsentiert das heimatkundliche **Bezirksmuseum** die Kunst-, Kultur-, Wirtschafts- und Sozialgeschichte der Region. Neben dem bäuerlichen Wohnbereich (eingebaute Stuben aus dem 17. Jh., Rauchküche und Schlafkammer) sind Arbeitsgeräte für die Feld- und Milchwirtschaft zu sehen sowie das Gerichtszimmer des landesgerichtlichen Pflegers, der seit ca. 1300 seinen Amtssitz in der Burg hatte. In der Schlossgalerie werden jährlich mehrere Kunstausstellungen veranstaltet (Öffnungszeiten: März – Okt. Di. – So. 10.00 bis 17.00 Uhr, www.schlosslandeck.at).

Stanz

Nördlich über Landeck liegt – am Nordufer der Sanna – das alte Gebirgsdorf Stanz (1035 m), Geburtsort des Barockbaumeisters Jakob Prandtauer (1660–1726). Er war am Bau des Melker Stiftes maßgeblich beteiligt. Die spätgotische Kirche von Stanz gehört zu den ältesten der Region. Von hier aus hat man einen schönen Blick auf den Talkessel von Landeck.

Schrofenstein

Auf hohem Felshang erhebt sich nordöstlich des Ortes die Ruine der schon 1196 erwähnten Burg Schrofenstein mit einer herrlichen Aussicht. Allerdings stand im Mittelalter weniger der Genuss als vielmehr die Kontrolle des Talkessels im Vordergrund.

Zams

Rund 3 km nordöstlich von Landeck liegt am Südufer des Inn die Gemeinde Zams (775 m). Beachtenswert ist die Pfarrkirche mit drei

Rokokoaltären. Pittoresk auf einem Bergkegel steht die Ruine Kronburg (1380), die allein wegen der Aussicht auf die Landschaft ringsum schon den Aufstieg lohnt. Nördlich der Ortschaft erstreckt sich die Schlucht »Zammer Loch« mit dem Lötzer Wasserfall.

Serfaus Von Landeck innaufwärts kommt man nach knapp 25 km zum Ferienort Serfaus (1427 m; 1200 Einw.), **einem der ältesten Marienwallfahrtsorte** in Tirol. Beachtenswert ist in der Alten Pfarrkirche ein Gnadenbild der thronenden Madonna mit dem Kind (12. Jh.), das als Reliquienbehälter rückseitig ausgehöhlt ist. Zur Komperdellalm (2000 m; Skigebiet) führen Seilbahnen, Lifte gehen bis auf 2475 m Höhe. Südwestlich von Serfaus erhebt sich der Hexenkopf (3035 m), höchster Gipfel der Samnaungruppe.

Nauders Im Dreiländerdreieck Österreich–Italien–Schweiz, noch weiter innaufwärts, liegt südlich des Finstermünz-Passes (1006 m) der reizvolle Ferienort Nauders (1400 m; 1500 Einw.). Er wird als Ausgangspunkt für Wanderungen und zum Wintersport viel besucht und besitzt noch etliche jahrhundertealte rätoromanische Bauernhäuser mit beeindruckenden Freitreppen, Erkern und Tordurchfahrten. Sehenswert sind in der Pfarrkirche St. Valentin mit dem schlanken gotischen Turm zwei Schnitzaltäre, in der romanischen St. Leonhardskapelle, der ältesten erhaltenen Kirche Tirols, wurden 1951 unter spätgotischen Fresken romanische Wandmalereien aus dem 12. Jh. entdeckt.
Über der Ortschaft erhebt sich **Schloss Naudersberg**, eine ehemalige Gerichtsburg (14./16. Jh.), in der einstige Kerker und Folterinstrumente sowie die Rüstkammer mit Gemäldegalerie besichtigt werden können. Die Ruine der ehemaligen Zollfeste Hoch-Finstermünz mit dem imposanten Brückenturm steht mitten im tosenden Inn.

! *Baedeker* TIPP

Gesundes für durstige Kehlen

Die Ortschaft Grins (1006 m; 1220 Einw.) westlich von Landeck, am Eingang zum Stanzertal, zählt zu den schönsten Dörfern Tirols. Bekannt ist Grins aber auch wegen seiner Heilquelle: Aus dem Brunnen in der Ortsmitte fließt heilkräftiges Mineralwassser, das frei gekostet werden darf. Wohl bekomm's!

Paznauntal Das etwa 35 km lange, enge Paznauntal im Westen Österreichs erstreckt sich von Landeck in südwestlicher Richtung bis nach Galtür. Von der Verwallgruppe im Norden und der Samnaungruppe im Süden eingeschlossen, wird es von der Trisanna durchflossen. Im Sommer sind die Orte im Tal Ausgangspunkte für Bergwanderungen und Touren ins Gebirge, im Winter ist das Tal ein vielseitiges Skigebiet. Die Straße durch das Paznauntal, auf der man von Galtür zur Bielerhöhe gelangt, bildet die östliche Zufahrt zur Silvretta-Hochalpenstraße.

Trisanna-Viadukt ► Hinter Pians überquert die Straße die Sanna. Anschließend geht es unterhalb von Schloss Wiesberg (16. Jh.; Privatbesitz) vorbei und unter dem kühnen Trisanna-Viadukt der Arlbergbahn hindurch (Aussichtsparkplätze) ins Paznauntal. Das Viadukt, 1884 errichtet, 1923 und 1964 umgebaut, ist 86 m hoch und 230 m lang.

◄ Ischgl

Ischgl (1377 m; 1650 Einw.), der Hauptort des Paznauntales, wird sowohl als Sommererholungsort wie auch als Wintersportplatz **(»Silvretta-Ski-Arena«)**besucht. Die ursprünglich spätgotische Pfarrkirche, die 1757 ihre heutige Gestalt im Rokokostil erhielt, bewahrt im Altar eine besondere Reliquie auf: einen um 1500 in Silber gefassten Knochen des hl. Stephanus, der aus dem Reliquienschatz Karls des Großen stammen soll.

◄ Galtür

Galtür (1584 m; 870 Einw.), ein schneesicherer Wintersportort, wurde im Februar 1999 von einer verheerenden Lawinenkatastrophe heimgesucht, ist aber inzwischen durch verbesserte Lawinendämme geschützt. Die Barockkirche (17./18. Jh.) besitzt eine gotische Muttergottesstatue und reizende Rokokoaltäre.

★ Lavanttal

N 6

Bundesland: Kärnten

Für Urlauber, die abseits der großen Touristenströme Erholung in beschaulicher Atmosphäre suchen, ist das Lavanttal ein Geheimtipp. Die Gegend ist von Wald und Wiesen, sanften Bergen und schönen Wanderwegen geprägt.

Unberührte Landschaft

Das Tal der Lavant erstreckt sich von dem südlich von ►Judenburg an der Grenze zwischen der Steiermark und Kärnten gelegenen Obdacher Sattel bis zur slowenischen Grenze. Es verbindet die Täler der Mur im Norden und der Drau im Süden.

Sehenswerte Orte im Lavanttal

Bad St. Leonhard

Im oberen Lavanttal, dem **»Herzen des Paracelsusviertels«** (so die Eigenwerbung), liegt Bad St. Leonhard (721 m; 4900 Einw.), ein Höhenluftkurort mit Schwefelquelle. Die Gegend um Bad St. Leonhard weist zahlreiche Quellen auf, von deren Heilkraft schon Paracelsus überzeugt war. Entlang der gut ausgeschilderten Quellenwanderwege kann man auf seinen Spuren wandeln. Auf einem Hügel steht die mächtige Wallfahrtskirche St. Leonhard (14./15. Jh.), eine gotische Basilika mit wertvollen Glasgemälden.

Gut 2 km südlich von Bad St. Leonhard beginnt ein sehr lohnenswerter Abstecher: Wo die Straße westwärts

▶ LAVANTTAL

AUSKUNFT

Tourismusbüro Wolfsberg
Getreidemarkt 3, A-9400 Wolfsberg
Tel. 043 52/3340, Fax 53 72 77
www.lavanttal.at

über die Saualpe führt, biegt man nach etwa 25 km in Hinterberg erneut rechts Richtung **Hüttenberg** am Steierbach ab. Dort lädt das Heinrich-Harrer-Museum zu einem Besuch. Der Forschungsreisende und Freund des Dalai Lama (► Berühmte Persönlichkeiten), bekannt geworden durch sein mit Brad Pitt verfilmtes Buch **»Sieben Jahre in Tibet«**, vermachte seiner Heimatgemeinde eine einzigartige völkerkundliche Sammlung (Öffnungszeiten: April bis Okt. tgl. 10.00 – 17.00, Juli und Aug. bis 18.00 Uhr, www.huettenberg.at).

Heinrich-Harrer-Museum ►

Der Bergbau in Hüttenberg war einst berühmt, schon die Römer schätzten die norischen Schwerter aus der Gegend. Im Mittelalter war Hüttenberg das Zentrum der Eisengewinnung Mitteleuropas, worüber das Schaubergwerk Knappenberg berichtet (Öffnungszeiten: April – Okt. tgl. 10.00 – 17.00, Juli und Aug. bis 18.00 Uhr).

Schaubergwerk Knappenberg ►

Packstraße

Wieder zurück im Lavanttal, zweigt wenige Kilometer südlich in Twimberg (604 m) die kurvenreiche Packstraße nach Osten ab und zieht in landschaftlich reizvoller Umgebung und Streckenführung zum Packsattel (Vier Tore; 1166 m) hinauf.

Wolfsberg

Wolfsberg (462 m; 25 200 Einw.) ist **Hauptort des Lavanttales und wirtschaftliches Zentrum**. Die reizende Altstadt besitzt noch Teile der Stadtbefestigung und wird überragt von Schloss Wolfsburg. Erstmals 1178 erwähnt, wurde es seither stark verändert. Vor allem, seit es 1846 in den Besitz der schlesischen Grafen von Henckel-Donnersmarck überging, die es im neugotischen Stil umbauen ließen.

Die barocke Wallfahrtskirche Maria Loreto von St. Andrä

St. Andrä

St. Andrä (430 m; 10 400 Einw.) war von 1225 bis 1859 Sitz der Fürstbischöfe von Lavant, seither sind die Stiftsgebäude im Besitz der Jesuiten. In der gotischen Pfarrkirche, deren Anfänge in das 9. Jh. zurückgehen, findet man Reste von Wandmalereien (15. Jh.) und zahlreiche Wappengrabsteine. Eine bemerkenswerte barocke Innenausstattung besitzt die zweitürmige barocke Jesuitenkirche Maria Loreto (1697). Die Umgebung ist vom Spargel- und Obstanbau geprägt. Es gibt so manchen Mostwanderweg – natürlich mit entsprechenden Jausenstationen – zu entdecken!

★ Stift St. Paul

Das auf einem 70 m hohen Felshügel gelegene Stift St. Paul besteht seit 1091 und ist seit 1809 im Besitz der Benediktiner, die aus St. Blasien im Schwarzwald übersiedelten. Nach Gurk ist die zweitürmige, 1264 geweihte Stiftskirche das **bedeutendste romanische Bauwerk Kärntens**, besonders eindrucksvoll sind der Chor und das Südportal. Der Innenraum ist gotisch gewölbt, neben Wandmalereien von 1470 findet man eine barocke Ausstattung. Eine der umfassendsten Kunstsammlungen Europas verleiht dem Stift zurecht das Prädikat »Schatzhaus Kärntens«: Sie enthält Kunsthandwerk, erlesene sakrale Kunst, etwa das kostbare Adelheidkreuz aus dem 11. Jh., und eine wertvolle Gemäldesammlung. Nicht weniger bedeutend ist die Bibliothek mit rund 180 000 Bänden und kostbaren Handschriften (Öffnungszeiten: Mai–Okt. tgl. 9.00–17.00 Uhr, www.stift-stpaul.at). Das Chinamuseum des Stifts kann nur im Rahmen einer Führung besucht werden. Außerdem unterhält das Stift ein Gymnasium, das bereits der Komponist **Hugo Wolf** (1860–1903) besuchte.

◄ Chinamuseum

Lechtaler Alpen

D/E 5

Bundesland:
Tirol

Höchste Erhebung:
Parseierspitze (3036 m ü.d.M.)

Der lange Zug der Lechtaler Alpen erstreckt sich als eine der mächtigsten Ketten der Nordalpen vom ►Arlberg bis zum Fernpass. Sie verlaufen zwischen dem im Süden gelegenen Stanzertal und Inntal sowie dem nördlichen Lechtal.

Parseierspitze

Hauptgipfel und höchste Erhebung der Lechtaler Alpen ist die **»Königin der Nördlichen Kalkalpen«**, die Parseierspitze (3036 m). Weitere bedeutende Hochgipfel sind die Wetterspitze (2895 m), der leicht besteigbare Muttekopf (2777 m), der mehrere Kilometer lange Felskamm der Heiterwand und die stolze Valluga (2809 m).

Höhenweg vom Arlberg zum Fernpass

Die zahlreichen Schutzhäuser in den Lechtaler Alpen sind aus dem Stanzertal und Inntal leicht zu erreichen. Ein großartiger Höhenweg führt von der Ulmer Hütte (2280 m) bei St. Anton oder von der

Gemütliche Berghütten wie das schön gelegene Edelweißhaus oberhalb von Kaisers in den Lechtaler Alpen bieten Bergwanderern Verpflegung und Unterkunft.

Stuttgarter Hütte (2303 m) bei Zürs am Arlberg über die Leutkircher Hütte (2251 m) und die 2300 m hohe Kaiserjoch-Hütte zur Ansbacher Hütte (2380 m). Weiter geht es über den schwierigen Augsburger Höhenweg zur Augsburger Hütte (2345 m), über die Memminger Hütte (2242 m) am Unteren Seewisee, das Württemberger Haus (2200 m), die Hanauer Hütte (1920 m) und die Anhalter Hütte (2040 m) zum Fernpass (1210 m).

Fernpassseen Wo sich die Ostausläufer der Lechtaler Alpen zum Fernpass niedersenken, liegen inmitten herrlicher Wälder die stillen Fernpassseen: Der aufgrund seines klaren Wassers bei Tauchern sehr beliebte Fernsteinsee und Samaranger See sowie der Blindsee, der Weißensee und der Mittersee.

Leoben

05

Bundesland: Steiermark
Einwohnerzahl: 24 900
Höhe: 540 m ü.d.M.

Die in einer Murschleife gelegene Burgsiedlung »Liubina« wurde 1263 von König Ottokar II. neu gegründet. Der Vogel Strauß im Stadtwappen erinnert daran, dass man ihn im Mittelalter für das einzige Tier hielt, das Eisen fressen und verdauen konnte.

Montanzentrum Leoben (»Liubina«: slaw. »liub«=lieb) ist seit dem Mittelalter das Zentrum der Eisen- und Schwerindustrie in der Obersteiermark und Sitz einer nach wie vor bedeutenden Montanuniversität. Ab 1415

Leoben Orientierung

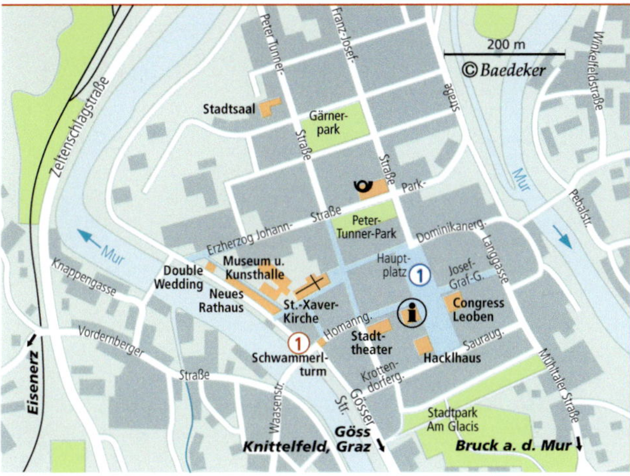

Essen
① Arkadenhof

Übernachten
① Hotel Kindler

besaß die Stadt das Stapelrecht des Vordernberger Eisenhandels; im Jahr 1861 wurde hier die Österreichische Alpine Montangesellschaft gegründet und 1868 kam der Anschluss an das Eisenbahnnetz.

Sehenswertes in Leoben und Umgebung

Altstadt

Mittelpunkt der Altstadt in der Murschleife bildet der von Boris Podrecca neu gestaltete Hauptplatz, flankiert vom Hacklhaus mit prachtvollen Barockverzierungen (um 1660) und dem wappengeschmückten Alten Rathaus (1585).
In der Homanngasse findet man **eines der ältesten bürgerlichen Theater Österreichs**, das seit seiner Gründung 1790 bespielt wird. Der Mautturm, wegen seiner pilzförmigen Haube vom Volksmund auch Schwammerlturm genannt, wurde von P. Carlone geschaffen. Meist nachdenkliche Blicke erntet beim Neuen Rathaus am Stadtkai die Skulptur »Double Wedding« von Dennis Oppenheim.

Kunsthalle

An das Neue Rathaus schließt sich die Kunsthalle Leoben an, die beachtliche Ausstellungen zu den Kulturen diverser exotischer Völker ausrichtet (Kirchgasse 8; Öffnungszeiten: Di. – So. 9.00 – 18.00 Uhr, www.museumscenter-leoben.at).

◄ St. Xaver

Daneben erhebt sich die Pfarrkirche St. Xaver (1660–1665), deren Inneres den für den jesuitischen Barockstil in Österreich charakteristischen üppigen, schwarzgoldenen Schmuck aufweist.

◄ Maria am Waasen

Südlich der Murbrücke liegt die Kirche Maria am Waasen aus dem 14./15. Jahrhundert. Über das vierjochige Schiff spannt sich ein schönes Netzrippengewölbe. Beeindruckend sind die Glasgemälde im Chor (um 1410).

LEOBEN ERLEBEN

AUSKUNFT

Tourismusverband Leoben
Peter-Tunner-Straße 2, A-8700 Leoben
Tel. 0 38 42/4 81 48, Fax 4 83 41
www.leoben.at

ESSEN

► Preiswert

① ***Arkadenhof***
Am Hauptplatz 11, A-8700 Leoben
Tel. 0 38 42/4 20 74
Die älteste Brauereigaststätte Leobens (1550 erbaut) kredenzt sechs verschiedene Biere vom Fass.

ÜBERNACHTEN

► Günstig

① ***Hotel Kindler***
Straußgasse 7–11
A-8700 Leoben
Tel. 0 38 42/43 20 20
Fax 43 20 26
www.kindler.at
Modern ausgestattetes 3-Sterne-Hotel mit familiärer Atmosphäre im Zentrum von Leoben, ganz in der Nähe des Schwammerlturms und der Fußgängerzone.

Gösser Brauerei

Die bekannte Gösser Brauerei im südlichen Stadtteil Göss hat ihren Sitz im **ältesten österreichischen Benediktinerinnenstift** (1020 gegründet, 1782 aufgehoben). Hier pflegt man die Kunst des Bierbrauens seit 1459. Das »Gösser« wird heute in alle Welt exportiert.

Wild- und Freizeitpark Mautern

Westlich von Leoben erreicht man Mautern (713 m.; 1900 Einw.), Hauptort des Liesingtals. Oberhalb liegt auf 1250 m Höhe der Wild- und Freizeitpark "Elfenberg". Greifvogelvorführungen, Kindererlebnispark, Streichelzoo und mehr als 200 Wildtiere, darunter Bären, Wölfe und Berberaffen, sorgen für regen Andrang (Öffnungszeiten: tgl. 9.00 – 16.00 Uhr, www.elfenberg.at).

Liechtenstein

B/C 5

Souveräner Staat
Hauptstadt: Vaduz
Einwohnerzahl: 35 450
Fläche: 160 km²
Höhe: 460 – 2124 m ü.d.M.

Liechtenstein ist einer der kleinsten, aber reichsten selbstständigen Staaten der Welt und gerät gelegentlich als »Geldwäscheroase« in die Schlagzeilen.

Kleinstaat zwischen Rätikon und Rhein

Das nur ca. 24 km lange und 12 km breite Fürstentum Liechtenstein liegt im Alpengebiet zwischen dem österreichischen Bundesland Vorarlberg sowie der Schweiz und erstreckt sich von der Westabdachung des Rätikon zum Rhein.

Aus der ca. 430 m hoch liegenden Rheinebene im Norden ragen vereinzelt Hügel und niedrige Berge auf, während der von Ausläufern des Rätikons geprägte Süden des Landes sehr gebirgig ist und mit der Grauspitze, dem höchsten Berg, eine Höhe von 2599 m erreicht. Liechtenstein besteht zu zwei Dritteln aus Gebirge, rund 35 % der Landesfläche sind bewaldet. Ein Abstecher in das Fürstenturm lohnt sich sowohl für historisch Interessierte, Kunstliebhaber und Briefmarkensammler als auch für Wanderfreunde und Wintersportler.

Wirtschaft

Mittlerweile ist nur noch 1 % der Erwerbstätigen im Agrarbereich beschäftigt und der Anteil der Landwirtschaft am Bruttoinlandsprodukt liegt lediglich bei 2 %, obwohl 40 % der Landesfläche landwirtschaftlich genutzt werden (Obst- und Gemüseanbau in der Rheinebene, Milch- und Viehwirtschaft in der Gebirgsregion). Reich geworden ist Liechtenstein, dessen Bewohner über **eines der höchsten Pro-Kopf-Einkommen der Welt** verfügen, als Industriestandort und vor allem als international bedeutender Finanzplatz. Wegen seines Bankgeheimnisses und der günstigen Steuergesetze wurde das Land Sitz zahlreicher Holdinggesellschaften, so dass schätzungsweise zwischen 40 000 und 100 000 »Briefkastenfirmen« hier registriert sind.

Bevölkerung

Die Amtssprache ist Deutsch, im Alltag spricht man einen alemannischen Dialekt. Etwa 80 % der Einwohner sind katholisch, 7 % protestantisch, die im Land lebenden Ausländer (v. a. Schweizer, Österreicher, Deutsche) machen ca. ein Drittel der Gesamtbevölkerung aus.

Geschichte

15 v. Chr.	Liechtenstein gehört zur römischen Provinz Rätien.
5. Jh.	Alemannische Germanen besetzen das Land.
1342	Grafschaft Vaduz entsteht.
1719	Kaiser Karl VI. erhebt verschiedene Herrschaften zum unmittelbaren Reichsfürstentum Liechtenstein.
1806	Napoleon schließt das Fürstentum dem Rheinbund an.
1815–1866	Liechtenstein gehört dem Deutschen Bund an.
1852–1919	Gemeinsames Zoll- und Steuergebiet mit Österr.-Ungarn
1923	Zoll- und Währungsunion mit der Schweiz
1990	Liechtenstein wird 160. Mitglied der UNO.
1995	Beitritt zur Welthandelsorganisation (WTO)
2003	Neue Verfassung tritt in Kraft.
2008	Das Fürstentum unterzeichnet seinen Beitritt zum Schengenraum.

Im 14. Jh. beginnt die Geschichte des selbstständigen Fürstentums Liechtenstein. Zuvor war der Staat, dessen Gebiet bereits während der Jungsteinzeit besiedelt war, ab ca. 15 v. Chr. Teil der römischen

Liechtenstein und Vaduz Orientierung

Essen

① Torkel

Übernachten

① Gasthof Löwen
② Landgasthof Au

Schloss Vaduz ist Wahrzeichen Liechtensteins und Sitz der Fürstlichen Familie.

Provinz Rätien und wurde im 5. Jh. von alemannischen Germanen besetzt. Die Grafschaft Vaduz entstand im Jahr 1342, 1712 erwarb sie der aus einem niederösterreichischen Adelsgeschlecht stammende Fürst Hans Adam von Liechtenstein und vereinte sie mit der Herrschaft Schellenberg. Am 23. Januar 1719 erhob Kaiser Karl VI. die beiden Herrschaften zum Reichsfürstentum Liechtenstein. Nach Ende des Heiligen Römischen Reiches Deutscher Nation 1806 schloss Napoleon das Fürstentum dem Rheinbund an. 1815 trat Liechtenstein dem Deutschen Bund bei, dem es als souveräner Fürstenstaat bis zu dessen Zerfall 1866 angehörte. In der Zwischenzeit näherte sich Liechtenstein dem östlichen Nachbarn Österreich-Ungarn an, mit dem es 1852 bis 1919 ein gemeinsames Zoll- und Steuergebiet bildete. 1923 ging das Fürstentum mit der Schweiz eine Zoll- und Währungsunion ein. Im Zweiten Weltkrieg blieb das kleine Land, das 1868 sein Militär aufgelöst hatte, wie in allen europäischen Auseinandersetzungen zuvor, neutral. Seit 1990 steht Fürst Hans-Adam II. (geb. 1945), der schon 1984 die Regierungsgeschäfte übernommen hat, unangefochten an der Spitze des Staates.

Verfassung

Seit 1921 ist das Fürstentum Liechtenstein eine konstitutionelle Erbmonarchie. Eine neue Verfassung, die die Aufgaben von Parlament, Regierung und Fürst genau definiert, trat 2003 in Kraft. Der Landtag (Parlament) besteht aus 25 in geheimer Wahl für vier Jahre gewählten Abgeordneten; der Regierungschef und vier Regierungsräte bilden die Exekutive.

? WUSSTEN SIE SCHON ...?

- S.D. Fürst Hans-Adam II. hat nach dem Tod seines Vaters die Regentschaft am 13. November 1989 übernommen und setzte am 15. August 2004 seinen Sohn, S.D. Erbprinz Alois, als Stellvertreter ein. Er betraute ihn mit der Ausübung aller ihm gemäß Verfassung zustehenden Hoheitsrechte.

Seit der Zoll- und Währungsunion mit der Schweiz 1923 ist der Schweizer Franken **gesetzliche Währung**. Nur die Briefmarken, die – weltweit sehr begehrt – dem Land reichlich Devisen einbringen, stammen aus dem Fürstentum selbst. Liechtenstein ist Mitglied des Europarates, der Europäischen Freihandelszone (EFTA) und der Vereinten Nationen (UN). 1995 trat es dem Europäischen Wirtschaftsraum (EWR) und der Welthandelsorganisation (WTO) bei, 2008 dem Schengenabkommen.

✶ Vaduz

Residenz und Regierungssitz

Die Stadt Vaduz (460 m; 5100 Einw.), Residenz, Regierungs- und Parlamentssitz des Fürstentums Liechtenstein, ist auch das Zentrum des Fremdenverkehrs. Sie liegt nahe des rechten Rheinufers am Fuß der mächtigen Gipfel des Rätikon. In der **belebten Stadt** mit den vielen Cafés und Geschäften findet alljährlich im Sommer das internationale Open-Air-Pop-Festival »Little Big One« statt. Der Staatsfeiertag am 15. August endet immer mit einem prächtigen Feuerwerk.

Schloss Vaduz

Östlich über Vaduz erhebt sich das Schloss (nicht zugänglich), dessen Anfänge in das 12. Jh. zurückreichen. Der Bergfried und die Bauten der Ostseite bilden den ältesten Teil der Anlage. Nachdem die Eidgenossen das Schloss im Schwabenkrieg 1499 in Brand gesteckt hatten, wurden zu Beginn des 16. Jh.s die beiden Rundbastionen im Nordosten und im Südwesten angelegt. Die Westseite erhielt im 17. Jh. ihr heutiges Aussehen. Von 1901 bis 1910 wurde das Schloss im Stil des 16. Jahrhunderts restauriert.

Städtle

Im Zentrum von Vaduz liegt der Rathausplatz mit dem Rathaus. Von hier führt die autofreie Hauptstraße Städtle etwa 500 m südwärts zur neugotischen Pfarrkirche (1869–1873, Fürstengruft).

LIECHTENSTEIN ERLEBEN

AUSKUNFT

Liechtenstein Tourismus
Städtle 37, FL-9490 Vaduz
Tel. 0 04 23/2 39 63 00, Fax 2 39 63 01
www.tourismus.li

ERLEBNISPASS

Ein Pass für 2 oder 6 Tage bietet ermäßgten oder sogar kostenlosen Eintritt in viele Attraktionen.

ESSEN

► **Fein & Teuer**

① *Torkel*
Hintergasse 9, FL-9490 Vaduz
Tel. 0 04 23/2 32 44 10
www.torkel.li
Herrlicher Terrassenblick. Lokale Speisen (Spargel, Milchlamm, Lasagne mit Scampi) – so gut, dass man auf jeden Fall reservieren sollte.

ÜBERNACHTEN

► **Luxus**

① *Gasthof Löwen*
Herrengasse 35, FL-9490 Vaduz
Tel. 0 04 23/2 38 11 44
Fax 0 04 23/2 38 11 45
www.hotel-loewen.li
Ältestes Hotel in Liechtenstein mit historischen Räumlichkeiten und einzigartiger Atmosphäre. Große Gartenwirtschaft mitten im hauseigenen Weinberg mit Blick aufs Schloss.

► **Günstig**

② *Landgasthof Au*
Austrasse 2 FL-9490 Vaduz
Tel. 0 04 23/2 32 11 17
www.landgasthof-au.li
Zentral gelegen mit idyllischer, schattiger Gartenterrasse. Nur wenige Minuten Fußweg ins Vaduzer Zentrum.

Die Sammlung des Kunstmuseums konzentriert sich auf internationale moderne und zeitgenössische Kunst.

◂ Postmuseum

Am Städtle 37 steht der Engländerbau mit dem seit 1930 bestehenden Postmuseum, das u. a. die berühmten Ausgaben der Liechtensteinischen Briefmarken dokumentiert (Öffnungszeiten: Di. – So. 10.00 – 17.00, Mi. bis 20.00 Uhr).

★ ◂ Kunstmuseum Liechtenstein

Schräg gegenüber befindet sich das Kunstmuseum Liechtenstein (Städtle 32). Entworfen wurde der dunkle Kubus von den Schweizer Architekten Morger, Degelo und Kerez. Die Fassade besteht aus schwarzem, gebrochenem Basalt und farbigem Flusskies mit schwarz eingefärbtem Zement.
Einen Streifzug durch die Kunstgeschichte vom frühen 19. Jh. bis in die 1950er-Jahre bietet das Museum im Erdgeschoss. Schwerpunkte sind Expressionismus, Surrealismus und Konkrete Kunst. Im Obergeschoss ist eine opulente Auswahl von – vorwiegend barocken – Bildern, Skulpturen und Kunstkammerstücken aus den Sammlungen des Fürsten von Liechtenstein ausgestellt (Rubens, Frans Hals, van Dyck, Brueghel). Daneben wird auch moderne und zeitgenössische Kunst präsentiert, hier liegen die Schwerpunkte auf Arte Povera, Rationalisten und Minimalisten (Öffnungszeiten: Di. – So. 10.00 bis 17.00 Uhr, Do. bis 20.00 Uhr, www.kunstmuseum.li).

◂ Liechtensteinisches Landesmuseum

Am Städtle folgt der historische Gasthof Zum Hirschen (Nr. 43), der das Liechtensteinische Landesmuseum beherbergt. Es zeigt in über 40 Räumen eine Ausstellung zur Kultur- und Naturgeschichte Liechtensteins (Öffnungszeiten: wie Postmuseum, www.landesmuseum.li).

Weitere Sehenswürdigkeiten

Sehenswert sind auch das Rote Haus und der Torkel. Im **Ski-Museum** werden über 100 Jahre Ski-Geschichte anschaulich präsentiert (Fabrikstraße 5; Öffnungszeiten: Mo. – Fr. 14.00 – 18.00 Uhr).
Ein beliebtes Ausflugsziel ist die hoch über Vaduz gelegene **Ruine Wildschloss** (840 m).

Weitere Orte im Fürstentum Liechtenstein

Triesen Etwa 5 km südlich von Vaduz liegt Triesen (463 m; 4700 Einw.) mit altem Ortskern im Oberdorf. Die gotische St.-Mamertus-Kapelle hat eine romanische Apsis sowie eine wertvolle Innenausstattung aus gotischen Vesperbildern und Schnitzaltären. Sehenswert sind auch die St.-Marien-Kapelle (17. Jh.) und die Hugentobler Holzdecke in der Pfarrkirche St. Gallus. Der Ort ist Ausgangspunkt für Touren in das Lavena-, Rappenstein- und Falknisgebiet.

Winterurlaub im idyllischen Malbuntal

Eine mehrfach verzweigte Bergstraße führt von Vaduz in steilen Windungen hinauf ins schön gelegene **Triesenberg** (884 m; 2550 Einw.), einer alten Walsersiedlung.
Das **Walser-Heimatmuseum** vermittelt einen Einblick in das Leben der Bergbauern, die sich im 13. Jh. am Triesenberg angesiedelt haben (Öffnungszeiten: Mo. – Fr. 7.45 – 12.00 und 14.00 – 18.00, Sa. 8.00 – 11.00 und 13.30 – 17.00 Uhr).

Über Steg (1300), zwei um eine landwirtschaftliche Fläche angelegte ringförmige Siedlungen, erreicht man das 1600 m hoch gelegene **Malbun.** Hier enden das Hochtal und die Straße. Im Winter ist der kleine Weiler **Mittelpunkt des Liechtensteiner Skisports**. Die Sesselbahn, die von hier auf das 2014 m hohe Sareiser Joch hinauffährt, ist auch im Sommer in Betrieb.

Balzers Etwa 5 km südlich von Triesen erreicht man Balzers (472 m; 4500 Einw.). Einen Besuch lohnen die Burg Gutenberg, ferner die gotische Kapelle St. Peter im Ortsteil Mäls und die Wallfahrtskapelle Maria Hilf. Im Gebiet von Balzers fand man bei Grabungen Objekte aus prähistorischer Zeit.

Schaan Der Industriestandort Schaan (5750 Einw.) liegt 3 km nördlich von Vaduz, am Fuß des Drei-Schwestern-Massivs. Die spätgotische Kapelle St. Peter steht auf den Grundmauern eines römischen Kastells (4. Jh.). Im Dorfmuseum wird über die Geschichte von Schaan informiert, außerdem finden Wechselausstellungen zum Kunstschaffen der Region statt. Über dem Ort befindet sich in idyllischer Lage die barocke Wallfahrtskapelle Maria zum Trost (»Dux«; 18. Jh.), einer der wenigen Barockbauten des Landes. Auf einer Nebenstraße gelangt man zur kleinen Walsersiedlung **Planken**, von deren Bergterrasse man einen weiten Blick über das Rheintal und die gegenüberliegenden Schweizer Berge hat. Es ist Ausgangspunkt für Wanderungen im Drei-Schwestern-Gebiet.

! *Baedeker* TIPP

Empfehlenswerte Brotzeit

Für manchen ist sie Liechtensteins schönstes Restaurant, die Wirtschaft »Zum Löwen« in Schellenberg. Im Sommer sitzt man auf der üppig bepflanzten Wirtshausterrasse, genießt den Blick über das Tal und die hausgemachten Käsknöpfli (Winkel 5; Öffnungszeiten: Mo., Di., Fr., Sa. 8.00 bis 23.00, So. ab 18.00 Uhr, www.loewen.li).

Etwa 5 km nordöstlich von Schaan erreicht man über die Straße Nr. 16 das Dorf **Nendeln**, zusammen mit dem weiter westlich gelegenen **Eschen** das Zentrum (4150 Einw.) des Liechtensteiner Unterlandes. In beiden Orten kamen recht bemerkenswerte Funde zutage, wie in Nendeln die Grundmauern einer römischen Villa. Sehenswerte Gebäude sind das Pfrundhaus, die Heiligkreuzkapelle auf dem Rofenberg (ehemals Versammlungsplatz) sowie die Kapellen St. Sebastian und St. Rochus in Nendeln. Erwähnung verdient ferner die beim Sportpark Eschen-Mauren errichtete Gedenkstätte für den Liechtenstein-Besuch von Papst Johannes Paul II. am 8. September 1986.

Gamprin-Bendern, Schellenberg

Am Ausläufer des Eschenberges liegt die Gemeinde Gamprin-Bendern (1524 Einw.). Von hier führt der »Historische Höhenweg Eschnerberg« nach Schellenberg mit den Ruinen der Oberen und der Unteren Burg Schellenberg. Beide Burgen waren ab dem 13. Jh. im Besitz der aus dem süddeutschen Raum stammenden Herren von Schellenberg. Das »Biedermann-Haus« in Schellenberg (www.schellenberg.li), ein Holzbau aus dem 16. Jh., gibt als Zweigstelle des Landesmuseums Einblick in die bäuerliche Wohnkultur um 1900.

★ Lienz

J 6

Bundesland: Tirol
Höhe: 673 m ü.d.M.
Landesteil: Osttirol
Einwohnerzahl: 11 950

Lienz – als Sonnenstadt von Tirol bekannt – bricht mit der Zahl der jährlichen Sonnenstunden österreichische Rekorde. Seine klimatisch begünstigte Lage im weiten Talbecken der Drau, ist seit langem bekannt, wie Siedlungsspuren aus vielen Epochen bezeugen.

Geschichte

Der Ort war vermutlich schon eine Siedlung der Illyrer, wurde um 1100 als »Luenza« erwähnt und erhielt 1252 Stadtrecht. Im 14. und 15. Jh. war Lienz Sitz der Grafen von Görz, später derer von Wolkenstein. Danach verlor es an politischer Bedeutung.

Lienz Orientierung

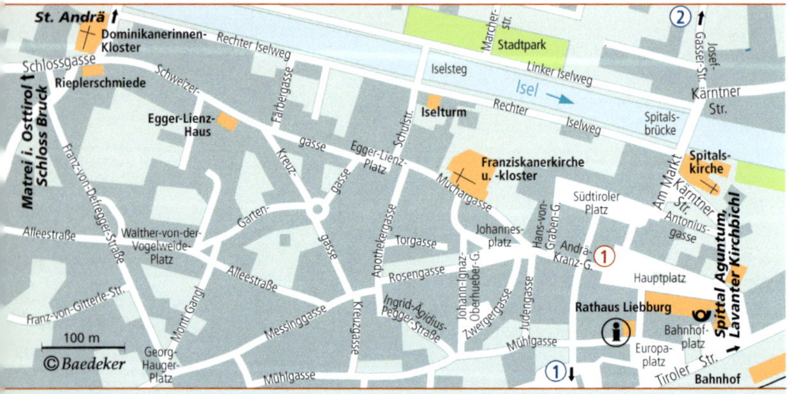

Essen
① Parkhotel Trifachersee
② Hotel Haidenhof

Übernachten
① Traube (Romantikhotel)

Traurige Erinnerungen wecken die Gräber auf dem Kosakenfriedhof im Lienzer Stadtteil Peggetz. Im Sommer 1945 lagerten in den Wäldern rund um Lienz 25 000 Kosaken, die auf deutscher Seite gegen die Rote Armee und Tito-Partisanen gekämpft hatten. Als sie von den Briten an die Sowjetunion ausgeliefert werden sollten, nahmen sich viele von ihnen das Leben.

Stadtbild

Auffallend im Erscheinungsbild der reizvollen Dolomitenstadt, das sieben alte Kirchen, zwei Klöster und Teile der Stadtmauer (darunter der Iselturm) prägen, ist die Bauweise der Häuser. Anders als in den Innstädten wie Innsbruck und Hall, wo die Häuser tief nach hinten reichen sowie eine schmale Straßenfassade und straßenseitige, aneinander gefügte Giebel- oder Grabendächer aufweisen, sind die Lienzer Häuser mit einem oder zwei Stockwerken niedriger, lang gestreckt und besitzen eine straßenseitige Traufe.

Sehenswertes in Lienz

Hauptplatz

Kern der Lienzer Altstadt am Ufer der Isel ist der schildförmige, mit dem Florianibrunnen geschmückte Hauptplatz, der in den Sommermonaten in eine Fußgängerzone verwandelt wird. An die langjährige Adelsherrschaft erinnert am Hauptplatz die Liebburg mit ihren beiden zwiebelhaubenbewehrten Ecktürmen. Sie wurde im 17. Jh. durch die Grafen von Wolkenstein als Residenz errichtet. Nach dem Umbau dient sie heute als Rathaus. Am östlichen Ende des Hauptplatzes steht die alte Friedhofskapelle (urspr. 16. Jh.) mit einem vorgesetzten Rundturm. In der vom Johannes- zum Egger-Lienz-Platz führenden Muchargasse erhebt sich die einschiffige Franziskanerkirche mit einer gotischen Pietà und beachtenswerten mittelalterlichen Wandmalereien. Die Schweizergasse führt vom Egger-Lienz-Platz westlich weiter zur Klösterlekirche (z. T. 13. Jh.) des erneuerten Dominikanerinnenklosters. Gegenüber in einem alten Holzhaus befindet sich die Rieplerschmiede, die seit 1966 Freilichtmuseum ist.

Lienzer Impressionen: Liebburg am Hauptplatz

Die hoch gelegene Pfarrkirche St. Andrä am nördlichen Iselufer ist **eines der bedeutendsten gotischen Bauwerke Osttirols** (1457 geweiht, Chor im 18. Jh. verändert). Bei der Orgelempore befinden sich die Hochgräber der Burggrafen aus dem Hause Görz-Tirol und Wolkenstein, beide aus rotem Adneter Marmor. Der gelungene Orgelprospekt mit den plastischen Arbeiten von Adam Baldauf aus Brixen und bemalten Flügeln stammt aus dem Jahr 1618. Die Flügelaltäre sind Werke von Friedrich Pacher, das Holzkruzifix im rechten Seitenaltar entstand um das Jahr 1500.
Arkaden mit Wandbildern umschließen den Kirchhof. Die Totenkapelle in der Kriegergedächtnisstätte hat Clemens Holzmeister erbaut (1925). Im Inneren beeindrucken vier großartige Wandbilder von Albin Egger-Lienz (1868 – 1926). Der Maler wurde in Stribach bei Lienz geboren und ist in der Kapelle beigesetzt.

★ Schloss Bruck

Im Westen der Stadt erhebt sich auf einer bewaldeten Anhöhe Schloss Bruck. Es wurde im 13. Jahrhundert mit einem mächtigen Bergfried erbaut und im 16. Jahrhundert erweitert. Eine Zeitlang war es die Residenz der Grafen von Görz, später kam es in den Besitz der Habsburger. Seit 1943 ist in dem Schloss das **Osttiroler Heimatmuseum** untergebracht. Gezeigt werden Werke einheimischer Künstler, insbesondere Gemälde von Franz Defregger (1835 – 1921) und Albin Egger-Lienz (1868 – 1926). Zum Bestand des Museums gehören auch volkskundliche und naturwissenschaftliche Sammlungen (Öffnungszeiten: Mitte Mai – Anf. Sept. tgl. 10.00 – 18.00, Anf. Sept. – Okt. Di. bis So. bis 16.00 Uhr, www.museum-schlossbruck.at).

Umgebung von Lienz

Aguntum Etwa 5 km östlich von Lienz (an der B 100) erreicht man die freigelegten Reste der Römerstadt Aguntum, der **ältesten römischen Talsiedlung in Österreich** (1./ 2. Jh. n. Chr.). Die umfangreichen, noch nicht abgeschlossenen Ausgrabungen brachten bisher ein Atriumhaus, eine Thermenanlage und ein Stadttor zutage. Den Besuchern stehen ein kleines Museum und ein 18 m hoher Aussichtsturm offen (Öffnungszeiten: Mitte April – Mai Mo. – Sa. 9.30 – 16.00, Juni bis Mitte Sept. tgl. 9.30 –18.00, Mitte Sept. – Okt. tgl. 9.30 – 16.00 Uhr).

Lavanter Kirchbichl Rund 6 km südöstlich von Lienz befindet sich der »Lavanter Kirchbichl«, nach seinem Fundort auf dem 810 m hohe Kirchbichl benannt. Neben Reliefsteinen aus der römischen Kaiserzeit ist besonders eine frühchristliche Kirchenanlage, die seit 1948 bei Ausgrabungen freigelegt wurde, zu beachten. Dabei hat man mehrere Bauphasen festgestellt: Nachdem die Kirche im 6. Jh. zerstört worden war, entstand im Mittelalter die Pfarrkirche St. Ulrich. Am Gipfel des Hügels steht die über einer frühchristlichen Kultstätte erbaute Kirche St. Peter und Paul, in deren Hauptaltar römische Fragmente mit figürlichen Darstellungen und Inschriften integriert sind.

★ **Lienzer Dolomiten** Im Süden von Lienz liegen zwischen Drautal und Gailtal die Lienzer Dolomiten, der nordwestliche Teil der Gailtaler Alpen. Mit ihren eindrucksvollen Gipfeln, darunter die Große Sandspitze (2770 m), die

LIENZ ERLEBEN

AUSKUNFT

Tourismusverband Lienzer Dolomiten
Europaplatz 1, A-9900 Lienz
Tel. 0 50 21/6 24 00, Fax 40 02
www.lienz-tourismus.at

ESSEN

► Erschwinglich

① ***Parkhotel Tristachersee***
Tristachersee 1, A-9900 Lienz
Tel. 0 48 52/6 76 66
www.parkhotel-tristachersee.at
Treffpunkt für Genießer mit ansprechender Atmosphäre. Forellen aus eigener Zucht.

② ***Hotel Haidenhof***
A-9900 Lienz
www.haidenhof.at
Tel. 0 48 52/6 24 40
Hier werden Gemüse und Salate von heimischen Betrieben und Kräuter aus dem Haidenhofgarten verwendet. Und es gibt das in Lienz gebraute Haidenhofbier frisch vom Faß.

ÜBERNACHTEN

► Komfortabel

① ***Romantikhotel Traube***
Hauptplatz 14, A-9900 Lienz
Tel. 0 48 52/6 44 44, Fax 6 41 84
www.hoteltraube.at
Modernen Komfort und Tradition findet man hier auf gelungene Art vereint. Lob verdient der Blick vom Panorama-Hallenbad des Hotels. Und der Chef ist Sommelier.

Schon die Römer und die frühen Christen schätzten eine schöne Aussicht, wie man an der Lage des Lavanter Kirchbichls erkennen kann.

höchste Erhebung des ganzen Gebirges, und der Hochstadel (2681 m) mit 1500 m hoher Nordwand, zählen sie zu den prächtigsten Gruppen der österreichischen Alpen. Sie bieten zahlreiche Möglichkeiten für Berg- und Klettertouren aller Schwierigkeitsgrade.

Schobergruppe

Nördlich von Lienz liegt die dem Großglocknergebiet vorgelagerte Schobergruppe, ein über 3200 m hoher Gebirgsstock zwischen dem Iseltal und dem Mölltal (Petzeck, 3283 m; Roter Knopf, 3281 m; Hochschober, 3240 m). Bizarre Gipfel, schön geformte Kare, kleine Seen und zahlreiche Firngletscher charakterisieren das Gebiet.

★ Linz

M 3

Bundesland: Oberösterreich **Höhe:** 260 m ü.d.M.
Einwohnerzahl: 189 300

Linz ist die Hauptstadt des Bundeslandes Oberösterreich, zugleich die nach Wien und Graz drittgrößte Stadt Österreichs. Die »Europäische Kulturhauptstadt« 2009 bietet eine interessante Mischung von lebendiger Geschichte und zukunftsorientierter Gegenwart.

Vergangenheit und Moderne

Aus der traditionellen Handels- und Industriestadt wurde ein Zentrum neuer kultureller und wirtschaftlicher Ideen. Linz bietet einen repräsentativen Querschnitt österreichischer Geschichte: Eisen und Stahl, exquisit dargebotene Musik und zukunftsträchtige Technologien wie die virtuellen Welten im Ars Electronica Center, aber auch heiteres Straßentheater, Bummeln durch gemütliche Altstadtgassen und Einkehr in heimelige Gasthöfe.

Geschichte

799	Das von den Römern besiedelte »Lentia« wird in einer Urkunde Karls des Großen als »Linze« bezeichnet.
1490	Kaiser Friedrich II. erhebt Linz zur Hauptstadt.
1785	Linz wird Bischofssitz.
19. Jh.	Einsetzende Industrialisierung fernab des Stadtkerns

Aufgrund der strategisch günstigen Lage in einem Donauknie an der Stelle, wo sich das in die Ausläufer des Böhmerwaldes eingeschnittene Tal zum Linzer Becken weitet, siedelten hier bereits Kelten und Römer. Am Schnittpunkt der Handelswege nach Böhmen, Italien und Wien entwickelte sich die römische Siedlung **»Lentia«** im Mittelalter zu einem bedeutenden Handelszentrum. Kaiser Friedrich III., der 1485–1493 hier residierte, erhob Linz 1490 zur »Hauptstadt ob der Enns«. 1497 erhielt die Stadt die Erlaubnis zum Bau einer Donaubrücke, 1785 wurde sie Bischofssitz. Heute spielen neben dem Handel auch Verkehr und Industrie eine große Rolle, wie sich an den weiten Hafenanlagen und dem ausgedehnten Industriegelände im Osten der Stadt zeigt.

Linz besitzt einen der größten Stadtplätze Österreichs. In seiner Mitte erhebt sich die barocke Dreifaltigkeitssäule mit ihrem überreichen Figurenschmuck.

Linz Orientierung

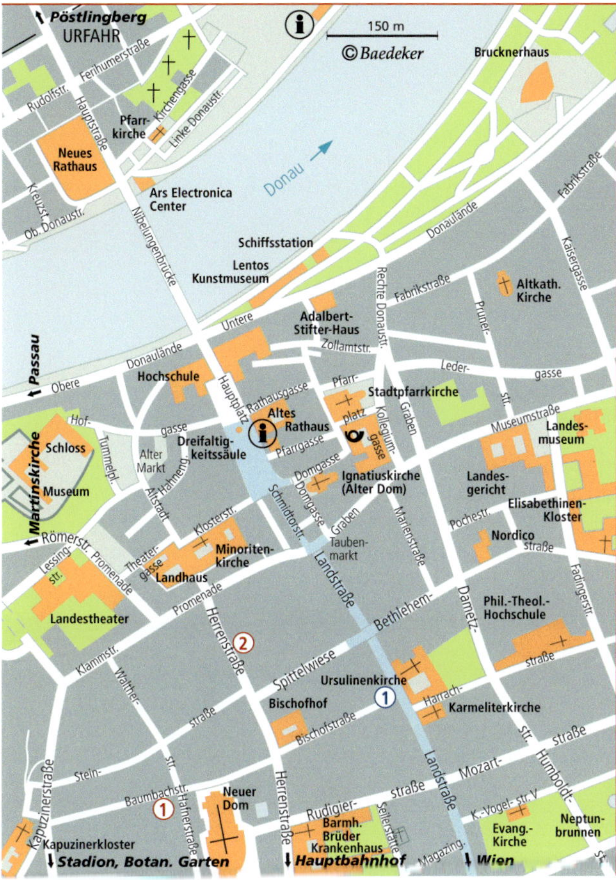

Essen

① Zum Klosterhof

Übernachten

① Domhotel

② Hotel Zum Schwarzen Bären

Sehenswertes in Linz

★ **Hauptplatz**

Den Mittelpunkt der Altstadt bildet der 220 m lange und 60 m breite Hauptplatz, **der größte mittelalterliche Stadtplatz Österreichs**. Er besitzt eine beeindruckende Kulisse barocker Häuser mit schönen Renaissancehöfen und ist im Sommer Bühne für das wöchentliche Freitag Open-Air-Konzert im Rahmen des Linzer Kultursommers.

◄ »Linz Genesis«

An der Ostseite steht das Rathaus aus dem 17. Jahrhundert, in dem das Museum **»LinzGenesis«** die Stadtgeschichte im Zeitraffer und konzentriert auf wenige herausragende Aspekte vorstellt (Altes Rathaus; Öffnungszeiten: Mo. – Fr. 9.00 – 13.00 und 14.00 – 18.00 Uhr, Tel. 07 32/70 70 19 20, www.nordico.at).

LINZ ERLEBEN

AUSKUNFT

Touristinformation Linz
Hauptplatz 1, A-4010 Linz
Tel. 07 32/70 70 17 77, Fax 77 28 73
www.linz.at

DONAUSCHIFFAHRT

Donauschiffahrt Wurm & Köck
Untere Donaulände 1,
Tel. 07 32/78 36 07, Fax 78 36 07 20
www.donauschiffahrt.de

SHOPPING

Viele exklusive Geschäfte und Restaurants auf einem Fleck findet man in der Passage Linz, in der Arkade Taubenmarkt oder im Atrium City Center in der Mozartstraße.

ÜBERNACHTEN

► Komfortabel

① ***Domhotel***
Baumbachstraße 17, A-4020 Linz
Tel. 07 32/77 84 41
www.domhotel.at
Das zentral gelegene Domhotel ist gut ausgestattet. Es gibt eine Sauna, ein Solarium und einen Fitnessraum.

► Günstig

② ***Hotel Zum Schwarzen Bären***
Herrenstraße 9, A-4020 Linz
Tel. 07 32/77 24 77, Fax 77 24 77 47
www.linz-hotel.at
Zentral gelegenes, gutbürgerliches Hotel im Herzen der Fußgängerzone.

ESSEN

► Erschwinglich

① ***Zum Klosterhof***
Landstraße 30, A-4020 Linz
Tel. 07 32/77 33 73, Fax 77 33 73 21
Der 1930 gegründete Betrieb wird in einem denkmalgeschützten Haus geführt und verfügt über einen der schönsten und größten Gastgärten Oberösterreichs.

Stadtbummel gefällig? Die Linzer Altstadt beim Landhausportal

Die 20 m hohe Dreifaltigkeitssäule aus Salzburger Marmor wurde 1723 als Dank für abgewendete Pest-, Feuer- und Kriegsgefahr errichtet. Vom Hauptplatz startet der Minizug **Linz City Express**, der jeden Tag zwischen 10.00 und 18.00 Uhr stündlich zu einer Stadtrundfahrt aufbricht (Info-Tel. 07 32/79 75 55, www.geigers.at).

Minoritenkirche

In der vom Hauptplatz abzweigenden Klosterstraße kommt man nach wenigen Schritten zur Minoritenkirche. An der Ausgestaltung in Rokoko waren auch der Kremser Schmidt (Seitenaltargemälde) und Bartolomeo Altomonte (Hochaltargemälde) beteiligt.

Landhaus

Daneben steht das Landhaus, ein weiträumiger Renaissancebau mit drei Innenhöfen an der Stelle des früheren Minoritenklosters, wo heute die Landesregierung von Oberösterreich tagt. Das prächtige Portal zeigt die Wappen der österreichischen Kernländer. Glanzstück des sehenswerten Laubenhofes ist der achteckige Planetenbrunnen (1582). Von 1612 bis 1626 lehrte der Astronom **Johannes Kepler** (1571–1630) an dem Kollegium, das sich einst im Landhaus befand.

Über die »Altstadt« genannte Gasse, an der die schönsten Häuser der Stadt zu sehen sind, führt der Weg hoch zum **Schloss**. Die einstige Residenz des Kaisers Friedrich III. wurde 1610 für Kaiser Rudolf II. in die heutige imposante Form gebracht. Vom Vorgängerbau sind noch die Befestigungsmauer, die Bastionen und das Friedrichstor erhalten, das mit dem Wappenstein (1481) und der Devise AEIOU – gedeutet als »Austria Est Imperare Orbi Universo«, »Alles Erdreich Ist Österreich Untertan« oder »Austria Erit In Orbe Ultimo«, »Österreich wird ewig bestehen« – Kaiser Friedrichs III. geschmückt ist. In den 1950er-Jahren ausgebaut, beherbergt es heute das **Schlossmuseum** mit Sammlungen zur oberösterreichischen Kunst- und Kulturgeschichte vom Mittelalter bis zur Moderne sowie volkskundliche Sammlungen (Öffnungszeiten: Di. – Fr. 9.00 – 18.00, Do. 9.00 bis 21.00, Sa. und So. 10.00 – 17.00 Uhr, www.schlossmuseum.at).

! *Baedeker* TIPP

Süßer Gruß

Die originale Linzer Torte, jene herrliche Verführung aus dunklem Teig und Johannisbeermarmelade, kann man nicht nur verzehren, sondern anstelle einer trockenen Postkarte auch verschicken. Die traditionsreiche Konditorei Leo Jindrak in der Herrenstraße 22-24, 1999 ins Guinness Buch der Rekorde eingegangen mit der größten Linzer Torte aller Zeiten (Durchmesser: 4 m!), bietet den süßen Gruß – in handlicher Größe – zum Versand an (www.linzertorte.at).

★ Martinskirche

Bevor man über die Römerstraße wieder in die Altstadt hinabgeht, lohnt sich ein kurzer Abstecher in westlicher Richtung zur kleinen Martinskirche. Ursprünglich über einem Kleeblattgrundriss erbaut und 799 erstmals urkundlich erwähnt, ist sie wohl das **älteste noch bestehende Gotteshaus in Österreich.** Zu ihrem Bau wurden auch Fragmente römischer Grabsteine verwendet.

Die sog. Linzer Klangwolke ist der faszinierende Versuch, Musik mit moderner Technik »sichtbar« zu machen.

Landestheater Von der Römerstraße führt der Weg zur Promenade mit dem 1803 erbauten Landestheater, das Clemens Holzmeister 1956 durch den Bau für Kammerspiele erweitert hat.

Neuer Dom Über die Herrenstraße südwärts gelangt man zum Neuen Dom, 1862–1924 nach Plänen des Kölner Dombaumeisters Statz im neugotischen Stil errichtet. Der Turm der dreischiffigen Säulenbasilika aus gelblichem Sandstein mit Chorumgang und Kapellenkranz durfte – so erzählt man sich – die Höhe von 134 m nicht überschreiten, um den Wiener Stephansdom nicht zu übertreffen. Beachtenswert sind die schönen Gemäldefenster.

Karmeliterkirche Der Rudigierstraße östlich des Neuen Doms folgt man bis zur Landstraße (Fußgängerzone) und wendet sich nordwärts. Rechter Hand sieht man die Karmeliterkirche (1690 –1723) und die Ursulinenkirche (1736 – 1757). Das ehemalige Ursulinenkloster dient heute als »Landeskulturzentrum Ursulinenhof«.

OK-Zentrum Zwischen den beiden Kirchen führt rechter Hand die Harrachstraße zum »Offenen Kulturhaus« (OK-Zentrum), das zeitgenössische Kunst ausstellt (OK Platz 1; Öffnungszeiten: Mo. – Do. 16.00 bis 22.00, Fr., Sa., So. 11.00 – 22.00 Uhr, www.ok-zentrum.at).

Deutschordens-kirche ▶ Einige Schritte weiter erhebt sich die Deutschordens- oder Seminarkirche, die 1718 bis 1725 von Johann Michael Prunner nach Plänen von L. v. Hildebrandt errichtet wurde und **einer der bemerkenswertesten Sakralbauten von Linz** ist.

Stadtmuseum Nordico

In der Bethlehemstraße Nr. 7 lädt das 2007/2008 umfangreich modernisierte Stadtmuseum zu einer ausgiebigen Erkundung der Linzer Vergangenheit – und das in einem reizenden, 1607–1610 errichteten Vorstadtpalais. Das Gebäude diente von 1710 bis 1786 als Jesuitenkonvikt für junge Männer aus nördlichen Ländern, daher der Name »Nordico« (Öffnungszeiten: Di. – So. 10.00 – 18.00, Do. bis 21.00, Sa. und So. 13.00 – 17.00 Uhr, www.nordico.at).

Landesgalerie

Über die Fadingerstraße erreicht man das »Francisco Carolinum«, das Sitz der Landesmuseen ist und die Landesgalerie beherbergt, die v. a. Kunst des 20. Jh.s ausstellt (Museumstr. 14; Öffnungzeiten: Di., Mi., Fr. 9.00 – 18.00, Do. bis 21.00, Sa. u. So. 10.00 – 17.00 Uhr).

Stadtpfarrkirche Mariä Himmelfahrt

Bummelt man weiter in westlicher Richtung, kann man auf dem Pfarrplatz einen Blick in die Stadtpfarrkirche Mariä Himmelfahrt werfen. Rechts vom Hochaltar ist das Herz des 1493 in Linz gestorbenen Kaisers Friedrich III. beigesetzt, der restliche Leichnam wurde in den Wiener Stephansdom überführt.

Alter Dom

Der nahe gelegene Alte Dom wurde 1669 bis 1678 im Stil des Jesuitenbarock errichtet. Seine Orgel heißt nach ihrem genialsten Spieler **»Brucknerorgel«** – der Musiker und Komponist war hier von 1856 bis 1868 als Organist engagiert.

*** Lentos Kunstmuseum Linz**

Jüngste Attraktion der Stadt ist am südlichen Donauufer das Lentos Kunstmuseum Linz, eines der wichtigsten Museen für moderne Kunst in Österreich. Der klare, lang gestreckte Bau der Züricher Architekten Weber und Hofer stellt Werke des Expressionismus, der deutschen und österreichischen Malerei des vergangenen Jahrhunderts, angloamerikanische Pop-Art und künstlerische Fotografie aus (Öffnungszeiten: tgl. 10.00 – 18.00, Do. bis 21.00 Uhr, www.lentos.at).

Adalbert-Stifter-Haus

An der Unteren Donaulände (Nr. 6) wohnte Adalbert Stifter von 1848 bis zu seinem Tod 1868. Der Pädagoge, Maler und Schriftsteller war von 1850 bis 1865 als Schulrat für Oberösterreich tätig. Das Haus umfasst einen Gedenkraum, ein Museum für die oberösterreichische Literaturgeschichte sowie eine Kunstgalerie (Öffnungszeiten: Di., Mi. 10.00 – 15.00, Do. bis 18.00 Uhr, www.stifter-haus.at).

Brucknerhaus

Weiter stromabwärts erreicht man das Brucknerhaus, ein 1974 eröffnetes Konzert- und Kongresszentrum des finnischen Architekten Heikki Siren. Es ist Veranstaltungsort des jährlichen Internationalen Brucknerfestes. Der umliegende Donaupark bietet als besondere Attraktion alljährlich ein klassisches Open-Air-Konzert und die **Linzer Klangwolken**: mit modernster (Laser-)Technik visualisierte Musik.

Botanischer Garten

Der Botanische Garten westlich der Altstadt begeistert die Freunde stachliger Schönheiten mit einer der **umfangreichsten Kakteen-**

sammlungen Europas von rund 1100 Kakteenarten. Auch das Alpinum, das Rosarium und das Tropenhaus sind einen ausgiebigen Blick wert (Roseggerstraße 20; Öffnungszeiten: Nov. – Feb. tgl. 8.00 bis 17.00, März u. Okt. tgl. bis 18.00, April u. Sept. bis 19.00, Mai bis Aug. tgl. 7.30 – 19.30 Uhr; Gewächshäuser: tgl. 8.00 – 17.00 Uhr).

✶ Ars Electronica Center

Mit dem direkt an der Nibelungenbrücke gelegenen Ars Electronica Center verfügt Linz über eine außergewöhnliche Museumsattraktion. In dem **»Museum der Zukunft«** können die Besucher neueste Technologien und Medienentwicklungen in den Bereichen Bildung und Arbeitswelt, Lernen und Lehren, Stadtplanung und virtual reality studieren und ausprobieren. Alljährlich im September findet das »Ars Electronica Festival« mit Konzerten, Vorträgen und Ausstellungen statt (nach langen Umbauarbeiten jetzt wieder in der Hauptstraße 2; Öffnungszeiten: Di., Mi., Fr. 9.00 – 17.00, Do. bis 21.00, Sa. und So. 10.00 – 18.00 Uhr, www.aec.at).

✶ Pöstlingberg

Die 1898 eröffnete Bahn auf den westlich gelegenen Linzer Hausberg, den Pöstlingberg (537 m) mit barocker Wallfahrtskirche, gilt als die **steilste Adhäsionsbahn der Welt**. Sie überwindet auf 2,9 km 255 Höhenmeter. Der herrliche Ausblick reicht über das Mühlviertel und die Ausläufer des Böhmerwaldes im Norden über die Kalkalpen im Süden vom Ötschergebiet bis zum Traunstein bei Gmunden.

Märchenwelt

In der 1906 eröffneten **Grottenbahn** in dem einstigen Befestigungsturm fährt der Drachenzug kleine und große Besucher durch eine bunte Märchenwelt. Auch eine maßstabsgetreue Nachbildung der Linzer Altstadt wird geboten (Am Pöstlingberg 16; Öffnungszeiten: März, Sept., Okt. tgl. sowie Adventssonntage 10.00 – 17.00, Juni bis Aug. tgl. bis 18.00 Uhr).

Linzer Tiergarten

Im Linzer Tiergarten am Fuß des Pöstlingbergs haben rund 600 verschiedene Säugetiere, Reptilien, Vögel und Fische eine Heimat gefunden (Windflachweg 1; Öffnungszeiten: April – Okt. tgl. 9.00 – 19.00 Uhr, sonst 9.30-17.00 Uhr, www.zoo-linz.at).

Umgebung von Linz

✶ Wilhering

Nach Meinung vieler Kritiker ist sie die **schönste Rokokokirche Österreichs**: die Kirche der 1146 gegründeten, im 18. Jh. nach einem Brand wieder erbauten Zisterzienserabtei in Wilhering, gut 8 km donauaufwärts. Das lichtdurchflutete Gotteshaus besticht durch eine wundervolle Raumwirkung. Die Altarbilder stammen von Martin Altomonte, die Fresken von seinem Sohn Bartolomeo.

Schloss Hartheim

Etwa 15 km westlich von Linz, in der Ortschaft Alkoven, erinnert das Renaissanceschloss Hartheim an die schrecklichsten Zeiten österreichischer Geschichte. Während des nationalsozialistischen Regimes wurden hier rund 30 000 Menschen mit Behinderungen und Häftlinge aus dem Konzentrationslager Mauthausen, östlich von Linz (► Donautal), durch Vergasung ermordet. Die Gedenkstätte nimmt sich auf eindrückliche Weise der Thematik an (Öffnungszeiten: Mo. u. Fr. 9.00 – 15.00, Di. – Do. bis 16.00, So. 10.00 – 17.00 Uhr, www.schloss-hartheim.at).

★ Maria Saal

M 6

Bundesland: Kärnten
Einwohnerzahl: 3900
Höhe: 505 m ü.d.M.

Die Wallfahrtskirche in Maria Saal gehört zu den bedeutendsten Kultstätten Kärntens. Nachdem um 750 der als Apostel von Kärnten bezeichnete Bischof Modestus eine Marienkirche geweiht hatte, sollte von hier aus das Land nachhaltig christianisiert werden.

★ Wallfahrtskirche

Österreichisches Zentrum der Christianisierung

Rund 5 km nördlich von ► Klagenfurt, auf einer Anhöhe über dem Zollfeld gelegen, steht die Wallfahrtskirche. Der ersten Kirche von Bischof Modestus folgte eine weitere im 13. Jh. und schließlich das heutige spätgotische Gotteshaus, das zwischen 1430–1460 errichtet

Römisches Wandrelief an der Wallfahrtskirche Maria Saal, vermutlich die Darstellung einer Fahrt ins Jenseits

wurde. Kirche und Friedhof sind von einer Festungsmauer umgeben, deren Standhaftigkeit 1480 geprüft wurde, als ungarische Söldner mit unfreundlichen Absichten vor den Toren standen. Von den alten Grabsteinen an der Südwand der Kirche ist der »Keutschacher Epitaph« (um 1510) aus rotem Adneter Marmor mit einer Darstellung der Krönung Mariens beachtenswert, außerdem zwei römische Steinreliefs: Eines zeigt einen römischen Postwagen – wohl die Darstellung der Fahrt einer Toten ins Jenseits –, auf dem anderen schleift Achill Hektor um die Mauern von Troja.

Der Kärntner Herzogstuhl

Das Innere der dreischiffigen Hallenkirche ist vielfältig und harmonisch. Herrliche Fresken stellen in den Deckenfeldern über dem Mittelschiff den Stammbaum Christi (1490) mit figürlichen wie ornamentalen Elementen dar. In der Mitte des barocken Hochaltars (1714) erstrahlt das Gnadenbild, eine Muttergottes mit verzücktem Ausdruck (1425). Eindrucksvoll sind auch die beiden gotischen Flügelaltäre im Chor, der Arndorfer Altar (links) und der St.-Georgs-Altar (rechts). Im linken Seitenschiff, in der zweiten Kapelle (Sachsenkapelle), befindet sich ein karolingischer Altartisch aus der ursprünglichen Kirche, unter dem in einem römischen Sarkophag die Reliquien des hl. Modestus († 763) ruhen. Sehenswert sind darüber hinaus die Wandmalereien, besonders das Dreikönigsfresko neben dem Hochaltar (15. Jh.). Die Südwand des Querhauses schmückt ein großes Fresko von Herbert Boeckl. Vor dem Südportal der Wallfahrtskirche steht eine spätgotische Lichtsäule. Ausgewogene Proportionen lässt auch der achteckige romanische Karner erkennen, der um das Jahr 1500 mit einem freskengeschmückten Laubengang umgeben wurde.

Umgebung von Maria Saal

★ Kärntner Freilichtmuseum

Nördlich der Ortschaft Maria Saal werden im Kärntner Freilichtmuseum, dem ältesten seiner Art in Österreich, aus den verschiedenen Tälern Kärntens die Lebensweisen und handwerklichen Traditionen vergangener Jahrhunderte veranschaulicht. Mühlen, Kohlenmeiler und Kalkofen informieren über bäuerliches Handwerk, integriert ist auch ein Naturlehrpfad. Für das vielseitige Museum sollte man sich einige Stunden Zeit nehmen (Öffnungszeiten: Mai bis Mitte Okt. Di. – So. 10.00 – 18.00 Uhr, www.freilichtmuseum-mariasaal.at).

★ Kärntner Herzogstuhl

Etwa 1,5 km nördlich von Maria Saal steht neben der Bundesstraße der von einem Eisengitter umgebene uralte »Kärntner Herzogstuhl«. Auf dem aus Römersteinen zusammengefügten Doppelthron vergaben die Herzöge von Kärnten Lehen und sprachen Recht.

Virunum

Nördlich des Herzogstuhls erstreckt sich das Zollfeld, eine ausgedehnte Talebene mit kleinen Wäldern, Hügeln und Sümpfen. Dort lag Virunum, die Hauptstadt der römischen Provinz Noricum. Das riesige Amphitheater wurde inzwischen ausgegraben. Fundstücke aus Virunum sind im Kärntner Landesmuseum zu bewundern.

MARIA SAAL

AUSKUNFT

Fremdenverkehrsamt/ Gemeindeamt Maria Saal
Am Platzl 7, A-9063 Maria Saal
Tel. 042 23/22 14, Fax 22 14 22
www.mariasaal.at

Von Willersdorf – nördlich von Maria Saal – führt eine Straße gut 6 km ostwärts zum **»Archäologischen Park Magdalensberg«**, der viel besuchten Ausgrabungsstätte einer spätkeltisch-frührömischen Siedlung. Zu sehen sind das Forum, Wohn- und Werkstätten, ein Tempelbezirk, ein Repräsentationshaus und ein Bad. In den restaurierten antiken Bauten sind 22 Ausstellungen eingerichtet, gezeigt werden Keramik, Glas, Schmuck, Grabsteine, Wandmalereien und eine Kopie der Bronzestatue des »Jünglings vom Magdalensberg« (Öffnungszeiten: Mai – Mitte Okt. tgl. 9.00 – 19.00 Uhr).

✶ Maria Taferl

O 3

Bundesland: Niederösterreich
Einwohnerzahl: 850
Höhe: 443 m ü.d.M.

Am schönsten Aussichtspunkt des Nibelungengaus (► Donautal) liegt der Wallfahrtsort Maria Taferl. Die stattliche frühbarocke Kirche soll an der Stelle einer Eiche entstanden sein, an deren Stamm ein Gnadenbild (Taferl) der Muttergottes angebracht war.

Sehenswertes in Maria Taferl und Umgebung

✶ Wallfahrtskirche

Die zweitürmige Wallfahrtskirche wurde 1660–1710 von Lugaro und Gerstenbrand erbaut, die Kuppel stammt von Jakob Prandtauer. Innen sieht man barocke Deckengemälde und andere Fresken: im Langschiff Szenen aus dem Leben des hl. Joseph, im Querschiff aus der Marienlegende. Unter der Orgelempore ist die Gründungslegende dargestellt. Beachtenswert sind ferner eine figurenreiche Kanzel und eine mit Goldzierrat geschmückte Rokokoorgel, beide aus dem 18. Jh. Am Hochaltar, ebenfalls 18. Jh., befindet sich das Gnadenbild, umgeben von einem puttenbesetzten Strahlenkranz. Das heutige Gnadenbild ist allerdings eine Kopie des 1755 mitsamt der alten Eiche verbrannten Originals.

MARIA TAFERL ERLEBEN

AUSKUNFT

Marktgemeinde Maria Taferl
A-3672 Maria Taferl 35
Tel. 0 74 13/70 40
Fax 70 40 14
www.mariataferl.at

Übernachten

► Preiswert

Hotel Schachner-Krone & Kaiserhof
A-3672 Maria Taferl
Tel. 0 74 13/63 55
Die beiden gepflegten Häuser bieten einen herrlichen Panoramablick.

Vor der Kirche steht ein keltischer Steintisch. Je nach Wetter hat man eine herrliche Aussicht auf die Alpenkette vom Wiener Schneeberg bis zum Traunstein am Traunsee.

Pöchlarn

Donauabwärts liegt auf der südlichen Seite des Stroms das Städtchen Pöchlarn (213 m; 3800 Einw.). Bereits 4000 Jahre vor der Zeitrechnung siedelten hier Menschen, die Römer errichteten einen Limesstützpunkt. Funde vom römischen Donauhafen Arelape sind im Heimatmuseum ausgestellt (Welserturm; Öffnungszeiten: Mo. – Fr. 9.00 bis 12.00, Sa. ab 10.00 Uhr).

»Bechelaren« ►

Pöchlarn sei, so wird behauptet, das im Nibelungenlied erwähnte »Bechelaren«, Sitz des Markgrafen Rüdiger, der die Burgunder (Nibelungen) auf ihrem Weg zu König Etzel gastfreundlich aufnahm. An diese Begebenheit erinnert ein modernes Denkmal.

Kokoschka-Gedenkstätte ►

Der Maler Oskar Kokoschka wurde am 1. März 1886 in Pöchlarn geboren. In seinem 2002 modernisierten und umgebauten Geburtshaus, in der Regensburger Straße 29, wurde die Oskar-Kokoschka-Dokumentation eingerichtet. Sie zeigt Grafiken, Dokumente und wechselnde Ausstellungen mit Werken des Künstlers (Öffnungszeiten: Mai – Ende Okt. tgl. 9.00 – 17.00 Uhr).

Schloss Artstetten

Rund 5 km nördlich von Kleinpöchlarn, dem Ortsteil auf der linken Donauseite, liegen Park und Schloss Artstetten aus dem 16. Jahrhundert, dem Fernsehpublikum bekannt als Schlosshotel in der Serie »Donauprinzessin«.

Das Schloss gehörte dem 1914 zusammen mit seiner Frau Sophie in Sarajevo ermordeten österreichischen Thronfolger Erzherzog Franz Ferdinand. Das Paar ist hier auf Wunsch des Erzherzogs in der Schlosskapelle begraben, denn die Herzogin, eine geborene Gräfin Chotek, war als nicht ebenbürtige Gemahlin von der Wiener Kapuzinergruft als letzter Ruhestätte ausgeschlossen.

Die Dauerausstellung »Für Herz und Krone« widmet sich dem Leben von Franz Ferdinand und seiner Familie, daneben gibt es jährlich wechselnde thematische Sonderausstellungen (Öffnungszeiten: April bis Anfang Nov. tgl. 9.00 – 17.30 Uhr).

★ Mariazell

04

Bundesland: Steiermark
Einwohnerzahl: 1550
Höhe: 870 m ü.d.M.

Ein geeigneter Ausgangspunkt für Wanderungen und Bergtouren, besonders im Hochschwabgebiet, ist der beliebte Luftkur- und Ferienort im Norden der Steiermark. Vor allem aber ist Mariazell Österreichs meistbesuchtes und bedeutendstes Wallfahrtsziel, dessen weithin sichtbare Basilika mit ihren drei Türmen das Ortsbild prägt.

★ Wallfahrtskirche

Legende

Die im Ort leicht erhöht gelegene Wallfahrtskirche von Mariazell geht der Legende nach auf folgende Begebenheit zurück: Abt Otker vom Kloster St. Lambrecht bei Murau schickte den Mönch Magnus in diese Gegend, damit er seelsorgerlich wirken solle. Magnus besaß eine selbst geschnitzte Statue der Muttergottes, die er auf seiner beschwerlichen Reise mit sich trug. Wie jeden Abend hielt er auch am 21. Dezember 1157 Ausschau nach einem geeigneten Schlafplatz, doch der Weg war plötzlich durch einen riesigen Felsbrocken versperrt. Der erschöpfte Magnus bat die Muttergottes um Hilfe – der Fels spaltete sich und gab den Weg frei. Auf der Anhöhe dahinter er-

Mariazell ist die bedeutendste Wallfahrtskirche Österreichs.

MARIAZELL

AUSKUNFT

Tourismusverband Mariazeller Land
Hauptplatz 13, A-8630 Mariazell
Tel. 0 38 82/23 66, Fax 39 45
www.mariazell.at

richtete Magnus für sich eine kleine Zelle und für die Statue eine Kapelle. Bald wurde der Ort zum geistlichen Zentrum der Gegend.

Basilika

Um 1200 wurde das erste Kirchlein im romanischen Stil errichtet. König Ludwig von Ungarn bedankte sich im 14. Jh. für erfolgreiche Feldzüge mit dem Ausbau zur gotischen Hallenkirche. Kaiser Ferdinand III. steuerte die finanzielle Grundlage für ihre barocke Umgestaltung im 17. Jh. durch Domenico Sciassia bei. Dieser beließ den gotischen Turm und umrahmte ihn mit zwei weiteren barocken Türmen. An der Innengestaltung wirkten die großen Barockmeister Johann Bernhard Fischer von Erlach d. Ä., der um 1700 den prächtigen Hochaltar schuf, und Fischer von Erlach d. J. maßgeblich mit. 1908 wurde die Kirche zur Basilika erhoben.

★ **Gnadenkapelle**

Den Mittelpunkt der Kirche bildet die Gnadenkapelle. Das Gnadenbild, die **»Magna Mater Austriae«**, ist eine spätromanische Figur, also nicht mehr die ursprüngliche Muttergottesstatue von Magnus. Den silbernen Gnadenaltar haben Augsburger Meister ausgeführt, die Kapelle ist von einem Silbergitter, das J. Wagner aus Wien im Auftrag von Maria Theresia (► Berühmte Persönlichkeiten) und ihrem Gemahl um 1750 gefertigt hat, umgeben.

Schatzkammern ►

An den Kuppelraum schließen sich die beiden Schatzkammern an, mit Werken sakraler Kunst, darunter kunstvolle Monstranzen, Bilder und kostbare Messgewänder. Die Fülle an Objekten bezeugt die immense Bedeutung der Wallfahrtskirche über die Jahrhunderte hinweg (Öffnungszeiten Kirche: tgl. von 7.30 –20.00, Sa. bis 21.30 Uhr).

Umgebung von Mariazell

Bürgeralpe

Eine prachtvolle Rundsicht bietet die Erzherzog-Johann-Aussichtswarte auf der Bürgeralpe (1266 m). Der Mariazeller Hausberg ist von Mariazell per Seilbahn zu erreichen. Interessante Einblicke verschafft ein Besuch der **Erlebniswelt Holzknechtland** in die vergangene, äußerst mühsame Arbeitswelt der Holzknechte (Öffnungszeiten: Mai bis Okt. tgl. 9.00–17.00 Uhr).

Naturpark Ötscher-Tormäuer

Etwas nördlich von Mariazell beginnt der weite Naturpark Ötscher-Tormäuer. Höchster Gipfel ist der Ötscher (1893 m). Eindrucksvoll sind auch die Ötschergräben: Nicht umsonst wird das Gebiet der Grand Canyon Österreichs genannt. Schwindelfreiheit ist bei der Begehung erforderlich, denn gelegentlich geht es über Hängebrücken mehrere Meter über dem Boden. Eine Kostbarkeit unter Tage ist die 575 m lange **Ötscher Tropfsteinhöhle** (Führungen: Mai – Okt. Sa. und So. 9.00 – 16.00, Juli und Aug. auch Mi. 11.00 – 16.00 Uhr).

Eine besondere Attraktion ist die **Mariazellerbahn**, eine in Etappen ab 1896 errichtete und ab 1911 vollständig elektrifizierte Schmalspurbahn (760 mm). Sie fährt in den Sommermonaten über 85 km durch Gebirgslandschaften, vier Flusstäler und 21 Tunnel bis St. Pölten (nähere Informationen unter Tel. 0 27 23/ 87 90, www.mariazellerbahn.at).

! *Baedeker* TIPP

Historisches Schnauferl

Von Pfingsten bis September verkehrt an den Wochenenden auf der 2,5 km langen Strecke zwischen dem Mariazeller Bahnhof und dem Erlaufsee eine Museumstramway mit der ältesten Dampftramwaylokomotive der Welt – aus dem Jahr 1884! (Informationen: Tel. 0 38 82/ 30 14, www.museumstramway.at).

Weiter südlich folgt kurz vor dem Seebergsattel der **Brandhof**, den Erzherzog Johann 1818 erwarb und zu einem schlichten Schloss mit Mustergut ausbaute. Hier heiratete er 1829 die Bad Ausseer Postmeisterstochter Anna Plochl. Heute ist der Brandhof in Privatbesitz.

Matrei in Osttirol

J 5

Bundesland: Tirol
Einwohnerzahl: 4850
Höhe: 1000 m ü.d.M.

Am südlichen Fuß der ►Hohen Tauern liegt der inzwischen als Luftkurort, zum Wintersport und als Tourenstützpunkt viel besuchte Markt Matrei in Osttirol, fast genau in der Mitte zwischen den beiden höchsten Gipfeln Österreichs, dem Großglockner (3798 m) und dem Großvenediger (3674 m).

Abgeschiedener Luftkurort

Durch den 5,3 km langen Felbertauerntunnel ist der Ort seit 1967 auch von Norden erreichbar. Früher war das anders: Lediglich von Lienz im Süden her kam man in die abgeschiedene Gegend, in der sich deshalb auch bäuerliche Kultur und Traditionen besser erhalten konnten als anderswo.

MATREI IN OSTTIROL ERLEBEN

AUSKUNFT

Tourismusverband Osttirol
Rauterplatz 1
A-9971 Matrei in Osttirol
Tel. 0 48 75/65 27
Fax 65 27 40
www.osttirol.com

ÜBERNACHTEN

► Komfortabel

Hotel Rauter
Rauterplatz 3, A-9971 Matrei
Tel. 0 48 75/66 11, Fax 66 13
www.hotel-rauter.at
Das Alpenhotel organisiert Trekkingtouren; Schwimmbad, Tennis- und Reithalle. Hauseigene Konditorei.

Sehenswertes in Matrei

Im Zentrum des alpenländisch wirkenden Ortes steht die mächtige spätbarocke Pfarrkirche St. Alban (um 1780), die größte Dorfkirche Osttirols, deren Turm noch vom gotischen Bau (14. Jh.) stammt. Das Innere ist mit Deckenfresken (1780) geschmückt. Die Altäre wurden um 1800 geschaffen.

St.-Nikolaus-Kirche Die etwas abseits gelegene St.-Nikolaus-Kirche stammt aus romanischer Zeit. An der Fassade sind Fresken aus dem 14. Jh. zu sehen. Der als Chor ausgebaute Turm ist zum Langhaus hin mit zwei Räumen geöffnet. Das untere Geschoss zeigt Fresken aus dem 13. Jh. (u. a. die Geschichte von Adam und Eva), die obere Etage Darstellungen von Heiligen und Aposteln (ebenfalls 13. Jh.). Beachtenswert sind ferner mittelalterliche Holzfiguren.

Schloss Weißenstein Auf einem Kalkfelsen hoch über dem Ort steht – als **Wahrzeichen von Matrei** – Schloss Weißenstein (1029 m). Es wurde im 12. Jh. errichtet und im 19. Jh. umgebaut (Privatbesitz).

★ Panoramaweg Matrei–Kals Erst kommt die Auffahrt mit den Goldried-Bergbahnen, dann genießt man die Wanderung auf dem Panoramaweg Matrei–Kals mit 63 Dreitausendern samt dem Großglockner im Blickfeld!

Umgebung von Matrei

Kalser Tal Das Kalser Tal zweigt in Huben, etwa 9 km südlich von Matrei, nach Osten ab und endet nach 13 km in Kals. Blickpunkt ist die kleine romanische Georgskirche, mitten auf der grünen Wiese zwischen Kals-Unterburg und Kals-Großdorf. Hinter Kals beginnt eine schmale, mautpflichtige Straße, die bis zum Luckner-Haus am Fuß des Großglockner führt, Ausgangspunkt für herrliche Wanderungen auf der Südseite des Berges.

Virgental Westlich von Matrei geht das Virgental ab. Die bis Hinterbichl 17 km lange Straße führt durch Schluchten und mehrere Tunnels aufwärts und gewährt einen schönen Blick auf das Talende mit der Dreiherrenspitze (3499 m).

Zedlacher Paradies ► In Osttirol sind die Täler eng, der Platz begrenzt. Weideflächen liegen deshalb weit oben, wo die Sonneneinstrahlung intensiv und das Gras besonders nährstoffreich ist. Daher brachten die Bauern schon im Mittelalter ihr Vieh auf die gerodete Hangterrasse – Zedlacher Paradies (1500 m) genannt – oberhalb von Matrei am Eingang des Virgentals. Neben schönen Almwiesen findet man hier auch den schönsten Lärchenbestand Osttirols, der mit seinen zum Teil über 500 Jahre alten Lärchen mit Stammumfängen von bis zu 6 Metern wie ein Urwald wirkt. Ein Rundgang durch das Zedlacher Paradies dauert etwa 1 Stunde (Einkehrmöglichkeit am Parkplatz).

Blick vom Zedlacher Paradies auf die Lasörlinggruppe

Das bauliche Prunkstück des Virgentals ist die gotische Wallfahrtskirche Unsere Liebe Frau Maria Schnee in Obermauern bei Virgen (1430–1456). Die ausgezeichnet erhaltenen Fresken (1484–1488) des Osttiroler Malers Simon von Taisten schildern das Leben und Sterben Jesu. Ein weiterer bilderreicher Zyklus ist Maria gewidmet. ◄ Obermauern

Zunächst gut sechs Stunden braucht der Aufstieg von Prägraten im Virgental zum Defreggerhaus (2962 m; Sommerwirtschaft); von dort müssen erfahrene Bergsteiger noch knapp 3 Stunden bis zum Gipfel des Großvenediger rechnen. ★ ◄ Großvenediger

★ Melk

0 3

Bundesland: Niederösterreich
Einwohnerzahl: 5200
Höhe: 228 m ü.d.M.

Zahlreiche Besucher aus aller Welt zieht das weithin sichtbare Benediktinerstift in Melk an. Es ist eines der bedeutendsten und prächtigsten Barockklöster Österreichs und gehört zusammen mit der Wachau, Krems und dem Stift Göttweig seit dem Jahr 2000 zum Weltkulturerbe der UNESCO.

Barockes Tor zur Wachau

Am Eintritt der Donau in die ►Wachau liegt die kleine Stadt Melk, schon als Römerkastell Namare erwähnt und nach eigenem Verständnis das »Medelike« im Nibelungenlied. Doch nicht deswegen ist

BENEDIKTINERSTIFT MELK

★★ Weithin sichtbar ist die nach Westen gerichtete Schmalseite des in kräftigem Gelb und Weiß gehaltenen Komplexes, dessen Stiftsgebäude sich um sieben Höfe gruppieren. Majestätisch thront das Stift auf einem 60 m hohen Felsen.

Öffnungszeiten:
Mitte März – April u. Okt. tgl. 9.00 – 16.30, Mai – Sept. bis 17.30 Uhr
Führungen jeweils zur vollen Stunde: Mai – Sept. 10.00 – 16.00, April u. Okt. 10.00 – 15.00, März 11.00 u. 14.00 Uhr, Gruppen auch nach Voranmeldung; Tel. 027 52 / 55 52 32
www.stiftmelk.at

Seit 1089 leben und wirken Mönche in ununterbrochener Folge in Melk. Zur Zeit der sogenannten »Melker Reform« im 15. Jh. war das Stift Ausgangspunkt einer der bedeutendsten mittelalterlichen Klosterreformen.

① Stiftskirche

Der Höhepunkt der barocken Klosteranlage ist die Stiftskirche, die als eine der schönsten Barockkirchen nördlich der Alpen gilt. Nach dem Willen des Abtes und des Konvents sollte sie den religiösen Bezug der gesamten Anlage und die Orientierung auf Gott hin deutlich sichtbar machen – was die besonderen Lichteffekte unterstützen.

② Bibliothek

Klöster hatten im Mittelalter nicht nur geistliche Bedeutung, sondern waren auch ein Hort des Wissens. Schon seit dem 12. Jahrhundert ist eine Schule mit dem Stift verbunden. In der Bibliothek wurden wertvolle Handschriften gesammelt und angefertigt.

③ Marmorsaal

Der Saal, eine Meisterleistung barocker Raumkunst, diente als Speisesaal für das Kaiserhaus und wurde für Empfänge und Zeremonien genutzt. Heute ist er ein Teil des Stiftsmuseums.

④ Altane

Von der Altane, dem Verbindungsbalkon zwischen dem Marmorsaal und der Bibliothek, gibt es einen wunderschönen Blick auf die Donau, die Wachau und die Stadt Melk.

⑤ Stiftsmuseum

Das Museum informiert über den Stiftsgründer und die Stiftsgeschichte, die natürlich eng mit der österreichischen Geschichte verbunden ist. Ein Teil der Klosterschätze wird gezeigt, die wertvollsten, wie das spätmittelalterliche Melker Kreuz, sind aus konservatorischen Gründen nur auf Abbildungen zu sehen.

Stift Melk

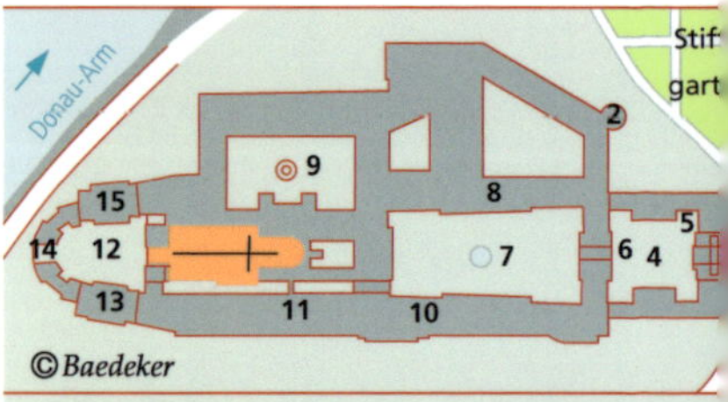

1 Basteien
2 Wehrturm
3 Eingangstor; rechts St. Koloman, links St. Leopold
4 Vorhof (Torwartlhof)
5 Kasse
6 Durchfahrtshalle (Statuen Peter und Paul, Stiftswappen, oben Melker Kreuz)
7 Prälatenhof mit Brunnen
8 Schule
9 Konventshof; Wohntrakt der Mönche
10 Kaiserstiege
11 Kaiserzimmer (Schauräume)
12 Kolomanihof
13 Marmorsaal
14 Altane
15 Bibliothek

der Ort so berühmt. Sein bekanntes Benediktinerstift wartet mit diversen Superlativen auf: 17 500 m² Fläche, eine 362 m lange Südfront, 1888 Fenster und eine 64 m hohe Kuppel.

Geschichte Ab Ende des 10. Jh.s stand hier eine Burg der bayerischen Babenberger. Markgraf Leopold II. überließ 1089 Burg und Kirche den Benediktinern. 1113 überführte man die Gebeine des hl. Koloman hierher, und das Kloster entwickelte sich zu einem geistlichen und kulturellen Zentrum des Landes. Nachdem es unter den Auswirkungen der Reformation, durch Türkeneinfälle und mehrere Brände erheblich gelitten hatte, errichteten von 1702 bis 1738 die Baumeister Jakob Prandtauer und Joseph Munggenast das prachtvolle Barockstift.

✶✶ Benediktinerstift Melk

Stiftsgebäude Das Stift, eines der monumentalsten Zeugnisse des österreichischen Barock, liegt auf einem steil zur Donau abfallenden Bergrücken und ist nur von Osten her zugänglich. Zur Zeit gehören dem Konvent 30 Mönche an, etwa 800 Schüler besuchen das traditionsreiche Gymnasium. Die ehemalige Orangerie am Stiftsgarten beherbergt das Stiftsrestaurant.

Stiftshöfe Um sieben Höfe gruppieren sich die Stiftsgebäude. Von den Statuen der Schutzheiligen des Stifts, des hl. Koloman (rechts) und des hl. Leopold (links), wird das als Oktogon gestaltete Eingangstor flankiert. Danach folgt der Vorhof (Torwartlhof), wo man vor der palastartigen Ostfassade des Stifts mit einer großen Nachbildung des prächtigen Melker Kreuzes steht, das in der Schatzkammer des Stifts aufbewahrt ist. Über dem Rundbogentor ist das Stiftswappen angebracht. Auf die Benediktihalle – die dem Ordensgründer gewidmet ist – folgt der Prälatenhof, geschmückt mit Statuen, die die Propheten und die vier so genannten Kardinaltugenden Klugheit, Mut, Gerechtigkeit und Mäßigung darstellen.

Kaisergang und Kaiserzimmer (Museum) Im Prälatenhof liegen rechter Hand das Stiftsgymnasium und der Zugang zur Kaiserstiege, deren Treppengeländer mit Putten und Steinplastiken besetzt sind. Sie führt zur Prälatur, den Kaiserzimmern und dem 196 m langen Kaisergang, wo Gemälde österreichischer Herrscher hängen. Die Kaiserzimmer, einst für durchreisende Gäste aus dem hohen Adel reserviert, sind als **Museum zur Geschichte und Gegenwart des Stifts** eingerichtet.

Marmorsaal Der Marmorsaal, ein repräsentativer Festsaal, fasziniert durch strenge Gliederung und das schöne Deckengemälde von Paul Troger: In mythologischen Szenen wird das Herrscherhaus gerühmt, das die Menschen vom Bösen zum Guten führt. Die Türstöcke sind aus echtem Marmor, die Wände hingegen aus Stuckmarmor.

Marmorsaal und Bibliothek sind verbunden durch die Altane, eine mächtige Terrasse, die einen herrlichen Blick auf die Westfassade der Kirche und den davor liegenden Kolomanihof, über die Stadt Melk und das Donautal gewährt.

Altane

Im Norden des Kolomanihofes liegt die prachtvolle, in Braun-Gold gehaltene Bibliothek, nach der Kirche das zweitwichtigste Gebäude eines Benediktinerklosters. Das Deckengemälde von Paul Troger (1731/1732) zeigt eine symbolische Darstellung des Glaubens. Der Bibliotheksbestand umfasst etwa 100 000 Bände, darunter 1888 Handschriften, 750 Inkunabeln (Frühdrucke bis 1500) und weitere Werke vom 16. Jh. bis heute.

★ Bibliothek

Die Stiftskirche gilt als **eine der schönsten Barockkirchen nördlich der Alpen**. Das Innere des Kuppelbaus besticht durch seine Einheit von Architektur, Plastik und Malerei sowie durch die mit Rot und Gold erzeugte Farbigkeit. Ein besonderer Effekt wird dadurch erzielt, dass der Hochaltar und die Kuppel in der Lichtzone liegen. Das Deckengemälde des Langhauses, vom Salzburger Meister Michael Rottmayr 1722 ausgeführt, stellt die Verherrlichung des hl. Benedikt dar. Im Querschiff links steht der Sarkophag des hl. Koloman. Prachtvoll ist der Hochaltar mit den Figuren der Apostel Petrus und Paulus (18. Jh.; Peter Widerin), im Kuppelgemälde ist die Dreifaltigkeit dargestellt, um die sich zahlreiche Heilige gruppieren. Der moderne Volksaltar von 1976 (H. Hütter, F. Fürst) nimmt Elemente der barocken Innengestaltung auf.

★ Stiftskirche

? WUSSTEN SIE SCHON ...?

- Zu neueren literarischen Ehren kam Stift Melk als Geburtsort und Alterssitz des Mönchs Adson von Melk, des Erzählers in Umberto Ecos Roman »Der Name der Rose«.

Weitere Sehenswürdigkeiten in Melk

Auch der Ort unterhalb des Stifts lohnt einen Besuch. Die Achse bilden der Rathausplatz und die Hauptstraße mit dem Hauptplatz bzw. die parallel dazu verlaufende Sterngasse, der älteste Straßenzug von Melk. Am Rathausplatz stehen das ehemalige Lebzelterhaus (1657; heute Apotheke) und das Rathaus (1575) mit kunstvoller Eingangstür aus Holz und Kupfer. Das Schindeldach des Alten Brotladens am Ende des Rathausplatzes ist rund 400 Jahre alt. Am »Haus am Stein« hinter der Sterngasse wächst ein uralter Weinstock, der unter Naturschutz steht. Die Hochwassermarken am Schiffsmeisterhaus in Ufernähe zeigen den jeweiligen Wasserstand der Donau bei großen Flutkatastrophen an. Südlich der Linzer Straße steht die spätbarocke Alte Post, 1792 im Auftrag des Postmeisters Freiherr von Fürnberg erbaut (heute Veranstaltungszentrum).

Melk (Ort)

Umgebung von Melk

Schloss Schallaburg Rund 5 km südlich von Melk liegt das Renaissanceschloss Schallaburg mit seinem terrakottageschmückten, zweigeschossigen Arkadenhof. Es ist das **bedeutendste Werk der Renaissancearchitektur in Niederösterreich** und heute ein Kulturzentrum mit jährlich wechselnden Ausstellungen zu kulturgeschichtlichen und archäologischen Themen (Öffnungszeiten: Mo. – Fr. 9.00 – 17.00 Uhr, Sa. und So. bis 18.00 Uhr, www.schallaburg.at).

★★ Millstätter See

L 6

Bundesland: Kärnten **Höhe:** 588 m ü. d. M.

Der Millstätter See wird gerne als Sonnenregion Kärntens bezeichnet, was ein Blick auf die durchschnittlichen Temperaturen beweist: Der See kann sich auf bis zu 26°C erwärmen!

Sonnenregion am See Um den 12 km langen, 1,5 km breiten und bis zu 141 m tiefen See haben sich zahlreiche Strandbäder mit herrlichen Naturstränden angesiedelt. Unterschiedlichste (Wasser-)Sportmöglichkeiten machen

Der Charme der Jahrhundertwende lebt in den Villen am Millstätter See weiter.

MILLSTÄTTER SEE ERLEBEN

AUSKUNFT

Tourismusbüro Millstatt
Marktplatz 8, A-9872 Millstatt
Tel. 0 47 66/20 21-0, Fax 20 21 20
www.millstatt.at

ESSEN

► **Erschwinglich**
Forelle
Fischergasse 65, A-9872 Millstatt
Tel. 0 47 66/2 05 00
An schönen Sommertagen ist ein Platz auf der Terrasse zu empfehlen.

ÜBERNACHTEN

► **Komfortabel**
Hotel Römerbad
Straußweg 1
A-9546 Bad Kleinkirchheim
Tel.04 24 08 23 40, Fax 23 57
www.roemerbadhotels.at
Von den Südbalkonen hat man eine herrliche Sicht auf die Nockberge. Freundliche Zimmer, verschiedene Sportmöglichkeiten und eine gesundheitsorientierte Küche komplettieren das Angebot.

den See zur beliebten Sommerurlaubsregion vor reizender Kulisse: Die Nockberge mit dem Nationalpark im Norden und das bewaldete, kaum besiedelte und über schmale Sträßchen befahrbare Südufer.

Sehenswerte Orte am Millstätter See

✶ Millstatt

Hauptort ist das am nördlichen Ufer gelegene Millstatt (604 m; 1300 Einw.), schon **von Kelten und Römern als Siedlungsplatz geschätzt**. Dieser positiven Bewertung schlossen sich auch die Benediktiner an, von deren um 1070 gegründeten Kloster noch beachtliche Bauten vorhanden sind. Dazu gehören der Stiftshof mit der beeindruckenden rundbogigen zweistöckigen Arkadengalerie und der mächtigen 1000-jährigen Gerichtslinde.

◄ Stift Millstatt

Auch die prächtige Stiftskirche verdient Beachtung, ein dreischiffiger romanischer Pfeilerbau mit Stufenportal (um 1170), bemerkenswertem Netzrippengewölbe, dem ausdrucksstarken Weltgerichtsfresko (1513–1519), einem Meisterwerk der österreichischen Renaissance, und einer kostbaren barocken Innenausstattung, die den letzten geistlichen Herren des Klosters, nämlich den Jesuiten (1598–1773), zu verdanken ist. In der Fastenzeit wird der Hochaltar mit dem **»Millstätter Fastentuch«** verhängt. Diese kunsthistorische Kostbarkeit aus dem Jahr 1593 zeigt auf über 50 m² 41 Szenen des Alten und Neuen Testaments. Einen Blick zurück ins Mittelalter bietet auch der schöne Kreuzgang, Anfang des 12. Jh.s gebaut und später ausgeschmückt. Während des Sommers bildet das Stift den würdigen Rahmen für die Millstätter Musikwochen.

◄ Stiftsmuseum

Das Stiftsmuseum dokumentiert zum einen die Geschichte Millstatts, insbesondere des Stiftes, das unter den Benediktinern (bis 1469) ein Zentrum der Buchkunst und unter den St. Georgsrittern (1469 bis

! **Baedeker TIPP**

Noble Villen

Dass Millstatt zu Kaisers Zeiten zum beliebten Ferienort des Adels avancierte, wird entlang des Villenwegs durch Millstatt deutlich, der an rund 20 Sommersitzen aus der Gründerzeit vorbeiführt. Die entsprechende Broschüre ist im Tourismusbüro Millstatt erhältlich.

1598) ein bedeutendes Kunstzentrum war. Zum anderen beschäftigt es sich mit dem geologischen Aufbau des Kärntner Oberlandes anhand der vorkommenden Mineralien und Erze (Öffnungszeiten: Mitte Mai – Ende Sept. tgl. 10.00 – 12.00 und 14.00 – 18.00 Uhr).

Seeboden In Seeboden (580 m; 6100 Einw.) am Westende des Millstätter Sees berichtet das 1. Kärntner Fischereimuseum, was alles im Millstätter See so kreucht und schwimmt (Öffnungszeiten: Mitte Mai – Mitte Okt. tgl. 10.00 – 18.00 Uhr).

Burg Sommeregg ► Ein besonderes Ausflugsziel ist Burg Sommeregg: Im Restaurant kann man am Wochenende nach Ritterart speisen und im Juli und August nach Herzenslust im ritterlichen Mittelalter schwelgen, wenn Reiterspiele, Gaukler, Schwertkämpfer und Feuerspektakel die Besucher begeistern. Die düsteren Seiten, nicht nur des Mittelalters, zeigen das **Foltermuseum** und die angeschlossene Dokumentation von amnesty international (Öffnungszeiten: April, Sept., Okt. tgl. 11.00 bis 17.00, Mai, Juni tgl. 10.00 – 18.00, Juli, Aug. bis 20.00 Uhr).

Döbriach Döbriach (606 m) am Ostufer des Millstätter Sees ist ein idealer Ausgangspunkt für Wanderungen und Kletterpartien im Nationalpark Nockberge. Wer vorher üben möchte, kann sich an der Kletterwand mit Schwierigkeitsgraden 3 bis 8 versuchen.

Umgebung des Millstätter Sees

Radenthein Wenige Kilometer östlich des Sees liegt Radenthein (588 m; 6900 Einw.), dessen Umgebung einen besonderen Schatz birgt: Das dort abgebaute Magnesit eignet sich bestens für feuerfeste Verkleidungen. Beim nördlich gelegenen Dorf Kaning, im Roßbachgraben, standen einst 22 Mühlen, von denen noch sechs auf dem 3,5 km langen Kneipp- und Mühlenwanderweg zu bewundern sind.

Bad Kleinkirchheim Weiter östlich kommt man nach Bad Kleinkirchheim (1100 m; 1900 Einw.), bekannt für sein hervorragendes Skigebiet in den Nockbergen, das Anfänger wie Könner gleichermaßen anzieht. Hier kann man hin und wieder den Olympiasieger von 1976, Franz Klammer, beim Carving treffen. Von der Piste direkt ins heiße Wasser, umgeben von römisch-antiker Architektur – das Thermal-Römerbad macht es möglich. Und auch die Therme St. Kathrein bietet spritzigen Spaß und Erholung für die ganze Familie.

Mittersill

H/J 5

Bundesland: Salzburg
Einwohnerzahl: 5500
Höhe: 789 m ü.d.M.

Mittersill an der Salzach ist der Hauptort des oberen Pinzgau am nördlichen Rand des Nationalparks ► Hohe Tauern. Nach Norden geht es über den Pass Thun nach Kitzbühel und St. Johann in Tirol, in den Süden führt die in den 1960er-Jahren angelegte, mautpflichtige Felbertauernstraße zum 5,3 km langen Felbertauerntunnel, die wintersichere Verbindung nach Osttirol und Kärnten.

Sporturlaub im Pinzgau

Das umfangreiche Sportangebot Mittersills reicht von Golf und Marathonveranstaltungen über Wandern und Bergsteigen – in der herrlichen Bergwelt des Nationalparks Hohe Tauern – bis zum Radeln auf dem schönen **Tauernradweg**. In Krimml, kurz hinter Wald, startet der rund 330 km lange Radweg, der über Salzburg bis nach Passau führt. Trotz der zunächst hochalpinen Umgebung ist er erfreulich flach und aufgrund seiner wenigen und mäßigen Steigungen auch für Familien mit kleineren Kindern geeignet. Schwierig kann es allerdings für Rennräder werden, denn etwa ein Viertel des Weges ist mit feinem Sand belegt. Eine runde Sache wird die Radtour, wenn man in Salzburg nach Westen abbiegt und saalachaufwärts strampelt. Bei Zell am See trifft man dann wieder auf die Salzach.

MITTERSILL ERLEBEN

AUSKUNFT

Tourismusverband Mittersill
Marktplatz 1, A-5730 Mittersill
Tel. 0 65 62/42 92, Fax 50 07
www.mittersill-tourismus.at

ESSEN

► Erschwinglich

Meilinger Taverne
Marktplatz 10, A-5730 Mittersill
Tel. 0 65 62/42 26
Schönes, kleines Restaurant mit guter Küche und kinderfreundlichem Service.

ÜBERNACHTEN

► Komfortabel

Hotel Jagdschloss Graf Recke
A-5742 Wald im Oberpinzgau
Tel. 0 65 65/64 17
Fax 69 20
www.ila-chateau.com/jagdschl
Am Fuß des Großvenedigers, an den Ausläufern des Nationalparks Hohe Tauern, gelegenes romantisches Herrenhaus. Das komfortable Hotel verfügt über gemütliche Zimmer und ein gutes Restaurant.

Sehenswertes in Mittersill

Felberturm

Lohnend ist ein Blick ins Museum im Felberturm. Der alte Wachturm aus dem 12. Jh., zwischenzeitlich auch als Getreidespeicher genutzt, beherbergt Mineralien und Exponate zur Geschichte des Bergbaus, sakrale Kunstwerke und altes Handwerksgerät (Öffnungszeiten: Mai u. Okt. Fr., Sa., So. 13.00 – 17.00, Juni – Sept. Mo. – Fr. 10.00 bis 17.00 Uhr, Sa. und So. ab 13.00 Uhr.

Schloss Mittersill ►

Das hoch über dem Ort thronende Schloss Mittersill, um 1180 erbaut und über die Jahrhunderte erweitert und umgebaut, dient heute als christliches Konferenzzentrum.

Umgebung von Mittersill

Bramberg

Salzachaufwärts Richtung Westen folgt nach etwa 12 km der Ort Bramberg (819 m; 4000 Einw.), dessen Museum eine sehenswerte alpine Mineraliensammlung zeigt, darunter die Smaragdfunde aus dem Habachtal – dem **einzigen Smaragdvorkommen in Europa** (Öffnungszeiten: Mai bis Mitte Juni u. Okt. Mo. – Fr. 15.00–17.00, So. 10.00–12.00, Mitte Juni – Sept. tgl. 10.00–18.00 Uhr). Es werden auch Mineralienexkursionen angeboten und ganz Findige verlegen sich aufs Goldwaschen.

? WUSSTEN SIE SCHON ...?

- In Mittersill hat die traditionsreiche Firma Blizzard schon Skigeschichte geschrieben: Toni Arnsteiner produzierte nämlich hier ab 1945 im Familienbetrieb die ersten Holzski. 1973 folgte der erste Kurzschwung-Ski, 1980 der Thermoski. Seit 2006 gehört Blizzard zum Teil der Technica Group.

Weiter dem Tal aufwärts folgend, erreicht man nach gut 6 km **Neukirchen am Großvenediger** (856 m; 2600 Einw.), neben Mittersill das Ferienzentrum im Oberpinzgau. Der Ort ist Ausgangspunkt für herrliche Bergtouren. Eine Kabinenbahn führt auf den nördlich aufragenden Wildkogel (2225 m; Bergstation 2093 m) in den Kitzbüheler Alpen, ein hervorragendes und beliebtes Skigebiet mit ausgezeichnetem Blick auf die Tiroler Berge und die Hohen Tauern.

Wald im Pinzgau

Wald im Pinzgau (885 m; 1200 Einw.) bildet zusammen mit dem Almdorf Königsleiten auf etwa 1600 m Höhe eine Gemeinde. Wer dem Universum ein beträchtliches Stück näher kommen möchte, ist in **Europas höchstgelegenem Planetarium** und der Sternwarte von Königsleiten genau richtig (Vorstellungen: Juni, Juli, Sept. u. Okt. Mi. – So. 14.30 u. 20.30; Führungen: Aug. Di. – So. 10.30, 13.30, 15.30 u. 20.30 Uhr, www.sternwarte-koenigsleiten.com).

Vorderkrimml ►

Der Ortsteil Vorderkrimml wartet mit einer zum Schaustollen ausgebauten **Mineraliengrotte** (insbesondere Fluoridkristalle) auf (Führungen: Mitte Juni bis Mitte Sept. Mi. 18.00 Uhr, Museum: Juni bis Sept. Mo. – Fr. 14.00 – 17.00 Uhr).

In Uttendorf (804 m; 2850 Einw.), rund 6 km östlich von Mittersill, zweigt nach Süden das landschaftlich reizvolle **Stubachtal** ab. Am Ende des 18 km langen Tales liegt der Enzingerboden (1468 m) mit dem gleichnamigen Kraftwerk. Eine der längsten Staumauern in Österreich ist die geschwungene Tauernmoossee-Staumauer (1100 m). Die Gondelbahn über den Grünsee zum Weißsee (2323 m) führt zur Bergstation Alpinzentrum Rudolfshütte (2315 m), ein schöner Einstieg in die herrliche Bergwelt der Hohen Tauern. Zwei Gletscherlehrpfade am Sonnblick- und am Ödenwinkelgletscher erläutern alles Wissenswerte über diese gewaltigen Naturphänomene.

Auf dem Tauernradweg entlang der Salzach radelt es sich meistens recht gemütlich.

►Seite 327

Krimml

★ Mölltal

J 5/6 K 6

Bundesland: Kärnten

Das landschaftlich hübsche Mölltal, dessen Namensgeberin am Großglockner entspringt, verläuft von Heiligenblut nach Süden bis kurz vor Lienz und wendet sich dann Richtung Osten. Schon bei den Römern besaß das Mölltal als günstiger Verkehrsweg strategische Bedeutung.

Sehenswerte Orte im Mölltal

Großkirchheim

Hauptort des vor allem von Wanderfreunden geschätzen oberen Mölltals ist die Gemeinde Großkirchheim (1024 m; 1500 Einw.) mit dem Hauptort Döllach, 10 km südöstlich von Heiligenblut gelegen. Sie war im 15. und 16. Jh. der Mittelpunkt des Silber- und Goldbergbaus im Tauerngebiet. Das Museum im Schloss Großkirchheim erinnert daran.

Wo Fluss und Tal nach Nordosten abbiegen, liegt der Markt Winklern (966 m; 1200 Einw.) am Fuß des Iselbergs, der hier Kärnten von Osttirol trennt. Sehenswert ist der Mautturm Winklern, Denkmal der strategischen Bedeutung dieser Verkehrsachse. Er stammt vermutlich aus

▶ MÖLLTAL

AUSKUNFT

Urlaubsinformation Mallnitz
A-9822 Mallnitz 11
Tel. 047 84/290, Fax 635
www.mallnitz.at

Rafting, wie hier auf der Möll, gehört zu den beliebten Sportarten mit Nervenkitzel.

dem 14. Jh., wurde aber wohl auf römischem Fundament erbaut. Die Anordnung seiner Fenster legt die Vermutung nahe, dass Nachrichten per Lichtsignal empfangen und weitergegeben wurden.

Lainach

Ein recht skurriles Museum ist die **»Zeitfabrik«** in Rangersdorf-Lainach, wo die Entwicklung des Menschen von den Anfängen bis zur Gentechnik dargestellt ist (Öffnungszeiten: Mai – Okt. tgl. 11.00 bis 17.00 Uhr).

Obervellach

Obervellach (676 m; 2400 Einw.) ist bekannt für ein gutes Klima und viele Sonnentage. Rund um den Ort wurde im Mittelalter Gold gefunden, etliche Stollen in der Umgebung zeugen noch heute davon. Burg Groppenstein und Burg Falkenstein (beide in Privatbesitz) grüßen von der Höhe.

Die spätgotische Pfarrkirche St. Martin enthält eine kunsthistorische Kostbarkeit: ein Triptychon der »Heiligen Sippe« des niederländischen Malers Jan van Scorel. Der Künstler schuf diese Auftragsarbeit, als er 1520 auf der Reise nach Rom auf Burg Falkenstein Zwischenstation machte.

Südwestlich von Obervellach erhebt sich der **Polinik** (2784 m), der höchste Gipfel der Kreuzeckgruppe. Das fast unbesiedelte Bergmassiv wird zur Forst- und Almwirtschaft genutzt.

Zwischen den Ortschaften Penk und Kolbnitz erhebt sich recht unvermutet aus dem Mölltalboden der **Danielsberg**, auf dessen Höhen

! *Baedeker* TIPP

Natur interaktiv

Die Bios-Erlebniswelt Mallnitz ist ein Besucherzentrum besonderer Art: Das gut 600 m² große Laboratorium lädt unter dem Motto »Wasser, Luft, Fels, Sonne« zum spielerischen Entdecken biologischer Zusammenhänge und physikalischer Gesetze ein – spannend für Kinder und Eltern! (Mallnitz 36; www.bios-hohetauern.at; Öffnungszeiten: März – Okt. tgl. 10.00 – 18.00 Uhr)

nachgewiesenermaßen schon vor 6000 Jahren Menschen siedelten. Die Kelten bauten einen Tempel, die Römer fügten einen Herkulestempel hinzu und um 313 gab es die erste christliche Kapelle, gewidmet dem hl. Daniel, der Entsprechung des Herkules. Die heutige Georgskirche stammt aus dem 16. Jh.

★ Mondsee

K 4

Bundesland: Oberösterreich **Höhe:** 481 m ü.d.M.

Der sichelförmige Mondsee, 11 km lang, über 2 km breit und malerisch vor der Kulisse der steil aufragenden Drachenwand und des Schafbergs gelegen, ist mit bis zu 26°C der wärmste Badesee des Salzkammergutes und ein Paradies für Wassersportler. An den teils bewaldeten Ufern liegen außer dem Markt Mondsee einige kleinere Gemeinden sowie idyllische Hotels und Landhäuser.

Sehenswertes am Mondsee

★ Mondsee (Ort)

An der Nordwestspitze liegt der Ort Mondsee. Hier gründete ein bayerischer Herzog im Jahre 748 das somit älteste Kloster in Oberösterreich. Unter den Benediktinermönchen waren talentierte Buchmaler – der Tassilopsalter von 788 gilt als ältestes in Österreich geschriebenes Werk, der Mondseer Matthäus (um 800) als älteste deutsche Bibelübersetzung. Ihren Kunstsinn stellten die Klosteroberen auch dadurch unter Beweis, dass sie den **Barockbildhauer Meinrad Guggenbichler** (1649–1723) nach Mondsee holten, wo er 44 Jahre bis zu seinem Tod wirkte. 1791 wurde das Kloster aufgehoben, heute residiert ein Hotel in seinen restaurierten Mauern. Beachtung verdient die Pfarrkirche St. Michael. Die gotische Kirche wurde mit einer ba-

MONDSEE ERLEBEN

AUSKUNFT

Tourismusverband MondSeeLand
Dr. Franz Müller Straße 3
A-5310 Mondsee
Tel. 0 62 32/22 70, Fax 22 70 22
www.mondsee.at

ESSEN

► Fein & Teuer

Schloss Mondsee
Schlosshof 1 A, A-5310 Mondsee
Tel. 0 62 32/50 01
Im einstigen Kloster gibt es heute eine Küche, in der mit besten Zutaten gekocht wird.

► Erschwinglich

Café-Restaurant Fisherman's
Robert-Baum-Promenade 1
A-5310 Mondsee
Tel. / Fax 062 32 / 364 79
Leckere Fischspezialitäten bei einem herrlichen Blick auf den See.

rocken Doppelturmfassade versehen. Zu Guggenbichlers Hauptwerken gehört der Corpus-Christi-Altar mit Weinranken tragenden Putten im linken Seitenschiff.

»Mondsee-Kultur«

So alt das Kloster auch ist, deutlich älter noch sind die **Siedlungsspuren aus der Jungsteinzeit** (ca. 1900 v. Chr.). Sie gaben aufgrund ihrer Reichhaltigkeit der Pfahlbaukultur im Ostalpenraum den Namen »Mondsee-Kultur«. In einigen Räumen des ehemaligen Klosters wurde ein Pfahlbaumuseum eingerichtet, die einstige Klosterbibliothek beherbergt das Heimatmuseum mit zahlreichen sakralen und profanen Exponaten, darunter der Mondseer Einbaum (Öffnungszeiten: Mai – Anf. Sept. 10.00–18.00, bis Anf. Okt. bis 17.00 Uhr).

Freilichtmuseum ►

Südöstlich der Kirche liegt das Freilichtmuseum **»Mondseer Rauchhaus«**, ein altes Bauernhaus mit Hausrat, Beispiel für das bayerische Einhaus: Der Rauch des Herdfeuers entwich nicht durch einen Abzug, sondern zog durch die Räume, wärmte Mensch und Tier, trocknete das Getreide und räucherte Wurst und Schinken (Öffnungszeiten: Mai – Aug. Di. – So. 10.00 – 18.00, Sept. bis 17.00, Okt. Sa., So. 10.00 – 17.00 Uhr, www.museummondsee.at).

Drachenwand

Am südwestlichen Ufer des Mondsees ragt über 1000 m die steile Drachenwand auf, von der die Sage Folgendes berichtet: Der dort wohnende Drache hatte sich einst in die Mondseer Pfarrköchin verliebt, die ihn aber verschmähte, weil sie ihrerseits dem Pfarrer zugetan war. Zornentbrannt flog er hinab, um sie zu entführen. Unglücklicherweise war die Angebetete deutlich schwerer, als der Drache erwartet hatte. Infolgedessen prallten beide gegen die Felswand – und hinterließen ein heute noch sichtbares Loch.

Haus ohne Schornstein: Mondseer Rauchhaus

Montafon

C/D 5/6

Bundesland: Vorarlberg

Das Montafon ist ein etwa 40 km langes, von der Ill durchflossenes Hochgebirgstal mit elf Orten (600–1450 m), das von Bergen bis zu 3312 m umringt ist. Die Nutzung der Wasserkraft zur Stromerzeugung hat dem Tal einen wirtschaftlichen Aufschwung gebracht.

Rätoromanischer Ursprung

Südlich von ► Bludenz beginnt das Tal und erstreckt sich zwischen den Bergmassiven des Rätikon im Westen und der Verwallgruppe im Osten. Südöstlich steigt es an bis zur Bielerhöhe (2032 m), die von der ►Silvretta-Hochalpenstraße überquert wird.

Das untere Montafon wird im Westen von der über 2600 m hohen, auch für Kletterer anspruchsvollen Zimba überragt, die wegen ihrer spitzen Pyramidenform das **»Matterhorn Österreichs«** genannt wird. Im oberen Teil des Montafon bestimmen die Stauseen und Gletscher des Bergmassivs der Silvretta das Bild der hochalpinen Landschaft (Piz Buin, 3312 m). Die ersten Siedler des Montafon waren Rätoromanen, woran noch viele Landschafts- und Familiennamen erinnern.

Das freundliche Tal und seine Nebentäler sind ein **begehrtes Urlaubsziel** – im Sommer für Wanderer und Kletterer, die in der herrlichen, teils bizarren Hochgebirgswelt nicht lange nach anspruchsvollen Kletterpartien suchen müssen, im Winter für Skifahrer, die tief verschneite Gletscherhänge mit sonnigen Abfahrten genießen dürfen.

! *Baedeker* TIPP

Bretter oder Reifen?

Das Montafon eignet sich nicht nur für die Fortbewegung auf zwei schmalen Brettern (oder einem breiten), auch für stabile Zweiräder findet man ideale Bedingungen. Mehr als 20 Mountainbike-Touren unterschiedlichster Länge und Schwierigkeitsgrade warten auf die Pedalritter (nähere Informationen gibt's auf www.montafon.com).

Ernest Hemingway

Einen Teil seines internationalen Bekanntheitsgrades verdankt das Montafon dem amerikanischen Schriftsteller und späteren Nobelpreisträger Ernest Hemingway (1899–1961), der auf seiner Reise quer durch Europa in zwei Wintern (1924/1925 und 1925/1926) mit seiner ersten Frau Hadley, seinem Sohn John und seinem Schriftstellerfreund John Dos Passos in Schruns im Hotel »Taube« (Zimmer 22) Station machte. Im Montafon, wo man zu damaliger Zeit wesentlich billiger lebte als in den weltbekannten Winterferienorten der Schweiz und Frankreichs, genoss Hemingway eine glückliche Zeit. Wenn man den Erinnerungen des 60-jährigen Schriftstellers glauben darf, verbrachten er und seine Frau Hadley die meiste Zeit auf Skiern. Viele Touren führten sie zum Madlenerhaus an der heutigen

Winterabend in Gargellen

► Silvretta-Hochalpenstraße neben dem Silvretta-Stausee. Aber Hemingway arbeitete auch hier: Er stellte seinen ersten großen Roman fertig (»The Sun Also Rises«), der unter dem Titel »Fiesta« später ein Welterfolg wurde. »Schruns war ein guter Platz zum Arbeiten«, schrieb er in einem seiner Briefe. In der Erzählung »Schnee auf dem Kilimandscharo« erinnerte er sich an den Vorarlberger Winter, die Erzählung »Ein Gebirgsidyll« spielt auf der Tiroler Seite der Silvretta, und im letzten Kapitel seines erst 1964 postum erschienenen Werkes »Paris – ein Fest fürs Leben« machte er seine größte Liebeserklärung an das Montafon: »Wir liebten Vorarlberg und wir liebten Schruns.«

Sehenswerte Orte im Montafon

Vandans Am Talanfang, der Mündung des Rellstals in das Illtal, liegt die Gemeinde Vandans (650 m; 1500 Einw.), eine alte rätoromanische Siedlung, deren Name sich vom rätoromanischen »fantauns« (= Gewässer) ableitet. Der Ort, in dem jährlich über eine halbe Million Blumen für den sommerlichen Schmuck gepflanzt werden, war mehrfacher Landessieger beim Wettbewerb um die schönste Blumengemeinde Vorarlbergs und wurde einmal sogar zum »Schönsten Blumendorf Europas« gekürt.

Schruns In einer Talweitung am rechten Ufer der Ill, an der Mündung des Litzbachs, liegt Schruns (690 m; 4000 Einw.), der Hauptort des Tales. Zusammen mit Tschagguns (686 m; 2400 Einw.) am linken Illufer bildet er das Zentrum des Fremdenverkehrs.

Das Schrunser Wappen mit dem aufspringenden Stier soll darauf hinweisen, dass der Ort bis zum Ersten Weltkrieg einen großen Ruf als Viehmarkt genoss: Bis zu 2000 Rinder der berühmten Montafoner Braunviehrasse wurden hier jährlich bis nach Schwaben, Ungarn, Italien und auf den Balkan verkauft. In einem über 500 Jahre alten rätoromanischen Haus, dem ehemaligen Sitz der Bergrichter, ist das sehenswerte **Heimatmuseum** untergebracht, das altes Kulturgut aus dem ganzen Tal beherbergt und über die Lebensweise der Montafoner informiert (Öffnungszeiten: Mai, Juni, Sept. u. Okt. Di. – Sa. 14.00 – 18.00, Juli u. Aug. Di. – Sa. 10.00 – 17.00, So. ab 14.00 Uhr; Führungen n. V. unter Tel. 055 56 / 747 23).

◄ Montafoner Braunvieh

Tschagguns

Über die Herkunft des Namens »Tschagguns« gibt es verschiedene Versionen, deren wahrscheinlichste besagt, dass sich das Wort vom keltischen »iaccana« ableitet, was soviel wie Bad oder Brunnen bedeutet. Die große Bedeutung des Wassers für das Tal kann regelrecht erwandert werden: Der **Aqua-Wanderweg** führt in max. 3 Stunden vorbei am Ausgleichsbecken Latschau der Illwerke, an gezähmten und ungezähmten Wildbächen, einem wasserbetriebenen Sägewerk, einer Schwefelquelle und der Lederquelle, einer der größten und wasserreichsten Quellen Europas, deren Wassertemperatur im Sommer wie im Winter kühle 4 °C beträgt.
Die mitten im Fels thronende Wallfahrtskirche in Tschagguns geht auf das Jahr 1339 zurück, durch Um- und Zubauten enthält das Gotteshaus heute Elemente der Gotik, der Renaissance und des Barock.

◄ Wallfahrtskirche Tschagguns

Silbertal

Von Schruns aus verläuft eine Straße 5 km nordöstlich im Litzbachtal aufwärts nach Silbertal (889 m). Im gleichnamigen, fast 20 km langen, von einem romantischen Wildbach durchflossenen Tal wurde zwischen dem 9. und 17. Jh. intensiv Silber- und Kupferbergbau betrieben. Die Geschichte des Stollenbaus dokumentiert das **Bergbaumuseum** im Silbertaler Gemeindehaus, das auch die Geschichte der

► MONTAFON ERLEBEN

AUSKUNFT

Montafon Tourismus GmbH
Montafoner Straße 21
A-6780 Schruns
Tel. 055 56/72 25 30, Fax 748 56
www.montafon.at

ÜBERNACHTEN

► Günstig

Gasthof Stern
Dorfstraße 37, A-6773 Vandans
Tel. 0 55 56/7 27 45, Fax 72 74 57
Familienfreundliches Haus mitten im Grünen. Im Winter fährt der Skibus zu den Skigebieten der Umgebung.

Hotel Zimba
Veltlinerweg 2, A-6780 Schruns
Tel. 0 55 56/7 26 30, Fax 7 26 30 45
www.hotel-zimba.at
Heimelig wirkende Zimmer, Spielwiese für die Kleinen und der Zimba-Keller mit abendlicher Tanzmusik gehören zur Ausstattung.

Vorarlberger Illwerke und der Wasserkraftgewinnung veranschaulicht. Auf dem Kristberg (1442 m), zu dem eine Seilbahn hinaufführt, steht das älteste original erhaltene Gotteshaus im Montafon – die Bergknappenkapelle, die 1507 von verunglückten, aber geretteten Knappen gestiftet wurde.

Bartholomäberg Nördlich von Schruns liegt Bartholomäberg (1085 m; 2250 Einw.), wahrscheinlich die älteste Siedlung des Montafon. Im historischen Bergwerk kann man sich beim Befahren der Bergknappenstollen über die früher sehr mühsamen, ja fast unmenschlichen Methoden der Erzgewinnung informieren.

Gargellental Das Gargellental biegt rund 7 km südöstlich von Schruns nach Südwesten ab und trennt das Rätikon von der Silvretta-Gruppe. Am Ende des Tales, hinter der Ortschaft Gargellen, kann man über das Schlappiner Joch (2202 m) zu Fuß in die Schweiz gelangen, ein uralter und in früheren Jahrhunderten viel benutzter Übergang: Am Ende dieser Tour liegt Klosters.

Gaschurn Gaschurn (1000 m; 1600 Einw.) ist Ausgangsort für das Wintersportgebiet »Silvretta Nova« mit zahlreichen Liften. In Gaschurn selbst kann man im Tourismus-Museum die Entwicklung des Ski-Tourismus im Montafon auch anhand von alten Plakaten und Dokumenten zu Ernest Hemingway nachvollziehen. Mit einer Gesamtfläche von 27 000 m² ist der Wasser-Natur-Erlebnispark »Mountain Beach« **Österreichs größter Naturerlebnispark**. Die zwei Schwimmteiche mit einer Wasserfläche von 7000 m² sind eine Kombination von Schwimmbad und Teich, ihre biologische Selbstreinigungskraft sorgt für einwandfreie Wasserqualität ohne chemische Keulen. Zu den Highlights der Anlage zählen eine Luftmatratzen-Rafting-Strecke, eine Kletterwand, eine Kleinseilbahn und eine Kneippanlage.

Partenen Partenen (1027 m; 750 Einw.) liegt im Talschluss der Ill. Auffällig sind die großen Druckleitungen, die zu den Kraftwerken am Ort führen. Der Ort dient als Stützpunkt für Berg- und Skitouren in die Silvretta und in die Verwallgruppe. Hier beginnt auch die großartige ► Silvretta-Hochalpenstraße. Eine Standseilbahn führt von Partenen zum Trominier (1730 m), von wo man zu Fuß z. T. durch Tunnel in 45 Minuten zum Vermunt-Stausee gelangt. Wer sportliche Kondition mitbringt, kann zum Trominier auch über die mit 4000 Stufen längste gerade Treppe Europas, die ehemalige Servicetreppe entlang des früheren Illwerke-Schrägaufzugs, gelangen. Bei Steigungen zwischen 20 und 86% überwindet man hier 700 Höhenmeter. Jeder Begeher kann seine persönliche Bestzeit auch elektronisch festhalten.

? WUSSTEN SIE SCHON ...?

- ... dass im hinteren Silbertal mit seiner großartigen Naturkulisse 1994 der Bestsellerroman »Schlafes Bruder« verfilmt wurde?

★ Mühlviertel

L/M/N 2/3

Bundesland: Oberösterreich

Der Duft von Harz und Tannennadeln, Lichtungen in hellem Grün, murmelnde Bäche, verschwiegene Seen, uralte Steine, stille Moore und immer wieder Wälder: So präsentiert sich das Mühlviertel auch heute noch.

Wälder, Wälder Wälder …

»Soweit das Auge ging, sah es kein anderes Bild als denselben Schmelz der Forste, über Hügel und Täler gebreitet«, schrieb der Dichter Adalbert Stifter einst über das Mühlviertler Land. Der Wald spielt eine große Rolle als Holzlieferant vom Brennholz bis zum Geigenbau, ist Refugium für alltagsgestresste Urlauber und Reservat zur Bewahrung von Flora und Fauna. Burgen und Schlösser grüßen freundlich von den Höhen des Hügellandes, das im Westen an Deutschland, im Norden an die Tschechische Republik, im Süden an die Donau und im Osten an das Waldviertel grenzt. Kultureller Reichtum und Traditionen dieses Grenzlandes werden dem Besucher auf vielfältige Weise vermittelt: Mühlviertler Gotik-, Museums- und Weberstraße, idyllische Wander-, Reit- und Radwege, die Wiederbelebung einer kleinen Teilstrecke der Pferdeeisenbahn, die einst von Gmunden am Traunsee bis in das südböhmische Budweis führte, Bier-Kultur-Tourangebote oder die »Klingende Gaststube«. Es dreht sich ein bunter musikalischer Veranstaltungsreigen – hier ist Erholung ohne Langeweile angesagt.

◄ Geruhsame Erholung

Vom Bärenstein sieht man über die Wipfel des Nordwalds bis weit zu den böhmischen Moldauseen.

Sehenswerte Orte im Mühlviertel

Aigen-Schlägl Die Doppelgemeinde Aigen-Schlägl (596 m; 3300 Einw.) im Nordwesten des Mühlviertels wird vor allem wegen ihrer von Wanderfreunden sehr geschätzten Umgebung und wegen des Stiftes Schlägl besucht. Schöne Wege führen zum Schwarzenberg-Schwemmkanal, auf dem früher vom Böhmerwald zur Donau geflößt wurde, weiter zum Hochficht (1338 m), zum Bärenstein (1076 m) oder zum Moldaublick mit Aussichtsturm.

Stift Schlägl ► Das 1218 gegründete, im 17. Jahrhundert neu erbaute Prämonstratenser-Chorherrenstift Schlägl besitzt eine ursprünglich frühgotische Stiftskirche, die barock umgestaltet wurde. Beachtenswert sind das kunstvolle Chorgitter (1684), die Kanzel (1646/1647) und das reich geschnitzte Chorgestühl (1735).

Bekannt ist das Stift für seine regen musikalischen Aktivitäten von der Konzertreihe bis zum Orgelwettbewerb. Der Ausstellungsrundgang berührt den Kreuzgang, die romanische Krypta, die Gemälde- und Porträtgalerie, die Bibliothek, den früheren Kapitelsaal und die Prälatensakristei mit altem liturgischem Gerät (Öffnungszeiten: Mai bis Ende Okt. Di. – So. 10.00 – 12.00 u. 13.00 – 17.00 Uhr und n. V. unter Tel. 072 81/880 10, www.stift-schlaegl.at).

Haslach Haslach (531 m; 2600 Einw.), 10 km südöstlich von Schlägl am Südrand des dunkelgrünen Böhmerwaldes und einst inmitten blau blühender Flachsfelder gelegen, ist nach wie vor ein Zentrum der Mühlviertler Weberei. Einen Besuch lohnen daher das **Webereimuseum** am Kirchenplatz (Öffnungszeiten: April – Okt. Mo. – Fr. 9.00– 13.00 Uhr) und die **Textil-Werkstatt Haslach** (Stahlmühle 3; Öffnungszeiten: Mo. – Fr. 8.00 – 12.00 und 14.00 – 17.00 Uhr), aber auch das **Handels- und Kaufmannsmuseum**, das ein entzückend nostalgisches Ladengeschäft präsentiert (Windgasse 17; Öffnungszeiten: Mai bis Okt. Di. – So. 9.00–12.00 Uhr).

> ! *Baedeker* TIPP
>
> **Alte Webtraditionen**
>
> Ein Fest für Textilfreunde ist der jährlich an einem Juliwochenende stattfindende Webermarkt im historischen Ortskern von Haslach. Dort wird feilgeboten, was das Herz begehrt: Kleidung, Teppiche, Tücher, Tischwäsche und vieles mehr.

Ein Abstecher nach Süden führt zum **Wildpark Altenfelden**, der u. a. Lamas, Waschbären, Zebras, Affen und Greifvögel beherbergt. Die Kleinen finden besondere Freude am Streichelzoo und Ponyreiten (Öffnungszeiten: Ostern bis Okt. 9.00 – 17.00, Nov. – März 10.00 – 16.00 Uhr, www.wildpark-altenfelden.at).

Bad Leonfelden Gut 30 km östlich von Haslach folgt Bad Leonfelden (749 m; 3700 Einw.), ein beliebter Moor- und Kneippkurort. Die teils im Barock-, teils im Rokokostil ausgeführte Wallfahrtskirche »Maria Schutz am Bründl« wurde 1762–1791 errichtet. Nördlich von Bad

MÜHLVIERTEL ERLEBEN

AUSKUNFT

Oberösterreich Tourismus
Freistädter Str. 119, A-4041 Linz
Tel. 07 32/72 77 100, Fax 72 77 130
www.muehlviertel.at
www.oberoesterreich-tourismus.at

ÜBERNACHTEN

► **Komfortabel**
Hotel Almesberger
Marktplatz 4
A-4160 Aigen-Schlägl
Tel. 0 72 81/87 13, Fax 87 13 76
www.almesberger.at
Fitnessstudio, Hallenbad, Sauna, Tennishallen und -plätze bieten gute Voraussetzungen für sportliche Tage im Hotel am Marktplatz.

Aussichtsturm im Tanner Moor im östlichen Mühlviertel

Leonfelden erhebt sich der sowohl wegen seiner guten Wanderwege als auch Wintersportmöglichkeiten gerne besuchte Sternstein (1125 m; Sessellift), die höchste Erhebung des Mühlviertels.

Freistadt

Freistadt (560 m; 7400 Einw.), gut 30 km nordöstlich von Linz, liegt am alten Handelsweg nach Böhmen und besitzt eine **gut erhaltene mittelalterliche Altstadt** zu Füßen des mächtigen Bergfrieds und nahezu komplett vorhandene Befestigungsanlagen. Man bummelt durch idyllische Gässchen, vorbei an hübsch gestalteten Häuserfassaden und zahlreichen schönen Innenhöfen. An der nordöstlichen Ecke des weiten Hauptplatzes mit dem barocken Marienbrunnen führt ein Tor zum Schloss Freistadt (14. Jh.). In seinem Bergfried ist, über neun (!) Stockwerke verteilt, das Mühlviertler **Heimatmuseum** untergebracht, dessen Exponate sich unter anderem mit Volkskunde, Handwerk, Stadtgeschichte und Hinterglasmalerei befassen (Öffnungszeiten: Mo. – Fr. 9.00–12.00 u. 14.00–17.00, Sa. und So. nur nachmittags).

Rainbach

Rund 7 km nördlich von Freistadt lädt in Rainbach die nostalgische **Pferdeeisenbahn**, mit der im 19. Jh. Salz transportiert wurde, zu einer Reise in die Vergangenheit ein (Kerschbaum 61; Betriebszeiten: Mai – Okt. Sa./So. 13.00 – 17.00, Aug. tgl. 14.00 – 16.00 Uhr).

! Baedeker TIPP

Nostalgiefans

In Königswiesen kommen nostalgische Motorradfans auf ihre Kosten: Im Innenhof des Heimathauses (Markt 12) ist das Zündapp-Motorradmuseum zu Hause (Tel. 079 55 / 62 55 und 6252).

Kefermarkt (512 m; 2100 Einw.) liegt 10 km südlich von Freistadt und verfügt über eine einzigartige Attraktion: In der Pfarrkirche **St. Wolfgang** befindet sich ein 13,40 m hoher und 6,30 m breiter prächtiger gotischer Schnitzaltar aus Lindenholz, geschaffen in den Jahren 1409 bis 1497; geschmückt mit zum Teil lebensgroßen Figuren. Der Name des Schnitzkünstlers ist unbekannt, Auftraggeber waren die Herren von Schloss Weinberg, deren Stammsitz eine der mächtigsten Anlagen des Mühlviertels ist. In der Mitte des Schreins steht der hl. Wolfgang im Bischofsornat, flankiert vom hl. Christophorus und dem hl. Petrus (Öffnungszeiten: tgl. 9.00 – 18.00 Uhr).

✶ Flügelaltar ►

Grein ►Donautal

✶ Murau

M 5

Bundesland: Steiermark
Einwohnerzahl: 2150
Höhe: 832 m ü.d.M.

Welcher Ort kann sich schon rühmen, er sei auf einen Minnesänger zurückzuführen? Murau jedenfalls, am Fuß der über 1800 m hohen Stolzalpe gelegen, wurde vom Minnesänger und steirischen Landeshauptmann Ulrich von Liechtenstein im 13. Jh. gegründet.

Sehenswertes in Murau

St. Matthäus Am Ufer der Murau erhebt sich über der Altstadt die Stadtpfarrkirche St. Matthäus (13. Jh.), ein frühgotisches Bauwerk mit schönen Fresken, vorwiegend aus dem 14. Jh., und einem meisterhaften barocken Hochaltar.

Schloss Murau Die Kirche wiederum wird überragt vom Schloss (1628–1643), das auf dem Grund der einstigen Burg steht. Hier residierten Ulrich von Liechtenstein und seine Nachfahren ca. 300 Jahre, dann traten die Fürsten von Schwarzenberg die bis heute währende Nachfolge an. Das Schloss wurde im 17. Jahrhundert zum vierflügeligen Renaissancebau mit schönem Arkadenhof umgebaut (Führungen: Mitte Juni bis Mitte Sept. Mi. u. Fr. 14.00 Uhr).

► MURAU

AUSKUNFT

Informationsbüro Murau
Bundesstr. 13 a, A-8850 Murau
Tel. 035 32/27 200, Fax 27 204
www.murau.at

Umgebung von Murau

Murtal

Umgeben von ausgedehnten Wäldern und schönen Almen, ist Murau sommers wie winters ein beliebtes Ferienziel. Westlich und östlich von Murau erstreckt sich das **Murtal**, umrahmt von einer weithin noch ursprünglichen Bergwelt, ideal für ausgedehnte Wanderungen. Die Mur entspringt am Murtörl im Salzburgischen östlich von Bad Gastein, durchfließt den Lungau und erreicht bei Predlitz steirisches Gebiet.

Murtalbahn

In der Regel wird die Murtalbahn mit modernen Loks befahren. Eisenbahn-Nostalgiefreunde kommen gleichwohl auf ihre Kosten, denn von Ende Juni bis Anfang September verkehren fahrplanmäßig Dampfbummelzüge mit uralten Waggons im Schlepptau zwischen Murau und Tamsweg im Salzburgischen bzw. Murau und Teufenbach. Ganz Verwegene dürfen bei Amateurlokfahrten – selbstverständlich unter Anleitung erfahrener Lokführer – eine Lokomotive selbst fahren (genauere Informationen erhält man unter Tel. 0 35 32/ 22 31-0; www.stlb.at).

St. Ruprecht

Was man alles aus und mit Holz machen kann, präsentiert 12 km muraufwärts in St. Ruprecht ob Mur das ungewöhnliche steirische **Holzmuseum** (www.holzmuseum.at; Öffnungszeiten: April, Mai, Okt. 10.00 – 16.00, Juni – Sept. 9.00 – 17.00 Uhr, www.holzmuseum.at).

! *Baedeker* TIPP

Bierbrauerkunst

Das kleine Braumuseum im Gewölbekeller der Brauerei in Murau informiert über die Kunst des Bierbrauens, Verkostung natürlich inbegriffen (Tel. 035 32 / 326 60; Öffnungszeiten: Fr. 15.00 bis 17.00 Uhr, Juli u. Aug. auch Mi. geöffnet).

Der Markt **St. Lambrecht**, am Rand des sehenswerten Naturparks Grebenzen gelegen, ist Sitz eines großen Benediktinerstifts. Wahrscheinlich kamen die ersten Mönche des im 11. Jh. gegründeten Klosters aus St. Blasien im Schwarzwald. Die Stiftskirche mit den beiden Zwiebeltürmen stammt noch aus dem 14./15. Jahrhundert, während die anderen Klosterbauten im 17. und 18. Jahrhundert neu errichtet wurden. Während des Zweiten Weltkriegs war hier ein Nebenlager des KZ Mauthausen untergebracht. Das Stift besitzt eine beachtliche **Kunstsammlung** sowie ein **Vogelmuseum**, die im Rahmen der Führung zu sehen sind (Führungen: Mo. – Sa. 10.45 u. 14.30, So. nach der Messe u. 14.30 Uhr, www.stift-stlambrecht.at).

Oberwölz

Oberwölz, mit rund 1000 Einwohnern die kleinste Stadt der Steiermark, liegt etwa 30 km nordöstlich von Murau und beherbergt das **Österreichische Blasmusikmuseum**. Es nennt eine außerordentlich reichhaltige Instrumentensammlung sein Eigen (Öffnungszeiten: Mai bis Okt. tgl. 10.00 – 15.00 Uhr).

Ruhe und Erholung bieten die einsamen Schilfbuchten.

★★ Neusiedler See

R 4

Bundesland: Burgenland **Höhe:** 115 m ü.d.M.

Flirrendes Licht, das Rascheln des Schilfes, Gezwitscher und Geschnatter von Tausenden von Vögeln im Frühjahr und Herbst – dem ganz eigenartigen Reiz des Neusiedler Sees kann man sich kaum entziehen. Im Dezember 2001 wurde die grenzüberschreitende Region zum UNESCO-Weltkulturerbe erklärt.

Einzigartiger Steppensee

Der **einzige Steppensee Mitteleuropas** liegt zu etwa vier Fünfteln auf österreichischem Gebiet, der Süden ist ungarisch. Bei etwa 35 km Länge und 5–15 km Breite ist er nur 1,0–1,80 m tief. Daher erwärmt sich das salzhaltige Wasser im Sommer außerordentlich schnell auf bis zu 30 °C. Der einzige nennenswerte Zufluss, die Wulka, bringt höchstens ein Viertel dessen, was durch Verdunstung wieder verloren geht, alles andere wird über Niederschläge zugeführt. Einen Abfluss besitzt der See nicht. Je nach Verdunstung schwankt der Wasserstand gewaltig: Immer wieder war der See (nahezu) völlig ausgetrocknet, wie alte Annalen kundtun, beispielsweise in den Jahren 1773, 1811 bis 1813 und 1864 bis 1870.

Fast zur Gänze ist der See von einem bis zu 5 km breiten Schilfgürtel umgeben, so dass man vom Ufer aus das Wasser oft kaum sehen kann. Etwa 10–15% des Schilfes werden geschnitten und dienen als Flecht- und Rohmaterial für Stuckarbeiten. Lediglich am Ostufer bei Podersdorf ist das Ufer einigermaßen frei zugänglich. Surfer und Segler finden aufgrund der hervorragenden Windverhältnisse beste Möglichkeiten – Motorboote allerdings sind aus Naturschutzgründen untersagt.

★★ Nationalpark Neusiedler See-Seewinkel

Ein Eldorado für Naturliebhaber ist der Neusiedler See, dessen Schilfgürtel seltenen Tieren wie der Äskulapnatter oder dem Mondhornkäfer, aber vor allem rund 300 Vogelarten, insbesondere Wat- und Wasservögeln, Lebensraum bietet. Besonders eindrucksvoll ist die Szenerie im Frühjahr und Herbst, wenn die Zugvögel Halt machen. Zahlreiche seltene (Wasser-)Pflanzen begeistern Botaniker.
Zum Schutz dieser einzigartigen Fauna und Flora hat Österreich 1993 gemeinsam mit Ungarn den Nationalpark Neusiedler See-Seewinkel eingerichtet, der den südlichen Bereich des Sees und das Gebiet der Lacken, kleinere Salzseen in der Puszta östlich des Sees, umfasst. Das **Informationszentrum** und die **Biologische Station** befinden sich in Illmitz (Hauswiese; Tel. 02175/3442; Öffnungszeiten: April – Okt. Mo. – Fr. 8.00 – 17.00, Sa. und So. ab 10.00, Nov. bis März Mo. – Fr. 8.00 – 16.00 Uhr;).

Weinbau

Das pannonische Klima im Burgenland ist gekennzeichnet durch geringe Niederschläge, kalte Winter und heiße Sommer. Für den Weinbau sind diese klimatischen Merkmale beste Voraussetzungen.
Mittlerweile bringt das Burgenland **Rotweine europäischer Spitzenklasse** hervor. Allerdings sind nur bestimmte Traubensorten zur Anpflanzung zugelassen, um das hohe Qualitätsniveau zu erreichen. Zwei Weinstraßen führen westlich und östlich am Neusiedler See entlang. Die Traubenlese gehört zu den beliebtesten Besuchszeiten am See.

Rund um den Neusiedler See

Mörbisch

Mörbisch (115 m; 2300 Einw.) am südwestlichen Ufer unweit der ungarischen Grenze ist ein ansprechender kleiner Ort mit charakteristischen Laubenhäusern und langen Hofgassen. Ein 1,7 km langer Damm führt zum Badestrand, dem eine Insel vorgelagert ist. Hier

DEN NEUSIEDLER SEE ERLEBEN

AUSKUNFT

Neusiedler See Tourismus
Obere Hauptstr. 24, A-7100 Neusiedl
Tel. 021 67/86 00, Fax 86 00 20
www.neusiedlersee.com

ESSEN

► Erschwinglich

Restaurant im Rusterhof
Rathausplatz 18, A-7071 Rust
Tel. 026 85/61 62
Im herrlichen Garten serviert man köstliche Fischgerichte.

ÜBERNACHTEN

► Komfortabel

Weinlaubengasthof Rathausstüberl
Kirchengasse 2
A-7100 Neusiedl am See
Tel. 0 21 67/28 83, Fax 2 88 37
www.rathausstueberl.at
Zentrale, ruhige Lage. Vom günstigen Übernachten bis zum königlichen Wohnen bietet das Haus das richtige Ambiente – und der Gastgarten eine uralte Weinlaube.

Hier war der Klapperstorch in eigener Sache tätig: Storchennest in Rust.

bieten sich auch Möglichkeiten zum Surfen oder Segeln. Die Mörbischer Seebühne lädt jährlich im Juli und August zu den Operettenaufführungen der beliebten Seefestspiele mit anschließendem Feuerwerk ein.

★ **Rust**

Rust (123 m; 1800 Einw.), Fremdenverkehrszentrum, bekannter Weinbauort (»Ruster Ausbruch«) und attraktivster Ort am See, ist Sitz der österreichischen Weinakademie, die Weinseminare und Verkostungen anbietet. 30 000 l Wein und 60 000 Gulden kostete 1681 die Ernennung zur königlich-ungarischen Freistadt. Das Städtchen besitzt noch zahlreiche gut erhaltene Bürgerhäuser aus Renaissance und Barock, die Altstadt steht unter Denkmalschutz. Ein reizvoller Blickfang sind die vielen Storchennester und ihre klappernden Bewohner. Zum Badeplatz und Seerestaurant führt der 1 km lange Straßendamm durch den Schilfgürtel (Parkplatz). Die von einer alten Wehrmauer umgebene Fischerkirche mit unregelmäßigem Grundriss besitzt beachtliche Fresken (14./15. Jh.). Ihr Name leitet sich der Sage nach von Ruster Fischern her, die eine in Seenot geratene Königin retteten und dafür eine ordentliche Geldsumme zum Bau der Kirche erhielten.

★ Fischerkirche ►

St. Margarethen

Nahe der Straße von Rust nach St. Margarethen liegt ein schon von den Römern benutzter Steinbruch. Sein Leithakalk wurde bereits beim Bau des Stephansdomes, des Burgheaters und anderer Wiener Bauten verwendet. Die von zeitgenössischen Bildhauern geschaffenen Großplastiken verleihen der ganzen Szenerie ein eigenwilliges Gesicht. Vor der eindrucksvollen Felsenkulisse werden alle fünf Jahre im Sommer **Passionsspiele** aufgeführt (nächste Spiele 2011). Zudem dient der Steinbruch als Rahmen für Opernfestspiele.
Der Familypark in St. Margarethen verzaubert mit Märchenwelt, Streichelzoo, Zirkus und anderen Attraktionen (Märchenparkweg 1; Öffnungszeiten: Ende März – Sept. tgl. 9.00 – 18.00, Okt. tgl. 10.00 bis 17.00 Uhr, www.familypark.at).

Purbach (124 m; 2700 Einw.) ist ein Wein- und Ferienort mit gut erhaltenem Mauerring und vier wuchtigen Toren aus der Zeit der Türkeneinfälle.
Das Wahrzeichen der Stadt, der »Purbacher Türke«, ist auf dem Rauchfang eines Hauses nahe beim »Türkentor« zu sehen.

? WUSSTEN SIE SCHON ...?

- ... wie Purbach zu seinem Wahrzeichen, dem Türken, kam? Anno 1532 verschlief ein Türke nach übermäßigem Weingenuss in einem Keller den Abzug seines Heeres und versuchte – nachdem er von den Hausbewohnern entdeckt worden war –, durch den Kamin zu entwischen, in dem er prompt hängen blieb. Die Einheimischen schonten sein Leben, dafür trat er zum christlichen Glauben über.

Neusiedl

Neusiedl (131 m; 5900 Einw.) am Nordende des Sees ist eines der hiesigen **Wassersportzentren**: Der 1,5 km lange Damm führt durch den Schilfgürtel zu den Badeanlagen am offenen Wasser mit Strandbad, Segel- und Surfschule sowie Jachtschule. Die Burgruine Tabor ist entgegen anders lautenden Gerüchten kein römisches, sondern ein mittelalterliches Bauwerk.

Halbturn

Ein Abstecher nach Südosten führt zum Markt Halbturn (128 m; 1900 Einw.). Das kaiserliche Jagdschloss, 1711 von Lukas von Hildebrandt erbaut, zählt zu den schönsten Barockschlössern Österreichs. Maria Theresia (► Berühmte Persönlichkeiten) ließ den großen Saal von Anton Maulpertsch mit Deckengemälden ausschmücken. Heute ist das Schloss oft schmucker Rahmen für Kunstausstellungen und Konzerte (Infos auf www.schlosshalbturn.at).

Frauenkirchen

Etwa 6 km südlich von Halbturn liegt Frauenkirchen (124 m; 2850 Einw.), benannt nach seiner von italienischen Meistern erbauten barocken Wallfahrtskirche (1695–1702). Das gotische Gnadenbild am Hochaltar stammt aus der mittelalterlichen Kirche, die während der Türkenkriege zerstört worden war. Es heißt, das ursprüngliche Gnadenbild sei die stillende Muttergottes im Seitenaltar gewesen. Neben der Kirche erhebt sich der eigenartige Kalvarienberg mit spiralförmig ansteigendem Kreuzweg.

Podersdorf (121 m; 2000 Einw.), 15 km südlich von Neusiedl, verfügt über den **einzigen schilffreien Strand**. Hier wird Sport groß geschrieben: Radfahren, Reiten, Segeln, Surfen, Skating, Schwimmen, Wandern. Für weniger Sportliche empfiehlt sich der Besuch der Windmühle (Öffnungszeiten: Anf. Mai bis Ende Okt., tgl. Führung um 19.00 Uhr) oder an der Straße nach Illmitz ein Blick ins Gehege der Mangalizaschweine, eine der ältesten Schweinerassen Europas.

! *Baedeker* TIPP

Tierisch gut

Nicht dass Braunbären ausgesprochene Steppentiere wären. Doch einige Exemplare dieser Gattung erhalten im Steppen-Tierpark Pamhagen Kost und Logis, ebenso wie Störche, Wollschweine, Steppenpferde, Wölfe, Luchse und viele andere Tiere (südöstlich von Apetlon, Öffnungszeiten: März – Okt. tgl. 9.00 – 18.00 Uhr).

Seewinkel

Südlich von Podersdorf erstreckt sich zwischen dem Neusiedler See und der ungarischen Grenze der so genannte Seewinkel, ein von vielen Lacken (kleine flache Wasserflächen) übersätes Salzsteppengebiet mit interessanter Tier- und Pflanzenwelt. Im Frühjahr und Herbst dienen die Lacken als Schlafplatz für unzählige Zugvögel.
Ganz typisch für den Seewinkel sind Pusztadörfer, die genauso gut 100 km weiter östlich in der ungarischen Tiefebene stehen könnten, wie Illmitz (117 m; 2450 Einw.) und Apetlon (121 m; 1900 Einw.) mit ihren charakteristischen schilfgedeckten Bauernhäusern. Von hier aus lassen sich wunderbare Rad- und Wandertouren durch die Salz-

steppe und zum Neusiedler See unternehmen. Östlich vom Zicksee, trotz nur rund 1 m Tiefe beliebtes Surfrevier, liegt **St. Andrä** mitten im Seewinkel. Der breite Anger, um den herum sich eine Reihe typisch burgenländischer Höfe gruppiert, gibt dem Dorf sein unverwechselbares Gepräge.

★ Niedere Tauern

L/M/N 5

Bundesländer:
Salzburg und Steiermark

Höchste Erhebung:
Hochgolling (2863 m ü.d.M.)

Dicht bewaldete und kaum besiedelte Täler, verträumte Almen, majestätische Gipfel, murmelnde Bäche und klare Seen – in den Niederen Tauern ist diese Idylle in weiten Teilen noch zu finden.

Idyllischer Gebirgszug

Vom Murtörl, wo die Mur entspringt, im Westen bis zu den Secker Alpen im Osten reicht der Gebirgszug. Im Norden wird er begrenzt vom Enns-, Palten- und Liesingtal, im Süden vom Murtal. Zahlreiche Täler schneiden von Norden und Süden in das Gebirge ein, doch nur wenige Pässe führen hindurch – ideal für Ruhe und naturnahe Erholung suchende Menschen. Die höheren Gipfel des Hauptkamms bergen einige Schwierigkeitsgrade für Kletterkünstler. Vor allem in den äußeren Bereichen der Niederen Tauern finden Wanderer und Wintersportbegeisterte hervorragende Bedingungen.

Radstädter Tauern ►

Die westlichste Teilgruppe der Niederen Tauern sind die Radstädter Tauern vom Murtörl bis zum Radstädter Tauernpass. Kühne Felsformationen charakterisieren die höchsten Gipfel, vom Hohen Weißeck (2712 m) und vom Mosermandl (2680 m) bietet sich eine herrliche Aussicht. Großer Beliebtheit erfreuen sich die Radstädter Tauern als Skigebiet. Beste Abfahrtmöglichkeiten bieten das **Wintersportparadies** von Wagrain mit dem Wagrainer Haus und die weiten Flächen am Trappenkarsee – im größten Hochkar der Salzburger Alpen – und das Gebiet am Radstädter Tauernpass (1738 m).

Schladminger Tauern ►

Die Schladminger Tauern beginnen östlich des Radstädter Tauernpasses und sind für Bergwanderer die wohl interessanteste Gruppe der Niederen Tauern. Ihre höchsten Gipfel, der Hochgolling (2863 m) mit seiner mächtigen Nordwand und die breite Pyramide der Hochwildstelle (2747 m), sind von Schladming im Ennstal über die Golling-Hütte (1630 m) oder die Preintaler Hütte (1656 m) gut zu erreichen und werden entsprechend frequentiert. Zum Skilauf eignen sich besonders die nördlichen Ausläufer wie die Planai

NIEDERE TAUERN

AUSKUNFT

Schladming-Dachstein Tourismusmarketing GmbH
Ramsauerstr. 756,
A-8970 Schladming
Tel. 036 87/2 33 10 Fax 2 32 32
www.sommercard.info

(1894 m) mit der Schladminger Hütte oder der Hauser Kaibling (2015 m) mit der Krummholz-Hütte. Charakteristisch für die Hochregion sind **ihre traumhaft gelegenen Bergseen**: die Giglachseen bei der Ignaz-Mattis-Hütte, der Riesachsee am Weg zur Preintaler Hütte, das Gebiet des Klafferkessels oder der fast unbesiedelte Naturpark Sölktäler im Osten der Schladminger Tauern, von Norden her erreichbar über Großsölk und die im Winter gesperrte Erzherzog-Johann-Straße.

> ! *Baedeker* TIPP
>
> **Der Hofmannsche Glaube ...**
>
> ... war vor etlichen Jahrhunderten die Bezeichnung für den Protestantismus in der Steiermark. Ein Hofmann von Grünpichl nämlich, der auf Burg Strechau bei Rottenmann im Paltental residierte, erwirkte im Jahr 1579 Glaubensfrei-heit für die Steiermark und richtete auf seiner Burg eine protestantische Hauskapelle ein. (Geöffnet: Mai – Okt. tgl. 10.00 – 16.00 Uhr, www.burg-strechau.at).

Der Hauptkamm der **Wölzer Tauern** ist recht weit entfernt von größeren Siedlungen. Seine bis in obere Regionen bewachsenen Gipfel, darunter Greim (2474 m), Oberwölzer Schoberspitze (2423 m) und Hohenwart (2361 m), stellen keine allzu hohen Anforderungen an Bergsteiger. Die nördlichen Seitenkämme gehören zu den leichteren Skirevieren der österreichischen Alpen, beliebt ist vor allem die rund 1600 m hoch gelegene schöne Planneralm.

Rottenmanner und Seckauer Tauern

Mit den ausgedehnten Rottenmanner und Seckauer Tauern endet der zentrale Gebirgszug der Niederen Tauern. Von Trieben aus lohnt sich der Aufstieg zum scharfkantigen Großen Bösenstein (2449 m) über die Edelraute-Hütte (1725 m) am Kleinen Scheiblsee und weiter über den Kammweg zum Hochschwung und Seitner Zinken bis zur Breiteckkoppe. Den höchsten Gipfel der Seckauer Tauern, den Hochreichhart (2416 m), erreicht man nordöstlich von Kalwang oder von Süden über den Kammweg vom Seckauer Zinken (2398 m).

★ Ossiacher See

M 6

Bundesland: Kärnten **Höhe:** 501 m ü.d.M.

Ein wenig abseits des Massentourismus liegt der lang gestreckte Ossiacher See nordöstlich der lebhaften Stadt ►Villach. Der drittgrößte See Kärntens lockt durch seine schöne Lage und die angenehmen Wassertemperaturen bis zu 26 °C.

Beliebtes Urlaubsziel

Nicht nur Wassersportler kommen auf dem 11 km langen, 1 km breiten und bis zu 47 m tiefen See auf ihre Kosten, die Umgebung bietet auch jede Menge andere Sportmöglichkeiten. Wer einen Rundum-

Von Bodensdorf führen Straße und Kabinenbahn auf die Gerlitzen (1909 m), Berg der Paragleiter.

blick genießen möchte, vertraut sich am besten der Ossiacher See Schifffahrt an: Vom Frühjahr bis zum Herbst fahren die Schiffe mehrmals täglich in einem regelrechtem Zickzackkurs fast alle Orte am Seeufer an.

Sehenswerte Orte am Ossiacher See

Burg Landskron Wer von Villach her den Ossiacher See ansteuert, kann die mächtige Burgruine Landskron (676 m) gar nicht verfehlen. Das einstige Renaissanceschloss, lange im Besitz der vermögenden Familie Khevenhüller, bietet nicht nur einen wunderbaren Ausblick über den See und die umgebende Landschaft, sondern auch eine einzigartige tierische Attraktion: einen **Greifvogel-Zoo**, in dem Adler, Eulen, Falken und Geier ihre Flugkünste zeigen (Öffnungszeiten: Mai, Juni, Sept., Okt. tgl. 11.00 – 16.00, So. bis 17.30, Juli u. Aug. tgl. bis 18.30; Flugvorführungen: 2- bis 3-mal tgl., www.adlerarena.com)

Gerlitzen Vom Seebad Bodensdorf am Nordufer führt eine mautpflichtige Straße 12 km lang in zahlreichen Kehren zum Parkplatz auf 1764 m Höhe, von wo man zu Fuß oder mit der Sesselbahn auf die Gerlitzen (1909 m) gelangt.

Das gepflegte Ski- und Wandergebiet ist auch ein Eldorado für Paraglider. Der Rundblick ist überwältigend: Im Süden ragen die Karawanken auf, im Nordwesten die Nockberge, und ganz im Westen erkennt man Gipfel der Hohen Tauern. Einfacher erreicht man die Gerlitzen mit der Kabinenbahn von Annenheim am See über die Kanzel.

! Baedeker TIPP

Im Reich der Pilze

Die Pilz-Wald-Erlebniswelt in Einöde ist alles andere als öd: Was kreucht und wächst im Wald? Was funkelt in der Kristall-Galaxie? Schrie da ein Käuzchen? Diese und andere Fragen werden im Pilz-Museum (Winklerner Str.) beantwortet (März bis Okt. tgl. 10.00 – 17.00, Aug. bis 18.00 Uhr).

Ossiach

Vor rund 1000 Jahren ließen sich am südöstlichen Ufer im heutigen Ossiach (505 m; 800 Einw.) Benediktinermönche nieder. Einer der Äbte des ehemals berühmten Benediktinerstifts, das 1783 durch Kaiser Joseph II. aufgehoben wurde, verfügte sogar über eine kleine Flotte venezianischer Galeeren, mit denen 1552 Kaiser Karl V. übers Wasser eskortiert wurde. Sehenswert ist die **Stiftskirche**, eine ursprünglich romanische Pfeilerbasilika, die im 18. Jh. barock verändert wurde. Sie besitzt üppige Stuckdekorationen, ausgeführt von einem Wessobrunner Meister. Die Deckenmalerei hat der bekannteste Kärntner Barockmaler, Joseph F. Fromiller, um 1750 beigesteuert. Beachtung verdient auch der spätgotische Flügelaltar in der Nordwestkapelle, der Mittelschrein birgt eine Madonna mit Kind zwischen der hl. Katharina und der hl. Margarete.

◄ Carinthischer Sommer

Alljährlich ist Ossiach im Juli und August Ziel zahlreicher Musikliebhaber, die die Opernaufführungen, Konzerte und Liederabende des renommierten »Carinthischen Sommers« genießen. Ein Teil des Programms wird auch in Villach aufgeführt.

Einöde-Winklern

An der Straße nach Radenthein zieht es Puppenliebhaber nach Einöde-Winklern ins **Puppenmuseum**. Auf unnachahmliche Weise hat die Puppenmacherin Elli Riehl (1902–1977), die aus Villach stammte und 1950 nach Winklern zog, erst Kinder, später auch Erwachsene in ihrer Lebensumwelt als Puppen »porträtiert«. Auf diese ganz eigenwillige Weise wurde auch ein Stück der Kultur und Lebensweise Kärntens festgehalten (Öffnungszeiten: April u. Mai tgl. 9.00 – 12.00, 14.00 – 18.00, Juni – Sept. 9.00 – 18.00, Okt. 14.00 – 18.00 Uhr).

DEN OSSIACHER SEE ERLEBEN

AUSKUNFT

Tourismusinformation Ossiach
Ossiach Nr. 8
A-9570 Ossiach
Tel. 0 42 43/497 oder 4 20 00
Fax 87 63
www.ossiach.com

ESSEN

► Fein & Teuer

Stiftsschmiede
Ossiach Nr. 4, A-9570 Ossiach
Tel. 0 42 43/4 55 54, Fax 4 55 53
www.stiftsschmiede.at
Eine Spezialität des Hauses sind die fangfrisch zubereiteten Fische.

★ Ötztal

E 6

Bundesland: Tirol

Namentlich ist das Ötztal vor allem durch die rund 5300 Jahre alte Mumie und den in Ötz geborenen DJ Ötzi bekannt. Beliebt ist das Tal vor allem bei Bergtouristen, die eine vorzügliche Infrastruktur vorfinden.

Ausweg aus der Armut Von den drei Tiroler Hochgebirgstälern Kauner-, Pitz- und Ötztal ist das letztere mit 55 km nicht nur das längste, es hat auch die meisten Erfahrungen mit dem Fremdenverkehr. Denn am südlichen Talende in Vent wurde der Bergtourismus sozusagen »erfunden«: Der dort amtierende Pfarrer **Franz Senn** (1831–1884), selbst ein begeisterter Bergsteiger, sann auf Abhilfe gegen die bittere Armut der Bergbauern und sah einen Ausweg im Tourismus. Also ließ er um 1860, teils aus eigenen Mitteln, die ersten Wege anlegen, bildete Einheimische zu Bergführern aus und bot Touristen Unterkunft und Verpflegung im Pfarrhaus. Der energische Seelsorger gehörte folgerichtig auch zu den Gründern des Österreichischen Alpenvereins 1862 in Wien und des Deutschen Alpenvereins 1869 in München.

Der Anfang des Ötztales ist breit und fruchtbar, dann verengt es sich im mittleren Teil zu einer Folge von Schluchten, die sich mit weiten Wiesen abwechseln. Vorbei an Wasserfällen steigt die Straße in mehreren Stufen nach Süden an und bietet dabei vielfach einen eindrucksvollen Blick auf die Gipfel und Gletscher der Ötztaler Alpen. Vom Ende des Tales führt die nur wenige Monate im Jahr befahrbare ►Timmelsjochstraße hinüber nach Südtirol.

Ötzi Am 19. September 1991 fand ein deutsches Ehepaar beim Abstieg von der Fineilspitze im Süden der Ötztaler Alpen **eine mumifizierte Leiche**. Der Körper des alsbald unter dem Namen Ötzi bekannt gewordenen Jägers oder Kriegers – hier streiten sich die Gelehrten (noch) – hatte seit der ausgehenden Jungsteinzeit rund 5300 Jahre im Eis überdauert. Aus gegebenem Anlass wurde der Fundort genau vermessen, und es stellte sich heraus, dass der Ötzi gut 90 m von der österreichischen Grenze entfernt auf italienischem Boden gelegen hatte. Infolgedessen ist er heute im Südtiroler Archäologiemuseum in Bozen zu bestaunen, wo er in einem klimatisierten Schaukasten bei – 6 °C liegt.

Sehenswerte Orte im Ötztal

Ötz Ötz (820 m; 2250 Einw.) liegt rund 5 km südlich der Einmündung der Ötztaler Ache in den Inn und ist wegen seines milden Klimas viel besucht. Beachtenswert sind die Häuser mit gotischen Portalen, Erkern und Fassadenmalereien aus der Renaissance, darunter der Gast-

Im Ötztaler Freilichtmuseum wird noch traditionelles Fladenbrot gebacken.

hof Stern. Die hoch gelegene Pfarrkirche (14. Jh.; im 17./18. Jh. erweitert) hat einen gotischen Turm und einen schönen Altar. Unter dem Chor befindet sich die gotische St.-Michaels-Kapelle mit dem »Höllenrachenrelief«: Der dreihörnige Teufel reißt die Augen auf und streckt gleich zwei Zungen heraus, während auf seiner Brust der hl. Michael in Siegerpose steht. Die in ein altes Bauernhaus eingezogene Galerie zum alten Ötztal in der Piburgerstraße zeigt eine Sammlung historischer Abbildungen des Ötztals sowie zeitgenössischer Kunst. Im Garten sind Skulpturen zu bewundern.

◀ Piburger See

Etwa 3 km südwestlich von Ötz liegt auf einer bewaldeten Terrasse über dem Tal der 800 m lange und 30 m tiefe Piburger See (915 m; Naturschutzgebiet), einer der wärmsten Badeseen Tirols. Erlaubt ist das Baden aus Naturschutzgründen jedoch nur an seinem Südende.

Umhausen

Südlich von Ötz folgt die älteste Siedlung des Tals: Umhausen (1036 m; 2900 Einw.) ist ein freundlicher Ferienort auf dem Schuttkegel des Hairlachbaches. Sehenswert sind die gotische Pfarrkirche (15. Jh., mehrmals erweitert) mit einem Renaissance-Kreuz (1580) und das Gasthaus Krone mit Fassadenbildern und stuckverziertem Renaissance-Erker (1684).

★ ◀ Stuibenfall

Rund 3 km südöstlich von Umhausen (Straße und 15 Min. zu Fuß) stürzt der Stuibenfall, der höchste Wasserfall Tirols, unter einer natürlichen Felsbrücke hindurch 160 m in die Tiefe.

Längenfeld

10 km talaufwärts von Umhausen liegt der Kurort Längenfeld (1179 m; 4350 Einw.) Bestimmt wird das Stadtbild von der Pfarrkirche St. Katharina (ursprünglich spätgotisch) mit ihrem 74 m hohen Turm. Touristisch bestimmend ist die neue, nach Feng-Shui-Prinzipien erbaute Bade- und Wellnesslandschaft **Aqua Dome**.

DAS ÖTZTAL ERLEBEN

AUSKUNFT

Ötztal Tourismus
Hauptstraße 66, A-6433 Ötz
Tel. 057 20 05 00, Fax 501
www.oetz.com

ÜBERNACHTEN

► **Luxus**

Central Spa Hotel
Auweg 3, A-6450 Sölden
Tel. 0 52 54/2 26 00, Fax 2 26 05 11
www.central-soelden.at
In diesem Ferienhotel werden Sport und Fitness – Badestube, Dampfbad, Hot-Whirl-Pool – groß geschrieben. Für das leibliche Wohl sorgt ein gutes Restaurant.

► **Komfortabel**

Posthotel Kassl
Hauptstr. 70, A-6433 Ötz
Tel. 0 52 52/63 03, Fax 21 76
www.posthotel-kassl.at
Das altehrwürdige Posthotel, seit dem 17. Jh. Landgasthof in Familienbesitz, bietet eine großzügige Bade- und Saunalandschaft. Gepflegtes Restaurant mit leckeren Fischgerichten.

Sölden und Hochsölden

Hinter Huben verengt sich das Ötztal zu einer wilden Schlucht und erweitert sich erst wieder bei Sölden (1377 m; 3950 Einw.), einer Streusiedlung, die sowohl als Sommererholungsort wie auch als Wintersportgebiet international bekannt ist. Sehenswert ist die Pfarrkirche, ein ursprünglich spätgotischer, 1752 barockisierter Bau mit einem beachtlichen Deckengemälde und einem gotischen Taufbrunnen (1522).

✶ Wildspitze ►

Ihre größte Höhe erreichen die Ötztaler Alpen in dem sich nordwärts ziehenden Kamm, auf dem sich das steile, firnglitzernde Trapez der Wildspitze (3774 m) erhebt. Zur Wildspitze führen mehrere Wege: der kürzeste von der Breslauer Hütte (2840 m) bei Vent, der wohl schönste von Mittelberg im Pitztal unter dem prächtigen Mittagskogl (3162 m) oder von Sölden über die Braunschweiger Hütte (2759 m) und den prachtvollen Mittelbergferner. Beliebt ist dieser Alpenzug bei Bergsteigern, vor allem aber Skifahrern, da die vielen, oft bis zur Gipfelwechte befahrbaren Spitzen und die ausgedehnten, verhältnismäßig leichten Pisten großartige Eindrücke vermitteln. Die Abfahrt von der Wildspitze über Hochsölden nach Sölden zählt mit einem Höhenunterschied von rund 2400 m zu den längsten und schönsten Skiabfahrten der gesamten Alpen.

Vent

Von Zwieselstein (1472 m), wo sich das Ötztal in das Gurgler Tal (links) und das Venter Tal (rechts) verzweigt (»zwieselt«), führt eine 13 km lange Straße südwestlich im Venter Tal aufwärts zu dem schönen Bergort Vent (1896 m). Über ihn verläuft der Wanderweg 902 von Obergurgl zum Inntal. Die höchste ganzjährig bewohnte Siedlung Österreichs, die Rofenhöfe (2014 m), erreicht man westlich oberhalb über eine sehr steile Bergstraße (bis 30%).

Pitztal

E 5

Bundesland: Tirol

Zwischen Ötztal im Osten und Kaunertal im Westen liegt das Pitztal. Es erschließt etwas abseits der großen Reiserouten die Gebirgswelt der Ötztaler Alpen mit ihren zahlreichen Wasserfällen.

Pitztalstraße

Eine 39 km lange Straße führt durch das vom Pitzbach durchflossene Tal. Sie zweigt südlich von Imst ab und endet im prächtigen Talschluss am Fuß des Mittelbergferners. Das Pitztal wird zur Erholung im Sommer, aber auch zum Wintersport besucht und bildet den Ausgangspunkt für zahlreiche Bergtouren. Von Imst kommend, erreicht man zuerst Arzl, das »Tor zum Pitztal«. Hier spannt sich – über die Pitzenklamm – **Europas höchste Fußgängerbrücke** mit einer Höhe von 94 m (137,5 m lang). Mutige können hier einen Bungee-Sprung wagen.

Wenns

Der hübsche Ort Wenns (979 m; 2100 Einw.) liegt auf einer fruchtbaren Talterrasse. 5 km südwestlich oberhalb von Wenns befindet sich das Dorf **Piller** (1349 m), geht man noch 4 km weiter bergauf, erreicht man die Pillerhöhe (1558 m) mit einer tollen Aussicht.

Weiter talaufwärts erreicht man – unterhalb der im Südwesten aufragenden Rofele-Wand (3353 m) – **St. Leonhard** (1371 m; 1500 Einw.). Der Hauptort des Pitztales und viertgrößte Gemeinde Tirols zieht sich 34 km lang durch das Pitztal.

PITZTAL

AUSKUNFT

Tourismusverband Pitztal
Unterdorf 18, A-6473 Wenns
Tel. 054 14/869 99, Fax 869 99 88
www.pitztal.com

★ Radstadt

K 5

Bundesland: Salzburg
Einwohnerzahl: 4700
Höhe: 856 m ü.d.M.

Das lebhafte, freundliche Radstadt am Beginn der Radstädter Tauernstraße liegt zwischen den Radstädter Tauern im Süden und dem Dachsteinmassiv im Norden.

Alte Stadt im Gebirge

Radstadt ist ein zentral gelegener Ausgangspunkt für Ski- und Wandertouren in die umliegenden Gebirgsmassive und Mitglied im Skiverbund Amadé (►St. Johann im Pongau).

RADSTADT ERLEBEN

AUSKUNFT

Tourismusverband Radstadt
Stadtplatz 17
A-5550 Radstadt
Tel. 064 52/747 20
Fax 67 02
www.radstadt.com

ESSEN

► Fein & Teuer

Hubertusstube
Am Dorfplatz 1, A-5532 Filzmoos
Tel. 0 64 53/82 04
www.johannamaier.at
Küchenchefin Johanna Maier zählt zu Österreichs absoluten Spitzenköchen.

Geschichte

Schon zur Hallstattzeit besiedelt, war es in römischer Zeit eine wichtige Station an der Römerstraße von Venedig nach Salzburgund im hohen Mittelalter bedeutungsvoll für den Expansiondrang der Salzburger Erzbischöfe nach Süden. Während der Bauernkriege 1525/1526 hielt Radstadt zur Freude des Erzbischofs einer Belagerung von 5000 Bauern stand. Einer seiner Amtsnachfolger vertrieb 1731/1732 dafür 3000 protestantische Gläubige aus der Radtstädter Gegend. 1861 wurde Radstadt – mit Salzburg – österreichisch.

Sehenswertes in Radstadt

Historisches Ortsbild

Die freundlichen Gassen mit den hübschen alten Bürgerhäusern sind einen ausgiebigen Bummel wert. Überreste einer mittelalterlichen Stadtmauer, darunter drei wuchtige Rundtürme aus dem 16. Jahrhundert, umgeben den lang gestreckten Stadtkern. Dass bei eventuellen Baumaßnahmen das historische Ortsbild bewahrt bleibt, wird von der Gemeinde penibel überwacht.

Der **Kapuzinerturm** besitzt noch seinen originalen Dachstuhl von 1534 und beherbergt einen Teil des **Heimatmuseums** (Öffnungszeiten: Juni – Sept. tgl.10.00 – 12.00, 14.30 – 17.00 Uhr). Der größere Teil – Exponate aus der Römerzeit, sakrale Kunst, altes Handwerk und ein Porträt des Komponisten Paul Hofhaimer (1459–1537) – ist allerdings in **Schloss Lerchen** zu sehen (Öffnungszeiten: Di. – Fr. tgl. 10.00 – 12.00 und 14.30 – 17.00 Uhr).

Millenniumspfad ►

Am Stadtteich, der verbliebene Rest des einstigen Stadtgrabens, beginnt der »Millenniumspfad«, der auf 33 Tafeln die Geschichte der Stadt erzählt. Er wurde 1996 zur 1000-Jahr-Feier Österreichs eingerichtet und ist exakt 1000 Schritte lang.

Umgebung von Radstadt

Roßbrand

Radstadts markanter Hausberg nördlich der Stadt, der Roßbrandgipfel (1770 m; Radstädter Hütte, bewirtschaftet), gibt bei klarem Wetter den Panoramablick auf rund 150 Alpengipfel frei.

Über Eben im Pongau führt die Straße westlich um den Roßbrand herum nach Filzmoos (1055 m; 1400 Einw.), südlicher Ausgangspunkt für Bergtouren in die Dachsteingruppe (► Dachstein). Eine 5 km lange Mautstraße führt zur Hof-Alm (1268 m).

◄ Filzmoos

Altenmarkt im Pongau

Altenmarkt im Pongau (850 m; 3700 Einw.), westlich von Radstadt, ist römischen Ursprungs und gilt als **der älteste Ort des Ennstales**. Von hier aus erreicht man nach 12 km in Richtung Süden den idyllisch gelegenen Zauchensee (1350 m) mit diversen schönen Wandermöglichkeiten.

Flachau

Flachau (927 m; 2700 Einw.), etwa 10 km südwestlich von Radstadt im Ennstal gelegen, ist mit einem ausgedehnten Ski- und Après-Ski-Angebot der östliche Ausgangspunkt für das Wintersportgebiet am Grießenkareck (1991 m). Südlich führt die Seilbahn hinauf zur schönen Durchachalm oberhalb des Zauchensees.

Radstädter Tauernstraße

Bei Radstadt beginnt die 22 km lange Radstädter Tauernstraße, die über Obertauern und die Tauernpasshöhe (1738 m) nach Süden führt. Seit Fertigstellung der westlich verlaufenden Autobahn mit dem Tauerntunnel hat sie zwar ihre Bedeutung als Durchgangsstraße in Richtung Steiermark und Kärnten verloren, bildet aber nach wie vor die nördliche Zufahrt in das besonders zum Wintersport geeignete Feriengebiet der Tauernhöhe.

◄ Tauernstraße

Traditionelle Häuser in Altenmarkt

»... somebody to help ...«

- Ihre Musik verbindet man gemeinhin nicht mit dieser Gegend, und doch stapfen die Beatles auf dem Cover ihrer LP »Help« durch den Obertauerner Schnee. Am 13. März 1965 kamen die Stars hierher, um auf den Pisten einige Szenen für ihren gleichnamigen Film zu drehen – gedoubelt, versteht sich. Am 21. März fiel die letzte »Österreich«-Klappe, und noch am selben Abend verließen die Beatles und ihre 66-köpfige Filmcrew den nunmehr berühmten Wintersportort.

Obertauern (1650 m) hat sich zum viel besuchten Sommerferien- und Wintersportort entwickelt, bestens ausgestattet mit Schleppliften, Sessel- und Kabinenbahnen, z. B. zur Seekarspitze (2350 m) oder zur Gamsleitenspitze (2357 m). Geübte Bergwanderer können von Obertauern aus mehrere Zweitausender in 2–4 Stunden ersteigen.

18 km östlich von Radstadt erinnern die alten Bergknappenhäuschen von **Schladming** (750 m; 4500 Einw.) an die einstige Wirtschaftsgrundlage der Bevölkerung. Von der Stadtbefestigung steht nur noch das Salzburger Tor aus dem 17. Jh. Die imposante katholische Stadtpfarrkirche verfügt über eine barocke Innenausstattung, die evangelische Kirche (1862) ist das größte evangelische Gotteshaus der Steiermark und besitzt einen Flügelaltar aus der Reformationszeit. Das **Stadtmuseum** im Bruderladenhaus (1681) erinnert an die Wirren der Reformationszeit, widmet sich aber auch dem Bergbau und der regionalen Kultur- und Naturgeschichte (Öffnungszeiten: Di. – Fr. 10.00 – 12.00, 13.00 – 17.00, So. ab 11.00 Uhr).

★ Rätikon

C 5/6

Bundesland:
Vorarlberg

Höchste Erhebung:
Schesaplana (2965 m ü.d.M.)

Mit tief eingeschnittenen Seitentälern, schroffen Wänden und bizarren Gipfeln erhebt sich das Rätikon zwischen Illtal (Montafon), Rheintal und dem schweizerischen Prättigau an der Südgrenze Vorarlbergs. Sein Hauptkamm bildet die Grenze zur Schweiz.

Schesaplana

Zu den eindrucksvollsten Bergen Vorarlbergs zählen neben dem gewaltigen Felsmassiv der Schesaplana (2965 m) die lange Vandanser Steinwand mit dem kühnen Horn der Zimbaspitze (2645 m), die wuchtige Drusenfluh (2835 m) mit den Drei Türmen im Schluss des herrlichen Gauertales, die Sulzfluh (2824 m) mit ihrem kleinen Gletscher und das prächtige Horn der Madrisa (2774 m), das Wahrzeichen des Gargellentales.

RÄTIKON

AUSKUNFT

Tourismusverein Nenzing-Gurtis
Bazulstr. 2, A-6710 Nenzing
Tel. 055 25/630 31
www.nenzing-gurtis.at

Mächtig viel Schnee wirbelt der Snowboarder im Rätikon auf.

Rätikon-Höhenweg

Eine Vielzahl an Schutzhütten erleichtert den Besuch dieses großartigen Gebiets. Die wichtigsten verbindet ein schöner Höhenweg, der vom Gamperdonatal auf die Schesaplana und hinunter zum Lüner See (1970 m; ►Bludenz) führt, dann weiter zum kleinen Tilisuna-See (2102 m) hinüber ins Gargellental. Verschiedene Gipfel des Rätikon sind auf guten Wegen auch für ungeübte Wanderer leicht zu besteigen, einige schwierigere Klettertouren können aber nur von guten Bergsteigern bewältigt werden.

Skiregion

Im Rätikon finden Skifahrer ideale Möglichkeiten. Neben den Bergen im Gargellental sind vor allem die Hänge des Golmerjochs bei Schruns-Tschagguns und die Nordausläufer der Schesaplana, die das Brandner Tal bei Bludenz umrahmen, beliebt. Eine der schönsten Abfahrten der Alpen mit einem Höhenunterschied von mehr als 2100 m bietet die Sulzfluh.

Reutte

E 5

Bundesland: Tirol
Einwohnerzahl: 5800
Höhe: 854 m ü.d.M.

Reutte, in einem weiten Talbecken des Lech gelegen, ist der Hauptort des nördlich vorgelagerten Tiroler Bezirks Außerfern. Es gilt als Verkehrsknotenpunkt zwischen Füssen, Pfronten, dem Fernpass, dem oberen Lechtal und dem ►Tannheimer Tal.

Alemannische Wetterscheide

Das herb-schöne gebirgige Außerfern, das von Tirol nur über den Fernpass (1216 m) zu erreichen ist und auch sprachlich zum alemannischen Kulturkreis gehört, hat infolge der Nordstaulage der Nördli-

REUTTE

AUSKUNFT

Tourismusverband Reutte
Untermarkt 34, A-6600 Reutte/Tirol
Tel. 056 72/623 36, Fax 623 36 40
www.reutte.com

ÜBERNACHTEN

► **Komfortabel**
Wellness- & Familienhotel Alpenrose
A-6652 Elbigenalp
Tel. 0 56 34/66 51, Fax 66 52 87
www.alpenrose.net
Saunalandschaft und Badeteich, Kosmetik und Massage, Kinderbetreuung und ein großes Unterhaltungsangebot zeichnen das Hotel aus.

chen Kalkalpen reichlich Niederschläge, ein etwas kühleres Klima und ein sattes Grün.
Vor fast 2000 Jahren führte durch das Außerfern die einzige römisch-kaiserliche Staatsstraße über die Alpen, die Via Claudia Augusta. Sie verlief von Altinum bei Venedig über den Reschen- und Fernpass bis zur Donau und bildete von 50 bis etwa 200 n. Chr. die wichtigste Verbindung zwischen dem römischen Mutterland und den reichen Provinzen im Norden.

Sehenswertes in Reutte

Bürgerhäuser aus dem 18. Jh. prägen das Bild der Stadt, die seit jeher Handels- und Wirtschaftszentrum der Region war. Die Malerei an den Fassaden der Häuser ist eine Besonderheit der Kunstlandschaft des Außerfern. Ausgeführt von denselben Malern, die auch die Fresken in den Kirchen der Region schufen, dokumentieren sie die spezifische Wohnkultur des Reuttener Bürgertums und der aus dem Ausland wohlhabend heimgekehrten Oberlechtaler Handelsleute.

Zeillerhaus ► Ein schönes Beispiel für die mit **Lüftlmalerei** verzierten Bauten ist das Zeillerhaus am Untermarkt, Wohnhaus der wohlhabenden Künstlerfamilie aus Reutte. Beachtenswert sind die Tierdarstellungen über dem gemalten Sims an der Nordwand: Franz Anton Zeiller (1716–1794), verewigte hier zur Strafe Nachbarinnen, zwei ältere Damen, die an seinen Malereien Anstoß genommen hatten, als Äffchenpaar mit Einkaufskorb.

Heimatmuseum ► Im Grünen Haus (16. Jh.) am Untermarkt, das durch seine grüne Fassade mit reicher Freskomalerei (1779) von Johann Jakob Zeiller (1710–1783) auffällt, sind Exponate zur Geschichte der Region Außerfern zu sehen (Öffnungszeiten: Mai – Okt. Di. – So. 10.00 – 16.00 Uhr; im Winter n. V. Tel. 056 72 / 723 04, www.museum-reutte.at).

Umgebung von Reutte

Seen Belebend auf die Landschaft wirken die Seen, z. B. der als Tauchgewässer beliebte Urisee und der wegen seiner Bademöglichkeiten geschätzte Frauensee. Etwa 6 km östlich von Reutte liegt zwischen bewaldeten Berghängen der zweitgrößte See Tirols, der über 6 km lange und 1 km breite, dunkelgrüne Plansee (976 m). Durch einen kurzen Flusslauf ist er mit dem 3 km langen Heiterwanger See verbunden.

Burgruine Ehrenberg

Die Straße nach Lermoos (► Zugspitze) und zum Fernpass passiert hinter Reutte den Engpass der Ehrenberger Klause (946 m). Als Bestandteil der 150 m höher auf einem steilen Felsrücken gelegenen und nur zu Fuß erreichbaren Burg und Grenzfestung (um 1290) sicherte sie einst den Pass. Heute ist die im 16. und 17. Jh. heftig umkämpfte Burg nur noch Ruine, nachdem alle ihre Befestigungsanlagen Ende des 18. Jh.s kurzerhand versteigert wurden.

Bichlbach

Etwa 10 km östlich folgt Bichlbach (1079 m; 900 Einw.) mit einem in ganz Österreich einmaligen Sakralbau: einer **Zunftkirche**. Sie war das Gotteshaus der im Ort ansässigen Außerferner Maurer- und Zimmerleutezunft und wurde Ende des 17. Jh. errichtet. Außen wirkt die Kirche sehr schlicht, das frühbarocke, reiche Innere ist ikonografisch auf die Bruderschaft abgestimmt. Der Hochaltar (um 1710) zählt zu den schönsten und dekorativsten im Außerfern.

Lechtal

Zwischen den Allgäuer Alpen im Norden und den Lechtaler Alpen im Süden verläuft von Reutte südwestwärts zum Arlberg nach Warth (62 km) das Lechtal, laut dem bayerischen Schriftsteller Ludwig Steub (1812–1888) das **»schönste Hochtal Europas«**. In der Talsohle mit ihren vielen Wiesen liegen zahlreiche, sommers wie winters gern besuchte Orte. Mehrere meist schluchtartige Seitentäler führen zu ruhigen Bergorten hinauf, von denen man lohnende Hochtouren unternehmen kann.

◄ Elbigenalp

In Elbigenalp (1040 m; 750 Einw.), einem schön gelegenen Ferienort, sollte man der Schnitzschule einen Besuch abstatten. Das Innere der weitgehend im 17. Jh. neu erbauten Pfarrkirche St. Nikolaus wurde

Der »Fjord« Tirols, der Plansee bei Reutte, ist ein beliebtes Ausflugsziel.

von Johann Jakob Zeiller (1708–1783) ausgemalt. In der Friedhofskapelle St. Martin westlich über dem Ort, die aus dem 11./12. Jh. stammt, ist eine Totentanz-Darstellung (um 1840) von Anton Falger (1791–1876) zu bewundern. Im Heimatmuseum werden Objekte gezeigt, die an diesen Maler und Lithografen erinnern, der in Elbigenalp geboren wurde.

Saalfelden am Steinernen Meer

J 5

Bundesland: Salzburg
Einwohnerzahl: 15 100
Höhe: 744 m ü.d.M.

Der alte salzburgische Markt Saalfelden zu Füßen des Steinernen Meeres ist Zentrum einer Reihe kleinerer Sommerferien- und Wintersportorte im Mittelpinzgau.

Sehenswertes in Saalfelden und Umgebung

Pfarrkirche

Im Zentrum der modernen Kleinstadt steht eine neoromanische dreischiffige Pfarrkirche (19. Jh.) mit einer gotischen Krypta. Beachtenswert ist der spätgotische Flügelaltar (1539) in der Taufkapelle.

Pinzgauer Heimatmuseum ►

Am Ufer des Ritzensees im Süden des Ortes erhebt sich Schloss Ritzen, in dem das Pinzgauer Heimatmuseum untergebracht ist. Es besitzt die **größte Krippensammlung Österreichs**, eine beachtliche Mineraliensammlung sowie keltische und römische Ausgrabungsfunde (Öffnungszeiten: Mi., Sa. u. So. 14.00 – 17.00 Uhr).

Sommerrodelbahn

Ein Sessellift führt auf die Huggenbergalm am Biberg (1115 m; bewirtschaftet), wo man sich auf der 1600 m langen Sommerrodelbahn den Wind um die Nase wehen lassen kann (witterungsabhängige Betriebszeiten, zwischen Mai und Sept. in der Regel 9.00–17.00 Uhr; Tel. 065 82/7 21 73 und 73 01).

An Schwalbennester erinnern die von Saalfelden in einer knappen Stunde erreichbare **Einsiedelei** (1664) und die St. Georgs-Kapelle. Beide wirken wie hingeklebt an die schroffe Felswand des Palfen.

Das **Steinerne Meer** nördlich von Saalfelden umfasst ein mächtiges, stark verkarstetes Hochplateau der Salzburger Kalkalpen mit Karren-

SAALFELDEN

AUSKUNFT

Saalfelden Leogang Touristik
Bahnhofstr. 10, A-5760 Saalfelden
Tel. 065 82/706 60, Fax 753 98
www.leogang-saalfelden.at

ESSEN

► **Preiswert**

Schatzbichl
Ramseiden 82, A-5760 Saalfelden
Tel. / Fax 065 82/732 81
Im Schatzbichl wird köstliche traditionelle Pinzgauer Küche serviert.

feldern, Höhlen und markanten Gipfeln. In seiner Gesamtheit erinnert es tatsächlich an ein Meer aus Fels und Stein und bildet die Grenze zwischen dem Salzburger Land und Bayern. Zusammen mit der nordwestlich gelegenen Reiteralpe, der südöstlich vorgelagerten Gruppe des ► Hochkönig und dem weiter östlich aufgebauten Hagengebirge umrahmt es das Berchtesgadener Land mit dem Königssee, das sich wie ein Dreieck südwärts weit ins Salzburgische hineinschiebt. Mit dem Hagengebirge im Nordosten ist das Steinerne Meer durch die Teufelshörner verbunden. Am Westrand des **beliebten Wander- und Klettergeländes** erreicht man von Saalfelden oder Maria Alm aus in jeweils vier Stunden das Riemannhaus (2177 m; bewirtschaftet, Unterkunft). Es dient auch als Ausgangspunkt für Gipfeltouren auf den Sommerstein (2306 m), das Breithorn (2504 m), die Schönfeldspitze (2651 m) und das Selbhorn (2643 m). Nicht ganz einfach, dafür sehr eindrucksvoll sind Wanderungen westlich zum Ingolstädter Haus (2132 m) oder östlich zum Hochkönig (2941 m).

Weit und sonnig ist das Saalachtal hinter Lofer, wo sich die Loferer Steinberge erheben.

Leogang

Etwa 5 km westlich von Saalfelden liegt Leogang in einem schönen Tal zu Füßen der gleichnamigen Berge. Ein höchst sinnliches Erlebnis erwartet Gäste an der Mittelstation der Leoganger Bergbahnen: Während deren Betriebszeiten können Besucher den **»Sinne-Erlebnispark«** durchwandern, zum Fühlen (Barfußweg), zum Schmecken (Backstation), Hören (Lauschinsel), Riechen (Kräutergarten) und Sehen (Zerrspiegel). Die Tradition des Erz- und Mineralienbergbaus bewahren das **Bergbaumuseum** und das **Schaubergwerk** Leogang (Öffnungszeiten bzw. Führungen: Mai bis Okt. tgl. 11.00 – 17.00 Uhr, www.museum-leogang.at).

Saalachtal

Nordwestlich von Saalfelden zwängt sich die Saalach in ein schmales Tal zwischen Steinernem Meer, Hochkaltergruppe und Reiteralpe im Norden und den Leoganger und Loferer Steinbergen im Süden.

★ ◄ Seisenbergklamm

Bei Weißbach erstreckt sich die rund 600 m lange, wildromantische Seisenbergklamm. Sie ist vor etwa 12 000 Jahren entstanden, als das Eis der letzten Eiszeit in den Alpen schmolz. Die Klamm ist von Mai bis Oktober zugänglich. Die Besichtigung, man sollte dabei möglichst schwindelfrei sein, dauert etwa eine Stunde.

★ Lamprechtsofenloch ► An der Straße nach Lofer befindet sich etwa 1 km hinter Weißbach auf der linken Seite der Eingang zum Lamprechtsofenloch. Hier beginnt ein riesiges Höhlensystem, von dem einige hundert Meter als **Schauhöhle mit unterirdischem Wasserfall** ausgewiesen sind (Öffnungszeiten: Mitte Mai – Mitte Okt. Di. – So. 11.00–17.00 Uhr). Der Sage nach soll hier die habgierige Tochter des auf der nahe gelegenen Burg Saalecker hausenden Ritters Lamprecht das vom Vater unrechtmäßig zusammengetragene Vermögen versteckt haben. Deswegen waren in der Vergangenheit immer wieder Schatzsucher in die Höhle eingedrungen – und mancher kam nicht mehr zurück.

Die Lamprechtshöhle **zählt zu den längsten und tiefsten Durchgangshöhlen der Erde**. 1992 wurde der Lamprechtsofen erstmals auf seiner ganzen Länge durchquert, die Gesamthöhendifferenz, die die Höhlenforscher dabei überwanden, betrug 1632 m.

! *Baedeker* TIPP

Ein Berg für Biker

Die Bikeworld in Leogang lockt zwischen Mitte Mai und Ende September kühne Zweiradler und solche, die es werden wollen. Downhill, Freeride, BikerCross, Dual oder Dirt Jumps sind hier keine Fremdwörter. Aufwärts geht es auch mit Hilfe der Leoganger Bergbahnen. Weitere Informationen erhält man unter www.bikeworld.at oder unter Tel. 065 42/8 04 80 25.

★★ Salzburg

J/K 4

Bundesland: Salzburg
Einwohnerzahl: 147 700
Höhe: 425 m ü.d.M.

Wo soll man bei Salzburg anfangen? Bei Mozart? Im Jahr 2006 feierte die Stadt den 250. Geburtstag des Musikgenies recht ausgiebig. Oder beim »Jedermann«, der jedes Jahr Tausende Festspielbesucher auf den Domplatz lockt? Oder doch eher bei kulinarischen Genüssen wie den Nockerln und den Mozartkugeln?

»Jedermann« und Mozartkugeln »Die ganze Stadt ist eine Bühne ...«, sagte Max Reinhardt, Mitbegründer der weltberühmten Festspiele (► Berühmte Persönlichkeiten), über Salzburg. Es ist die Stadt Mozarts und der Erzbischöfe, des Barocks und der Kaffeehäuser, Georg Trakls und Stefan Zweigs (► Berühmte Persönlichkeiten), dazu Weltkulturerbe (seit 1997) sowie Kongress- und Messemetropole. In Erich Kästners hinreißendem Roman »Der kleine Grenzverkehr« erhielt sie ein liebenswertes literarisches Denkmal, auch kulinarisch hat sich die Stadt durch Salzburger Nockerln und Mozartkugeln jedem Schleckermäulchen eingeprägt.

★★ **Stadtbild** Zu beiden Seiten der Salzach gelegen gilt die Hauptstadt des gleichnamigen Bundeslandes als eine der **schönsten Städte Europas**. Jedes Jahr heißt Salzburg einige Millionen Besucher in seinen Mauern will-

Immer gut besucht – die Getreidegasse

kommen, vor allem zu Festspielzeiten herrscht enormer Andrang. Die zwischen dem linken Salzachufer, Mönchs- und Festungsberg zusammengedrängte Altstadt weist im Viertel am Fluss mit seinen engen Gassen und schmalen Häusern eher romantische Züge auf, wohingegen der Bereich zwischen Neutor und Neugebäude mit prächtigen Bauten den stattlichen Anblick einer Barockresidenz bietet. Am rechten Salzachufer liegen die neuen Stadtteile, im Osten überragt vom Kapuzinerberg.

Salzburg erkunden

Salzburg lässt sich am besten zu Fuß erkunden. Wer nur einen Tag Zeit hat, sollte zunächst die **Festung Hohensalzburg** besuchen, die einen prächtigen Panoramablick bietet und einen Eindruck von der Stadtanlage vermittelt. Ein **Altstadtbummel**, am besten vom Residenzplatz aus, ist obligatorisch. Für ganz Eilige empfiehlt sich eine Fiakerfahrt durch die romantische Innenstadt. Auch Schloss Mirabell auf der anderen Salzachseite lohnt einen Besuch. Zwischen Mai und September kann man das schöne Stadtpanorama vom Wasser aus betrachten. Und wer Stadt und Wintersport kombinieren möchte, den bringt der Snow Shuttle ab Mitte Dezember bis Anf. März täglich preisgünstig von Salzburg in die nahen Skiregionen.

1.–5. Jh.	Römersiedlung Juvavum
739	Bistum wird gegründet.
16./17. Jh.	Barockzeitalter, Neugestaltung der Stadt
ab 1620	Starke Befestigung der Stadt durch Paris Graf von Lodron
1803	Salzburg verliert seine Souveränität.
1816	Salzburg gehört endgültig zu Österreich.
1920	Salzburger Festspiele eröffnen.
nach 1945	Behutsamer Wiederaufbau nach schweren Kriegsschäden
1997	Die Salzburger Altstadt wird Weltkulturerbe.
2006	Salzburg feiert den 250. Geburtstag von Wolfgang Amadeus Mozart.
2007	Wiedereröffnung der Neuen Residenz als »Salzburg Museum«

Altertum, Römerzeit und Christianisierung

Wie Funde vom Rainberg belegen, reicht die Besiedlung Salzburgs bis in die jüngere Steinzeit zurück. Die Illyrer gaben dem Ort den später von Kelten und Römern übernommenen Namen »Juvavum« oder **»Sitz des Himmelsgottes«**. Das römische Salzburg entstand Mitte des ersten nachchristlichen Jahrhunderts. In der Zeit der Völkerwanderung verfiel Juvavum. Mit der Landnahme durch die heidnischen Bayern (6. Jh.) und der Gründung der Klöster St. Peter und Nonnberg durch den hl. Rupert (um 696) begannen neue, entscheidende Abschnitte in der Geschichte Salzburgs. Unter dem aus Irland stammenden Bischof Virgil (um 700 – 784) und seinem Nachfolger Arno wurde das 739 begründete Bistum Ausgangspunkt der Christianisierung der Alpenländer und des mittleren Donauraums.

Romanik und Gotik

In der von romanischer Kunst beherrschten Zeitspanne (etwa 1000 bis 1250) entstanden neben der Hohensalzburg zahlreiche, so solide gebaute Kirchen, dass der deutsche König Konrad III. sagte, er habe nirgends besser gebaute Kirchen angetroffen als im Salzburger Gebiet. Während der Gotik (1250–1530) erlitt die weltliche Macht der Erzbischöfe schwere Rückschläge u. a. durch die Ungarnkriege. In der Kunst allerdings herrschte reges Leben. Als neue soziale Schicht etablierte sich das Bürgertum der durch ihre weitreichenden Handelsbeziehungen wohlhabend gewordenen Stadt. Erzbischof Leonhard von Keutschach (um 1442–1519) sorgte für die heutige Gestalt der Festung Hohensalzburg.

Prägendes Barockzeitalter

Mit dem Erzbischof Wolf Dietrich von Raitenau (1559–1617) begann die vom Barock geprägte dritte große Epoche der Salzburger Kunstgeschichte. Der Kirchenfürst leitete eine umfassende Veränderung der Stadt ein, wobei die meisten Pläne erst durch Nachfolger verwirklicht wurden. Markus Sittikus von Hohenems (1574–1619) begann mit dem Bau des Doms in heutiger Form, Paris Graf von Lodron (1586–1653) vollendete ihn und verhalf der Stadt ab 1620 zu der starken Befestigung, die ihr die Schrecken des Dreißigjährigen Krieges ersparte. Unter Erzbischof Johann Ernst Graf von Thun (1643–1709) und durch die Arbeit des Baumeisters Johann Bernhard Fischer von Erlach entfaltete sich in der Stadt barocke Harmonie, die ihren Ruhm in der Welt begründete. Die Neugestaltung von Residenz und Schloss Mirabell verdankt Salzburg dem Erzbischof Franz Anton Fürst Harrach (1665 – 1727).

Entwicklung seit 1800

Die politische Bedeutung Salzburgs in der Neuzeit war nur gering. Erzbischof Leopold Anton Freiherr von Firmian wies 1731 rund 30 000 Protestanten aus dem Land. 1803 verlor die Stadt ihre Souveränität, blieb aber Sitz eines Erzbischofs. Nach einem französischen und einem bayerischen Zwischenspiel **ab 1816 endgültig zu Österreich** gehörend, erlebte Salzburg im 19. Jh. einen wirtschaftlichen Aufschwung und erhielt durch die Eisenbahn Anschluss an den modernen Verkehr. Zu neuer Blüte brachte es die Stadt im 20. Jh., wozu wesentlich die Festspiele beitrugen, die 1920 mit einer Aufführung von Hugo von Hofmannsthals »Jedermann«, in der Inszenierung von Max Reinhardt, begannen. Im Zweiten Weltkrieg verursachten Bombenangriffe schwere Schäden an der einmaligen Bausubstanz, doch konnte das ursprüngliche Bild der Kulturmetropole durch behutsamen Wiederaufbau weitgehend wieder hergestellt werden.

Highlights Salzburg

Residenz
Für Freunde von Kunst und Antiquitäten gehört eine Besichtigung der Residenz zum Pflichtprogramm ihres Salzburgbesuchs.
► Seite 420

Residenz-Neugebäude
Nach der Wiedereröffnung 2006 sind unter einem Dach gleich mehrere Museen und Ausstellungen vereint.
► Seite 421

Dom
Nicht nur bei Nacht in schöner Beleuchtung ist der Dom ein Highlight!
► Seite 421

Stiftskirche St. Peter
Die Kirche des Benediktinerkollegs beherbergt viele interessante Grabmäler und Kunstgegenstände.
► Seite 425

Franziskanerkirche
Als ehemaliger Pfarrkirche kommt der Franziskanerkirche besondere Bedeutung zu, die sich in ihrem Innenraum darstellt.
► Seite 426

Großes Festspielhaus
Das gewaltige Festspielhaus aus den 1950er-Jahren ist auch ohne Theaterkarten einen Besuch wert.
► Seite 426

Mozarts Geburtshaus
Fast schon eine Pilgerstätte ist das Geburtshaus des Wunderkindes und späteren Erfolgsmusikers Mozart.
► Seite 429

Festung Hohensalzburg
Das Wahrzeichen Salzburgs thront seit dem 11. Jh. über der schönen Altstadt und der Salzach.
► Seite 431

Viele Denkmäler wurden dem virtuosen Künstler gesetzt – dieses hier steht in Wien.

AMADEUS SUPERSTAR

Er war sehr produktiv, doch über die Genialität von Mozart streiten sich die Geister. Trotz seiner hohen Einkünfte verarmte er, nach seinem frühen Tod wurde über einen Mordanschlag spekuliert. Gerüchte haben zur wachsenden Popularität des Musikus beigetragen, mit dessen Beliebtheit sich kaum ein anderer Klassiker messen kann.

Serenade, Divertimento, Kammermusik, Sinfonie, Instrumentalkonzert, Kirchenmusik, Oper – in **allen Musikgenres**, von der Tanzmusik bis zur Messe, fühlte sich Wolfgang Amadeus Mozart (1756–1791) zu Hause. Er schuf mehrere hundert Werke, darunter über 50 Sinfonien und 24 Opern, und hat in allen musikalischen Sparten für immer **Standards** gesetzt.

Größtes Musikgenie aller Zeiten?

Über sein Genie allerdings streiten sich Musikexperten und -liebhaber. Joseph Haydn, ein Zeitgenosse und wie Mozart Vertreter der **Wiener Klassik,** nannte ihn den größten Komponisten, den er von Person und dem Namen nach kenne. Felix Mottl schrieb 1891 zu Mozarts 100. Todestag, durch ihn sei die Musik »in einem gewissen Sinne erst entdeckt worden«. Auch heute halten ihn viele für das größte Musikgenie, andere betrachten seine Schöpfungen als seicht und banal und belächeln ihn wegen seines Erfolgs als **»klassischen Popstar«**. Glenn Gould, der geniale und exzentrische Klavier-Virtuose, der Mozarts Sonaten perfekt wiedergab, hielt ihn für den »mit Abstand am meisten überschätzten Komponisten«, der nur in seiner »Teenager-Musik« am besten gewesen sei.

Star in Nöten

Obwohl Mozart fleißig produzierte und seine Stücke sich zu regelrechten Gassenhauern entwickelten, stieß er beim zeitgenössischen Publikum nicht immer auf positive Resonanz, nicht zuletzt wegen seiner **Unzuverlässigkeit**: Trotz vorausgezahlter Eintrittskarten sagte er häufig Konzerte ab, und nicht nur Preußens König Friedrich der Große wartete vergeblich auf bestellte Klaviersonaten und Streichquartette.

Dass sich seine wirtschaftliche Situation verschlechterte, hatte sich der große Meister wohl selbst zuzuschreiben, denn Mozart war ein Großverdiener. Obwohl er es sogar gewagt hatte, sich wegen Unstimmigkeiten von seinem Mäzen, dem Salzburger

Straßencafé vor Mozarts Geburtshaus am Universitätsplatz

Erzbischof, zu trennen und sein Glück in Wien zu suchen, kam er als freischaffender Künstler (umgerechnet) auf eine Viertelmillion Euro pro Jahr. Dennoch bat er einen befreundeten Kaufmann immer wieder um Geld. Mozart konnte nicht haushalten: Er war ein **Modegockel und Lebemann** und zockte gerne.

Die Mär vom Mordanschlag

Am 5. Dezember 1791 starb Mozart im Alter von nur **35 Jahren**. Bis heute gibt es Spekulationen, wonach er einem Mordanschlag zum Opfer gefallen sein soll. Zu den möglichen Tätern zählt der italienische Komponist und Hofkapellmeister in Wien, **Antonio Salieri**, dessen Neid auf Mozarts musikalisches Genie vielfach bezeugt ist und dem im Hollywoodfilm »Amadeus« von 1984 der Mord untergeschoben wurde. Auch Mozarts Freimaurerfreund **Franz Hofdemel** geriet unter Verdacht, den Musikus, der wegen seiner Schwäche für das weibliche Geschlecht bekannt war und Hofdemels junger Ehefrau Klavierunterricht gab, aus Eifersucht ermordet zu haben.

Außerdem wurde fälschlicherweise gemunkelt, Mozart habe in der kurz vor seinem Tod aufgeführten »Zauberflöte« Geheimnisse seiner Logenbrüder über **freimaurerische Riten und Lehren** preisgegeben. Aber keinem konnte je ein Mordanschlag nachgewiesen werden, aller Wahrscheinlichkeit nach starb Mozart an einer Infektion.

Klassischer Kassenschlager

Ein Megastar wurde Mozart erst nach seinem Tod. Zu seiner wachsenden Popularität trug seine Witwe **Constanze** nicht unerheblich bei. Mit großem Geschäftssinn verwaltete sie, der Mozart einen enormen Schuldenberg hinterlassen hatte, dessen künstlerisches Erbe. Meistbietend verkaufte sie Kompositionen und Briefe Mozarts an Verleger und Privatsammler. Ihren **größten Coup** landete sie mit der vom Grafen von Walsegg-Stuppach bestellten, von ihrem Gatten aber nicht mehr vollendeten »Totenmesse«, die sie kurzerhand von einem Schüler ihres Mannes zu Ende komponieren ließ und als »letztes« Mozart-Werk gewinnträchtig verkaufte.

Auch heute noch nehmen viele die Mär von der auf dem Sterbebett Mozarts vollendeten Totenmesse für bare Münze und haben darüber hinaus Mozarts Leichenwagen, dem niemand folgt, vor Augen – doch das gehört ins Reich der Fantasie. Die Umstände von Mozarts Tod werden seine Verehrer auch weiterhin beschäftigen und er wird wohl für alle Zeiten der **langlebigste Kassenschlager der Klassik** bleiben.

Für Eminenzen und Exzellenzen: Audienzsaal in der Alten Residenz

Altstadt

Residenzplatz Den Mittelpunkt der Altstadt auf dem linken Salzachufer bildet der weite Residenzplatz. Als der **größte und schönste Barockbrunnen diesseits der Alpen** gilt der Tommaso di Garona zugeschriebene Residenzbrunnen aus Untersberger Marmor, mit schnaubenden Rossen, Atlanten, Delfinen und einem Triton mit erhobener Muschel.

*** Residenz** An der Westseite des Residenzplatzes steht die ehemalige fürsterzbischöfliche Residenz, ein 1596–1619 an Stelle des mittelalterlichen Bischofssitzes um drei Höfe errichteter Bau. Seine Hauptfront wurde 1710 mit einem Marmorportal versehen. Der architektonisch unbedeutende Nordwesttrakt kam 1792 dazu. 1840 wurde in der Residenz der Maler Hans Makart geboren.

Prunkräume ▶ Die Prunkräume im zweiten Stockwerk werden zu Repräsentationszwecken genutzt, können aber, wenn keine Veranstaltungen sind, mit Führung besichtigt werden (Öffnungszeiten: tgl. 10.00–17.00 Uhr). Spätbarock und Frühklassizismus bestimmen die Ausstattung der Räume, im zweiten Stock findet man neben Wand- und Deckengemälden von Johann Michael Rottmayr und Martin Altomonte reiche Stuckaturen und schöne Öfen. Noch aus dem 17. Jh. stammt der riesige Carabinierisaal, im Rittersaal finden Konzerte statt. Der prächtige Audienzsaal enthält flämische Gobelins (um 1600) mit Szenen aus der römischen Geschichte und kostbare Pariser Möbel. Im Kaisersaal hängen Porträts der römisch-deutschen Kaiser und Könige habsburgischer Herkunft (1273–1740).

◄ Residenzgalerie

Die Residenzgalerie zeigt europäische Malerei vom 16. bis 19. Jh., herausragend sind die Werke niederländischer Meister aus dem 17. und österreichischer Meister aus dem 19. Jh. (Öffnungszeiten: Di. – So. 10.00 – 17.00 Uhr, Mitte Juli – Mitte Aug. auch Mo.).

★ Salzburg Museum

Die **Neue Residenz** an der Ostseite des Residenzplatzes entstand in den Jahren 1588 bis 1602 als Gästehaus der Erzbischöfe. Nach längerem Umbau (und der Schließung des Museums Carolino Augusteum) beherbergt die Neue Residenz seit Sommer 2007 das »Salzburg Museum« mit den reichhaltigen, wertvollen **kunst- und kulturgeschichtlichen Sammlungen** der Stadt und des Landes Salzburg. V. a. die Dauerausstellungen »Mythos Salzburg« und »Salzburg persönlich« geben interessante Einblicke in die Geschichte der Stadt und des einstigen Fürstentums. (Öffnungszeiten: tgl. 10.00 – 17.00 Uhr). Bereits im Herbst 2005 öffnete das ebenfalls in der Neuen Residenz untergebrachte **Panorama Museum** mit dem berühmten großen **Salzburgpanorama** (1824 – 1828) des Malers Johann Michael Sattler. Und seit fast 300 Jahren spielt das mit 35 Glocken ausgestattete **Glockenspiel** im Turm der Neuen Residenz dreimal täglich (um 7.00, 11.00 und 18.00 Uhr) vor allem. Melodien von Michael Haydn und Wolfgang Amadeus bzw. Leopold Mozart. »Antwort« gibt das Hornwerk, der sogenannte »Salzburger Stier«, von der Festung Hohensalzburg.

★★ Dom

Die Südseite des Residenzplatzes beherrscht der 1614–1628 von Santino Solari aus der dunkelgrauen Nagelfluh des Mönchsberges erbaute Dom, **die erste frühbarocke Kirche nördlich der Alpen**. 1657 waren auch die beiden 79 m hohen Türme vollendet. 774 wurde der erste Bau des Abtbischofs Virgil geweiht und Ende des 12. Jh.s durch eine fünfschiffige romanische Basilika ersetzt, die 1598 einem Brand zum Opfer fiel. Der heutige dritte Bau wurde 1944 durch Bomben schwer beschädigt, war aber bereits 1959 wieder restauriert. Die Portalfront mit vier Kolossalstatuen aus hellem Marmor zeigt zum Domplatz. Außen stehen die Landespatrone Rupert und Virgil mit Salzfass bzw. Kirchenmodell, innen Petrus und Paulus mit Schlüssel und Schwert. 1957/1958 kamen die drei mächtigen Bronzetore mit Symbolen für Glaube (links), Liebe (Mitte) und Hoffnung (rechts) von

Salzburg Dom

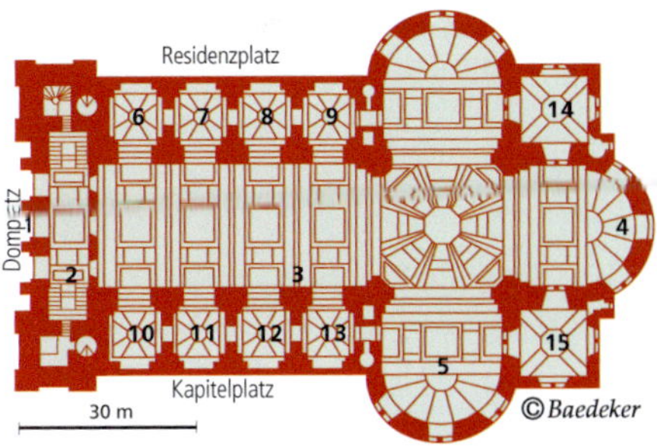

1 Eingang vom Domplatz (3 Bronzetüren)
2 Zugang zum Museum
3 Kanzel
4 Hochaltar
5 Zugang zur Krypta
6 Taufkapelle
7 St. Annakapelle
8 Verklärung-Christi-Kapelle
9 Kreuzkapelle
10 Sebastianskapelle
11 Karl-Borromäus-Kapelle
12 Martinskapelle
13 Heiliggeistkapelle
14 Rupertusoratorium
15 Virgilsoratorium

Angestrahlter Glanz: Salzburgs nächtlicher Dom

Toni Schneider-Manzell, Giacomo Manzù und Ewald Mataré dazu. An die Erbauer des Domes, Markus Sittikus und Paris Lodron, erinnern die Wappenschilde im Giebelaufsatz.

Das **Innere des Domes** überwältigt durch seine kühle Pracht. Im noch aus dem romanischen Dom stammenden Taufbecken (1321) wurde der spätere Domorganist Wolfgang Amadeus Mozart getauft. Arsenio Mascagni malte 1628 im Hochaltar die Auferstehung Christi. Von ihm und seinen Schülern stammen auch die Fresken in den Gewölbefeldern der Stuckaturen. Toni Schneider-Manzell schuf 1959 die Bronzekanzel an der dritten Säule rechts. Die Orgel des Salzburger Doms ist berühmt wegen ihres wundervollen Klangs.

Krypta ► Unter der Vierung wurde 1957–1959 inmitten der Fundamente der Vorgängerbauten eine mehrräumige **Krypta** als neue Ruhestätte der Erzbischöfe angelegt. Im Mittelraum, der Kryptakapelle, steht der Altar auf einem Mauerrest des karolingischen Domes, das romanische Kruzifix stammt vom Beginn des 13. Jh.s. Der nördliche Raum gehörte einst zur Unterkirche des romanischen Doms, von der Vierungspfeiler, Wandhalbsäulen und Säulenbasen erhalten sind. Dieser Raum setzt sich außerhalb des Domes nach Osten fort und ist als **Domgrabungsmuseum** zugänglich (Öffnungszeiten: Juli und Aug. tgl. 9.00 – 17.00 Uhr; ansonsten n. V. unter Tel. 06 62 / 620 80 81 31).

! *Baedeker* TIPP

5-Uhr-Konzerte

Ein Fixpunkt in der Musiktradition Salzburgs sind die 5-Uhr-Konzerte, die von Juli bis September täglich außer mittwochs von 17.00–17.45 Uhr in der Johann-Michael-Haydn-Gedenkstätte zu hören sind: Junge Künstler spielen alte Musik auf alten Instrumenten (www.5-uhr-konzerte.com).

Das **Dommuseum** zeigt wertvolle sakrale Gegenstände wie das karolingische Rupertuskreuz, aber auch Kurioses aus der erzbischöflichen Kunst- und Wunderkammer (Eingang in der Vorhalle; Öffnungszeiten: Mai – Okt. Mo. – Sa. 10.00 bis 17.00, So. 11.00 – 18.00 Uhr).

Westlich vom Dom liegt der durch Bögen mit der Residenz und St. Peter verbundene **Domplatz**. In seiner Mitte steht eine um 1770 geschaffene Mariensäule. Auf dem Platz wird seit 1920 während der Salzburger Festspiele Hugo von Hofmannsthals »Jedermann«, das Spiel vom Sterben des reichen Mannes, aufgeführt.

Kapitelplatz An der Pferdeschwemme aus weißem Marmor auf dem Kapitelplatz wurden einst Pferde getränkt und gesäubert. Das Palais an der Ostseite des Platzes dient seit 1864 als Sitz der Salzburger Erzbischöfe.

Um 690 wurde das Benediktinerstift St. Peter an der Westseite des Kapitelplatzes vom hl. Rupert gegründet und war bis 1110 Wohnsitz der Erzbischöfe. Die meisten der heutigen Gebäude stammen aus dem 17. und 18. Jahrhundert. **Stift St. Peter**

Der weitläufige Klosterbezirk gruppiert sich um drei Innenhöfe, von denen der östlichste, nördlich an die Kirche anschließende Hof Teil ◄ Klosterbezirk

Salzburg Orientierung

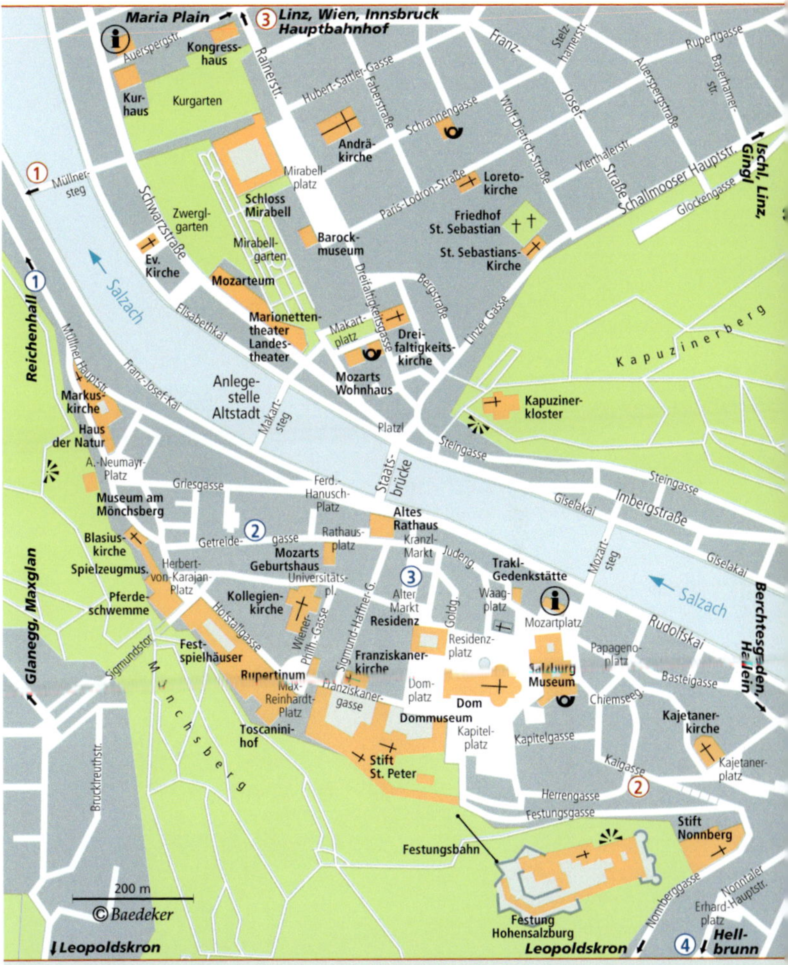

Essen
① Augustiner Bräu ③ Café Tomaselli
② Mozart ④ Purzelbaum

Übernachten
① Hotel Schloss Mönchstein ③ Hotel Hohenstauffen
② Altstadthotel Kasererbräu

SALZBURG ERLEBEN

AUSKUNFT

Tourismus Salzburg GmbH
Auerspergstraße 6, A-5020 Salzburg
Tel. 06 62/8 89 87-0, Fax 8 89 87-32,
www.salzburg.info
Weitere Infostellen u. a. im Hauptbahnhof und am Mozartplatz

SALZBURG CARD

Mit der Salzburg Card, gültig für einen, zwei oder drei Tage, erhältlich bei den Infostellen und in Hotels, hat man freien Eintritt zu vielen Sehenswürdigkeiten und Museen sowie freie Fahrt mit öffentlichen Verkehrsmitteln. Für eine Reihe von Veranstaltungen erhält man Ermäßigungen.
Tel. 06 62/ 88 98 70

SHOPPING

Die besten Shopping-Adressen mit einer Vielzahl unterschiedlichster Geschäfte findet man in der Altstadt: in der Getreidegasse, Linzer Gasse, Judengasse und Pferdeschwemme. Auf dem Universitätsplatz wird täglich ein bäuerlicher Markt abgehalten.

VERKEHR

Die Innenstadt ist weitgehend autofrei. Wer das Auto nicht in einem der teuren Parkhäuser abstellen möchte, fährt am besten am Stadtrand auf einen der großen Parkplätze und nimmt den Bus in die Innenstadt.

SALZBURGER FESTSPIELE

Etwas Glück braucht man, um an die begehrten Karten für die Salzburger Festspiele zu kommen. Schriftliche Bestellungen bis Anfang des Jahres (!) an: Kartenbüro der Salzburger Festspiele, Hofstallgasse 1 bzw. Postfach 140, A-5010 Salzburg,
Tel. 06 62/80 45-5 00, Fax 80 45-5 55
www.salzburgfestival.at

ESSEN

► Fein & Teuer

② ***Café Mozart***
Getreidegasse 22, A-5020 Salzburg
Tel./Fax 06 62/84 37 46
Vollendete Tischkultur und untadeliger Service sind die Markenzeichen dieser kleinen Oase für Gourmets.

► Erschwinglich

① ***Augustiner Bräu Kloster Mülln***
Lindhofstr.7, A-5020 Salzburg
Tel. 06 62 / 43 12 46
www.augustinerbier.at
Traditionsreiches »Bräustübl« mit eigener Brauerei und dem größten Biergarten Österreichs.

③ ***Café Tomaselli***
Alter Markt 9, A-5020 Salzburg
Tel. 06 62/8 44 48 80
Seit 1705 gibt es das berühmte Café Tomaselli am Alten Markt, wo auch schon Mozart einzukehren pflegte.

④ ***Purzelbaum***
Zugallistr. 7, A-5020 Salzburg
Tel. 06 62/84 88 43
Hervorragende leichte, kreative Küche, die ankommt.

ÜBERNACHTEN

► Luxus

① ***Hotel Schloss Mönchstein***
Mönchsberg Park 26
A-5020 Salzburg
Tel. 06 62/8 48 55 50
www.monchstein.at
Zum »bezauberndsten Stadthotel der Welt« gehört das Spitzenrestaurant »Paris Lodron«, benannt nach dem Erzbischof, der die Universität gründete.

► Komfortabel

② ***Altstadthotel Kasererbräu***
Kaigasse 33
A-5010 Salzburg
Tel. 06 62/84 24 45,
Fax 84 24 45 51
www.kasererbraeu.at
Mitten in der Altstadt gelegen, lassen sich von diesem gemütlichen Hotel alle Sehenswürdigkeiten bequem zu Fuß erreichen. Das Restaurant im ersten Stock bietet ausgezeichnete italienische Spezialitäten.

③ ***Hotel Hohenstauffen***
Elisabethstraße 19
A-5020 Salzburg
Tel. 06 62/87 21 93, Fax 87 21 93 51
www.hotel-hohenstauffen.at
Das Stadthotel mit seinen gut ausgestatteten Zimmern, in der Nähe des Bahnhofes gelegen, ist in dritter Generation in Familienbesitz.

der Klausur und für Besucher nicht zugänglich ist. Zentrum ist der Äußere Stiftshof mit dem sechseckigen Petrusbrunnen von 1673. An der Südseite befindet sich der Stiftskeller St. Peter, die wohl älteste Gaststätte Salzburgs. Durch den westlichen Durchgang kommt man in den dritten Hof und zum 1925/1926 von Peter Behrens erbauten Benediktinerkolleg mit Fassadenfresken von Anton Faistauer. In der Nordwestecke steht ein Holzkruzifix von Jakob Adlhart (1925). Die Räume zwischen den zugänglichen Höfen beherbergen eine Gedenkstätte für Johann Michael Haydn, den Bruder Joseph Haydns, der 1781 Nachfolger von Mozart als Hof- und Domorganist wurde (Öffnungszeiten: Juli – Sept. Do. – Di. 10.00 – 16.00 Uhr).

◄ Friedhof St. Peter

An die steile Felswand des Mönchsbergs lehnt sich im Süden der ehrwürdige Friedhof St. Peter an, der auf drei Seiten von Arkaden (1627) mit Familiengräbern umgeben ist.

◄ Katakomben

Die Katakomben sind in den Felsen gehauen und nur über steile Stufen zugänglich. Wann diese **frühchristlichen Gebetsstätten** entstanden sind, ist noch nicht eindeutig geklärt (evtl. im 3. Jh. n. Chr.). Im Rahmen der Führung betritt man zunächst die Kommunegruft mit den Gräbern von Michael Haydn und Nannerl, der Schwester Mozarts. Dann geht es hinauf in die Gertrauden- und die Maximuskapelle (Führungen: Mai – Sept. tgl. 6.30 – 19.00, Okt. – März tgl. bis 6.30 – 18.00 Uhr; Info.-Tel. 06 62 / 84 45 76 89).

★ ◄ Stiftskirche St. Peter

Die Stiftskirche St. Peter wurde 1130–1143 erbaut, 1605–1625 verändert und 1770–1777 im Rokokostil ausgeschmückt. Aus dieser Zeit stammen auch die Turmhauben. Innerhalb der Turmvorhalle ist das romanische Westportal (um 1240) mit Skulpturen im Bogenfeld erhalten, die Rokokotür stammt von 1768.

Das Innere lässt noch immer die romanische Basilika erkennen und enthält zahlreiche interessante Grabmäler. In der dritten Kapelle an der Rückseite des Altars befindet sich das Felsengrab des hl. Rupert mit einer Grabtafel von 1444. Nahezu alle Bilder der 16 Marmoraltäre hat der Kremser Schmidt (1718–1801) geschaffen. Aus dem Jahr 1319 stammt die Marienkapelle an der Nordseite der Kirche. Beachtenswert sind eine Muttergottesstatue aus der gleichen Zeit sowie frühgotische und moderne Fresken (1955).

★ Franziskanerkirche

Nördlich von St. Peter erhebt sich die Franziskanerkirche, bis 1635 als Marienkirche die Pfarrkirche der Stadt. Das schlichte Äußere steht in klarem Gegensatz zum spannungsreichen Innenraum: An das spätromanische dunkle Langhaus (13. Jh.) schließt der lichte hochgotische Chor an, ein Meisterwerk von Hans von Stethaimer (15. Jh.). Das Netzgewölbe stammt von Stephan Krumenauer. Vor dem barocken Kapellenkranz (1606–1704) steht seit dem Jahr 1709 der vermutlich von J. B. Fischer von Erlach geschaffene Hochaltar mit einer geschnitzten Madonna von Michael Pacher (1498).

★ Salzburger Festspiele

Die berühmten Salzburger Festspiele, an deren Aufführungen Künstler von Weltruf beteiligt sind, wurden 1920 unter Mitwirkung von Hugo von Hofmannsthal, Max Reinhardt und Richard Strauss ins Leben gerufen und erhielten ihre Taufe mit der Aufführung des **»Jedermann«** auf dem Domplatz. Alljährlich trifft sich hier von Ende Juli bis Ende August ein internationales Publikum.

★ Festspielbezirk

Westlich der Franziskanerkirche und des Stiftes St. Peter, zwischen dem Max-Reinhardt-Platz bzw. Hofstallgasse und dem Mönchsberg, liegt der Festspielbezirk. Der **225 m lange Bau** setzt sich zusammen aus dem »Haus für Mozart« (dem früheren Kleinen Festspielhaus) und dem Großen Festspielhaus. Dazwischen liegen das neu gestaltete Foyer, Direktionsräume, Werkstätten und der Karl-Böhm-Saal. (Führungen: Okt. – Mai tgl. 14.00, Juni und Sept. tgl. 14.00 und 15.30, Juli und Aug. tgl. 9.30, 14.00 und 15.30 Uhr).

Haus für Mozart ►

Zahlreiche Umbauten prägen die Geschichte des ehemaligen Kleinen Festspielhauses: 1924/1925 von der früheren großen Winterreitschule zum Kleinen Festspielhaus, dann 1926, 1937/1938 und 1963. Pünktlich zum Mozartjahr 2006 konnte ein neuerlicher Umbau des Kleinen Festspielhauses zum »Haus für Mozart« – nach Plänen der Architekten Wilhelm Holzbauer und François Valentiny – fertig gestellt werden. Jetzt stehen insgesamt 1495 Sitz- und 85 Stehplätze zur Verfügung. Die drei Eingangsportale gestaltete der Salzburger Bildhauer Josef Zenzmaier, die »Goldene Wand« im foyer stammt von dem deutschen Künstler und Designer Michael Hammers.

Großes Festspielhaus ►

Das Neue oder Große Festspielhaus baute Clemens Holzmeister 1956–1960. Sein 40 m hohes, gewaltiges Bühnenhaus dringt tief in den Mönchsberg ein, von dem über 55 000 m³ Fels abgetragen wurden – manches davon fand Verwendung zur Verkleidung der Stahl-

»Jedermann!« schallt es alljährlich bei den Salzburger Festspielen über den Domplatz.

betonsäulen. Der Boden des Foyers besteht aus Adneter Marmor, im Pausensaal aus grünem Serpentin mit eingelegten Pferdemosaiken von Kurt Fischer. Das Stahlrelief »Huldigung an Anton von Webern« stammt von Rudolf Hoflehner. In der Eingangshalle stehen die zwei Plastiken »Musik« und »Theater« von Wander Bertoni, Robert Longo schuf die vier frei stehenden Großgemälde in Blau, Rot, Gold und Schwarz. Der wegen seiner Akustik gerühmte, fast quadratische Zuschauerraum hat 2179 Plätze.

Felsenreitschule

Aus dem Jahr 1693 stammt die Felsen- oder Sommerreitschule (1968/1969 von Clemens Holzmeister umgebaut), ein ehemaliger Steinbruch am Mönchsberg. Ihre in drei Reihen aus dem Fels herausgehauenen Zuschauergalerien bieten insgesamt 1549 Plätze. Ursprünglich veranstaltete man Turniere und Reitvorführungen, heute finden dort Theater- und Opernaufführungen – auch im Rahmen der Salzburger Festspiele – statt.

Rupertinum

Gegenüber dem »Haus für Mozart«« steht der eigenartige schmale, hohe Bau des Rupertinum. Jahrhundertelang diente es als Priesterseminar, seit 1983 logiert in seinen Mauern das **Museum der Moderne Rupertinum**. Schwerpunkte der Sammlung sind Werke aus der Zeit um 1900 (Toulouse-Lautrec, Klimt, Klinger), des Expressionismus (Kokoschka, Kollwitz, Barlach) und der österreichischen Avantgarde

Putzmuntere Pferde – die Marstallschwemme

(Rainer, Brus). Das Rupertinum beherbergt außerdem die **Österreichische Fotogalerie** und ist für seine zahlreichen Sonderausstellungen bekannt (Öffnungszeiten: Di. – So. 10.00–18.00, Mi. bis 20.00 Uhr). Ergänzt wird das Rupertinum durch das Museum der Moderne auf dem Mönchsberg (siehe unten).

Am Max-Reinhardt-Platz steht die **Kollegienkirche**, in den Jahren 1696 bis 1707 von J. B. Fischer von Erlach im Barockstil für die damalige **Universität** gebaut. Westlich an die Kollegienkirche und den Wilhelm-Furtwängler-Garten, den einstigen Botanischen Garten, grenzt die 1962 (wieder) eröffnete Paris-Lodron-Universität. Sie war 1622 von Erzbischof Paris Graf Lodron gegründet und beim Anschluss an Bayern im Jahr 1810 aufgelöst worden.

Marstall-schwemme

Westlich des Universitätsgebäudes liegt der Herbert-von-Karajan-Platz, wo man auf die 1695 angelegte Marstallschwemme, einen brunnenähnlichen Bau zur Säuberung der Pferde, stößt. Die Rossebändigergruppe schuf 1695 Michael Bernhard Mandl. Zwischen Festspielhaus und Pferdeschwemme führt das mit Portalen der Brüder Hagenauer geschmückte Neu- oder Sigmundstor in die Stadtteile Riedenburg und Maxglan. Der 123 m lange Straßentunnel wurde in den Jahren 1764 bis 1767 durch den Mönchsberg gebrochen.

Spielzeug-museum

Wenige Schritte nordwestlich steht das einstige Bürgerspital. Heute beherbergt es das nicht nur Kinder entzückende Spielzeugmuseum (die Sammlung Folk) und eine wunderschöne Sammlung historischer Musikinstrumente (Öffnungszeiten: Di. – So. 9.00 – 17.00 Uhr, Juli, Aug. und Dez. auch Mo.).

Mönchsberg

Beim Anton-Neumayr-Platz wartet der schon 1890 in Betrieb genommene Mönchsbergaufzug auf Besucher, die den herrlichen Panoramablick auf die Stadt vom Mönchsbergplateau genießen wollen (Betriebszeiten: tgl. 8.00 – 19.00, Mi. bis 22.00, Juli und Aug. bis 1.00 Uhr).

MdM ► Auch zeigt hier oben seit 2004 – als Ergänzung zum Rupertinum – das **Museum der Moderne Mönchsberg (MdM)** eine bedeutende Kollektion von Werken der klassischen Moderne und internationalen Kunst seit 1945 (Öffnungszeiten: Di. – So. 10.00 – 18.00, Mi. bis 21.00 Uhr, in der Festspielzeit auch Mo.).

★ Haus der Natur

Am Museumsplatz, der nördlichen Verlängerung des Neumayr-Platzes, ist das Haus der Natur in das ehemalige Ursulinenkloster eingezogen. Das faszinierende Naturkundemuseum mit Attraktionen wie Aquarium, Reptilienzoo und Weltraumhalle begeistert Erwachsene und Kinder gleichermaßen (Museumsplatz 5; Öffnungszeiten: tgl. 9.00–17.00 Uhr).

Getreidegasse

Die Getreidegasse ist eine altertümliche Gasse mit schönen Bürgerhäusern, schmiedeeisernen Geschäfts- und Wirtshausschildern und hübschen Läden. Am Haus Nr. 3 erinnert eine Gedenktafel an **August Bebel,** der 1859/1860 hier als Drechslergeselle arbeitete. In südlicher Richtung führen Hausdurchgänge (»Durchhäuser«) zum Universitätsplatz.

★ ◀ Mozarts Geburtshaus

Beliebtestes Ziel ist aber die Getreidegasse Nr. 9: Hier wurde Wolfgang Amadeus Mozart (► Baedeker Special S. 418) am 27. Januar 1756 geboren, 1747–1773 wohnte Familie Mozart im dritten Stock. Die Räume sind als **Museum** eingerichtet mit Gegenständen aus Mozarts Leben und Schaffen, darunter seine Kindergeige, Bildnisse, ein Klavichord von 1760, ein 1780 gefertigtes Hammerklavier und Noten. In der 2. Etage widmet sich die Ausstellung dem Thema »Mozart auf dem Theater«, im 1. Stock werden Sonderausstellungen gezeigt, das hintere Haus berherbergt die Ausstellung »Bürgerliche Wohnung in Salzburg zur Mozartzeit« (Öffnungszeiten: tgl. 9.00 – 17.30 Uhr, Juli/Aug. bis 20.00 Uhr).

! *Baedeker* TIPP

»Seid ihr alle da?« »Jaaa!«

Das monatliche Programm des Spielzeugmuseums verrät, an welchen Tagen es dort um 15.00 Uhr erst ganz leise und dann ganz laut wird – wenn nämlich der Museumskasperl kommt und die Frage aller Kasperl stellt: »Seid ihr alle da?«

Am östlichen Ende der Getreidegasse steht das barocke **Rathaus** (1616–1618) mit reizvoller Muschelverzierung aus der Zeit des Rokoko. Umgeben ist es von alten Salzburger Bürgerhäusern, die schon im Mittelalter aufgrund der beengten räumlichen Situation vier bis fünf Stockwerke in die Höhe wuchsen.

Alter Markt

Südöstlich folgt der Alte Markt, einer der stimmungsvollsten und ältesten (13. Jh.) Plätze in Salzburg. Das alteingesessene Café Tomaselli lockt zur süßen Pause – auch Mozart war hier schon zu Gast. Gegenüber die 1591 eröffnete Fürstbischöfliche Hofapotheke besitzt eine schöne Rokokoeinrichtung. In der Mitte des Alten Marktes steht der Markt- oder Florianibrunnen (1687), sein schönes Renaissancespiralgitter ist noch älter (1583).

Trakl-Gedenkstätte

Folgt man der Judengasse Richtung Osten, kommt man auf den Waagplatz, wo 1887 im Haus Nr. 1 a der Dichter Georg Trakl geboren wurde. Heute ist darin eine Forschungs- und Gedenkstätte eingerichtet (Führungen: Mo. bis Fr. 11.00 u. 14.00 Uhr).

! *Baedeker* TIPP

Mozartkugeln

Für Freunde der süßen Leckerei ist die Brodgasse Nr. 13 eine wichtige Adresse: Im Stammhaus der Familie Fürst erfand der Salzburger Konditor Paul Fürst 1890 die Mozartkugel – sie wird heute noch nach dem Originalrezept hergestellt!

Auf dem anschließenden Mozartplatz steht das **Mozartdenkmal**, geschaffen im Jahr 1842 von Ludwig Schwanthaler. In der östlich abgehenden Pfeifergasse Nr. 11 wohnte **Paracelsus** 1525. Im Jahr 1540 kam der Arzt und Philosoph nach Salzburg zurück, wo er am 24. September 1541 im Haus Kaigasse 8 starb. Begraben ist Paracelsus auf dem Sebastiansfriedhof.

Am Kajetanerplatz steht die in den Jahren 1685 bis 1697 von dem italienischen Architekten Giovanni Gaspare Zuccalli turmlos mit breiter Palastfassade erbaute **Kajetanerkirche**, deren sakraler Charakter äußerlich nur von der ovalen Kuppel betont wird. Die Ausstattung des barocken Kirchenbaus stammt einheitlich aus der Zeit um 1730, das Kuppelfresko schuf Paul Troger.

Stift Nonnberg

Südlich über dem Kajetanerplatz erhebt sich der Nonnberg (455 m), direkt erreichbar über die Nonnbergstiege. Das Stift wurde um 700 vom hl. Rupert gegründet, der seine Nichte Erentrudis als Äbtissin einsetzte. Es ist das **älteste noch bestehende Frauenkloster im deutschen Sprachraum**, für Besucher allerdings nicht zugänglich. Berühmt wurde Stift Nonnberg durch Maria von Kutschera, besser bekannt unter ihrem späteren Namen Baronin von Trapp. Sie war Anwärterin auf das Noviziat in Nonnberg gewesen, doch 1926 schickte sie das Kloster zum verwitweten Baron von Trapp als Erzieherin seiner Kinder. Ein Jahr später heiratete sie den Baron und gründete bald darauf den Chor der **Trappfamilie**, der schon in Österreich – vor der Emigration in die USA 1938 – musikalische Triumphe feierte.

Stiftskirche

Die spätgotische Stiftskirche wurde ab 1464 auf den Mauern der 1423 abgebrannten romanischen Basilika errichtet, von der noch das Portal und die Fresken im **»Paradies«** (unter dem Nonnenchor) erhalten sind.

Ausstattung ►

Das Glasgemälde im Mittelfenster der Hauptapsis, 1480 gestiftet, schuf der Straßburger Glasmaler Peter Hemmel von Andlau. Um 1515 entstand der spätgotische Hochaltar mit Statuen des hl. Rupert und des hl. Virgil. In der Krypta, die ein wundervolles Netzrippengewölbe aufweist, wird das Felsengrab der hl. Erentrudis verehrt. Um das »Paradies« und die Johanneskapelle mit dem wertvollen spätgotischen Flügelaltar, übrigens ein Geschenk des Erzbischofs Wolf Dietrich, besichtigen zu können, muss man an der Klosterpforte nach dem Schlüssel fragen.

★ Festung Hohensalzburg

Wahrzeichen Salzburgs

Den Südostgipfel des Mönchsberges mit der Festung, 120 m über der Salzach, erreicht man in 2 Minuten mit der Standseilbahn (Festungsgasse) oder zu Fuß in etwa 30 Minuten – vom Kapitelplatz aus durch die Festungsgasse bzw. vom Mönchsberg durch das Schartentor. Schon beim Aufstieg ergeben sich immer wieder prächtige Ausblicke. Der Mönchsberg erstreckt sich von der Hohensalzburg Richtung Westen und Nordwesten, ein fast 2 km langer, mit Laubwald bedeckter Bergrücken, 60 m über der Altstadt. Auf seinen schattigen Parkwegen kommt man zu einer Reihe schöner Aussichtspunkte.

Geschichte

Im Jahr 1077 wurde die Burg unter Erzbischof Gebhard während des Investiturstreites zur Stärkung der geistlichen Machtstellung erbaut. Sie erhielt ihre heutige Gestalt im Wesentlichen um 1500 durch Erzbischof Leonhard von Keutschach, dessen Wappensteine – die mit der Rübe – überall zu sehen sind. Der Dreißigjährige Krieg bewog Erzbischof Paris Lodron, weitere Befestigungen und Modernisierungen durchzuführen. Mit der Vollendung der Kuenburg-Bastei 1681 war der Ausbau endgültig abgeschlossen. Nur ein einziges Mal in ihrer Geschichte wurde die Hohensalzburg belagert: 1525 zogen aufständische Bauern vor die Burg, konnten sie aber nicht einnehmen. Die 1861 aufgelassene Festung diente bis 1938 zeitweilig als Kaserne und Gefängnis. Seit 1953 treffen sich hier in den Sommermonaten Kunstfreunde aus aller Welt in der von Oskar Kokoschka und dem Salzburger Galeristen Friedrich Welz ins Leben gerufenen »Schule des Sehens«, der heutigen Internationalen Sommerakademie.

Über der Altstadt erhebt sich das Wahrzeichen Salzburgs, die Festung Hohensalzburg.

FESTUNG HOHENSALZBURG

★★ **Hoch über der Altstadt von Salzburg thront das Wahrzeichen der Stadt. Von hier schweift der Blick auf die Salzach und den Kapuzinerberg. Die gewaltige Hohensalzburg (542 m) mit ihren mittelalterlichen und barocken Wehrbauten ist eine der besterhaltenen Burgen Europas.**

Öffnungszeiten:
Jan. – April und Okt. tgl. 9.30 – 17.00,
Mai – Sept. tgl. 9.00 – 19.00 Uhr.
Der Burghof, die Georgskirche sowie die Museen können ohne Führung besichtigt werden.
Nur im Rahmen von Führungen zugänglich sind die Prunkräume der Salzburger Erzbischöfe (Dauer: ca. 40 Min.).
Tel. 06 62 / 84 24 30 11
www.hohensalzburg.com

① Burghof

Der Haupthof ist das Zentrum der Burg. Hier liegt mit der 1539 gegrabenen Zisterne und der Georgskirche das Herz der Festung.

② Salzburger Stier

Die Freiorgel von 1502 spielt täglich um 7.00, 11.00 und 18.00 Uhr nach dem Glockenspiel des Residenz-Neugebäudes. Angelegt wurde das Hornwerk mit 200 zinnernen Pfeifen unter Erzbischof Leonhard von Keutschach.

③ Fürstenzimmer

Die Goldene Stube besitzt Marmorportale, deren Türen kunstvoll mit schmiedeeisernen Ranken beschlagen sind. Der sich anschließende Große oder Goldene Saal wirkt mit seiner blau und rot bemalten Holzvertäfelung und seinen Säulen aus rotem Adneter Marmor außerordentlich festlich.

④ Georgskirche

An der Außenwand der 1501/1502 erbauten Kirche sieht man das prachtvolle Hochrelief Leonhard von Keutschachs, von Hans Valkenauer im Jahr 1515 und damit bereits zu Lebzeiten des Erzbischofs geschaffen. Im Innern stellen 13 Reliefs, gehauen aus Adneter Scheckmarmor (1502), Christus und die 12 Apostel dar.

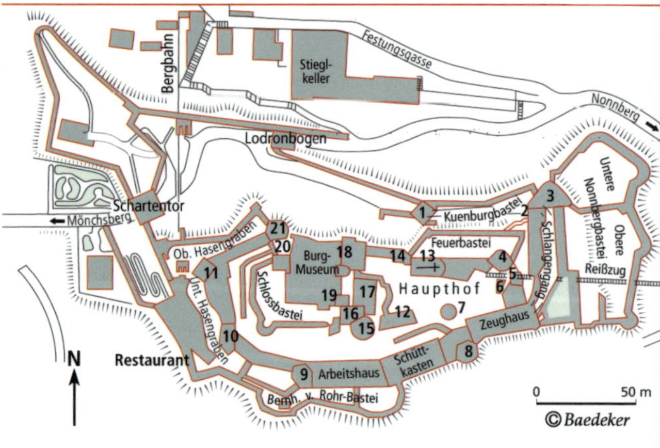

1 Keutschachbogen
2 Brücke
3 Bürgermeisterturm
4 Trompeterturm
5 Reißturm
6 Höllenpforte
7 Zisterne
8 Schmiedturm
9 Geyerturm
10 Hasenturm
11 Reckturm
12 Kaplanstöckl
13 Georgskirche
14 Krautturm
15 Kuchelturm
16 Pfisterei
17 Wallmeisterstöckl
18 Hoher Stock
19 Feuertürme
20 Keutschachzistern
21 Glockenturm

lassen und Mozarts Schwester Nannerl 1784 geheiratet hatte, lebte Leopold Mozart alleine in der geräumigen Wohnung. Im Zweiten Weltkrieg wurde das Gebäude schwer beschädigt. Die Stiftung Mozarteum kaufte es 1989 und ließ es in seinem ursprünglichen Zustand wieder herrichten (Öffnungszeiten: tgl. 9.00 – 17.30, Juli und Aug. bis 20.00 Uhr).
Hier ist auch das **»Mozart Ton- und Filmsammlung«** untergebracht, die sämtliche Audio- bwz. Videoaufzeichnungen im Zusammenhang mit Mozart archiviert (Öffnungszeiten: Mo., Di., Fr. 9.00 - 13.00, Mi. und Do. 13.00 - 17.00 Uhr, Eintritt frei).

Landestheater, Marionettentheater

Am Südende des Makartplatzes steht das 1892/1893 errichtete Landestheater. Im Seitenflügel hat das 1913 gegründete Marionettentheater (Eingang Schwarzstraße 24) seinen Sitz. Aufgeführt werden hier nicht nur einfache Puppenspiele, sondern auch Ballette, Operetten und insbesondere die fünf großen Mozartopern.

Mozarteum

Das Gebäude Schwarzstraße 26 hat der Münchner Architekt Richard Berndl 1910 bis 1914 für die »Internationale Stiftung Mozarteum« gebaut. Ziel und Aufgabe der 1880 gegründeten Stiftung ist es, »das Erbe Mozarts zu bewahren«. Untergebracht sind Unterrichts- und Verwaltungsräume der »Hochschule für Musik und darstellenden Kunst Mozarteum«, eine Bibliothek und zwei Konzertsäle. Im Basteigarten steht das so genannte Zauberflötenhäuschen, ein Gartenhaus des früheren Freihaustheaters am Naschmarkt in Wien, in dem Mozart 1791 die »Zauberflöte« komponiert haben soll. 1873 gelangte es durch Schenkung nach Salzburg, seit 1950 steht es am jetzigen Platz.

Wo könnte ein Mozartkonzert schöner sein als im Marmorsaal von Schloss Mirabell?

✶ Mirabellgarten

Der Mirabellgarten (Haupteingang am Makartplatz), liefert mit seinen Terrassen, Marmorstatuen und Springbrunnen ein ausgezeichnetes **Beispiel barocker Gartenkunst**. Entworfen wurde er um 1690 von J. B. Fischer von Erlach. Den Mittelpunkt bildet eine Fontäne, umgeben von Gruppen mythologischer Figuren als Allegorien für die Elemente Feuer, Luft, Erde und Wasser. In der südwestlichen Ecke des Gartens findet man ein 1717 nach französischem Vorbild angelegtes Heckentheater.

✶ Zwerglgarten

Im Zwerglgarten ließ um 1715 Erzbischof Franz Anton Harrach 28 groteske Zwergenfiguren aufstellen. Kronprinz Ludwig von Bayern fand sie so scheußlich, dass er sie 1812 entfernen ließ. Bedauerlicherweise wurde nur ein Teil der Figuren später wieder gefunden und am ursprünglichen Platz aufgestellt. Die zwischen 1,20 und 1,40 m großen Steinfiguren stellen stark verfremdet unterschiedliche Charaktere oder Berufe dar – darunter eine Bäuerin, einen Ballspieler, einen Lahmen und eine bucklige Frau.

Schloss Mirabell

Erzbischof Wolf Dietrich von Raitenau ließ Schloss Mirabell 1606 für seine Freundin und Mutter seiner 15 Kinder, die Kaufmannstochter Salome Alt, errichten. Nach Wolf Dietrichs Sturz 1612 musste sie das Schloss verlassen, das dann als erzbischöfliche Sommerresidenz diente. Zwischen 1721 und 1727 wurde es von Lukas von Hildebrandt zu einem spätbarocken Palast umgestaltet. Nach dem Stadtbrand von 1818 stellte ihn Peter von Nobile nach der klassizistischen Auffassung seiner Zeit wieder her. Seit 1947 ist Schloss Mirabell **Amtssitz des Bürgermeisters** und der Stadtverwaltung. Von Hildebrandts Bau ist vor allem die prachtvolle Treppe (Engelsstiege) mit Marmorbalustrade, Stuckornamenten und entzückenden Putten von Georg Raphael Donner erhalten. Die Treppe führt zum wunderschönen Marmorsaal im ersten Stock, der heute für Konzerte und Trauungen eifrig genutzt wird.

Engelsstiege ►

? WUSSTEN SIE SCHON ...?

- ... dass der Dichter des berühmten Weihnachtsliedes »Stille Nacht, heilige Nacht«, Pfarrvikar Joseph Mohr, 1792 in der Steingasse 9 geboren wurde?

Barockmuseum

Ein Trakt der ehemaligen Orangerie des Mirabellschlosses ist heute Teil des Salzburger Barockmuseums. Die europäische Kunst des 17. und 18. Jh.s ist hier vor allem durch Ölskizzen, Modelle und Entwürfe für Kunstwerke von Rubens, Rottmayr, Veronese, Tiepolo u. a. vertreten (Öffnungszeiten: Mi. – So. 10.00 – 17.00 Uhr, Juli u. Aug., Weihnachten, Ostern und Pfingsten auch Di.).

★ Friedhof St. Sebastian

Wenn man nach der Staatsbrücke nicht nach links zum Makartplatz abbiegt, sondern geradeaus geht, kommt man geradewegs in die Linzer Gasse. Nach wenigen hundert Metern folgt auf der linken Seite die ursprünglich aus dem 16. Jh. stammende, 1749–1753 im Rokokostil erneuerte Sebastianskirche mit dem Sebastiansfriedhof. Im Durchgang findet man links an der Wand das Grabmal des Arztes und Naturforschers **Theophrastus Paracelsus**, der 1541 in Salzburg starb. Der Friedhof St. Sebastian wurde unter der Ägide von Erzbischof Wolf Dietrich nach dem Vorbild eines italienischen Campo Santo angelegt und bietet eine gute Übersicht über die Grabmalkunst des 17.–19. Jahrhunderts. In seiner Mitte steht das kunstvoll gestaltete Mausoleum für Erzbischof Wolf Dietrich († 1617), die Gabrielskapelle. Am Weg zur Kapelle ruhen Mozarts Vater Leopold († 1787), Constanze Mozart, wiederverheiratete von Nissen († 1842), und Genoveva von Weber († 1798), Mutter des Komponisten Carl Maria von Weber und Tante von Constanze Mozart.

Kapuzinerberg

Südlich der Sebastianskirche, Linzer Gasse 14, führt der Stefan-Zweig-Weg an Kreuzwegkapellen des 18. Jh.s und dem Kapuzinerkloster mit prächtiger Panoramasicht von der »Kanzel« unterhalb des Klosters vorbei, hinauf zum Kapuzinerberg (638 m). Er ist von einem lichten Wald bedeckt und bietet mehrere Aussichtspunkte, darunter die »Aussicht nach Bayern«. Nach insgesamt einer halben Stunde Fußweg erreicht man den Gipfel mit dem 1629 erbauten Franziskischlössl (Gartenrestaurant). Vom Kapuzinerkloster kann man auch über die Imbergstiege und die noch recht mittelalterlich wirkende Steingasse wieder in die Stadt gelangen.

Umgebung von Salzburg

* Wallfahrtskirche Maria Plain

Am nördlichen Rand von Salzburg, in Bergheim, erhebt sich auf dem Plainberg (530 m) weithin sichtbar die barocke Wallfahrtskirche Maria Plain (1671–1674). Seit 1633 wird das von einem unbekannten Meister geschaffene **Gnadenbild** verehrt, als es im niederbayerischen Regen einen Brand nahezu unversehrt überstand. 1652 kam es auf den Plainberg in eine kleine Holzkapelle. Die Pilger strömten in Scharen, so dass man bald ein größeres Gotteshaus brauchte. Das Gnadenbild wurde 1752 feierlich gekrönt. Sehenswert ist auch die prachtvolle Ausstattung des in Blau und Gold gehaltenen Saalbaus.

Gold und Blau glänzen die Altäre aus der Erbauungszeit der Wallfahrtskirche um 1674.

Markt Oberndorf Rund 15 km nordwestlich der Wallfahrtskirche Maria Plain liegt der Markt Oberndorf (394 m) an der Salzach. Die **Stille-Nacht-Gedächtniskapelle** wurde 1937 anstelle der 1899 durch Hochwasser zerstörten Kirche St. Nikolai errichtet, in der am Heiligabend 1818 das Lied »Stille Nacht, heilige Nacht« erstmals erklang.

Salzburger Seenplatte Etwa 15 km nordöstlich von Salzburg erreicht man die Salzburger Seenplatte. Größter und wärmster, weil nur 23 m tiefer See ist der 6 km lange Wallersee. Während Anglerfreunde an seinen reichen Fischbestand denken, fühlen sich Literaturfreunde an Carl Zuckmayer (1896–1977) und seine Zeit in Henndorf erinnert. Das Haus »Wiesmühl« hatte Zuckmayer 1926 erworben, 1933–1938 schlug der deutsche Schriftsteller jüdischer Herkunft seinen Wohnsitz ganz dort auf, weil er im nationalsozialistischen Deutschland nicht erwünscht war. Aber auch Freunde des edlen Gerstensaftes zieht es nach Henndorf, denn in der urigen Wirtsstube des Caspar-Moser-Bräus ist man um Trinksprüche nicht verlegen. Eine Zuckmayer-Jause gefällig?

Henndorf ►

✶ **Gaisberg** Der Gaisberg (1288 m), einer der Hausberge Salzburgs und leicht erkennbar am hohen Sendemast, ist entweder auf dem reizvollen Wanderweg von Glasenbach über die Glasenbachklamm zu erreichen oder von Norden her mit dem Auto. Privater Autoverkehr wird bei hohem Aufkommen allerdings zugunsten des öffentlichen Nahverkehrs eingeschränkt. Oben reicht die großartige Rundsicht vom Dachstein bis hin zum Chiemsee. Nordöstlich liegt der **Salzburgring**, auf dem nationale und internationale Motorrad- und Automobilrennen ausgetragen werden.

? WUSSTEN SIE SCHON ...?

- An lauen Sommerabenden lud der Erzbischof seine Gäste in den Park an den Fürstentisch ein. Wenn ihm die Stimmung ausgelassen genug schien, winkte er seinem Brunnenmeister, und aus jedem Hocker schoss ein starker Wasserstrahl hervor. Natürlich durften sich die Gäste dann nicht vor dem Erzbischof, der »auf dem Trockenen saß«, erheben ...

✶ **Schloss Hellbrunn** Die ca. 4 km lange, von hohen alten Bäumen gesäumte Hellbrunner Allee führt zum Schloss. Erzbischof Markus Sittikus ließ 1613–1616 vom Dombaumeister Solari nach römischem Vorbild Schloss, Park und Wasserspiele anlegen. Das **manieristisch-frühbarocke Ensemble** überdauerte die Jahrhunderte fast unverändert. Außergewöhnlich sind die handgemalten chinesischen Papiertapeten im Schlafzimmer, der prächtige Kachelofen im Speisesaal und der Festsaal. Schloss und Wasserspiele sind nur mit Führung zugänglich (Öffnungszeiten: April, Okt. 9.00–16.30, Mai, Juni, Sept. bis 17.30, Juli/Aug. bis 21.00, Wasserspiele ab 18.00 Uhr).

✶ Wasserspiele, Mechanisches Theater ► Den Ziergarten schmücken zahlreiche Statuen, Brunnen und Grotten mit durch Wasserkraft betriebenen Spielereien und Scherzen – natürlich auf Kosten anderer. Als originellste Anlage gilt aber das »Mechanische Theater«. Es präsentiert das Leben und Treiben in einer barocken Kleinstadt mit 256 Figuren und Orgelwerk.

Schlosspark Hellbrunn

Oberhalb des zentralen Teiches steht auf dem Hellbrunner Berg das 1615 erbaute, früher nur einen Monat im Jahr zur Jagdzeit bewohnte Monatsschlössl. Seit 1924 beherbergt es das sehenswerte Salzburger **Volkskundemuseum**, eine Abteilung des Salzburg Museums (Öffnungszeiten: April – Okt. tgl. 10.00 – 17.30 Uhr).

◀ Monatsschlössl

Hinter dem Schlössl gelangt man zum Steinernen Theater, eine natürliche Felsschlucht, in der 1617 eine der ersten Opernaufführungen im deutschsprachigen Raum stattfand.

◀ Steinernes Theater

An den Schlosspark schließt sich nach Süden hin der Tiergarten Hellbrunn an. Bemerkenswert an dem 1961 aus dem Hirschgarten hervorgegangenen Salzburger Zoo ist die erfolgreiche Tierhaltung in weitgehend naturbelassenen Gehegen (Öffnungszeiten: Nov. – März tgl. 9.00 – 16.00, April – Juni, Sept. u. Okt. bis 17.00, Juli u. Aug. bis 18.30 Uhr; »Nachtzoo«: Aug. Fr. u. Sa. bis 23.00 Uhr.

◀ Tiergarten Hellbrunn

Untersberg

Rund 6 km südwestlich von Hellbrunn, in St. Leonhard, befindet sich die Talstation der über 2800 m langen Schwebebahn auf den **Salzburger Hochthron** (1856 m), den höchsten österreichischen Gipfel des Untersbergs. Als einziger unmittelbar aus der Ebene aufsteigender Gebirgsstock der nördlichen Kalkalpen ist er der mit Abstand auffallendste Berg bei Salzburg.

Schloss Leopoldskron

Im Süden der Stadt, vom Stadtteil Nonntal zu Fuß in 20 Minuten zu erreichen, liegt am Leopoldskroner Weiher das ehemals erzbischöfliche Schloss Leopoldskron, ein Rokokopalast von 1736. 1918–1956 gehörte es Max Reinhardt und seinen Erben, heute dient es dem »Salzburg Seminar in American Studies« (keine Besichtigung).

★ Salzburger Freilichtmuseum

Wenige Kilometer südwestlich von Salzburg bei Großgmain wurde 1984 das Salzburger Freilichtmuseum eröffnet. Es zeigt auf 50 ha in schöner Umgebung etwa 60 originalgetreu aufgebaute Bauernhäuser des Salzburger Landes aus verschiedenen Epochen (16.–20. Jh.). An den Wochenenden kann man nach traditioneller Art arbeitenden Handwerkern zuschauen. (Öffnungszeiten: März – Okt. Di. – So. 9.00 – 18.00 Uhr, Juli u. Aug. auch Mo., www.freilichtmuseum.com).

Schloss Kleßheim

Rund 3 km nordwestlich vom Salzburger Stadtteil Maxglan steht das Barockschloss Kleßheim, 1700–1709 nach Plänen von J. B. Fischer von Erlach für den Fürsterzbischof Johann Ernst Graf von Thun errichtet. Heute gehört es der Salzburger Landesregierung und bildet den noblen Rahmen für das Salzburger Spielcasino.

★★ Salzkammergut

K/L 4

Bundesländer: Oberösterreich, Salzburg und Steiermark

Mit dem Salzkammergut verbindet man gemeinhin den Inbegriff für einen Österreich-Urlaub. Und wer kennt nicht die Operette »Im Weissen Rössl«, in der das Salzkammergut in den höchsten Tönen gepriesen wird? Auch der bundesdeutsche Alt-Kanzler Kohl verbrachte hier regelmäßig seinen Sommerurlaub.

Urlaubsregion

Das zauberhafte seenreiche Voralpen- und Alpengebiet vereinigt Natur und Kultur aufs Schönste und ist **eine der meistbesuchten Fremdenverkehrsregionen Österreichs**. Außerordentlich vielfältig ist das Sportangebot und reicht von gemütlich bis extrem. Kultursommer in verschiedenen Orten erfreuen mit Konzerten, Lesungen und Ausstellungen und die großartige Natur fasziniert wohl jeden Gast dieses schönen Landes.

Beeindruckend ist der schroffe Gegensatz zwischen den Wasserflächen der über vierzig großen und kleinen Seen und den markanten Gipfeln und Steilwänden der umliegenden Berge. Vom Schafberg genießt man einen traumhaften Blick über diese Landschaft.

Geografische Lage

Geografisch gesehen umfasst das Salzkammergut die Gebiete ►Attersee, Ausseer Land (►Bad Aussee), ►Bad Ischl und den ►Wolfgangsee, die Ferienregion ►Traunsee, den Fuschlsee (►Wolfgangsee), das Innere Salzkammergut mit dem ►Hallstätter See und dem ►Dachstein sowie die Ferienregion ►Mondsee. Damit gehört das Salzkammergut größtenteils zu Oberösterreich, greift aber mit dem Wolfgang- und Fuschlsee nach Salzburg und mit dem Ausseer Land in die Steiermark über. Das Kernland des Salzkammergutes war zu Beginn der Neuzeit die Region um Ischl, als fürstlicher Grundbesitz und als Kammergut mit Sonderrechten ein

► SALZKAMMERGUT

AUSKUNFT

Salzkammergut Tourismus
Salinenplatz 1, A-4820 Bad Ischl
Tel. 061 32/269 09, Fax 269 09 14
www.salzkammergut.at

außerordentlich lukrativer »Staat im Staate«. Aus der politisch-wirtschaftlichen Fachbezeichnung wurde im Lauf der Zeit der heute ausschließlich geografisch-touristisch zu verstehende Begriff.

** St. Florian

M 3

Bundesland: Oberösterreich **Höhe:** 296 m ü.d.M.
Einwohnerzahl: 5700

Interessierte aller Kunstrichtungen kommen hier auf ihre Kosten: Architektur, Musik und die alte Bibliothek mit ihren Schätzen ziehen jedes Jahr viele Besucher nach St. Florian.

Barock und Musik

Wenn es um die glänzendsten Schöpfungen des Barock in Österreich geht, darf der Name des Marktes St. Florian, rund 15 km südöstlich von der Landeshauptstadt ►Linz, nicht fehlen. Und Musikliebhaber verknüpfen das berühmte Augustiner-Chorherrenstift mit dem genialen Musiker **Anton Bruckner**, der – ganz in der Nähe geboren – schon in seiner Jugend die St. Florianer Sängerknaben mit Musikalität und Stimme bereicherte und später hier als Domorganist wirkte.

* Augustiner-Chorherrenstift

Stiftslegende

Der hl. Florian, leitender Verwaltungsbeamter der römischen Provinz Noricum, hatte sich zum Christentum bekehrt und wurde deshalb Anfang des 4. Jh.s in der Enns ertränkt. Nach der Legende kam der Leichnam, obwohl mit einem Stein beschwert, wieder an die Wasseroberfläche und wurde an der Stelle des heutigen Stiftes begraben. Als Schutzpatron und Nothelfer in Feuergefahr und Wassernot wird er verehrt und gleichzeitig ironisch kommentiert: »Oh heiliger Sankt Florian, verschon' mein Haus, zünd' andre an!«
Die ältesten Mauerreste des Klosters gehen auf das 4. Jh. zurück. Es folgten eine romanische (1235 abgebrannt) und eine gotische Kirche. Nach dem Sieg über die Türken im Jahre 1683 und der Dankeswallfahrt des Kaisers zum Grab des hl. Florian entschloss sich die Klosterleitung zu einem barocken Neubau nach Plänen von Carlo

Stift St. Florian

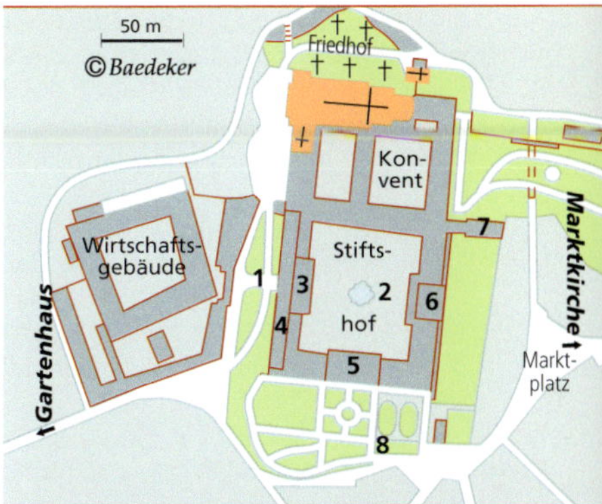

1 Stiftstor und Bläserturm
2 Springbrunnen
3 Treppenhaus
4 Kaiserzimmer
5 Marmorsaal
6 Bibliothek
7 Sommerrefektorium
8 Nepomukstatue

ST. FLORIAN

AUSKUNFT

Tourismusverband St. Florian
Marktplatz 2, A-4490 St. Florian
Tel. 0 72 24/56 90, Fax 57 88
www.tiscover.com/st.florian

Carlone. Nach dessen Tod 1708 führte Jakob Prandtauer den Bau bis 1751 weiter (Führungen: Ostern bis 1. Nov. tgl. 10.00, 11.00, 14.00, 15.00 u. 16.00 Uhr; für angemeldete Gruppen auch außerhalb der Führungszeiten, Tel. 072 24 / 890 210 oder 56 90).

Am nördlichen Ende des Westflügels steht die mächtige Stiftsbasilika, ausgestattet mit zwei 80 m hohen Türmen.

✶✶ Stiftsbasilika

Die monumentale Raumwirkung im Inneren entsteht vor allem durch riesige Halbsäulen auf hohen Sockeln, hoch gelegene Fenster, die 36 m hohe Kuppel, verschwenderische Stuckdekorationen und die über die gesamte Decke reichenden Fresken. Das Chorgestühl und die Orgelempore sind reich geschnitzt und mit Putten geschmückt, die Kanzel besteht aus schwarzem Lilienfelder Marmor.

Anton Bruckner ►

Anton Bruckners musikalische Karriere begann bei den St. Florianer Sängerknaben. Gefördert vom Probst des Stiftes, wurde er 1848 Stiftsorganist, bevor er 1854 nach Linz wechselte. Der Sarkophag des **»Musikanten Gottes«** steht in der Gruft unter der großen Kirchenorgel, die nach ihm benannt ist. Von Mitte Mai bis Mitte Oktober hat man tgl. außer dienstags und samstags Gelegenheit, beim Orgelkurzkonzert (20 Min.) um 14.30 Uhr das wunderbare Instrument zu hören.

Klostergebäude

Prandtauers Meisterwerk ist die Freitreppe (Stiegenhaus) an der Hofseite des Westflügels, die nach Entwürfen von Carlone als Zugang zu den Kaiserzimmern mit Arkaden, Bögen und Pilastern über zwei Geschosse prunkvoll gestaltet wurde. Die Kaiserzimmer im Westflügel dienten als Unterkunft für hohe Gäste. In der Gotikgalerie sind die 14 farbenprächtigen Tafeln des Sebastianaltars von Albrecht Altdorfer (1480–1538), dem bedeutendsten Meister der Donauschule, zu sehen. Als Symbol weltlicher Macht liegt der ebenfalls von Prandtauer gestaltete Marmorsaal im Südflügel des Stifts, gegenüber der Basilika als Repräsentantin der geistlichen Macht. Heute dient er als feierlicher Rahmen für Sommerkonzerte.

✶ Bibliothek

Im Ostflügel des Stifts befindet sich die herrliche Bibliothek mit einem Deckengemälde von Bartolomeo Altomonte, das die Verbindung von Tugend und Wissenschaft darstellt. Mit ca. 150 000 Bänden, 950 Inkunabeln und 800 kostbaren Handschriften besitzt die Bibliothek zahlreiche bibliophile Schätze.

St. Florianer Sängerknaben

Der Chor der St. Florianer Sängerknaben kann auf eine **fast 1000-jährige Tradition** zurückblicken: Er ist ab 1071, als die Augustiner das Kloster übernahmen, belegt. Inzwischen bereichert der Chor nicht nur den Gottesdienst an hohen Festtagen, sondern unternimmt auch ausgedehnte Konzertreisen.

Umgebung von St. Florian

Schloss Hohenbrunn

Rund 2 km südlich von St. Florian liegt an der Ipf das Schloss Hohenbrunn, 1722–1732 nach Plänen von Jakob Prandtauer als Jagdschloss errichtet. Seit 1966 hat hier das **Oberösterreichische Jagd- und Fischereimuseum** seinen Sitz (Öffnungszeiten: Anf. April – Ende Sept. Di. – So. 10.00 – 12.00 und 13.00 – 17.00 Uhr).

Freilichtmuseum Sumerauerhof

Etwa 2 km östlich von St. Florian befindet sich im Ortsteil Samesleiten das Freilichtmuseum Sumerauerhof, ein mächtiger, seit dem 13. Jh. existierender Vierkanthof. Er blieb seit 1856 unverändert und wurde bis 1970 bewirtschaftet. Sehenswert ist die Ausstellung bemalter Bauernmöbel aus vier Jahrhunderten (Öffnungszeiten: Ende April bis Ende Okt. Di. – So. 10.00 – 12.00 und 13.00 – 17.00 Uhr).

Ansfelden

In Ansfelden, 4 km westlich von St. Florian, wurde Anton Bruckner am 4. September 1824 geboren. Sein Elternhaus ist heute das Anton-Bruckner-Gedenkstätte zum Leben und Werk des Komponisten (Augustinerstraße 8; Öffnungszeiten: Anf. April – Ende Okt. Mi. 14.00 bis 17.00, So. 10.00 – 12.00 und 14.00 – 17.00 Uhr).

★ St. Johann im Pongau

K 5

Bundesland: Salzburg
Einwohnerzahl: 10 680
Höhe: 650 m ü.d.M.

St. Johann im Pongau, Bezirkshauptstadt und modernes Zentrum des Pongau im mittleren Salzachtal, bietet vor allem maßgeschneiderten Winterurlaub für ein eher junges Zielpublikum.

Ski und Après: Sportwelt Amadé

Der Ort hat sich mit Altenmarkt, Flachau, Radstadt, Wagrain u. a. zur Sportwelt Amadé, einem **touristischen Gemeindeverbund**, zusammengeschlossen. Gefördert wird insbesondere der Wintersport und man spricht mit einem Skipass für eine Vielzahl von Skiliften,

ST. JOHANN IM PONGAU ERLEBEN

AUSKUNFT

Tourismusverband St. Johann – Alpendorf
Ing.-Ludwig-Pech-Str. 1
(Am Hauptplatz)
A-5600 St. Johann
Tel. 0 64 12/60 36, Fax 60 36-74
www.sanktjohann.com

ESSEN

► **Preiswert**

Silbergasser
Hauptstraße 49, A-5600 St. Johann
Tel. 0 64 12/84 21
Die regional ausgerichtete Küche bietet (ganztägig) u. a. gebackenes Allerlei und Jägerpfandl.

Abfahrten aller Schwierigkeitsgrade sowie einem ausgedehnten Rahmenprogramm bzw. Après-Ski-Angebot vor allem junges Publikum an. Aber auch im Sommer wird Sport mit umfassenden Möglichkeiten zum Raften, Klettern oder Wandern groß geschrieben.

Sehenswertes in St. Johann im Pongau

Pongauer Dom St. Johann liegt auf einer sonnigen Terrasse über dem rechten Ufer der Salzach. Die neugotische zweitürmige Pfarrkirche St. Johannes, wegen ihrer großartigen Raumwirkung auch »Pongauer Dom« genannt, beherrscht das Bild der Stadt. Im Jahr 924 erstmals erwähnt, musste sie 1855–1861 nach einem Stadtbrand neu errichtet werden.

✶ Liechtensteinklamm Etwa 5 km südlich vom Ortskern bieten die brausenden Wassermassen des Großarlbachs in einer der großartigsten Felsschluchten der Alpenein überwältigendes Naturschauspiel. Ihren Namen verdankt die Klamm dem Fürsten zu Liechtenstein, der 1876 durch eine Geldspende die Erschließung ermöglichte. Die bis zu 300 m tiefe Klamm sollte man am besten morgens, bei besten Lichtverhältnissen, auf den gesicherten Wegen durchwandern. Der Wasserfall ist nahezu 60 m hoch (zugänglich: Mai – Sept. tgl. 8.00 – 18.00, Okt. 9.00 bis 16.00 Uhr, www.liechtensteinklamm.at).

Umgebung von St. Johann im Pongau

Bischofshofen Rund 8 km nördlich von St. Johann folgt an der Mündung des Mühlbachtales in das Salzachtal Bischofshofen (550 m; 10 100 Einw.). Jährlich am 6. Januar findet hier das **Abschlussspringen der internationalen Vier-Schanzen-Tournee** statt und krönt damit Bischofshofens reichhaltiges Wintersportangebot. In St. Maximilian sind Fresken und das Marmorgrabmal des Bischofs Sylvester von Chiemsee (gest. 1453) beachtenswert. Das kostbare Rupertuskreuz (um 700), dessen Original im Salzburger Dommuseum, eine Kopie im Pfarrhof zu bestaunen ist, erinnert an irische Hochkreuze und daran, dass irische Mönche das Christentum in das Salzburger Land brachten.

Pfarrwerfen Vor der Kulisse des Tennengebirges und des Hochkönigs, weitere 8 km nördlich, liegt Pfarrwerfen (553–1500 m; 2230 Einw.). Das Wahrzeichen des Ortes ist die Mühlenfreilichtanlage »7 Mühlen«, sechs davon sind noch erhalten (Öffnungszeiten: Mai – Okt. tgl. 8.00 – 19.00, Mahlvorführung: Fr. 15.00 – 18.00 Uhr, www.7muehlen.at).

Werfenweng In Werfenweng (901 m; 900 Einw.), einige Kilometer oberhalb von Pfarrwerfen, sollte man das ausgezeichnete Salzburger Landesskimuseum besichtigen (Öffnungszeiten: Mo. – Fr. 9.00 – 12.00 und 13.00 bis 17.00, Sa. 14.00 – 17.00, So. bis 12.00 Uhr).

Dramatischer Einfall der Natur – die Liechtensteinklamm →

Wagrain Rund 8 km östlich von St. Johann liegt im Wagrainer Tal der beliebte Wintersportort Wagrain (838 m; 3120 Einw.). Auf dem Friedhof von Wagrain findet man die Gräber des aufgrund seiner Affinität zum Nationalsozialismus umstrittenen Schriftstellers Karl Heinrich Waggerl (1897–1973) und des Geistlichen Joseph Mohr (1792–1848), Verfasser des Weihnachtslieds »Stille Nacht, heilige Nacht«.

Schwarzach Wieder zurück im Salzachtal, liegt etwa 10 km südwestlich von St. Johann der Bahnknotenpunkt Schwarzach (591 m; 3600 Einw.). Im Rathaus sieht man die Platte des Salzleckertischs, an dem 1731 protestantische Bauern zusammenkamen. Der Salzburger Erzbischof ließ ihnen die Wahl zwischen Konversion und Emigration. Daraufhin verließen rund 30 000 (!) Protestanten das Salzburger Land.

Goldegg Goldegg (850 m; 2100 Einw.), an einem idyllischen See gelegen, verweist stolz auf 70 km Langlaufloipen. Das romantische Schloss Goldegg besitzt einen beeindruckenden Rittersaal mit herrlicher Holzdecke. Einen Teil der Räume nutzt das **Pongauer Heimatmuseum** (Öffnungszeiten: Mitte Juni – Mitte Sept. tgl. außer Mi. 10.00 bis 12.00 und 15.00 – 17.00, So. 15.00 – 17.00 Uhr; Schlossführungen: Mitte Juni – Mitte Sept. tgl. außer Mi. 14.00, Mitte Sept. – Mitte Juni Do. 14.00; Info-Tel. 064 15 / 82 13, www.museum-goldegg.at).

★ St. Pölten

P 3

Bundesland: Niederösterreich
Höhe: 267 m ü. d.M.
Einwohnerzahl: 51 600

St. Pölten ist die größte Stadt und seit 1986 Landeshauptstadt von Niederösterreich, das bis dahin von Wien verwaltet wurde. Als erster österreichischer Ort erhielt St. Pölten 1159 das Stadtrecht.

Junge Landeshauptstadt Die Handels- und Industriestadt liegt 40 km westlich von Wien am Ufer der Traisen. Bedeutende Barockkünstler wie Jakob Prandtauer wohnten hier und gaben der Stadt ihr reiches Barockgepräge. Hier ging Paula von Preradovic, Verfasserin der österreichischen Hymne (»Land der Berge, ...«) zur Schule.

Sehenwertes in St. Pölten

★ Rathausplatz Das Altstadtzentrum bildet der Rathausplatz, einstiger Marktplatz, 1995 von Boris Podrecca neu gestaltet. In der Mitte des Platzes steht eine imposante Dreifaltigkeitssäule (1782). An der Nordseite des Rathausplatzes steht die dem Rokoko zuzurechnende Franziskanerkirche (18. Jh.), deren prächtige Kanzel und vier Altarbilder der Kremser Schmidt geschaffen hat. Das Rathaus (14. Jh.) an der Südseite lässt

Das Hauptschiff im Dom dominiert die Orgel.

verschiedene Baustile erkennen, von Renaissanceportalen bis zur Barockfassade (Josef Munggenast, 1727). Bei der Renovierung der Westfassade 1984 wurde eine Freskomalerei aus dem 16. Jh. freigelegt. Der Rathausturm ist das Wahrzeichen St. Pöltens. Im Schuberthaus daneben fand 1821 die erste Schubertiade mit dem Komponisten statt.

Domplatz

Durch die Marktgasse, die Kremser Gasse mit dem Stöhr-Haus (Nr. 41), einem bemerkenswerten Jugendstilbau des Wiener Architekten Joseph Maria Olbrich (1867–1908), und die Domgasse kommt man zum Domplatz. Hier befand sich der Kern der römischen Siedlung **Aelium Cetium**, heute ist er Schauplatz sommerlicher Open-Air-Veranstaltungen. Der Bischofshof, ein barocker Klosterbau, entstand im 17. Jh. Hier logiert heute das **Diözesanmuseum** mit sakraler Kunst (Öffnungszeiten: Mai – Okt. Di. – Fr. 10.00 – 12.00 und 14.00 – 17.00 Uhr, Sa. 10.00 – 13.00 Uhr).

Dom

Der ursprünglich romanische, außen schlicht gehaltene Dom (12./13. Jh.) wurde um 1722 nach den Entwürfen von Jakob Prandtauer im Barockstil umgestaltet. Beachtenswert sind die Fresken und Gemälde von Daniel Gran und Bartolomeo Altomonte sowie das herrlich geschnitzte und vergoldete Chorgestühl nach Entwürfen von Mathias Steinl. Die romanische Rosenkranzkapelle (12. Jh.) wurde in die Klosterkirche einbezogen, blieb dabei aber nahezu unverändert.

Riemerplatz

Als Zentrum der bischöflichen Siedlung wurde Ende des 11. Jh.s der Riemerplatz inmitten der Altstadt konzipiert, umgeben von schönen Palais mit barocken Fassaden und schmiedeeisernen Balkongittern.

Stadtmuseum Via Rathausgasse erreicht man die Prandtauerstraße 2 und das von Jakob Prandtauer ausgeführte einstige Karmelitinnenkloster, eine Stiftung der Fürstin Montecuccoli. Es beherbergt heute das niederösterreichische Dokumentationszentrum für Moderne Kunst und das Stadtmuseum St. Pölten: Neben einer ausführlichen Darstellung der Stadtgeschichte enthält es bedeutende Werke St. Pöltener Jugendstilkünstler (Öffnungszeiten: Mi. – So. 10.00 – 17.00 Uhr).

Ehemalige Synagoge An der Dr.-Karl-Renner-Promenade im Südosten der Altstadt steht die ehemalige Synagoge, die einzige **Jugendstilsynagoge** Niederösterreichs (restauriert). Heute dient sie kulturellen Veranstaltungen und beherbergt das Institut für Geschichte der Juden in Österreich.

Regierungsviertel und Kulturbezirk Südöstlich der Altstadt entstand ab 1992 das Regierungsviertel mit dem elegant geschwungenen Landtagsgebäude, dem »Landtagsschiff« (Architekt: Ernst Hoffmann), und Verwaltungsbauten für die nieder-

St. Pölten *Orientierung*

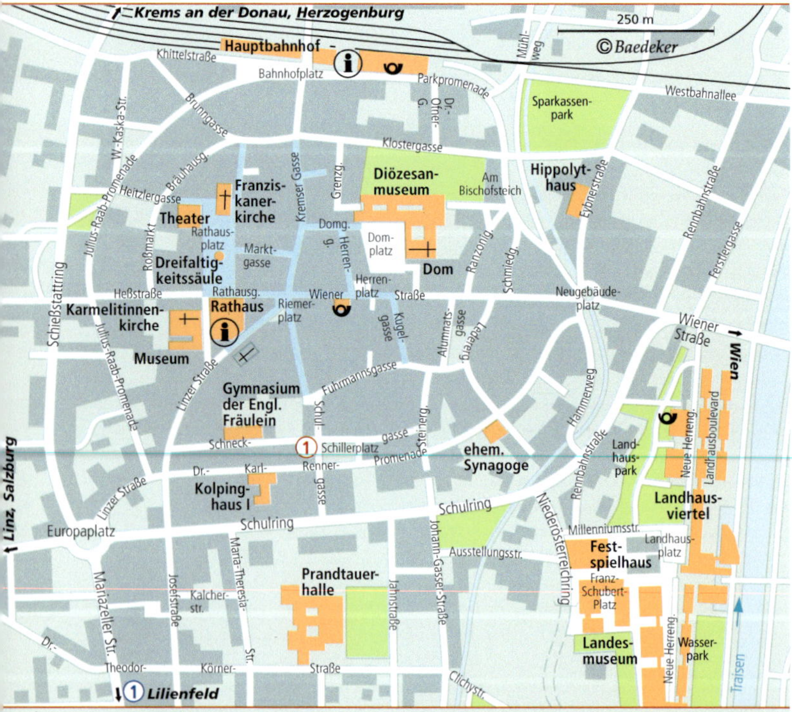

Essen
① Alt Wien

Übernachten
① Austria Trend Hotel Metropol

ST. PÖLTEN ERLEBEN

AUSKUNFT

Tourismusinformation St. Pölten
Rathausplatz 1, A-3100 St. Pölten
Tel. 027 42/35 33 54, Fax 333 28 19
www.st-poelten.gv.at

ESSEN

► Erschwinglich

① ***Alt Wien***
Mariazeller Str. 42, A-3100 St. Pölten
Tel. 027 42/733 17
www.hotel-altwien.at
Das »Alt Wien« bietet u. a. einen urigen Heurigenkeller und eine gut sortierte Vinothek.

ÜBERNACHTEN

► Komfortabel

① ***Austria Trend Hotel Metropol***
Schillerplatz 1, A-3100 St. Pölten
Tel. 0 27 42/7 07 00, Fax 70 70 01 33
www.austria-trend.at
Das elegante Haus bietet viel Komfort und moderne Konferenzräume.

österreichische Landesregierung. Angegliedert ist ein Kulturbezirk mit dem von Hans Hollein konzipierten neuen Bau des **Niederösterreichischen Landesmuseums**, das auf recht ungewöhnliche Art die Themen Natur, Kunst und Geschichte des Landes Niederösterreich präsentiert. Die moderne Konzeption des Museums zeigt sich besonders im Bereich Geschichte. Dort wird unter Themen wie Kommunikation, Herrschaft, Grenzen oder Arbeitswelten die Geschichte der Region dargestellt (Öffnungszeiten: Di. – So. 10.00 – 18.00 Uhr). Zum Kulturbezirk gehören auch die Landesbibliothek und das Festspielhaus. Übergreifendes architektonisches Zeichen für das neue Stadtgebiet ist der 62 m hohe **»Klangturm«** von Ernst Hoffmann (Öffnungszeiten: Ende April – Okt. Di. – So. 10.00 – 18.00 Uhr).

Umgebung von St. Pölten

Herzogenburg

★ ◄ Augustiner-Chorherrenstift

Das Augustiner-Chorherrenstift von Herzogenburg, 12 km nördlich von St. Pölten, stammt aus dem 12. Jh. Jakob Prandtauer, Joseph Munggenast und J. B. Fischer von Erlach zeichnen für die barocken Stiftsbauten verantwortlich (ab 1724), Franz Munggenast für die reich ausgestattete Stiftskirche (1743–1750). Den 70 m hohen Turm (1767) krönt statt eines Helms der Herzogshut. Das Stift besitzt eine **bedeutende Sammlung sakraler Kunstwerke**, darunter spätgotische Werke der Donauschule (Führungen: April – Okt. tgl. 9.30, 11.00, 13.30, 15.00 und 16.30 Uhr, Nov. – März n. V. unter Tel. 027 82/ 831 12 35, www.stift-herzogenburg.at).

Bildstockweg

In der Gemeinde Inzersdorf-Getzersdorf, weiter nördlich am Westrand des Traisentales, wurde der erste Niederösterreichische Bildstockweg angelegt: Der 10 km lange Wanderweg führt an 21 Bildstöcken und Marterln – und an Heurigenschänken – vorbei.

! Baedeker TIPP

Imposantes Urgetier

Nördlich der Stadt Traismauer befindet sich in den Donau-Traisen-Auen eine urzeitliche Attraktion: der Saurierpark »Jurassic Island«. Auf 3 km Wanderwegen stehen rund 45 Nachbildungen von Sauriern. Streichelzoo und Spielplatz komplettieren die Szenerie (Öffnungszeiten: April bis Okt. tgl. 10.00–18.00 Uhr, www.saurierpark.at).

★ **Lilienfeld**

Südlich von St. Pölten erreicht man Lilienfeld mit seinem sehenswerten, im Jahr 1202 gegründeten **Zisterzienserstift**. Es war im Mittelalter das größte Kloster Österreichs, ausgestattet mit einer sehr schönen Stiftsbibliothek und einem beachtenswerten gotischen Brunnenhaus. Die romanisch-gotische Pfeilerbasilika stammt aus dem 13. Jahrhundert, die barocke Ausstattung aus dem 18. Jahrhundert. Im Zdarsky-**Skimuseum** findet man außer Heimatgeschichtlichem auch Erinnerungen an den Skifahrpionier Mathias Zdarsky, der die erste feste Skibindung konstruierte und damit die kontrollierte Abfahrt auf zwei Brettln ermöglichte (historischer Torturm; Öffnungszeiten: Do., Sa. und So. 16.00 bis 18.00 Uhr).

Mostviertel

»Wo sich die Birne wohlfühlt, lebt auch der Mensch sehr gerne«, das ist der Wahlspruch des Mostviertels. Im Osten reicht es bis an den Wienerwald, im Süden grenzt es an die Steiermark, westlich an Oberösterreich, nördliche Grenze ist die Donau. Dieses Voralpenland eignet sich mit seinen sanften Hügelketten, putzigen Dörfern und prächtigen Vierkantbauernhöfen gut für einen erholsamen Urlaub. Hunderttausende von Birnbäumen bieten zur Baumblüte einen bezaubernden Anblick und liefern ab dem Spätsommer den Grundstoff für das bodenständige Getränk.

★ St. Veit an der Glan

M 6

Bundesland: Kärnten
Einwohnerzahl: 12 800
Höhe: 476 m ü.d.M.

Von 1170 bis 1518 war St. Veit an der Glan Sitz seiner Herzöge und die Hauptstadt Kärntens, bevor diese Funktion an Klagenfurt ging. Die lebhafte Industriestadt besitzt neben einem von Urlaubern gerne besuchten hübschen Altstadtkern mit Befestigungsmauern aus dem 15. Jh. auch interessante modernere Architektur.

Herzog- und Blumenstadt

Herzogstadt, Blumenstadt, aber auch Urlaubsstadt oder Kulturstadt, – die rund 20 km nördlich von ►Klagenfurt gelegene Stadt kann mit viel Sehenswertem aufwarten und die Tourismusmanager sind um klingende Attribute nicht verlegen. Mit ihrem Blumenschmuck hat die Stadt schon mehrmals nationale und internationale Auszeichnungen errungen.

Sehenswertes in St. Veit an der Glan

Hauptplatz

Der lang gestreckte Hauptplatz ist von stattlichen, meist dreigeschossigen Häusern umringt. Drei Denkmäler schmücken den Hauptplatz: Die marmorne **Pestsäule** in der Mitte schuf der St. Veiter Bildhauer Angelo de Putti 1715; unter den zahlreichen Figuren findet sich auch die hl. Rosalia Sanibaldi aus Palermo, die als Pestheilige verehrt wurde. Nördlich der Pestsäule steht der 1566 errichtete **Schlüsselbrunnen**, dessen römische Marmorschale vom Zollfeld stammt. Ein bemerkenswertes Kunstwerk ist die große bronzene Bergmannsfigur in der Mitte der Schale. Die südwestliche Platzhälfte schmückt ein Brunnen mit der Bronzefigur von Walther von der Vogelweide (1676 errichtet, 1960 erneuert), der einige Zeit in St. Veit lebte.

Rathaus

Seine prachtvolle Barockfassade erhielt das spätgotische Rathaus im Jahr 1754, der dreigeschossige Renaissancearkadenhof ist in Sgraffitotechnik wundervoll bemalt. Der Sitzungssaal verdankt seinen sehenswerten filigranen Stuck dem Künstler Joseph Pittner, der auch für die Außenfassade verantwortlich zeichnet.

Verkehrsmuseum

Eisenbahnfreunde zieht es unwiderstehlich ins Verkehrsmuseum. Mehr als 1000 Exponate gewähren einen Einblick in die Entwicklung der Fortbewegung – von der Postkutsche bis zur Dampflok. Auf Begeisterung stößt die riesige Modelleisenbahn (Hauptplatz 29; Öffnungszeiten: Mai – Mitte Okt. tgl. 9.00 – 12.00 und 14.00 – 18.00 Uhr, Juli und Aug. werktags durchgehend).

Gemütlicher Bummel über den blütenprächtigen Hauptplatz von St. Veit

Stadtpfarrkirche Die dem hl. Veit geweihte Stadtpfarrkirche ist eine dreischiffige spätromanische Pfeilerbasilika mit gotischem Chor, dessen Fresken vom Anfang des 15. Jh.s stammen. Als keltisches Symbol deutet man das Hirschgeweih über dem Westportal.

Moderne Architektur Einen spannungsreichen Kontrast zum historischen Ambiente bieten die **längste Glaspassage (Einkaufspassage) Österreichs** am Herzog-Bernhard-Platz östlich der Stadtpfarrkirche und das **1. Kunsthotel Kärntens** (Prof.-Ernst-Fuchs-Platz 1), dessen farbenfrohe Tiffany-Außenfassade und fantasievolle, an Tierkreiszeichen orientierte Innengestaltung vom Künstler Ernst Fuchs stammen. Auch das Restaurant »Zodiac« und die »Mondscheinbar« sind in diesem Stil gestaltet.

Umgebung von St. Veit

✶✶ Burg Hochosterwitz Bei weitem nicht die einzige, aber die mit Abstand bemerkenswerteste Burg in St. Veits Umgebung ist Hochosterwitz. Wirkungsvoll liegt sie auf einem kegelförmigen Kreidefelsen, der knapp 10 km östlich von St. Veit die Talsohle um gut 150 m überragt. Bereits im Jahr 860 wurde sie erstmals urkundlich erwähnt. 1571 fiel die Burg nach wechselvoller Geschichte an das Geschlecht der Khevenhüller. Georg Freiherr von Khevenhüller (1534–1587), Landeshauptmann und kaiserlicher Ratgeber, ließ sie wegen der drohenden Türkeneinfälle zur Festung ausbauen. Immerhin 14 wehrhafte Tore und eine gut bestückte Waffenkammer für rund 700 Mann sorgten dafür, dass Burg Hochosterwitz niemals eingenommen wurde. Übrigens befindet sich das stolze Bauwerk bis heute im Besitz der Khevenhüller.

Ein Aufzug steht für diejenigen zur Verfügung, die nicht so gut zu Fuß sind oder sich den Aufstiegsparen möchten. Denn der ist auf jeden Fall mühsamer: In rund 30 Minuten geht es über den 620 m langen, steilen Burgweg durch die 14 Torbauten – am Khevenhüller-Tor sieht man das Familienwappen aus weißem Marmor – und über fünf Zugbrücken hinauf zu dem von Laubengängen umgebenen inneren Burghof (Öffnungszeiten: April bis Oktober 9.00–17.00, Hauptsaison 8.00–18.00 Uhr; laufend Führungen). Das Burgrestaurant bietet dann eine Stärkung für die »friedlichen Eroberer«.

Burg Hochosterwitz

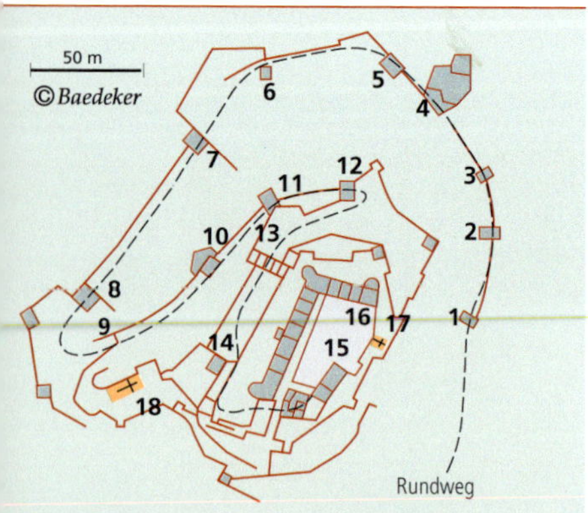

1 Fähnrichstor
2 Wächtertor
3 Nautor
4 Engeltor
5 Löwentor
6 Manntor
7 Khevenhüllentor
8 Landschaftstor
9 Reisertor
10 Waffentor
11 Mauertor
12 Brückentor
13 Kirchentor
14 Kulmertor
15 Innerer Burghof
16 Restaurant
17 Burgkapelle
18 Kirche

ST. VEIT AN DER GLAN ERLEBEN

AUSKUNFT

Tourismusinformation
St. Veit/Glan
Hauptplatz 1
A-9300 St. Veit an der Glan
Tel. 0 42 12/ 2 88 80-69 11,
Fax 2 8880-69 10
www.stveit.carinthia.at

ÜBERNACHTEN

► **Komfortabel**

Dorint Fuchs Palast
Prof.-Ernst-Fuchs-Platz 1
A-9300 St. Veit an der Glan
Tel. 0 42 12/4 66 00, Fax 4 66 06 11
www.fuchspalast.com
In dem zentral gelegenen, vom Maler Ernst Fuchs innen wie außen künstlerisch gestalteten Hotel sind alle Zimmer auf Sternbilder abgestimmt.

★ Seefeld in Tirol

F 5

Bundesland: Tirol
Einwohnerzahl: 3100
Höhe: 1180 m ü.d.M.

Der Luftkurort Seefeld, wo während der Olympischen Winterspiele in Innsbruck (1964 und 1976) die Nordischen Skiwettbewerbe abgehalten wurden, gehört mit seinem ausgedehnten Wintersportareal zu den meistbesuchten Orten Tirols.

Wallfahrt und Wintersport

Zwischen Mittenwald und ►Innsbruck, auf dem weiten Wiesenplan des Seefelder Sattels, liegt Seefeld. Das alte Bergbauerndorf ist seit dem **Hostienwunder** im Spätmittelalter Wallfahrtsziel: Der selbstherrliche Ritter Oswald Milser hatte bei der hl. Kommunion am Gründonnerstag 1384 unter Gewaltandrohung statt der kleinen Hostie (»für die kleinen Leute«) das für den Pfarrer reservierte große Abendmahlbrot gefordert. Als dieses die Lippen des wenig Gottesfürchtigen berührte, versank er bis zu den Knien im Fußboden, der sich erst wieder verfestigte, als dem Frevler die Hostie – sie wies Blutspuren auf – abgenommen wurde; bekehrt zog sich der Ritter ins Kloster zurück.

Sehenswertes in Seefeld

Pfarrkirche

Im Zentrum des Ortes, der sich weithin über das Tal erstreckt, steht die Pfarrkirche St. Oswald (15. Jh.). Auf dem spätgotischen Südportal ist das Hostienwunder dargestellt. Das Innere ist mit Fresken und Skulpturen ausgeschmückt; Beachtung verdienen auch der gotische Taufstein mit Renaissance-Holzhaube, das Relief des Pfingstwunders

SEEFELD IN TIROL ERLEBEN

AUSKUNFT

Informationsbüro OlympiaregionSeefeld
Klosterstraße 43
A-6100 Seefeld in Tirol
Tel. 052 12/50 88 00, Fax 508 80 51
www.seefeld.com

ESSEN

► Erschwinglich
Tiroler Weinstube
Dorfplatz 130, A-6100 Seefeld in Tirol
Tel. 052 12/222 08, Fax 22 08 20
In gemütlich eingerichteten Räumen lassen sich die leckeren Tiroler Schmankerl und der gute Wein bestens genießen.

ÜBERNACHTEN

► Luxus
Klosterbräu
A-6100 Seefeld in Tirol
Tel. 0 52 12/2 62 10, Fax 38 85
www.klosterbraeu.com
Das »Klosterbräu« ist das Fünfsternehotel in Seefelds Fußgängerzone. Am Tag trifft man sich zum Winterspaß auf olympiaerprobten Pisten und Loipen, abends in der Disco.

► Komfortabel
Hotel Inntalerhof
A-6100 Mösern/Seefeld
Tel. 0 52 12/47 47, Fax 47 47 47
www.inntalerhof.com
Das hoch über dem Inntal gelegene Haus mit herrlichem Ausblick bietet Wellness pur. In der Nähe finden sich der Einstieg in das Olympialoipennetz und ein Golfplatz.

Das barocke Seekirchl, auch Heiligkreuzkirche genannt, ist das Wahrzeichen von Seefeld.

und die Kanzel. Weiter südwestlich kommt man zum Wahrzeichen von Seefeld, dem herrlich gelegenen barocken Seekirchl, einem achteckigen Bau von 1629. Am Südende der Ortschaft liegt der kleine Wildsee mit einem hübschen Strandbad (zwei beheizbare Becken).

Umgebung von Seefeld

Mösern Rund 4 km südwestlich von Seefeld erreicht man, auch über einen schönen Fußweg, den ruhigen Weiler Mösern (1250 m; 300 Einw.) – in bevorzugter Lage hoch über dem Inntal, das man mit all seinen Gebirgen viele Kilometer lang überschaut. Der von Blumenwiesen und Lärchen umgebene Ort mit dem längsten Sonnenstand Tirols ist ein geeigneter Platz für Erholungsuchende und Wanderfreunde.

Leutaschtal

Nordwestlich von Seefeld erstreckt sich das Leutaschtal, eines der schönsten Gebirgstäler Nordtirols, das sich zwischen dem Wettersteingebirge und dem Mieminger Gebirge nordöstlich bis zur deutschen Grenze hinzieht.

★ Semmering

P 4

Bundesländer: Niederösterreich und Steiermark

Höhe: 985 – 1291 m ü.d.M.
Einwohnerzahl: 620

Zerklüftete Felsen, breite Bergrücken und weite Täler kennzeichnen die romantische Passlandschaft, die im frühen Mittelalter noch als wild und unzugänglich galt.

Ort und Pass

Erst 1160 wurde der erste Saumpfad über den Pass angelegt, der das Wiener Becken vom Mürztal trennt. Mit dem Bau der Semmeringbahn fanden ab 1854 auch die ersten Sommerurlauber hierher und der Ort erlebte einen Aufschwung als **Wiener Sommerfrische**. Zwischenzeitlich etwas ins Hintertreffen geraten, gilt der Semmering heute mit dem Ausbau des Skigebiets Hirschenkogel, ausgedehnten Wanderwegen und einer Vielzahl kultureller Veranstaltungen wieder als lohnendes Urlaubsziel.

★★ Weltkulturerbe Semmeringbahn

Die 41 km lange Semmeringbahn zwischen Gloggnitz und Mürzzuschlag, nach einem Entwurf des Eisenbahningenieurs Carl Ritter von Ghega (1802–1860) geschaffen, wurde 1854 nach sechsjähriger Bauzeit als erste Gebirgsbahn Europas eröffnet. Damals war der Bahnhof Semmering in 895 m Höhe der höchste auf Schienen erreichbare Punkt der Erde. Den Pass überwindet die Bahn durch 14 Tunnels und auf 16 teils zweistöckigen Bogenviadukten über tiefen Schluchten. Diese technische Meisterleistung eröffnete Österreich eine schnelle Verbindung von Wien nach Italien und einen Zugang zum Hafen von Triest, was die Militärstrategen begrüßten. 1998 erklärte die UNESCO die Semmeringbahn zum Weltkulturerbe (www.semmeringbahn.at).

! *Baedeker* TIPP

Bahnwanderweg

Entlang der Bahnstrecke verläuft der niederösterreichische Bahnwanderweg. Ausgangspunkt der 23 km langen Tour ist der Bahnhof Semmering, Höhepunkt die Aussichtswarte am Doppelreiterkogel mit herrlichem Panoramablick.

Hirschenkogel ★

◄ Sonnwendstein

Sessellifte führen vom Semmeringpass hinauf auf den Hirschenkogel (1324 m), Austragungsort eines Ski-Weltcuprennens, und von Maria Schutz auf den Sonnwendstein (1523 m; Bergstation 1481 m). Von hier bietet sich eine großartige Rundsicht auf Rax und Schneeberg, das Alpenvorland und die tief gelegene Semmeringbahn.

◄ weiter auf S. 459

So hat es einmal angefangen: Nostalgieskigruppe Traisen.

LAND DES SKILAUFS

Entwickelt wurden die Skier zwar nicht in Österreich, doch schufen hier geniale Techniker und Tüftler die Voraussetzungen für den Skilauf im alpinen Gelände. Mit ihren Stars, Tragödien, Skandalen und Medaillen beweist die Alpenrepublik der Welt immer wieder, dass sie ein »Land des Skilaufs« ist.

Die Skier sind wohl zeitgleich mit dem Bau der ersten ägyptischen Pyramiden entstanden, wie eine **4500–5000 Jahre alte** im nördlichen Norwegen entdeckte **Felszeichnung** mit der Abbildung eines Skiläufers und ein im Moor bei Hoting in Schweden gefundener Ski erkennen lassen. Ob nun dieses Hilfsmittel, mit dem man weniger einsinkt und sich schneller fortbewegen kann, zuerst im Schnee oder in den Sümpfen eingesetzt wurde, weiß man nicht. Jedenfalls wurde in Norwegen der Skisport geboren, 1843 hörte man erstmals von einem Preisrennen in Tromsö und 1877 gründeten Norweger den ersten Skiclub der Welt.

Geniale Skipioniere

In Österreich gaben die beiden Steirer Toni Schruf und Max Kleinoschegg aus Mürzzuschlag die entscheidenden Impulse: Sie ließen sich Skier aus Norwegen kommen und organisierten 1893 in der Semmering-Gegend den ersten mitteleuropäischen Skilaufwettbewerb. Der Skisport verbreitete sich in Windeseile in ganz Österreich. Zum »Skivater« Tirols wurde Franz Reisch, als er 1893 das erste Mal einen Berg mit Skiern bestieg und damit den Grundstein für den Aufstieg Kitzbühels zu einem Wintersportzentrum legte.

Als der Skipionier schlechthin aber gilt der aus dem Mährischen stammende Lilienfelder **Mathias Zdarsky**, der die fast 3 m langen, aber seiner Meinung nach für das steile Gelände der Alpen untauglichen Riesenskier auf 1,80 m kürzte, die fixe Metallbindung, die nun auch seitlichen Halt gab, erfand und das Lehrbuch »Alpine Skifahrtechnik« schrieb. Er schuf die Voraussetzung für die Erschließung

des alpinen Geländes durch die Skifahrer. 1905 steckte er am Muckenkogel in Lilienfeld den ersten Slalom mit Fähnchen aus, der noch nach Stilnoten und nicht nach Zeit bewertet wurde.

Wiege des Skilaufs

Zdarskys Technik des Stemmschwungs wurde von Georg Bilgeri zum Stemmbogen ausgebaut, der auch die Verwendung der Skistöcke einführte. Viktor Sohm aus Bregenz veranstaltete später die ersten Skikurse in Stuben und Zürs am Arlberg und der Stubener **Hannes Schneider**, Begründer der Skischule St. Anton, schuf die weltweit bekannte »Arlbergtechnik«, die besonders in Japan einen wahren Skiboom auslöste. Sepp Bildstein erfand die erste Skisicherheitsbindung und war am Bau des ersten österreichischen Skilifts in Zürs beteiligt.

1928 fand auf dem Arlberg das erste internationale, nach dem Pokalstifter Frederick Leigh Earl Robert of Kandahar benannte **Arlberg-Kandahar-Rennen** statt, das aus Slalom und Abfahrt bestand. Gewonnen wurde dieses Abfahrtsrennen, das vielen als eigentliche Geburtsstunde des alpinen Skirennlaufs gilt, von dem Österreicher Benno Leubner, der den alpinen Skilauf als Mitwirkender bei einem der ersten großen Skifilme, »Der große Sprung« (1927) von Arnold Franck, gelernt hatte.

Stars, Tragödien und Skandale

Bei der Winterolympiade im italienischen Cortina d'Ampezzo 1956 erlebte die Welt eine Sensation. In allen drei alpinen Wettbewerben (Riesenslalom, Slalom und Abfahrtslauf) holte der 20-jährige **Toni Sailer** aus Kitzbühel Gold – das hatte vor ihm noch keiner geschafft. Seine Goldmedaillen seien wahrscheinlich für den Aufbau der nationalen Identität Österreichs nach dem Krieg »noch wichtiger« gewesen als für Deutschland der Sieg der Fußballnationalelf bei der WM 1954 in Bern. »Man hat wieder Mut gefasst damals«, meinte

Was wäre die schneereiche Alpenrepublik ohne Skier?

In den vielen Skigebieten können sich Anfänger und Fortgeschrittene auf unzähligen Pisten austoben.

der »Blitz vom Kitz« 45 Jahre später. Dafür waren die Winterspiele im japanischen Sapporo 1972 für die Alpenrepublik in zweifacher Hinsicht ein Desaster. Da wurde wegen eigener Vermarktung, also wegen Verstoßes gegen die Amateurregel, Abfahrtskönig Karl Schranz von den Spielen ausgeschlossen, und die klare Favoritin Annemarie Pröll verlor gegen die bisher unbekannte Schweizerin Marie-Theres Nadig im Abfahrtslauf und Riesenslalom. Zwar wurde **Annemarie Pröll** in der Folgezeit zur erfolgreichsten Skiläuferin aller Zeiten – doch ohne Olympiasieg fehlte der goldene Glanz. 1980 in Lake Placid endlich gewann sie vor Nadig das ersehnte Gold im Abfahrtslauf.

Die schlimmste österreichische Tragödie im Skisport erlebten Millionen TV-Zuschauer mit, als am 29. Januar 1994 die 26-jährige Super-G-Weltmeisterin von 1989, Ulrike Maier, auf der Garmisch-Abfahrt tödlich verunglückte. Ihr Tod auf der Piste ist kein Einzelfall, doch war sie unter den bisher 16 Opfern das erste weibliche. Für Aufsehen anderer Art sorgte eine weitere »Frau«: Erika Schinegger. Sie war 1966 im bolivianischen Portillo überraschend Weltmeisterin im Abfahrtslauf der Damen geworden. Spätestens seit diesem Triumph wollten die Gerüchte über das Geschlecht der stämmigen Kärntnerin nicht mehr verstummen. 1968 musste sie sich einem Geschlechtstest unterziehen – und siehe da, Erika war ein Mann, ohne selbst davon gewusst zu haben! Ihre, Pardon: seine Geschlechtsorgane waren in den Bauchraum hineingewachsen. Nach langwierigen Operationen wurde dann aus Erika Erik – und der WM-Titel nachträglich aberkannt. Heute betreibt er eine Kinderskischule in Kärnten.

Tu felix Austria

Für viele Österreicher definiert sich ihre Nation vor allem als ein Land des Skilaufs. Und der Erfolg gibt ihnen Recht. Nachdem Österreich in über 70 Jahren 78 alpine WM-Titel eingefahren hatte, steht das Land auf dem 1. Platz des Gesamt-Medaillenspiegels (von 1938 – 2010) mit insgesamt 105 Medaillen. Sie gewannen 31 x Gold, 35 x Silber und 39 x Bronze und ließen somit ihre Mitkonkurrenten weit hinter sich zurück.

Gloggnitz

Gloggnitz (442 m; 6300 Einw.), nördlicher Ausgangspunkt der Semmeringbahn und der Passstraße, ist ein günstiges Standquartier für Touren in das Gebiet der Raxalpe und des Wechsel, einem bewaldeten Gebirgszug auf der Grenze zwischen Niederösterreich und der Steiermark. Schloss Gloggnitz, einst Benediktinerstift, hat sich einen Namen als **Hochzeitsschloss** (Info: Tel. 0 26 62 / 4 2401 24) gemacht.
Zwei berühmte Gloggnitzer haben die jüngere Zeitgeschichte Österreichs mit geprägt: Dr. Michael Hainisch, der hier geborene erste Bundespräsident der Ersten Republik (1920–1928), und Dr. Karl Renner, der erste Staatskanzler und Bundespräsident der Zweiten Republik Österreich (1945–1950). Letzterer besaß seit 1910 eine Villa am Ort, in dem nun das Dr. Karl **Rennermuseum** sowohl an ihn als auch an die Geschichte des vergangenen Jahrhunderts erinnert (Rennergasse); Öffnungszeiten: Anf. März – Ende Nov. Fr. – So. 9.00 – 17.00 Uhr).

SEMMERING

AUSKUNFT

Kurverwaltung Semmering
Passhöhe 248, A-2680 Semmering
Tel. 026 64/200 25, Fax 200 29
www.semmering.at

Hermannshöhle

Südöstlich von Gloggnitz, kurz vor Kirchberg am Wechsel, erreicht man die Hermannshöhle, eine mehr als 4 km lange Tropfsteinhöhle mit wunderschönen Steinformationen (Öffnungszeiten: Ende März bis Anf. Nov. Führungen: 9.30, 11.00, 13.30, 15.00 u. 16.30 Uhr, Tel. 0 26 41/23 26).

Mürzzuschlag

Mürzzuschlag (680 m; 9900 Einw.), eine lebhafte Stadt und Hauptort des Mürztales, gilt als beliebtes Sommer- und Winterurlaubsziel. Schon Johannes Brahms weilte 1884 und 1885 zur Sommerfrische hier und komponierte seine 4. Sinfonie. Wissenswertes über sein Leben und Werk vermittelt das Brahms-Museum (Wiener Straße 4; Öffnungszeiten: Mai bis Sept. tgl. 10.00–12.00 u. 14.00–17.00 Uhr, Okt. bis April Do. bis So. 10.00–12.00 u. 14.00–16.00 Uhr).

◄ Winter!Sport!Museum!

Sehenswert ist das Winter!Sport!Museum mit der **weltweit umfangreichsten Dokumentation des Wintersports**, insbesondere des alpinen Skilaufs – immerhin wurde 1893 in Mürzzuschlag das erste offizielle Abfahrtsrennen veranstaltet (Wiener Straße 79; Öffnungszeiten: Di. – So. 10.00 – 18.00 Uhr).

Neuberg

Rund 10 km aufwärts im Mürztal erreicht man – am Fuß der Schneealpe (1904 m) – den Ort Neuberg (732 m). Reizvoll ist das einstige Zisterzienserkloster, 1327 gegründet, dessen Kirche aus dem 14./15. Jh. die berühmte Neuberger Madonna (14. Jh.) verwahrt.

Krieglach

In Krieglach (612 m; 5200 Einw.), südwestlich von Mürzzuschlag, lebte ab 1877 der sozialkritische Volksdichter **Peter Rosegger** (1843–1918). Sein Grab befindet sich an der Südwestecke des alten

Friedhofs, das Landhaus ist als Roseggers Studierstüberl und **Heimatmuseum** eingerichtet (Roseggerstraße 44; Öffnungszeiten: Mai – Okt. Di. – So. 10.00 – 12.00 und 14.00 – 16.00 Uhr).

Alpl ► Lohnend ist ein Besuch in Alpl (1100 m), Roseggers »Waldheimat« südöstlich von Krieglach. Dort steht die »Waldschule«, eine 1902 von Rosegger gestiftete Landschule, die den Bauernkindern den Erwerb von Bildung erleichtern und die Abwanderung verhindern sollte. (Erinnerungsraum, Alpl 2; Öffnungszeiten: April – Okt. Di. – So. 9.00 – 17.00 Uhr). Von dort geht es in 30 Min. – nur zu Fuß! – zum Unteren Kluppeneggerhof, **Roseggers Geburtshaus** (Alpl 14; Öffnungszeiten: April – Okt. Di. – So. 9.00 – 17.00 Uhr, sonst Di. – So. 11.00 – 16.00 Uhr).

★ Silvretta-Hochalpenstraße

C/D 6

Bundesländer: Vorarlberg und Tirol

Bevor Touristen die Silvretta-Hochalpenstraße für sich entdeckten, war sie ursprünglich als Zugang für die Baustellen von Staumauern und Kraftwerken angelegt und 1953 fertig gestellt worden.

Kurvenreiche Alpenstraße

Die mautpflichtige Straße, die insgesamt 32 Kehren auf 23 km aufweist und bei konditionsstarken Radlern als große Herausforderung beliebt ist, kann nur im Sommer befahren werden. Sie führt von Partenen nach Galtür und verbindet so das ► Montafon mit dem Paznauntal. Von mehreren Aussichtspunkten, an denen große Parkplätze angelegt sind, scheinen die vergletscherten Gipfel der Silvrettagruppe an der Schweizer Grenze greifbar nahe.

Verlauf der Silvretta-Hochalpenstraße

Vermunt-Stausee

9 km hinter Partenen erreicht die Silvretta-Hochalpenstraße den Vermunt-Stausee (1743 m; Kraftwerk) mit seiner 50 m hohen und 273 m langen Staumauer. Etwa 5 km hinter dem Vermunt-Stausee, unterhalb der großen Staumauer des Silvrettasees, zweigt rechts eine Zufahrt zum Madlenerhaus (1986 m; Unterkunft) ab. Es ist ein idealer Ausgangspunkt für Bergtouren in die Silvrettagruppe, allerdings nur für geübte Bergsteiger oder mit Führer. So gelangt man von hier in sechs Stunden zum Großlitzner (3109 m), dem kühnsten, schwer zu ersteigenden Gipfel der Silvretta.

? WUSSTEN SIE SCHON ...?

- Die Trasse von der Bielerhöhe nach Galtür wurde nach dem Zweiten Weltkrieg mehr zufällig erschlossen: Aus der Zeit der Errichtung der großen Staumauer stand nämlich noch ein übergroßer Bagger als Relikt im Gelände. Anstatt ihn zum Abtransport zu zerlegen, bahnte sich der Bagger den Weg der künftigen Silvrettastraße nach Galtür.

Etwa zwei Stunden dauert der Rundgang um den Silvretta-Stausee auf der Bielerhöhe.

Die Bielerhöhe, mit ihren 2032 m höchster Punkt der Straße und Wasserscheide zwischen Rhein und Donau, liegt auf der Grenze zwischen den Ländern Vorarlberg und Tirol. Der Silvretta-Stausee am Fuß des Piz Buin (3312 m) fasst 38,6 Mio. m³, ist 2,5 km lang und 0,75 km breit. Seine Staumauer hat eine Höhe von 80 m, 52 m Breite und 430 m Länge. Ein einzigartiges Erlebnis ist eine Motorbootfahrt auf diesem **höchstgelegenen Stausee Europas**, der Rundgang um den See dauert etwa zwei Stunden.

✶ **Bielerhöhe und Silvretta-Stausee**

Nun führt die Straße im Klein-Vermunttal, mit umliegendem gutem Skigelände, rasch abwärts ins Paznauntal nach Galtür.

◄ Klein-Vermunttal

★ Spittal an der Drau

K 6

Bundesland: Kärnten
Höhe: 556 m ü.d.M.
Einwohnerzahl: 16 000

Spittal (die Betonung liegt auf dem »a«) besaß schon immer eine große strategische Bedeutung: Am Schnittpunkt der Tauernroute von Norden nach Süden und der Drautalroute von Westen nach Osten entwickelte sich die Stadt im Lauf der Jahrhunderte zum wirtschaftlichen und geistigen Zentrum Oberkärntens.

Die Stadt liegt an der Einmündung des Liesertals in das Drautal, westlich vom ► Millstätter See. Im Jahre 1191 stifteten die Grafen von Ortenburg ein »Spitel« mit Kapelle, also ein Hospital für Pilger und Reisende – und damit auch den Namen der Ortschaft. 1478 wurde Spittal von den Türken niedergebrannt, was die tatkräftigen Bürger aber nicht entmutigte.

✶ **Am Schnittpunkt zweier Handelswege**

Sehenswertes in Spittal an der Drau

Hauptplatz und Neuer Platz

Am lang gestreckten Hauptplatz stehen alte Bürgerhäuser, darunter das Fuggerhaus mit einem schönen Arkadenhof, das Burgstaller Erkerhaus und das Apothekerhaus mit Empire-Fassade. Das einstige Stadtschloss der Khevenhüller fungiert heute als Rathaus.

★ Schloss Porcia

Schloss Porcia (auch Schloss Salamanca), das kunsthistorisch interessanteste Gebäude von Spittal, steht am Burgplatz. Es wurde ab 1527 vom spanischen Grafen Gabriel Salamanca erbaut, nach florentinischem Vorbild gestaltet, und gilt als **Österreichs schönstes Bauwerk im Stil der italienischen Renaissance**. Benannt wurde es aber nach dem friaulischen Adelsgeschlecht, das von 1662 bis 1918 hier residierte. Das Portal, von Säulen gerahmt, hat einen barocken Aufsatz mit dem Wappen der Porcia – goldene Lilien auf blauem Grund –, umgeben von Laubwerk und allegorischen Gestalten. Besonders prächtig präsentiert sich der mit fantastischen Figuren und Reliefmedaillons verzierte dreigeschossige Arkadenhof, im Sommer ansprechender Rahmen für die »Komödienspiele«. Arkadenhof und Schlosspark sind Besuchern frei zugänglich.

Museum für Volkskultur ►

Das außerordentlich reichhaltige Museum für Volkskultur in den oberen Stockwerken liefert ein detailgenaues Bild der Kärntner Alltagsgeschichte (Öffnungszeiten: Mitte. Mai bis Okt. tgl. 9.00–18.00 Uhr, sonst Mo. bis Do. 13.00–16.00 Uhr).

Galerie Porcia ►

Im Salamanca- oder Westkeller ist die Galerie Porcia untergekommen (Öffnungszeiten: Mo. – Fr. 10.00–12.00 u. 16.00–18.00 Uhr, Sa., So. u. Fei. 10.00–12.00 Uhr).

Spittal Orientierung

SPITTAL AN DER DRAU ERLEBEN

AUSKUNFT

Tourismusbüro und Kulturamt
Burgplatz
A-9800 Spittal an der Drau
Tel. 047 62/565 02 20
Fax 32 37
www.spittal-drau.at

ESSEN

► **Preiswert**

① ***Café Moser***
Jahnstr. 7
A-9800 Spittal an der Drau
Tel. 047 62/25 79
Wunderschöner großer Gastgarten, 40 verschiedene Kuchen und Torten und 30 Tages- und Wochenzeitungen

ÜBERNACHTEN

► **Günstig**

① ***Hotel Ertl***
Bahnhofstraße 26
A-9800 Spittal an der Drau
Tel. 0 47 62/2 04 80, Fax 2 04 85
www.hotel-ertl.at
Mexikanische Küche und freundliche, neu gestaltete Zimmer mit modernem Komfort.

Umgebung von Spittal an der Drau

St. Peter in Holz (Teurnia)

Rund 4 km nordwestlich von Spittal liegt an der Straße zum Mölltal auf einem bewaldeten Hügel das Dorf St. Peter in Holz (590 m). Hallstattgräber bezeugen eine Besiedlung des Hügels schon im 6. Jh. v. Chr. Ab dem 3. Jh. v. Chr. folgten die Kelten, die ihre Ansiedlung »Teurnia« nannten, woraus die Römer »Tiburnia« machten. Um 600 n. Chr. wurde die Siedlung von Slawen zerstört. Teurnia lag an der südöstlichen Seite des Holzer Berges auf Terrassen unterschiedlichen Niveaus (Obere und Untere Wohnterrasse). Bei Ausgrabungen stieß man auf das Forum, auf Reste von Stadtmauern und Hausfundamenten. Am Ende des Forums standen die Thermen. Teurnia war auch Sitz eines Bischofs. Am westlichen Ausläufer des Plateaus vom Holzer Berg hat man eine Bischofskirche gefunden und ein Gästehaus (Hospitium). In erhöhter Lage legte man ein großes Wohngebäude (4. Jh.) frei, das nun als **Freilichtmuseum** dient. Interessant sind auch die Reste der Fußbodenheizung.

Das **Museum Teurnia** am Fuß des Hügels dokumentiert Ausgrabungsfunde, darunter Römersteine mit Reliefs und Inschriften, Reste einer Sockelbemalung mit Lanzenornamenten und Rosetten aus dem 2. Jahrhundert sowie Münzen (Öffnungszeiten: Mai – Mitte Okt. Di. – So. 9.00 bis 17.00 Uhr).

Bodenmosaik in Teurnia

Friedhofskirche ► Ganz in der Nähe des Museums hat man eine frühchristliche Friedhofskirche entdeckt, deren südliche Seitenkapelle ein **besonders schönes, gut erhaltenes Bodenmosaik** (um 500 n. Chr.) aufweist: Dargestellt sind in runden oder rechteckigen Feldern christliche Symbole, die auf antike Tiersymbole zurückgehen, etwa ein Hase, ein Stier, ein Hirsch, ferner ein Kelch mit einer Taube und einer Schlange sowie ein Baum mit Vögeln.

★ Steirisches Thermenland

P/Q 5/6

Bundesland: Steiermark

Das Steirische Thermenland ist eine idyllische Wein- und Wasserlandschaft mit sanft geschwungenen Hügeln und einem milden Klima. Es reicht mit seinen wie auf einer Perlenschnur aufgereihten Thermalbädern von Bad Waltersdorf im Norden der Oststeiermark rund 60 km bis nach Bad Radkersburg an der Grenze zu Slowenien.

»Steirische Toskana« In der auch »Steirische Toskana« genannten Wein-Region offerieren fünf bekannte Thermalbäder ihren Gästen warme Quellen, zahlreiche Wellness- und Sportangebote und eine ausgeprägte kulturelle Vielfalt in der Umgebung. Bis vor wenigen Jahren eher noch ein Tipp für Insider, zeigen die steigenden Besucherzahlen, dass immer mehr Menschen Gefallen an gesunder Erholung in dieser schönen Landschaft finden.

Bad Waltersdorf Bad Waltersdorf (291 m; 2160 Einw.), etwa 65 km östlich von Graz gelegen, ist die nördlichste der **fünf Thermalbadgemeinden**. Die

STEIRISCHES THERMENLAND ERLEBEN

AUSKUNFT

Steirisches Thermenland
Radersdorf 75
A-8263 Großwilfersdorf
Tel. 033 85/660 40, Fax 6 60 40 20
www.thermenland.at

ESSEN

► Fein & Teuer

Gasthof Fink
A-8333 Riegersburg 27/29
Tel. 031 53/82 160
Haubengekröntes Restaurant am Fuße der Riegersburg, das exquisite steirische und internationale Schmankerln serviert. Unbedingt probieren: den Riegersburger Turmschinken

ÜBERNACHTEN

► Luxus

Rogner-Bad Blumau Hotel
A-8283 Blumau 100
Tel. 0 33 83/51 000, Fax 51 00 808
www.blumau.com
Wer die Hundertwasser-Architektur nicht nur von außen betrachten, sondern auch mal bewohnen möchte, sollte hier Quartier nehmen.

Heiltherme verfügt über mehrere Thermalbecken mit Temperaturen zwischen 30 und 36 °C, eine Saunalandschaft und weit gefächerte Therapiemöglichkeiten, z. B. ein indianisches Medizinrad. Geeignet ist ein Aufenthalt bei Verletzungen des Bewegungsapparates, bei Atemwegsbeschwerden und allgemeinem Regenerationsbedarf. Natürlich fehlt auch das Angebot für Wellness und Beauty, Gesundheitserziehung und sportliche Aktivität nicht.

★ **Bad Blumau**

Wenige Kilometer südöstlich von Bad Waltersdorf lockt ein ganz besonderes Bad Gäste von nah und fern: Bei der Gemeinde Bad Blumau wurde eine einzigartige Thermen- und Freizeitlandschaft mit Hotel, Einrichtungen für sportliche Betätigung und speziellen Freizeitangeboten für Kinder eröffnet. Die heitere und farbenfrohe Gestaltung stammt von Friedensreich Hundertwasser (► Baedeker Special S. 547) – daher wird die Blumau-Therme auch das **größte bewohnbare Gesamtkunstwerk** genannt. »Freie Formen, fließende Linien und die Farben des Regenbogens« lautet eine zutreffende Beschreibung der Anlage, die für Tagesgäste ebenfalls offen steht und insbesondere bei Hautleiden, Rückenbeschwerden und Rheumaleiden angezeigt ist.

Hoch auf die Riegersburg geht es nur zu Fuß über einen steilen Felsenpfad.

Fährt man von Bad Blumau über Fürstenfeld Richtung Südosten, folgt nach etwa 10 km der kleine Ort **Bad Loipersdorf** (250–350 m; 1300 Einw.) mit seinen Spaß- und Erlebnisbädern und dem modern gestalteten Congress Centrum. Ob Unternehmer oder unternehmungslustige Familie: Alle sind hier an der richtigen Adresse – für einen Tagausflug oder für längere Zeit. Neben Multi-Media-Wasserrutsche, Unterwassermusik, Babybeach und ähnlichen Lustbarkeiten wird mit Beauty- und Wellnessofferten für die nötige Abwechslung gesorgt. Das Thermalwasser hilft insbesondere bei Gelenk- und Wirbelsäulenbeschwerden, Durchblutungsstörungen und Erschöpfungszuständen.

Riegersburg

Abwechslung vom Wasser findet man 20 km westlich von Bad Loipersdorf im freundlichen Städtchen Riegersburg, das vor allem durch die mächtige Burganlage bekannt ist.

★ ◄ Burganlage

Die auf hohem Basaltfelsen über dem Ort thronende Riegersburg wurde oft als **stärkste Burg der Christenheit** bezeichnet. Im 12. Jh. erstmals genannt, entstanden ab dem 13. Jh. zwei Wehrbauten. Im 16. und 17. Jh. wurde das Hauptschloss als Bollwerk gegen die Tür-

! Baedeker TIPP

Schoko-Paradies

In der Zotter Schokoladen-Manufaktur in Riegersburg tauchen die Besucher während der »SchokoMania«-Tour ein in das süße Reich der Sinne und erfahren dabei Interessantes rund um die Schokolade (Bergl 56; Führungen: Mo. – Sa. 8.00 – 17.00 Uhr, www.zotter.at).

ken ausgebaut. Seit 1822 gehört die größte Burganlage der Steiermark den Fürsten Liechtenstein, die sie wieder herstellen ließen.

Man steigt von Süden in 15 Min. über einen sehr steilen, durch sieben Tore und zahlreiche Bastionen gesicherten Felsenpfad zur Burg hinauf – eine andere Zugangsmöglichkeit existiert nicht! Das Wenzelstor ist Teil der Vorburg mit Graben und Zugbrücke, Magazin und Pulverturm. Hier mündet der in Fels gehauene Eselsteig, über den das Schloss in Notzeiten mit Nahrungsmitteln versorgt wurde. Die eigentliche Burg umschließt zwei von Laubengängen umgebene Höfe. Schöne Portale, Gemälde und eine Holzdecke schmücken den Rittersaal, sehenswert sind auch das Fürstenzimmer und der barocke Weiße Saal (Öffnungszeiten: Mai – Sept. tgl. 9.00 – 17.00 Uhr).

Hexenmuseum ► Das Hexenmuseum in der Burg dokumentiert eines der dunkelsten Kapitel europäischer Geschichte mit besonderer Berücksichtigung der Steiermark. Zwischen 1546 und 1746 wurden hier 300 der Hexerei beschuldigte Personen, v. a. Frauen, hingerichtet (Öffnungszeiten: Mai – Sept. tgl. 9.00 – 17.00, März, April u. Okt. tgl. ab 10.00 Uhr).

Greifvogelwarte ► Die Greifvogelwarte der Riegersburg präsentiert Adler, Geier, Falken, Milane und Uhus (Flugvorführungen Mo. – Sa. 11.00 u. 15.00 Uhr, So. u. Fei. 11.00, 14.00 u. 16.00 Uhr, Tel. 031 53 / 73 90).

Gsellmanns Weltmaschine

Sinn für Abstruses sollte man schon haben für einen Abstecher nach Edelsbach, etwas südwestlich von Riegersburg, zu »Gsellmanns Weltmaschine«. Was Bauer Franz Gsellmann, inspiriert vom Brüsseler Atomium (!), mit Zahnrädern, Gebläsen, Rohren, Küchenmaschinen, Heiligenfiguren, Blaulicht, Spieluhren und vielen anderen Dingen in rund 20 Jahren zu einem faszinierenden und in jeglicher Hinsicht zweckfreien Gewirr zusammenfügte, ist eigentlich unbeschreiblich (Öffnungszeiten: Mi. – Mo. 9.00 – 18.00 Uhr).

Bad Gleichenberg

Mit dem klangvollen Beinamen **»Oase der Ruhe«** wirbt die älteste der Steirischen Thermalbadgemeinden, Bad Gleichenberg (300 m; 2150 Einw.), 20 km südlich von Riegersburg, für sich und ihre Therme. Nicht umsonst finden sich am Ort gleich mehrere renommierte Ausbildungsstätten für den Tourismusbereich. Das stark mineralienhaltige Thermalwasser wird innerlich wie äußerlich angewendet bei Haut-, Herz- und Kreislauferkrankungen, Atemwegsproblemen und Erkrankungen des Bewegungs- und Stützapparates.

Styrassic Park ► In grauer Vorzeit bevölkerten riesige Tiere unsere Erde. Lebensgroße Nachbildungen erwarten Besucher am Dinoplatz: Styrassic Park – Heimstatt von mehr als 70 Dinosaurierfiguren (Öffnungszeiten: Ende März – Ende Okt. tgl. 9.00 – 17.00 Uhr, www.styrassicpark.at).

★ **Bad Radkersburg**

Bad Radkersburg (210 m; 1900 Einw.), im äußersten Südosten der Steiermark gelegen, hat in den vergangenen Jahren seinen Innenstadtbereich vorbildlich renoviert. Die entzückende Altstadt bietet fast **südländisches Flair**. Das Thermalwasser ist geeignet bei Gelenks- und Wirbelsäulenerkrankungen, Bandscheibenleiden oder Rheumatismus. Und die örtliche Grenzlage hat viel für sich: Man kann per pedes einen Ausflug nach Slowenien unternehmen – einfach über die Murbrücke gehen, und schon ist man dort.

★ Steyr

M 3

Bundesland: Oberösterreich
Höhe: 310 m ü.d.M.
Einwohnerzahl: 40 000

Steyr war schon im Mittelalter bekannte Eisenverarbeitungsmetropole und ist heute noch Sitz bedeutender Industriebetriebe wie BMW, MAN, SKF oder Steyr-Mannlicher. Inzwischen hat sich die Stadt mit dem malerischen Altstadtkern aber auch einen Namen als »Christkindlstadt« gemacht.

Geschichte

An der Einmündung der Steyr in die Enns ließen die Otakaren, Markgrafen und später Herzöge der Steiermark, im Jahre 980 die

Reise ins Mittelalter: die Steyrer Altstadt zwischen den beiden Flüssen Steyr und Ems

Styraburg an der Stelle des heutigen Schlosses Lamberg erbauen. Im Umkreis der Burg und der Pfarrkirche entstand in der Folgezeit eine Siedlung, die 1287 das Stadtrecht erhielt. Auf der Enns transportierte man das Eisen vom steirischen Eisenerz hierher, die Wasserkraft der Steyr wurde zur Bearbeitung genutzt.
Seit dem 14. Jh. ist Steyr ein Schwerpunkt der Waffenindustrie. Als dort Josef Werndl (1831–1889) den Tabernakelverschluss für das Hinterladergewehr konstruierte, avancierte der Ort durch dessen serienmäßige Produktion zur Waffenschmiede Europas. Die Steyr-Daimler-Puch AG (Antriebs- und Fahrzeugtechnik) und Steyr-Mannlicher gehen auf Werndls Betrieb, die Steyr-Werke, zurück.
Hochwasser ist keine Seltenheit in Steyr, aber ganz selten so extrem wie im August 2002, als die gesamte Altstadt unter Wasser stand. Der Schaden ging in die Millionen.

Sehenswertes in Steyr

✶ **Altstadt**

Die schöne Altstadt auf einer Landzunge zwischen Enns und Steyr zeugt vom Reichtum der Stadt. Insbesondere die stattlichen Bürgerhäuser aus der Gotik und Renaissance, dem Barock und Rokoko um den Stadtplatz verdienen Beachtung. Das Rathaus (1765–1778) besitzt eine schöne Rokokofassade, gegenüber, im **Bummerlhaus**, Stadtplatz 32, (älteste Teile aus dem 13. Jh.) wohnte schon Maximilian I. (► Berühmte Persönlichkeiten). Ein beeindruckendes Ensemble bil-

STEYR ERLEBEN

AUSKUNFT

Tourismusverband Steyr
Stadtplatz 27, A-4400 Steyr
Tel. 0 72 52/53 22 90, Fax 5 32 29 15
www.steyr.info

ESSEN

► Erschwinglich

① *Bräuhof*
Stadtplatz 35, A-4400 Steyr
Tel. 072 52/42 000
Im 300 Jahre alten Gewölbe sitzt man genauso gemütlich wie im »Schanigarten« (Gastgarten); große Auswahl an Fischgerichten

ÜBERNACHTEN

► Komfortabel

① *Stadthotel Styria*
Stadtplatz 40–42, A-4400 Steyr
Tel. 0 72 52/51 55 10, Fax 515 51 51
www.tourism-steyr.at
Das Hotel, ein historisches Bauwerk, befindet sich im Altstadtkern von Steyr. Es verfügt über Komfortzimmer, Empiresuite, VIP-Gästehaus, Hotelbar, einen gotischen Konferenzraum sowie Restaurants in der Hotelpassage.

► Günstig

② *Gasthof Mayr*
Pfarrplatz 3, A-4400 Steyr
Tel. 0 72 52/5 20 91, Fax 5 20 91 53
Dieser traditionsreiche Gasthof ist seit 1409 im Familienbesitz. Die Zimmer sind mit Telefon und TV ausgestattet. Ein geräumiger Veranstaltungssaal und ein schattiger Gastgarten stehen zur Verfügung.

den das barocke Sieben-Sterne-Haus, das prunkvolle Meditzhaus und andere ähnlich reich verzierte Häuser. Durch die Pfarrgasse gelangt man zur gotischen **Stadtpfarrkirche** (15.–17. Jh.) am Brucknerplatz. Die auch »Steyrer Münster« genannte Kirche ist ein Werk der Wiener Dombauhütte. Im Mesnerhaus war Anton Bruckner oft zu Gast. Nach dem Stadtbrand wurde die Burg von 1727 bis 1731 am Nordende der Altstadt entsprechend einem Entwurf des Linzer Baumeisters Prunner in ein repräsentatives **Schloss** umgebaut. Den Burggraben überwindet eine hübsche Arkadenbrücke.

***Steyr** Orientierung*

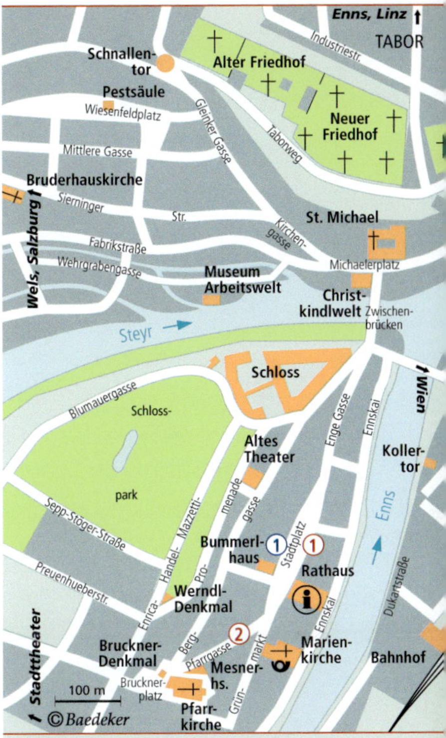

Essen
① Bräuhof

Übernachten
① Stadthotel Styria
② Gasthof Mayr

Nördlich der Steyr steht die von Jesuiten im Zeichen der Gegenreformation erbaute barocke Pfarrkirche St. Michael (1635–1677) mit mächtigen Türmen und einem bemerkenswerten Giebelfresko. Gegenüber liegt die **Christkindlwelt** mit dem **Weihnachtsmuseum**. Zu sehen sind alter Weihnachtsschmuck und eine »Engerl-Werkstatt«. Eine Erlebnisbahn führt durch Weihnachtsbräuche aus aller Welt (Öffnungszeiten: Ende Nov. bis 6. Jan. tgl. 10.00 – 12.00, 14.00 bis 17.00 Uhr). In der Kirchengasse (Nr. 16) ist der malerische **Dunklhof** (16. Jh.) mit seinem schönen Arkadengang beachtenswert (Sommerkonzerte), in der Sierninger Straße (Nr. 1) steht das **Lebzelterhaus** mit einer Fassade von 1567, heute ist dort eine Bäckerei und ein Café untergebracht. Das **Schnallentor** in der Gleinker Gasse weist reichen Sgraffitoschmuck auf.

Museum Arbeitswelt

Keinesfalls versäumen sollte man den Besuch des Museums Arbeitswelt (Wehrgrabengasse 7) in einer ehemaligen Messerfabrik im historischen Wehrgraben. Wechselnde Ausstellungen zeigen die Entwicklung seit Beginn der Industrialisierung und ihre Auswirkung auf Leben, Arbeit und Kultur der Bevölkerung, von der Robotertechnik bis zur Katholischen Soziallehre (Öffnungszeiten: Mitte März – Mitte Dez. Di. – So. 9.00 – 17.00 Uhr, Aug. geschl.).

Weihnachtspost mit dem richtigen Absender: aus Christkindl!

Umgebung von Steyr

★ **Wallfahrtskirche Christkindl**

Folgende Geschichte liegt der Wallfahrtskirche Christkindl westlich von Steyr zugrunde: Der Bau wurde ab 1702 von Giovanni Battista Carlone begonnen und vollendet von dem Barockbaumeister Jakob Prandtauer. Der Türmer und Kapellmeister Ferdinand Sertl, der im 17. Jahrhundert lebte und an Epilepsie litt, stellte eine kleine Jesuskindfigur aus Wachs in eine Fichtenhöhlung, betete täglich davor – und genas von seiner Erkrankung. Diese Wachsfigur ist heute noch im Hochaltar zu sehen. In der Weihnachtszeit pendelt ein Oldtimerbus zwischen dem Weihnachtspostamt in Christkindl und dem Steyrer Stadtplatz. Das 1950 gegründete Weihnachtspostamt ist alljährlich von Adventsbeginn bis Dreikönig (6. Januar) geöffnet und versieht inzwischen weit über zwei Millionen Briefe aus aller Welt mit Sonderstempel bzw. der Weihnachtsmarke.

Seitenstetten

Einer einzigartigen Sammlung von rund 80 Werken des Kremser Schmidt kann sich die 1112 gegründete **Benediktinerabtei** Seitenstetten, etwa 16 km östlich von Steyr, rühmen. Die barockisierte und stuckierte Stiftskirche wird von der herrlichen Abteistiege mit einem Deckenfresko von Altomonte fast in den Schatten gestellt. Auch das Deckenfresko von Troger im Marmorsaal ist von faszinierender Leichtigkeit (Stiftsführungen: Ostermontag – Ende Okt. tgl. 10.00 und 15.00 Uhr, Gruppen n. V.; www.stift-seitenstetten.at).

Waidhofen a. d. Ybbs

Weiter südöstlich im malerischen Ybbstal liegt Waidhofen (356 m; 11 680 Einw.), die **»Stadt der Türme im Herzen der Eisenstraße«**. Stadt-, Ybbs- und Schlossturm laden zu verschiedenen Ausstellungen oder in das »5-Elemente-Museum« ein (Öff-nungszeiten: Di. – So. 9.00 – 18.00 Uhr).

Stodertal

L/M/N 4

Bundesland: Oberösterreich

Die Abgeschiedenheit des Stodertals erhielt dem Hochtal seine Bodenständigkeit. Nichtsdestotrotz ist es touristisch gut erschlossen und bietet mit den elf Zweitausendern, die die Szenerie umrahmen, Sportbegeisterten jede Menge Möglichkeiten.

Wander- und Skigebiet

Das Stodertal, östlich des Toten Gebirges, ist der westlichste Ausläufer der Region Pyhrn-Eisenwurzen, die das Ennstal, das Steyrtal und die Region Pyhrn umfasst. Wanderern wie Brettlbegeisterten bieten die Warscheneckgruppe (bis 2389 m) im Südosten und die Hutterer Höß (1831 m) gute Bedingungen, auf der Bärenalm werden seit 1986 Weltcuprennen gefahren. Der Aufstieg zum 2515 m hohen Großen Priel im Toten Gebirge dauert ab Hinterstoder sieben Stunden.

STODERTAL

AUSKUNFT

Tourismusverband Pyhrn-Priel
Hauptstr. 28, A-4580 Windischgarsten
Tel. 075 62/52 66 99, Fax 52 66 10
www.pyhrn-priel.net

Sehenswertes im Stodertal und Umgebung

Hinterstoder

Hinterstoder (600 m; 1000 Einw.), der Hauptort des Tales, ist das Zentrum der Ferienregion Phyrn-Priel. Das **Alpineum** vermittelt mit modernen Ausstellungsmethoden Informationen über die Entwicklung des Wintersports und die Erschließung der Alpen (Hinterstoder 38; Öffnungszeiten: Mai – Okt. Di. – So. 9.00 – 17.00 Uhr). Eine schöne Wanderung auf dem **Flötzersteig** führt zum Strumboding-Wasserfall, der Berghöhle Kreidelucke und dem hübsch gelegenen Schiederweiher.

Von **Windischgarsten** aus (601 m; 2360 Einw.), beliebter Luftkurort und Wintersportzentrum südlich vom Sengsengebirge, steigt man in rund fünf Stunden zum Warscheneck (2389 m) auf, ein Sessellift führt auf den 859 m hohen Wurbauerkogl.

1997 wurde das Gebiet des Sengsengebirges und des Reichraminger Hintergebirges nördlich und östlich von Windischgarsten

! *Baedeker* TIPP

Ich bin ein freier Wildbretschütz ...

In St. Pankraz am Fuß des Sengsengebirges findet man ein kurioses Museum: das einzigartigste Wilderermuseum Europas. Hier erfährt man nicht nur einiges über die Wilderei und deren Hintergründe, sondern kann auch seine eigene Begabung am Schießstand überprüfen (Öffnungszeiten: April tgl. 10.00–16.00, Mai bis Okt. 9.00–18.00 Uhr, www.wilderermuseum.at).

Nationalpark Kalkalpen

zum Nationalpark Kalkalpen erklärt. Höchste Erhebung ist der Hohe Nock (1963 m). Unter dem Motto »Natur erleben, erforschen, begreifen, bewahren« versucht man hier, die Erholung suchenden Gäste und die Erhaltung der vielfältigen Tier- und Pflanzenwelt unter einen Hut zu bekommen, was auch recht gut funktioniert. Im **Nationalparkzentrum** in Molln, nördlich des Parks, kann man sich darüber informieren, was hier kreucht und fleucht, und über das Thema Wasser und seine grundlegende Bedeutung für die Kalkalpen (Öffnungszeiten: April – Okt. tgl. 9.0 0– 17.00, Nov. – April Mo., Di., Do. 7.30 – 12.00, 13.00 – 17.00, Mi. u. Fr. 7.30 – 13.00 Uhr).

★ Stubaital · Stubaier Alpen

F 5

Bundesland: Tirol

Von steilen Hängen und felsigen Berggipfeln gesäumt ist das vom Ruetzbach durchflossene Stubaital. Es zweigt bei Schönberg von der Brennerstraße ab und führt südwestlich in die sehr stark vergletscherten Stubaier Alpen.

Beliebtes Ausflugsziel

»Die Gegend eignet sich sowohl für Sommerfrischler, die es bei Spaziergängen und Halbtagsausflügen bewenden lassen, als auch für Touristen, denen die Erdkruste erst dreitausend Meter überm Meeresspiegel interessant wird«, so Erich Kästner, der 1945 hier einige Zeit lebte. Auch zum Wintersport werden die Orte im Stubaital gerne besucht. Auf dem Stubaier Gletscher kann man sogar **das ganze Jahr über Ski fahren**.

Sehenswertes im Stubaital und Umgebung

Mieders

Erster Ort im Stubaital ist Mieders (952 m; 1700 Einw.), ein malerisches Dorf, das aufgrund seines Mineralbades schon im 19. Jh. zum beliebten Erholungsort wurde. Das hölzerne Schwimmbad von 1927 gehört neben den Bädern von Telfs und St. Johann zu den ältesten noch bestehenden in ganz Tirol.

Fulpmes (936 m; 4100 Einw.), bekannter Luftkur- und Skiort sowie Hauptort des Tales, liegt inmitten hoher Bergketten und ist die Endstation der schmalspurigen Stubaitalbahn. Der Ort besitzt eine aus dem mittelalterlichen Bergbau hervorgegangene bedeutende Klein-

! *Baedeker* TIPP

Straßenbahn mal anders

Zwischen Fulpmes und der Wiltener Basilika in Innsbruck verkehrt seit 1904 die schmalspurige Stubaitalbahn, eine alpine Straßenbahn, die an der imposanten Bergkulisse der gletscherreichen Stubaier Alpen vorbeiführt (Gesamtstrecke: 18 km). In den Sommermonaten fährt hier jeweils mittwochs neben der »norma-len« Straßenbahn auch die Nostalgiebahn.

eisenindustrie, seine Eispickel und Steigeisen sowie Werkzeuge wie Messer und insbesondere der Krauthobel für die Küche waren weit über die Grenzen des Tales hinaus bekannt.

Das Schmiedemuseum im Riedlhaus in der Fachschulgasse informiert anhand von Maschinen und Werkzeugen aus dem 19. Jh. über die Schmiedeindustrie des Stubaier Tales (Öffnungszeiten: Sommer Mi. 14.00 – 17.00 Uhr). Die im Jahr 1747 errichtete Pfarrkirche ist mit entzückender Rokokostuckatur ausgeschmückt. ◄ Schmiedemuseum

Telfes Rund 2 km oberhalb der Ortschaft liegt Telfes (1002 m), das schon 1344 erwähnte älteste Pfarrdorf des Stubaitals. In der Barockkirche (1754) sind wunderschöne Deckenfresken zu bewundern. In Telfes können Besucher bei einem Besuch des Greifvogelparks diese Vogelarten aus nächster Nähe beobachten.

Neustift Neustift (994 m; 4490 Einw.), das **touristische Zentrum** des Tales, ist Luftkurort, Wintersportplatz und Tourenstützpunkt. In der stattlichen, im Innern durch die Weite des Saalbaues beeindruckenden, 1768–1774 neu erbauten Pfarrkirche sind die reichen Deckenmalereien sehenswert. Auf dem Friedhof mit ausschließlich schmiedeeisernen Grabkreuzen befindet sich auch das Grab von Franz Senn (1831–1884), Mitbegründer des Österreichischen und des Deutschen Alpenvereins (►Ötztal).

Ein Ausflug empfiehlt sich zum imposanten Grawa-Wasserfall, den man von Neustift aus ca. 13 km in Richtung Gletscher bei der Grawa Alm erreicht (Parkplatz).

*** Stubaier Gletscherbahn** Etwa 18 km hinter Neustift gelangt man auf der Stubaier Gletscherstraße auf die Mutterbergalm (1728 m). Hier befindet sich die Talstation der Stubaier Gletscherbahn, der **höchsten Seilbahn Österreichs**.

STUBAITAL ERLEBEN

AUSKUNFT

Tourismusverband Stubai
Stubaitalhaus, Dorf 3, A-6167 Neustift
Tel. 050 18/810, Fax 811 99
www.stubaital.at

ESSEN

► Preiswert

Gasthof Leitgeb
Haus Nr. 9, A-6165 Telfes im Stubai
Tel./Fax 052 25/6 23 04
In der alten, gut besuchten Bauernstube wird man freundlich bedient, auch die Gerichte sind ausgezeichnet.

ÜBERNACHTEN

► Komfortabel

Hotel Bergcristall
Volderau 5
A-6167 Neustift im Stubaital
Tel. 0 52 26/3 00 99, Fax 3 00 99-90
www.bergcristall.at
Wohlfühl-Hotel mit einzigartigem Blick auf den Stubaier Gletscher, mit viel Holz und hellen Farben eingerichtet. Hallenbad, Sauna, Massage und Fitnessraum sowie verschiedene Aktivitäten auch für Kinder runden das Angebot ab.

Zuerst erreicht man mit ihr die Mittelstation Fernau (2300 m) und dann die Bergstation Eisgrat (2900 m). Von hier aus führt der Stubaier Gletscherpfad in einer knappen Stunde auf das Eisjoch, wo die **höchste Skihütte Österreichs** steht (3150 m) und sich dem Besucher ein atemberaubender Blick auf die Stubaier Alpen, Dolomiten und Ötztaler Alpen bietet. Im Sommer werden, sofern Wind und Wetter es zulassen, täglich kostenlose Gletscherführungen von der Bergstation zum Eisjoch angeboten.

Stubaier Alpen

Die Stubaier Alpen schließen sich als ein von vielen Tälern zerschnittenes, kompliziertes Gefüge unmittelbar nordöstlich an die Ötztaler Alpen an. Der Hauptkamm, der sich zwischen dem Timmelsjoch und der breiten Brennersenke erstreckt, bildet die österreichisch-italienische Grenze zu Südtirol. Zwar erreichen die mächtigen Gletscher nicht ganz die Ausdehnung der Ferner im Nachbarmassiv, stehen ihnen jedoch an Wildheit nicht nach. Ihre durchschnittliche Kammhöhe und die Steilheit der Flanken aber übertreffen die aller anderen Gebirge in den Zentralalpen.

Der Kalkkögel prägt das Bild von Telfes bei Fulpmes.

Das zwischen Ötztal, Inntal und Wipptal sich ausdehnende Gebirge ist von der Tiroler Landeshauptstadt ► Innsbruck aus mit der Stubaitalbahn und der durch das Wipptal führenden Brennerbahn sowie auf guten Straßen leicht zu erreichen. Was Unterkunfts- und Wegverhältnisse angeht, stehen die Stubaier Alpen in der Hochregion an erster Stelle: Fast jedes Hochtal hat seine Schutzhütte, zahlreiche Anstiegs- und Verbindungswege ermöglichen sommerliche Wanderungen und während des Winters Skitouren verschiedenster Kombinationen.

Ihre größte Höhe und stärkste Vergletscherung erreichen die Stubaier Alpen in ihrem Hauptkamm, der **Pfaffengruppe**. Hier ragen das spitzkegelige Zuckerhütl (3507 m) auf, das Schneedach vom Wilden Freiger (3418 m) und der stolze Gipfel der 3332 m hohen Schaufelspitze. Von Neustift im Stubaital führen die meistbegangenen Wege in die Firnwelt der Pfaffengruppe über die Dresdner Hütte (2308 m) und die Nürnberger Hütte (2297 m). Aus dem ►Ötztal erreicht man die Hochregion über die Hildesheimer Hütte (2899 m) und über die Siegerlandhütte (2710 m) bei Sölden.

◄ Alpeiner Gruppe

Von der Amberger Hütte ist der **Schrankogel** (3497 m) zugänglich, der prächtige Hauptgipfel des zweiten großen Gletschergebietes der Stubaier Alpen, der schroffen Alpeiner Gruppe. Nordöstlich der Alpeiner Berge erhebt sich der bizarre Zug der Kalkkögel.

◄ Kühtaier Berge

Nördlich vom Gleirschjöchl nimmt die Vergletscherung ab und es breitet sich **eines der beliebtesten Tiroler Skigebiete** aus. Das Alpenhotel Jagdschloss Kühtai und die nahe gelegene Dortmunder Hütte (1950 m), erreichbar sowohl aus dem Sellraintal als auch aus dem Ötztal, sind die viel besuchten Hauptquartiere dieses Winterparadieses. Es wird vom Sulzkogel (3016 m), an dessen Fuß sich der Finstertaler Stausee schmiegt, und vom Zwieselbacher Roßkogel (3082 m) beherrscht, von dem der einzige größere Gletscher des Gebietes zu dem kleinen Kraspessee hinabzieht.

◄ Habicht

Ein zweiter Grat, der sich von der Pfaffengruppe nordostwärts ablöst, trägt den massigen Habicht (3277 m), zugänglich von Fulpmes und Neustift im Stubaital oder Gschnitz im Gschnitztal über die Innsbrucker Hütte (2369 m).

◄ Tribulaungruppe

◄ Pflerscher Tribulaun

Ostwärts Richtung Brenner liegt die Tribulaungruppe, eine großartige mehrgipfelige Dolomitenburg. Majestätisch ragt das bräunlichweiße »Matterhorn der Stubaier Alpen«, der Pflerscher Tribulaun (3096 m), empor, von der Tribulaun-Hütte (2369 m) auf der Südtiroler Grenze nicht eben leicht zu ersteigen.

★ Tamsweg

L 5

Bundesland: Salzburg
Einwohnerzahl: 5770
Höhe: 1021 m ü.d.M.

Auch wenn sich der Lungau topografisch nur nach Osten in Richtung Steiermark öffnet, gehörte er doch politisch erst zu Kärnten und seit dem Mittelalter zu Salzburg. Lange blieb das Gebiet recht abgeschieden, obwohl die uralte Handelsstraße von Italien nach Salzburg hindurch führte.

Abgeschiedene Idylle

Tamsweg ist der Hauptort des Lungau, eines waldreichen Hochtalbeckens (1000–1200 m) zwischen den Niederen Tauern und den Gurktaler Alpen. Touristisch wurde der Lungau erst in den 70er-Jahren des vergangenen Jahrhunderts durch den Bau der mautpflichtigen Tauernautobahn mit dem Tauern- und dem Katschbergtunnel erschlossen und avancierte inzwischen zum beliebten Ferienziel. Die Einheimischen verweisen aber gerne darauf, dass das Zahlenverhältnis von Rindern zu Gästebetten immer noch zu Gunsten des Rindviehs steht.

Sehenswertes in Tamsweg und Umgebung

✶ **Wallfahrtskirche St. Leonhard**

Bekannt ist die spätgotische Wallfahrtskirche St. Leonhard (1430 bis 1433) von Tamsweg, die südwestlich etwas außerhalb des Ortes steht und eine der bedeutendsten Wallfahrtskirchen Österreichs ist. Berühmt sind ihre **herrlichen Glasfenster**, besonders das überwiegend aus blauen und goldgelben Scheiben gestaltete »Goldfenster«. Sehenswert sind ferner die gotischen Tafelbilder der Altäre (um 1460) und die Fresken im Chor (1433).

Heimatmuseum ►

Das Heimatmuseum (Kirchgasse 2), beherbergt außer kirchlichem und bäuerlichem Gerät sowie römischen Fundstücken einen über 6 m hohen und 98 kg schweren Samson. Die Figur des Samson wurde wohl aus der slawischen Mythologie übernommen und soll der Überlieferung nach den großen Gott repräsentieren, der im Frühjahr die Natur wieder zum Leben erweckt. Bei Prozessionen wird der Samson von starken Männern feierlich durch die Straßen getragen (Heimatmuseum nur mit Führung zugänglich: Juni – Mitte Sept. Di. bis Fr. 10.00, 14.00 u. 15.30 Uhr).

Prebersee

10 km nordöstlich von Tamsweg lädt der Prebersee zum Wandern ein. Er ist am letzten Wochenende im August Schauplatz eines eigenartigen Wettbewerbs, des »Wasserscheibenschießens«: Der Schütze steht am einen Ufer, die Zielscheibe am anderen – gezielt wird auf ihr Spiegelbild im Wasser! Vom Prebersee aus ersteigt man in gut drei Stunden den nördlich aufragenden Preber (2740 m).

Mariapfarr

Auch Mariapfarr, 5 km westlich von Tamsweg gelegen und nach eigenem Bekunden der sonnenreichste Ort Österreichs, besitzt – wie übrigens fast alle Lungauorte – einen Samson sowie eine hübsche Wallfahrtskirche mit sehr alten Fresken. Im Pfarrhof des Örtchens

TAMSWEG ERLEBEN

AUSKUNFT

Tourismusverband Tamsweg
Kirchengasse 8, A-5580 Tamsweg
Tel.0 64 74/21 45, www.tamsweg.at

KULTURWANDERWEG

Der Lungauer Kulturwanderweg (ausgeschildert) verbindet alle Ort im Lungau und bietet auf Tafeln Wissenswertes über Land und Leute, Geschichte und Brauchtum. Informationen zu Länge und Streckenverlauf erhält man bei den örtlichen Tourismusbüros.

ÜBERNACHTEN

► **Günstig**

Hotel Grössingbräu
Gartengasse 19
A-5580 Tamsweg
Tel. 0 64 74/22 41
Fax 22 41 14
www.groessingbraeu.at
Zentral und doch ruhig gelegen, bietet das Hotel seinen Gästen gemütlich eingerichtete Zimmer und Ferienwohnungen, Sauna, Solarium, Sonnenterrasse und eine auf 2000 m Höhe gelegene Almhütte.

Die farbenprächtigen, bis zu 6 m hohen Samsonfiguren werden in feierlichen Prozessionen durch die Straßen getragen, auf dass der Frühling kommen möge.

schrieb 1816 der Hilfsgeistliche Joseph Mohr den Text des berühmten Weihnachtsliedes »Stille Nacht, Heilige Nacht«, das zwei Jahre später von Franz X. Gruber (► Hallein) vertont wurde. Von Mariapfarr aus führt eine abwechslungsreiche Tageswanderung durchs Göriachtal nördlich zum Hochgolling (2863 m), dem höchsten Gipfel der Schladminger Tauern.

Mauterndorf

Im weitere 5 km westlich gelegenen Mauterndorf befand sich schon zu römischen Zeiten eine Mautstelle. Im Mittelalter entwickelte es sich zum bedeutendsten Umschlagplatz des Lungau, abzulesen an den stattlichen Bürgerhäusern am Marktplatz. Burg Mauterndorf, ab 1253 auf den Grundmauern eines Römerkastells erbaut, beherbergt heute u. a. das **Lungauer Landschaftsmuseum** (Öffnungszeiten: Mai bis Ende Okt. tgl. 10.00 – 18.00 Uhr).

◄ Taurachbahn

Die Taurachbahn, eine Schmalspurmuseumsbahn (760 mm) und einst Teil der Murtalbahn (► Murau), verkehrt heute mit Dampf- und Dieselloks von Juni bis Sept. zwischen Mauterndorf und St. Andrä (Info-Tel. 064 72/79 49).

◄ Schloss Moosham

Rund 6 km südlich von Mauterndorf erhebt sich das imposante Schloss Moosham. Es besitzt volkskundliche Sammlungen, eine Gerichtsstube und eine Folterkammer (Besichtigung nur mit Führung nach Anmeldung; Tel. 0 64 76/3 05, www.schloss-moosham.info).

St. Michael

St. Michael, gut 6 km südlich von Mauterndorf, ist mit seinen zahlreichen Liften ein beliebtes Zentrum für Wintersportler und Wanderer. In der gotischen Pfarrkirche sind Fresken aus dem 13. und 14. Jh. zu sehen, auch die achteckige Wolfgangkapelle, ein ehemaliger Karner, verdient Beachtung.

Muhr Westlich muraufwärts erreicht man nach 15 km das Örtchen Muhr, Schauplatz der Prozessionen mit den Prangstangen. Die Legende berichtet, Bauern hätten am Ende einer Heuschreckenplage zum Dank mehrere Meter hohe Stangen mit Blumen geschmückt und die blühende Pracht durch den Ort zur Kirche getragen. Zur Freude der Touristen wird der farbenfrohe Brauch in Muhr und im nördlich gelegenen Zederhaus heute noch ausgeübt.

Rotgüldental Am Ende des Murtales liegt Rotgülden, von wo man, vorbei am Unteren und Oberen Rotgüldensee, in vier bis fünf Stunden zum Großen Hafner (3076 m) aufsteigt. Bei Rotgülden wurde ab dem hohen Mittelalter Gold und Silber abgebaut. Noch bedeutungsvoller war aber das reiche **Arsenerzvorkommen**, wodurch Rotgülden zum weltweit größten Arsenlieferanten aufstieg. Der Abbau wurde erst 1924 ganz eingestellt.

★ Tannheimer Tal

D/E 5

Bundesland: Tirol

Dörfchen wie aus dem Bilderbuch, idyllisch gelegene Seen, ausgedehnte Wiesen, von denen manche im Frühling übersät sind mit Krokussen, bewaldete Hänge und dahinter schroff aufragende Felsen – die anheimelnde Szenerie macht das Tannheimer Tal zu einem beliebten Sommer- und Winterferienziel.

Sonniges Wanderziel Im Westen grenzt das Tannheimer Tal an das deutsche Allgäu, von dort erreichbar über Sonthofen und Oberjoch (Grenze). Im Osten mündet die Straße über den Gaichtpass im Lechtal, 10 km südwestlich von Reutte. Höchste Erhebung ist das Gaishorn mit 2247 m beim Vilsalpsee südlich von Tannheim.

Durch das breite, almenreiche Tannheimer Tal, nach Auffassung seiner Bewohner das schönste Hochtal Europas, führte einst die Salz-

TANNHEIMER TAL ERLEBEN

AUSKUNFT

Tourismusverband Tannheimer Tal
Oberhöfen 110
A-6675 Tannheim
Tel. 056 75/622 00
www.tannheimertal.com

ÜBERNACHTEN

► **Komfortabel**

Bogner Hof
Bogen 9, A-6675 Tannheim
Tel. 0 56 75/62 97, Fax 62 97 50
www.bognerhof.at
Am Ortsand Richtung Naturschutzgebiet Vilsalpsee gelegenes, familiäres Alpenhotel mit 4-Sterne-Ambiente.

straße von Tirol zum Bodensee über Gaichtpass und Oberjoch. Mit dem ausgezeichnet ausgebauten Wegenetz ist es ein Eldorado für Wanderlustige, aber auch Bergsteiger, Mountainbiker oder Paraglider sind hier gern gesehene Gäste. Das **Ballonfestival Anfang Januar** lockt jedes Jahr eine Menge Schaulustiger an. Alle fünf Dörfer warten mit Pisten und Skischulen auf, dazu kommen 80 km gespurte Langlaufloipen, und der Ski- und Langlaufbus bringt die Anhänger des weißen Sports kostenlos durchs ganze Tal.

Tannheim

Der Hauptort des Tannheimer Tals (1097 m; 1060 Einw.) liegt an der Einmündung des Vilstales ins Tannheimer Tal. Das sportliche Angebot reicht vom Eislaufplatz über Tennisanlagen bis zur Kletterwand. Vom Neunerköpfle, mit der Gondelbahn Vogelhorn erreichbar, sind Ski-Abfahrten bis ins Tal möglich.

◄ Vilsalpsee

Inmitten eines Naturschutzgebietes gehört der Vilsalpsee (1165 m) 4 km südlich von Tannheim zu den schönsten Ausflugszielen. Die Straße dorthin ist tagsüber gesperrt. Vom Parkplatz P1 (Osteingang) fährt man mit dem Alpenexpress, vom Parkplatz P2 (Westeingang) mit dem Pendelbus oder einer Kutsche zum See. Alternativen sind die eigenen Füße oder das Fahrrad. Am Vilsalpsee gibt es ein Restaurant, um den See führt ein bequemer Wanderweg (1 Stunde). In einer weiteren Stunde gelangt man zur Oberen Traualpe mit dem Traualpsee (1649 m) und zur Landsberger Hütte (1 Stunde).

Einen Ausflug wert ist der Haldensee im Tannheimer Tal.

Grän-Haldensee Das hübsche Dörfchen Grän-Haldensee (1134 m; 580 Einw.), gut 2 km östlich von Tannheim, sorgt für mehrfachen Badespaß inmitten der Bergwelt: Sein großes Freibad liegt direkt am Haldensee und wird umweltfreundlich mit Solarenergie erwärmt. Wer direkt im Haldensee baden will, findet kühlere Fluten, aber ebenfalls beste Wasserqualität vor. Einen Bootsverleih gibt es im Strandcafé.

★ Timmelsjochstraße

F 6

Bundesland: Tirol

Das fast 2500 m hohe Timmelsjoch verbindet mit seiner mautpflichtigen Straße das ►Ötztal in Tirol mit dem Passeiertal in Südtirol. Auf der Passhöhe verläuft auch die Grenze zwischen den Ländern Österreich und Italien.

Verlauf der Timmelsjochstraße

Untergurgl Von etwa Mitte Juni bis Mitte Oktober ist die Straße über das Timmelsjoch tagsüber geöffnet, aber auf italienischer Seite lediglich für Pkw-Verkehr geeignet (für Wohnanhänger gesperrt). Die Timmelsjochstraße beginnt bei Untergurgl (1793 m), von wo es bis zur Passhöhe gut 11 km sind (max. Steigung 11%). Eine Sesselbahn fährt von Untergurgl nach Hochgurgl. Zuerst verläuft die Straße in vier Kehren hinauf zur Angerer Alm (2175 m), auf der die Hotelkolonie Hochgurgl (2150 m) liegt. Von hier führt ein Sessellift zum Großen Kar hinauf (2410 m) und weiter zum Wurmkogl (3082 m).

★ Timmelsjoch Die Timmelsjochstraße führt nun im Timmelsbachtal aufwärts und erreicht mit sieben Kehren das Timmelsjoch (2509 m; ital. Passo di Rombo) und die österreichisch-italienische Grenze. Auf italienischer Seite führt die Straße hinab ins Passeiertal über Moos (1007 m) nach St. Leonhard (683 m), wo man viele Erinnerungen an **Andreas Hofer** (1767–1810; ► Berühmte Persönlichkeiten), den »Sandwirt von Passeier«, findet. Von dort sind es noch 20 km nach Meran.

Am Ende des Gurgltals, östlich des Ötztals, liegt etwas südlich von Untergurgl und der Timmelsjochstraße die Ortschaft **Obergurgl** (1930 m), **Tirols höchstes Kirchdorf**. Es ist heute ein moderner Fremdenverkehrsort mit ausgezeichnetem, recht schneesicherem Skigelände.

► TIMMELSJOCHSTRASSE

AUSKUNFT

Ötztal Tourismus Information Obergurgl-Hochgurgl
A-6456 Obergurgl
Tel. 05 72 00 100
www.obergurgl.com

Im Süden erhebt sich der Große Gurgler Ferner, auf dem 1931 der Schweizer Gelehrte Auguste Piccard mit seinem Stratosphärenballon landete, in dem er als erster Mensch eine Höhe von 15 781 m erreicht hatte. Mit der Hohe Mut Bahn zum Gaisberg (2071 m), anschließend auf die Hohe Mut (2659 m), bietet sich hier einem die großartige Umgebung des Gaisbergferners mit 20 Dreitausender dar. **Gletschergebiet**

★ Traunsee

L 4

Bundesland: Oberösterreich **Höhe:** 422 m ü.d.M.

Eingebettet im Osten zwischen die markanten Gipfel des Traunstein (1691 m), des Hochkogel (1486 m) und des Erlakogel (1575 m), wegen seiner markanten Form auch »schlafende Griechin« genannt, sowie dem Gmundner Berg (830 m) und dem Höllengebirge im Westen, lohnt der malerische See einen ausgiebigen Besuch.

»Der Traunsee – ein Traumsee«, so lautet die Eigenwerbung der von hübschen Orten gesäumten Seeregion. Mit 12 km Länge, bis 3 km Breite und bis 191 m Tiefe gehört er zu den größten Seen des Salzkammergutes, was sich auch im sportlichen Angebot von Angeln über Tauchen bis zu Wasserski niederschlägt. **»Traumsee«**

Das 1632 erbaute Johanneskirchlein von Traunkirchen thront in malerischer Lage über dem Traunsee.

Sehenswerte Orte am Traunsee

★ **Gmunden** Hauptort ist Gmunden (13 200 Einw.), einst Salzhandels-, heute Kurstadt, die sich rund um die Nordspitze des Sees erstreckt. Ein Spaziergang vom hübschen Rathaus mit dem Keramik-Glockenspiel über die Esplanade am Ufer entlang gibt den Blick frei auf die Halbinsel Toskana und das **Landschloss Ort**, das über einen Holzsteg mit dem Seeschloss Ort verbunden ist. Letzteres dürften viele Besucher kennen – als pittoresken Schauplatz einer Vorabendserie.

Modell »Nautilus« (1904): museales Gmundner Exclusiv-Closett

Seit mehr als 100 Jahren ist **Gmundner Töpferware** Keramikfreunden ein Begriff. Wer nicht am letzten Augustwochenende zum weithin berühmten Töpfermarkt kommt – und sich dem Geschehen möglichst im historischen Triebwagen der Gmundner Straßenbahn nähert –, kann in zwei Keramikbetrieben einen Blick auf die Entstehung der schönen Gebrauchs- und Kunstgegenstände werfen.

Die ursprünglich gotische, im 18. Jh. barockisierte Stadtpfarrkirche **Mariä Himmelfahrt** beinhaltet neben einer geschnitzten Gruppe der Hl. Drei Könige von Thomas Schwanthaler (1678) im Hochaltar eine Schutzmantelmadonna aus Keramik (1947).

Das **Stadtmuseum** im ehemaligen Kammerhof aus dem 15. Jh. dokumentiert auf 2000 m² Ausstellungsfläche die Entwicklungsgeschichte der Traunseeregion und Gmundens Vergangenheit als Salzumschlagplatz, zeigt Fossilien und Mineralien und erinnert mit dem Brahmszimmer an seine berühmten Gäste (Öffnungszeiten: Ende Mi. – So. 10.00 – 17.00, jeden 1. Mi. im Mo. bis 21.00, Juni bis Aug. Di. – So. 10.00 – 17.00 Uhr). Der **»Gmundner Jahrtausendweg«** zeigt die erd- und kulturgeschichtliche Entwicklung der vergangenen 20 000 Jahre im Traunseegebiet auf.

Traunstein Vom Gmundner Ortsteil Weyer führt eine Schwebebahn auf den Grünberg (1004 m), wo außer schönen Wanderwegen auch eine Mountainbike-Strecke ausgewiesen ist. Geübte Bergsteiger gelangen in knapp 3 Stunden zum südlich aufragenden Traunstein (1691 m).

Altmünster

Altmünster (9450 Einw.) am Westufer des Traunsees wartet mit einem besonderen Museum auf: Das Radmuseum dokumentiert anhand seiner Exponate die Entwicklung des Drahtesels von der Laufmaschine bis zum Waffenrad(www.radmuseum.at; Maria-Theresia-Straße 3 a; Öffnungszeiten: Anfang Mai – Ende Sept. tgl. 10.00 bis 12.00 u. 14.00 – 17.00, Okt. Sa. u. So. 14.00 – 17.00 Uhr).

Wildpark Hochkreut

Im Wildpark Hochkreut, südwestlich von Altmünster auf einer Bergkuppe (960 m) zwischen Traun- und Attersee, hausen Alpensteinbock, Sikawild, Rotwild, Yak und Tarpanpferd. Für junge Gäste sind der Vogelstimmen- und Pilzlehrpfad wie auch der Froschlehrtümpel interessant. Und im Panoramamuseum werden die umliegenden Berggipfel erklärt (Öffnungszeiten: tgl. 9.00–18.00 Uhr).

✶ Traunkirchen

Der Erholungsort Traunkirchen (1800 Einw.) liegt malerisch auf einer Halbinsel im Traunsee und besitzt eine besondere Rarität: Die originelle **»Fischerkanzel«** in der Pfarrkirche hat die Form eines Bootes. In einem Netz zappelnde Fische und eine Darstellung von Petrus als »Menschenfischer« (1753) ergänzen die Kanzel. Über dem Ort steht auf einem bewaldeten Fels das Johanneskirchlein (1609). Ein kräftiger Touristenmagnet ist hier die seit 1632 durchgeführte prächtige Fronleichnamsprozession per Boot.

! *Baedeker* TIPP

Eine Seefahrt, die ist lustig!

Die österreichische Seedampfschifffahrt begann am Traunsee. Und der Schaufelraddampfer »Gisela« (Baujahr 1871), benannt nach einer Tochter von Kaiser Franz Joseph I. und Kaiserin Elisabeth, legt immer noch in Gmunden zur großen Seerundfahrt ab (Anfang Juli bis Anfang Sept. jeden Sonntag).

Ebensee (7950 Einw.) am Südende des Traunsees ist heute hauptsächlich von der Industrie geprägt. Das »Zeitgeschichte Museum« im Ortszentrum zeigt anschaulich die politische Geschichte des Landes von 1918 bis 1955 (Öffnungszeiten: Jan. – Okt. Di. – So. 10.00 – 17.00, Nov, u. Dez. Di. – Fr. 10.00 bis 17.00 Uhr; www.memorial-ebensee.at).

◄ KZ-Gedenkstätte

Dazu gehört auch die KZ-Gedenkstätte: Ab November 1943 bis zur Befreiung im Mai 1945 durch US-Truppen war hier eines der vielen **Nebenlager des KZ Mauthausen** bei Linz (► Donautal) eingerichtet. Rund 27 000 Häftlinge aus 20 Nationen mussten Stollen bauen, die ursprünglich die Raketenversuchsanstalt der Nazis von Peenemünde auf Usedom aufnehmen sollten, dann jedoch eine Erdölraffinierie und die Produktion von Panzerteilen durch die Steyr-Daimler-Puch AG beherbergten. Ein Drittel der Häftlinge kam bei den unmenschlichen Arbeitsbedingungen ums Leben. Folgt man der Ausschilderung im Ort, kommt man zum ehemaligen KZ-Gelände, von dessen Anlage nur noch ein Tor erhalten ist. Schon 1948 ließ die Frau eines Häftlings auf einem der Massengräber ein Denkmal errichten. Heute findet man Denkmäler verschiedener Staaten für ihre Angehörigen.

TRAUNSEE ERLEBEN

AUSKUNFT

Ferienregion Traunsee
Toscanapark 1, A-4810 Gmunden
Tel. 0 76 7/44 51 40, Fax 7 14 10
www.traunsee-touristik.at

ESSEN

► Fein & Teuer

Seeschloss Orth
Orth 1, A-4810 Gmunden
Tel. 076 12/624 99, Fax 637 24
www.schlossorth.com
In der Küche der Orther Stub'n mit der Jahrhunderte alten Holzdecke wird besonderer Wert auf frische Produkte aus der Region gelegt, wobei die Spezialität des Hauses fangfrische Fische sind, zusammen mit einer guten Flasche Wein aus dem vielseitig und gut sortierten Weinkeller.

► Preiswert

Seegasthof Hois'n Wirt
Traunsteinstraße 277
A-4810 Gmunden
Tel. 0 76 12/7 73 33, Fax 7 73 33 95
Neben fangfrischen Fischen aus dem See bekommt man hier auch andere typische Gerichte der Region serviert.

ÜBERNACHTEN

► Komfortabel

Hotel Annerlhof
Mitterndorf 23
A-4801 Traunkirchen
Tel. 0 76 17/22 19, www.annerlhof.at
Gemütlicher Familienbetrieb im Zentrum. Badeplatz 200 m entfernt, Fahrradverleih im Haus. Das Restaurant verwöhnt mit österreichischer Hausmannskost.

Einen der Stollen kann man besichtigen – bei durchgehend 8 °C im Sommer wie im Winter ist allerdings warme Kleidung nötig (Öffnungszeiten: Mitte Juni – Mitte Sept. Di. – So. 10.00 – 17.00 Uhr)

Höllengebirge Westlich von Ebensee, zwischen Traunsee und Attersee, erstreckt sich als lang gezogener Kalkstock mit steilen Flanken das Höllengebirge, ein gutes Ski- und Wandergelände. Die Seilbahn führt westlich von Ebensee auf den Feuerkogel (1594 m), im Sommer sind die Riederhütte (1765 m) und das Hochleckenhaus (1572 m) bewirtschaftet.

Langbathseen Einen Abstecher lohnen auch die etwa 10 km nordwestlich von Ebensee liegenden idyllischen Langbathseen (664 m und 753 m) und der rund 15 km südöstlich zu erreichende Offensee am Fuß des Toten Gebirges (651 m).

Scharnstein Rund 15 km östlich von Gmunden beginnt das schöne Almtal. Im Schloss der Gemeinde Scharnstein hat 1973 das **Österreichische Kriminalmuseum** seine Pforten geöffnet. Anhand einiger exemplarischer Fälle werden die österreichische Kriminalgeschichte und der Strafvollzug vom Mittelalter bis zur Aufhebung der Todesstrafe gezeigt – die Ausstellung ist allerdings nichts für schwache Nerven (Öffnungszeiten: Anfang Mai – Mitte Okt. Di. – So. 9.00–17.00 Uhr, www.

kriminalmuseum.at). Ebenfalls sehenswert ist das **Museum für Zeitgeschichte** im Schloss.

Für leuchtende Augen bei den kleinen Gästen sorgen in der Nähe des idyllischen Örtchens **Grünau** (527 m) das Spieleparadies und der Märchenwald im **Kinderland Schindlbach** (Öffnungszeiten: Mai, Juni und Mitte Sept. – Ende Okt. Sa. und So., Juli und Aug. tgl. 10.00 bis 18.00 Uhr, www.kinderland-schindlbach.at).

! *Baedeker* TIPP

Wildlife in Grünau

Südlich von Grünau lädt der »Cumberland-Wildpark« zur Besichtigung seiner über 500 Tiere aus rund 70 Arten ein, darunter Elche, Wisente und Mufflons (Öffnungszeiten: April – Okt. tgl. 9.00 – 18.00, Nov. – März Mo. – Fr. 11.00 bis 16.00, Sa. und So. ab 9.00 Uhr, www.cumberland.at). Zu sehen sind auch Graugänse und Kolkraben – die Konrad-Lorenz-Forschungsstelle ist nämlich gleich nebenan.

Turracher Höhe

L 6

Bundesländer: Steiermark und Kärnten

Die Turracher Höhe ist wegen ihrer Schneesicherheit durch zahlreiche Lifte erschlossen – ein beliebtes Skigebiet mit einer Hotelsiedlung als Stütz- und Ausgangspunkt.

Wander- und Skiparadies

Auch Wanderer schätzen die bewaldete Gegend um Turracher-, Schwarz- und Grünsee. Lohnende Bergtouren erschließen die Gipfel im Nockgebiet. Die Turracher Höhe (1763 m) liegt im westlichsten Zipfel der Steiermark östlich des Nationalparks Nockberge am Grenzpass über die Gurktaler Alpen nach Kärnten.

Montanmuseum

In vergangenen Jahrhunderten gab es hier mehrere Eisengruben, außerdem wurde Anthrazit abgebaut. Um 1900 stand hier tatsächlich der modernste Hochofen Europas. Diesen Spuren der Vergangenheit kann man im Montanmuseum in Turrach folgen (Öffnungszeiten: nach Vereinbarung unter Tel. 035 33 / 214, 230 oder 255).

Viel Spaß verspricht »Nocky Flitzer«, die **höchste Ganzjahresrodelbahn Österreichs** auf der Turracher Höhe (Betriebszeiten: Juni – Okt. tgl. 10.00 – 17.00, Juli u. Aug. bis 19.00, sonst bis 16.00 Uhr). Das Museum **alpin + art + gallery** auf dem Zirbenhof erfreut die Liebhaber edler Steine (Öffnungszeiten: Mai – Okt. Mo. – Sa. 9.00 – 17.00, Nov. – April 9.30 – 17.30 Uhr).

TURRACHER HÖHE

AUSKUNFT

Tourismusverband Turracher Höhe
A-9565 Turracher Höhe 218
Tel. 0 42 75/83 920
www.turracherhoehe.at

★ Villach

L 6

Bundesland: Kärnten
Einwohnerzahl: 58 950
Höhe: 500 m ü.d.M.

Seinen Ruf als charmante Kurstadt verdankt Villach seinen üppig sprudelnden Thermalquellen in Warmbad Villach. Aber auch als Faschingshochburg genießt die Stadt einen guten Ruf!

Österreichs Tor zum Süden

Nahe dem Dreiländereck zu Italien und Slowenien, im weiten Talbecken der Drau, die hier die von Süden kommende Gail aufnimmt, liegt Villach, zweitgrößte Stadt Kärntens und das »Tor zum Süden«. Die Villacher Alpe im Westen und die Kette der Karawanken vor den gezackten Julischen Alpen im Süden ergeben ein schönes Gebirgspanorama.

Geschichte

Schon zur **Hallstattzeit** schätzte man die Lage am Kreuzungspunkt zweier wichtiger Handelsstraßen. Die Römer bauten eine Brücke und errichteten das Lager Bilachinum. Kaiser Heinrich II. schenkte Villach im Jahr 1007 dem von ihm gegründeten Bistum Bamberg. 1759 erwarb Maria Theresia (►Berühmte Persönlichkeiten) die Stadt und gliederte sie nach Österreich ein. Heute ist Villach Kärntens Verkehrsknotenpunkt schlechthin.

VILLACH ERLEBEN

AUSKUNFT

Tourismusinformation Villach
Bahnhofstr. 3
A-9500 Villach
Tel. 042 42/205 29 00, Fax 205 29 99
www.villach.at

ESSEN

► Erschwinglich

① ***Stadtrestaurant***
Hauptplatz 26
A-9500 Villach
Tel. 042 42/26 10 10
www.romantik-hotel.com
Sehr gepflegtes Restaurant mit Gastgarten in einem Renaissance-Innenhof. Das Postbräu-Bier, das es ausschließlich hier gibt, sollte man unbedingt probieren.

ÜBERNACHTEN

► Komfortabel

① ***Romantikhotel Post***
Hauptplatz 26, A-9500 Villach
Tel. 0 42 42/26 10 10, Fax 26 10 14 20
www.romantik-hotel.com
Das traditionsreiche Haus gehört zur Gruppe der Romantikhotels und hatte schon höchsten Besuch: Im Jahr 1552 kehrten Kaiser Karl V. und 1574 Heinrich III. von Frankreich hier ein.

② ***Bleibergerhof***
Drei Lärchen 150
A-9530 Bad Bleiberg ob Villach
Tel. 0 42 44/22 05; Fax 22 05 70
www.falkensteiner.com
Das entzückend gelegene Zentrum in Sachen Wellness besitzt auch ein sehr beliebtes Restaurant.

Sehenswertes in Villach

Hauptplatz

Aufgrund seiner strategischen Bedeutung wurde Villach im Zweiten Weltkrieg schwer bombardiert, von seiner historischen Altstadt blieb daher nicht allzu viel übrig. Doch einige der den lang gestreckten Hauptplatz säumenden Häuser stammen noch aus dem Hochmittelalter: Am Hauptplatz Nr. 18 hat Theophrastus von Hohenheim, genannt Paracelsus (1493–1541), etliche Jahre seines Lebens verbracht. Haus Nr. 26 (Anfang 16. Jh.) gehörte einst den Khevenhüller; seit 1748 logiert hier das Hotel Post.

Stadtpfarrkirche St. Jakob

Die Stadtpfarrkirche St. Jakob ragt auf einer Terrasse am Ende des Hauptplatzes empor. Schön ist das Gewölbe der gotischen Hallenkirche. Um 1740 entstanden das riesige Christophorusfresko im Chor und der prächtige barocke Baldachinaltar, das große gotische Kruzifix stammt von 1502, die steinerne Kanzel von 1555. In der Taufkapelle stehen ein gotischer Taufstein und ein Chorgestühl von 1464. Beachtenswert sind auch zahlreiche vortrefflich gearbeitete Grabsteine (16. Jh.) für Angehörige alter Adelsgeschlechter, darunter die Khevenhüller. Nur durch einen Torbogen mit dem Kirchenschiff verbunden ist der elegante hohe Turm.

Villach *Orientierung*

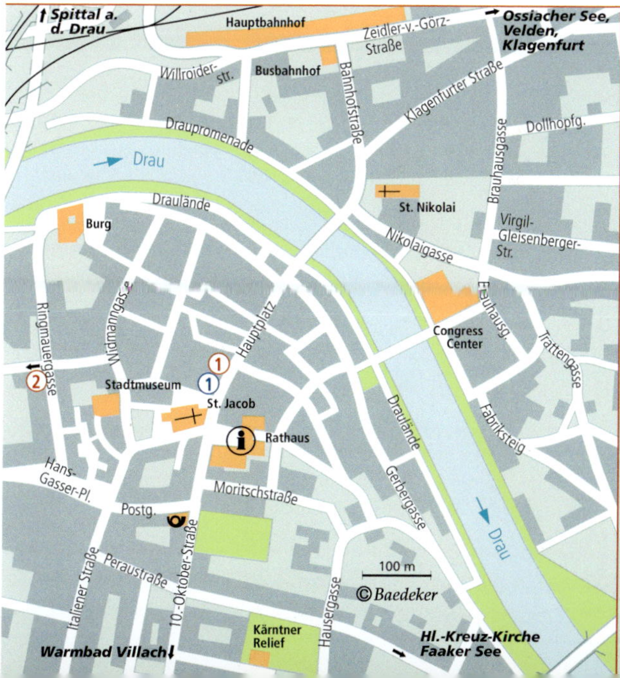

Essen

① Stadtrestaurant

Übernachten

① Romantikhotel Post

② Bleibergerhof

Hier wächst alles hübsch beieinander, was in den Alpen grünt und blüht.

Stadtmuseum In der Widmanngasse 38 findet man schöne Häuser, darunter Nr. 30 mit prächtigem Arkadenhof. Schön ist das Städtische Museum in Nr. 38, mit Sammlungen zur Ur- und Frühgeschichte, Kunstwerken und Kunstgewerbe (Öffnungszeiten: Mai – Okt. Mo. – Sa. 10.00 bis 16.30 Uhr; Tel. 02 42 / 205 35 00).

Kärntner Relief 182 m² umfasst das Kärntner Relief im Schillerpark, eine der **größten Landschaftsplastiken Europas**: Es zeigt Kärnten und seine Nachbargebiete im Maßstab 1:10 000 (Öffnungszeiten: wie Stadtmuseum).

Wallfahrtskirche Hl. Kreuz Unweit südlich vom Schillerpark steht die reich ausgestattete Wallfahrtskirche Hl. Kreuz mit markanter dreistöckiger Doppelturmfassade und einer interessanten Architektur: Fast gestaucht wirkt der kreuzförmige Grundriss; die zentrale Vierung der spätbarocken Anlage wird von einer schönen Kuppel überwölbt.

Umgebung von Villach

Bad Bleiberg Der Ortsname sagt schon, woher der Reichtum der Gemeinde Bleiberg (920 m; 2500 Einw.), gut 10 km westlich von Villach, einst kam: In der Umgebung wurde jahrhundertelang nach Blei und Zink geschürft. Heute sorgen eine Familientherme, der Heilklimastollen Friedrich sowie die Mineralien und Edelsteine des Europamuseums für zahlreiche Besucher.

Terra Mystica ▶ Erst geht es auf der 68 m langen Rutsche hinab in den Berg, dann mit der Grubenbahn weiter zum Multimedia-Spektakel »Erdgeschichte im Zeitraffer« (bei konstant 9 °C!). Das **Montan Museum** präsentiert die älteste Knappenfahne der Welt (Öffnungszeiten: Mai und Juni, Sept./Okt. tgl 10.00 – 15.00, Juli/Aug. 9.30 – 16.30 Uhr).

✶ **Villacher Alpe**

Im Südwesten von Villach erhebt sich über dem Gailtal das ausgedehnte Wander- und Skigebiet der Villacher Alpe, erschlossen durch eine fast 17 km lange, mautpflichtige Panoramastraße. Mehrere Parkplätze garantieren grandiose Ausblicke. Am Parkplatz Nr. 6 wurde 1973 der **Villacher Alpengarten** (www.alpengarten-villach.at) eröffnet, ein Eldorado für Botaniker. Am Ende der Straße wartet die Seilbahn: Nach der Fahrt bis auf knapp 2000 m Höhe geht es noch eine gute Stunde zu Fuß auf den höchsten Gipfel, den Dobratsch (2167 m), nach dem auch der Naturpark benannt ist.

Warmbad Villach

Rund 3 km südlich von Villachs Zentrum liegt das Warmbad Villach. 40 Mio. Liter des 29 °C warmen, radonhaltigen Wassers – angezeigt gegen Rheuma sowie Kreislaufstörungen und Nervenleiden und schon von den Römern geschätzt – sprudeln hier täglich hervor. Paracelsus war von der Heilkraft nicht überzeugt, dafür dachte Napoleon über weitläufige Kureinrichtungen nach. Doch zu mehr als der Napoleonwiese genannten Einebnung reichte seine Zeit als Kaiser nicht. Heute sind die gepflegten Thermalanlagen und zahlreichen Freizeiteinrichtungen sehr beliebt.

Maria Gail

Prunkstück der alten Pfarrkirche Maria Gail im gleichnamigen Ort südöstlich von Villach ist der kostbare Flügelaltar (um 1520) mit einer Marienkrönung aus der Villacher Schnitzwerkstatt. Sehenswert ist auch die Weltgerichtsdarstellung aus dem 13. Jh. an der südlichen Außenmauer.

Völkermarkt

N 6

Bundesland: Kärnten
Höhe: 461 m ü.d.M.
Einwohnerzahl: 11 370

Einer Volksabstimmung im Jahr 1920 verdankt Völkermarkt, dass es zu Österreich gehört. Damals entschied sich die Bevölkerung der stark slowenisch besiedelten Region nämlich für den Verbleib in Österreich.

»Abstimmungsstadt«

Der Ort wurde 1105 auf einer Terrasse über der Drau von einem rheinfränkischen Kaufmann namens Volko gegründet. Aufgrund seiner Grenznähe war er des öfteren umkämpft, doch seit dem Volksentscheid zugunsten Österreichs konnte sich das Städtchen in Ruhe entwickeln. Heute ist Völkermarkt das wirtschaftliche Zentrum des Kärntner Unterlandes.

Sehenswertes in Völkermarkt und Umgebung

Hauptplatz

Im Westen wird der lang gestreckte Hauptplatz von hübschen Biedermeierhäuschen gesäumt. Am seinem Nordende steht der klassizistische Bau des Neuen Rathauses – Vermutungen zufolge an der Stelle der einstigen Herzogsburg aus dem 13. Jahrhundert. Die Pestsäule erinnert an den Ausbruch der schrecklichen Seuche im Jahr 1715. Der schöne Arkadenbau von 1499 am anderen Ende des Platzes ist heute Sitz des **Stadtmuseums**. Dokumentiert wird neben Kultur und Brauchtum der Region die Volksabstimmung von 1920 (Faschinggasse 1; Öffnungszeiten: Mai – Okt. Di. – Fr. 10.00 bis 13.00, 14.00 – 16.00 Uhr, Sa. 9.00 bis 12.00 Uhr).

Die romanische **Stadtpfarrkirche** St. Magdalena wurde im 15. Jh. gotisch verändert. Geblieben ist ein zweitüriges romanisches Westwerk. Im Inneren sind gotische Wandmalereien aus dem 15. Jh. sehenswert. Von 1477 stammt die Lichtsäule vor der Kirche.

Etwa 8 km nordöstlich von Völkermarkt liegt der Markt **Griffen** (484 m; 3700 Einw.), **Geburtsort des Schriftstellers Peter Handke**, mit dem 1236 gegründeten, 1786 aufgehobenen einzigen Prämonstratenserstift Kärntens. Die wehrhafte Anlage besitzt gleich zwei Kirchen: die alte romanische Pfarrkirche und die prächtige Stiftskirche, eine spätromanische Pfeilerbasilika mit höchst eigenwilliger barocker Fassade.

Prämonstratenserstift ►

Schlossberg, Tropfsteinhöhle ►

Ein hübscher Wanderweg führt auf den 130 m hohen Schlossberg, dessen Ruinen aus dem 16. Jh. stammen. Neueren Datums ist dagegen die Schlossbergschänke mit dem herrlichen Ausblick auf die Umgebung. Die Tropfsteinhöhle (Temperatur: 8 °C) unterhalb des Schlossberges gilt als **farbenprächtigste Schauhöhle Österreichs** und diente, wie Tierknochenfunde und Feuerstellen zeigten, bereits vor 10 000 Jahren als Unterschlupf für Mensch und Tier (Führungen stündlich: Okt. 10.00 – 11.00, 13.00 – 16.00 Uhr, Mai, Juni u. Sept. 9.00 – 12.00 u. 13.00 – 17.00 Uhr, Juli/Aug. 9.00 – 17.00 Uhr).

★ **Klopeiner See**

Fährt man von Völkermarkt südwestlich über die hier zu einem rund 21 km langen See aufgestaute Drau, erreicht man nach wenigen Kilometern den hübschen Klopeiner See. Mit Temperaturen von bis zu

VÖLKERMARKT

AUSKUNFT

Stadtgemeinde Völkermarkt
Hauptplatz 1, A-9100 Völkermarkt
Tel. 042 32/25 71, Fax 25 71 28
www.voelkermarkt.at

ÜBERNACHTEN

► **Komfortabel**

Strandhotel Amerika-Holzer
Am See XI, A-9122 St. Kanzian
Tel. 042 39/22 12
www.amerika-holzer.at
Das direkt am See gelegene Hotel bietet u. a. einen Wellnessbereich, einen beheizten Strand-Swimmingpool, ein Golfübungsgelände und Kinderbetreuung.

Wer würde hier nicht gerne mindestens ein paar Stunden verbringen? Am Klopeiner See kann man es sich gemütlich machen.

28 °C kann er für sich in Anspruch nehmen, einer der wärmsten Badesee Kärntens zu sein. Auf dem 1900 m langen, bis 800 m breiten See sind Motorboote nicht zugelassen, trotzdem geht es während der Sommerurlaubszeit hier äußerst lebhaft zu. St. Kanzian am Klopeiner See (448 m; 4300 Einw.) verzeichnet immerhin die höchsten Übernachtungszahlen Kärntens. Der unmittelbar westlich vom Klopeiner See liegende Kleinsee und der rund 2 km südliche Turnersee bilden ebenfalls eine beliebte Urlaubs- und Ferienregion.

Eberndorf

Gut 8 km südlich von Völkermarkt liegt Eberndorf (477 m; 6000 Einw.). Sein um 1150 von Augustinern gegründetes, im 15. Jh. während der Türkenkriege befestigtes Chorherrenstift gehört seit 1809 zu den Benediktinern von St. Paul im ► Lavanttal. Sehenswert sind die romanische Stiftskirche mit der zweitgrößten Krypta in Kärnten und der entzückende Arkadenhof.

Globasnitz

Auf dem Gebiet des Dorfes Globasnitz (541 m; 1600 Einw.), gut 10 km südöstlich von Eberndorf, lag während der römischen Kaiserzeit die Siedlung Iuenna, von der Fundamentreste von Häusern und eine Fußbodenheizung freigelegt wurden. Funde aus Iuenna und vom nahe gelegenen Hemmaberg sind im höchst interessanten **Archäologischen Pilgermuseum Hemmaberg** ausgestellt (Öffnungszeiten: Mai – Mitte Okt. Di. – Fr. 10.00 – 12.00, 14.00 – 17.00, Sa. u. So. 10.00 – 12.00, 14.00 – 17.00 Uhr, www.museum-globasnitz.at).

★ ◄ Hemmaberg

Von Globasnitz führt eine 4 km lange Straße westlich auf den Hemmaberg (841 m). Seine Kuppe war seit dem 2. Jahrtausend v. Chr. besiedelt und gilt als das größte christliche Wallfahrtszentrum Mitteleuropas im 5. und 6. Jahrhundert. Man fand Grundmauern frühchrist-

! **Baedeker TIPP**

Bunte Federpracht

Kakadus und Sittiche, Aras und Fasane, Eulen und Papageien, Tukane und Enten – hier fühlt sich wohl, was Federn und Schnabel hat. Rund 1000 Tiere aus 340 Arten kann man im Vogelpark Turnersee bei St. Primus beobachten (Öffnungszeiten: April – Okt.. tgl. 9.00 – 18.00 Uhr).

licher Kirchen, die freigelegt als Freilichtmuseum konserviert wurden. Der einstige Siedlungsbereich war von einer Mauer umgeben, die sich noch stellenweise im Gelände abzeichnet.

Südlich von Eberndorf folgt **Bad Eisenkappel** (558 m; 3000 Einw.), der Hauptort des Vellachtals kurz vor dem Seebergsattel (1218 m) mit der österreichisch-slowenischen Grenze. Von Bad Eisenkappel bringen Pendelbusse Besucher zu den 8 °C kühlen Obir-Tropfsteinhöhlen. Entdeckt wurden diese steinernen Schönheiten 1870 beim Vortrieb von Stollen für den Bleiabbau, und zwar an der Nordseite des Hochobir westlich von Bad Eisenkappel. Ein Höhlenrundgang dauert rund 90 Min. (Führungen: Ostern bis Anf. Okt.; Anmeldung: Obir-Tropfsteinhöhlen GmbH, Hauptplatz 7, Bad Eisenkappel; Tel. 042 38/82 39 13; www.hoehlen.at).

Obir-Tropfsteinhöhlen ►

★★ Wachau

O/P 3

Bundesland: Niederösterreich

In die Wachau zieht es alljährlich viele Touristen, die von dem milden Klima, der herrlichen Frühjahrsblüte, heiterer Barockarchitektur und nicht zuletzt den hervorragenden Weißweinen sowie manchem Feinschmeckerlokal angelockt werden. Die Region wurde im Jahr 2000 zum Weltkultur- und Weltnaturerbe der UNESCO erklärt.

Harmonie von Kultur und Natur

Diese einzigartige etwa 30 km lange Donauregion zwischen Melk und Krems, dort, wo der Strom zwischen dem Böhmischen Massiv im Nordwesten und dem Dunkelsteiner Wald im Südosten ein enges Felsental bildet, war schon in vorgeschichtlicher Zeit besiedelt. Alte Städte prägen das Bild, überragt von sagenumwobenen Burgen und Ruinen sowie umgeben von steilen Weinbergterrassen. Wer in der Wachau vom einen zum anderen Donauufer wechseln möchte, muss die **Fähre** benutzen, Donaubrücken gibt es nämlich keine. Das enorme Hochwasser im August 2002 hat gezeigt, dass sich der Strom in eine reißende Flut verwandeln kann; 2009 wurden daher u. a. bei Wösendorf und Weißenkirchen neue Hochwasserschutzwände errichtet.

? **WUSSTEN SIE SCHON ...?**

- Willendorf, am linken Donauufer, ist die Fundstätte der berühmten »Venus von Willendorf«, einer ca. 27 000 Jahre alten Figur. Sie ist heute im Wiener Naturhistorischen Museum zu sehen (Abb. S. 61).

Der Weinbau in der Wachau begann bereits in keltischer Zeit, doch erst mit den Römern wandelte sich der Weinbau zur Weinkultur. In der Renaissance besaßen 31 Klöster Weingüter in der Wachau. Kaiser Joseph II. gestattete 1784 den Ausschank eigener Weine in den Weinbaubetrieben – der **»Buschenschank«** entstand. Heute sind die Weine aus der Wachau, im Wesentlichen Riesling, Grüner Veltliner, Neuburger und Müller-Thurgau, weltberühmt.

✶ **Weinbau**

Donauabwärts von Melk nach Krems

Schloss Schönbühel

Etwa 5 km donauabwärts von ► Melk thront eindrucksvoll, 40 m hoch, über dem gleichnamigen Ort am rechten Ufer Schloss Schönbühel. Ursprünglich aus dem 12. Jh., erhielt es unter Einbeziehung der alten Mauern seine heutige Form im 19. Jh. An der Außenmauer ist ein Abendmahlrelief angebracht. Das 1666 in der Nähe des Schlosses erbaute kleine Servitenkloster besitzt eine schöne Plastik von der Grablegung Christi.

Die Weinbäuerin von Spitz kennt sicher den Weg zur nächsten Jausenstation.

Weitere 5 km stromabwärts zweigt in Aggsbach Markt mit dem – so die Eigenwerbung – schönsten Badestrand der Wachau die Straße zum Wallfahrtsort **Maria Laach** (580 m) ab. Die spätgotische Wallfahrtskirche besitzt eine reiche Ausstattung.

Nördlich von Maria Laach erhebt sich der mit 959 m **höchste Berg der Wachau**, der Jauerling. Er besitzt einen Rundfunksender mit 139,5 m hohem Mast und eine Aussichtswarte. Der **Naturpark Jauerling-Wachau** bietet außer schönen markierten Wanderwegen und einer intakten Natur auch ein Pilz- und Heilkräutermuseum mit Naturlehrpfad (Nähere Auskünfte: www.naturpark-jauerling.at).

Ruine Aggstein

Wieder an der Donau, folgt talabwärts auf hohem, steilem Felsen die Ruine der Burg Aggstein, 300 m über dem Fluss, mit einer herrlichen Aussicht auf das Donautal. Die 1231 gegründete, mehrmals zerstörte und wieder aufgebaute Burgruine beeindruckt durch ihre gewaltigen Ausmaße. Erhalten sind Teile von Türmen, die Küche und das Speisehaus, die Kapelle und mächtige Mauern. Hier lebten einst die Kuenringer als Raubritter: Die im Tal vorbeiziehenden Schiffe und Wagen der Kaufleute boten gute Beute.

Baedeker TIPP

Wunderwelt Hubhof

Über 200 3D-Hologramme, ein historisches Spiegelkabinett, Fossilien- und Mineraliensammlungen u. v. m. präsentiert der Hubhof bei Aggsbach Markt mit seiner »Erlebnisausstellung« »Wunderwelt der optischen Illusionen und Phänomene« (Info-Tel. 027 12 / 241; Öffnungszeiten: Juni – Aug. Di. – So. 13.00 – 18.00 Uhr, Sept. und Okt. nur Fr. – So.; www.hubhof.at).

Spitz ist ein alter Markt mit schönen Renaissance- und Barockhäusern. Er ist für seine **Marillenblüte** berühmt und feiert das fruchtige Ergebnis am Marillenkirtag. Hier wurde in den Nachkriegsjahren mancher österreichische Heimatfilm gedreht. Die gotische Pfarrkirche lohnt einen Besuch wegen ihrer eindrucksvollen Apostelskulpturen (1380) und dem Hochaltarbild des Kremser Schmidt. Das Spitzer Wahrzeichen, der Tausendeimerberg, bringt in guten Jahren tausend Eimer Wein (ein Eimer entspricht 53 Litern!).

Das **Schifffahrtsmuseum Spitz** im Barockschloss Erlahof thematisiert die Ruder- und Floßschifffahrt auf der Donau (Öffnungszeiten: Mitte April – Ende Okt. tgl. 10.00 – 12.00 und 14.00 – 16.00, So. 10.00 bis 16.00 Uhr, www.schifffahrtsmuseum-spitz.at).

WACHAU ERLEBEN

AUSKUNFT

Donau Niederösterreich Regionalbüro
Schlossgasse 3, A-3620 Spitz
Tel. 027 13/300 60 60, Fax 300 60 30
www.wachau.at

ESSEN

► Erschwinglich

Loibnerhof
Unterloiben 7, A-3601 Dürnstein
Tel. 0 27 32/8 28 90
Zur Marillenblüte geht es hier bunt zu. Aber auch außerhalb dieser Zeit bekommt man im romantischen Donautal leckeres Essen und einen hervorragenden Wein.

► Preiswert

Sänger Blondel
Dürnstein 64, A-3601 Dürnstein
Tel. 0 27 11/253
Das als radfahrerfreundlich bekannte Haus serviert typische Spezialitäten aus der Wachau.

ÜBERNACHTEN

► Luxus

Hotel Schloss Dürnstein
A-3601 Dürnstein
Tel. 0 27 11/21 20, Fax 2 12-30
www.schloss.at
Vom Felsen hoch über der Donau grüßt Schloss Dürnstein. Die Hotelterrasse gilt als eine der schönsten Österreichs, Feinschmecker zieht es in das Restaurant.

Baedeker-Empfehlung

Romantik Hotel Richard Löwenherz
A-3601 Dürnstein 8
Tel. 0 27 11/2 22, Fax 2 22-18
www.richardloewenherz.at
Neben den gepflegten Zimmern und dem Speisesaal wirkt besonders der Restaurantgarten eindrucksvoll, von dem sich ein herrlicher Blick auf die Donau bietet.

»Grad' bei Dürnstein ist die Donau doch so wunderschön«, sang einst Georg Kreisler.

Oberarndorf

Im gegenüber liegenden Oberarndorf hat man der Neuburger Rebe ein schönes Denkmal in Form der Statue des Weinheiligen Urban und einer Kapelle gesetzt. Darin zeigt ein Fresko die Sage, wonach 1860 zwei Oberarndorfer Winzer beim Fischen eine Rebe aus den Donaufluten zogen, anpflanzten und das köstliche Ergebnis nach der donauaufwärts liegenden bayerischen Stadt Neuburg nannten.

*** Weißenkirchen**

Vorbei an der zinnenbekrönten Wehrkirche St. Michael kommt man am linken Donauufer nach Weißenkirchen, dem wohl **hübschesten Weindorf der Wachau**. Sein malerisches Ortsbild wird von der mächtigen Wehrkirche, alten Häusern und Höfen aus dem 16. Jh. und gewundenen Gässchen geprägt. Besonders schön ist der Teisenhofer Hof mit Freitreppe, Laubengängen und Türmen. Das hier untergebrachte **Wachaumuseum** im Teisenhoferhof zeigt regionale Kunst (Wachaumaler, Kremser Schmidt) und Volkskultur (Öffnungszeiten: April – Okt. Di. – So. 10.00 – 17.00 Uhr, www.weissenkirchen.at).

*** Dürnstein**

Das von alten Wehrmauern umgebene Dürnstein (220 m; 875 Einw.) ist der meistbesuchte Ort der Wachau. Sein berühmtester Besucher allerdings verweilte unfreiwillig hier und bezahlte viel Geld fürs Fortkommen: In der oberhalb thronenden Kuenringerburg, eine frei zugängliche, mächtige Ruine, wurde 1193 der englische König **Richard Löwenherz** gefangen gehalten. Die Sage berichtet, der Sänger Blondel habe auf der Suche nach seinem König das Land durchstreift und ihn gefunden, weil der König auf sein Ständchen vor der Burg entsprechend zu anworten wusste.

★ Pfarrkirche ► Ein **Glanzstück barocker Architektur** ist neben dem ehemaligen Augustiner-Chorherrenstift (1410–1788) die Pfarrkirche. Ihr blauer Turm wird gelegentlich als der schönste barocke Kirchturm Österreichs bezeichnet. Die einstige Stiftskirche, 1721–1725 erbaut, ist das Werk der Barockbaumeister Josef Munggenast, Jakob Prandtauer und anderer nach dem Entwurf von Matthias Steinl. Innen findet man an der Decke schöne Stuckreliefs, in den mittleren Seitenkapellen Altarbilder des Kremser Schmidt (1762), eine von dessen Vater Johann Schmidt geschnitzte Kanzel sowie schönes Chorgestühl. Der barocke Kreuzgang enthält eine ebenfalls von Johann Schmidt geschaffene große Weihnachtskrippe (um 1730).

★ Waldviertel

O/P 2/3

Bundesland: Niederösterreich

Ins Waldviertel kommt, wer in artenreicher Flora und Fauna Ruhe und Erholung sucht sowie auf zahlreichen Rad- und Wanderwegen oder Golfplätzen seiner Gesundheit etwas Gutes tun will.

Raue Abgeschiedenheit »Im Waldviertel ist es acht Monate Winter und vier Monate kalt«, sagt ein geflügeltes Wort über das Waldviertel, gelegen zwischen der Donau im Süden und der Grenze zur Tschechischen Republik im Norden, dem Mühlviertel im Westen und dem Weinviertel im Osten. Also kein geeigneter Ort für einen Urlaub? Bei näherem Hinsehen erweist sich: Das raue Klima und die Abgeschiedenheit im Schatten des Eisernen Vorhangs trugen entscheidend dazu bei, die Schönheit dieses durchaus vielfältigen Landes mit seiner artenreichen Fauna und Flora zu erhalten. Im Westen erreichen die Granitberge Höhen von über 1000 m, Nadelwälder, Teiche, kleine Seen, Moore (besonders um Heidenreichstein) und karge Böden prägen das Bild. Richtung Osten werden Landschaft und Klima freundlicher.

Land der Mythen Auch als Land der Mythen und Kultstätten vorgeschichtlicher Völker gilt das Waldviertel. Seine weltabgeschiedene Schönheit zog in den vergangenen Jahren allerlei Menschen auf der Suche nach spirituellen Erfahrungen an. Zur Attraktivität tragen die vielen, teils Tonnen schweren Findlinge oder »Restlinge« bei, die – von eiszeitlichen Gletschern glatt geschliffen – über das Waldviertel verstreut liegen. Die Skorpionfelsen bei Kautzen im Norden des Waldviertels sind, so wird kolportiert, ein exaktes Abbild des gleichnamigen Sternbildes. Auch Wünschelrutengänger gibt es hier mehr als anderswo.

► WALDVIERTEL

AUSKUNFT

Waldviertel Tourismus
Sparkassenplatz 4, A-3910 Zwettl
Tel. 0 28 22/541 09, Fax 5 41 09 36
www.waldviertel.at

Rundreise im Waldviertel

Von Zwettl (► Zwettl) im Zentrum des Waldviertels geht es Richtung Nordwesten über Weitra, die älteste Braustadt Österreichs (seit 1321) mit der kleinsten Gasthausbrauerei des Landes, nach **Gmünd**. Das Grenzstädtchen besitzt ein Glas- und Steinmuseum, das dem Besucher neben Informationen über die jahrhundertealte Steinmetzkunst einen Eindruck von der Kunst der Glasherstellung vermittelt, die hier im österreichisch-böhmischen Grenzgebiet ebenfalls eine alte Tradition hat (Stadtplatz 34; Öffnungszeiten: Mai – Sept. Mo. – Fr. 10.00 bis 12.00 und 14.00 – 16.30, Sa. und So. 9.00 – 12.00 Uhr).

Felsen bei Gmünd, »Teufels Brotlaib« genannt.

Besonders sehenswert auf dem Gmünder Stadtplatz sind die beiden Sgraffitohäuser (Nr. 31 u. 32), die Motive aus der griechischen und römischen Sagenwelt zeigen. Die Sgraffito-Malerei (Kratzputz) war eine v. a. im 16. Jh. beliebte Technik zur Bearbeitung von Wandflächen.

Rauchend und dampfend startet vom Gmünder Bahnhofsplatz aus von Mai bis Oktober jeden Mi., Sa. und So. die **Waldviertler Schmalspurbahn** in Richtung Groß-Gerungs (43 km) und nach Litschau (25 km). Die Strecke der Dampf- bzw. Dieselzüge führt durch 2 Tunnels, über 2 Viadukte und bewältigt eine Höhendifferenz von ca. 300 m (Info-Tel. 0 28 56 / 29 98.

Naturpark Blockheide-Eibenstein

Nordöstlich von Gmünd liegt der Naturpark Blockheide-Eibenstein– übrigens genau auf dem 15. Meridian östlich von Greenwich, angezeigt durch die Sonnenuhr. Imposante Beispiele für Granitfindlinge dieser Gegend sind Pilzstein, Teufels Brotlaib und diverse Wackelsteine. Wie man mit dem harten Material umgeht, verrät der Granitbearbeitungspfad. Das Informationszentrum am Aussichtsturm erläutert die Entstehungsgeschichte der Blockheide.

Heidenreichstein

Heidenreichstein (560 m; 4500 Einw.), nordöstlich von Gmünd, ist bekannt durch seine gewaltige Wasserburg, deren älteste Teile aus dem 12. Jh. stammen. Sie sieht wie das klassische Beispiel einer Ritterburg aus, ist stilgerecht über zwei Zugbrücken zugänglich und mit originalen Möbelstücken aus verschiedenen Epochen ausgestattet (Öffnungszeiten: Mitte April – Mitte Okt., Besichtigung nur mit Führung, Tel. 0 28 62 / 5 22 68; tgl. außer Mo. um 9.00, 10.00, 11.00, 14.00, 15.00 und 16.00 Uhr).

! Baedeker TIPP

Präsidial speisen

Die ehemalige tschechische Präsidentenmaschine, eine Iljuschin Il 62 M, hat ihren letzten Höhenflug längst hinter sich und nun in Heidenreichstein eine erfreuliche Verwendung gefunden – als Österreichs originellstes Lokal mit dem schönen Namen Magic Jet (Industriestraße 8; Öffnungszeiten für Flugzeugrestaurant und Towerstüberl: tgl. 10.00 – 24.00 Uhr, Tel. 028 62/535 83).

Im Naturpark **»Heidenreichsteiner Moor«** lernt man auf dem Wald- und Moorpfad Interessantes über Naturphänomene, so über das Entstehen der geheimnisvollen Irrlichter oder das Leben Fleisch fressender Moorpflanzen. Einzigartig in Österreich ist das international bekannte Haus des Moores (Tel. 02862/52619). Dokumentiert werden die wirtschaftliche Nutzung der Moore, ihre Fauna und Flora, aber auch die Mythen, die sich um das Moor ranken.

✶ **Geras**

Von Heidenreichstein führt die Fahrt östlich über Waidhofen an der Thaya, Groß-Siegharts, Raabs und Drosendorf nach Geras (460 m, 1400 Einw.). Dort steht das 1153 gegründete Prämonstratenser-Chorherrenstift. Die ursprünglich romanisch-gotische Stiftskirche wurde später barockisiert. Das Stift (www.stiftgeras.at) offeriert u. a. ein vielseitiges Kursangebot in Bildender Kunst und Musik (Führungen: Di. – So. 10.00 – 17.00 Uhr).

Naturpark ►

Auf kleine und große Besucher wartet der Naturpark Geras mit Wildgehege und Streichelzoo (Öffnungszeiten: Ostern – Anf. Nov.).

✶ **Riegersburg**

Eines der schönsten Barockschlösser Österreichs erreicht man nordöstlich nach etwa 12 km, nämlich die Riegersburg im gleichnamigen Ort. Unter dem Motto »Adliges Landleben in der Barockzeit« werden die noch funktionstüchtige Schlossküche und die komplett eingerichteten Prunkräume präsentiert. (Öffnungszeiten: April u. Okt. tgl.10.00 – 17.00, Mai – Sept. tgl. 9.00 – 17.00 Uhr). Im historischen Bienengarten wird die Entwicklungsgeschichte der Bienenhaltung gezeigt (Führungen mit Honigverkostung: n. V. Tel. 03153/82131).

Felling

Auf dem Weg von Riegersburg nach Hardegg lohnt sich ein Halt im Örtchen Felling, wo man in Österreichs einzigem Perlmutt verarbeitenden Betrieb bei der Arbeit zuschauen kann (Öffnungszeiten: Mo. bis Do. 8.00–12.00 u. 13.00–16.00, Fr. 9.00–12.00 Uhr, www.perlmutt.at).

Hardegg

Hardegg ist die **kleinste Stadt Österreichs** (308 m; 1.490 Einw.). Auf einer Felsklippe oberhalb des Grenzflusses Thaya überragt die mächtige Burganlage (11. Jh.) die Stadt. Interessant sind das Maximilian-von-Mexiko-Museum – einer der früheren Schlossherren hatte den jüngeren Bruder Kaiser Franz Josephs I. auf seinem tödlich endenden Abenteuer nach Mittelamerika begleitet – und die Waffensammlung der Fürsten Khevenhüller-Metsch. (Öffnungszeiten: April – 15. Nov. tgl. 9.00 – 17.00, Juli u. Aug. bis 18.00 Uhr, www.burghardegg.at).

Hardegg ist Ausgangspunkt für einen Abstecher in den größtenteils auf tschechischem Gebiet liegenden Nationalpark Thayatal. Das Thayatal gehört zu den schönsten naturbelassenen Tälern Europas. Eine Besonderheit in der unberührten Wildnis ist der Umlaufberg, der von der Thaya fast zur Gänze umflossen wird. Auch höchst selten gewordene Tierarten sind hier anzutreffen wie Smaragdeidechse, Gottesanbeterin oder Schwarzstorch.

★ ◄ Nationalpark Thayatal

Kamptal

Über Retz (► Weinviertel) führt der Weg westlich weiter nach Horn (► Altenburg, Umgebung) zu dem landschaftlich vielleicht schönsten Abschnitt des Kamptals, die windungsreiche Strecke südlich von Horn. Im Naturpark Kamptal am Unterlauf des Kamp findet man drei lohnenswerte Lehrpfade zu den Themen Fluss, Wald und Wein und mit der Ortschaft **Langenlois** die größte Weinbaugemeinde Österreichs. Elf Gemeinden haben sich zum Kulturpark Kamptal zusammengeschlossen und präsentieren in verschiedenen Museen die geologische Entwicklung des Landes (www.kulturpark-kamptal.at).

★ Weinviertel

Q/R 2/3

Bundesland: Niederösterreich

Sanft geschwungene Hügel mit grünen Rebhängen und weiten Getreidefeldern, gelegentlich unterbrochen durch Wälder oder vorgeschichtliche Grabhügel, prägen das Bild dieser Landschaft.

Weinbaugebiet par excellence

Zwischen Wien im Süden, der tschechischen und slowakischen Grenze im Norden und Osten sowie dem Waldviertel im Westen gelegen, ragen einzelne Berggruppen inselartig bis etwa 500 m auf (Leiser Berge, 492 m). Das Weinviertel ist Österreichs größtes Weinbaugebiet mit rund 800 »Kellergassen«, wo sich, entlang der Weinviertler Weinstraße, Weinkeller an Weinkeller reiht. Hier sind Grüner Veltliner, Riesling, Müller-Thurgau, Weißburgunder und Chardonnay zu Hause, aber auch Blauer Portugieser und Zweigelt.

Mailberg mit Malteserschloss

Rundreise im Weinviertel

Ausgangspunkt ist **Korneuburg**, etwa 15 km nordwestlich von Wien am linken Donauufer (167 m; 12 170 Einw.). Am Hauptplatz stehen spätgotische Bürgerhäuser, die barocke Pestsäule und das hübsche neugotische Rathaus mit dem alten Stadtturm. Die sehenswerte Augustinerkirche aus dem 18. Jh. besitzt einen klassizistischen Hochaltar und ein Rokoko-Orgelgehäuse. Beachtenswert ist auch die **Ruine der ältesten Synagoge Österreichs** (um 1308). Südlich von Korneuburg liegt das schon von Kaiserin Sisi geliebte Ausflugsziel Bisamberg (360 m), daher heißt der Gipfel heute Elisabethhöhe.

Burg Kreuzenstein

Nordwestlich der Stadt erhebt sich weithin sichtbar Burg Kreuzenstein (266 m). Sie wurde 1874–1915 entsprechend der 1645 von den Schweden zerstörten mittelalterlichen Burg neu errichtet – Burgromantik pur für Liebhaber (Besichtigung nur mit Führung zur vollen Stunde: Mitte März – Okt. tgl. 10.00 – 16.00, So. bis 17.00 Uhr). Die **Adlerwarte** lädt zu Flugvorführungen ihrer imponierenden Greifvögel ein (April – Okt. tgl. außer Mo. 11.00 und 15.00 Uhr, So. 11.00, 14.00 und 16.00 Uhr, www.kreuzenstein.com).

Stockerau

Stockerau (175 m; 15 400 Einw.) liegt am Rand des Tullner Beckens. In seinen Auen ließ sich der Dichter Nikolaus Lenau einst zu seinen Schilfliedern inspirieren.

Bei Niederhollabrunn und Großmugl trifft man auf zwei mächtige **keltische Grabhügel**. Ebenso unvermittelt wie unverkennbar ragen diese Zeugnisse einer längst vergangenen Kultur aus der Landschaft.

Hollabrunn

Hollabrunn (227 m; 11 320 Einw.) verfügt nicht nur über drei Kellergassen, 300 Weinkeller und diverse Heurigenlokale – auch die

Retz: Das Verderberhaus am Hauptplatz entstand um 1580.

hübsch verzierten Bürger- und Jugendstilhäuser am Hauptplatz ziehen Besucher an. Der Florianibrunnen (1862) mit der Statue des hl. Florian soll an die vielen Feuer in der Stadt erinnern, die Pestsäule (1681) an das Ende einer Pestepidemie. Interessant ist auch das Museum »Alte Hofmühle«, das über die Besiedlung und Kulturgeschichte der Gegend informiert (Öffnungszeiten: Sa. 14.00 bis 16.00, So. zusätzlich 10.00 – 11.30 Uhr).

Heldenberg

Ein Abstecher führt südwestlich nach Kleinwetzdorf zu einer Wallhalla der besonderen Art: Im weiten Schlosspark Heldenberg voller Denk- und Heldenmäler liegt der einstige Besitzer, der Schnürstiefelfabrikant und Lieferant der kaiserlichen Armee, Ritter von Pargfrieder, neben den Feldmarschallen Radetzky und von Wimpffen begraben, was der Volksmund so kommentiert: »Hier liegen drei Helden in seliger Ruh, zwei lieferten Schlachten, der dritte die Schuh.«

In nordwestlicher Richtung kommt man nach **Eggenburg** (329 m; 3510 Einw.). Das hübsche Städtchen besitzt rund 2 km lange mittelalterliche Stadtmauern, die auch als Leinwandhalter für das sommerliche »Mondscheinkino« dienen und schöne Blicke auf den historischen Marktplatz gewähren. Im Krahuletz-Museum – der Name geht zurück auf den Geologen Krahuletz (1848-1928), der mit seiner Sammeltätigkeit den Grundstock für dieses Museum legte – gibt es Fossilien, Mineralien, archäologische und volkskundliche Exponate und eine interessante Uhrensammlung (Krahuletzplatz 1; Öffnungszeiten: April – Dez. Mo. – Fr. 9.00 – 17.00, Sa. u. So. ab 10.00 Uhr). Das Museum Nostalgiewelt Eggenburg zeigt u. a. Rollermobile aus den 1950er- und 1960er-Jahren. Das Wurlitzercafé lädt zur Pause ein (Hauptlatz; Öffnungszeiten: Ende März – Okt. Di. – Do. 13.00 – 18.00, Fr. – So. 10.00 –18.00 Uhr).

◀ Krahuletz-Museum

◀ Museum Nostalgiewelt Eggenburg

▶ WEINVIERTEL

AUSKUNFT

Weinviertel Tourismus GmbH
Kolpingstraße 7
A-2170 Poysdorf
Tel. 0 25 52/35 15
www.weinviertel.at

Retz

Retz (264 m, 4280 Einw.) an der Grenze zum Waldviertel ist einem breiteren Fernsehpublikum in Österreich und Deutschland durch die Fernsehserie »Julia – eine ungewöhnliche Frau« bekannt geworden, mit Christiane Hörbiger als Richterin. Der altertümliche Reiz der Ortschaft wird auf dem Hauptplatz deutlich, wo Bürgerhäuser aus dem 16. Jh., darunter das Sgraffitohaus (1576) mit Bildern griechischer Fabeln und biblischer Themen oder das Verderberhaus, die Blicke anziehen. Sehenswert sind auch der barocke Ratssaal – das Rathaus ist übrigens über einer in blau und gold gehaltenen Rokokokapelle erbaut –, die barockisierte Dominikanerkirche und die zum Teil gut erhaltene Stadtbefestigung mit Ecktürmen und zwei Stadttoren.

! Baedeker TIPP

Julia-Rundgang

Wer Retzer Schauplätze und Drehorte der Fernsehserie »Julia – eine ungewöhnliche Frau« in der Realität betrachten möchte, hat bei der Führung »Auf den Spuren der Bezirksrichterin Julia« Gelegenheit dazu (Tourismus-Informationsbüro Retz,, Hauptplatz 30; Tel. 0 29 42/27 00).

Das Wahrzeichen von Retz ist die malerisch oberhalb gelegene historische **Windmühle** von 1722. (Besichtigung: tgl. 11.00 – 17.00 Uhr). Der Weinbau ist in Retz seit 1150 urkundlich belegt und seit dem 15. Jh. mit dem Weinhandelsprivileg ausgestattet. Auf rund 25 km Länge ist die Stadt unterkellert: Österreichs größter historischer **Weinkeller** zieht sich – Maulwurfsgängen gleich – bis zu drei Etagen tief durch den festen Sandboden (Führungen: Mai – Okt. tgl. 10.30, 14.00 und 16.00, Nov. u. Dez., März u. April tgl. 14.00 Uhr).

Mailberg

Auf der Weiterfahrt Richtung Osten sieht man rechter Hand die Ortschaft Mailberg (217 m), deren imponierendes Schloss der älteste Besitz des Malteserordensin Österreich ist.
Im Schloss ist eine **Vinothek** eingerichtet, in der man die Weine von Mailberg und seiner Umgebung verkosten und erwerben kann (Öffnungszeiten: Anfang April – Ende Dez. Fr. 13.00 – 18.00, Sa und So. ab 10.00 Uhr).

Laa a. d. Thaya

Unmittelbar an der Grenze liegt das reizende Städtchen Laa a. d. Thaya (183 m; 6130 Einw.). Von seiner reichlich bewegten Geschichte zeugen Reste der mittelalterlichen Befestigung und die mächtige Wasserburg (13. Jh.). Eine Besonderheit im Weinviertel: Seit 1436 ist das Bierbrauen in Laa nachgewiesen – wer mehr wissen möchte, besucht das Biermuseum in der Burg (Öffnungszeiten: Mai bis Okt. Sa. und So. 14.00 – 16.00 Uhr).

Poysdorf

Im Weinviertler Dreiländereck liegt Poysdorf am Poy-Bach (205 m; 7400 Einw.). Einen Besuch lohnt das informative und unterhaltsame Weinstadtmuseum Poysdorf mit speziellem Programm für Kinder(-Brünner Straße 9; Öffnungszeiten: Ostern – Okt. Mi. 13. – 18.00, Sa. und So. 9.00 – 12 u. 13.00 – 18.00 Uhr).

Herrenbaumgarten

Wer Skurriles liebt und Sinn in gescheitem Unsinn sieht, wird große Freude haben an einem Besuch in Herrenbaumgarten, dem **»verRuckten« Dorf**. Es besitzt immerhin 26 Flaschenpostämter und das so genannte Nonseum, 1994 gegründet vom Verein zur Verwertung von Gedankenüberschüssen. Dort werden Dinge präsentiert, von denen man noch gar nicht wusste, dass sie nützlich sind(Poysbrunnenstraße 9; Öffnungszeiten: Palmsonntag – 1. Nov. Sa. und So. 13.00 bis 18.00, Di. auch 15.00 – 18.00 Uhr; www.nonseum.at).

Asparn an der Zaya

Mitten im Naturpark Leiser Berge, westlich von Mistelbach, beherbergt das wuchtige Schloss in Asparn a. d. Zaya das **Niederösterrei-**

chische Museum für Urgeschichte, dazu gehört auch das **Freilichtgelände** im Schlosspark (Öffnungszeiten: Ende März – Ende Nov. tgl. 9.00 – 17.00 Uhr).

◄ Weinlandmuseum

Das Weinlandmuseum im Minoritenkloster befasst sich hingegen mit Geschichte, Kunst und Volkskultur des Landes (Öffnungszeiten: Mai – Okt. Sa. 13.00 – 17.00 Uhr, So. ab 10.00 Uhr).

◄ Schulmuseum

Informationen vom antiken Schulwesen bis zur Entwicklung des Schulbuches bietet das renommierte Österreichische Schulmuseum in Michelstetten (Öffnungszeiten: Febr. – Mitte Nov. tgl. 9.00 bis 17.00, Sa. u. So. ab 10.00 Uhr).

★ **Museumsdorf Niedersulz**

Im Museumsdorf bei Niedersulz (südöstlich von Mistelbach) stehen etwa 70 Weinviertler Gebäude, die an ihrem ursprünglichen Standort abgetragen und hier original wieder aufgebaut wurden. Sie dokumentieren einen einzigartigen Querschnitt der hiesigen Volks- und Arbeitskultur (Öffnungszeiten: Ende April – Anf. Nov. tgl. 9.30 bis 18.00 Uhr).

Prottes

Nur die wenigsten wissen, dass die k. u. k. Monarchie Österreich Anfang des 20. Jh.s das drittgrößte Erdölförderland der Welt war. Die vorhandenen Felder im Wiener Becken sind für heutige Verhältnisse zwar winzig, aber nach wie vor deckt ihre Förderung noch ca. 10% des des österreichischen Öl- und 15% des Gasbedarfs. Die Gemeinde

Überall im Weinviertel findet man stille Plätze und verträumte Flecken, wie hier vor der Stadtmauer von Eggenburg.

Prottes, nordöstlich von Wien, hat einen ca. 4,5 km langen **Erdöl-Erdgas-Lehrpfad** auf 45 Stationen und mit rund 150 Exponaten – darunter ein knapp 30 m hoher funktionstüchtiger Bohrturm – sowie ein dazugehöriges **Museum** eingerichtet (Öffnungszeiten: Ostern bis Okt.. So. 9.30 – 11.30, 14.00 – 16.00 Uhr, sonst gegen Voranmeldung unter Tel. 022 82 / 21 82; der Lehrpfad ist ganzjährig frei zugänglich).

★★ Weißensee

K 6

Bundesland: Kärnten **Höhe:** 930 m ü.d.M.

Der fjordartige Weißensee liegt im Gegensatz zu den anderen großen Kärntner Seen abseits vom Verkehrsstrom und wird deshalb gern als idyllisches Sommererholungsgebiet aufgesucht.

Erholung pur

Etwas versteckt in den Gailtaler Alpen südwestlich von ►Spittal an der Drau gelegen, ist der Weißensee mit 930 m der höchstgelegene Kärntner See und der höchstgelegene Badesee der Alpen überhaupt. Trotz seiner Größe – er ist rund 11,5 km lang, etwa 500 m breit und bis zu 99 m tief – erreicht sein Wasser Temperaturen von bis zu 25 °C und besitzt Trinkwasserqualität. Lediglich ein Drittel des etwa 23 km langen Ufers ist locker verbaut, und praktisch jeder Beherbergungsbetrieb verfügt über einen privaten Badestrand. Vor allem am Ostufer des Sees, wo die Wälder bis zum See hinabreichen, kann man unberührte Natur genießen.

Motorboote haben Fahrverbot, ansonsten ist vom Baden über Kanufahren und Surfen bis zum Segeln alles möglich. Der Weißensee ist nicht nur Ausgangspunkt für ausgedehnte Wanderungen und Bergtouren, auch zum Winterurlaub laden gepflegte Skiabfahrten und Loipen ein. Zudem bietet der See im Winter **eine der größten geschlossenen Natureisflächen Europas**, was auf ungeteilte Begeisterung bei Schlittschuh- und Eishockeybegeisterten, aber auch Anhängern anderer Eissportarten stößt. Für den schonenden Umgang mit der Natur erhielt die Region den »Europäischen Preis für Tourismus und Umwelt« der Europäischen Union.

? WUSSTEN SIE SCHON ...?

- Seinen größten Kinoauftritt hatte der Weißensee 1987, als James Bond, alias Timothy Dalton, bei Aufnahmen für »Der Hauch des Todes« im legendären Aston Martin über den zugefrorenen See kurvte. Die Cellokasten-Rutschpartie mit Filmpartnerin Kara Milovy alias Maryam d'Abo wurde auf der nahen Naggler-Alm gedreht.

Schifffahrt

Zwischen Mai und Mitte Oktober fahren Linienschiffe von Techendorf über mehrere Stationen am Nord- und zwei Haltestellen am Südufer bis zum Ostende des Sees und zurück.

Sehenswerte Orte am Weißensee

Techendorf

Häuser im Altkärntner Bauernstil und schöne Promenadenwege prägen das Ortsbild von Techendorf, dem Hauptort des Tales am nordwestlichen Ufer des Weißensees (930 m; 790 Einw.).

◄ Naggler-Alm

Eine Brücke führt von Techendorf zum Südufer und zur Talstation des Sessellifts auf die Naggler-Alm (1350 m) – Ausgangspunkt für Kammwanderungen zwischen dem Weißensee und dem ► Gailtal bzw. Skiabfahrten zum See.

Rundwanderweg

Rund 2,5 km östlich der genannten Brücke liegt am Südufer als letzte Siedlung Naggl. Von dort führt ein Rundwanderweg um den See – über den Gipfel des Laka (1851 m) zum fjordähnlichen Ostteil und auf wechselnder Höhe über steile Waldhänge zurück nach Neusach am Nordufer.

WEISSENSEE ERLEBEN

AUSKUNFT

Weißensee Information
Techendorf 78, A-9762 Weißensee
Tel. 0 47 13/2 22 00, Fax 22 20 44
www.weissensee.com

ÜBERNACHTEN

► Günstig

Hotel Alte Post
Techendorf 13, A-9762 Weißensee
Tel. 0 47 13/2 22 80, Fax 22 28 40
www.hotel-weissensee.at
Alle Zimmer bzw. Ferienwohnungen mit Blick auf den See; finnische Sauna und Dampfbad, Wintergarten, Sonnenterrasse sowie große Liegewiese.

Im Juli und August sorgen Floßkonzerte für Stimmung auf dem idyllischen Weißensee.

✶ Wels

M 3

Bundesland: Oberösterreich
Einwohnerzahl: 60 000
Höhe: 317 m ü. d. M.

Nicht nur mit ihren Pferde- und Ferkelmärkten auf dem Messegelände, sondern auch mit diversen übers Jahr verteilten Themenmärkten in der schönen Innenstadt lockt die Stadt Besucher an.

Lebhaftes Handelszentrum

Wels liegt rund 20 km südwestlich von Linz im Alpenvorland am linken Ufer der Traun. Der Ort war zu römischen Zeiten als »Ovilava« Verwaltungssitz einer Region und entwickelte sich im Mittelalter zum bedeutenden Handelszentrum. Auch Kaiser Maximilian I. (► Berühmte Persönlichkeiten) kam gerne in die Stadt. Er verstarb hier 1519 auf dem Weg von Innsbruck nach Wien. Heute ist der lebhafte Ort immer noch ein wichtiger Handels- und Wirtschaftsstandort.

Sehenswertes in Wels und Umgebung

✶ Stadtplatz

Der in seiner Geschlossenheit eindrucksvolle historische Stadtplatz wird gesäumt von 64 prächtigen Bürgerhäusern aus ganz unterschiedlichen Epochen. Am Westende steht der im 13. Jh. erbaute und im 17. Jh. umgestaltete Ledererturm, das Wahrzeichen von Wels. Wie der Wasserturm (1577) ist er ein Teil der mittelalterlichen Stadtmauer. Schräg gegenüber vom Rathaus (Stadtplatz Nr. 34) besitzt der Haas-Hof einen der schönsten Arkadenhöfe von Wels.

»Lebensspuren. Museum«

Ein besonderes Museum hat südlich des Ledererturms seine Pforten geöffnet: das »Lebensspuren.Museum« der Siegel und Stempel. Von

WELS ERLEBEN

AUSKUNFT

Touristik & City-Service Wels
Kaiser-Josef-Platz 22, A-4601 Wels
Tel. 0 72 42/43 49 50, Fax 4 79 04
www.stadtmarketing-wels.at

ESSEN

► Preiswert

① *Adlerstube*
Freiung 5, A-4601 Wels
Tel. 072 42/443 57
Täglich wechselnde preiswerte Mittagsmenüs mit schmackhafter deftiger Hausmannskost.

ÜBERNACHTEN

► Günstig

① *Hotel Kremsmünstererhof*
Stadtplatz 62
A-4600 Wels
Tel. 0 72 42/4 66 23, Fax 4 66 23 44
www.kremsmuenstererhof.at
Zentral am historischen Stadtplatz, nur unweit der Welser Messe. Der Kern des Hauses stammt aus dem 15. Jh. und besitzt einen Innenhof mit Arkaden und Gastgarten. Wirtshaus mit österreichischer Küche und Café im Haus.

Wels Orientierung

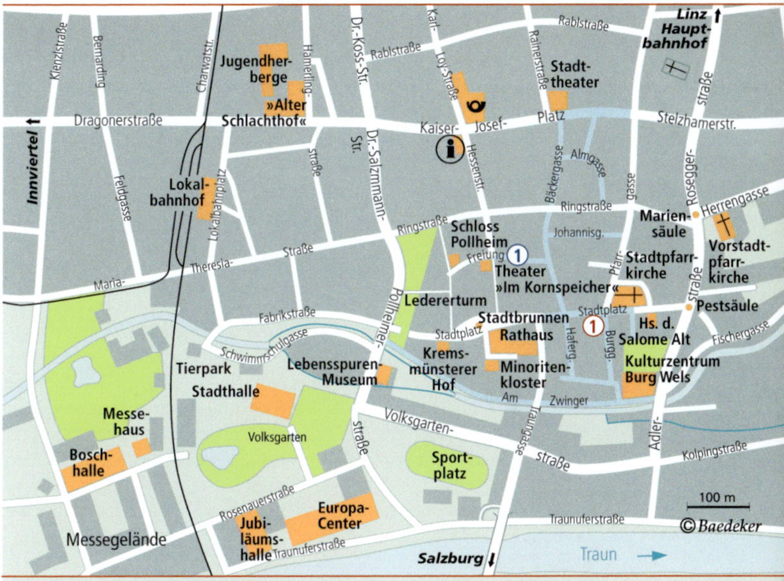

Essen
① Adlerstube

Übernachten
① Hotel Kremsmünstererhof

ersten Abdrücken menschlichen Lebens bis zum neuesten Hightech-Stempel reicht die Palette (Pollheimerstraße 4; Öffnungszeiten: Di. bis Sa. 10.00 – 16.00 Uhr).

Stadtplatz

Auf der Südseite des Stadtplatzes sind der stattliche Kremsmünsterer Hof, früher Stadthaus des gleichnamigen Klosters, sowie das hübsche Rathaus (1748) im Rokokostil beachtenswert. Südlich führt ein Gässchen zum ehemaligen Minoritenkloster mit den **Archäologischen Sammlungen**. Ausstellungsschwerpunkt ist das römische Wels (Minoritengasse 4; Öffnungszeiten: Di. – Fr. 10.00 – 17.00, Sa. 14.00 – 17.00, So. 10.00 – 16.00 Uhr).

Salome-Alt-Haus

Salome Alt von Altenau, die langjährige Geliebte des Salzburger Erzbischofs Wolf Dietrich von Raitenau, kaufte 1622 das Haus am Stadtplatz Nr. 24 gegenüber der Stadtpfarrkirche – ein schönes Beispiel für die Freskomalerei der Renaissance.

Burg

Die Burggasse führt in die Südostecke der Altstadt zur Burg, in der Kaiser Maximilian I. am 12. Januar 1519 starb. Heute nutzt man die Burg als Kulturzentrum, im Burghof finden sommerliche Konzerte und Theateraufführungen statt. Außerdem sind Sammlungen zur

Stadtgeschichte, das **Österreichische Gebäckmuseum**, das Landwirtschaftsmuseum und das Museum der Heimatvertriebenen untergebracht (Öffnungszeiten: Di. – Fr. 10.00 – 17.00, Sa. 14.00 – 17.00, So. 10.00 – 16.00 Uhr).

Welser Tierpark Westlich der Altstadt, am Nordrand des Messegeländes, ist der Tiergarten Wels eine Attraktion für große und kleine Tierliebhaber. Zu sehen sind rund 650 einheimische und exotische Tiere (Öffnungszeiten: April – Okt. 7.00 – 19.45, Nov. – März 7.00 – 18.00 Uhr).

Zoo Schmiding Nordwestlich der Stadt, etwa 7 km entfernt, lockt eine weitere tierische Attraktion: der Zoo Schmiding in Krenglbach, hervorgegangen aus einem Vogelpark mit über tausend Vogelarten aller Kontinente. Hinzugekommen sind weitere Tierarten aus der afrikanischen Savanne und dem tropischen Regenwald. (Öffnungszeiten: Mitte März bis Mitte Nov. tgl. 9.00 – 19.00 Uhr).

Museum Begegnung der Kulturen ► Interessant ist auch das »Museum Begegnung der Kulturen« am Rand des Zoogeländes, das auf rund 1600 m² Ausstellungsfläche Einblick in das Leben, das Brauchtum und die Sitten der letzten Naturvölker der Welt gibt (tgl. 9.00 – 17.00 Uhr).

★★ Werfen

K 5

Bundesland: Salzburg
Einwohnerzahl: 3200
Höhe: 540 m ü.d.M.

Zwei Attraktionen besitzt der alte Markt Werfen: die imponierende Burg Hohenwerfen und die fantastische Eisriesenwelt. Sie liegen eingebettet zwischen dem Hochkönig, dem Hagen- und dem Tennengebirge an der großen Durchgangsstraße von Salzburg nach Süden in Richtung Osttirol und Kärnten.

★ Burg Hohenwerfen Nördlich über Werfen thront auf einem bewaldeten Felsen die Burg Hohenwerfen (680 m). Der Wehrbau, 1077 von Erzbischof Gebhard angelegt und jahrhundertelang als Gefängnis genutzt, wurde 1931 nach einem Brand gründlich renoviert und 1938 vom Land Salzburg erworben. Das Innere ist im Rahmen einer Führung zu besichtigen, wo die Burgkapelle, das Verlies und eine Waffensammlung gezeigt werden. Auch das Österreichische Falknereimuseum hat hier seinen Sitz und demonstriert den Gästen die großartigen Flugkünste seiner gefiederten Schützlinge (Öffnungszeiten: April, Okt., Nov. tgl. außer Mo. 9.30 – 16.00, Mai, Juni und Sept. 9.00 – 17.00, Juli und Aug. 9.00 bis 18.00 Uhr).

Trutzige Mauern schützen die Burg Hohenwerfen. →

★★ Eisriesenwelt

Naturwunder Eishöhle

Mit rund 30 000 m² Eisfläche ist die Eisriesenwelt am Westrand des Tennengebirges die **weltweit größte aller bekannten Eishöhlen** und eine der fantastischsten Sehenswürdigkeiten der Ostalpen. Der renommierte britische Natur- und Tierfilmer David Attenborough zählt sie zu den 30 größten Naturwundern der Erde. Die in der Tertiärzeit durch einen unterirdischen Fluss geschaffene Höhle wurde im Jahre 1879 entdeckt und ab 1912 erschlossen. Von den weit über 40 km ist etwa 1 km mit Eis bedeckt. Dieser Abschnitt ist als Schauhöhle der Öffentlichkeit zugänglich.
Während der gut einstündigen Führung müssen 134 Höhenmeter überwunden werden und trotz dieser Anstrengung ist neben festem Schuhwerk warme Kleidung erforderlich, denn selbst während der Sommermonate herrscht in der Höhle eine Durchschnittstemperatur von 0 °C! Die Höhle wird ausschließlich durch mitgeführte Karbidlampen und Magnesiumlicht erhellt.

WERFEN

AUSKUNFT

Tourismusverband Werfen
Markt 24, A-5450 Werfen
Tel. 0 64 68/53 88, Fax 75 62,
www.werfen.at

RITTERESSEN

Burgschenke Hohenwerfen
Burgstraße 2, A-5450 Werfen
Tel. 0 64 68/52 03
www.ritterschmaus.at
Ab 30 Pers. mit Voranmeldung
»Tratet ein, wuschet die Hände bis zum Ellebogen, schürzet Euer Gewand und nahmet Platz an der Tafel. Es ist reichlich gesorgt für alle. ... Langet zu mit den Fingern und zieret Euch nicht!«

Vier Stunden dauert der gesamte **Ausflug zur Eisriesenwelt** und zurück. Man fährt von Werfen aus mit dem Pkw oder kleinen Linienbussen über die 5 km lange Bergstraße zum Parkplatz nahe der Seilbahn-Talstation. Ein leicht ansteigender Fußweg führt in 15 Minuten zur Talstation. Die Seilbahnfahrt dauert 3 Minuten (zu Fuß ca. anderthalb Stunden). Vom Berggasthof Dr.-Friedrich-Oedl-Haus kommt man nach weiteren 15 Minuten Fußmarsch zum eindrucksvollen Höhlenportal (1664 m) inmitten der schroffen Felswand des Tennengebirges. Durch die »Posselthalle« und über den »Großen Eiswall« gelangt man in die mächtige »Hymir-Halle« – benannt nach dem Eisriesen des Edda-Liedes. Die Hymir-Burg ist die mächstigste Eisfigur der Höhle, die »Eisorgel« im »Niflheim«, auch »Friggas Schleier« genannt, ist ein kuppelförmiges Gebilde von seltener Schönheit. Durch den Mörkdom – benannt nach dem Höhlenforscher Alexander Mörk – kommt man zum großen Eispalast, etwa 1 km im Berginneren. Dann geht es wieder zurück ans Tageslicht(-Seilbahnbetrieb und **Höhlenführung** sind organisatorisch zusammengefasst, Führungen: Mai – Okt. 9.00 – 15.30, Juli und Aug. bis 16.30 Uhr; www.eisriesenwelt.at; Tel. 064 68/52 48).

★★ Wien

Q 3

Bundesland: Wien
Einwohnerzahl: 1 700 000
Höhe: 172 m ü.d.M.

Wien, die Stadt »an der schönen blauen Donau«, ist widersprüchlich: Zugleich kosmopolitisch und nostalgisch, extravagant und provinziell mutet ihr Flair an. Und dem allseits bekannten Charme ihrer Bewohner kann man sich kaum verschließen.

Ausführlich beschrieben im Baedeker Allianz Reiseführer »Wien«

Walzerseligkeit und Kaffeehauskultur, Prater und Heuriger, k. u. k. und UNO, Sachertorte und Neujahrskonzert, Secession und Hundertwasser, Fiaker und Stephansdom, Maria Theresia und Sisi, Ludwig van Beethoven und Sigmund Freud, Hans Moser und Helmut Qualtinger, Karl Kraus und Alfred Polgar – fast endlos ließe sich die Liste der Assoziationen zu dieser schönen Weltstadt fortsetzen.

Österreichische Hauptstadt

Die Gemeinde Wien ist die **Hauptstadt der Republik Österreich**, hat aber auch den Status eines Bundeslandes. Mit 415 km² Fläche und einem Umfang von 133 km ist das in 23 Stadtbezirke untergliederte Wien eine der mittelgroßen europäischen Metropolen.

Wiener Bezirke

Jeder Bezirk hat seine Eigenheiten. Der 1. Bezirk entspricht der Altstadt, als Innenstadtbezirke gelten die Bezirke 2–9, als Außenbezirke die Bezirke 10–20 und als Randbezirke die Bezirke 21–23.

Wandbrunnen mit gestürzten Giganten und Seeungeheuern zieren den Michaelertrakt der Hofburg.

Highlights Wien

(Stadtplan S. 524/525)

Stephansdom
Das Wahrzeichen Wiens im Zentrum der Altstadt repräsentiert die Kunstgeschichte von acht Jahrhunderten!
► Seite 517

Hofburg
Geschichtsträchtig ist die kaiserliche Burg, in der die Herrscher Österreichs mehr als sechs Jahrhunderte europäische Geschichte schrieben.
► Seite 534

Kaiserappartements
Hier kann man nicht nur die Gemächer der unglücklichen Märchenprinzessin Sisi besichtigen, sondern auch die kaiserlichen Wohn- und Arbeitsräume.
► Seite 535

Silberkammer
Wie man bei Hofe tafelte, kann hier besichtigt werden.
► Seite 535

Spanische Hofreitschule
Freunde der berittenen Zunft können hier bei einer Galavorstellung die hohe Kunst der Reiterei bewundern.
► Seite 536

Schatzkammern
Gesammelte Schätze von unschätzbarem künstlerischem, historischem und materiellem Wert seit dem 16. Jh. sind hier zu sehen.
► Seite 536

Nationalbibliothek
Nicht nur architektonisch, sondern auch inhaltlich beeindruckt die Nationalbibliothek mit ihren alten Beständen.
► Seite 536

Naturhistorisches Museum
Ein Ereignis für Jung und Alt ist das im 18. Jh. gegründete Museum.
► Seite 539

Kunsthistorisches Museum
Hier kann man problemlos einen ganzen Tag verbringen – schließlich gibt es die bedeutendsten Kunstsammlungen der Welt zu sehen!
► Seite 540

Museumsquartier
Für Anhänger moderner und zeitgenössischer Kunst ist ein Besuch des Museumsquartiers Pflicht!
► Seite 540

Belvedere-Schlösser
Prinz Eugen von Savoyen ließ sich die beiden Schlösser als Sommerresidenz bauen – sie wurden zu einer der schönsten Wiener Barockschöpfungen.
► Seite 551

Schönbrunn
Die meistbesuchte Sehenswürdigkeit Österreichs und ehemalige Sommerresidenz der Habsburger beherbergte viele gekrönte und wichtige Häupter.
► Seite 554

Ein Teil des 3. Bezirks (Landstraße) gilt als Diplomatenviertel, der 4. (Wieden) zusammen mit dem 1. (innere Stadt) als nobelster; der 5. (Margareten), 6. (Mariahilf) und 7. (Neubau) zeugen von Handel und Gewerbe, Großbürgerbauten stehen neben Arbeiterwohnungen. Der 8. (Josefstadt) wird seit jeher von Beamten favorisiert, der 9. (Alsergrund) ist Wiens Akademikerviertel. Im 10. (Favoriten), 11. (Simmering), 12. (Meidling) und 15. (Rudolfsheim-Fünfhaus) wohnen Arbeiter, Kleinrentner, Mietskasernenbewohner – hier ist Wien am dichtesten besiedelt. Die Vororte im Westen und Nordwesten

(13.–19. Bezirk) mit ihren dörflichen Kernen reichen bis zu den Weingärten und Höhen des Wienerwaldes. Jenseits des Donaukanals liegt der 2. Bezirk (Leopoldstadt) mit Prater, Messe, Sportstadion und Bürohochhäusern. Der 22. Bezirk (Donaustadt) ist eine moderne Stadtlandschaft, dominiert von UNO- und Donau-City.

Wien erkunden

Für die Erkundung der weitgehend als Kurzpark- oder Fußgängerzone ausgewiesenen Altstadt benutzt man am besten U-Bahn, S-Bahn, Straßenbahn oder den Bus. Wer es romantisch liebt, besteigt einen Fiaker, die berühmten Pferdekutschen stehen am Stephans- bzw. Heldenplatz oder an der Augustinerstraße vor der Albertina. Der Fahrpreis richtet sich nach Route, Tageszeit, Kutsche und Bespannung, und am besten handelt man den Betrag vor Fahrtantritt mit dem Kutscher verbindlich aus.

Shoppingmetropole

Wien ist nicht nur Geschichts- und Kulturmetropole, sondern hat auch im Bereich Genuss und Lifestyle viel zu bieten. Dazu gehören die vielen Restaurants, Cafés, Beisln und Bars, aber auch ungezählte Möglichkeiten zum Shopping. Designer-Tempel und Trend-Shops wechseln sich ab mit gediegenen Geschäften, die schon zu Kaisers Zeiten das Publikum anzogen. Eine gut gefüllte Geldbörse ist hier von Vorteil. Doch allein schon das Bummeln vorbei an den edlen bis vornehm-schlichten Auslagen macht Spaß.

Geschichte Wiens

50 n. Chr.	Römer legen das befestigte Militärlager Vindobona an.
1137	Erste urkundliche Erwähnung Wiens als Stadt
1683	Türken werden zurückgeschlagen.
1740–1790	Wien wird zum Großhandels- und Finanzplatz.
1806	Kaiser Franz II. wird zu Franz I. von Österreich.
1814/1815	Wiener Kongress
1848–1916	Kaiser Franz Joseph I.
1918	Erste Republik mit Wien als Hauptstadt wird ausgerufen.
1955	Die Alliierten ziehen ab, Unabhängigkeit Österreichs
1978	Erste U-Bahn-Linie wird eröffnet.
1979	Eröffnung des UNO-Gebäudes am nördlichen Donauufer
2001	Die Innenstadt wird zum Weltkulturerbe erklärt.
2006	Das Theater an der Wien wird neues Opernhaus.

Frühzeit

Bis in die Jungsteinzeit lässt sich die Besiedlung des Wiener Beckens zurückverfolgen. Die illyrische Bevölkerung der Älteren Eisenzeit (ab etwa 800 v. Chr.) wurde um 400 von den Kelten abgelöst – der Leopoldsberg trug vermutlich eine keltische Stadtburg.

Römische Besiedlung

Um 50 n. Chr. legten die Römer das befestigte Militärlager Vindobona (von keltisch Vedunia = Wildbach) an der Donau zum Schutz gegen die nördlich ansässigen Germanen an. Eine römische Zivilstadt entstand ab dem 2. Jh. im Umkreis, um 487 zogen sich die Römer aus dem Donaugebiet zurück.

Von den Franken zu den Babenbergern

Kein Geringerer als **Karl der Große** soll 792 die Peterskirche gegründet haben. 955 wurde nach dem Sieg Ottos I. über die Ungarn die Ostmark (Ostarrichi) als Grenzmark des Reiches errichtet, die vermutlich aus Franken stammenden Babenberger wurden 976 zu Markgrafen ernannt. Wien entwickelte sich dank seines Flusshafens zur **burggesicherten Kaufmannssiedlung**. Urkundlich wurde Wien als Stadt (civitas) erstmals 1137 erwähnt. Zu Herzögen aufgestiegen, verlegten die Babenberger ihre Residenz von Klosterneuburg nach Wien. Mit einem Teil des Lösegeldes für den 1192 gefangen genommenen englischen König Richard Löwenherz baute man die Befestigung Wiens aus. Unter Leopold VI. dem Glorreichen (1176–1230) erlebte die Stadt einen beträchtlichen Aufschwung: Der Deutsche Ritterorden kam nach Wien, Minnesänger wie Walther von der Vogelweide verkehrten bei Hofe. 1246 starb der letzte Babenberger.

Aufstieg des Hauses Habsburg

Mit der Wahl Rudolfs I. aus dem Hause Habsburg 1273 zum deutschen König begann die fast 650 Jahre dauernde Herrschaft dieses untrennbar mit Wien verbundenen Geschlechts. Den **Aufstieg Wiens zur Metropole** unterstrich 1365 die Gründung einer Universität. Im Mittelalter war bei der Lenkung der Stadtgeschichte die Beteiligung der Bevölkerung durchaus gegeben: Die Bürgermeister- und Ratswahlordnung von 1396 verschaffte Händlern und Handwerkern Mitwirkungsmöglichkeiten im Stadtrat. Unter Herzog Friedrich V. (1440–1493), der als Friedrich III. den römisch-deutschen Kaiserthron bestieg, wandelte sich Wien zur imperialen Residenzstadt, was mit einer allmählichen Verdrängung der Bürger aus der Altstadt durch die adligen Reichsbeamten verbunden war.

Türkengefahr

1529 legten die Türken die gerade entstandenen Vorstädte Wiens in Schutt und Asche und die Gefahr weiterer Einfälle führte zum Ausbau gewaltiger Verteidigungsanlagen durch Kaiser Ferdinand I. 1683 standen die Türken erneut vor den Stadttoren und nach monatelanger Belagerung gelang es mit Hilfe der von Papst Innozenz XI. initiierten **Heiligen Liga** und Jan Sobieski, sie durch seinen Sieg in der Schlacht am Kahlenberg am 12. September zurückzuschlagen. Hier wurde auch zum ersten Mal das militärische Geschick des Prinzen Eugen von Savoyen (► Berühmte Persönlichkeiten) sichtbar, der heute noch im Volkslied als der »edle Ritter« weiterlebt.

Absolutismus

Nachdem die Türken zurückgedrängt waren, begann sich das Habsburgerreich weit nach Südosten auszudehnen. Wien stieg zur glanzvollen Residenz eines europäischen Großreiches auf. Die Stadt glie-

Sie entschied letztendlich, wo es lang ging: Maria Theresia

derte sich nun in die von Hof, Adel und Geistlichkeit bewohnte »Stadt« innerhalb der Wehrmauern, in die bürgerlichen Vorstädte zwischen Glacis und dem Linienwall – der zweiten Stadtbefestigung – und in die ländlichen Vororte, wo auch die Sommerresidenzen des Adels entstanden. Der enorme Waren- und Kapitalbedarf ließ Wien zu einem **Großhandels- und Finanzplatz** werden, Bauten von barocker Prachtentfaltung unterstrichen seine Bedeutung. Dazu gehörte beispielsweise Schloss Schönbrunn, das Maria Theresia (1717–1780) errichten ließ. Ihr Sohn Josef II. (1741–1790) erkannte 1783 einen eigenständigen Wiener Magistrat an.

Von Napoleon I. bis zur Revolution

Ende des 18. Jh.s war der Loslösungsprozess Österreichs vom Deutschen Reich so weit fortgeschritten, dass Franz II., Kaiser des Heiligen Römischen Reiches Deutscher Nation, diesen Titel 1806 niederlegte und als Kaiser Franz I. von Österreich regierte. Nach zweimaliger nur kurzer Besetzung Wiens durch Napoleon – was den Finanzhaushalt gleichwohl ruinierte – berieten Europas Staatsmänner auf dem Wiener Kongress 1814/1815 die Neuordnung Europas. Danach wurde in Wien die alte absolute Fürstenherrlichkeit restauriert. Kultureller und technischer Fortschritt ließen sich davon nicht aufhalten: 1842 wurden die **Wiener Philharmoniker** gegründet, 1843 die Gasbeleuchtung eingeführt. Große Kopfbahnhöfe entstanden, Textilwirtschaft und Maschinenbau zogen immer mehr Arbeiter an. Angesichts der Pariser Februarrevolution forderten auch die Wiener bürgerliche Freiheiten und Mitwirkungsmöglichkeiten, was in die Märzrevolution 1848 gegen das Regime Fürst Metternichs (► Berühmte Persönlichkeiten) mündete. Obwohl die Revolution niedergeschlagen wurde, musste Metternich ins Exil gehen. Auch Kaiser Ferdinand I., der seit 1835 regiert hatte, dankte ab.

Franz Joseph I. (1848–1916)

Der erst 18-jährige, stark militaristisch geprägte Franz Joseph I. (1830–1916) bestieg 1848 den Thron und vollführte den politischen Spagat zwischen konservativ-nationalem Beharrungsvermögen und wirtschaftlich-industrieller Weitsicht. Mit der Errichtung riesiger Mietshäuser als billige Unterkünfte ging zwar viel von der barocken Bausubstanz verloren, angesichts der Bevölkerungsexplosion war sie aber dringend notwendig: Zwischen 1880 und 1905 schnellte die Bevölkerungszahl von 592 000 auf zwei Millionen! Zur besseren Organisation der Stadtverwaltung wurden ab 1850 die Vorstädte, ab 1890 die Vororte eingemeindet. Anstelle der 1856 geschleiften Stadtmauer und des Glacis legte man die großzügige Ringstraße um den mittelalterlichen Stadtkern. 1873 präsentierte sich Wien mit der **Weltausstellung** einer internationalen Öffentlichkeit. Infolge der Donauregulierung 1870 bis 1874 konnte sich die Stadt auch links der Donau ausdehnen.

! *Baedeker* TIPP

»Vorortelinie«

Die 10 km lange alte »Vorortelinie« (jetzige S 45) zwischen Hütteldorf und Döbling wurde 1987 wieder eröffnet. Ihre Brücken, Tunnels und Haltestellen wurden vom Architekten Otto Wagner in reinem Jugendstil konzipiert und 1898 eröffnet.

Erste Republik und Faschismus

Nach dem Ersten Weltkrieg, der Abdankung Karls I. und dem Zerfall der Donaumonarchie wurde am 12. November 1918 die Erste Republik mit Wien als Hauptstadt ausgerufen. Über Nacht wurde die Residenzstadt eines Reiches mit 50 Millionen Einwohnern und zwölf Nationalitäten zur Hauptstadt eines Kleinstaates mit nur noch 6,6 Millionen Einwohnern, davon 2,3 Millionen in Wien. Die Polarisierung des politischen Lebens zwischen den Sozialdemokraten und den Klerikal-Konservativen erschwerte die Entfaltung eines funktionierenden demokratischen Gemeinwesens auch in Wien erheblich. Dem Dollfußregime austrofaschistischer Prägung ab 1933 folgte 1938 der so genannte **Anschluss Österreichs** an das Deutsche Reich mit Wien als Hauptstadt der »Ostmark«. Die Nationalsozialisten vertrieben oder ermordeten ihre politischen Gegner und die jüdischen Bürger Wiens. Im Zweiten Weltkrieg kamen mehr als 200 000 Wiener ums Leben. Mitte April 1945 zog die Rote Armee in Wien ein.

Zweite Republik

Die Siegermächte – UdSSR, USA, Großbritannien und Frankreich – teilten Wien in vier Besatzungszonen auf. Mit Hilfe von Marshallplangeldern wurde ab 947 der Wiederaufbau beschleunigt: Die Stadt gewann zunehmend an nationalem und internationalem Profil. Mit der Ratifizierung des Österreichischen Staatsvertrages 1955 zogen die Alliierten ihre Truppen ab, Stadt und Staat wurden wieder unabhängig. 1956 kam die Internationale Atomenergiebehörde nach Wien, die Organisation für Industrielle Entwicklung der Vereinten Nationen (UNIDO) folgte 1967. Mit der Eröffnung der UNO-City 1979 wurde Wien dritter Hauptsitz der UNO. 1990 rückte die Stadt durch die Öffnung des Eisernen Vorhangs wieder ins Zentrum Mitteleuropas und es wurden politische, wirtschaftliche und kulturelle Kontakte mit den osteuropäischen Staaten neu belebt. 1994 begannen die Bauarbeiten in der Donau-City, dem zweiten modernen Stadtkern Wiens. Symbol für den Weg in das 21. Jh. ist der 202 m hohe **Millennium Tower** (www.millennium-city.at) am rechten Donauufer.

Rundgang durch die Wiener Innenstadt

Beginn am Stephansplatz

Für einen Rundgang durch die Wiener Innenstadt sollte man sich mindestens einen halben Tag Zeit nehmen. Der Stephansplatz vor dem Stephansdom ist das **Zentrum der Wiener Innenstadt** und eine beliebte Fußgängerzone, umringt von Geschäften, Cafés und interessanten Häusern wie dem Haus »Zur Weltkugel« (Nr. 2), dem Churhaus (Nr. 3), dem Domherrenhof (Nr. 5) oder dem Erzbischöflichen Palais (Nr. 7). Das Haas-Haus dagegen liegt schon am Stock-im-Eisen-Platz (Nr. 4–6). Seinen kuriosen Namen erhielt der Platz nach einem mit vielen Nägeln beschlagenen Baumstamm – zu sehen am Haus 3/4, Ecke Graben/Kärntner Straße –, der seit 1533 urkundlich belegt ist.

★ ◄ Virgilkapelle

Nach der Beseitigung der Kriegsschäden und dem Bau der U-Bahn-Station wurde die große Freifläche des Stephansplatzes neu gestaltet. Dabei legte man die Fundamente der Kapelle Maria Magdalena frei, die heute mit farbigen Steinen neben dem Stephansdom markiert ist. Unterhalb des als Karner verwendeten Untergeschosses der Kapelle stieß man auf die Virgilkapelle. Aufgrund der Ornamentik datiert man die Entstehung dieses Sakralbaus, der auch eine Sammlung historischer Keramik bewahrt, ins 13. Jahrhundert (aus konservatorischen Gründen zzt. geschlossen).

★★ **Stephansdom**

Bekanntestes Wahrzeichen Wiens und **Österreichs bedeutendstes gotisches Bauwerk** ist die gewaltige Dom- und Metropolitankirche St. Stephan. Generationen von Baumeistern haben seit dem 12. Jh. am 107 m langen und 39 m breiten Sakralbau mitgewirkt, der somit die Kunstgeschichte von acht Jahrhunderten repräsentiert. In den letzten Tagen des Zweiten Weltkriegs wurde St. Stephan schwer beschädigt. Wiederaufbau und Restaurierung waren eine österreichische Gemeinschaftsarbeit: Oberösterreich spendete die neue Glocke, Niederösterreich den Boden, Vorarlberg die Bänke, Tirol die Fenster, Kärnten die Kronleuchter, das Burgenland die Kommunionsbank, Salzburg den Tabernakel, Wien das Dach und die Steiermark das Portal. Auf dem Stephansplatz in der Nähe des Singertores, dessen eiserne Rolle am linken Pfeiler als mittelalterlicher Asylgriff gedeutet wird, steht ein Bronzemodell des Doms im Maßstab 1 : 100 für blinde und sehbehinderte Menschen.

Porträt Meister Pilgrams am spätgotischen Orgelfuß

Äußeres ► Beim um 1230 entstandenen Riesentor wurde zur Zeit der Babenberger Recht gesprochen. Links von der Vorhalle sind zwei eiserne Maßstäbe eingemauert: der längere stellt die Wiener Normalelle, der kürzere die Wiener Leinenelle dar. Der Name der 66 m hohen Heidentürme geht auf ein heidnisches Heiligtum zurück, das vordem hier gestanden haben soll. Im auch Adlerturm genannten Nordturm hängt die 21 t schwere, 1951 z. T. aus Trümmern der 1945 zerstörten Vorgängerglocke gegossene **»Pummerin«**. Sie wird nur zu besonderen Anlässen geläutet. Ein Schnellaufzug bringt Besucher nach oben (Öffnungszeiten: tgl. 8.15 – 16.30, Juli und Aug. bis 18.00 Uhr).

»Steffl« ► Der 1365 begonnene Südturm, im Volksmund »Steffl« genannt, ist 137 m hoch und gilt zusammen mit dem Freiburger Münsterturm als schönster Turm der deutschen Gotik.

Innenraum ► Bündelpfeiler tragen den dreischiffigen Hallenraum mit Netz- und Sternrippengewölbe. Die wertvollste Figur ist die des hl. Christophorus am linken Chorpfeiler (1470), vermutlich eine Stiftung Kaiser Friedrichs III. Das bedeutendste Kunstwerk ist die spätgotische Kanzel (1510–1515; Sandstein) möglicherweise von Meister Pilgram, der sich am Kanzelfuß in der Figur eines »Fensterguckers«

Wien Stephansdom

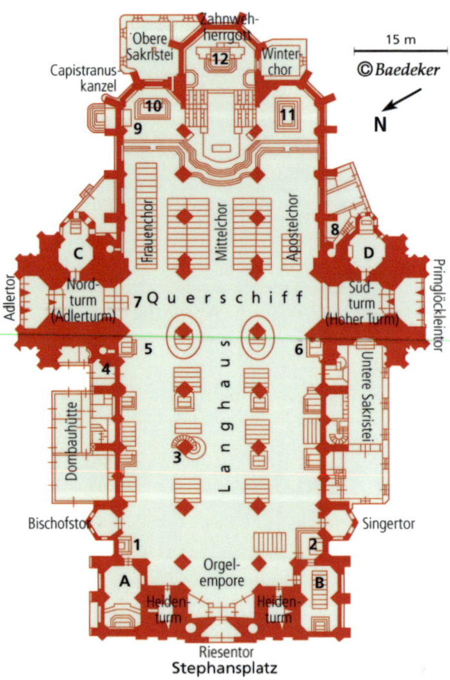

A Tirnakapelle (Kreuzkapelle; Grabkapelle des Prinzen Eugen, † 1736); darüber die Schatzkammerkapelle
B Eligiuskapelle
C Barbarakapelle
D Katharinenkapelle

1 Altarbaldachin von H. Prachatitz
2 Baldachin mit Pötschermadonna
3 Kanzel von A. Pilgram (mit »Fenstergucker«); am Kanzelpfeil die Dienstbotenmadonna
4 Aufzug zur Pummerin
5 Orgelfuß von A. Pilgram (mit Pilgrams Selbstbildnis)
6 Baldachin von H. Puchsbaum
7 Zugang zu den Katakomben
8 Turmbesteigung (343 Stufen)
9 Stiftergrabmal
10 Wiener Neustädter Altar (»Friedrichsaltar«)
11 Hochgrab Kaiser Friedrichs III. († 1493
12 Hochaltar von T. und J. J. Pock

selbst dargestellt hat. Auch am prächtigen spätgotischen Orgelfuß (1513), eindeutig Pilgram zugeschrieben, hat der Künstler sich verewigt – mit Zirkel und Winkel. Tobias und Johann Jakob Pock fertigten 1640–1660 den Hochaltar aus schwarzem Marmor. Im Südchor steht das mächtige Hochgrab Kaiser Friedrichs III., er stiftete den Flügelaltar im Chor gegenüber.
Die Statuen der Eligiuskapelle zählen zu den bedeutendsten Plastiken des 14. Jh.s; die Hausmuttergottes hatte eine kaiserliche Verehrerin: Maria Theresia. Die Tirnakapelle ist Grabkapelle des Prinzen Eugen († 1736). Das Altarkruzifix stammt aus dem 15. Jh.: Jesus trägt einen Bart aus natürlichem Haar, welcher der Legende nach ständig wächst.
Die **Katakomben** bergen in mehreren für die Öffentlichkeit unzugänglichen Stockwerken die Gebeine Tausender Wiener. Da die Toten auf dem Kirchhof oft nachlässig beerdigt und früh exhumiert wurden, um Platz für »Nachfolger« zu machen, breitete sich entsprechender Geruch aus. Daher entschloss man sich zum Bau der Katakomben. 1783 verbot Kaiser Joseph II. dort weitere Bestattungen. Den Mittelpunkt bildet die 1363 für das Haus Habsburg angelegte **Herzogsgruft**. Seit der Anlage der Kaisergruft in der Kapuzinerkirche pflegte man hier lediglich Kupferurnen mit den Eingeweiden aufzubewahren, die Leichname sind in der Kaisergruft, ihre Herzen in der Herzgruft der Augustinerkirche beigesetzt (Führungen: tgl. 10.00 – 11.30, 13.30 – 16.30, So. nachmittags).

! *Baedeker* TIPP

Süße Pause

Wer nach so viel Kultur eine süße Pause braucht, ist im Haus Nr. 11 am Stephansplatz richtig: Pischinger bietet erlesene Waffelspezialitäten zum Schwachwerden (www.pischinger.at).

★ **Dom- und Diözesanmuseum**

Der Zwettlerhof (Stephansplatz Nr. 6) neben dem Erzbischöflichen Palais beherbergt das Dom- und Diözesanmuseum. Seine Schatzkammer enthält die **wertvollsten Stücke des Kirchenschatzes** vom Stephansdom, darunter zwei syrische Glasflaschen (13./14. Jh.), Kreuzreliquiare, das Grabtuch von Herzog Rudolf IV., Emailletafeln (12. Jh.) mit alttestamentarischen Szenen, ein karolingisches Evangeliar (9. Jh.), gotische Tafelbilder und eine große Skulpturensammlung (Öffnungszeiten: Di. – Sa. 10.00 – 17.00 Uhr).

★ **Mozarthaus Vienna**

Freunde klassischer Musik müssen unbedingt das Mozarthaus in der vom Stephansplatz östlich abgehenden Domgasse besuchen. In der Nr. 8 wohnte Mozart mit seiner Familie von 1784 bis 1787 und verfasste dort seine Oper »Die Hochzeit des Figaro«. Heute ist die Wohnung eine Erinnerungsstätte (www.mozarthausvienna.at; Öffnungszeiten: tgl. 9.00 – 19.00 Uhr).

Altes Universitätsviertel

Von der Schulerstraße links über die Wollzeile kommt man in die Bäckerstraße mit eine Reihe schöner alter Stadtpaläste (Nr. 7, 8, 12 u. 16). In östlicher Richtung folgt der Dr.-Ignatz-Seipel-Platz, einer der schönsten geschlossenen Plätze Wiens. Hier steht die Alte Universität, die 1425 einzog und 1725 umgebaut wurde. **Franz Schubert** besuchte von 1808 bis 1823 das Akademische Kolleg. In der früheren Universitätskirche, heute Jesuitenkirche (1703–1705), fasziniert der bewegte Raumeindruck, der durch die perspektivisch-illusionistische Malerei im Tonnengewölbe entsteht. Der beste »Standpunkt« für den Betrachter ist durch die helle Platte im Mittelgang gekennzeichnet. Die Neue Aula der Universität, der bedeutendste profane Rokokobau Wiens, ist seit 1857 Sitz der Österreichischen Akademie der Wissenschaften (nicht zugänglich).

Hoher Markt

Gleich westlich folgt der geschichtsträchtige Hohe Markt, ältester Platz der Donaumetropole am Rand des Textilviertels, von den Wienern auch **»Fetzenviertel«** genannt. Im Mittelalter lagen hier die Richtstätte, der Fischmarkt und der Handelsplatz der »Gewandkrämer«. Mittelpunkt ist der Vermählungsbrunnen, dessen Figurenschmuck die Hochzeit von Maria und Josef darstellt. An der Ostseite fällt die Kunstuhr der Anker-Versicherungsgesellschaft auf dem die Rotgasse überspannenden Schwibbogen ins Auge. Die 1914 geschaffene Spieluhr lässt stündlich historische Figuren paradieren, darunter Mark Aurel, Karl den Großen, Theodora von Byzanz, Walther von der Vogelweide, Prinz Eugen, Maria Theresia und Joseph Haydn.

Römermuseum ►

Beim Haus Nr. 3 an der Südseite des Hohen Marktes befindet sich sowohl der Einstieg zu den unterirdischen römischen Ausgrabungen als auch das Römermuseum mit Videoguide und 3D-Animationen (Öffnungszeiten: Di. – So. 9.00 – 18.00 Uhr).

Ruprechtskirche

Die **älteste Kirche Wiens**, St. Ruprecht am Ruprechtsplatz, erreicht man über die nördlich abzweigende Judengasse. Bischof Virgil zu Salzburg soll sie im 8. Jh. an der Stelle des unterirdischen Bethauses der Glaubensapostel Cunard und Gisalrich errichtet haben. Sie wurde mehrfach verändert. Zu ihren Schätzen gehören die ältesten Glasfenster Wiens (13. Jh.) im Mittelfenster des Chores (Öffnungszeiten: Mo. – Fr. 10.00 – 12.00, Di. u. Do. 14.00 – 16.00 Uhr).

Dokumentationsarchiv des Österreichischen Widerstandes

In der westlich an den Hohen Markt anschließenden Wipplingerstraße steht das Alte Rathaus mit dem Dokumentationsarchiv des Österreichischen Widerstandes. Es zeigt Exponate zur Geschichte der aktiven Auflehnung gegen den Austrofaschismus 1934–1938 und des Widerstands gegen den Nationalsozialismus (Öffnungszeiten: Mo., Di., Mi., Fr.9.00 – 17.00, Do. bis 19.00 Uhr, www.doew.at).
Eine Gedenkstätte für die österreichischen Freiheitskämpfer und die Opfer des NS-Regimes befindet sich fünf Gehminuten nördlich in der Salztorgasse 6 (Öffnungszeiten: Mo. 14.00 – 17.00 Uhr, Do. u. Fr. 9.00 – 12.00 und 14.00 – 17.00 Uhr).

Judenplatz

Nach der Böhmischen Staatskanzlei folgt links der Judenplatz, seit Ende des 13. Jh.s Zentrum des mittelalterlichen Wiener Judenvier-

tels. 1421 führten Hass und Neid zur »Wiener Geserah«, der Vertreibung und Emordung der Juden. Auf dieses Ereignis macht am Haus Nr. 2 »Zum großen Jordan« (15. Jh.) ein Relief der Taufe Christi mit antisemitischer Inschrift aufmerksam. Das fast 4 m hohe **Holocaustdenkmal** von Rachel Whiteread erinnert an die Ermordung von 65 000 österreichischen Juden durch die Nazis.
Unter dem Denkmal hat man Fundamente der mittelalterlichen Synagoge zugänglich gemacht und ein kleines **Museum** eingerichtet (Öffnungszeiten: So. – Do. 10.00 – 18.00, Fr. bis 14.00 Uhr).

★ **Uhrenmuseum**

An der Südseite der Böhmischen Hofkanzlei zweigt ein kleines Gässchen zum »Harfenhaus«, einem der ältesten Häuser Wiens, ab. Darin logiert seit 1921 das Uhrenmuseum, wo auf drei Etagen die Entwicklung des Chronometers vom 15. Jh. bis zur Gegenwart und eine Fülle von verschiedenen Uhren dargeboten wird (Öffnungszeiten: Di. bis So. 10.00 – 16.30, Führungen: Tel. 015332265).

»Am Hof«

Gleich westlich folgt der geschichtsträchtige und größte innerstädtische Platz »Am Hof«. Hier hatten schon die Römer ihr Lager aufgeschlagen und die Babenberger ließen dort im Jahre 1135 ihre erste Pfalz errichten. Der Platz war auch Schaubühne glänzender Feste, was Walther von der Vogelweide zum lobenden Vers »Das ist der wunnigliche Hof ze Vienne« verleitete. Vom Balkon der einstigen Jesuitenkirche Zu den neun Chören der Engel verkündete Kaiser Franz II. im Jahre 1806 das Ende des Heiligen Römischen Reiches Deutscher Nation.

Der »Hof« ist die größte Platzanlage in der Innenstadt.

Wien Orientierung

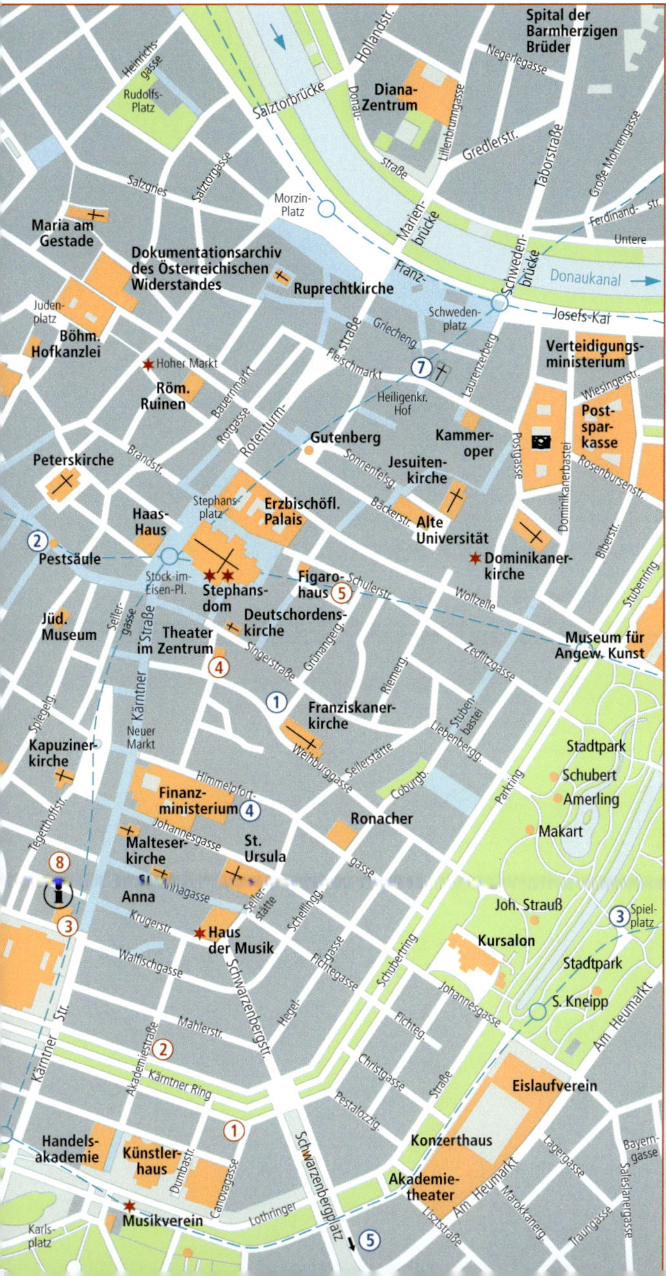

Essen

1. Artner
2. Meinl am Graben
3. Steirereck
4. Zum Kuckuck
5. Fasanlwirt
6. Hauswirth
7. Fleischmarkt 16
8. Zum Weisshappel
9. Wiener Rathauskeller
10. Witwe Bolte
11. Reinthaler

Übernachten

1. Imperial
2. Grand Hotel
3. Sacher
4. Kaiserin Elisabeth
5. König von Ungarn
6. Hotel Papageno

WIEN ERLEBEN

AUSKUNFT

Tourist-Info Wien
1. Bez., Maysedergasse
(Albertinaplatz)
A-1010 Wien
Tel. 01/245 55, Fax 24 55 56 66
www.wien.info

Eine weitere Tourist-Info gibt's in der Ankunftshalle des Wiener Flughafens.

WIEN-KARTE

Empfehlenswert ist die Wien-Karte, ideale »Eintrittskarte in die Stadt«, erhältlich u. a. in der Tourist-Info, am Flughafen, in Hotels und bei Verkaufsstellen der Wiener Linien. Sie beinhaltet eine 24-, 48- oder 72-Stunden-Netzkarte für U-Bahn, Bus und Tram, Ermäßigungen in vielen Museen und Geschäften, Theatern, Restaurants und bei Stadtführungen.

SHOPPING

Wiens beliebteste Einkaufsmeilen sind Kärntner Straße, Graben und Kohlmarkt, auch in der Mariahilfer Straße lässt sich wunderbar shoppen.

ESSEN

► Fein & Teuer

① ***La Norma***
Franziskanerplatz 3, A-1010 Wien
Tel. 01/5 12 86 65
Ein Geheimtipp für Freunde bester italienischer Küche.

② ***Meinl am Graben***
1. Bez., Graben 19, A-1010 Wien
Tel. 01/5 32 33 34
www.meinlamgraben.at
Kulinarische Institution ersten Ranges im ersten Stock des Gourmet-Kaufhauses.

Baedeker-Empfehlung

③ ***Steirereck***
3. Bez., Am Heumarkt 2 a, A-1030 Wien
Tel. 01/7 13 31 68
Gourmettempel mit außergewöhnlichen Kreationen und gepflegtem Weinkeller, der in der Meierei im Stadtpark sein Quartier hat.

④ ***Zum Kuckuck***
1. Bez., Himmelpfortgasse 15
A-1010 Wien, Tel. 01/5 12 84 70
Erlesener Gourmettempel, der dem Gast viel zu bieten hat.

► Erschwinglich

⑤ ***Fasanlwirt***
3. Bez., Rennweg 24 (Ecke Fasangasse)
A-1030 Wien
Tel. 01/7 98 45 51
Benannt nach den Fasanen, die es früher hier in Scharen gab; geboten wird herzhafte Hausmannskost.

Edle Textilien findet man beispielsweise auf dem Graben.

⑥ ***Hauswirth***
6. Bez., Otto-Bauer-Gasse 20
A-1060 Wien, Tel. 01/5 87 12 61
Im Biedermeier-Ambiente wird traditionelle Wiener Küche serviert, dazu ein guter Tropfen aus dem Weinkeller.

⑦ ***Fleischmarkt 16***
1. Bez., Fleischmarkt 16, A-1010 Wien
Tel. 01/513 23 18
Der hervorragende Service im »Fleischmarkt« bringt österreichische Schmankerln und exotische Spezialitäten an den Tisch.

⑧ ***Zum Weisshappel***
1. Bez., Petersplatz 1, A-1010 Wien
Tel. 01/5 33 90 96
Schöner Blick auf den Petersplatz. Spezialitäten: frischer Fisch, Fleisch aus der hauseigenen Fleischerei und typische Wiener Nachspeisen.

⑨ ***Wiener Rathauskeller***
1. Bez., Rathausplatz 1, A-1010 Wien
Tel. 01/4 05 12 10
Restaurant in den Kellergewölben des Wiener Rathauses; Gerichte der jungen Wiener Küche.

⑩ ***Witwe Bolte***
7. Bez., Gutenberggasse 13
A-1070 Wien, Tel. 01/5 23 14 50
Als Bürger verkleidet soll Kaiser Joseph II. einmal dieses Lokal besucht haben. Im Sommer sitzt man im Gastgarten.

► Preiswert

⑪ ***Reinthaler***
1. Bez., Gluckgasse 5, A-1010 Wien
Tel. 01/5 12 33 66
Uriges Wiener Wirtshaus mit netter Bedienung und herzhaften Gerichten.

ÜBERNACHTEN

► Luxus

① ***Imperial***
Kärntner Ring 16, A-1015 Wien
Tel. 01/50 11 03 13, Fax 50 11 03 55
www.starwoodhotels.com
Das Haus wurde 1869 für den Herzog von Württemberg erbaut und 1873 anlässlich der Weltausstellung als Hotel eröffnet. Heute zählt es zu den Wiener Häusern der Luxuskategorie. Viele Staatsgäste haben hier mit ihrem Gefolge logiert.

Baedeker-Empfehlung

② ***Grand Hotel***
Kärntner Ring 9, A-1010 Wien
Tel. 01/51 58 00; Fax 515 13 10
www.grandhotelwien.com
in der 1870 eröffneten Nobelherberge versprechen nicht nur die Zimme und Suiten formvollendetes Ambiente, sondern auch der große Ballsaal und die beiden Spitzenrestaurants »Le Ciel« und »Unkai«.

③ ***Sacher***
Philharmonikerstraße 4
A-1010 Wien
Tel. 01/51 45 60; Fax 51 45 68 10
www.sacher.com
Im Hotel Sacher haben schon Königin Elisabeth II., Pandit Nehru, John F. Kennedy und Maria Callas übernachtet. Das 1876 vom Gemischtwarenhändler Eduard Sacher gegründete Haus ist heute ein in jeder Hinsicht modernes Hotel, mit Restaurants, Bar und dem weltberühmten Café Sacher.

④ ***Kaiserin Elisabeth***
Weihburggasse 3, A-1010 Wien
Tel. 01/5 15 26; Fax 51 52 67
www.kaiserinelisabeth.at
Das stilvolle Adelspalais im ersten Wiener Bezirk verfügt über elegante Komfort-Zimmer und Suiten. Großer Wert wird auf den Service gelegt.

⑤ ***König von Ungarn***
Schulerstraße 10, A-1010 Wien
Tel. 01/51 58 40; Fax 51 58 48
www.kvu.at
Das seit 1746 geführte und damit älteste Hotel empfängt Gäste mit österreichisch-ungarischem Flair, was sich auch auf der Speisekarte des Restaurants erfreulich bemerkbar macht.

► Komfortabel

⑥ ***Hotel Papageno***
Wiedner Hauptstraße 23–25
A-1040 Wien
Tel. 01/5 04 67 44, Fax 5 04 67 44 22
www.hotelpapageno.at
Vom modisch modern gut ausgestatteten Hotel kann man verschiedene Wiener Sehenswürdigkeiten leicht zu Fuß erreichen.

Peterskirche Weiter südöstlich steht auf dem Petersplatz die Peterskirche anstelle einer der Überlieferung nach von Karl dem Großen gegründeten Kirche, von der jedoch nichts erhalten ist. Der heutige Zentralbau über ovalem Grundriss stammt vom Anfang des 18. Jh.s, begonnen von Gabriel Montani und wohl von Lukas von Hildebrandt vollendet. Auch an der prächtigen Innenausstattung haben berühmte Künstler wie Rottmayr, Altomonte und Kupelwieser mitgewirkt.

Graben Nun kommt man zum Graben, einst Wehrgraben des römischen Lagers, später Mehl- und Gemüsemarkt und heute beliebte Einkaufsmeile. Rechts biegt man ab in die Dorotheergasse, wo in Nr. 6 eines der schönsten Wiener Künstler- und Literatencafés zu Hause ist, das **Café Hawelka** (Öffnungszeiten: tgl. außer Di. 8.00 – 2.00, So. ab 10.00 Uhr, www.hawelka.com).

! *Baedeker* TIPP

Jugendstil-Örtchen

Kuriose Sehenswürdigkeit auf dem Graben sind die unterirdischen Jugendstil-WCs (1905) von Adolf Loos. Sie bieten einen noblen Rahmen für »dringende Geschäfte«.

✶ Jüdisches Museum In der Dorotheergasse Nr. 11 hat das Jüdische Museum eine Heimat gefunden. Es thematisiert die Beziehung zwischen Juden und Nichtjuden in Österreich und Europa. Wechselausstellungen behandeln das jüdische Wien, das Ostjudentum und die Wiener Salonkultur. Die bemerkenswerte ständige Ausstellung basiert auf drei Sammlungen: der Sammlung von Max Berger zur Kunst des aschkenasischen Judentums, der Sammlung der Israelitischen Kultusgemeinde Wien und der Sammlung von Martin Schlaff, die mit ihren rund 5000 Objekten zum Antisemitismus einzigartig ist (Öffnungszeiten: So. – Fr. 10.00 – 18.00, Führungen: So. 14.00, 15.00 und 16.00 Uhr, www.jmw.at).

Neuer Markt

Zwischen dem Jüdischen Museum und dem Dorotheum quert die Plankenstraße, die in östlicher Richtung zum Neuen Markt führt. Er diente seit 1220 als Mehl- und Krautmarkt, Turnier- und Schlittenplatz. Die vier anmutigen Putten am Providentia- oder Donnerbrunnen (1737–1739) von Georg R. Donner symbolisieren die Flüsse Enns, Traun, Ybbs und March.

> ! *Baedeker* TIPP
>
> **»Tante Dorothee«**
>
> Eines der weltweit größten Auktionshäuser ist das Dorotheum in der Dorotheerstraße 17, von Wienern kurz »Tante Dorothee« oder »Pfandl« genannt. Der Besuch lohnt allein schon wegen der stilvollen Atmosphäre (Besichtigung: Mo. bis Fr. 10.00–18.00, Sa. 9.00–17.00 Uhr; Auktionen: Mo. bis Fr. um 14.00 Uhr, Sa. um 10.00 Uhr).

Die schlichte **Kapuzinerkirche** (gebaut 1622–1632) an der Westseite des Neuen Marktes wurde samt Kloster von Anna (†1618), der Gemahlin des Kaisers Matthias, gestiftet. Der Eingang links von der Kirche führt hinab zur Kapuziner- oder Kaisergruft, **Familiengruft der Habsburger seit 1633**. Hier ruhen die einbalsamierten Körper von 138 Mitgliedern des Hauses Habsburg. Die letzte Beisetzung fand übrigens 1989 statt, als Ex-Kaiserin Zita von Habsburg hier ihre letzte Ruhestätte fand. Durch die chronologische Ordnung der neun Grüfte kann man gut den Wechsel der Kunststile einzelner Epochen nachvollziehen (Öffnungszeiten: tgl. 10.00–18.00 Uhr).

✶ ◄ Kaisergruft

Kärntner Straße

Wer nach dem Bummel über die Einkaufsmeile Kärntner Straße noch Geld übrig hat, kann versuchen, es im Spielcasino (Nr. 41), dem 1648 errichteten Palais Esterházy, wieder zu vermehren. Richtung Norden erreicht man wieder den Stephansplatz.

Hofburg und Umgebung

Schottenstift

Stift und Kirche kamen zu ihrem Namen durch die irischen Mönche, die im 12. Jh. von Regensburg nach Wien berufen wurden: Man nannte sie Schotten, weil Irland damals Neu-Schottland hieß. In der Gruft der barocken Schottenkirche (ursprünglich 12. Jh.; 1638–1648 umgebaut) ruhen Graf Rüdiger von Starhemberg, der Verteidiger Wiens gegen die Türken 1683, der Klostergründer Herzog Heinrich II. Jasomir († 1177) und der Maler Paul Troger († 1762). Das Schottenstift unterhält ein renommiertes Gymnasium, das der ehemalige Bundeskanzler Schüssel einst besuchte, und eine bedeutende Gemäldegalerie mit Werken zu religiösen Themen aus dem 16. bis 19. Jh., aber auch Porträt- und Landschaftsmalerei (Öffnungszeiten: Do. – Sa. 11.00 – 17.00 Uhr, www.schottenstift.at).

Freyung

Die Schottenkirche liegt an der Freyung (»Freistatt«), einem dreieckigen Platz, dessen Name daran erinnert, dass das Kloster ebenso wie der Stephansdom das Recht besaß, Verfolgten Kirchenasyl zu gewähren. Früher gab es hier Wurstelprater, Gaukler und Marktschreier,

Kein Kaffeehaus, sondern eine Weltanschauung: Café Central

heute ist der Platz für seinen Ostermarkt und vorweihnachtlichen Adventszauber bekannt. Der **Austriabrunnen** von Ludwig Schwanthaler wurde 1846 in München gegossen, seine allegorischen Figuren stellen die Austria und die ehemaligen Hauptflüsse der Monarchie, Po, Elbe, Weichsel und Donau, dar. Gerüchten zufolge füllte Schwanthaler die Austriafigur in München mit Zigaretten, um sie unverzollt nach Wien bringen zu können, fand aber keine Gelegenheit mehr, die heiße Ware wieder an sich zu nehmen – so ist der Tabak wohl heute noch drin. Um die Freyung entstanden im 17. und 18. Jh. hübsche Stadtpalais: das Palais Harrach (Nr. 3), seit 1995 einer der Ausstellungsorte des Kunsthistorischen Museums, das Palais Kinsky (Nr. 4) und das Palais Ferstel (Nr. 2). Letzteres wurde 1856–1860 für die Nationalbank gebaut, die aber schon 1878 wegzog.

Café Central ►

Viel berühmter ist das noch hier logierende Café Central, von dem man sagte: »Auf jedem zweiten Thonetstuhl ein reifendes Dichter-Genie, ein Austromarxist oder Adliger, ein Zwölftonmusiker oder wenigstens ein Psychoanalytiker ...« Einst hießen seine Stammgäste Peter Altenberg, Egon Friedell, Franz Werfel, Stefan Zweig (► Berühmte Persönlichkeiten), Karl Kraus und Leo Trotzki – und Alfred Polgar schrieb: »Das Café Central ist nämlich kein Caféhaus wie andere Caféhäuser, sondern eine Weltanschauung, und zwar eine, deren innerster Inhalt es ist, die Welt nicht anzuschauen« (Öffnungszeiten: tgl. 7.30 – 22.00, So. ab 10.00 Uhr; Klaviermusik 17.00 – 22.00 Uhr).

Pasqualatihaus

Beethovenverehrer zieht es über Teinfaltstraße und Schreyvogelgasse zum Pasqualatihaus, Mölkerbastei 8, wo der menschlich recht schwierige Komponist ab 1804 wiederholt wohnte. Vom Hausbesitzer Pasqualati, seinem Freund und Gönner, ist überliefert, dass er – wenn **Beethoven** wieder einmal ausziehen wollte – sagte: »Das Logis wird nicht vermietet; Beethoven kömmt schon wieder.« Ausgestellt sind Bilder, Möbel, Noten und persönliche Gegenstände (Öffnungszeiten: Di. – So. 10.00 – 13.00 und 14.00 – 18.00 Uhr).

Michaelerplatz

Über die Herrengasse schlendert man bis zum eleganten Michaelerplatz mit seinen Bauwerken aus ganz verschiedenen Epochen. Die südwestliche Seite des Platzes wird bestimmt durch die geschwungene Fassade vom Michaelertrakt der Alten Hofburg und die anschließende Winterreitschule. Hier steht außerdem ein Stück »skandalöser« Wiener Architekturgeschichte, in dem heute die Raiffeisenbank ihren Sitz hat: das **Adolf-Loos-Haus**. Der Architekt entwarf im Jahr 1910 den schmucklosen Zweckbau für die Herrenschneiderei Goldmann & Salatsch als Kontrapunkt zum pompösen Ringstraßenstil der Hofburg – und erregte damit das Missfallen Kaiser Franz Josephs I., der das »Haus ohne Augenbrauen« (Loos verzichtete auf Fensterumrahmungen) einfach scheußlich fand. Die rekonstruierten Schneidereiräume werden inzwischen für Kunstausstellungen genutzt.

? WUSSTEN SIE SCHON ...?

- Die Nikolauskapelle rechts im Nebenchor der Michaelerkirche stiftete ein herzoglicher Küchenmeister um 1350 als Dank für seinen Freispruch in einem Giftmischerprozess.

Michaelerkirche

Die Salvatorianerkirche St. Michael, ehemals Hofpfarrkirche des Kaiserhauses, entstand in der ersten Hälfte des 13. Jh.s gleichzeitig mit der alten Burg und dem romanischen Ausbau von St. Stephan. Später gotisiert, erhielt sie eine barocke Portalvorhalle und 1792 das Westportal mit dem Engelsturz von Lorenzo Mattielli sowie die klassizistische Fassade.

Café Griensteidl

Das Café Griensteidl am Michaelerplatz gehört ebenfalls zu den legendären Symbolen Altwiener Kaffeehauskultur. 1847–1897 betrieb hier der ehemalige Apotheker Griensteidl ein von Künstlern und Literaten besuchtes Kaffeehaus, in dem sich auch Hugo von Hofmannsthal, Arthur Schnitzler, Arnold Schönberg (► Berühmte Persönlichkeiten) und Hugo Wolf einfanden. Nach Griensteidls Tod musste das ursprüngliche Kaffeehaus dem Palais Herbertstein weichen, worauf Karl Kraus ihm in seiner satirischen Streitschrift »Die demolirte Litteratur« einen Platz in der Literaturgeschichte sicherte.

Demel

Für Naschkatzen das feinste – und teuerste – Paradies in Wien ist die **weltberühmte k. u. k. Hofzuckerbäckerei** Demel am vom Michaelerplatz nordöstlich abzweigenden Kohlmarkt (Nr. 14). Das weit über 200 Jahre alte Etablissement, das schon Kaiserin Sisi mit Veilchensorbet und Kaiser Franz Joseph I. samt Geliebter mit Krapfen versorgte, kam nach wechselvoller Geschichte unlängst an den Unternehmer Attila Dogudan, in der Wiener Society wohl bekannt und pikanterweise aus dem Land stammend, das zu Zeiten der türkischen Belagerung Wiens den Grundstoff für die legendären Wiener Kaffeehäuser lieferte. »Haben schon gewählt?« – diese so hübsch nach Kaisers Zeiten klingende Frage der »Demelinerinnen« wird also auch in Zukunft am Kohlmarkt gestellt werden. Im Keller des »Demel« ist ein kleines Schokolade- und Marzipan-Museum eingerichtet).

Josefsplatz

Vom Michaelerplatz kommt man in südöstlicher Richtung weiter zum Josefsplatz, der mit seinem spätbarocken bis klassizistischen Erscheinungsbild einen schönen Anblick bietet. Er wird eingerahmt von der Winterreitschule, der Österreichischen Nationalbibliothek und den Palais Pallavicini und Pálffy. Letzteres dient als **»Österreichhaus«** kulturellen Veranstaltungen. Auf dem Platz steht ein Denkmal Josephs II., 1795–1806 von Franz Anton Zauner geschaffen.

✶ Augustinerkirche

Die Augustinerkirche wurde 1330–1339 gebaut und war Teil eines ehemaligen Klosters (1327–1838), in dem der volkstümliche Prediger Abraham a Santa Clara 1689–1709 lebte. Sie diente wiederholt als Schauplatz großer Hochzeiten, darunter 1854 die von Franz Joseph I. mit Prinzessin Elisabeth von Bayern. An die Loretokapelle rechts vom Chor schließt die Herzgruft. Durch ein Fenster in der Tür sieht man 54 Urnen stehen, in denen die Herzen von Habsburger Monarchen und Erzherzögen aufbewahrt werden. Die große Herzurne enthält die Herzen von Maria Theresia und ihrem Gemahl, Franz I. Stephan (Führungen Mo. bis Fr. 11.00 u. 15.00 Uhr). Ein Höhepunkt klassizistischer Grabmalkunst ist Antonio Canovas monumentales Marmorgrab für Maria Christina von Sachsen-Teschen († 1798), eine Tochter von Maria Theresia. Der Marmorsarkophag für Kaiser Leopold II., eine klassizistische Arbeit von Franz A. Zauner, ist leer.

Theatermuseum

Im Palais Lobkowitz am Lobkowitzplatz 2, wo Beethoven 1804 die Uraufführung seiner dritten und 1807 die seiner vierten Sinfonie dirigierte, logiert seit 1991 das Österreichische Theatermuseum. Die ständige Schausammlung zeigt Bühnenbildmodelle, Kostüme und Requisiten, Wechselausstellungen beschäftigen sich mit verschiedenen Theaterepochen (www.theatermuseum.at)..
Das zugehörige **Kinder-Theatermuseum** bietet Puppenausstellungen und Kasperltheater (Öffnungszeiten: Di. – So. 10.00–17.00 Uhr, Führung n. V. unter Tel. 01/525 24 34 60). Eine Dependance des Museums befindet sich in der nahe gelegenen Hanuschgasse 3.

✶ Albertina

Die Albertina gehört zu den **bedeutendsten und umfangreichsten grafischen Sammlungen der Welt**, 1768 begründet durch Maria Theresias Schwiegersohn, dem Kunstmäzen Herzog Albert von Sachsen-Teschen (1738– 1822). Sie umfasst rund 65 000 Zeichnungen der deutschen (Dürer, Holbein d. Ä., Menzel, Liebermann), österreichischen (Rottmayr, Troger, Makart, Klimt, Kubin), italienischen (Fra Angelico, Mantegna, da Vinci, Raffael, Canaletto, Tiepolo), altnieder-

Der Wiener Opernball wurde sogar schon in einem Thriller verarbeitet.

ländisch-flämischen (van Leyden, Brueghel d. Ä., van Dyck, Rubens), niederländischen (Both, van Goyen, Ruisdael, Rembrandt), französischen (Poussin, Watteau, Matisse, Chagall) und englischen Schule (Reynolds, Gainsborough, Romney). Dazu kommen fast eine Million druckgrafische Werke von der Spätgotik bis zur Moderne, die rund 25 000 Pläne, Skizzen und Modelle umfassende Architektursammlung sowie die 1999 gegründete Sammlung historischer und zeitgenössischer Fotografie (Öffnungszeiten: tgl. 10.00–18.00Uhr).

◀ Filmmuseum

Auch das Österreichische Filmmuseum ist hier untergebracht. Es zeigt allerdings keine Ausstellung, sondern Filmklassiker und Avantgardefilme. Das aktuelle Programm steht in den Tageszeitungen und Veranstaltungsprogrammen (Vorführungen: Okt. bis Mai, www.filmmuseum.at).

Mahnmal gegen Krieg und Faschismus **(Abb. S. 70)**

Den Albertinaplatz beherrscht das vom österreichischen Bildhauer Alfred Hrdlicka gestaltete Mahnmal gegen Krieg und Faschismus (1988–1991). Es wurde errichtet zum Gedenken an die Opfer des NS-Regimes und an die Toten des Zweiten Weltkriegs, die in den bei Bombenangriffen zugeschütteten Luftschutzbunkern unter dem Albertinaplatz ruhen. Die Bronzeplastik erinnert an den 12. März 1938, als jüdische Bürger von den Nazis gezwungen wurden, auf die Straße gemalte proösterreichische Parolen mit Bürsten zu entfernen.

★ Wiener Staatsoper

Das berühmte Musiktheater, 1861–1869 in historisierenden Formen der französischen Frührenaissance errichtet und bis 1918 Hofoper genannt, wurde mit Mozarts »Don Giovanni« eröffnet, das nach der Zerstörung im Zweiten Weltkrieg wieder aufgebaute Haus 1955 mit

Beethovens »Fidelio«. Die Musikbegeisterung der Wiener wurzelt in der Habsburgischen Geschichte – praktisch alle Herrscher waren große Musikliebhaber. 2211 Zuschauer fasst das Haus und bietet 110 Musikern der Wiener Philharmoniker – seit 1842 Hausorchester – Platz. An 300 Abenden im Jahr hebt sich der Vorhang. Am letzten Donnerstag im Fasching steht eine besondere Inszenierung auf dem Spielplan: der berühmteste unter den jährlich rund 150 Bällen in Wien, der **Wiener Opernball** (www.wiener-staatsoper.at; Führungen: Tel. 01/5 14 44-26 14 oder 24 21).

Hotel Sacher

Hinter der Oper, in der Philharmonikerstraße 4, residiert das wohl bekannteste Wiener Traditionshotel, das Hotel Sacher. Auch heute noch ist es stilvoll mit kostbaren Seidentapeten, exquisiten Biedermeiermöbeln und wertvollen Bildern ausgestattet und bietet mit dem nostalgischen Marmorsaal einen noblen Rahmen für wichtige Staatsempfänge. Die legendäre Sachertorte soll ein Vorfahre des Hotelgründers Eduard Sacher anlässlich des Wiener Kongresses kreiert haben (►Baedeker Special S. 95).

★★ Hofburg

Die kaiserliche Burg war mehr als sechs Jahrhunderte Residenz der Herrscher Österreichs: Hier regierten die Habsburger bis 1918 ihren Vielvölkerstaat und wurde europäische Geschichte geschrieben. Heute amtiert in der Hofburg der **österreichische Bundespräsident**. Der riesige Komplex umfasst mit Plätzen und Gärten ein Areal von 240 000 m² und blickt auf eine 700-jährige Baugeschichte zurück. Es gibt Bauteile aus Gotik, Renaissance, Barock, Rokoko, Klassizismus und Gründerzeit. Die »Stadt in der Stadt« verfügt über 18 Trakte, 54 Stiegen, 19 Höfe, 2600 Räume und beschäftigt ca. 5000 Menschen.

Hofburg *Orientierung*

- A Leopoldinischer Trakt
- B Reichskanzleitrakt
- C Michaelertrakt
- D Festsaaltrakt

1. Burgtor (Heldendenkmal)
2. Kaiserappartements, Sissi Museum und Silberkammer
3. Schweizerhof (Zugang zu den Schatzkammern)
4. Weltliche und geistliche Schatzkammern
5. Hofburgkapelle und Hofmusikkapelle
6. Winterreitschule
7. Zugang zu den Lipizzaner-Stallungen
8. Zugang zur Spanischen Hofreitschule
9. Nationalbibliothek
10. Ephesos-Museum, Waffensammlung
11. Museum für Völkerkunde
12. Augustinerkirche

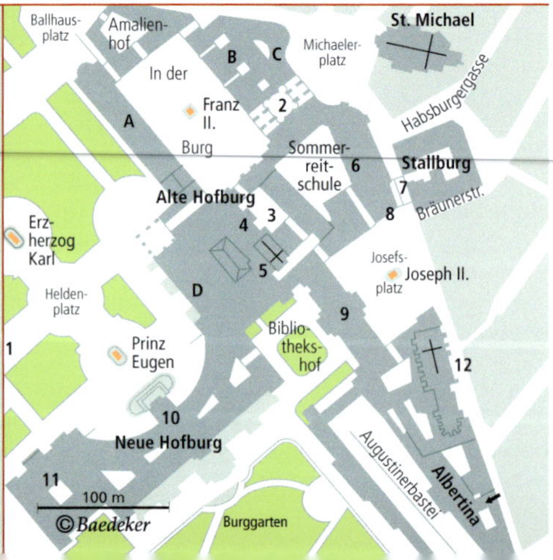

Karten für eine Galavorstellung der Lipizzaner sind heiß begehrt.

Lediglich Kaiserappartements und Silberkammer in der Alten Hofburg haben denselben Eingang und können mit einem Kombiticket besucht werden. Für alles andere – ob die Sehenswürdigkeiten in der Alten Hofburg, die Nationalbibliothek oder die Museen in der Neuen Hofburg – muss ein eigenes Ticket am jeweiligen Eingang erworben werden. ◀ Besichtigung

★★ **Kaiserappartements**

Lukas von Hildebrandt begann 1723 mit dem Bau der Kaiserappartements, Joseph Emanuel Fischer von Erlach vollendete 1739 den Verbindungsflügel zwischen dem Schweizerhof und der Amalienburg. Die Franz-Joseph-Appartements umfassen den Warte- und Audienzraum, den Sitzungssaal von Minister- und Kronrat, das Arbeits- bzw. Schlafzimmer des Kaisers, den Großen Salon mit dem berühmten Bild der Kaiserin Elisabeth in großer Robe und Sternenschmuck sowie den Kleinen Salon.
Die Alexanderappartements standen Zar Alexander I. während des Wiener Kongresses zur Verfügung (Öffnungszeiten: tgl. 9.00 – 17.30, Juli und Aug. bis 18.00 Uhr).
In sechs Räumen in der Amalienburg begibt man sich auf die Spur der berühmten Kaiserin: Hier sieht man Wohn- und Schlafzimmer von Sisi, das Toilettenzimmer, in dem sie Turngeräte hatte aufstellen lassen, ihr Badezimmer sowie den kostbar ausgestatteten Großen und Kleinen Salon mit Erinnerungsstücken an die schöne Bewohnerin. ◀ Sisi-Museum

★★ **Silberkammer**

Bei einem Blick in die Silberkammer sieht man das kostbare Fest- und Alltagsgeschirr des kaiserlichen Hofes, das wirkungsvoll zur Schau gestellt wird (Öffnungszeiten: wie Kaiserappartements).

★★ Spanische Hofreitschule

Vor allem während des Wiener Kongresses war die barocke Winterreitschule, 1729–1735 von Joseph Emanuel Fischer von Erlach erbaut, illustrer Schauplatz glanzvoller Feste. Heute dient sie der Spanischen Hofreitschule für Vorführungen. Da Karten insbesondere für Galavorstellungen am Sonntagvormittag heiß begehrt sind, müssen sie vorausbestellt werden (www.srs.at; tickets@srs.at). Die schönen **Lipizzaner** sind in der anschließenden Stallburg untergebracht. In den Räumen der unter Denkmalschutz stehenden Hofapotheke wurde 1997 das nicht nur für Pferdefreunde sehenswerte Lipizzanermuseum eröffnet, das allerdings zur Zeit geschlossen ist.

★★ Schatzkammern

Die Schatzkammern enthalten in 21 Räumen die Reichskleinodien und Reliquien des Heiligen Römischen Reiches Deutscher Nation, Krönungs- und Ordensinsignien, Hoheitszeichen, weltliche und sakrale Kostbarkeiten, Schmuck und Erinnerungsstücke aus habsburgischem Besitz von unschätzbarem künstlerischen, historischen und materiellen Wert, zusammengetragen seit dem 16. Jh. (Öffnungszeiten: tgl. außer Di. 10.00 – 18.00 Uhr).

Burgkapelle ►

Im Auftrag von Kaiser Friedrich III. wurde die Burgkapelle von 1447 bis 1449 erbaut und ist heute zur beliebten Hochzeitskapelle avanciert. Spöttische Zungen behaupten, die 500-jährigen Holzstatuetten der 13 Nothelfer – der 14. musste seinerzeit der Kanzel weichen – seien in einer so populären Trauungskirche durchaus am richtigen Platz (Öffnungszeiten: Jan. bis Juni u. Sept. bis Dez. Mo. bis Do. 11.00–15.00 Uhr, Fr. bis 13.00 Uhr). Die der Burgkapelle angeschlossene Hofmusikkapelle war Gründungsstätte der Hofsängerknabenchöre, aus denen wiederum die weltberühmten Wiener Sängerknaben hervorgegangen sind.

! *Baedeker* TIPP

Wiener Sängerknaben

Beliebt sind die Auftritte der Wiener Sängerknaben bei den Sonntagskonzerten in der Burgkapelle (9.15 Uhr, außer Juli u. Aug.), weshalb eine Reservierung erforderlich ist (Tel. 01/5 33 99 27).

Der Barockbau der **Nationalbibliothek** am Josephsplatz wurde nach Plänen von Vater und Sohn Fischer von Erlach 1723–1726 errichtet und ist durch den Redoutensaal mit der Hofburg verbunden. Die umfangreichen Sammlungen gehen bis ins 14. Jh. zurück und umfassen heute etwa 3 Mio. Bücher, 43 000 Handschriften ab dem 6. Jh., 8000 Inkunabeln, 240 000 Autographen, ebenso viele Kartenblätter, kostbare Globen, eine Porträtsammlung und ein Bildarchiv. Beeindruckend ist der **Prunksaal**, der über zwei Stockwerke reicht und eine mächtige Kuppel, herrliche Deckenfresken und 15 000 Bücher aus der einstigen Bibliothek des Prinzen Eugen besitzt. Die Bestände der Bibliothek sind über mehrere Gebäude verteilt (Öffnungszeiten: Mo. – Sa. 9.00 – 21.00 Uhr, Hauptlesesaal). Zur Bibliothek gehört auch das **Esperantomuseum** in der Herrengasse 9(Öffnungszeiten: Juli – Sept. Mo. – Fr. 9.00 – 13.00, sonst Mo. bis Mi. 9.00 – 16.00, Do. 12.00 – 19.00, Fr. 9.00 – 13.00 Uhr).

Südwestlich an die Alte Hofburg schließt die Neue Hofburg an, im neubarocken »Ringstraßenstil« erbaut von Carl von Hasenauer, Gottfried Semper u. a. und Sitz hervorragender Museen (Öffnungszeiten: Mi. – So. 10.00–18.00 Uhr.)

★ **Neue Hofburg**

Um die Jahrhundertwende 19./20. Jh. förderten österreichische Archäologen bei Ausgrabungen in der antiken Handelsstadt Ephesos an der Küste Kleinasiens kostbare Statuen, Reliefs und Bronzen zu Tage, die als Geschenk des Sultans an den Kaiser nach Wien gelangten. Heute sind sie im Ephesos-Museum zu sehen.

◄ Ephesos-Museum

Die Musikinstrumentensammlung, ausgestellt im Mittelteil der Neuen Hofburg, umfasst **einzigartige Bestände aus der Renaissance** und eine umfangreiche Kollektion von Klavieren, darunter Instrumente von Joseph Haydn, Gustav Mahler, Richard Strauss und Hugo Wolf.

◄ Musikinstrumentensammlung

Zu einer der bedeutendsten Sammlungen ihrer Art wurde die Waffensammlung der Neuen Hofburg, als man 1889 alle habsburgischen Rüstkammern zusammenlegte. Was hier zu bestaunen ist, diente aber eher sportlichen oder repräsentativen Zwecken.

◄ Waffensammlung

Aus der ethnografischen Abteilung des Naturhistorischen Museums entstand das Museum für Völkerkunde mit mehr als 150 000 Kulturdokumenten »schriftloser« Völker, darunter Bronzen aus Benin (15. Jh.), einen aztekischen Federschmuck und Kunsthandwerk aus Polynesien.

◄ Museum für Völkerkunde

Prunksaal der Nationalbibliothek

Fischer von Erlachs Hofstallbau im Museumsquartier

Burggarten Im Burggarten südöstlich der Neuen Hofburg stehen Denkmäler berühmter Männer wie Mozart, Goethe oder Franz Joseph I. Eine besondere Attraktion ist das **Palmenhaus**, ein gläsernes Juwel der Jugendstilzeit mit **Schmetterlingshaus** (Öffnungszeiten: April – Okt. Mo. – Fr. 10.00 – 16.45, Sa. und So. bis 18.15, Nov. – März tgl. 10.00 bis 15.45 Uhr, www.schmetterlingshaus.at).

Heldenplatz Das 1821–1824 erbaute, 1934 zu einem Heldendenkmal umgestaltete Burgtor ist der südwestliche Abschluss des Heldenplatzes. Die Reiterstandbilder stellen Prinz Eugen und Erzherzog Karl dar. Unrühmliche Bekanntheit erlangte der Platz, als am 15. März 1938 Adolf Hitler vom Altan der Neuen Hofburg den »Anschluss Österreichs« verkündete und ihm dabei eine riesige Menschenmenge auf dem Heldenplatz zujubelte.

Ballhausplatz Nordwestlich folgt der Ballhausplatz, wo in Nr. 2 **seit 250 Jahren österreichische Politik** gemacht wird. In der einstigen »Geheimen Hofkanzlei« wirkten schon die Fürsten Kaunitz und Metternich, im Marmorecksalon wurde 1934 Bundeskanzler Dollfuß ermordet. Seit 1945 residieren hier Bundeskanzler und Außenministerium.

An der Ringstraße entlang

Prunkstraße Wiens Ab 1859 wurde die Ringstraße auf den mittelalterlichen Befestigungen angelegt und besteht – im Gegenuhrzeigersinn, nordwestlich beginnend – aus Schottenring, Dr.-Karl-Lueger-Ring, Dr.-Karl-Renner-

Ring, Burgring, Opernring, Kärntner Ring, Schubertring, Parkring und Stubenring. Sie umschließt die innere Stadt auf einer Länge von 4 km auf drei Seiten, die vierte Seite bildet der Franz-Josefs-Kai am Donaukanal. Der Spaziergang nimmt mit allen Abstechern auch ohne lange Museumsbesuche auf jeden Fall einen Tag in Anspruch.

★ **Burgtheater**

»Die Burg«, wie die Wiener den Musentempel nennen, wurde nach Plänen von Hasenauer und Semper erbaut und gehört zu den **traditionsreichsten Theaterbühnen im deutschen Sprachraum** (Dr.-Karl-Lueger-Ring Nr. 2). Hier konnte und kann man so berühmte Mimen wie Hedwig Bleibtreu, Werner Kraus, Käthe Gold, Attila Hörbiger, Paula Wessely, Hilde Krahl, Klaus Maria Brandauer, Erika Pluhar, Ulrich Tukur oder Eva Mattes erleben. In den Treppenhäusern sieht man Fresken von Gustav und Ernst Klimt sowie Franz Matsch, die schönen Innenräume sind im französischen Barockstil ausgestaltet (Führungen: tgl. 15.00 Uhr, Theaterkarten: Service-Center Tel. 01/ 514 44 41 40, Mo. – Fr. 9.00 – 17.00 Uhr).

★ **Rathaus**

Das neugotische Rathaus gegenüber (erbaut 1872–1883) ist Sitz des Wiener Stadt- bzw. Landesparlaments und Hauptverwaltungsgebäude der Stadtgemeinde. Wahrzeichen ist der **»Eiserne Rathausmann«** auf dem knapp 98 m hohen Rathausturm. Im Arkadenhof, seinem mit 81 x 35 m größten der sieben Höfe, finden die Konzerte des Wiener Musiksommers statt (Rathausführungen: Mo., Mi. u. Fr. außer an Sitzungstagen 13.00 Uhr; Tel. 01/5 25 50).

★ **Parlament**

Im repräsentativen Parlamentsgebäude (Dr.-Karl-Renner-Ring 3), das in Anspielung auf den Ursprung der Demokratie 1873–1883 in griechisch-antiker Form mit korinthischen Säulen und reichem Schmuck an Attiken und Giebeln errichtet wurde, halten seit 1918 National- und Bundesrat ihre Sitzungen ab (Besuch von Sitzungen des National- oder Bundesrates: Infos Führungen: Tel. 01/4 01 10-20 03 sowie -2400).

★★ **Naturhistorisches Museum**

Am Burgring folgt das Naturhistorische Museum. Die in 39 Schausälen und einer Kuppelhalle untergebrachte Sammlung zählt heute zu den bedeutendsten naturwissenschaftlichen Sammlungen Europas. Gegründet wurde es von Franz I. Stephan als Naturalienkabinett, seine Gemahlin Maria Theresia machte es im Jahr 1765 der Öffentlichkeit zugänglich.

Das Museum bietet fantastische Mineralien- und Edelsteinfunde aus aller Welt, sehenswerte Fossilien, prähistorische Funde wie die 27 000 Jahre alte »Venus von Willendorf« oder die älteste Menschenplastik der Welt – die 32 000 Jahre alte »Venus vom Galgenberg« – sowie eine hervorragende botanische und zoologische Abteilung. Die jüngeren Besucher dürfen im Kindersaal (Saal 18) an Mikroskopen und Videorecordern selber die Natur erforschen (Öffnungszeiten: Do. bis Mo. 9.00 – 18.30, Mi. bis 21.00 Uhr; www.nhm-wien.ac.at).

★★ Kunsthistorisches Museum

Gegenüber liegt der Zwillingsbau zum Naturhistorischen, nämlich das Kunsthistorische Museum mit **einer der bedeutendsten Kunstsammlungen der Welt**. Im Hauptgebäude untergebracht sind die Ägyptisch-Orientalische Sammlung, Antikensammlung, Kunstkammer mit Plastiken und Kunstgewerbe, Gemäldegalerie und das Münzkabinett. Angesichts der dargebotenen Kostbarkeiten kann man in diesem umfangreichen Museum problemlos einen ganzen Tag zubringen (Öffnungszeiten: Di. – So. 10.00 – 18.00 Uhr, Do. bis 21.00 Uhr www.khm.at).

Gemma Augustea (Antikensammlung)

Außerhalb der Ringstraße verläuft eine Art zweiter Straßenring, an dem sich weitere bedeutende Sehenswürdigkeiten Wiens befinden. Südwestlich des Maria-Theresien-Platzes kommt man zum MuseumsQuartier Wien. Hinter den denkmalgeschützten Fassaden der ehemaligen kaiserlichen Hofstallungen, dem 360 m langen, von 1723 bis 1725 nach Plänen von J. B. Fischer von Erlach errichteten Baukomplex, entstand ab

★★ Museums-Quartier

1997 das MuseumsQuartier für zeitgenössische **interdisziplinäre Kunst- und Kulturaktivitäten,** entworfen vom Architekturbüro Ortner & Ortner. Es umfasst verschiedene Kultursegmente: vom neuartigen Kinderkreativzentrum bis zum klassischen Kunstmuseum, von Abteilungen für Tanz, Film, Architektur und Theater bis zu Foren für Neue Medien und Kunsttheorie. Abgerundet ist das Ganze durch gastronomische Einrichtungen und Läden. Das Areal ist frei zugänglich, Auskunft über Kombitickets und Eintrittskarten erhält man im Besucherzentrum am Haupteingang (Museumsplatz; Öffnungszeiten: tgl. 10.00–19.00 Uhr; www.mqw.at).

MUMOK ►

Hinter »MUMOK« verbirgt sich das Museum Moderner Kunst, Sammlung Ludwig, Wien. Es besitzt **eine der größten europäischen Sammlungen moderner und zeitgenössischer Kunst**. Seine Schwerpunkte sind die Klassische Moderne, 60er- und 70er-Jahre des 20. Jh.s, Fluxusobjekte, Installations- und Objektkunst der jüngsten Zeit und Medienkunst der Gegenwart (Öffnungszeiten: tgl. 10.00 bis 18.00, Do. bis 21.00 Uhr).

Leopold Museum ►

Der österreichische Staat erwarb 1994 die Kollektion des sammelfreudigen Wiener Augenarztes Rudolf Leopold. Er trug österreichische Kunst des 19. und frühen 20. Jh.s zusammen, insbesondere Werke von Egon Schiele, außerdem Kunsthandwerk der Wende vom 19. zum 20. Jh. (Öffnungszeiten: tgl. 10.00 – 18.00 Uhr, Do. bis 21.00 Uhr).

Weitere Museen ►

Die KUNSTHALLE wien präsentiert in Wechselausstellungen Tendenzen und Strömungen der Gegenwartskunst (Öffnungszeiten: tgl. 10.00–19.00 Uhr, Do. bis 22.00 Uhr). Internationale Entwicklungen in der Architektur, eine Dauerausstellung österreichischer Architek-

Kunsthistorisches Museum *Orientierung*

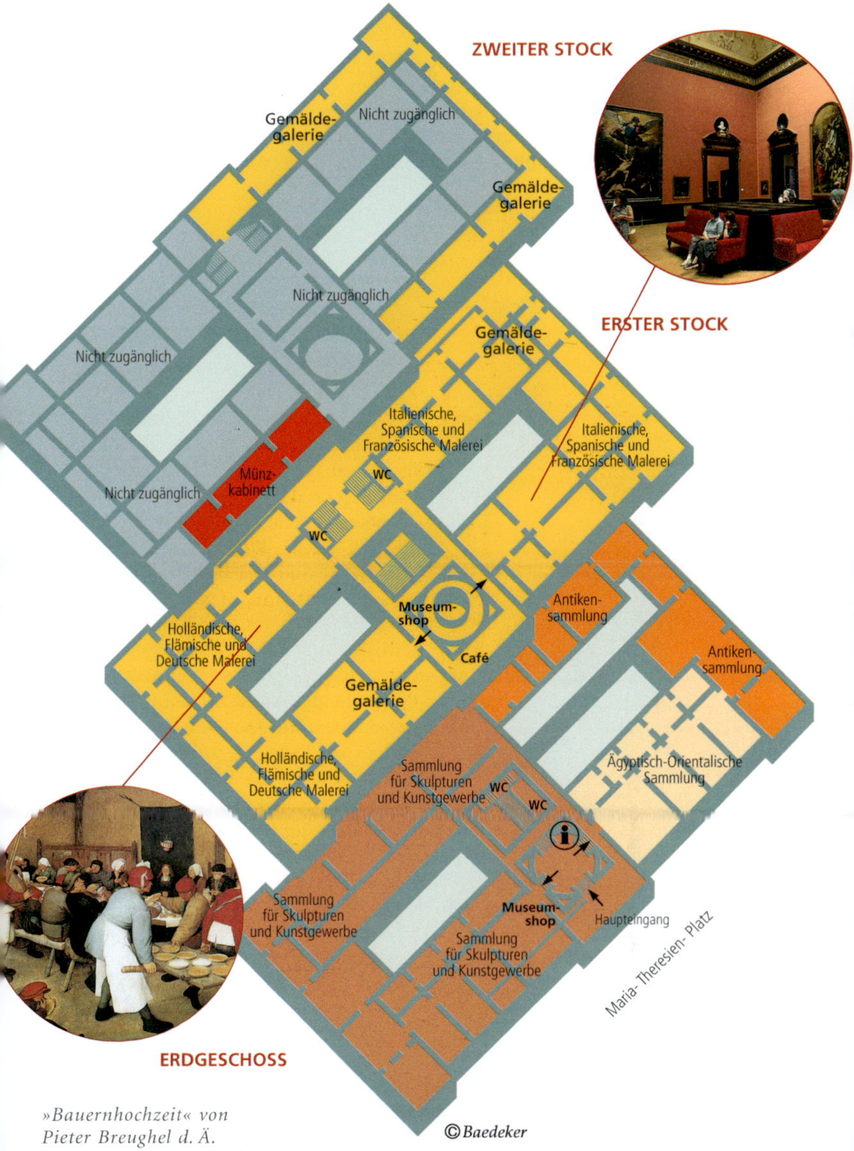

»Bauernhochzeit« von Pieter Breughel d. Ä.

tur des 20. Jh.s und wechselnde Werkschauen gibt es im **Architekturzentrum** Wien zu sehen (Öffnungszeiten: tgl. 10.00–19.00 Uhr). Im **Art Cult Center** – Tabakmuseum werden Konzerte, Theater, Musicals, Lesungen und Kunst dargeboten, die Schausammlung zeigt anhand von 2500 Exponaten die Kulturgeschichte des Tabaks (Öffnungszeiten: Di. bis Fr. 10.00–17.00 Uhr, Do. bis 19.00 Uhr, Sa., So. 10.00–14.00 Uhr). Ausstellungen zum Anfassen und Mitmachen veranstaltet das **ZOOM Kindermuseum**, im Atelier können die Kinder mit Künstlern arbeiten. Außerdem lockt ein Multimedialabor zum Ausprobieren (Öffnungszeiten: Mo. bis Fr. 8.00–17.00 Uhr, Sa., So. 10.00–17.30 Uhr).

Andere Einrichtungen ►

Ebenfalls unter dem »Dach« des MuseumsQuartiers befinden sich das basis wien, ein einzigartiges Informationsarchiv zum Thema aktuelle Kunst, das Depot, das in Vorträgen, Workshops und Diskussionsrunden die theoretische Auseinandersetzung mit Kunst bietet, das quartier 21 zur Produktion, Vermittlung und Präsentation zeitgenössischer Kulturangebote und moderner Kunst, das Tanzquartier Wien, die wienXtra-kinderinfo (Freizeitangebot für Kinder in Wien), und das Theaterhaus für Kinder. Die Hallen E + G stehen dem Tanztheater Wien, dem ImPuls Tanz Festival, den **Wiener Festwochen** (Mai/Juni) und vielen anderen kulturellen Veranstaltungen zur Verfügung.

Von den Wienern liebevoll »Krauthappl« genannt

Östlich vom Museumsquartier liegt der Schillerplatz mit der **Akademie der Bildenden Künste**. Die international anerkannte Ausbildungsstätte für Maler, Bildhauer, Grafiker, Bühnenbildner, Konservatoren und Architekten besitzt auch ein bedeutendes Kupferstichkabinett und eine kostbare Gemäldegalerie mit Werken vom 15. bis 20. Jh. (Öffnungszeiten: Di. – So. 10.00 – 18.00 Uhr).

★ **Secession**

Südlich der Akademie der Bildenden Künste steht die berühmte Secession, Ausstellungsgebäude der gleichnamigen Künstlervereinigung. Das vom Otto-Wagner-Schüler Josef Maria Olbrich konzipierte und 1898 eröffnete Gebäude, der erste und Epoche machende Bau des Wiener Jugendstils, ist an seiner Kuppel erkennbar: einem Lorbeerbaum aus vergoldeter Bronze, vom Wiener Volksmund respektlos »goldenes Krauthappl« (Krautkopf) genannt. Das bekannteste Ausstellungsstück ist der gewaltige **Beethovenfries** von Gustav Klimt (►Berühmte Persönlichkeiten). Jährlich werden bis zu 20 Ausstellungen organisiert (Friedrichstraße 12; Öffnungszeiten: Di. – So. 10.00 bis 18.00, Do. bis 20.00; Führungen: Sa. 15.00, So. 11.00 Uhr).

An der Linken Wienzeile Nr. 6 steht das Theater an der Wien, neben dem Leopoldstädter Theater und dem Theater in der Josefstadt das dritte der bekannten Wiener Vororttheater. Hier wurde 1791 Mozarts »Zauberflöte« und 1805 Beethovens »Fidelio« uraufgeführt. Lange Zeit eine beliebte Musicalbühne, ist es seit 2006 Wiens »Neues Opernhaus«..

★ **Theater an der Wien**

! *Baedeker* TIPP

Kulinarische Reise

Ein Erlebnis besonderer Art ist der zwischen der Linken und der Rechten Wienzeile werktags stattfindende Naschmarkt. Auf diesem größten und interessantesten Wiener Lebensmittelmarkt kann man sich auch auf eine Welt-Schlemmerreise begeben (Mo. – Fr. 6.00 – 19.30 Uhr, Sa. bis 17.00 Uhr). Am südlichen Ende des Naschmarkts beginnt samstags ein pittoresker Flohmarkt, der wahrlich einen Besuch wert ist (6.30–18.00 Uhr, www.wienernaschmarkt.eu).

Auf die **Karlskirche** trifft man östlich der Friedrichstraße mit der Secession. Die von Vater und Sohn Fischer von Erlach erbaute Kirche ist der **bedeutendste barocke Sakralbau Wiens**. Kaiser Karl VI. hatte gelobt, nach dem Ende der Pestepedemie 1713, die rund 8000 Opfer forderte, eine Kirche errichten zu lassen. Sie ist dem Pestheiligen Karl Borromäus geweiht. Alle Kronländer mussten den Bau mitfinanzieren – sogar die Stadt Hamburg war mit Strafgeldern wegen der Zerstörung der österreichischen Gesandtschaftskapelle in der Hansestadt daran beteiligt. Die spiralförmigen Reliefbänder an den 33 m hohen Triumphsäulen zeigen Szenen aus dem Leben des Heiligen. Den Innenraum dominieren Rottmayrs Kuppel- und Orgelfresko und der prachtvolle Hochaltar.

★ **Musikverein**

An der Nordseite des Karlsplatzes stehen die Handelsakademie, das Künstlerhaus und – ein Mekka für Musikfreunde – das Gebäude des Musikvereins mit dem Goldenen Saal. Hier lehrten Gustav Mahler und Hugo Wolf, begeisterten Furtwängler, Böhm, Karajan, Bernstein und Abbado das Publikum. Der Goldene Saal fasst 2000 Besucher, bietet 400 Musikern Platz und zählt zu den Konzertsälen mit der weltweit besten Akustik. Von hier aus wird das legendäre **Neujahrskonzert der Wiener Philharmoniker** übertragen (Öffnungszeiten: Mo. – Fr. 9.00 – 20.00, Sa. bis 13.00 Uhr).

Otto-Wagner-Pavillons

Auch Kunst- und Architekturfreunde finden am Karlsplatz eine reizvolle Attraktion: die 1901 vom Jugendstilarchitekten Otto Wagner erbauten und mit Marmor und Goldauflage kostbar ausgestatteten Pavillons. Der eine dient als U-Bahn-Zugang und für kleinere Wechselausstellungen des Historischen Museums Wien, der andere als Café und beliebter Treffpunkt während der Sommermonate.

Wien Museum

Anschaulich präsentiert das Wien Museum an der Ostseite des Karlsplatzes die Geschichte und Entwicklung der Donaumetropole von der Steinzeit bis zur Mitte des vergangenen Jahrhunderts (Öffnungszeiten: Di. – So. 10.00 – 18.00 Uhr, www.wienmuseum.at).

Haus der Musik

Östlich vom Karlsplatz liegt der lange Schwarzenbergplatz, von dem die Schwarzenbergstraße Richtung Innere Stadt abgeht. Am Ende der Schwarzenbergstraße (Seilerstätte 30) steht das 2000 eröffnete Haus der Musik. Es ist mit einer interessanten Konzeption ausgestattet: Besucher sind eingeladen, Musik zu hören und zu fühlen. Jeder kann virtuell dirigieren, eigene Musik komponieren und dank zahlreicher interaktiver Einrichtung spielerisch musizieren. Wiener Musiker wie Haydn, Mozart, Beethoven, Schubert, Strauß (► Berühmte Persönlichkeiten), Mahler oder Schönberg werden durch Dokumente, Kostüme und Theaterzettel in ihrem Lebensumfeld vorgestellt. Außerdem befindet sich im Haus das **Museum der Wiener Philharmoniker**: Hier wohnte einst der Komponist Otto Nicolai (1810–1849), Gründer der Philharmoniker (Öffnungszeiten: tgl. 10.00 – 22.00 Uhr).

Museum für Angewandte Kunst (MAK)

Am nördlichen Ende des Stadtparks steht das Museum für Angewandte Kunst (MAK). Diesem Museum verdankt die gewerbliche, industrielle und künstlerische Entwicklung Österreichs wesentliche Impulse. Gegründet wurde es im Jahr 1864 nach dem Vorbild des Londoner South Kensington Museum (heute Victoria & Albert Museum) mit der Idee, durch das Studium alter Kunstwerke die aktuelle kunstgewerbliche Entwicklung zu fördern und gleichzeitig zu dokumentieren. 1868 kam eine Kunstgewerbeschule dazu – heute selbstständige Hochschule für Angewandte Kunst –, die erstmals eine systematische kunsthandwerkliche Ausbildung bot. In elf Sälen präsentiert die Schausammlung epochenbezogen Einzelobjekte aus dem umfangreichen Fundus des Museums, während sich im Tiefgeschoss jeder Studienraum einem ganz bestimmten Materialbereich widmet. Die Neugestaltung der Räume oblag internationalen Künstlern, die in enger Zusammenarbeit mit den Kuratoren die Exponate in einen zeitgenössischen Kontext zu stellen suchten. Hinzu kommt die 1986 begonnene Sammlung der Gegenwartskunst (Öffnungszeiten: Di. 10.00 – 24.00, Mi. – So. 10.00 – 18.00 Uhr, www.mak.at).

Installation im MAK

Rund um die Wiener Innenstadt

Die nachfolgende Beschreibung der Sehenswürdigkeiten außerhalb der Wiener Innenstadt beginnt im Norden Wiens und führt im Uhrzeigersinn um den Innenstadtbereich herum.

Augarten

Wiens älteste Parkanlage, der 52 ha große Augarten (2. Bezirk, Leopoldstadt), erstreckt sich zwischen Donaukanal und Nordwestbahnhof. Der Garten wurde Mitte des 17. Jh.s als kaiserlicher Lustgarten

Markante Blickpunkte: der Leuchtturm auf der Donauinsel und der Millenniums-Tower

angelegt, 1775 jedoch auf Wunsch von Kaiser Joseph II. als »allen Menschen gewidmeter Erlustigungsort« für das Wiener Publikum freigegeben.

Augarten-Palais

Im Augarten-Palais ist seit 1948 das Internat der Wiener Sängerknaben untergebracht. Der benachbarte barocke Gartensaal hat die Schau- und Verkaufsräume der 1718 gegründeten und damit **zweitältesten Porzellanmanufaktur Europas** – nur Meißen ist zehn Jahre älter – aufgenommen (Führungen: Mo. – Fr. 10.00 Uhr).

Karl-Marx-Hof

Wer sich für die Geschichte des sozialen Wohnungsbaus interessiert, sollte einen Ausflug nach Heiligenstadt zum Karl-Marx-Hof unternehmen (19. Bezirk, Döbling; Heiligenstädter Straße 82–92). Um die kaum vorstellbare Wohnungsnot zu bekämpfen, ließ die 1919–1934 sozialdemokratisch regierte Stadt fast 400 Gemeindebauten errichten, für die der mehr als 1 km lange Bau als Symbol gilt. Der Karl-Marx-Hof, 1927–1930 nach Plänen von Karl Ehn um mehrere grüne Innenhöfe gebaut, umfasste ursprünglich 1382 Wohnungen. Nach gründlicher Renovierung sind es noch 1252 – und es soll noch Mieter geben, die seit der Fertigstellung 1930 dort wohnen.

Donauinsel

Das bevorzugte Wiener Freizeitareal, die Donauinsel, verdankt ihre Existenz der in den 70er-Jahren des 20. Jh.s durchgeführten zweiten Donauregulierung. Zwischen der Donau und der als Entlastungsring angelegten Neuen Donau entstand die lang gestreckte Insel, ein Naherholungsgebiet mit 700 ha Wasser-, Wald- und Wiesenflächen sowie 42 km Badestrand.

Im Nordteil, einem Paradies für Segler und Surfer, gibt es unzählige Badebuchten, Cafés und Restaurants sorgen für das leibliche Wohlbefinden. Vor allem Sportbeflissene lockt der Mittelteil mit seinen Sportplätzen, einem 800 m langen Wasserskilift sowie einer Tauch-, Segel- und Kanuschule an. FKK-Anhänger kommen im Südteil auf ihre Kosten, das 1500 m lange Cyclodrom bietet Möglichkeiten für

Rad- und Rollstuhlrennen und die Grillplätze sind ideal für sommerliche Partien. Etwas abseits finden Angler einige hervorragende Reviere. Dort liegt auch das Naturschutzgebiet »Toter Grund«.

✶ Donaupark Der Donaupark zwischen der Neuen und der Alten Donau (22. Bezirk, Donaustadt) ist der zweitgrößte Park Wiens, angelegt 1964 zur Wiener Internationalen Gartenausstellung. Eine Kleinbahn umfährt das Gelände, am künstlichen Iris-See bietet das Seetheater 4000 Personen Platz. Im **Donauturm** (1964), mit 252 m Wiens höchstes Bauwerk, führen zwei Schnellaufzüge zur Aussichtsterrasse in 150 m Höhe sowie zu zwei Drehrestaurants in 160 und 170 m Höhe.

UNO-City Nach New York und Genf ist Wien der dritte offizielle Amtssitz der Vereinten Nationen. UNO-City heißt der Stadtteil südlich des Donauparks (22. Bezirk, Donaustadt), in dem sich seit den späten 1970er- und frühen 1980er-Jahren mehrere architektonisch recht eigenwillige Bürogebäude auf exterritorialem Gebiet erheben. Hier sind die Internationale Atomenergiebehörde (IAEA), der allerdings nicht alle UN-Mitgliedsstaaten angehören, die Organisation für Industrielle Entwicklung (UNIDO) und das Hochkommissariat für Flüchtlinge (UNHCR). 1987 wurde hier auch das internationale Konferenzzentrum **Austria Center Vienna** eröffnet (Besucherinfos auf www.acv.at und unter Tel. 01 / 26 06 90).

Donau-City Auf dem Gelände der geplanten, aber per Volksbefragung 1991 von den Wienern abgelehnten Weltausstellung in Nachbarschaft zur UNO-City entsteht seit einiger Zeit die Donau-City. Sie soll nicht nur Platz für Büros und Geschäfte bieten, sondern auch kulturelle Einrichtungen und Wohnungen aufnehmen (22. Bezirk, Donaustadt). Architektonisch bildet das Ganze einen enormen Kontrast zur Altstadt. 1998 war der Andromeda Tower (113 m) bezugsfertig, in dem zahlreiche ausländische Unternehmen residieren. Seit Sommer 2000 steht mit dem Mischek Tower (110 m) das derzeit höchste Wohnhaus Österreichs. 2001 kamen der Ares Tower (100 m), ein modernes Bürogebäude, und der Wissenschafts- und Technologiepark Tech Gate Vienna dazu. In diesen Zusammenhang gehört auch der 1999 fertig gestellte und 202 m hohe Millenium Tower (20. Bezirk, Brigittenau).

✶ KunstHausWien Östlich der Innenstadt, in der Unteren Weißgerberstraße 13 (3. Bezirk, Landstraße), öffnete 1991 das (umgebaute) KunstHausWien seine Tore. Mit ihm setzte sich Friedensreich Hundertwasser ein doppeltes Denkmal: der Museumsbau, selbst ein Kunstwerk, dient als Ausstellungsort für das vielfältige Œuvre des Architekturrebellen (Öffnungszeiten: tgl. 10.00–19.00 Uhr). Die Gebrüder Thonet hatten das ursprüngliche Gebäude ab 1892 als Produktionsstätte für ihre weltbekannten Bugholzmöbel genutzt – im Museumscafé des Hauses kann man etwa 100 verschiedenen Thonetstühle ausprobieren.

Asymmetrisch, bunt, bewachsen: das KunstHausWien

DER »ARCHITEKTURDOKTOR«

Bilderbuchbunte Fassaden, goldene Zwiebeltürmchen, unebene Böden waren sein Markenzeichen. Friedensreich Hundertwasser zählt zu den wichtigsten Vertretern der österreichischen Nachkriegskunst. Er war ein Enfant terrible der Kunstszene, ein engagierter Friedens- und Umweltaktivist, aber auch einer, für den das Geld durchaus eine Rolle spielte.

Schon während seiner Schulzeit fiel der 1928 als Sohn einer jüdischen Familie in Wien geborene Friedrich Stowasser (bürgerlicher Name) durch »einen außergewöhnlichen Farb- und Formsinn« auf. 1948 schrieb sich der junge Mann an der Kunstakademie ein, brach jedoch bereits nach drei Monaten, gelangweilt von der akademischen Ausbildung, sein Studium ab und holte sich lieber Anregungen durch **persönliche Begegnungen** mit Künstlern u. a. in Italien und Frankreich.

Nomen est omen

Im Jahr 1949 deutschte der Künstler seinen halb slawischen Familiennamen ein – aus Stowasser (sto = hundert) wurde Hundertwasser – und schmückte seinen Vornamen poetisch aus. Neben Friedensreich legte er sich noch die **Vornamen** »Dunkelbunt« und »Regentag« zu, »weil bei Regen die Farben stärker leuchten«. Der neue Name wurde für den Maler, Grafiker und Architekten zum Programm, ja im Weltkunstgewerbe schließlich zum Markenzeichen.

»Geradlinigkeit bringt uns nicht zum Ziel«, predigte er gern und duldete gerade Linien (»Werkzeuge des Teufels«) und rechte Winkel nur beim Bildformat. Der »kalten« Architektur der Nachkriegszeit, der farblichen Askese der aufkommenden Kunstströmungen Abstraktion und Konzeptkunst begegnete der Selfmademan mit **verspielten Elementen**, mit ornamentalen, an den Jugendstil erinnernden Motiven, mit bunten Farben, mit Abwechslung und Individualität, ja er bezeichnete neun Jahre nach Ende des Nationalsozialismus die zeitgenössi-

Hundertwassers Müllverbrennungsanlage in Wien

sche Kunst sogar als »entartet«, die Architekten des Wiederaufbaus, die auf Beton und Glas setzten, als »Mafia« und »Kriegsverbrecher wie die Offiziere im Dritten Reich«. Seine Kunst verschrieb sich dem Ziel, die Welt zu verbessern, eine **naturverbundene Lebensweise** zu fördern und Fenster in eine paradiesische »Parallelwelt« zu öffnen. Zum Lieblingsmotiv wurde ihm ab 1953 die Spirale, die für ihn den Kreislauf des Lebens symbolisierte. Der »Architekturdoktor«, wie er sich selbst bezeichnete, verschönerte und begrünte Dächer, Fassaden und Fenster und versah schließlich seine Bauwerke, wie sein Anfangswerk, das **»Hundertwasserhaus«** (1983–1986) in Wien, mit Zwiebeltürmchen, unregelmäßigen Wandelgängen, unebenen Fußböden und begrünten Dachterrassen.

Und er hatte damit Erfolg. Bald schon erhielt er **Staatsaufträge** nicht nur aus dem eigenen Land, sondern auch aus Deutschland und von den Vereinten Nationen. Kirchen, Kindertagesstätten, Wohnanlagen, Fabrikanlagen, Bahnhöfe, Toilettenhäuschen, ein Thermendorf (Bad Blumau in der Steiermark), sogar eine Müllverbrennungsanlage wurden von dem eigenwilligen Künstler gestaltet, der sich selbst als Einzelgänger und extremer Individualist verstand und die Abwesenheit von Kitsch im Leben einfach »unerträglich« fand.

»Kitschist« mit Geschäftssinn

Das Enfant terrible der österreichischen Kunstszene, der Bürgerschreck, der gern auch mal splitterfasernackt seine künstlerische Auffassung vertrat, gegen Wasserverschwendung predigte und sich lange vor den grünen und ökologischen Parteien für Humusklosetts und Klärpflanzen stark machte, hatte natürlich auch Kritiker. Von vielen wurde er als »Kitschist« und

»Fassadenverhübscher« belächelt oder verhöhnt, etliche warfen ihm vor, dass er außer der »Spirale des Lebens«, dem Grund- und Leitmotiv seines Schaffens, nicht viel Neues entwickelt, sondern Altes immer nur abgewandelt habe, und dass die Innenräume seiner Häuser trotz seines Eintretens für eine humane, naturnahe Architektur denen von Allerweltsbauten in der Regel sehr glichen, seine Bauten daher nur »Fassade« seien.

Angekreidet wurde ihm aber auch seine **Geschäftstüchtigkeit**, denn das Geld machte er nicht mit Originalkunstwerken, sondern mit dem Verkauf von gedruckten Reproduktionen. Seine jugendstilartig dekorierten, in Museumsshops erhältlichen Poster und Postkarten gingen derart reißend weg, dass er lange Zeit bis zu seinem Tod als reichster Künstler des Landes galt. Das gefiel vor allem den Leuten nicht, die das arme, nur seiner Kunst verpflichtete Genie zum wahren Künstler stilisierten und für diejenigen, die mit ihrer Kunst ordentlich Geld machten, eher Verachtung übrig hatten. Kunst durfte nicht nach dem Geld gehen. Hundertwasser war das Gegenteil davon.

Rückzug

In den 1990er-Jahren wurde es still um den bunten Vogel der österreichischen Kunstszene, der im Rahmen der Ökologiewelle, der Friedens- und Anti-Atomkraft-Bewegung mit seinen Bildern und Bauten von einer heilen Welt zu Ruhm und Wohlstand gelangt war. Für mindestens sechs Monate pro Jahr zog er sich nach **Neuseeland**, in seine eigene heile Welt, zurück, um dort zu malen und Bäume zu pflanzen. Die politischen Vorgänge in seiner Heimat schienen ihn nicht mehr zu interessieren. Beim Protest zahlreicher Künstler gegen den Rechtspopulisten Jörg Haider aus Kärnten glänzte er durch Abwesenheit. Als letzte Ruhestätte bestimmte der Doppelstaatsbürger seinen Landsitz, ein weitläufiges Urwaldterrain in Neuseeland. Am 19. Februar 2000 starb Friedensreich Hundertwasser während einer Reise in die Heimat an Bord des Kreuzfahrtschiffes »Queen Elisabeth II« im Pazifischen Ozean an Herzversagen. Seinem Wunsch gemäß wurde er in dem von ihm selbst angelegten **»Garten der glücklichen Toten«** auf seinem neuseeländischen Landgut begraben.

Hundertwasserhaus Einige Querstraßen südlich, Ecke Löwengasse/Kegelgasse (3. Bezirk, Landstraße), entstand nach dem Entwurf von Hundertwasser 1983 bis 1985 das »natur- und menschenfreundliche Haus« mit 50 Wohnungen. Bunt bemalte Fassaden, goldene Zwiebeltürme, abgerundete Ecken und unterschiedlich große Fenster charakterisieren den Komplex, dessen Konzeption, genannt »Toleranz der Unregelmäßigkeiten«, etliche Kontroversen in Gang setzte.

★ **Prater** Fast eine Welt für sich ist der riesige Naturpark zwischen Donau und rechtem Donaukanal (2. Bezirk, Leopoldstadt): Die 1287 ha große Parkanlage zieht sich südöstlich vom Praterstern fast 10 km lang bis zum Praterspitz. Im innenstadtnahen Teil liegt der Volks- oder **Wurstelprater** mit Beisln und Gaststätten, Karussells, Achterbahn, Geister- und Grottenbahnen. Hinzu kommen typisch altwienerische Attraktionen wie Autodrome, Hippodrome, Schaukeln, Schießbuden, Schwertschlucker, Ringelspiele, Bauchredner, Watschen- und Werkelmänner, Sightseeing- und Minieisenbahn (Öffnungszeiten: Hauptsaison 15. März – 31. Okt. 10.00 – 1.00 Uhr, ansonsten witterungsbedingt nur einzelne Attraktionen geöffnet).

Riesenrad ► Glanzstück und eines der bekanntesten Wiener Wahrzeichen ist das Riesenrad. Die in der Rekordzeit von acht Monaten errichtete monumentale Eisenkonstruktion des Engländers Walter Basset wurde 1897 in Betrieb genommen. Im Krieg zerstört und danach wieder aufgebaut, dreht sich das Riesenrad seit 1946 ohne Unterlass. Zum 100. Geburtstag erhielt es einen neuen Anstrich, wofür immerhin 5 Tonnen Farbe nötig waren. Es besitzt 15 Wagons (ursprünglich 30),

Ohne Riesenrad wäre der Prater nur halb so schön.

der Durchmesser beträgt 61 m, die Drehgeschwindigkeit 0,75 m/s (Betriebszeiten: (Jan., Feb., Nov. und Dez. 10.00 – 19.45, März, April und Okt. bis 21.45, Mai – Sept. 9.00 – 23.45 Uhr).

> ! *Baedeker* TIPP
>
> **Der dritte Mann**
>
> Wer ein passionierter Cineast ist, begibt sich in Wien natürlich auf die Suche nach den Originalschauplätzen des »Dritten Mannes«, als da wären vor allem das Riesenrad und die Wiener Kanalisation. Wo sich die Freunde Holly Martins und Harry Lime alias Joseph Cotten bzw. Orson Welles schließlich erbittert bekämpften, bekommt man bei Führungen gezeigt (z. B. Vienna Walks & Talks, Tel. 01/7 74 89 01).

Das beim Riesenrad gelegene **Planetarium**, von der Firma Zeiss in Jena 1927 gestiftet, gehört zu den ältesten in Europa (Programminformationen Mo. – Fr. 9.00 bis 14.00 Uhr; Tel. 01/7 29 54 94).
Die Entwicklung des Praters vom kaiserlichen Jagdrevier zum heutigen Vergnügungspark zeigt das auch für Kinder höchst unterhaltsame **Pratermuseum** (Öffnungszeiten: Do. 10.00 – 13.00, Fr., Sa. und So. 14.00 – 18.00 Uhr).

Gasometer

Im Stadtteil Simmering in der Guglgasse findet man **eines der interessantesten Wohnbauprojekte Wiens**: Die vier riesigen Gasometer des 1899 eröffneten Wiener Gaswerks wurden von renommierten Architekturbüros zweckdienlich umgebaut und bieten nun, gut 100 Jahre später, Platz für 600 Wohnungen, 70 Geschäfte und Lokale sowie rund 11 000 m² Bürofläche.

Zentralfriedhof

»Der Tod, das muss ein Wiener sein, genau wie die Lieb' a Französin«, dichtete und sang Georg Kreisler. Die Ausmaße des Wiener Zentralfriedhofes (11. Bezirk, Simmering), des mit 2,5 km² Fläche größten österreichischen Gottesackers, lassen eine solche Vermutung nicht abwegig erscheinen. Unterschiedlichste Denkmäler symbolisieren Totenkult, Frömmigkeit, Melancholie und doch, bei aller Trauer, auch eine unzerstörbare Lebenslust.
Die monumentale Toranlage des Haupteingangs wurde 1905 nach Plänen des Jugendstilarchitekten Max Hegele errichtet, der 1907 bis 1910 auch die **Karl-Lueger-Kirche** in der Friedhofsmitte baute. Beim Haupteingang ist ein detaillierter Plan des Friedhofs und der Ehrengräber erhältlich, ruhen hier doch allerhand berühmte Komponisten (Gluck, Beethoven, Schubert, Brahms, Johann Strauß Sohn, Millöcker, Wolf, Lanner), Maler (Makart), Schauspieler (Hörbiger, Lingen), Schriftsteller (Nestroy, Anzengruber) und weitere bekannte Persönlichkeiten. Gegenüber dem Haupttor auf der anderen Seite der Simmeringer Hauptstraße liegt der Urnenfriedhof mit dem eigenwilligen Krematoriumsbau von Clemens Holzmeister (1922).

★★ Belvedere-Schlösser

Das Schloss von Versailles vor Augen, ließ **Prinz Eugen von Savoyen** (1663–1736; ► Berühmte Persönlichkeiten) ab 1700 südlich des Schwarzenbergplatzes von Lukas von Hildebrandt seine Sommerresidenz erbauen. 1716 wurde der Wohnsitz des Prinzen, das Untere Belvedere, fertig gestellt, 1722 das zur Repräsentation gedachte Obere Belvedere (3. Bezirk, Landstraße). Beide Schlösser sind durch einen hübschen Terrassengarten verbunden. Der einzigartige Zusammenklang von Bauwerken und Landschaft macht das Belvedere zu einer der schönsten Wiener Barockschöpfungen. Von der Terrasse des Oberen Belvedere bietet sich ein herrlicher Blick auf die Türme Wiens und die Höhenzüge des Wienerwaldes.

Unteres Belvedere

Österreichisches Barockmuseum ►

Im Unteren Belvedere hat seit 1923 die Sammlung Malerei und Plastik aus der Glanzzeit des Österreichischen Barock, also der Zeitspanne von 1683 bis etwa 1780, Quartier bezogen. Neben Gemälden mit Themen aus der griechischen Mythologie und der Bibel sind der prächtige Marmorsaal, die repräsentative Marmorgalerie und das aufwändig gestaltete Goldkabinett mit Balthasar Permosers »Apotheose des Prinzen Eugen« sehenswert (Öffnungszeiten: tgl. 10.00 bis 18.00, Mi. bis 21.00 Uhr).

Museum mittelalterlicher Kunst ►

Die Sammlung in der Orangerie des Unteren Belvedere zeigt Skulpturen und Tafelmalerei vom 12. bis 16. Jahrhundert. Das älteste Exponat stammt aus der Mitte des 12. Jh.s, das »Kruzifix vom Stummerberg« (Öffnungszeiten: tgl. 10.00 – 18.00 Uhr).

Oberes Belvedere

Bis 1914 wohnte im Oberen Belvedere der Thronfolger Erzherzog Franz Ferdinand, im Kuppelsaal wurde 1955 der österreichische Staatsvertrag unterzeichnet, der dem Land seine Souveränität zurückgab. Heute beherbergt das Schloss die **Galerie des 19. und 20. Jahrhunderts**. Die Sammlung verschafft einen guten Überblick über das österreichische Kunstschaffen vom Biedermeier über den Jugendstil bis zur Gegenwartskunst. Wechselausstellungen im Erdgeschoss sind der Kunst nach 1918 gewidmet.

Das erste Obergeschoss ist dem Historismus, Realismus, Impressionismus, Symbolismus und der Wiener Secession vorbehalten, wobei neben österreichischen auch internationale Künstler wie Menzel, Renoir oder Munch vertreten sind. Zudem wird die österreichische Kunst um 1900 im Kontext der internationalen Entwicklung dargestellt. Gezeigt werden insbesondere Werke von Schiele und Klimt, ferner Kokoschka, Hanak, Gerstl, van Gogh, Khnopff. Im zweiten Obergeschoss werden Klassizismus, Romantik und Biedermeier präsentiert, vertreten sind Caspar David Friedrich, von Schwind, Angelika Kauffmann, Spitzweg, Amerling und Waldmüller (Öffnungszeiten: tgl. 10.00–18.00 Uhr).

Botanischer Garten

Das gepflegte Gartenareal, das sich an die Ostseite des Belvedere anschließt, entstand aus einer Anpflanzung von Heilkräutern, die Maria Theresia auf Anraten ihres Leibarztes Gerard van Swieten 1754 hatte anlegen lasssen. Wenig später zum botanischen Garten ausgebaut, schenkte die Monarchin das grüne Refugium der Universität. Besonders sehenswert sind die Sukkulentenpflanzungen, Orchideenzüch-

Vorbild für das Obere Belvedere, von Prinz Eugen zur Repräsentation vorgesehen, war das Schloss in Versailles.

tungen und das von Schloss Schönbrunn hierher verlegte Alpinum (Öffnungszeiten: Mitte März – Okt. 9.30 – 16.30, Sa. und So. bis 17.00 Uhr, bei schlechter Witterung geschlossen).

Heeresgeschichtliches Museum

Erbaut in den Jahren 1850 bis 1856 nach den Plänen von Ludwig Foerster und Theophil Hansen, ist das Heeresgeschichtliche Museum der **älteste Museumsbau Wiens**, südöstlich des Belvedere und des Südbahnhofs gelegen (3. Bezirk, Landstraße). Maurisch, byzantinisch und neugotisch sind die vorherrschenden Stilrichtungen dieses prächtigsten Historismusgebäudes der Stadt. Es enthält umfangreiche Sammlungen militärischer Objekte zur Heeres- und Kriegsgeschichte Österreichs vom Ende des 16. Jahrhunderts bis 1945. In den Artilleriehallen ist die größte Geschützsammlung der Welt zu sehen (Arsenalstr.; Öffnungszeiten: tgl. 9.00 – 17.00 Uhr, www.hgm.or.at).

Haydnhaus

Liebhaber klassischer Musik werden die Aura des Komponisten spüren: Joseph Haydn erwarb das Häuschen in der damaligen Stein- und heutigen Haydngasse 19 (6. Bezirk, Mariahilf) im Jahr 1793 und bewohnte es bis zu seinem Tod 1809. Hier entstanden seine großartigen Oratorien »Die Schöpfung« und »Die Jahreszeiten«. Das 1899 eröffnete Museum im ersten Stock zeigt Briefe, Manuskripte, persönliche Gegenstände und zwei Klaviere des Komponisten. Überdies wurde ein Johannes-Brahms-Gedenkraum mit Möbeln und Gebrauchsgegenständen aus Brahms' letzter Wohnung eingerichtet (Öffnungszeiten: Di. – So. 10.00 – 13.00, 14.00 – 18.00 Uhr).

✶✶ Schönbrunn

Barockes Gesamtkunstwerk

Von der Wiener Innenstadt gelangt man über die Linke Wienzeile in südwestlicher Richtung zum barocken Gesamtkunstwerk von Schloss und Park Schönbrunn (13. Bezirk, Hietzing; U-Bahnstationen Schönbrunn, Hietzing, U 4).

Nach dem Sieg über die Türken 1683 plante J. B. Fischer von Erlach im Auftrag Kaiser Leopolds I. ein Schloss auf dem Gloriettehügel, das Versailles an Größe und Pracht noch übertreffen sollte. Entstanden ist ab 1696 das vergleichsweise dann doch etwas »bescheidenere« Barockschloss Schönbrunn mit 1441 Zimmern und Sälen. Hier quartierte sich Napoleon 1805 und 1809 in den Lieblingsräumen von Maria Theresia ein, tanzte 1814/1815 der Wiener Kongress, verzichtete 1918 Karl I. auf die Regentschaft und schlug 1945 der englische Hochkommissar sein Hauptquartier auf. 1996 wurde die ehemalige Sommerresidenz der Habsburger in die Weltkulturerbe-Liste der UNESCO aufgenommen. Heute ist Schönbrunn die meistbesuchte Sehenswürdigkeit Österreichs.

Kurioses Mietverhältnis ►

Ein Kuriosum besitzt dieses habsburgische Vermächtnis, nämlich etwa 190 Mieter, die ganz regulär im Schloss wohnen. Neid ist allerdings weniger angebracht, denn wer hier neu einzieht, muss trotz vergleichsüblicher Miete entweder seine Bleibe für viel Geld renovieren oder einen ungeachtet der vornehmen Umgebung äußerst geringen Wohnstandard akzeptieren. Die öffentliche Hand kümmert sich nur um die Restaurierung der Prunkräume.

Wer das gesamte Programm absolvieren möchte, ist mit dem Schönbrunn Pass Gold am besten bedient, denn im Preis sind sämtliche Eintritte für Schloss, Wagenburg, Tiergarten und Palmenhaus enthalten (genaue Informationen erhält man unter Tel. 01/8 11 13239; www.schoenbrunn.at). Von den 1441 Gemächern können 22 (Imperial Tour; ca. 30 Min.) oder 40 repräsentative Prunkräume (Grand Tour; ca. 50 Min.) besichtigt werden.

✔ NICHT VERSÄUMEN

- Das Millionenzimmer: prunkvollstes Rokoko
- Große und Kleine Galerie: glanzvolle Festsäle in Weiß-Gold
- Gemächlicher Spaziergang durch den Schlosspark hinauf zur Gloriette
- Der Zoo: der älteste noch bestehende Tiergarten der Welt

Prunkräume

Durch seine schlichte Ausstattung steht das Schreibzimmer Franz Josephs I. (Raum 4) in scharfem Gegensatz zum üppigen Dekor des Audienzzimmers und zeigt zahlreiche Bilder und Fotos aus dem Privatleben des Kaisers, darunter viele von Kaiserin Elisabeth. Im einfachen Soldatenbett des Schlafgemachs (Raum 5) starb Franz Joseph I. am 21. November 1916 im Alter von 86 Jahren nach einer Regierungszeit von fast 68 Jahren. Das Stiegenkabinett (Raum 7) diente Kaiserin Elisabeth als Schreibzimmer, ihr Toilettenzimmer der Schönheitspflege und dem Sport. Im Marie-Antoinette-Zimmer

Schloss Schönbrunn Orientierung

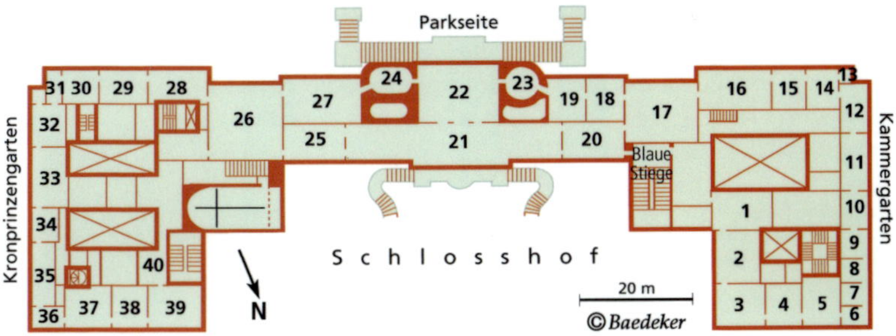

1 Gardezimmer
2 Billardzimmer
3 Nussbaumzimmer
4 Schreibzimmer von Kaiser Franz Joseph I.
5 Schlafzimmer von Kaiser Franz Joseph I.
6 Terassenkabinett West
7 Stiegenkabinett
8 Toilettezimmer
9 Gemeinsames Schlafzimmer von Kaiser Franz Joseph I. und Kaiserin Elisabeth
10 Salon der Kaiserin Elisabeth
11 Marie Antoinette Zimmer
12 Kinderzimmer
13 Frühstückszimmer
14 Gelber Salon
15 Balkonzimmer
16 Spiegelsaal
17 Großes Rosa Zimmer
18 Erstes Kleines Rosa Zimmer
19 Zweites Kleines Rosa Zimmer
20 Laternenzimmer
21 Große Galerie
22 Kleine Galerie
23 Rundes Chinesisches Kabinett
24 Ovales Chinesisches Kabinett
25 Karussellzimmer
26 Zeremoniensaal
27 Rösselzimmer
28 Blauer Chinesischer Salon
29 Vieux-Laque Zimmer
30 Napoleonzimmer
31 Porzellanzimmer
32 Millionenzimmer
33 Gobelinsaal
34 Schreibzimmer der Erzherzogin Sophie
35 Roter Salon
36 Terassenkabinett Ost
37 Schlafzimmer
38 Schreibzimmer von Erzherzog Franz Karl
39 Salon von Erzherzog Franz Karl
40 Jagdzimmer

(Raum 11) wurde zu Zeiten Franz Josephs I. gegessen – eine hastige Anlegenheit, denn sobald der Kaiser, der sehr schnell aß, fertig war, hob man die Tafel auf.

Das holzgetäfelte Kinderzimmer (Raum 12) ist mit Porträts der 14 Kinder von Maria Theresia geschmückt. Im Spiegelsaal (Raum 16) nahm die Monarchin die Vereidigung ihrer Minister vor, hier musizierte 1762 der sechsjährige Mozart vor Maria Theresia. Die Große Galerie (Raum 21), ein Festsaal im Stil des Rokoko, bildete mit prächtigen Kristallspiegeln, üppiger Stuckdekoration und Deckenfresken den glanzvollen Rahmen für Festbankette, Empfänge und Bälle des Hofes. Handgemalte fernöstliche Tapeten, blauweiße japanische Vasen und hellblaue Seide dekorierten stilvoll das Ende der Monarchie: Im Blauen Chinesischen Salon (Raum 28) unterzeichnete Kaiser Karl I. 1918 die Verzichtserklärung auf die Regentschaft. Raum 29, das luxuriöse Vieux-Laque-Zimmer, vereinigt ostasiatische Kunst mit Wiener Rokoko. Maria Theresias Privatsalon ist mit kostbarem Rosenholz getäfelt – daher auch der Name »Millionenzimmer« (Raum 32). 260 indische und persische Miniaturen unter Glas, die die Kaiserin aus Konstantinopel nach Wien bringen ließ, sind in die Täfelung eingelassen. Raum 37 beherbergt das Prunkbett aus rotem Samt und kostbarer Gold-Silber-Stickerei, das früher in Maria Theresias Räumen in der Hofburg stand.

Schlosstheater Wiens **einziges noch bestehendes Barocktheater** wurde vom Lieblingsarchitekten der Monarchin, Nicolaus Pacassi, 1747 erbaut und später mit Rokoko-Dekor ausgestattet. Im »Haustheater der Habsburger« nahm die Regentin selber am Schauspiel teil. Die Bühne steht heute dem Max-Reinhardt-Seminar zur Verfügung (Führungen: Mitte Juli bis Mitte Sept. tgl. 10.00–16.00 Uhr jeweils zur vollen Stunde).

Wagenburg Wie seinerzeit die kaiserliche Familie reiste, von unauffällig bis prunkvoll, zeigen die über 60 historischen Staatskarossen, Schlitten und Reisesänften, die in der Wagenburg ausgestellt sind (Öffnungszeiten: April bis Okt. tgl. 9.00–18.00 Uhr, Nov. – März tgl. 10.00 – 16.00 Uhr).

*** Schönbrunner Park** 1706 von Jean Trehet angelegt, erhielt der Park seine heutige Gestalt zwischen 1765 und 1780 durch Ferdinand von Hohenberg und Adrian van Steckhoven. Sie vereinigten naturbelassene Elemente, geometrische Blumenparterren, eine stattliche Reihe von Marmorskulpturen und architektonische Akzente wie den Neptunbrunnen oder die römische Ruine. Den japanischen Garten zwischen Palmenhaus und Tiergarten hat man nach alten Vorlagen restauriert. Südwestlich des Neptunbrunnens steht – Namensgeber für das Schloss – der Schöne Brunnen.

Gloriette ► Die klassizistische Säulenhalle der Gloriette wurde erbaut zur Erinnerung an die Schlacht von Kolin (1757), in der Maria Theresias Truppen das Heer Friedrichs des Großen besiegten. Heute dient das von einer prachtvollen Kuppeldecke gekrönte Sommerspeisezimmer des Kaiserhauses als Kaffeehaus.

Tiergarten An der Westseite des Schönbrunner Parks liegt der Schönbrunner Tiergarten, der auf die Menagerie Franz' I. aus dem Jahr 1752 zurückgeht und somit als **ältester Zoo der Welt** gilt. Die rund 750 Tierarten werden in Häusern bzw. Freigehegen gehalten, die der natürlichen Umwelt der Tiere angepasst sind (Öffnungszeiten: tgl. Jan. 9.00 – 16.30, Feb. 9.00–17.00 Uhr, März, April und Okt. bis 17.30 Uhr, Mai – Sept. bis 18.30 Uhr, Nov. – Jan. bis 16.00 Uhr).

*** Palmenhaus** Nördlich vom Tiergarten steht das **größte Glashaus Europas**. Die fantastische Eisen-Glas-Konstruktion wurde 1883 von Franz Segenschmid erbaut und zeigt in drei unterschiedlich klimatisierten Abteilungen exotische Pflanzenwelten (Öffnungzeiten: Mai bis Sept. tgl. 9.30–18.00, Okt. bis April bis 17.00 Uhr).

Weitere Sehenswürdigkeiten in Wien

Technisches Museum Wien Nördlich von Schönbrunn am Ende der Mariahilfer Straße (14. Bezirk, Penzing) steht das Eldorado für Technikbegeisterte: das Technische Museum Wien. Es liefert einen faszinierenden Querschnitt

durch die gesamte Entwicklung von Technik, Gewerbe und Industrie. Die Palette der Exponate reicht von der Prick'schen Dampfmaschine über Musikautomaten bis zum Roboter, von der Darstellung der »Schwerindustrie« bis zum Design von Luxusgütern (Öffnungszeiten: Mo. – Fr. 9.00 – 18.00, Sa. und So. ab 10.00 Uhr).
Für Kinder hat sich das Technische Museum etwas Besonderes einfallen lassen – im **Mini-TMW** lernen Drei- bis Sechsjährige spielerisch technische Phänomene kennen. Und Eltern, die in Ruhe das Museum anschauen wollen, können mittwochs, donnerstags und sonntags zwischen 13.00 und 18.00 Uhr ihren wissbegierigen Nachwuchs der Kinderbetreuung im Mini-TMW anvertrauen.

Sigmund-Freud-Museum

Fast ein halbes Jahrhundert lang, von 1891 bis zu seinem Exil 1938, wohnte Sigmund Freud (► Berühmte Persönlichkeiten) in der Berggasse 19 (9. Bezirk, Alsergrund). Hier verfasste der **Begründer der Psychoanalyse** seine grundlegenden Schriften zum Ödipuskomplex und zur Traumdeutung und entwickelte die Theorie vom »Ich, Es und Über-Ich«. Die Sigmund-Freud-Gesellschaft ließ 1971 von der gediegenen 15-Zimmer-Wohnung des Seelenforschers Foyer, Warteraum, Behandlungs- und Arbeitszimmer rekonstruieren und – zum Teil originalbestückt – als Museum ausgestalten (Öffnungszeiten: tgl. 9.00–17.00, Juli – Sept. bis 18.00 Uhr).

Musik zum Heurigen

Eine der berühmtesten Persönlichkeiten Wiens, **Franz Schubert**, wurde 1797 einige Straßen weiter nördlich in der Nußdorfer Straße 54 (9. Bezirk, Alsergrund), im Haus **»Zum roten Krebsen«**, geboren. Die Gemeinde Wien hat das Häuschen aus dem 18. Jh. fast unverändert erhalten. Heute sieht man Partituren, Manuskripte, Bilder und persönliche Gegenstände des Komponisten (Öffnungszeiten: Di. bis So. 10.00 – 13,00, 14.00 – 18.00 Uhr).

✶ Grinzing

Der traditionsreiche und wohl schönste Heurigenvorort Grinzing (19. Bezirk, Döbling) weckt mit seinen alten Häusern und Gassen inmitten von Gärten und Weinbergen nach wie vor die klassische Vorstellung vom Wiener Heurigen. Jener selig machende Tropfen aus der jüngsten Weinlese wird im gleichnamigen Lokal getrunken, sobald der Föhrenbuschen über dem Eingangstor »ausg'steckt is«. Grinzinger Heurige, die nur eigenen Wein ausschenken, haben im

Jahr drei Wochen bis maximal sechs Monate geöffnet, während die Heurigenrestaurants ganzjährig konzessionierte Betriebe sind, die oft zusätzlich Weine aus anderen Gegenden beziehen.

★ **Kahlenberg, Leopoldsberg**

Am nördwestlichen Rand Wiens sind die »Brüder« Kahlenberg und Leopoldsberg (19. Bezirk, Döbling) die bekanntesten Erhebungen des Wienerwaldes. Vom 484 m hohen Kahlenberg mit Heurigenrestaurant und Panoramaterrasse genießt man bei gutem Wetter einen schönen Blick auf das Wiener Becken, die Hügel des Wienerwaldes, das Schneeberggebiet und das Donautal bis ins Marchfeld. Fernsehturm und Stephaniewarte – benannt nach der Stifterin des Fernsehturms, Kronprinzessin Stephanie –, markieren den Gipfel.

★ Wiener Neustadt

Q 4

Bundesland: Niederösterreich
Einwohnerzahl: 40 600
Höhe: 265 m ü.d.M.

Die lebhafte Industriestadt Wiener Neustadt, 30 km südlich von Wien gelegen, besitzt einige sehenswerte Baudenkmäler, obwohl im Zweiten Weltkrieg viel zerstört wurde.

Alte Grenzfeste

Wiener Neustadt wurde 1194 von Leopold dem Tugendhaften als Grenzfestung gegen Ungarn gegründet – mit einem Teil des stattlichen Lösegeldes, das England für die Freilassung seines Königs Richard Löwenherz bezahlen musste. Unter Friedrich III. war es 1440–1493 Residenzstadt. Dessen Sohn Maximilian I. (► Berühmte Persönlichkeiten), der »letzte Ritter«, wurde 1459 hier geboren und unter dem Hochaltar der St. Georgskathedrale begraben.

Sehenswertes in Wiener Neustadt

Burg

Strategisch günstig liegt die Burg, im Südosten der Stadt nahe der Leitha. Mehrfach durch Erdbeben schwer beschädigt, wurde sie immer wieder aufgebaut und erweitert. Maria Theresia (► Berühmte Persönlichkeiten) gründete hier 1751 die Kaiserliche Militärakademie, die – insofern **älteste Militärakademie der Welt** – mit Unterbrechungen bis heute existiert.

★ Wappenwand ►

Von den vier Ecktürmen der Burg ist nur noch einer erhalten. Die Front und den großen Hof beherrscht die St.-Georgskathedrale, eine der schönsten spätgotischen Kirchen Österreichs. An der Hofseite der Kirche befindet sich die berühmte Wappenwand (1453): Über dem Standbild Friedrichs III. und seiner Devise AEIOU, gedeutet als »Austria Est Imperare Orbi Universo« bzw. »Alles Erdreich Ist Österreich Untertan« oder »Austria Erit In Orbe Ultima« (Österreich wird ewig bestehen), sind 14 habsburgische und 93 Fantasiewappen angeordnet. Den fast quadratischen Kirchenraum schmücken viele nicht identifizierbare Wappenschilde, an der Decke sieht man Wappen der habsburgischen Erbländer. Über dem Altar leuchten drei prachtvolle Glasfenster aus dem 15. und 16. Jh.

Altstadt

Die Altstadt nördlich der Burg ist als regelmäßiges Viereck mit 600 bzw. 700 m Seitenlänge angelegt. Auf dem mit hübschen Laubenhäusern umgebenen Hauptplatz steht eine barocke Mariensäule (1678), südwestlich das Rathaus (16. Jh.) mit klassizistischer Fassade.
Östlich des Hauptplatzes beherbergt die gotische Neuklosterkirche prächtige Barockaltäre und das Grabmal der Eleonore von Portugal († 1467), Gemahlin Kaiser Friedrichs III. und Mutter Maximilians I. Niclas van Leyden hat 1467 die Grabplatte geschaffen.

◄ Dom

Westwerk und Langhaus des mächtigen Doms sind romanisch (13. Jh.), Querschiff und Chor gotisch (Mitte 14. Jh.). An der Südseite findet man das »Brauttor« mit romanischem Portal (um 1238). Bemerkenswert im Inneren sind die lebensgroßen Apostelstatuen (um 1500) an den Pfeilern von Lorenz Luchsperger, ferner das Wandbild »Jüngstes Gericht« über dem Triumphbogen von 1300 sowie Hochaltar und Chorgestühl im heiteren Rokokostil (1760–1777).

Wiener Neustadt *Orientierung*

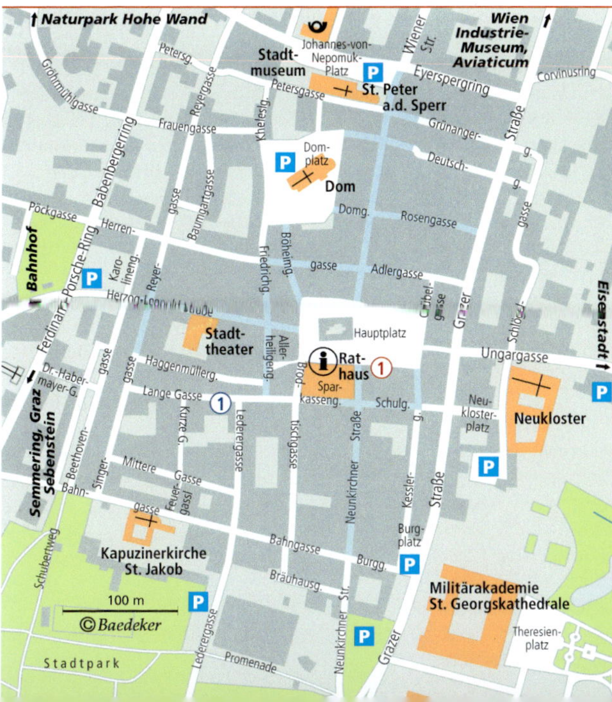

Essen

① Stachl's Gaststube

Übernachten

① Hotel Zentral

WIENER NEUSTADT ERLEBEN

AUSKUNFT

Fremdenverkehrsbüro
Hauptplatz 1–3
A-2700 Wiener Neustadt
Tel. 026 22/37 33 11
Fax 37 33 14
www.wiener-neustadt.at

ESSEN

► **Erschwinglich**

① ***Stachl's Gaststube***
Lange Gasse 20
A-2700 Wiener Neustadt
Tel. 0 26 22/2 52 21
Stachl's Gewölbekeller lädt ein, den Hunger in kultivierter Form zu stillen. Österreichbetonte Weinkarte.

ÜBERNACHTEN

► **Günstig**

① ***Hotel Zentral***
Hauptplatz 27
A-2700 Wiener Neustadt
Tel. 026 22/231 69, Fax 237 93
www.hotelzentral.at
Das Hotel liegt im Zentrum von Wiener Neustadt direkt am malerischen Hauptplatz.

Stadtmuseum Das Stadtmuseum logiert im einstigen Kloster St. Peter an der Sperr in der Petersgasse 2a. Es besitzt eine Nachbildung des kunstvoll gearbeiteten vergoldeten Corvinusbechers (1487), ein Geschenk des Ungarnkönigs Matthias Corvinus »an die tapferen Bürger« (Öffnungszeiten: Mi. – So. 10.00 – 16.00, Do. bis 20.00 Uhr).

Industrieviertel Museum Grundstock des Museums bilden eine alte Schlosserwerkstätte und ein Hauswirtschaftsraum, dazu kommen wechselnde Ausstellungen zum Thema Industriekultur (Anna-Rieger-Gasse 4; Öffnungszeiten: Mo. bis Fr. 9.00–16.00 Uhr).

Aviaticum Der Frühgeschichte des Fliegens widmet sich das nicht nur für Luftfahrtbegeisterte und Kenner **sehenswerte Flugmuseum** Aviaticum. Ausgestellt sind unter diversen historischen Fluggeräten der weltweit älteste zugelassene Gasballon sowie eine noch flugfähige »Lohner-Etrich-Taube«, Baujahr 1912 (Graf von Zeppelinstraße 1; Öffnungszeiten: Di. – So. 10.00 – 20.00 Uhr, www.aviaticum.at). Das erste in Österreich gebaute Luftschiff entstand übrigens in Wiener Neustadt.

! *Baedeker* TIPP

Heuriger aus Äpfeln und Birnen

Unter einem Heurigen versteht der trinkfreudige Gast – meist zutreffend – einen jungen Wein. Die rustikale Ausnahme von dieser Regel verkostet man am besten in den östlichen Ausläufern der Alpen südlich von Wiener Neustadt, der »Buckligen Welt«: Ihre Streuobstwiesen liefern nämlich einen ausgezeichneten Mostheurigen.

Umgebung von Wiener Neustadt

Im Naturpark Hohe Wand (Höhe 800–1000 m), westlich von Wiener Neustadt, warten zahlreiche Gasthäuser und Hütten auf hungrige und durstige Wanderfreunde. Es gibt ein Info-Center, ein Alpinmuseum und der Nachwuchs erfreut sich an Spielplätzen, Streichelzoo und Gehegen mit Steinböcken und putzigen Murmeltieren.

Seebenstein

Rund 15 km südlich von Wiener Neustadt liegt der Ort Seebenstein (348 m) am Rand des Naturparks gleichen Namens. Die stattliche Burg aus dem 11. bzw. 17. Jh. enthält wertvolle Einrichtungsstücke und Sammlungen, darunter eine Muttergottesstatue von Riemenschneider (Öffnungszeiten: Ostern – Okt.; Führungen: Sa. 14.00 u. 15.00, So. 10.30, 14.00 und 15.00 Uhr).

★ Wienerwald

Q 3

Bundesland: Niederösterreich

Der Wienerwald vor den Toren der Hauptstadt war nicht nur Quelle der Inspiration für Künstler, er dient auch den Wienern als sonntägliches Ausflugsziel mit 6000 km Wegenetz zum Wandern und unzähligen Heurigen-Lokalen.

Ein Name wie Musik

Schon der Name klingt wie Musik! Man denke an Beethovens 6. Symphonie, die Pastorale, an den unsterblichen Walzer »Geschichten aus dem Wienerwald« von Johann Strauß (► Berühmte Persönlichkeiten), aber auch an das gleichnamige Drama von Ödön von Horvath. Der Wienerwald ist nordöstlicher Ausläufer der Alpen, die hier in bewaldeten und schließlich rebenbedeckten Hügeln ausklingen.

Blick von den Ausläufern des Wienerwaldes

Dass der Wienerwald sein grünes Gewand in unverminderter Schönheit und Üppigkeit darbieten kann, verdanken er und die Wiener dem Mödlinger **Josef Schöffel**: Vor ca. 130 Jahren versprachen sich Spekulanten satte Gewinne durch rücksichtslosen Holzeinschlag. Schöffel hielt energisch dagegen, wofür er zunächst heftig angefeindet wurde. Schließlich brachte er aber mit seinen überzeugenden Argumenten für eine nachhaltige Entwicklung des Wienerwaldes die Mödlinger Bürgerschaft hinter sich und konnte eine weit gehende Abholzung verhindern. Heute ist Schöffel Ehrenbürger von mehr als hundert Gemeinden im Wienerwald – so ändern sich die Zeiten!

Rundfahrt durch den südlichen Wienerwald

Mödling

Verlässt man Wien Richtung Süden, erreicht man nach wenigen Kilometern die Stadt Mödling (246 m; 20 550 Einw.), beliebtes Sommerfrischeziel dreier berühmter Komponisten: Ludwig van Beethoven, Arnold Schönberg (► Berühmte Persönlichkeiten) und Anton von Webern. Mödling besitzt ein Renaissancerathaus von 1548, die spätgotische St.-Othmar-Kirche, deren Deckengewölbe auf zwölf Säulen – Sinnbild für die zwölf Apostel – ruht, und ein spätromanisches Beinhaus (Karner) mit alten Fresken.
Beliebte Wanderziele im westlich beginnenden Naturpark Föhrenberge mit seinen charakteristischen Schirmföhren sind der Husarentempel, Österreichs ältestes Kriegerdenkmal, und romantische Ruinen.

✶ Laxenburg

Laxenburg (177 m; 2700 Einw.), rund 10 km östlich, war seit dem 14. Jh. aufgrund seiner Nähe zur Hauptstadt und seiner Lage in den wildreichen Schwechat-Auen bevorzugte Frühjahrsresidenz des Habsburger Hofes. Der weitläufige Schlosspark (Eintritt) ist mit seinen Schlössern, Teichen (Bootsverleih), dem alten Baumbestand, Denkmälern und Brücken einer der **bedeutendsten Landschaftsgärten Österreichs**. Im Alten Schloss wurde Geschichte geschrieben: Hier erließ Kaiser Karl VI. die »Pragmatische Sanktion«, die seiner Tochter Maria Theresia (► Berühmte Persönlichkeiten) die Thronfolge ermöglichte. Heute logiert hier das Österreichische Filmarchiv.
Wie eine mittelalterliche Ritterburg wirkt die auf einer Insel im Großen Teich 1798–1836 errichtete neugotische Franzensburg, heute Schauplatz sommerlicher Komödienspiele. Die teils prachtvoll ausgestatteten Schauräume sind im Rahmen einer Führung zugänglich (Führungen: April – Okt. tgl. 11.00, 14.00 u. 15.00 Uhr).

► WIENERWALD

AUSKUNFT

Tourismusverband Wienerwald
Hauptplatz 11, A-3002 Purkersdorf
Tel. 0 22 31/6 21 76
www.wienerwald.info

Gumpoldskirchen

Gumpoldskirchen (250 m; 3480 Einw.) ist weltberühmt für seine ausgezeichneten Weißweine. Der stimmungsvolle Ort mit seinem wuchtigen Deutschordensschloss, der St. Michaelskirche und dem hübschen Renaissancerathaus lädt zum Bummeln ein, während die Heurigenlokale und zwei große Weinfeste im Juni und August stimmungsvolle Unterhaltung garantieren (Weinwanderweg).

Baden bei Wien

►dort

Schlosspark Laxenburg *Orientierung*

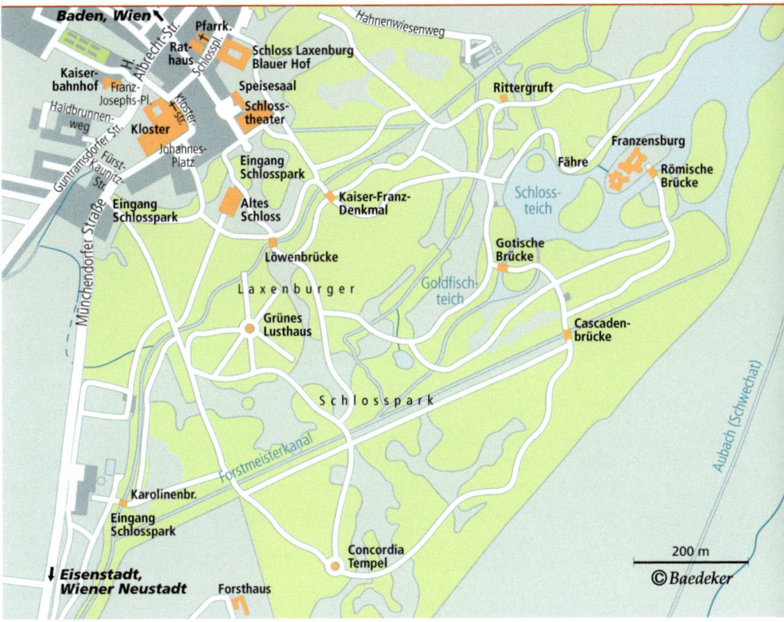

Helenental

Von Baden geht es westlich in das romantische, schon im 19. Jh. bei Wanderern beliebte Helenental, von dem es in dem berühmten Lied heißt: »Ich kenn' ein kleines Wegerl im Helenental, das ist für alte Eheleute viel zu schmal ...« Links und rechts erheben sich die Ruinen der Raubritterburgen Rauheneck und Rauhenstein. 1830/1831 wütete die Cholera in Wien und Baden und zum Dank für das Ende der Epidemie stifteten Wiener Bürger die Cholerakapelle, einige Kilometer flussaufwärts. Ein beliebtes Ausflugsziel ist die folgende Krainerhütte, gegründet von einst hier angesiedelten Holzfällern aus Krain. An den Ufern der Schwechat lassen sich – mit etwas Glück – Wasseramseln, manchmal sogar Eisvögel beobachten. Die Äskulapnatter ist leider recht selten geworden, aber Wildschweine, Rehe und eine Vielzahl bunter Schmetterlinge beleben die tierische Szenerie.

Schloss Mayerling

Im ehemaligen Jagdschloss Mayerling, 19 km nordwestlich von Baden, erschoss am 30. 1. 1889 **Kronprinz Rudolf von Österreich** seine achtzehnjährige Geliebte, **Baronin Mary Vetsera**, und sich. Die näheren Umstände sind bis heute nicht eindeutig geklärt. Der Kronprinz wurde in der Kapuzinergruft beigesetzt, Mary Vetsera auf dem Heiligenkreuzer Dorffriedhof. Auf Veranlassung von Kaiser Franz Joseph I. wurde das Schloss zu einem Karmeliterinnenkloster umgestaltet. Das Schlafzimmer des Kronprinzen, Schauplatz des mutmaßli-

Im Kapitelsaal von Heiligenkreuz ruht der letzte Babenberger – seit 1246.

chen Doppelselbstmordes, ist heute die Totenkapelle des Klosters (Öffnungszeiten der Gedächtnisstätte: im Sommer tgl. 9.00 – 18.00, im Winter bis 17.00 Uhr,www.mayerling.org).

Heiligenkreuz Wenige Kilometer nordöstlich steht in Heiligenkreuz die **zweitälteste Zisterzienserabtei von Österreich**, gegründet 1133 von Markgraf Leopold III., der hier eine Grablege für die Babenberger Herrscher schaffen wollte, und benannt nach der Kreuzreliquie, die Herzog Leopold V. dem Kloster schenkte. Der Sohn des Gründers, Otto von Freising, war den Zisterziensern beigetreten und sorgte dafür, dass der Orden hier ansässig werden konnte. Das Stift besteht als einziges Zisterzienserkloster ununterbrochen seit seiner Gründung.

Stiftskirche ▶ An der Westfassade der dreischiffigen Stiftskirche sieht man die für Zisterzienserkirchen typischen drei Fenster. Das beeindruckende romanische Langhaus bildet einen starken Kontrast zum gotischen Hallenchor mit seinen wertvollen Glasfenstern (um 1300). Im romanisch-gotischen Kreuzgang (1220–1250) stehen zwei Skulpturengruppen von Giuliani und ein bemerkenswertes Brunnenhaus. Der prächtige Kapitelsaal beherbergt einige Grabstätten der Babenberger, darunter das Grabmal Friedrichs II., der 1246 im Kampf gegen die Ungarn fiel und mit dessen Tod die Herrschaft der Babenberger in Österreich erlosch. Der Arbeitssaal der Mönche weist noch Teile der Wandbemalung aus dem 13. Jh. auf. Das Kloster ist nur im Rahmen einer Führung zugänglich (www.stiftheiligkreuz.org; Führungen: Tel. 02258/8703).

Naturpark Sparbach Der schöne Rundwanderweg (9 km) im **ältesten Naturpark Österreichs** führt vorbei am idyllischen Lenauteich und an romantischen Ruinen. Ausgangspunkt der Wanderung ist Sparbach, 7 km nordöstlich von Heiligenkreuz.

Perchtoldsdorf

Über Perchtoldsdorf (265 m; 14 500 Einw.) kommt man zurück nach Wien. Der **mittelalterliche Ortskern** mit der eindrucksvollen Burg-Kirchenanlage und dem frei stehenden mächtigen Wehrturm, Hugo Wolf schrieb hier einige seiner schönsten Lieder (Museum in der Brunnengasse 26), lockt bereits seit dem 19. Jh. Besucher an.

★★ Wolfgangsee

K 4

Bundesländer: Salzburg, Oberösterreich

Nicht erst seit Ralph Benatzkys walzerseliger Operette »Im Weissen Rössl« kommen Besucher an den wohl bekanntesten See im Salzkammergut. Die Wallfahrtskirche St. Wolfgang zog bereits im Mittelalter Pilgerströme an.

Operette und Wallfahrt

Der 10 km lange, 2 km breite und bis 114 m tiefe Wolfgangsee ist wunderschön gelegen: Im Norden erhebt sich über der steilen Falkensteinwand der Schafberg, bei St. Gilgen ragt das Zwölferhorn auf. Nicht nur wallfahrtsfreudige Pilger, auch Sportbegeisterte kommen auf ihre Kosten: Das Angebot reicht vom Baden, Surfen, Segeln und Angeln bis zum Wasserskifahren, Parasailing und Tuberiding.

Sehenswerte Orte am Wolfgangsee

★ St. Gilgen

Am Westende des Sees liegt der idyllische Sommerurlaubsort St. Gilgen mit Villen aus dem späteren 19. Jahrhundert. In der Ischler Straße 15, heute Bezirksgericht, wurde Mozarts Mutter Anna Maria Pertl (1720–1778) geboren, deren Vater hier als Rechtspfleger arbeitete. Mozarts ebenfalls hochbegabte Schwester Maria Anna, genannt Nannerl, heiratete einen Amtsnachfolger ihres Großvaters und zog 1784 als Hausherrin in das Geburtshaus ihrer Mutter ein (Mozarthaus; Öffnungszeiten: Mai – Okt. 9.00 bis 18.00 Uhr). An den berühmten Bruder erinnert der Brunnen mit der Mozartstatue. Im 1655 gebauten »Wetzl- oder Einsiedlerhäusl« ist das **Heimatkundliche Museum** mit Ausstellungsstücken zur Geschichte des Ortes und der Region untergebracht. Zu sehen sind u. a.auch die 4700 Exponate umfassende Tiersammlung des Bienenforschers und Nobelpreisträgers Karl von Frisch (Pichlerplatz 6; Öffnungszeiten: Juni – Sept. Di. – So. 10.00 – 12.00 und 15.00 – 18.00 Uhr).

! *Baedeker* TIPP

Schwimmende k. u. k.-Nostalgie

Mit ihm wurde am 20. Mai 1873 die hiesige Passagierschiffahrt feierlich eröffnet: Schaufelraddampfer »Franz Joseph I.«, der noch heute durch die Wellen pflügt, allerdings nicht mehr kohlen-, sondern dieselgetrieben (während der Hauptsaison im Juli und August zwischen Gschwendt, St. Wolfgang und St. Gilgen).

WOLFGANGSEE ERLEBEN

AUSKUNFT

Tourismusinformation St. Gilgen
Mondsee-Bundesstraße 1 a,
A-5340 St. Gilgen
Tel. 062 27/23 480, Fax 23 489
www.gemgilgen.at

ESSEN

▸ Fein & Teuer

Timbale
Salzburger Straße 2, A-5340 St. Gilgen
Tel. 062 27/75 87
In diesem Restaurant – »klein, aber fein« – wird Essen zum Erlebnis.

▸ Erschwinglich

Brunnwirt
Wolfgangseestraße 11, A-5330 Fusch
Tel. 06 64/280 71 92
Das Tor zu diesem gemütlichen Restaurant und seiner hervorragenden Küche öffnet sich erst am Abend.

ÜBERNACHTEN

▸ Luxus

Ebner's Waldhof
Seestraße 30, A-5330 Fuschl am See
Tel. 0 62 26/82 64, Fax 86 44
www.ebners-waldhof.at
Die Hotelanlage am Ortsende von Fuschl besitzt einen eigenen Strand, Hallenbad und Sauna.

▸ Komfortabel

»Im Weissen Rössl«
Markt 74, A-5360 St. Wolfgang
Tel. 0 61 38/2 30 60, Fax 23 06 41
www.weissesroessl.at
Das viel besungene Romantikhotel am Wolfgangsee bietet erstklassige, stilvoll eingerichtete Zimmer mit Blick auf den See. Bekannt wurde das Haus durch die Operette »Im Weissen Rössl« des österreichischen Komponisten Ralph Benatzky.

St. Wolfgang am Wolfgangsee: Wasserski vor prominenter Kulisse mit Pfarrkirche und »Weissem Rössl«

Von St. Gilgen erreicht man das Zwölferhorn (1522 m) mit der Seilbahn. Sie erschließt ein im Sommer reizvolles Wandergebiet und im Winter anspruchsvolles Skigelände. ◄ Zwölferhorn

Zu den beliebtesten Ausflugszielen im Salzkammergut gehört der viel besungene Badeort St. Wolfgang. Er liegt am sonnigen Nordostufer des Sees zu Füßen des Schafbergs und damit bereits im Salzburger Land. Weltberühmt wurden St. Wolfgang und das Hotel »Weisses Rössl«, das sich seit 1712 in Familienbesitz befindet, durch **Ralph Benatzkys** gleichnamige Operette von 1930. Vom Restaurant hat man einen herrlichen Blick über den See und die Bergwelt ringsum. ★ **St. Wolfgang** ★ ◄ »Weisses Rössl«

Gleich neben dem »Weissen Rössl« steht die spätgotische Wallfahrtskirche, nach einem Brand 1429 bis 1477 neu erbaut und 1683 bis 1697 barock ausgemalt. Der reich geschmückte spätgotische Flügelaltar von Michael Pacher (1481 fertig gestellt) am Hochaltar ist ein einmaliges Kunstwerk. Im prächtigen Mittelschrein kniet Maria als Fürbitterin vor Christus, ihr zur Seite der hl. Wolfgang und der hl. Benedikt. Das Gesprenge – der obere Teil des Altars – besteht aus vielen schlanken Türmchen (Fialen). Ein weiteres einzigartiges Kunstwerk ist der prachtvolle barocke Doppelaltar für den hl. Wolfgang und Johannes den Täufer, Hauptwerk Thomas Schwanthalers (1675/1676). In der linken Hälfte des Altars steht die gotische Wolfgangstatue (15. Jh.) aus der 1429 abgebrannten Kirche. Drei weitere Altäre, eine ergreifende Darstellung des leidenden Heilands sowie die Kanzel stammen von Meinrad Guggenbichler, dem Meister des Klosters Mondsee (18. Jh.). 1713 wurde die im Rokokostil gehaltene Wolfgangkapelle im Westteil der Kirche errichtet, um die Zelle des hl. Wolfgang, die früher im Freien war, in die Kirche einzubeziehen. Nördlich der Kirche, im Brunnenhaus, steht ein bronzener Wallfahrtsbrunnen (1515) mit allegorischen Darstellungen. Sein Überbau ist das erste österreichische Werk im Renaissancestil. ★★ ◄ Wallfahrtskirche

St. Wolfgang Kirche

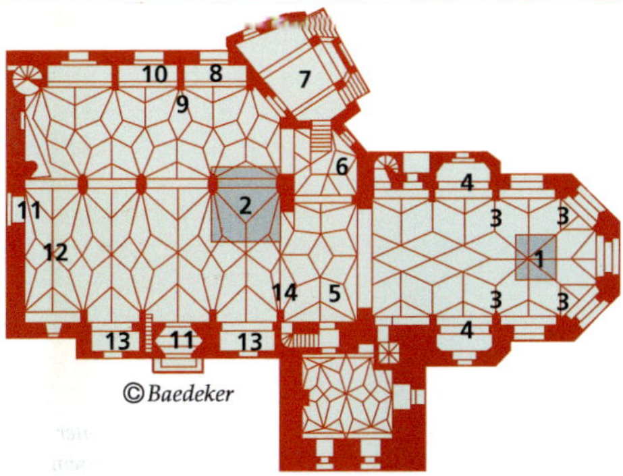

1 Pacher-Altar
2 Doppelaltar von Schwanthaler
3 Zunftstangen
4 Marmoraltäre
5 Sakristeiportal
6 Rosenkranzaltar
7 Wolfgangkapelle
8 Allerseelenaltar
9 Schmerzensmann
10 Antonius-Altar
11 Portale mit Reliefs
12 Orgel
13 Josef-Altar und Anna-Altar
14 Kanzel

✶ Schafberg

Traditionsreiche Verkehrsmittel finden sich hier nicht nur zu Wasser, sondern auch zu Land auf dem Berg: Den Schafberg (1783 m) kann man von Mai bis Oktober mit der Schafbergbahn erobern, auf deren Fahrten gelegentlich auch eine alte Dampfzahnradbahn eingesetzt wird. Insgesamt sieben Seen des Salzkammergutes sind vom Schafberggipfel aus zu sehen, der zentral zwischen Wolfgang-, Mond- und Attersee liegt und einen **traumhaften Blick auf die Ostalpen** bietet. Zu Fuß benötigt man ab St. Wolfgang etwa 4 Stunden.

Fuschlsee

Das Ufer des idyllischen, 4 km langen und 1 km breiten Fuschlsees, nordwestlich vom Wolfgangsee, steht unter Naturschutz und hat einen hübschen **kleinen FKK-Strand**. Sein gemütlicher Seerundweg ist etwa 12 km lang. Der Frauenkopf (1287 m), in Klettererkreisen auch als Schober Südgrat bekannt, bietet auch für weniger erfahrene Bergkletterer schöne und gut gesicherte Aufstiegsmöglichkeiten.

Frauenkopf ►

✶✶ Wörther See

M 6

Bundesland: Kärnten

Das touristische Zentrum Kärntens besitzt alles, was man für ein Topreiseziel braucht: Neben einer guten Verkehrsanbindung gibt es Uferorte für jeden Geschmack, von schlicht bis mondän, für Sportbegeisterte und Kulturinteressierte.

Malerischer Alpensee

Für viele sonnige Tage sorgt die etwas entfernt im Süden, Westen und Norden liegende Bergwelt, die kalte Winde und Wolken abhält. Mit gut 16 km Länge, 1–1,5 km Breite und bis zu 84 m Tiefe ist der Wörther See **der größte der Kärntner Alpenseen**. Das lebhaftere Nordufer verzeichnet mehr Durchgangsverkehr, das Südufer wirkt geruhsamer. Die Orte am Ufer haben sich ganz auf den Tourismus eingestellt: In Velden treffen sich (Geld-)Adel und »Adabeis«, in Pörtschach macht man gerne die Nacht zum Tage, Krumpendorf wirbt für sich als Skater- und Fahrradparadies und das malerische Maria Wörth lädt zum beschaulichen Bummeln ein.

Die Wassertemperatur steigt im Juli und August auf 26 °C an, manchmal sogar noch höher – beste Voraussetzungen also zum Angeln, Rudern, Wasserski, Surfen und Segeln.

! *Baedeker* TIPP

Auf den Spuren von Mahler

Mitten in einem lichten Wald, gleich westlich vom Strandbad Maiernigg bei Klagenfurt, steht das Komponierhäuschen von Gustav Mahler. Er bewohnte von 1900 bis 1907 (bis zum Tod der älteren Tochter Maria) eine heute in Privatbesitz befindliche Villa am See und zog sich zum Komponieren in die kleine Klause zurück. Hier entstanden u. a. seine Sinfonien 5 bis 8 und die Kindertotenlieder (Öffnungszeiten: Mai – Sept. tgl. 10.00–16.00 Uhr). .

Die Pfarr- und ehemalige Stiftskirche von Maria Wörth gab dem See seinen Namen.

Sehenswerte Orte am Wörther See

Velden

Der größte und meistbesuchte Ort am See ist der **elegante Kurort** Velden (440 m; 8500 Einw.). Seit Eröffnung der Eisenbahnlinie Wien–Triest 1864 entdeckte auch der Wiener Adel die Schönheit der Region und erkor den Wörther See, insbesondere Velden, zur Sommerfrische aus, ablesbar an so mancher Gründerzeit- und Jugendstilvilla (Wörther-See-Architektur). Gekrönte und ungekrönte Häupter, der Jet-Set und solche, die ihn sehen wollen, gaben und geben sich hier ein Stelldichein. Nahe der Schiffsanlegestelle steht das vor allem aus der TV-Serie »Ein Schloss am Wörthersee« bekannte Renaissanceschloss, einst im Besitz der Khevenhüller und 1990 von Gunther Sachs erworben. Zu besichtigen ist es nur von außen. Gelegenheit zum Sehen und Gesehenwerden bieten der hübsche Schubertpark, die elegante Seepromenade und das noble Spielcasino.

Rosegg

Südlich von Velden liegt in einer Schleife der Drau der kleine Ort Rosegg (483 m). Sehenswert ist das Schloss, seit 1831 im Besitz der Fürsten von Liechtenstein, mit dem Figurencabinett Madame Lucrezia, Österreichs erstem Wachsfigurenkabinett, und dem Wildpark.

Pörtschach

Zweitgrößter Ort am Nordufer des Sees ist das Seebad Pörtschach (446 m; 2600 Einw.), teils reizvoll auf einer Halbinsel gelegen und mit zauberhafter Aussicht auf den See, das gegenüberliegende Maria Wörth und die weit im Süden aufragenden Karawanken. Johannes

Brahms verlebte hier von 1877 bis 1879 die Sommerfrische und brachte seine 2. Sinfonie zu Papier. Pörtschach unterhält seine Gäste mit diversen Sportveranstaltungen und Konzerten, während der Sommermonate geht es hier richtig rund.

✶ Maria Wörth

Zu den meistfotografierten Motiven am See gehört der alte Ortskern von Maria Wörth (450 m; 1500 Einw.) auf einer schmalen, in den Wörther See hineinragenden **Halbinsel am Südufer**. Bereits 875 urkundlich erwähnt, war Maria Wörth im Mittelalter eines der geistlichen Zentren des Alpenraums, auch durch den Besitz der Reliquien

WÖRTHER SEE ERLEBEN

AUSKUNFT

Wörthersee Tourismus
Villacher Str, 19, A-9220 Velden
Tel. 042 74/38 28 80, Fax 382 88 19
www.woerthersee.com

ESSEN

► Fein & Teuer

Rainer's
Werftenstr. 57-59
A-9210 Pörtschach
Tel. 0 42 72/23 00
Freundliches Personal serviert schmackhafte Gerichte und guten Wein. Quirlig geht es im Sommer in der Bar zu.

► Erschwinglich

Hubertushof
Europaplatz 1, A-9220 Velden
Tel. 0 42 74/2 67 60
Frische regionale Produkte verarbeitet der Küchenchef zu leichter Kost vom Typ »Kärntner Sommerküche«.

ÜBERNACHTEN

► Luxus

Hotel Carinthia
Karawankenplatz 3, A-9220 Velden
Tel. 0 42 74/21 71, Fax 2 17 11
www.carinthia-hotel.com
Nur wenige Meter vom Kurpark und vom See entfernt liegt dieses Juwel der Wörther-See-Architektur, das außer mit dem köstlichen Kaiserfrühstück auch mit modernen Wellness- und Beauty-Angeboten lockt.

Hotel Schloss Leonstain
Leonstainerstraße 1
A-9210 Pörtschach
Tel. 0 42 72/28 16, Fax 28 23
www.leonstain.at
Bereits 1166 wird die Burg urkundlich erwähnt. Prominentester Gast war Johannes Brahms, der hier im Sommer 1877 und 1878 seine zweite Symphonie komponierte.

► Komfortabel

Strandhotel Harrich
Wörthersee Süduferstraße 182
A-9082 Maria Wörth
Tel. 042 74/512 33, Fax 512 30
Am idyllischen, ruhigen Südufer gelegen. Mit allem Komfort ausgestattete Zimmer mit Balkon zum See, herrliche Seeterrasse, Badestrand.

► Günstig

Strandhotel Kärntnerhof
Hauptstraße 217–219
A-9210 Pörtschach
Tel. 0 42 72/23 47
www.strandhotel-kaerntnerhof.at
Das kleine Hotel bietet einen herrlichen Blick auf den See und verfügt über einen eigenen Badestrand.

der Heiligen Primus und Felizian. Die spätgotische Pfarrkirche, ein Wahrzeichen des Wörther Sees, ist heute eine beliebte Hochzeitskirche. Beachtung verdienen die barocke Innenausstattung, die romanische Krypta und der Hochaltar (15./16. Jh.) mit einer spätgotischen Schutzmantelmadonna. Der Rundkarner auf dem Friedhof stammt von 1278. Von der Pfarrkirche sind es nur wenige Schritte zur kleinen Rosenkranz- oder Winterkirche (12. Jh.), deren gut erhaltene romanische Fresken mit Aposteldarstellungen sind sehenswert.

✶ **Pyramidenkogel**

Südwestlich von Maria Wörth ragt der Pyramidenkogel (851 m) empor, erreichbar von Maria Wörth über Keutschach und eine etwa 8 km lange Bergstraße oder zu Fuß in gut 90 Minuten. Oben befördert der Fahrstuhl Besucher weitere 54 m in die Höhe – zur Plattform des **Aussichtsturms** (Öffnungszeiten: April und Okt. tgl. 10.00 bis 18.00, Mai und Sept. tgl. 9.00 – 19.00, Juni bis 20.00, Juli und Aug. bis 21.00 Uhr, www.pyramidenkogel.info).

✶✶ Zeller See

J 5

Bundesland: Salzburg **Höhe:** 750 m ü.d.M.

Eingebettet in ein hübsches Tal, liegt der Zeller See in schönster Lage, zwischen den schneebedeckten Gipfeln von Großglockner und Kitzsteinhorn im Süden und den grauen Riesen des Steinernen Meeres im Norden.

Zwischen Gletscher und Badestrand

Vom eiszeitlichen Saalachgletscher geschürft, aufgrund von stehen gebliebenen Endmoränen aber weder von Saalach noch von Salzach, sondern nur von Schmelzwässern gespeist, erwärmt sich der 4 km lange, 1,5 km breite und bis zu 69 m tiefe See im Hochsommer schon mal auf 23 °C. Im Winter ist er dafür zur Freude der Gäste regelmäßig zugefroren.

Jede Menge Sportmöglichkeiten bieten sich rund um den Zeller See und in den weiter taleinwärts gelegenen Orten. Nicht umsonst nennt sich die touristische Interessengemeinschaft von Zell am See und ► Kaprun **Europa-Sportregion**. Wasser- und Wintersporteinrichtungen aller Art stehen zur Verfügung, Reiter, Golfer, Tennisspieler oder Mountainbiker finden ausgezeichnete Bedingungen. Die Schule für alpinen Segelflug (Alpenrundflüge) und Skischulen komplettieren das Angebot. Auch bei den »Après-Sport«-Möglichkeiten ist für Abwechslung gut gesorgt.

? WUSSTEN SIE SCHON ...?

- ... dass Zell ab dem 19. Jh. als Lieferant von Eisblöcken Bedeutung erlangte? Sie wurden aus dem recht zuverlässig zugefrorenen Zeller See geschnitten. Vor allem Brauereien in Süddeutschland bezogen hier das Kühlmaterial für ihren Gerstensaft.

Sehenswerte Orte am Zeller See

★ **Zell am See**

Zell am See (750 m; 9640 Einw.), die lebhafte Bezirkshauptstadt des Pinzgau, besitzt eine exponierte Lage zwischen See und Schmittenhöhe. Urkundlich bereits 749 als »Celle am Bisontio« erwähnt, entwickelte sich aus der bescheidenen Ansiedlung rasch ein wichtiger Marktort an einer bedeutenden Nord-Süd-Verbindung über die Tauern.

Sehenswert sind die ursprünglich romanische Pfarrkirche St. Hippolyt mit zwei Apostelfresken (um 1200), der 1000-jährige Vogt- oder Kastnerturm am Stadtplatz mit dem **Heimatmuseum** (Öffnungszeiten: Mitte Mai – Mitte Okt. und Ende Dez. – Ostern Mo. – Fr. 13.30 bis 17.00 Uhr) und das Renaissanceschloss Rosenberg (16. Jh.), das heutige Rathaus. Die **Pinzgauer Schmalspurbahn** (760 mm) schnauft in den Sommermonaten sonntags die knapp 53 km von Zell entlang der Salzach westwärts bis nach Krimml – für Nostalgiefreunde ein besonderer Genuss (www.pinzgauerlokalbahn.at)..

★★ **Schmittenhöhe**

Westlich von Zell beginnt die Seilbahn zur Schmittenhöhe (1965 m). Wer sich zu Fuß auf den Weg macht, muss gut drei Stunden einrechnen. Die Schmittenhöhe gehört zu den Kitzbüheler Alpen. Von oben sieht man im Süden den Großglockner (davor die Staubecken des Kapruner Tals) und den Großvenediger, im Norden die Kalkalpen vom Kaisergebirge bis zum Dachstein. Bei der Bergstation erinnert die Elisabethkapelle daran, dass die Kaiserin einige Male zur Sommerfrische kam. Ein schöner Höhenweg führt in 45 Minuten zum Sonnkogel (1856 m), dort geht es mit dem Sessellift zur Sonnenalm (1382 m), dann mit der Seilbahn nach Zell hinab.

★ Pinzgauer Spaziergang ►

Auf der Schmittenhöhe beginnt eine der bekanntesten Höhenwanderungen Österreichs, der sogenannte Pinzgauer Spaziergang. Der sechs- bis siebenstündige Weg in rund 2000 m Höhe ohne wesentliche Höhenunterschiede ermöglicht immer wieder fantastische Blicke auf die umliegenden Gebirgszüge. An der Bergstation der Schattbergbahn, die nach Saalbach abfährt, endet der Weg. Mit dem Bus kommen die müden Wanderer nach Zell zurück.

Saalbach

Nördlich vom Zeller See biegt das Glemmtal nach Westen ab, mit den bekannten Skiorten Saalbach (1003 m) und Hinterglemm (1074 m). Das **riesige Skigebiet** ist mit rund 60 Liften und vielen Hütten bestens erschlossen. Eine Skischaukel verbindet Saalbach mit Leogang im Norden. Hier findet man alles, was das Pistenherz begehrt, einschließlich umfangreicher Angebote für fröhliche Après-Ski-Stunden wie das jährliche große Electronic Music Festival **»Rave on Snow«**.

Thumersbach

Schräg gegenüber von Zell am östlichen Ufer des Sees, auch per Schiff erreichbar, liegt der Ortsteil Thumersbach, beliebt bei ruhigere Gefilde suchenden Urlaubern (Strandbad, Kurpark). Man hat einen reizvollen Blick auf Zell und die dahinter aufragenden Berge. Schöne Seepromenaden führen von Thumersbach in zwei bis drei Stunden rund um den See nach Zell. Thumersbach wird östlich vom Hundstein (2117 m; Statzer Haus, bewirtschaftet, Unterkunft) überragt. Der Aufstieg dauert etwa vier Stunden. ◄ Hundstein

Kitzlochklamm

Etwa 12 km östlich von Bruck zweigt nach Süden das Rauriser Tal ab. Kurz bevor die Rauriser Ache in die Salzach mündet, bildet sie die großartige Kitzlochklamm mit Tropfsteinhöhle und Kitzlochfall (Öffnungszeiten: Anf. Mai – Mitte Sept. tgl. 8.00 – 18.00 Uhr).

Rauris

Rauris, Hauptort des Rauriser Tales (948 m; 3100 Einw.) und einst durch Goldbergbau wohlhabend geworden, ist heute ein bekannter Ferien- und Wintersportort. Das **Rauristal-Museum** informiert an-

ZELLER SEE ERLEBEN

AUSKUNFT

Zell am See – Kaprun
Brucker Bundesstraße 1 a
A-5700 Zell am See
Tel. 0 65 42/770, Fax 7 20 32
www.zellamsee-kaprun.com

ESSEN

► Erschwinglich
Zum Hirschen
Dreifaltigkeitsgasse 1
A-5700 Zell am See
Tel. 0 65 42/77 40
Das familiär geführte Spezialitätenrestaurant bietet österreichische Gemütlichkeit im rustikalen Ambiente.

► Preiswert
Hotel Sonnleiten
Hinterhagweg 361, A-5753 Saalbach
Tel. 0 65 41/64 04 20
Der Küchenchef versteht sich ausgezeichnet auf gutbürgerliche Küche.

ÜBERNACHTEN

► Luxus
Salzburger Hof
Auerspergstraße 11
A-5700 Zell am See
Tel. 0 65 42/7 65, Fax 7 65 66
www.salzburgerhof.at
Das »erste Haus am Platz« macht einen gediegenen Eindruck. Antiquitäten und eine Kaminhalle sorgen für ein angenehmes Ambiente. Entspannung findet man in der Sauna, am Pool und bei Beauty-Angeboten.

► Komfortabel
Sporthotel Ellmau
Haidweg 357
A-5754 Saalbach-Hinterglemm
Tel. 0 65 41/7 22 60, Fax 72 26 56
www.sporthotel-ellmau.at
Gemütliche Zimmer, ein vielfältiges Beauty- und Sportprogramm sowie eine hervorragende Küche offeriert das schön gelegene Haus.

► Günstig
Gasthof Tauernstüberl
Salzachtalbundesstr. 54
A-5700 Zell am See
Tel. 065 42/571 74
Fax 564 32
www.tauernstueberl.at
Das freundliche Haus mit seinen rustikal-gemütlichen Zimmern ist nur einen Ballwurf vom gepflegten Golfplatz entfernt.

Weit reicht der Blick über das Rauriser Tal.

schaulich über Geschichte und Entwicklung des Goldbergbaus, die Tierwelt der Hohen Tauern und die bäuerliche Arbeitswelt (Marktstraße 59; Öffnungszeiten: Saison tgl. 10.00 – 12.00, 16.00 bis 18.00Uhr).

Kolm-Saigurn In Kolm-Saigurn (1598 m) am Talende bzw. am Fuß der Goldberggruppe sind die alten Förderanlagen im ehemaligen Goldbergwerk interessant. Jugendliche haben hier in Sommerworkcamps den 7 km langen Tauerngold-Rundwanderweg angelegt, dessen Ausgangspunkt das Naturfreundehaus »Neubau« ist. Der 2 km lange Naturlehrpfad »Rauriser Urwald«, mit **Waldmuseum**, beginnt am Ammererhof.

Hoher Sonnblick Der Aufstieg zum Hohen Sonnblick (3105 m) im Südwesten, mit dem Zittelhaus und der 1886 eingerichteten meteorologischen Station, dauert etwa 5 Stunden.

★ Zillertal

G 5

Bundesland: Tirol

Eine der meistbesuchten Regionen des Landes Tirol ist das berühmte Zillertal. Vor dem Panorama der Zillertaler Alpen mit ihren zahlreichen Gletschern breitet sich das malerische Tal aus.

Beliebte Ferienregion Hier werden die Urlaubsträume der Gäste aus dem Flachland wahr: Saftige grüne Wiesen am weiten Talgrund, pittoreske Dörfer mit alten Gasthäusern und bodenständigen Gerichten sowie eiskalte Bergbäche. Eine Schmalspurbahn, die Zillertalbahn, erschließt das Tal, Bergbahnen führen auf die umliegenden Höhen.

Sehenswerte Orte im Zillertal

Fügen

In Fügen (550 m; 3700 Einw.), Luftkurort und Wintersportplatz, verdient das Schloss Beachtung (15. Jh.; um 1700 barock erweitert). Die gotische Pfarrkirche (1497) ist mit Wandmalereien aus dem 14. Jh., Reliefs und Statuen geschmückt. Weithin bekannt wurde das Weihnachtslied »Stille Nacht, heilige Nacht« im 19. Jh. durch die Fügener Familie Rainer, die sich »Nationalsänger« nannte. Als der russische Zar die Rainers im Fügener Schloss singen hörte, lud er sie voller Begeisterung nach St. Petersburg ein. Die **Zillertaler Nationalsänger** traten in ganz Europa äußerst erfolgreich auf und machten außer dem schönen Weihnachtslied auch den Namen ihrer Heimat bekannt.

Skizentrum Hochzillertal

Kaltenbach ist Ausgangspunkt für das westlich gelegene Skizentrum Hochzillertal: Eine Kabinenbahn fährt zur Forstgartenhöhe (1730 m), eine Sesselbahn weiter auf 2200 m Höhe. Von der Zillertaler Höhenstraße (mautpflichtig), auf die man von den Orten Kaltenbach oder Stumm gelangt, bietet sich ein herrlicher Blick.

Zell am Ziller

Zell am Ziller (575 m; 1750 Einw.), als Sommererholungs- und Wintersportort bekannte Hauptgemeinde des unteren Zillertales, war früher ein Bergbauort (Gold). Tradition und Brauchtum haben sich

ZILLERTAL ERLEBEN

AUSKUNFT

Zillertal Tourismus GmbH
Bundesstraße 27 d
A-6262 Schlitters
Tel. 052 88/871 87
Fax 87 18 71
www.zillertal.at

HÖHENSTRASSE

Nur für richtige Mountainbiker!
Von 550 m auf 2020 m Höhe, Steigungen bis zu 15% und 25 km lang – die Zillertaler Höhenstraße ist für Mountainbiker (und auch für manchen Autofahrer!) eine echte Herausforderung.
Belohnt werden Anstrengung, Schweiß und Herzklopfen jedenfalls mit einem grandiosen Ausblick.

ESSEN

► **Erschwinglich**

Hotel Gasthof Bräu
Dorfplatz 1
A-6280 Zell am Ziller
Tel. 0 52 82/ 23 13
Das »Bräu« serviert zum eigenen Bier regionale Spezialitäten.

ÜBERNACHTEN

► **Luxus**

Sporthotel Stock
A-6292 Finkenberg 142
Tel. 0 52 85/67 750, Fax 6 77 54 21
www.sporthotel-stock.com
Das Sporthotel Stock bei Mayrhofen ist im Winter eine Oase für Ski- und Snowboardfans. Wellness wird hier groß geschrieben: Kräuterdampfgrotte, Panoramahallenbad, Heu- und Steinölbäder.

hier noch vielfach erhalten. Das Gauderfest am ersten Sonntag im Mai ist das älteste und größte Volksfest in Tirol. Für diesen Anlass braut die 1500 gegründete Zillertaler Brauerei 20-gradiges Gauderbier.

Mayrhofen Der bekannte Ferienort Mayrhofen (633 m; 3900 Einw.) liegt im weiten Talschluss des Ziller, umrahmt von einem Kranz steil aufragender Berge. Im »Europahaus«, das Raum für Kongresse und andere Veranstaltungen bietet, ist ein Relief der Zillertaler Alpen zu besichtigen. Mayrhofen ist ein hervorragendes Standquartier für Bergfahrten und Skitouren in die Zillertaler Alpen.

Tuxer Tal Das westlich von Mayrhofen abzweigende Tuxer Tal (Straße bis Hintertux 20 km, für Wohnanhänger nicht empfehlenswert) wird als Luftkur- und Wintersportgebiet besucht. Mit dem Wort **»Tuxer«** sind weniger die Bewohner des gleichnamigen Tales gemeint als vielmehr eine »graue Lodenjacke mit rot kariertem Futter«, »tuxerisch gehen« hieß früher soviel wie: angemessen mit der Lederhose erscheinen. Außerdem versteht man unter Tuxern auch die hier gezüchteten kleinwüchsigen Rinder.

Hintertux ▶ Hintertux (1494 m) ist ein viel besuchtes Hoteldorf mit 23 Thermalquellen (22,5 °C) in großartiger Lage nahe Talschluss. Etwa eine Stunde südlich stürzen die Tuxer Wasserfälle in tiefe Felskessel.

Zeller Gauderfest: Unverzichtbar ist das Widderstoßen, bei dem die Tiere ihre Kräfte messen.

★ Zillertaler Alpen

G/H 5

Bundesländer: Tirol und Salzburg

Seit 1991 stehen die Zillertaler Alpen als »Ruhegebiet Zillertaler Hauptkamm« unter Schutz und sind seit dem Jahr 2001 Träger des Prädikats »Naturpark«.

Gruppe der Zentralalpen

Das Massiv der Zillertaler Alpen, eine aus Granitgneis und Glimmerschiefer aufgebaute Gruppe der Zentralalpen, erstreckt sich zwischen Birnlücke (Birluckn) und ► Brenner, die österreichisch-italienische Grenze verläuft über den Hauptkamm. Die Zillertaler Alpen weisen alle Merkmale eines typischen Hochgebirges auf, mit ihren klaren Formen, Gletschern, gipfelreichen Kämmen und steilen Bergriesen. Von St. Jodok am Brenner führt der **Höhenweg** Nr. 102 durch das Naturschutzgebiet um die Hohe Kirche (2634 m) zum Schlegeisstausee und, unterhalb des gesamten Hauptkamms der Zillertaler Alpen entlang, hinab in den Zillergrund (►Zillertal).

ZILLERTALER ALPEN

AUSKUNFT

Hochgebirgs-Naturpark Zillertaler Alpen
Sportplatzstr. 307, A-6290 Mayrhofen
Tel. 0 52 85/5 21 81, Fax 521 82
www.naturpark-zillertal.at

Der scharfgratige **Hauptkamm** der Zillertaler Alpen erhebt sich zwischen Gletscherbecken, die ihre Schmelzwässer in die tief eingeschnittenen, fächerartig vom Zillertal süd-, west- und ostwärts ausgehenden »Gründe« bzw. Stauseen ergießen. So manchen zum Klettern geeigneten Gipfel weisen die nordwestwärts strebenden Grate auf, wie den markanten Feldkopf (3087 m). Von der Berliner Hütte zum Feldkopf führt der Weg am Schwarzensee (2470 m) vorüber, in dem sich die Eisbrüche des Waxeck Keeses spiegeln.

Tuxer Kamm

◄ Olperer

Annähernd parallel zum Hauptkamm der Zillertaler Alpen, getrennt durch den Zamser Grund, verläuft nördlich der Tuxer Kamm. Auch er ist reich an ausgedehnten Gletschern und stolzen Gipfeln. Kühn ragt der Olperer (3476 m) empor, durch einen langen Grat mit dem steilen Schrammacher (3411 m) verbunden.

Tuxer Voralpen

Tuxer Tal, Tuxer Joch und Schmirntal trennen den Tuxer Kamm von den Tuxer Voralpen, einem Bergland zwischen Wipptal, Unterinntal und Zillertal. Auch die Voralpen, die noch Höhen von über 2800 m erreichen, sind für den Wintersport interessant. Allerdings ist der innere Bereich zwischen dem Lizumer Reckner (2884 m) und dem 2479 m hohen Mölser Berg Sperrgebiet.

Die Zillertaler Alpen – Paradies für Kletterkünstler

Der nordwestlichste Ausläufer der Tuxer Voralpen heißt **Patscherkofel** (2246 m; Seilschwebebahn von Igls) und gilt als »Wochenendberg« der Innsbrucker. Sein östlicher Nachbar, der 2677 m hohe Glungezer, auf den man von der Bergstation der Patscherkofelbahn (1945 m) aus recht rasch gelangen kann, ist wegen seiner langen Abfahrt bekannt: Immerhin beträgt der Höhenunterschied 2100 m.

Östlich vom Zillergrund biegt vom Hauptkamm der Zillertaler Alpen die **Reichenspitzgruppe** nordwärts über die Grenze zwischen den Bundesländern Tirol und Salzburg ab. Auf engstem Raum drängen sich hier besonders wilde, von zerrissenen Gletschern flankierte Hochgipfel zusammen, darunter das aufschießende Horn der Reichenspitze (3303 m) und die doppelgipfelige Wildgerlosspitze (3282 m). In das Massiv der Reichenspitzgruppe gelangt man entweder von Mayrhofen im Zillertal über die Plauener Hütte (2363 m) oder von Krimml am Ende des Salzachtals über die Richterhütte (2374 m).

Zugspitze

E 5

Bundesland: Tirol

Auf deutscher Seite liegt der mit einem vergoldeten Kreuz gekennzeichnete 2962 m hohe Gipfel der Zugspitze. Eine kurze Treppe verbindet das österreichische mit dem deutschen Gipfelhaus und seinen großen Sonnenterrassen.

Grenzgipfel Bei klarem Wetter 150 km Fernsicht auf rund 400 Gipfel – diese Aussicht zieht jährlich eine Vielzahl von Besuchern an. Die Grenze zwischen Tirol und Bayern verläuft über das zum Wettersteingebirge gehörende Massiv der Zugspitze.

Zugspitzbahnen Die Tiroler Zugspitzbahn führt auf österreichischer Seite von Ehrwald hinauf zum Gipfel, wo ein kleines Museum eingerichtet ist, das über ihre Geschichte seit 1926 informiert. Auf deutscher Seite fährt man von Garmisch-Partenkirchen bzw. Grainau oder Eibsee mit der elektrischen Zahnradbahn durch den 4,5 km langen Tunnel zum

Bahnhof Zugspitzplatt und nimmt dann zum Zugspitzgipfel die Gletscherbahn. Oder es bringt einen von Eibsee **eine der größten Seilbahnen Europas** in 10 Minuten direkt zum Gipfel.

Ehrwald

Ehrwald, das Tiroler »Zugspitzdorf«, (994 m; 2660 Einw.) lebte früher vom einträglichen Salzhandel und ist heute ein bekannter und beliebter Luftkur- und Wintersportort. Es liegt am Ostrand des mit Wiesen bedeckten Ehrwalder Beckens. Seine Kirche besitzt sehenswerte moderne Kreuzwegtafeln von H. D. Alberti (geb. 1938).

Wettersteingebirge

Hochwanner
Dreitorspitzen

Auf dem von der Zugspitze östlich auslaufenden Wettersteinkamm bieten mehrere Hochgipfel die Möglichkeit für Klettertouren, so der Hochwanner (2744 m), dessen 1400 m hohe Nordwand zu den längsten Felstouren der Kalkalpen zählt, und das prächtige Dreigestirn der Dreitorspitzen (2674 m, 2633 m und 2606 m).

Mieminger Berge

Südlich des Wettersteingebirges, von diesem durch die sanften Matten der Ehrwalder Alm (1493 m) getrennt, erheben sich die einsameren Mieminger Berge. Ihr bekanntester Gipfel ist die das Inntal weithin beherrschende Hohe Munde (2662 m), der schönste die auf die Fernpassseen niederblickende Sonnenspitze (2414 m) und der höchste die 2747 m hohe Östliche Griesspitze.

Das Zugspitzmassiv hinter dem Blindsee aus österreichischer Sicht

ZUGSPITZE ERLEBEN

AUSKUNFT

Tourismusverband Ehrwald – Zugspitze
Kirchplatz 1
A-6632 Ehrwald
Tel. 056 73/20 00 02 08
Fax 20 00 02 10
www.ehrwald.com

ÜBERNACHTEN

► **Komfortabel**

Spielmann
Wettersteinstraße 24, A-6632 Ehrwald
Tel. 0 56 73/2 22 50; Fax 2 22 55
www.hotel-spielmann.com
Das Romantik-Hotel bietet Komfort: Den Gast erwarten eine großzügige Sauna- und Erholungslandschaft sowie ein beheiztes Freibad.

Lermoos Etwa 3 km westlich von Ehrwald liegt in einem Talkessel der Urlaubsort Lermoos (1004 m; 1120 Einw.). Sehenswert sind die Pfarrkirche (um 1750), ein barocker Zentralbau mit achteckigem Grundriss und Rokokoausstattung. Unter dem Chor befindet sich eine kryptaähnliche Unterkirche mit Figurengruppen von ca. 1760, die die Passion Christi darstellen.

★ Zwettl

O 2

Bundesland: Niederösterreich **Höhe:** 520 m ü.d.M.
Einwohnerzahl: 11 400

Im Jahr 2000 feierte die Braustadt Zwettl ihr 800-jähriges Stadtjubiläum. Das Verkehrs- und Verwaltungszentrum des ►Waldviertels ist vor allem durch das nahe gelegene Zisterzienserstift, gegründet 1138 durch Hadmar von Kuenring, bekannt.

Sehenswertes in Zwettl

Stadtplatz Einiges ist von der mittelalterlichen Stadtmauer samt mehrerer Wehrtürme erhalten. Den lang gestreckten Stadtplatz säumen Bürgerhäuser aus dem 16. und 17. Jh., geschmückt mit reizvollen Fassaden. Ferner stehen dort das 1307 erbaute, später oft veränderte Alte Rathaus, dessen Außenfresken aus dem 15. Jh. stammen, und eine Pestsäule von 1727. Einen hübschen Kontrapunkt setzt die Brunnenanlage von Friedensreich Hundertwasser.

Propsteikirche ► Die hoch gelegene Propsteikirche (12. Jh.) gehörte ursprünglich zu einer Kuenringerburg und bildet zusammen mit dem Friedhof, dem runden Karner aus dem 13. Jh. und der romanischen Michaelskapelle ein sehenswertes Bauensemble.

✶ Zisterzienserstift Zwettl

Rund 3 km nordöstlich der Stadt erhebt sich aus einer Flussschleife des Flusses Kamp das Zisterzienserstift Zwettl: Der Legende nach trieb genau an der Stelle eine Eiche mitten im Winter grüne Blätter (Führungen ab zehn Personen: Mai – Okt. Mo. – Sa. 10.00, 11.00, 14.00 und 15.00, So. 11.00, 14.00 und 15.00, Juli – Sept. zusätzlich um 16.00 Uhr).

Stiftskirche

Der Chor der Kirche ist eines der bedeutendsten Werke der österreichischen Spätgotik. Ursprünglich romanisch, wurde der Chor zu einer mächtigen Halle mit Kapellenkranz umgebaut (1343–1383). Den 90 m hohen barocken Westturm aus Granitquadern, 1722–1727 von Josef Munggenast meisterhaft gestaltet, schmücken Figuren, Vasen und Obelisken. Eine vergoldete Christusfigur krönt die Haube. Eindrucksvoll ist die barocke Ausstattung der Kirche, darunter eine holzgeschnitzte Gruppe am Hochaltar (1733), die Mariä Himmelfahrt darstellt, und eine Beichtstuhlbekrönung zum Thema »Heimkehr des verlorenen Sohnes«.

✶ Kreuzgang

Durch den Prälaturbau erreicht man den eindrucksvollen Kreuzgang. Er wurde 1204–1240 erbaut und ist damit der **älteste vollständig er-**

Auf Zwettls Marktplatz sprudelt ein Hundertwasser-Brunnen.

haltene Kreuzgang Österreichs. Die Kapitelle der 330 Säulen sind mit Blättern und Knospen, die Fenster des Lektionsgangs mit spätgotischem Maßwerk verziert.

Kapitelsaal An den Ostflügel des Kreuzgangs grenzt der noch früher erbaute Kapitelsaal (1159–1180), dessen Kreuzrippengewölbe auf einer Mittelsäule aus Granit ruht. Erhalten sind aus dem frühen Mittelalter auch das barock veränderte Refektorium und das Dormitorium nebst der alten Latrinenanlage.

Stift Zwettl

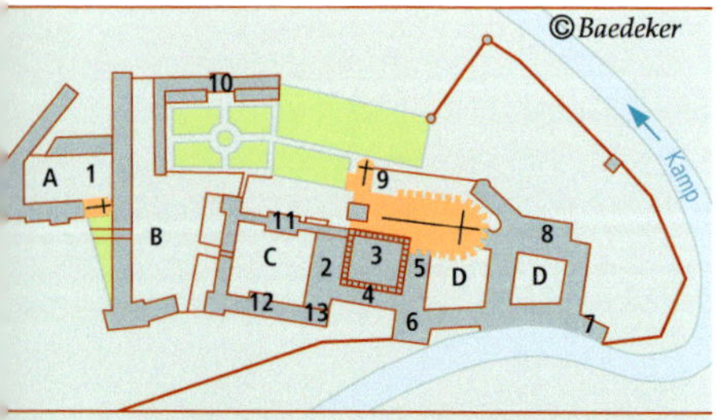

A Binderhof
B Lindenhof
C Abteihof
D Konventshöfe

1 Spitalskirche
2 Pforte, darüber Prälatur
3 Kreuzgang
4 Refektorium
5 Kapitelsaal
6 Dormitorium
7 Konvent
8 Bibliothek
9 Heiliggrabkapelle
10 Gartenpavillon
11 Sängerknabenkonvikt
12 Bildungshaus
13 Festsaal

Die **Bibliothek**, am östlichen Klosterhof (Konventshof) gelegen, wurde von 1703 bis 1732 von Josef Munggenast neu errichtet und von Paul Troger ausgemalt. Ihr Bestand umfasst über 400 Handschriften, mehr als 300 wertvolle Inkunabeln und etwa 50 000 Bände. In Stift Zwettl wurden vor kurzem bisher unbekannte Fragmente des Nibelungenliedes entdeckt, die vermutlich aus dem 12. Jh. stammen. In den nächsten Jahren werden die Stift Zwettler Fragmente wissenschaftlich untersucht und geprüft.- Ein ehemaliger Meierhof des Stifts, der Dürnhof befindet sich nach dem Verkauf in Privatbesitz und kann nicht mehr besichtigt werden.

Umgebung von Zwettl

Waldviertler Seen Wer dem Kamp von Zwettl aus nach Osten folgt, erreicht bald eines der beliebtesten Erholungsgebiete im Waldviertel, den von malerischen Burgen und Burgruinen gesäumten, gut 12 km langen Ottensteinsee und den Dobrastausee. Beide sind durch die Aufstauung des Kamp entstanden. Für Sportler ist es ein Paradies: Baden, Surfen, Segeln, Bootfahren und Fischen kann man hier ebenso wie Reiten, Golfen, Radfahren und Wandern.

★ Schloss Rosenau Westlich von Zwettl liegt auf einer Anhöhe Schloss Rosenau (620 m; Schlosshotel), in den Jahren 1730 bis 1748 im Rokokostil erbaut und von Daniel Gran und weiteren Künstlern ausgestattet. Es beherbergt ein Freimaurermuseum. Zu besichtigen sind die einzigen original erhaltenen und öffentlich zugänglichen Ritualräumen aus dem 18. Jh. (Öffnungszeiten: Anf. April – Ende Sept. 9.00 – 17.00 Uhr; Führungen nach Voranmeldung unter Tel. 028 22 / 2 05 52, www.freimaurermuseum.at).

ZWETTL ERLEBEN

AUSKUNFT

Tourismusinformation Zwettl
Sparkassenplatz 4
A-3910 Zwettl
Tel. 028 22/50 31 29
Fax 515 08
www.zwettl.at

ESSEN

► Erschwinglich

Gasthof Zum goldenen Hirschen
Landstraße 49
A-3910 Zwettl
Tel. 028 22/5 23 73, Fax 52 37 34
Regionale Spezialitäten wie beispielsweise die köstlichen »Zwettler Bierknödel« werden hier serviert.

★ **Burg Rappottenstein**

Südwestlich von Zwettl erhebt sich auf einem bewaldeten Felsen über dem Kamp die mächtige Burg Rappottenstein. Aus der Gründungszeit im 12. Jh. stammen noch der Bergfried und der fünfeckige Turm an der Südspitze. Fünf Höfe umschließen diese sehenswerte Burganlage: Im ersten Hof sieht man das Brauhaus (1548/1549) und im innersten Hof eine dreigeschossige Renaissanceloggia. An einigen Fenstern gibt es Sgraffitomalereien (Führungen Ostern und Okt. Sa. und So., Mai – Sept. Di. – So. 11.00, 12.00, 14.00, 15.00 und 16.00, Juli und Aug. zusätzlich um 10.00 und 17.00 Uhr, www.burg-rappottenstein.at).

Roiten

Das Museum des Dörfchens Roiten, wenige Kilometer östlich von Rappottenstein, ist ein Werk von **Friedensreich Hundertwasser** und zeigt Exponate alter Handwerkskunst, beispielsweise hölzerne Schultaschen und alte Eislaufschuhe.

Mohndorf Armschlag

Rund 20 km südlich von Zwettl liegt das Dorf Armschlag, das sich einem ganz besonderen Agrarprodukt verschrieben hat, dem Graumohn. Bis zum Jahr 1933 wurde der Waldviertler Graumohn sogar an der Londoner Börse notiert. Vor rund 25 Jahren wurde der Mohnanbau und die vielfältige Nutzung der einst weit verbreiteten Kulturpflanze neu entdeckt. Die Samen der weiß-lila-rot blühenden Pflanze mit der geschützten Bezeichnung **»Waldviertler Graumohn«** sind kulinarisch vielseitig verwendbar, sie werden aber auch zu Kosmetika verarbeitet.

◄ Mohnlehrpfad

Der rund einen Kilometer lange Mohnlehrpfad führt durch das Mohndorf und informiert über Anbau und Verarbeitung des Mohns. Die Mohnbauern verkaufen ihre Produkte ab Hof oder von Mai bis Oktober an den Wochenenden (im Juli und August sogar täglich) zwischen 11.00 und 15.00 Uhr im **»Bauernladen«** .

REGISTER

s

t

u

v

w

BILDNACHWEIS

Archiv für Kunst und Geschichte: S. 73, 74, 78, 79, 81, 85, 289, 556 (unten)
Austrian Airlines: S. 89
Bergisel BetriebsgesmbH: S. 280, 281, 282
Bohnacker: S. 193
Borowski: S. 15 (Mitte), 246, 295, 313, 355, 364, 451, 465, 488, 491, 553
CMA: S. 7 (unten)
Werner Dieterich: S. 95, 518
dpa: S. 82, 185
dpa fotoreport: S. 77
Friedrichsmeier (PhotoPress/Rauh): S. 413
Friedrichsmeier (PhotoPress/Seve): S. 430
Friedrichsmeier (Siepmann): S. 158 (oben), U2
Friedrichsmeier (Stankiewicz): S. 576
Graz Tourismus: S. 234
Graz Tourismus (Harry Schiffer): S. 239
Graz Tourismus (Hans Wiesenhofer): S. 5 (oben), 241
Hackenberg: S. 16 (unten), 47, 112, 167, 211, 367, 381, 511, 556 (oben), U4
Haile: S. 104
Hautzinger: S. 517, 519 (oben links, oben rechts, unten links)
DuMont-Bildarchiv/Böttcher/Tiensch: S. 4, 10, 67, 213, 215, 394, 396, 548
DuMont-Bildarchiv/Dorfstetter: S. 255
DuMont-Bildarchiv/Heimbach: S. 25, 315
DuMont-Bildarchiv/Holz: S. 7 (oben), 8 (oben), 9 (oben), 16 (Mitte), 18, 24, 35, 37, 45, 63, 103, 136, 143, 149 (unten, oben rechts), 154, 160 (oben, unten links), 170, 207, 217, 223, 228, 249, 309, 311, 317, 322, 324, 340, 363, 372, 372 (unten rechts), 373 (unten links, oben links, Mitte rechts, Mitte links), 374, 376, 378, 382, 400, 447, 457, 463, 493, 495, 497, 499, 500, 503, 505, 559, 566, 571, 583
DuMont-Bildarchiv/Krause: S. 16 (oben), 45, 56, 70, 72, 86/87, 97, 100, 108, 179, 247, 424, 515, 519 (Mitte links), 523, 526, 530, 533, 535, 537, 538, 544, 545, 547, 550, 557 (oben rechts, unten rechts, unten links), 563
DuMont-Bildarchiv/Krüger: S. 6, 189
DuMont-Bildarchiv/Spitta: S. 14, 17, 21, 42, 52, 126, 148, 152 (oben), 164, 165, 264, 267, 269, 270, 277, 278, 284, 301, 303, 333, 337, 342, 353, 371, 403, 411, 454, 461, 474, 479, 578, 581, Umschlagklappe hinten
DuMont-Bildarchiv/Trummer: S. 3 (unten), 5 (unten), 8 (unten), 11 (oben), 13, 15 (oben, unten), 65, 87, 102, 127, 146/147, 158 (unten links), 162/163, 228, 230, 244, 256, 257, 262, 290, 291, 300, 328, 407, 415, 419, 420, 422, 428, 433 (oben links), 435, 437, 439, 477, 509, 568
DuMont-Bildarchiv/Widmann: S. 3 (oben), 11 (unten), 12/13, 60, 118, 124, 128, 130, 149 (oben links), 151, 156 (oben rechts), 158 (unten rechts), 174, 184, 199, 201, 259, 260, 287, 293, 335, 358, 360, 384, 389, 391, 458, 467, 470, 481, 482
DuMont-Bildarchiv/Wiener Festwochen/Wartha: S. 418
Historia-Photo: S. 74
Huber: S. 433 (oben rechts), 520
Huber/Gräfenhain: S. 177
Laif: S. 69, 541 (oben)
Laif/Caputo: S. 427, 445
Liechtenstein Tourismus: S. 347, 349, 350
Look/Endler: S. 409
Look/Fieger: S. 153 (oben)
Look/Kreuzeder: S. 173
Look/Pompe: S. 305
Look/Wiesmeier: S. 580
Look/Wothe: S. 1, 163, 152 (unten)
Madej/Bilderberg: S. 2
Mauritius/Pigneter: S. 156 (oben links), 220
Naturhistorisches Museum: S. 61
Österreich Werbung/Trumler: S. 557 (Mitte)
pa/akg-images: S. 53
pa/akg-images/Lessing: S. 540
Porschemuseum Gmünd: S. 233
Dr. Reincke/Cabos: S. 519 (unten rechts), 542
Salzburger Burgen und Schlösser: S. 431, 432, 433 (unten links, unten rechts, unten Mitte), 434
Schloss Schönbrunn: S. 557 (oben links)
Stankiewicz: S. 40, 75, 153 (unten), 156 (unten), 160 (unten rechts), 243, 273, 330, 386
Storto: S. 22, 121
Strüber: S. 541 (unten)
M. Thomas: S. 557 (oben Mitte), 558
Verein dt. Salzindustrie: S. 46
Wandmacher (Archiv Wais + Partner): S. 48, 115
WMF: S. 527

Titelbild: picture-alliance/Bildagentur Huber/Giovanni

VERZEICHNIS DER KARTEN & GRAFISCHEN DARSTELLUNGEN

IMPRESSUM

Ausstattung: 308 Abbildungen, 67 Karten und grafische Darstellungen, eine große Reisekarte
Text: Rosemarie Arnold, Walter R. Arnold, Isolde Bacher, Achim Bourmer, Prof. Dr. Wolfgang Hassenpflug, Dr. Peter Jordan, Rolf Lohberg, Christine Wessely
Bearbeitung: Baedeker Redaktion (Radegunde Schenk-Kern)
Kartografie: Franz Huber, München; MAIRDUMONT/Falk Verlag, Ostfildern (Reisekarte)
3D-Illustrationen: jangled nerves, Stuttgart
Gestalterisches Konzept: independent Medien-Design, München (Kathrin Schemel)

Chefredaktion: Rainer Eisenschmid, Baedeker Ostfildern

13. Auflage 2010

Urheberschaft: Karl Baedeker Verlag, Ostfildern

Anzeigenvermarktung:
MAIRDUMONT MEDIA
Tel. 0049 711 4502 333
Fax 0049 711 4502 1012
media@mairdumont.com
http://media.mairdumont.com

Printed in China
Gedruckt auf 100% chlorfrei gebleichtem Papier

i atmosfair

Reisen bereichert und verbindet Menschen und Kulturen. Jedoch wer reist, erzeugt auch CO_2. Dabei trägt der Flugverkehr mit bis zu 10% zur globalen Erwärmung bei. Wer das Klima schützen will, sollte sich somit nach Möglichkeit für die schonendere Reiseform entscheiden (wie z. B. die Bahn). Wenn keine Alternative zum Fliegen besteht, kann man mit atmosfair handeln und klimafördernde Projekte unterstützen.

atmosfair ist eine gemeinnützige Klimaschutzorganisation unter der Schirmherrschaft von Klaus Töpfer. Die Idee: Flugpassagiere spenden einen kilometerabhängigen Beitrag für die von ihnen verursachten

nachdenken • klimabewusst reisen
atmosfair

Emissionen und finanzieren damit Projekte in Entwicklungsländern, die dort den Ausstoß von Klimagasen verringern helfen. Dazu berechnet man mit dem Emissionsrechner auf **www.atmosfair.de** wieviel CO_2 der Flug produziert und was es kostet, eine vergleichbare Menge Klimagase einzusparen (z.B. Berlin – London – Berlin 13 Euro). atmosfair garantiert die sorgfältige Verwendung Ihres Beitrags. Auch der Karl Baedeker Verlag fliegt mit *atmosfair*. Unterstützen auch Sie unser Klima. Alle Informationen dazu auf www.atmosfair.de.

BAEDEKER VERLAGSPROGRAMM

- Ägypten
- Algarve
- Allgäu
- Amsterdam
- Andalusien
- Argentinien
- Athen
- Australien
- Australien • Osten
- Bali
- Baltikum
- Barcelona
- Bayerischer Wald
- Belgien
- Berlin • Potsdam
- Bodensee
- Brasilien
- Bretagne
- Brüssel
- Budapest
- Bulgarien
- Burgund
- Chicago • Große Seen
- China
- Costa Blanca
- Costa Brava
- Dänemark
- Deutsche Nordseeküste
- Deutschland
- Deutschland • Osten
- Djerba • Südtunesien
- Dominik. Republik
- Dresden
- Dubai • VAE
- Elba
- Elsass • Vogesen
- Finnland
- Florenz
- Florida
- Franken
- Frankfurt am Main
- Frankreich
- Fuerteventura
- Gardasee
- Golf von Neapel
- Gomera
- Gran Canaria
- Griechenland
- Griechische Inseln
- Großbritannien
- Hamburg
- Harz
- Hongkong • Macao
- Indien
- Irland
- Island
- Israel
- Istanbul
- Istrien • Kvarner Bucht
- Italien
- Italien • Norden
- Italien • Süden
- Italienische Adria
- Italienische Riviera
- Japan
- Jordanien
- Kalifornien
- Kanada • Osten
- Kanada • Westen
- Kanalinseln
- Kapstadt • Garden Route
- Kenia
- Köln
- Kopenhagen
- Korfu • Ionische Inseln
- Korsika
- Kos
- Kreta
- Kroatische Adriaküste • Dalmatien
- Kuba
- La Palma
- Lanzarote
- Leipzig • Halle
- Lissabon
- Loire
- London
- Madeira
- Madrid
- Malediven
- Mallorca
- Malta • Gozo • Comino
- Marokko
- Mecklenburg-Vorpommern
- Menorca
- Mexiko
- Moskau
- München
- Namibia

- Neuseeland
- New York
- Niederlande
- Norwegen
- Oberbayern
- Oberital. Seen • Lombardei • Mailand
- Österreich
- Paris
- Peking
- Piemont
- Polen
- Polnische Ostseeküste • Danzig • Masuren
- Portugal
- Prag
- Provence • Côte d'Azur
- Rhodos
- Rom
- Rügen • Hiddensee
- Ruhrgebiet
- Rumänien
- Russland (Europäischer Teil)
- Sachsen
- Salzburger Land
- St. Petersburg
- Sardinien
- Schottland
- Schwäbische Alb
- Schwarzwald
- Schweden
- Schweiz
- Sizilien
- Skandinavien
- Slowenien
- Spanien
- Spanien • Norden • Jakobsweg
- Sri Lanka
- Stuttgart
- Südafrika
- Südengland
- Südtirol
- Sylt
- Teneriffa
- Tessin
- Thailand
- Thüringen
- Toskana
- Tschechien
- Tunesien
- Türkei
- Türkische Mittelmeerküste
- Umbrien
- Ungarn
- USA
- USA • Nordosten
- USA • Nordwesten
- USA • Südwesten
- Usedom
- Venedig
- Vietnam
- Weimar
- Wien
- Zypern

BAEDEKER ENGLISH

- Andalusia
- Austria
- Bali
- Barcelona
- Berlin
- Brazil
- Budapest
- Cape Town • Garden Route
- China
- Cologne
- Dresden
- Dubai
- Egypt
- Florence
- Florida
- France
- Gran Canaria
- Greece
- Iceland
- India
- Ireland
- Italy
- Japan
- London
- Mexico
- Morocco
- New York
- Norway
- Paris
- Portugal
- Prague
- Rome
- South Africa
- Spain
- Thailand
- Tuscany
- Venice
- Vienna
- Vietnam

LIEBE LESERINNEN, LIEBE LESER,

ein herzliches Dankeschön, dass Sie sich für einen Baedeker Allianz Reiseführer entschieden haben. Er wird Sie zuverlässig auf Ihrer Reise begleiten und Sie nicht im Stich lassen.
Natürlich beschreibt er die wichtigen Sehenswürdigkeiten, aber er empfiehlt auch die nettesten Kneipen und Bars, dazu Hotels für den großen und kleinen Geldbeutel, gibt Tipps für Restaurants, Shopping und für vieles mehr, was eine Reise zum Erlebnis macht. Dafür haben unsere Autoren und die Redaktion Sorge getragen. Sie sind für Sie regelmäßig nach Österreich gereist und haben all ihre Erfahrungen und Kenntnisse in diesen Reiseführer gepackt.

Trotzdem: Die Erfahrung zeigt, dass Fehler und Änderungen nach Drucklegung, für die der Verlag keine Haftung übernehmen kann, nicht ausgeschlossen werden können. Für Kritik, Berichtigungen und Verbesserungsvorschläge sind wir Ihnen außerordentlich dankbar. Schreiben Sie uns, mailen Sie uns oder rufen Sie an:

► **Verlag Karl Baedeker GmbH**
Redaktion
Postfach 3162
D-73751 Ostfildern
Tel. (0711) 4502-262, Fax -343
E-Mail: info@baedeker.com

Besuchen Sie uns auch im Internet unter www. baedeker.com. Hier finden Sie jeden Monat den aktuellen Reisetipp der Redaktion und das gesamte Verlagsprogramm. Hier können Sie auch lesen, wer Karl Baedeker war und wie er seinen ersten Reiseführer geschrieben hat. Mit seinen über 180 Jahren ist der Karl Baedeker Verlag der älteste Reiseführer-Verlag der Welt.

www.baedeker.com

ZU GEWINNEN: STADTREISE NACH LONDON

Unter allen Einsendungen verlost der Verlag am Jahresende – unter Ausschluss des Rechtswegs – eine Städtekurzreise für zwei Personen nach London.
Freuen Sie sich auf ein spannendes Wochenende in London. Natürlich ist ein Baedeker Allianz Reiseführer London auch dabei!